国家社会科学基金重大招标项目：创新互联网时代群众工作机制研究（20ZDA023）资助出版

创新互联网时代群众工作机制研究

于 水 著

中国农业出版社
北 京

图书在版编目（CIP）数据

创新互联网时代群众工作机制研究 / 于水著 . —北京：中国农业出版社，2023.12
ISBN 978-7-109-31666-9

Ⅰ.①创… Ⅱ.①于… Ⅲ.①群众工作—研究—中国 Ⅳ.①D64

中国国家版本馆 CIP 数据核字（2024）第 011728 号

中国农业出版社出版
地址：北京市朝阳区麦子店街 18 号楼
邮编：100125
责任编辑：赵 刚 肖 杨
版式设计：小荷博睿 责任校对：张雯婷
印刷：北京中兴印刷有限公司
版次：2023 年 12 月第 1 版
印次：2023 年 12 月北京第 1 次印刷
发行：新华书店北京发行所
开本：700mm×1000mm 1/16
印张：36.75
字数：585 千字
定价：98.00 元

前　　言

群众工作是党和政府的重要工作之一，在中国共产党一百余年的革命斗争、社会建设和改革开放的历史进程中，始终将群众工作置于突出位置，是战胜敌人、克服困难和取得胜利的关键。随着时代的发展，互联网技术已经与政治、经济、文化、社会、生态等各个领域深度融合，党和政府开展群众工作的环境和对象出现众多变化，面临着新挑战和新机遇。在互联网时代，我国社会主要矛盾发生了历史性转变，由人民日益增长的物质文化需要同落后的社会生产之间的矛盾。转化为人民日益增长的美好生活需要和不平衡不充分的发展之间的矛盾，互联网时代群众工作机制的创新必须围绕社会主要矛盾的发展变化展开，而不能脱离这一社会现实。因为党和政府群众工作的出发点和落脚点就是维护人民群众利益、化解社会矛盾和促进社会经济发展。能否充分适应这一变化，关系到社会各阶层的团结和稳定、关系到“两个一百年”奋斗目标的顺利实现、关系到党的执政基础和国家政权的长治久安。创新互联网时代群众工作机制，必须将社会主要矛盾变化作为着眼点，这是不断完善党和政府群众工作体系与提升群众工作能力的必然要求，也是贯彻落实网络群众路线、以人民为中心发展理念、坚持和完善共建共治共享社会治理制度的必然要求，更是密切党群关系、夯实党的执政基础、巩固党的执政地位与提高党的长期执政能力的必然要求。互联网时代群众工作的复杂性和艰巨性，要求党和政府要继续秉承高度重视群众工作的优良传统，以习近平新时代中国特色社会主义思想为指导，学习领会贯彻落实毛泽东、邓小平、江泽民、胡锦涛等党和国家领导人关于群众工作的重要论述，进一步创新群众工作机制，更好发挥中国共产党善于做好群众工作的最大政治优势。

综观国内外关于互联网时代群众工作的研究，对群众工作制度与文化建设的研究内容涉猎广泛、视野开阔、方法多样、新意频出，为读者重构了有关群众政治思想工作的“历史本相”，将群众思想政治工作研究与政治、社会、经济等方面的研究相结合的问题意识对当下颇具现实观照与学术关怀，值得肯定。

本研究依托江苏省地方治理与政策研究中心、南京农业大学“百村固定观察点”，在2020年6月至2022年9月期间，通过各种形式深入实地开展调查研究工作。如上海市闵行区（城市化中的群众工作机制），山东省乳山市（市民热线与民情网）；重庆市綦江区（“三级合议”机制），上海市宝山区（人民满意信访窗口），河南省开封市（人民满意窗口），江苏省徐州市经开区（“2＋X＋8”工作法），安徽省亳州市（信访矛盾多元化解和乡邻制约新机制）；浙江省诸暨市枫桥镇（枫桥经验），江苏省南通市（大调解），天津市红桥区（微时事工作室），重庆市（服务群众工作信息管理系统），山东省新泰市（“民意通”网络平台），河北省邯郸市永年区等地的群众工作经验，江苏省信访局及其下属研究室等；浙江省丽水市遂昌县（“互联网＋乡村发展”），江苏省徐州市沙集镇（“互联网＋农村电商”），陕西省泾阳县泾干镇（“智慧农业”），山东省新泰市“民意通”网络平台（互联网＋民生治理），重庆市“服务群众工作信息管理系统”（网络群众工作），天津市红桥区“微时事工作室”（互联网＋党建＋社区治理），浙江省杭州市“最多跑一次”改革（互联网＋政务服务）等。在江苏省内也连续多次深入沛县、泗洪县、连云港市连云区、南京市栖霞区和玄武区、扬州市江都区、如皋市、溧阳市、张家港市和镇江市扬中区等地开展城乡群众工作机制创新实地调研。其中《中国民生发展指数研究（江苏，2020）》相关研究成果报送党中央、国务院，2021年4月获党中央和国务院领导同志的批示。国务院发展研究中心和江苏省人民政府致谢函表彰：“精心组织、周密部署，高质量完成了各项工作，提交的研究报告数据翔实、观点鲜明、分析透彻，为起草总报告提供了重要参考，相关研究成果获得党中央、国务院领导同志重要批示，受到有关部委高度重视，为中央决策提供了科学支撑。”《疫情对居民收入和工作影响不容忽视》等文章发表在江苏省人民政府《调查研究报告》2021年第42～48期，获时任江苏省省长吴政隆、常务副省长樊金龙、副省长马欣的批示。研究报告

《疫情反复下江苏中小微企业纾困的四个着力点》，2022 年 6 月 17 日获江苏省省长许昆林、常委、宣传部长张爱军、副省长胡广杰的批示。《加强我省疫情期间网上群众工作的建议》等 4 篇文章刊发于中共江苏省委宣传部《智库专报》，研究报告《我省城市应急物资保障亟需提升四个能力》，2022 年 6 月 15 日获江苏省政府常务副省长费高云的批示等。

自 2020 年起，围绕海峡两岸共同关心的乡村振兴、民生保障与发展等，南京农业大学连续 4 年举办“海峡两岸论坛”，相继邀请了来自清华大学、北京大学、台湾政治大学、台湾中山大学、中国人民大学、南京大学、复旦大学等多所高校与研究机构的百余位知名专家学者参与，累计近万人次以线下与线上形式参加了这一学术活动，促进了两岸学者资源共享、凝聚共识，推动了大陆高校与台湾高校的学术交流与合作，取得了丰硕的研究成果和较好的社会影响。两岸论坛已成为学校对外学术交流的品牌项目之一。

对互联网时代群众工作的系统研究，形成了可以持续利用的专门化数据库。几年来，通过对 10 个地级市 300 个村居（社区）10000 多户样本的调查，分析了城乡群众在工作与就业、基本民生问题、收入与消费和政府服务方面的基本情况，有效把握了新冠疫情防控期间群众工作重点和难点的变化，为更好地开展群众工作和实施群众工作机制创新提供了政策支持。基于这些数据资料出版《从乡村治理到乡村振兴：农村环境治理转型研究》等学术专著、论文与咨政报告，同时以《由“堂前击鼓”到“网上传书”：网上信访如何创造公共价值？——以信访数字化转型为例》为代表的互联网时代群众工作机制创新案例，在全国公共管理专业学位研究生教育指导委员会举办的第六届中国研究生公共管理案例大赛、江苏省管理学类研究生教育指导委员会举办的江苏省研究生公共管理案例分析大赛中获得佳绩。

进入互联网时代之后，人民群众对美好生活的需求更加多元化，对党和政府的群众工作机制创新提出了新要求。为了构建更高层次、更高质量和符合群众期待的群众工作体系，本研究重点关注五个方面问题。

中国社会主要矛盾变化及群众工作政策演进方面。一是在总体上把握了中国共产党成立以来群众工作的演进历程，在对党的群众工作演进轨迹、逻辑起点和价值旨归进行分析的基础上，明确了互联网时代群众工作的发展方向；二是详细考察了社会主要矛盾变化的实践指向，通过总结互联网时代的社会总体特征，对互联网与社会矛盾变化之间的关系进行了辨析，确认了互联网时代中国社会矛盾变化的主要表现；三是对互联网时代群众工作大数据的运用与分析进行了阐释，提出通过对群众诉求表达、诉求回应大数据的分析，建设互联网信息服务群众工作平台；四是提出构建互联网时代群众诉求响应机制，主要包含群众诉求表达、利益协调、权益保障、监督反馈和心理服务等内容。

互联网时代群众信访治理方面。一是剖析了互联网时代信访治理的历史演进轨迹，对信访制度的发展阶段进行了明确划分；二是开展了互联网时代信访治理的文献研究，对国内外重要文献进行了系统化梳理；三是对互联网时代信访治理的发生情景进行了定位，明确了其实践特征和生成逻辑；四是阐明了互联网时代信访治理的运作机理，在各具特色的信访工作实践中总结了同质性取向；五是提出了互联网时代信访治理的调适策略，对其面临的困境进行了诊断；六是考察了互联网时代信访治理的未来走向，提出了打造网上信访治理共同体的学术话语。

互联网时代群众矛盾多元调处制度方面。一是对我国社会主要矛盾变化背景下的调处制度演进进行了分析，总结了人民调解、行政调解、司法调解和多元调处的演进轨迹与特征。二是总结了群众矛盾多元调处的创新实践，对不同形式的调解实践进行了案例阐释，并总结了经验启示。三是明确了互联网时代群众矛盾多元调处的现实困境与机遇，围绕人民调解纠纷效果不理想、行政调解定位模糊、司法调解运行机制存在局限以及多元调处优势未能充分发挥等，指出了互联网技术赋能群众矛盾多元调解的机遇。四是提出了互联网时代群众矛盾多元调处联动制度的完善策略：要夯实基层人民调解力量，提升源头解纷效果；要明确行政调解适用情景，规范行政调解程序；要规范多元调解联动流程，巩固多元调解成果；要强化矛盾分级分类管控，聚力化解矛盾纠纷；要构建调处联动评估指标，助力多元调处联动。

互联网时代农村群众矛盾化解和民生发展方面。一是明确指出农村民生发展的区域差异性，对其差异表征、成因和化解方式进行了阐释；二是厘清了农村脱贫成效、返贫现象与农村脆弱性的关系，对改革开放以来的脱贫成效、农村脱贫过程中的返贫现象、农村脆弱性的基本特征进行分析；三是考察了农村民生发展存在的短板问题，通过分析重点领域民生政策的进展情况，对江苏民生发展和全国民生状况进行了分析比较，主张优化农村群众工作助力民生发展；四是分析了农村阶层分化中的群众矛盾，指出了农民阶层分化中给民生发展与保障带来的新挑战，以及互联网时代农村群众工作模式的创新；五是归纳了农村“互联网＋民生”的发展模式，将其划分为“互联网＋乡村增收”模式、“互联网＋乡村医疗”模式、“互联网＋社会保障”模式、“互联网＋乡村教育”模式以及“互联网＋乡村扶贫”模式等五种类型；六是提出了化解农村群众矛盾与推动民生发展的建议，主张构建农村群众矛盾多元主体协同化解机制、以技术赋能优化和创新农村群众工作、加快推进高效和数字化的服务型政府建设以及发挥公平正义在群众工作中的价值导向作用。

创新互联网时代群众工作机制的策略与路径方面。一是要坚定“三重”维度，将政治使命、支持与合法性、运作能力作为创新互联网时代群众工作机制的基本遵循；二是要培育“服务＋”理念，通过坚定服务型治理理念的中心地位、将线上群众工作全方位纳入法治轨道、推动线上群众工作“服务＋”协同融合等方式，健全互联网时代群众工作价值体系；三是要优化“政府＋”结构，通过改善线上群众工作中党委价值领导力、增强政府政策执行力、培育公众有序参与力等方式，加强互联网时代群众工作队伍建设；四是调适“智慧＋”工具，通过巩固线上群众工作的诉求响应功能、探索差异化发展道路、改善信任创设机制等方式，探索互联网时代群众工作技术更新路径；五是构建“整合＋”机制，通过推动线上线下服务联通与融合、坚实技术赋能与业务协同并重、弥合治理需求与群众诉求缝隙等方式，营造优质的互联网时代群众工作环境。

本研究在充分汲取前人已有研究智慧的基础上，主要在以下四个层面取得了学术贡献与实践突破：**一是确认了中国社会主要矛盾发生转变后，**

维护群众利益和化解当前社会矛盾成为创新互联网时代群众工作机制的重点任务。社会主要矛盾的变化是互联网时代群众工作机制创新研究的着力点，要求党和政府的群众工作不仅要通过传统的群众“主动上门”表达诉求和解决困难等方式来开展，而且要善于运用互联网技术与手段，将人民日益增长的美好生活需要和不平衡不充分的发展置于互联网时代去思考。通过进一步优化传统的党政干部“基层大走访”，主动上门了解群众面临的困难，加强和创新互联网时代开展群众工作的智能化水平，通过技术赋能的方式，主动关注和了解网络社情民意，提升对网络群众多元诉求的主动感知能力、网络舆情的预防研判能力以及网络风险和矛盾的化解能力。**二是基于互联网时代社会矛盾多维性、持续性和集聚性等特征，应当从信访治理、多元调处以及农村发展等方面寻求理论突破。**社会矛盾的多维性变化，要求群众信访治理要走专业化、法治化和智能化道路，应对群众多元化、复杂化且潜存价值冲突的多种诉求与期望；社会矛盾的持续性要求人民调处、行政调处和司法调处发挥强强优势，构建群众矛盾多元调处联动机制，以解决单兵作战效能不高的问题；社会矛盾的空间集聚性，需要党和政府将群众工作机制创新的重点置于农村，城乡发展不平衡、农村发展不充分所导致农村群众对美好生活的向往更加迫切、对党和政府的期望更强烈，通过全面实施乡村振兴战略，化解农村群众矛盾和满足农村群众民生需求成为党和政府创新互联网时代群众工作的重要组成部分。**三是在比较分析和系统分析的基础上，融入更多具有实用性的分析工具和研究方法。**创新互联网时代群众工作机制是一项系统工程，涉及公共管理学、政治学、心理学、法学、社会学等众多学科。本课题研究对中国共产党成立以来党和政府的群众工作政策与制度进行历时性梳理，运用文本分析方法、内容分析方法、文本挖掘方法，辅以文献计量学分析方法、Citespace知识图谱、SPSS统计分析等方法，对其创新效果进行衡量，以进一步改进和优化群众工作机制。**四是通过对互联网时代群众工作的系统研究，形成了可以持续利用的专门化数据库。**利用民生调查的微观数据，分析了城乡群众在工作与就业、基本民生问题、收入与消费和政府服务方面的基本情况，有效把握了新冠疫情防控期间群众工作重点和难点的变化，为更好地开展群众工作和实施群众工作机制创新提供了信息支持。通过将前沿数字信息技术与群众工作相结合，探索了国家治理现代化进程中的群众工作社会化、法治化、智能化和专业化发展道路，无论是新冠疫情防控中的群众工作，还是实施乡村振兴战略过程中的群众工作，都应该积极运用前沿信息技术，推动“互联网＋群众工作”在各个领域落地生根。

本研究始终把握学科前沿新动向、时刻关注社会现实新变化，研究成果取得了较为广泛的社会影响。

在决策咨询方面，近三年累计向相关部门递交23份资政报告。其中，13份获得中央有关部门和省部级领导肯定性批示，多份报告还被省委、省人民政府、省人大和省政协等部门内参等采纳，获得相关部门高度重视与肯定；论文发表方面：2020年以来累计发表SSCI、CSSCI论文63篇，研究成果总下载量达到6万余次，被引用次数达到500次以上，多篇文章被人大复印报刊资料转载，被中国社会科学网报道。相关研究成果还被中央农办原主任陈锡文、韩俊等主编的《乡村振兴战略与路径研究》丛书收录引用。此外，课题组相关研究成果荣获江苏省第十六届哲学社会科学优秀成果一等奖、江苏省高等学校哲学社会科学研究成果一等奖、江苏省第十七届哲学社会科学优秀成果二等奖等。另有多篇群众工作案例研究在全国、省级大赛中获得佳绩。

在学术交流方面，自项目立项后，课题组从2020年起，围绕互联网时代群众工作机制创新问题，2020年12月参加江苏省哲学社会科学界第十四届学术大会（政治学与法学专场会议），作题为《提升江苏民生治理能力研究》的主旨报告；在2021年3月，作为省信访局特聘专家，参加江苏省信访条例（修订）专家学者座谈会；2022年6月参加陕西省社科联组织的“农业农村现代化与公共政策创新”学术研讨会，作题为《江浙农村居民收入及其提升研究》的主题报告。2023年12月在南京大学举办的中国行政管理学会年会上作题为《数字政府建设效能提升难点与应对》的主题报告。连续四届“海峡两岸论坛”均有报告，分别为《创新互联网时代群众工作机制研究》《农村现代化进程中的传统村落保护与传承》《从政府管控到农民参与：环境治理的逻辑转换和路径优化》等。此外，还在国家治理、新华日报、中国农村环境报、中国社会科学网、学习强国等多家媒体平台发表了相关的理论文章。

在人才培养方面，高度重视人才梯队建设，项目执行期间4位教师获得职位晋升，2位博士研究生、8位硕士研究生毕业；1位博士研究生、2位硕士研究生获得国家奖学金。

总体来看，能按照原有设计思路，较好地完成了各项预定研究任务。但应当注意的是，互联网时代的群众工作突显出与以往迥然不同的特征，不仅表现为党政部门的群众工作理念、方式、过程和目标发生了巨大变化，而且表现为作为个体的社会公众对群众工作产生了很多新期待和新需求，数字技术促使两者呈现叠加状态。群众工作表现出高度的复杂性，应当进一步思考如何在更为宏观的视角为社会公众提供“整体智治”的一站式服务。另外，当前对“互联网＋信访”这一群众工作创新的深入挖掘不够，如何有效把握政府数字化转型中的网上信访治理活动，应当是推动群众工作机制创新的重要内容，可以为落实二十大提出的增强党政干部的“服务群众本领”和“高质量发展本领”提供参考。

于　水

2023年11月于南京

目　　录

第1篇　绪　　论

1　研究缘起

1.1　研究背景

密切联系群众是党的本质要求与最大政治优势，能否做好新形势下的群众工作，维护与实现好群众的切身利益，直接关系到党同人民群众的血肉联系。为此，党的十九届四中全会提出，坚持和完善党的领导制度体系，提高党科学执政、民主执政、依法执政水平，要创新互联网时代群众工作机制。这为新形势下做好群众工作，实现立党为公、执政为民指明了前进方向。伴随着大数据、5G、云计算、人工智能、区块链以及物联网等技术的迅猛发展和普及应用，互联网已然成为人民群众进行各种活动的重要场域。这就要求党和政府在关注群众工作如何在实体空间开展的同时，亦不能忽视网络空间，二者共同构成了当前群众工作的主要阵地。现实中，各级党政机关与广大党员干部立足于群众根本诉求，不断在学习中提高政治站位，积极转变互联网环境下群众工作的思想观念与方式方法，使群众工作呈现出线上与线下相结合、现实与虚拟相融汇的复合模式。但互联网所引致的社会整体特征变化同样为党和政府带来了公信力式微、舆论主导权受限等潜在挑战。因而，从事与势的背景来看，创新互联网时代群众工作机制研究已成为一项值得关注和探讨的重要学术命题。

（1）互联网时代群众工作是社会学研究的重要事项。群众工作是党和政府的重点工作之一，党的十九届四中全会提出“创新互联网时代群众工作机制”，将其作为“健全为人民执政、靠人民执政各项制度”要求的重要组成部分之一，成为推动国家治理体系和治理能力现代化的重要内容。创新互联网时代群众工作机制必须围绕社会主要矛盾的发展变化展开讨论，因为党和政府群众工作的出发点和落脚点就是维护人民群众利益和化解社会矛盾。能否充分适应这一变化，直接关系到党和政府“依靠群众、教育群众、动员群众、组织群众、服务群众”主要任务的顺利完成。因此，创新互联网时代群众工作机制要围绕人民群众对美好生活的需求以及当前城乡发展不平衡和农村发展不充分的现实状况开展，优化和完善群众诉求响应机制，创新互联网时代群众信访治理机制，进一步整合群众矛盾多元调处联动机制，更好化解农村群众矛盾和民生发展难题以推动乡村振兴战略的实施。

（2）互联网时代群众工作亟须加强，相关研究亟须深入。通过对既有文献的梳理，学界对于互联网时代群众工作的研究多集中在互联网时代对群众工作的影响、如何运用互联网加强和改进群众工作效果、互联网时代群众工作面临的机遇和挑战、互联网时代的网络政治、互联网时代的群众诉求表达机制等几个方面。基于以往研究的基础性贡献，本研究认为关于互联网时代群众工作的研究在整合性与丰富性仍有待进一步加强。首先，既有研究多围绕网络沟通交流、网络政治、网络民主、网络参与、网络监督以及网络自治等碎片化议题展开阐述，未对互联网时代的群众工作进行整体把握，仅仅将互联网作为一种工具，而没有形成系统的互联网思维。群众工作是一个闭合循环的完整系统，涵盖群众诉求表达、利益协调、权益保障和监督反馈各个环节，当前的多数研究仅从某一视角切入，难免有“只见树木，不见森林”之嫌，尚未形成互联网时代群众工作机制的完整体系。其次，多局限于群众工作一般情况的研究，缺乏对诸如社会矛盾、人民调解、行政调解等具象化内容的深层次讨论。从一定意义上讲，互联网时代的新环境、新问题与新矛盾错综交织，对群众工作机制的研究亦需要落实到机制的具体内容上来。学界关于互联网时代群众信访治理、互联网时代群众心理服务和危机干预机制、互联网时代群众矛盾调处机制的研究刚刚起步，较少将之与社会主要矛盾变化的时代背景相连接，如何将理论研究服务于社会实践需要是当前面临的重要问题。

1.2 研究意义

1.2.1 理论意义

其一，全面推进群众工作实践与文化的资料收集。本研究不仅有助于提升互联网时代群众工作制度与文化建设研究的层次和视野，亦将是一项群众工作制度文化建设研究的重大补白工程。目前，国内外学界的研究大多局限于社会矛盾化解层面，缺乏对群众工作制度文化建设过程中的全面、深入的考察与研究；同时，国内学界虽然对群众工作文化起源、发展与现状有了相当的研究成果，但是缺少整体历史考察与研究，因而全面、系统地研究中国共产党成立以来群众工作的演进历程、逻辑起点以及价值旨归，有助于进一步地认识、评估群众工作制度与文化的地位和现实影响。

其二，构建互联网时代群众诉求响应机制，为全方位提升群众工作效果提供理论指导和学理依据。本研究在深入把握互联网时代社会主要矛盾变化状况的基础上，建构了以互联网思维为主导的群众诉求响应机制，将群众诉求表达、群众利益协调、群众权益保障、群众监督反馈以及群众心理服务和危机干预作为闭合链条，对群众诉求响应机制运行效果的影响因素、薄弱环节、具体内容进行了深入而细致的探讨，进一步提升了互联网时代群众工作研究的整合性。

其三，丰富群众工作机制创新的“治理工具箱”。本研究以互联网时代群众工作机制作为研究对象，通过对信访治理机制、群众矛盾多元调处机制、农村群众矛盾化解和民生发展等内容的研究，深化了对互联网时代群众工作机制外延的理解和分析。其中信访治理机制的专业化、法治化和智能化发展方向，是对互联网时代通过群众工作化解社会矛盾具体实践形式的探讨和深化；群众矛盾多元调处机制的研究，重在探索互联网时代群众调处和化解群众矛盾的正确、科学、有效机制与方法，探索形成具有中国特色的非诉讼纠纷解决方式；基于当前农村发展不充分以及城乡发展不平衡的现实状况，提出以群众工作赋能的方式从源头上化解农村群众的利益冲突和矛盾，通过民生的高质量发展，使群众工作成为推动乡村振兴的有效方法与途径。

1.2.2 实践意义

其一，围绕社会主要矛盾变化对创新互联网时代群众工作机制进行分析，有利于更好地建设人民满意的服务型政府。人民群众对美好生活的期望和需求呈现出多样化、个性化和全面化等特点，这为党和政府的群众工作提出了更高的要求。互联网时代的群众工作，必然要凸显全方位、立体化、实时性特征，群众工作的“缺位”不再为互联网时代的群众所容忍，群众工作的“死角”在互联网时代可能会被无限放大，群众工作的“不作为”“慢作为”也会为群众所广泛诟病。因此，创新互联网时代群众工作机制，建设互联网时代人民满意的服务型政府必然要围绕以下问题展开：①构建互联网时代群众诉求响应机制，为党和政府的群众工作打造环节完整、运行顺畅的参照模型；②推进互联网时代群众信访治理研究，为党和政府更好地服务群众、化解社会矛盾以及维护人民利益的实践提供理论支撑；③探索建立互联网时代群众矛盾多元调处机制，推动人民调处、行政调处和司法调处联动的进一步整合与协同联动；④重点关注互联网时代农村群众矛盾化解和民生发展问题，有效应对社会主要矛盾的集聚性特征，助力乡村振兴战略的实现。

其二，探索创新互联网时代群众工作机制的策略与路径，为做好群众工作提供政策启示。在理论分析的基础上，本研究对中国共产党成立以来群众工作的演进轨迹进行了历史性梳理和总结，系统地把握了互联网时代群众工作机制的理论内涵和实践趋势，围绕互联网时代群众诉求响应机制、互联网时代群众信访治理机制、互联网时代群众矛盾多元调处机制、互联网时代农村群众矛盾化解和民生发展展开了深入的专门化研究。在落实以人民为中心的群众工作理念、贯彻网络群众路线和完善“共建共治共享”社会治理制度的基础上，理顺了群众工作与党政工作、群众需求与治理能力、群众路线与治理体系之间的逻辑关联。聚焦互联网时代与群众工作整合模式、创造公共价值与国家治理现代化、德法并施与群众工作制度建设等三个方面，指明创新互联网时代群众工作机制的可行路径。

2　国内外研究进展

2.1　国内相关研究综述

2.1.1　互联网对群众工作的影响研究

信息时代的来临，使社会思想文化、价值观念、利益关系以及社会组织形式日趋多元化和复杂化。有学者指出要增强执政党的社会整合能力和自身建设，积极通过信息网络技术增强党的思想文化整合功能、政治整合功能和组织整合功能。[①] 作为互联网时代主要表现形式的新媒体，其兴起

① 齐先朴．论增强党在信息时代的社会整合功能［J］．中州学刊，2008（1）：45－47.

对党和政府的思想舆论工作产生着重要影响，因而党政部门需加强通过新媒体与社会公众进行沟通和交流的能力。[①] 其中，畅通的党群沟通渠道是推动党群关系良性运行不可或缺的手段。[②] 薛小荣提出应将网络党组织作为党在网络空间的组织载体和组织形式，通过网络党组织的建立，解决党在网络虚拟空间的“失声”问题，扩大党在网络空间的影响力和引导网络舆情规范有序发展。[③] 面对互联网时代网络话语表达的多元与混乱，亦有学者对“互联网＋”时代党政部门群众工作话语体系的建构价值进行了研究，认为构建群众工作话语体系，有利于密切党群关系、实现党群互动和掌控群众工作话语主导权，防止群众被西方话语所误导和蒙蔽。[④]

2.1.2 运用互联网做好群众工作的研究

在互联网时代，党和政府应当发挥新媒体及时便捷的优势，开展形式多样的群众路线教育活动，积极用好互联网，正确发挥其密切党群关系的作用。[⑤] 微博、微信作为新媒体的重要表现形式，是密切党群关系的特殊资源。[⑥] 随着微信、微博等网络交流平台逐渐成为群众倾诉心声、维护权益、表达诉求的重要渠道，各级党政机关应该认清形势，优化与群众交流的网络平台，积极走好网络群众路线。[⑦] 此外，运用互联网做好群众工作的作用不仅体现在密切了党群联系方面，也突出表现在党和政府推动区域发展，激发人民群众生产与发展热情上。[⑧] 互联网技术的运用与创新推动了以群众发展与民生保障为核心的群众工作效能的提升，形成了诸如“互联网＋养老”“互联网＋农业”“互联网＋教育”“互联网＋生态”等互联

---

① 费艳颖，汪杨梦笛．习近平关于网络空间治理重要论述：生成语境、科学思维及时代价值［J］．思想教育研究，2022（9）：18－25.

② 孙绪民，邵勇，孙小源．治理现代化背景下新时代党群沟通中的矛盾及破解之道［J］．理论探讨，2020（6）：153－159.

③ 薛小荣．信息时代中国共产党的网络社会治理能力［J］．探索与争鸣，2014（5）：88－92.

④ 陈杰，何云庵．试析中国共产党群众工作话语体系的建构［J］．西南交通大学学报（社会科学版），2017，18（6）：1－8.

⑤ 杨金卫．互联网时代党的群众工作理论创新与实践进路［J］．理论学刊，2022（6）：47－54.

⑥ 霍雨慧，李安增．“微时代”党群关系的建设和维护［J］．人民论坛，2017（13）：172－173.

⑦ 柯健，郭丹．“互联网＋群众路线”：系统认知、基础支撑与制度保障研究［J］．社会科学研究，2022（3）：56－62.

⑧ 粟芳，熊婧，汤薇．网络互助的理论属性探讨［J］．保险研究，2020（7）：49－62.

网时代群众工作的新途径与新经验。

2.1.3 互联网时代群众工作面临的机遇和挑战研究

互联网使人类认识世界、改变世界的能力得到极大提高，创造了经济发展的新引擎、政治参与的新渠道、社会生活的新空间、公共服务的新平台、大众传播的新途径和国家治理的新领域。在这样一个新的历史背景下，互联网时代的危机管理也变得具有高度的复杂性、透明性、突变性和不确定性，群众工作也面临着新的挑战。① 互联网时代，尤其是新媒体传播环境的变化对领导干部的执政能力提出了新的要求，因而要加强领导干部的新媒介素养，以适应新执政环境下社会治理的新需求。② 互联网的多方交互性、权力多中心、需求个人化等特点，对主流意识的权威性、群众工作和政府行为模式带来了多重挑战，尤其是频繁爆发于社会公共事件之上的“后真相”现象，在自媒体和用户圈层等传播因素推波助澜下，极易发展成为撩拨网民情感神经的重大舆情事件，③ 进而引致干部脱离群众以及党群矛盾加深等问题的发生。④ 此外，在新时代网络群众路线的践行中，还面临着党员干部网络意识不强和能力不足、网络民意真实性难以辨别、党群沟通网络平台不完善以及长效工作机制尚未建立的制约，这为树立以人民为中心的群众工作思想，加强网络基础设施建设，强化党员干部懂网用网意识，推动网络群众路线向纵深发展提出了更高的时代要求。⑤

2.1.4 互联网时代的网络政治研究

互联网时代的来临为网络政治理论模型的建构提供了机遇，网络空间和网络社会的形成，产生了虚拟空间的虚拟政治现象，这对政治生活中的国家主权、政治体制、政府管理以及政治文化等产生了重大影响，新的国

---

① 徐宪平，鞠雪楠．互联网时代的危机管理：演变趋势、模型构建与基本规则［J］．管理世界，2019，35（12）：181－189.

② 冀翠萍．党员领导干部媒介素养指标体系：从理论建构到实践审视［J］．理论学刊，2022（6）：64－72.

③ 李晚莲，蒋化，曾锋．突发公共事件网络舆情反转强度生成机理研究——基于多案例的fsQCA分析［J］．情报杂志，2022，41（11）：129－136，54.

④ 孙绪民，邵勇，孙小源．治理现代化背景下新时代党群沟通中的矛盾及破解之道［J］．理论探讨，2020（6）：153－159.

⑤ 王高贺．新时代党员干部要积极践行网络群众路线［J］．中州学刊，2020（6）：18－24.

家治理范式在虚拟政治与现实政治的交互作用中逐渐形成。[①] 其中，公众的网络参与为网络政治研究提供了一个可行视角，公众的网络参与源于市民社会发展的不成熟以及传统媒体所构建的公共领域公共性不足，因此网络参与一定程度上替代了市民社会的功能，满足了公众追求社会公平正义的需求。[②] 但由公众的网络参与所实现的网络民意表达作为一种软权力，对国家层面的回应是缺乏制度约束的，未来需要探索网络民意进入国家政策制定过程的制度化模式，同时提升公众的网络政治参与素质和能力。[③]

2.1.5 互联网时代的群众利益诉求表达机制研究

中国特色社会主义进入新时代，国家治理在走向现代化的过程中需要畅通群众利益诉求表达以更好回应人民美好生活需要。[④] 有学者认为应当以健全群众利益诉求表达机制为导向，加快实现经济建设型政府向服务型政府的角色转换。[⑤] 张贤明指出开放式、低成本的利益表达机制的建构对于推进国家治理体系和治理能力现代化极其重要，借助互联网降低利益表达成本、构建理性的利益表达机制，可以从促进信息公开、确保表达自由以及扩大决策民主三个维度展开，其中，信息公开可以降低信息获取层面的成本，表达自由可以降低意见表达层面的成本，而决策民主则可以有效降低民意对接层面的成本。[⑥] 此外，群众的利益诉求表达形式亦迫切需要从传统的非制度化主导向制度化主导的转变，而消除现实存在的多维二元结构、谋求主动解决社会问题、提高不同群体的诉求表达能力、提升政府的诉求回应能力等均是促进诉求表达形式从非制度化向制度

① 曹帅．新时代网络政治情绪的生成逻辑与治理维度［J］．情报杂志，2019，38（1）：106－111.

② 施锋娇．自媒体情境下公民网络政策参与的机遇与挑战［J］．中国行政管理，2019（9）：113－117.

③ 徐凌．论热线管理中公众导向型政府回应模式的有效建构［J］．中国行政管理，2020（10）：52－59.

④ 高德胜，凌海霞．社会治理现代化视域下民意表达引导策略［J］．学术交流，2022（1）：30－42.

⑤ 何显明．区域市场化进程中的“有效政府”及其演进逻辑——“浙江现象”中的政府角色之40年回顾［J］．浙江社会科学，2018（3）：4－15，156.

⑥ 张贤明．低成本利益表达机制的构建之道［J］．吉林大学社会科学学报，2014，54（2）：13－19，171.

化转向的有效途径。[①]

2.2 国外相关研究综述

2.2.1 互联网时代政党、政府与公民间沟通方式变革的研究

互联网时代催生了网络政治，作为一种新型的沟通技术，互联网对政党、选举、社会运动、本土民主以及全球治理等带来巨大冲击，并产生了数字鸿沟、网络自治问题，以及网络监控、公民隐私与安全三者之间的冲突问题。[②] 互联网时代新技术的发展已经使大众传播媒介环境发生了巨大变化，媒介化的政治传播在当今民主政治和公共生活中占据核心地位，并对公共领域、政治话语与需求政治、新兴公共领域内的受众细分与受众定向等产生了深刻影响，新媒介环境下的政治表现、公共舆论面临着重塑与变革的压力。[③] 互联网时代沟通环境的变化会影响政党与公民之间的关系，对此要注意公民角色的变化以及加强政党对民主导向的功能，民主状况不断变化的媒介环境促使政党和政府需要通过加强理论研究应对新型挑战。[④] 面对西方社会出现的公民政治冷漠现象，皮帕·诺里斯认为尽管新媒体的负面报道可能会使公众对具体的政策支持产生不良倾向，但公众对新媒体的关注、对政治的了解、对政府的信任以及政治参与之间仍然存在连贯而积极的正面关系，与其错误地把注意力放在对新媒体的鞭挞上，不如理性地面对西方代议制民主制度的深层次弊病。[⑤]

2.2.2 政党借助互联网树立良好形象、争取选民支持的研究

互联网的出现对社会生活的各方面产生了巨大影响，也挑动了政党政治这一社会中枢的敏感神经。托马斯·迈尔基于互联网对政党领袖形象以

---

① 张海东，张伟，瞿小敏．制度化还是非制度化？——我国居民诉求表达形式研究［J］．济南大学学报（社会科学版），2021，31（1）：15－28，157.

② Andrew Chadwick. Cyber Politics：States，Citizens and New Communication Technologies［M］. Oxford：Oxford University Press，2006.

③ 罗伯特·M. 恩．媒介化政治：政治传播新论［M］．董关鹏，译．北京：清华大学出版社，2011.

④ W. Bennett. Media Politics：Communication in a Future Democratic Society［M］. Cambridge：Cambridge University Press，2000.

⑤ 皮帕·诺里斯．新政府沟通：后工业社会的政治沟通［M］．顾建光，译．上海：上海交通大学出版社，2005.

及政党行为模式塑造的探讨，指出互联网正全方位模铸着欧美社会的当代政治，但互联网时代下的政党政治，归根结底还是遵循着资本主导的逻辑，西方所谓的媒体民主仍然是建立在商业利益不被侵害的基础之上的。互联网时代的各个政党都在通过大众通讯方式提高政党的声誉和在公众中的地位，从而出现了媒体操纵现象。[①] 例如，理查德·赫弗南的研究发现，英国工党通过政治信息交流策略，积极制造合乎其愿望的信息，并通过控制媒体展示这些信息从而使其被它所选定的受众吸收，遵循着一条"解释、出售、辩护、包装"政治信息的路径，以吸引公众的注意力和形成自身的竞争优势。[②]

2.2.3　公民通过互联网影响政党政策制定的研究

在公共政策制定过程中，"触发机制"成为公共政策的催化剂，将理性的日常问题转变为一种普遍共有的、消极的公众反映。互联网时代信息技术的爆发，深刻改变了人们的生活方式，进而触发了社会的全面调整，政府的管理方式亦随着发生变化。拉雷·格斯顿认为，社会公众借助网络，讨论的问题范围更加宽广，而且表现出很高的强度，持续时间也更长，从而使得政策制定者不得不慎重对待这些公众关心的问题。[③] 约翰·金登则进一步通过实证调查和案例研究，结合对"问题是如何引起政府官员关注的""备选方案是如何产生的"以及"政府议程是如何建立的"等问题的系统分析，发现社会公众的观点和看法是能够借助网络进行扩散和放大的，从而引起政策制定者的充分关注，影响政策方案的形成。[④]

2.2.4　互联网时代公民政治参与的研究

互联网技术的发展，带来了与以往通过电子通信技术影响和转变美国传统民主理念和民主过程相类似的效果，互联网时代高度发达的电子通信

---

① 托马斯·迈尔，郭业洲，陈林．热话题与冷思考（十六）——关于媒体社会中政党政治的对话［J］．当代世界与社会主义，2000（4）：4－13.

② 理查德·赫弗南，彭萍萍．媒体操纵：英国工党的政治信息交流策略［J］．当代世界与社会主义，2020（2）：24－29.

③ 拉雷·N. 格斯顿斯．公共政策的制定：程序和原理［M］．朱子文，译．重庆：重庆出版社，2001.

④ 约翰·W. 金登．议程、备选方案与公共政策［M］．丁煌，译．北京：中国人民大学出版社，2017.

技术将使投票像在线购物一样简单，有学者将这种现象称之为“电子共和国”，即一种由电子技术武装起来的“在线公民”或“虚拟公民”能够熟练运用数字信息技术，从而自由行使自古代雅典民主以来最为直接的统治权力。[①] 在此基础上，Graeme Browning 提出了“电子民主”概念，认为互联网的即时性、广阔性可为“草根”所用，扩展民众参与程度，互联网的发展必将以“电子民主”的方式改造美国政治。[②] 此外，互联网时代的网络政治，同样发挥着将政治权力返还给公众的潜在作用，有学者以“网络行动主义”的概念恰当描述了这一过程，即通过互联网拉近了公众与民主权利之间的距离，以网络方式集合力量、传播政见和组织盟友，让一些对政府决策持有不同意见、缺乏政治参与积极性的公民重新看到真正有意义的政治辩论的可能性[③]。2016 年美国总统大选中所出现的“网络点击行动主义”，就是这一概念的拓展应用，美国第 45 任总统特朗普的“推特治国”同样蕴含着“网络行动主义”的理念。

2.3 文献述评

通过对既有文献的梳理，学界对于互联网时代群众工作的研究多集中在互联网时代对群众工作的影响、如何运用互联网加强和改进群众工作效果、互联网时代群众工作面临的机遇和挑战、互联网时代的网络政治、互联网时代的群众诉求表达机制等几个方面。基于以往研究的基础性贡献，本研究认为关于互联网时代群众工作的研究在整合性与丰富性上有待进一步加强。首先，既有研究多围绕网络沟通交流、网络政治、网络民主、网络参与、网络监督以及网络自治等碎片化议题展开阐述，未对互联网时代的群众工作进行整体把握，仅仅将互联网作为一种工具，而没有形成系统的互联网思维。群众工作是一个闭合循环的完整系统，涵盖群众诉求表达、利益协调、权益保障和监督反馈各个环节，当

① Lawrence Grossman. The Electronic Republic: Reshaping American Democracy in the Information Age [M]. New York: Viking, 2015.

② Graeme Browning. Electronic Democracy: Using the Internet to Influence American Politics [M]. Wilton: Pemberton Press, 2016.

③ Schwartz, E Herwick. Net Activism: How Citizens Use the Internet [M]. Cambridge: Songline Studios, Inc., 1996.

前的多数研究仅从某一视角切入，难免有“只见树木，不见森林”之嫌，尚未形成互联网时代群众工作机制的完整体系。其次，多局限于群众工作一般情况的研究，缺乏对诸如社会矛盾、人民调解、行政调解等具象化内容的深层次讨论。从一定意义上讲，互联网时代的新环境、新问题与新矛盾错综交织，对群众工作机制的研究亦需要落实到机制的具体内容上来。而学界关于互联网时代群众信访治理、互联网时代群众心理服务和危机干预机制、互联网时代群众矛盾调处机制的研究刚刚起步，远没有满足党和政府群众工作的实践需求，也较少将之与社会主要矛盾变化的时代背景相连接。如何以理论研究的丰富性服务于社会实践需要是当前面临的重要问题。

3 研究设计与内容安排

本研究从“中国社会主要矛盾转变”这一基本社会现实出发，尝试对创新互联网时代群众工作机制的重点和难点进行整体性把握。首先，在系统总结群众工作历史性演进历程以及互联网时代中国社会主要矛盾变化状况的基础上，提出互联网时代群众工作机制的创新要聚焦于构建环节完整、渠道畅通的群众诉求响应机制，其他具象化的群众工作方式和方法的优化均离不开这一响应机制的建立和完善。其次，从多维度视角分析互联网时代群众工作机制创新面临的新问题，指出人民群众在政治、经济、文化、社会和生态等领域的多元化诉求对传统信访工作提出了巨大挑战，传统的信访治理亟待实现专业化、法治化和智能化的迭代升级。再次，分别从时间和空间维度对互联网时代群众工作机制创新展开系统论述，社会矛盾的持续性对以人民调处、行政调处和司法调处为主要手段的多元调处联动机制提出了更高的要求，而城乡发展的不平衡和农村发展的不充分，则使得农村地区成了群众矛盾和民生问题的集聚区，农村群众对美好生活的向往和民生发展成为党和政府必须正视的主要工作之一。最后，在理论分析的基础上，深入把握互联网时代群众工作机制创新的内涵和实践趋势，在借鉴典型案例创新互联网时代群众工作机制经验的同时，探索互联网时代群众工作机制创新的“合理性”方案，从工具理性和价值理性的有效调适入手，将群众工作的政治使命、支持与合法性、运作能力融入整个机制创新过程，从而为进一步优化和完善互联网时代群众工作机制提供建议和参考。

基于以上考虑，本研究共设置五个核心章节，各个章节间的逻辑关系如图 1-1 所示。第一章“中国社会主要矛盾变化及群众工作政策演进研究”与第二章“互联网时代群众信访治理研究”、第三章“互联网时代群众矛盾多元调处机制研究”、第四章“互联网时代农村群众矛盾化解和民生发展研究”存在递进关系，为其提供研究背景和理论指导；而第二章、第三章和第四章之间则是并行关系；第五章“创新互联网时代群众工作机制的策略与路径研究”则是以前四章的经验分析和基础分析为依据，提供政策应用。

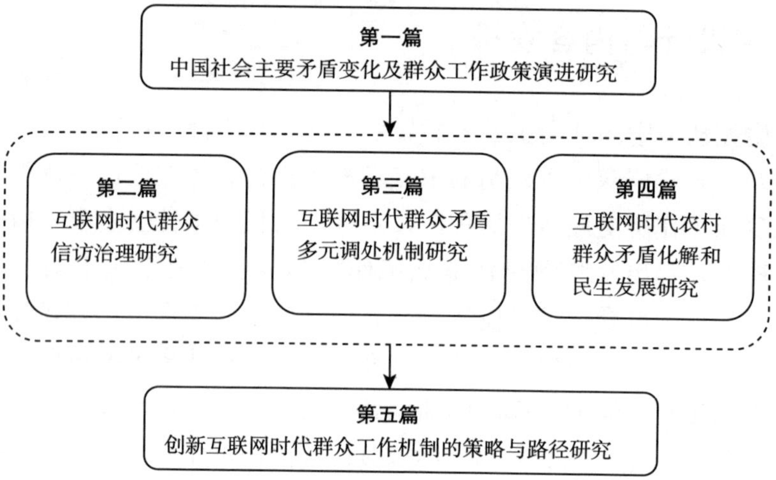

图 1-1　各部分之间的逻辑关系

3.1　中国社会主要矛盾变化及群众工作政策演进研究

我国社会主要矛盾已经由“人民日益增长的物质文化需要同落后的社会生产之间的矛盾”转化为“人民日益增长的美好生活需要和不平衡不充分的发展之间的矛盾”。由于社会主要矛盾的变化，群众工作的社会基础、目标任务、理念、手段、模式等方面都将发生相应调整和改变。通过对相关文献的梳理，结合典型案例的分析，以互联网时代社会主要矛盾的变化为切入点，探究社会主要矛盾变化为群众工作机制创新带来的新要求与新挑战，并对其实践逻辑进行应然层面的探讨，在此基础上提出互联网时代群众工作机制的创新应聚焦于构建环节完整、渠道畅通的群众诉求响应机制，即建立完善的互联网时代群众诉求表达机制、利益协调机制、权益保障机制、监督反馈机制以及心理服务和危机干预机制。对此，本章在研究过程中主要解决以下四个基本问题：第一，中国共产党成立以来群众工作如何演进？第二，互联网时代中国社会主要矛盾如何变化？第三，互联网时代群众工作大数据如何运用？第四，互联网时代如何构建群众诉求响应机制？

3.2 互联网时代群众信访治理研究

作为密切联系群众的重要渠道和构建和谐社会的基础性工作，信访治理是互联网时代群众工作的重要组成部分。本章从制度变迁及生成逻辑来分析我国信访制度的演变，深入探讨互联网时代信访工作面临的新形势和信访职能转变的新要求。在系统梳理信访制度变迁路径的基础上，考察互联网时代群众信访治理的现实状况，分析信访治理中的实践困境和制度缺陷。通过信访治理的专业化、智能化、法治化提升，推进群众工作机制创新。研究过程中致力于解决四个主要问题：第一，厘清我国群众信访制度的历史演变及生成逻辑，进一步探讨互联网时代信访治理的现实困境及制度缺陷；第二，明确信访治理的基本原则与实践标准，确定信访工作的范围和对象，构建信访治理的人才激励及管理体系，探析信访治理专业化路径；第三，讨论法治中国进程中的信访法治化问题，厘清信访制度的功能定位；第四，以大数据和互联网技术为支撑，分析网上信访及网络舆情管控的多样形式。

3.3 互联网时代群众矛盾多元调处机制研究

群众矛盾多元调处机制作为党和政府群众工作的重要组成部分之一，是具有中国特色的非诉讼式社会矛盾化解工具。伴随着社会主要矛盾的变化，这一机制在处理和化解群众矛盾以及满足群众美好生活需求中面临着新的挑战。为此，本章主要进行了以下四个方面的研究：第一，我国社会矛盾变化与群众矛盾调处机制演进研究，分析群众不同利益诉求，探讨不同类型矛盾与问题的调处解决途径与方法；第二，“互联网+”群众工作的创新实践研究，分析互联网时代群众工作的职责权限定位，探讨如何加强服务规范性，实现制度创新；第三，群众矛盾多元调处的现实困境与制度缺陷，分析行政调处、司法调处以及多元调处的适用范围与应用障碍；第四，互联网时代群众矛盾多元调处联动机制的理论与制度建构，以更好发挥调处制度在稳定社会秩序、促进经济社会发展中的重要作用。

3.4 互联网时代农村群众矛盾化解和民生发展研究

农村群众对美好生活的向往与城乡发展不平衡和乡村发展不充分之间的矛盾成为党和政府群众工作的重点领域。创新互联网时代群众工作机制必须将农村群众的矛盾化解和民生发展置于重要位置，这也是顺利实施乡村振兴战略和促使农村群众有更多获得感、幸福感和安全感的应然之举。本章的研究重点包含：第一，互联网时代农村群众工作的区域差异性研究，探讨异质性资源禀赋下的农村群众需求的空间格局，及如何通过互联网时代下的科技创新与产业格局调整来解决相应需求；第二，互联网时代农村群众矛盾化解机制研究，关注如何在农村阶层分化与集体行动困境下，通过互联网重塑乡村矛盾化解格局；第三，互联网时代农村群众民生发展机制研究，关注如何在互联网时代构建城乡协调发展机制，实现乡村振兴、城乡协同发展和民生发展。

3.5 创新互联网时代群众工作机制的策略与路径研究

创新互联网时代群众工作机制，一方面要借助创新互联网时代群众信访治理机制、创新互联网时代群众矛盾多元调处机制、重视互联网时代农村群众矛盾化解和民生发展需求，来应对互联网时代社会主要矛盾转变的时代特征；另一方面要清楚地认识到，只有不断增强党和政府在互联网时代开展群众工作的本领，通过互联网加强党和政府与人民群众的血肉联系，更好地依靠群众、发动群众、组织群众和调动群众积极性，共同致力于实现“强起来”的战略目标，才能够从根本上解决当前社会的主要矛盾。创新互联网时代群众工作机制研究不仅要立足于我国社会主要矛盾转变的社会现实，而且要探索形成“互联网时代中国特色社会主义群众工作制度”，在坚持和完善中国特色社会主义制度、推进国家治理体系和治理能力现代化的基础上，更好地为实现中华民族“强起来”的战略目标保驾护航。本章主要研究和阐述以下三个基本问题：第一，基于创新互联网时代群众工作机制面临的现实挑战，应秉承何种价值理念进行政策优化？第二，为确保创新互联网时代群众工作机制价值理念的现实运作，如何寻求支持？第三，如何创新互联网时代群众工作机制，以更好地服务于国家战略目标的实现？

第2篇　中国社会主要矛盾变化及群众工作政策演进

1　中国共产党成立以来群众工作的演进与展望

群众工作是党的一项基础性工作，中国共产党的百年建党史也是一部群众工作史。在中国共产党百年的革命斗争、社会建设和改革开放的历史进程中，始终将群众工作置于突出位置，坚持重视和做好群众工作，成为克服困难和取得胜利的关键。2020年发生的新冠肺炎疫情是新中国成立以来发生的最严重的突发公共卫生事件，以习近平同志为核心的党中央始终将人民群众生命安全和身体健康放在第一位，迅速打响疫情防控的人民战争，并成功取得胜利，全方位彰显了党的领导优势和群众工作能力。透过政党适应性视角①，中国共产党有效应对环境挑战和时间考验的能力并非先天禀赋，而是在调适社会变化与自身发展张力的过程中逐渐获取和积累的。正如亨廷顿所言："在一段时间内，某一组织针对某一类型的问题已形成一套行之有效的对策，如果它成功地经受住了一种环境的挑战，将为其后新的环境挑战铺平道路②。"无论是新近的疫情防控，还是党的百年风雨历程，其积累和形成的群众工作经验，无疑是有效应对各种风险挑战的有力武器。当今，错综复杂的国际环境与艰巨繁重的国内改革发展稳定任务相交织，党的群众工作面临新挑战和新任务。中国共产党成立以来，党的群众工作演进轨迹如何？形成了何种群众工作特征？积累了何种群众工作经验？新时期做好群众工作的重要方向和方法策略为何？本节将针对上述问题展开系统探索和思考。

---

① 陈家喜．从风险网络到执政网络：信息化背景下的政党适应性［J］．中共中央党校学报，2017，21（2）：12-18.

② 塞缪尔·亨廷顿．变化社会中的政治秩序［M］．王冠华，等，译．北京：生活·读书·新知三联书店，1996.

1.1　党的群众工作演进轨迹回溯

从一定意义上讲，中国共产党的百年历史就是一部群众路线史。参考中共党史“多阶段分期法”[①]，党的群众工作也可以按照社会主要矛盾、党和国家的工作重心和主要任务的不同，划分为若干历史时期，从而全面和准确反映党的群众工作历史进程。

1.1.1　新民主主义革命时期党的群众工作（1921 年 7 月—1949 年 9 月）

新民主主义革命时期，党的核心任务就是团结和领导人民群众推翻封建主义、官僚主义和帝国主义三座大山，取得新民主主义革命的胜利。这一时期党的群众工作又可以依据具体的社会背景和当时的主要任务划分为四个阶段。第一阶段：工农运动（1921 年 7 月—1927 年 7 月）。这一时期党将领导和开展工农运动作为群众工作的中心任务，对工农群众进行宣传和教育，播撒革命的种子，积累了宝贵的群众工作经验。第二阶段：土地革命（1927 年 7 月—1937 年 7 月）。这一时期党对群众工作有了更加深刻的认识，将组织土地革命战争和改良群众生活作为两大任务，并且提出“革命战争是群众的战争，只有动员群众才能进行战争，只有依靠群众才能进行战争”[②] 的主张。第三阶段：抗日战争（1937 年 7 月—1945 年 8 月）。这一时期党将“为争取千百万群众进入抗日民族统一战线而斗争”[③] 作为群众工作的核心任务，坚决而广泛地发动全体群众，并且提出“共产党员决不可脱离群众的多数……应以个人利益服从于民族的和人民群众的利益”[④] 的群众工作理念和“凡属正确的领导，必须是从群众中来，到群众中去”[⑤] 的群众工作方法。同时，在战争过程中，党逐渐形成了“群众是真正的英雄”[⑥]“共产党的路线，就是人民的路线”[⑦]“必须给人民以看

① 武国友．关于新时期中共党史分期的标准、原则与阶段划分［J］．中共党史研究，2012（6）：41－48．

② 毛泽东选集（第 1 卷）［M］．北京：人民出版社，1991：136．

③ 毛泽东选集（第 1 卷）［M］．北京：人民出版社，1991：279．

④ 毛泽东选集（第 2 卷）［M］．北京：人民出版社，1991：525．

⑤ 毛泽东选集（第 3 卷）［M］．北京：人民出版社，1991：900．

⑥ 毛泽东选集（第 3 卷）［M］．北京：人民出版社，1991：790．

⑦ 毛泽东文集（第 2 卷）［M］．北京：人民出版社，1993：409．

得见的物质福利”① “群众有伟大的创造力”② “一切为群众的工作都要从群众的需要出发”③ “共产党人的一切言论行动，必须以合乎最广大人民群众的最大利益”④ 等群众观点。第四阶段：解放战争（1945 年 8 月—1949 年 9 月）。这一时期党的群众工作围绕争取和平民主和推翻国民党反动统治展开，面对强大的敌人，党认识到“最重要的是充分发动群众……只要广大人民的力量增加到我们方面，就会使敌我力量发生有利于我的变化”⑤，从而团结和带领人民群众建立和巩固根据地。同时，主张“善于把党的政策变为群众的行动”⑥，党的宣传和动员、团结和组织、引导和领导群众的能力愈加成熟。

1.1.2 社会主义革命和建设时期党的群众工作（1949 年 10 月—1978 年 12 月）

新中国成立后，党的核心任务主要围绕领导人民群众继续完成新民主主义革命遗留任务和开展社会主义建设展开，可以划分为两个阶段。第一阶段：社会主义革命（1949 年 10 月—1956 年 9 月）。这一阶段党团结带领人民群众医治战争创伤，恢复国民经济，建立了以生产资料全民所有制和劳动群众集体所有为基础的社会主义经济制度。同时，为了更加紧密地联系和服务群众，党将“必须重视人民群众来信”⑦ 作为重要的群众工作方法，有效纠正了党执政后部分领导干部不够重视群众工作和疏远人民政府与人民群众之间关系的思想作风。第二阶段：社会主义建设（1956 年 9 月—1978 年 12 月）。这一阶段党的群众工作，一方面系统提出了正确处理人民内部矛盾的问题，将革命战争时期形成的“团结—批评—团结”群众工作方法创造性转化为社会主义建设时期团结全国各族人民的重要方式，同时借助“党群关系好比鱼水关系”⑧ “解决人民内部矛盾，……只

---

① 毛泽东文集（第 2 卷）[M]. 北京：人民出版社，1993：467.
② 毛泽东选集（第 3 卷）[M]. 北京：人民出版社，1991：933.
③ 毛泽东选集（第 3 卷）[M]. 北京：人民出版社，1991：1012.
④ 毛泽东选集（第 3 卷）[M]. 北京：人民出版社，1991：1096.
⑤ 毛泽东文集（第 2 卷）[M]. 北京：人民出版社，1996：151.
⑥ 毛泽东选集（第 4 卷）[M]. 北京：人民出版社，1991：1319.
⑦ 毛泽东文集（第 6 卷）[M]. 北京：人民出版社，1999：164.
⑧ 建国以来毛泽东文稿（第 6 册）[M]. 北京：中央文献出版社，1992：547.

能用民主的方法，让群众讲话的方法”① “共产党基本的一条，就是直接依靠广大革命人民群众”② 等群众工作话语组织、依靠和引导群众开展社会主义建设。另一方面，这一时期党的群众工作出现严重失误，以“大跃进”“人民公社化”和“文化大革命”为代表的群众工作，出现了官僚主义、命令主义和形式主义等脱离和违背人民群众真实需求的工作作风，给国家和人民群众带来重大损失。

1.1.3　改革开放后到十九大之前的群众工作（1978年12月—2017年10月）

党的十一届三中全会全面拨乱反正，实施改革开放，党的工作中心转向经济建设，相应地，党的群众工作的任务也随之变化，可以划分为两个阶段。第一阶段：改革开放与现代化建设（1978年12月—1992年10月）。这一阶段党的群众工作在鼓励、支持人民群众勇于思考、勇于探索、勇于创新的同时，明确提出“在实现四个现代化的进程中，……只要我们信任群众，走群众路线，把情况和问题向群众讲明白，任何问题都可以解决。”③ 为防止党的群众工作出现失误，党和国家领导制度改革提上日程，在正确处理人民内部矛盾的基础上，提出要“广泛听取群众意见”和“要有群众监督制度，让群众和党员监督干部，特别是领导干部”④，同时要“有针对性、细致深入和群众所乐于接受”的形式做好改革过程中的思想政治工作。这一阶段更加重视人民群众的民生问题，提出“一定要努力帮助群众解决一切能够解决的困难。暂时无法解决的困难，要耐心恳切地向群众解释清楚”⑤ 和“凡是符合最大多数人的根本利益，受到广大人民拥护的事情，……一定会得到成功”⑥，基本解决了人民群众的温饱问题。第二阶段：社会主义市场经济体制（1992年10月—2017年10月）。这一阶段党的群众工作围绕解决人民日益增长的物质文化需要同落后的社会生产之间的矛盾展开，提出“我们党要始终代表中国最广大人民的根本利

① 毛泽东文集（第8卷）[M]. 北京：人民出版社，1999：291.
② 建国以来毛泽东文稿（第12册）[M]. 北京：中央文献出版社，1998：581.
③ 邓小平文选（第2卷）[M]. 北京：人民出版社，1994：152.
④ 邓小平文选（第2卷）[M]. 北京：人民出版社，1994：342.
⑤ 邓小平文选（第2卷）[M]. 北京：人民出版社，1994：368.
⑥ 邓小平文选（第3卷）[M]. 北京：人民出版社，1993：142.

益”[①]“人民群众是推动科学发展的主体”[②]“要坚持以人民为中心的发展思想”[③]和“各级党政机关和领导干部要学会通过网络走群众路线”[④]等群众工作观点，推动了社会生产力的极大发展，基本满足了人民群众的物质文化需要。

1.1.4 十九大以来的群众工作（2017年10月至今）

党团结带领全国各族人民艰苦奋斗，中国特色社会主义进入了新时代，解决人民日益增长的美好生活需要和不平衡不充分的发展之间的矛盾成为党的工作中心任务。以习近平同志为核心的党中央深入贯彻以人民为中心的发展思想，团结带领全国人民有效应对重大挑战、抵御重大风险、克服重大阻力和解决重大矛盾，提出“实施乡村振兴战略”“健全人民当家作主制度体系”“发展社会主义民主政治”“提高保障和改善民生水平”等一大批惠民举措[⑤]，团结和带领全国各族人民决胜全面建成小康社会，制定国民经济和社会发展第十四个五年规划和提出二〇三五年远景目标[⑥]，为有效满足人民日益增长的美好生活需要和增强人民群众的获得感、满足感、幸福感不懈努力。

建党百年群众工作阶段划分与重点任务见表2-1。

表2-1 建党百年群众工作阶段划分与重点任务

阶段划分	阶段细分	群众工作重点任务
新民主主义革命时期（1921年7月—1949年9月）	1921年7月—1927年7月	领导和开展工农运动
	1927年7月—1937年7月	组织土地革命战争和改良群众生活
	1937年7月—1945年8月	组建抗日民族统一战线
	1945年8月—1949年9月	争取和平民主和推翻国民党反动统治

① 江泽民文选（第3卷）［M］. 北京：人民出版社，2006：279.

② 十七大以来重要文献选编（上）［M］. 北京：中央文献出版社，2009：579.

③ 新华网．习近平：立足我国国情和我国发展实践 发展当代中国马克思主义政治经济学［DB/OL］. http：//cpc.people.com.cn/n/2015/1124/c64094-27850965.html. 2015-11-24/2020-10-12.

④ 新华网．习近平：在网络安全和信息化工作座谈会上的讲话［DB/OL］. http：//www.xinhuanet.com/politics/2016-04/25/c_1118731175.htm. 2016-04-25/2020-10-12.

⑤ 习近平．决胜全面建成小康社会 夺取新时代中国特色社会主义伟大胜利［N］. 人民日报，2017-10-28（001）.

⑥ 习近平．关于《中共中央关于制定国民经济和社会发展第十四个五年规划和二〇三五年远景目标的建议》的说明［N］. 人民日报，2020-11-04（002）.

（续）

阶段划分	阶段细分	群众工作重点任务
社会主义革命和建设时期（1949 年 10 月—1978 年 12 月）	1949 年 10 月—1956 年 9 月	恢复国民经济，建立社会主义经济制度
	1956 年 9 月—1978 年 12 月	正确处理人民内部矛盾与探索失误并存
改革开放后到十九大之前（1978 年 12 月—2017 年 10 月）	1978 年 12 月—1992 年 10 月	改革开放与现代化建设，解决温饱问题
	1992 年 10 月—2017 年 10 月	基本满足了人民群众的物质文化需要
十九大以来（2017 年 10 月至今）	2017 年 10 月至今	解决人民日益增长的美好生活需要和不平衡不充分的发展之间的矛盾

1.2　党的群众工作的逻辑起点

党的群众工作演进历程是前进发展与曲折徘徊的辩证统一。在党的百年群众工作历程中生成的主要特征，确保了群众工作的正确发展方向和整体上升趋势。

1.2.1　因势而谋，主动作为

始终依据群众工作形势而调适策略，实现主动和积极有为是党开展群众工作的主要特征之一。宏观来看：由建党初期领导城市工人罢工，到适时开辟“农村包围城市，武装夺取政权”的革命道路；由建立最广泛的抗日民族统一战线，到抗战胜利前后因势利导为人民大众争取民主权利；由英勇领导人民群众开展解放战争，到新中国成立后开展社会主义建设；由对“文化大革命”拨乱反正，到改革开放时期的以经济建设为中心；由解决人民日益增长的物质文化需要同落后的生产之间的矛盾，到有效应对人民日益增长的美好生活需要和不平衡不充分的发展之间的矛盾。我党始终对时代特点和社会形势做出科学分析与判断，对开展群众工作的环境及其变化具有极强感知力，从而正确带领和团结人民群众为维护自身权利和满足发展需求而斗争。微观来看：一方面，党在群众工作过程中保持党的先进性。始终保持密切联系群众的作风，坚持从群众中来，到群众中去，善于将群众的经验综合起来“成为更好的有条理的道理和办法”[①]，号召和带领群众为解决阶段性社会任务而努力奋斗。另一方面，党在群众工作过程中形成鲜明的群众观点。始终坚持尊重社会发展规律与尊重人民主体地

① 毛泽东选集（第 3 卷）[M]. 北京：人民出版社，1991：934.

位的一致性，注重“一切依靠最广大群众力量去解决问题”①，主动将人民群众作为革命、建设、改革的智慧和力量源泉。

1.2.2 谦虚谨慎，以民为师

始终保持谦虚谨慎、不骄不躁的工作作风是党的优良传统。从革命战争时期坚持“只有做群众的学生才能做群众的先生”②，到社会建设时期“必须重视人民的通信，要给人民来信以恰当的处理，满足群众的正当要求”③，然后到改革开放时期“只有得到人民群众的理解、支持和参与，充分发挥人民群众的积极性和创造性，才能顺利推进”④，再到新时代“把党的群众路线贯彻到治国理政全部活动之中，把人民对美好生活的向往作为奋斗目标，依靠人民创造历史伟业”⑤，可见党在不同时期的群众工作中，都始终遵循谦虚谨慎和以人民为师的群众工作作风。此外，党在群众工作过程中特别强调党员队伍建设，始终注意打造符合社会发展要求和人民需求的高素质干部队伍，不断通过党性锻炼和政治历练增强执政本领和群众工作能力。自党的十八大以来，习近平总书记提出“打铁还需自身硬”的新论断和“建设一支忠诚干净担当的高素质专业化干部队伍”，着力增强党的政治把握能力、调查研究能力和联系群众能力，将人民拥护不拥护、赞成不赞成、高兴不高兴作为制定政策的出发点和落脚点，确保党的群众工作主张和政策真正符合群众需求。

1.2.3 问题导向，突出重点

始终突出问题导向是党开展群众工作所坚持的重要方法论。问题就是事物发展运行过程中存在的矛盾，哪里存在没有解决的矛盾，党的群众工作触角就延伸到哪里。建党初期，面对人民群众的政治意识和权利意识普遍薄弱的问题，党就领导工人和农民开展群众运动，宣传马克思主义和争取合法权利。土地革命战争时期，面对农村生产力低下和农民生活困苦的问题，党领导人民群众“打土豪、分田地”。抗日战争时期，面对中华民

---

① 毛泽东文集（第3卷）[M]. 北京：人民出版社，1996：280.

② 毛泽东选集（第3卷）[M]. 北京：人民出版社，1991：864.

③ 毛泽东文集（第6卷）[M]. 北京：人民出版社，1999：164.

④ 江泽民文选（第1卷）[M]. 北京：人民出版社，2006：407.

⑤ 习近平. 决胜全面建成小康社会　夺取新时代中国特色社会主义伟大胜利 [N]. 人民日报，2017-10-28（001）.

族陷入生死存亡的巨大危机，党领导人民群众最大限度地团结朋友和孤立敌人，开展“减租减息”运动。解放战争时期，面对广大农村群众对土地的渴求，党团结和带领人民群众实行“耕者有其田”的政策。新中国成立后，面对复杂多样的国内矛盾，党适时提出“正确处理人民内部矛盾”的命题。改革开放后，人民群众依然面临很多问题，其中最为突出的就是民生问题，党团结和带领全国各族人民实施了西部大开发、东北全面振兴、中部地区崛起、东部率先发展、乡村振兴等一系列区域和整体发展战略，实现了全面建成小康社会的历史性跨越。进入新时代，人民群众的美好生活需求更加多元，党始终以人民为中心，不断提升全方位做好群众工作的能力，坚持把群众呼声作为第一信号，把群众需要作为第一选择，把群众满意作为第一标准，为解决好人民群众最关心最直接最现实的利益问题而不懈奋斗。

1.2.4　善于团结，凝心聚力

善于团结一切可以团结的力量和凝聚智慧是党开展群众工作始终坚持的重要原则。中国共产党既不是靠“一党专政”，也不是靠一党之力实现长期执政，“善于团结”的群众工作方法贯穿于革命战争、社会建设、改革开放和新时代各个历史时期。建党初期，为了打倒军阀，推翻帝国主义、封建主义和官僚资本主义，党广泛动员工农群众，明确提出建立各民主阶级联合战线的主张，开创了民主革命的新局面。抗日战争期间，党为建立以国共合作为基础的抗日民族统一战线进行了长期努力，明确提出“党的任务就是把红军的活动和全国的工人、农民、学生、小资产阶级、民族资产阶级的一切活动汇合起来”[①]，团结一切力量为抗日救国而奋斗。新中国成立后，人民政协成为党领导的多党合作和政治协商的重要机构，发挥对国家大政方针和群众生活重要问题进行政治协商、通过批评建议进行参政议政与民主监督的作用，在社会主义建设和改革时期作出了重要贡献。新时代，党继续坚持和完善我国政党制度，广泛凝聚人心和力量，提出“坚持人民政协为人民”和“以改革创新精神推进履职能力建设”[②] 的新要求，开拓了人民政协联合做好群众工作的新天地。

① 毛泽东选集（第 1 卷）［M］. 北京：人民出版社，1991：155.

② 习近平 . 在中央政协工作会议暨庆祝中国人民政治协商会议成立 70 周年大会上的讲话［N］. 人民日报，2019－9－21（002）.

1.3 党的群众工作的价值旨归

党的百年群众工作实践，在宣传和组织、引导和教育、依靠和服务群众的过程中，逐渐形成和积累了丰富的群众工作经验，坚定的人民立场、建设学习型政党和遵循客观规律居于相对重要地位。

1.3.1 坚定的人民立场

人民立场是中国共产党的根本政治立场，也是马克思主义政党区别于其他政党的显著标志①。自建党以来，党在群众工作过程中始终坚持将倾听民声、顺应民意和满足民需作为奋斗目标，密切联系和紧紧依靠群众，与人民群众实际要求同频共振，调动和发挥群众的主动性、积极性和创造性，为社会发展提供源源不断的活力。从毛泽东明确提出“为什么人的问题，是一个根本的问题，原则的问题”② 和“全心全意地为人民服务，一刻也不脱离群众”③ 的思想，到邓小平提出人民拥护不拥护、赞成不赞成、高兴不高兴、答应不答应的衡量标准，到江泽民提出我们党要始终代表中国最广大人民的根本利益，到胡锦涛提出科学发展观核心是以人为本，到习近平提出“坚持以人民为中心的发展思想，不断满足人民日益增长的美好生活需要，让改革发展成果更多更公平惠及人民”，坚定的人民立场在党的群众工作中既一脉相承又与时俱进。这一鲜明的政治立场不仅保持了党执政的稳固性和长期性，增强了执政合法性和先进性，而且将广大人民群众更加紧密地团结在党的周围，共同为实现中华民族伟大复兴的中国梦而努力奋斗。

1.3.2 建设学习型政党

建设学习型政党是通过提高党的社会适应性和提升执政能力更好开展群众工作的必然要求。由于时代发展和社会环境的变化，党在不同历史时期的群众工作总会面临许多新矛盾、新问题和新任务，必须通过不断学习并且以强烈的忧患意识来自觉应对外部环境的刺激，才能够提升党组织的快速应变能力和持续创造活力。中国共产党历来重视学习，坚持一切从实际出发和理论联系实际是党的优良学风。在延安整风时期，毛泽东就将学

---

① 李生．人民立场是党的根本政治立场［J］．人民论坛，2017（28）：104－105.

② 毛泽东选集（第3卷）［M］．北京：人民出版社，1991：857.

③ 毛泽东选集（第3卷）［M］．北京：人民出版社，1991：1095.

风建设作为党领导中国革命必须解决的“第一个重要的问题”。改革开放以来，历届中央领导集体都将学风问题作为关系党的兴衰和事业成败的重大政治问题。党的十六大明确提出建设学习型政党的要求，中共中央政治局率先垂范，坚持集体学习并形成制度，围绕群众工作的新形势和新任务、治国理政的重大理论和实际问题开展针对性学习，为建设学习型政党起到了重要的推动和示范作用。进入新时代，习近平总书记更加重视学习型政党建设，提出“在全党营造善于学习、勇于实践的浓厚氛围”[①]，切实增强政治领导本领和群众工作本领，把党自身建设好、建设强，不断创新互联网时代的群众工作体制机制和方式方法，一如既往又与时俱进地做好新时代的群众工作。

1.3.3　遵循客观规律

党领导人民群众开展的中国特色社会主义建设事业是一项前无古人的全新创举，既要在持续学习中推进理论创新，又要在群众工作实践中大胆探索，两者都离不开对客观规律的认识与把握。党的群众工作必须面向人民群众的集体活动，而不是哪一个个人的行为，只有获得广大人民群众的拥护和支持，聚合了人民群众的智慧和力量，才能够经受住任何风险和考验。遵循客观规律，也是通过系统总结长期以来党的群众工作经验教训而形成的科学领导方法和工作作风。其一，遵循党的执政规律。要坚持推进任何改革发展事业必须以党的领导为前提，坚持“党政军民学，东西南北中，党是领导一切的”，不断提高党的执政能力和水平，提升人民群众对党执政的信任度和支持度。其二，遵循社会主义建设规律。坚定社会主义制度的优越性，中国特色必须服从和服务于社会主义本质，在群众工作过程中强化“四个自信”，让人民群众充分认识社会主义能够救中国，同样可以发展、壮大和成就中国。其三，遵循人类社会发展规律。坚持把发展社会生产力和理顺生产关系作为党的中心任务，社会主要矛盾只有通过改革解放生产力和优化创新生产关系得到解决，不断满足包括弱势群体在内的所有人民群众的现实需求，才能够形成最大公约数，增强社会发展的持续性和内生动力。

---

① 聂家华，杨宜丰．提升学习力推进学习型政党建设［J］．中国特色社会主义研究，2018（6）：91－96.

1.4 新时代群众工作的实践面向

2021年是建党100周年，也是第十四个五年规划的开局之年。站在新的历史起点上，将党的群众工作更好地寓于民生发展、共同富裕、干部能力建设、国家治理和网络执政过程之中，对于进一步完善党的群众工作体系和提升群众工作能力大有裨益。

1.4.1 群众工作与民生发展

群众工作与民生发展具有本质的一致性。自建党以来，党始终将解决民生发展问题作为群众工作的重要组成部分。2020年，党的十九届五中全会审议通过《中共中央关于制定国民经济和社会发展第十四个五年规划和二〇三五年远景目标的建议》，明确提出我国“民生保障存在短板”，进而将“城乡区域发展差距和居民生活水平差距显著缩小”作为基本实现社会主义现代化的远景目标之一，凸显了鲜明的时代意识和问题导向，成为不断满足新时期人民群众美好生活需要，尤其是致力于推动民生高质量发展的生动写照。综观近四年城乡居民对12个民生领域的总体满意率(表2-2)，尽管普遍呈现上升趋势，但是人民群众对医疗和教育的满意率偏低，同时人民群众认为近四年来住房状况的改善幅度不大，对党更好地开展“十四五”期间的群众工作具有重要的启发和借鉴意义。党的百年群众工作历程已然证明，民生发展与人民群众息息相关，只有在群众工作中真正回应民生关切，想群众之所想、急群众之所急和解群众之所忧，以实际行动诠释党与人民群众的鱼水之情，才能更好地保持和增进党同群众之间的血肉联系。

表2-2 2016—2019年城乡居民对12个民生领域的总体满意率

12个民生领域	2016年	2017年	2018年	2019年	变动幅度
食品安全状况	79.7	82.3	82.5	88.5	8.8
交通状况	81.0	82.9	83.0	87.6	6.7
环境状况	84.8	87.1	88.0	90.4	5.7
就业状况	86.6	86.2	85.2	91.5	5.0
司法机关公正执法	87.2	84.5	85.8	91.1	3.9
政府部门服务	86.4	84.2	84.2	90.1	3.7

（续）

12 个民生领域	2016 年	2017 年	2018 年	2019 年	变动幅度
社会治安环境	93.0	93.0	93.9	96.4	3.4
医疗服务	80.1	78.8	77.9	83.5	3.4
社会保障状况	85.3	83.9	84.3	88.5	3.2
社区公共服务	86.6	88.2	87.3	89.2	2.6
教育状况	83.5	82.0	80.5	86.1	2.6
住房状况	88.1	85.7	85.4	89.3	1.2

资料来源：国务院发展研究中心、“中国民生调查”课题报告①。

首先，落实后小康社会的相对贫困治理。相较于绝对贫困而言，相对贫困的治理更加复杂，收入、教育、医疗、资源禀赋、营养健康以及个人发展能力等都可能成为致贫因素②。这类棘手问题的治理呼唤在党的集中统一领导下，实现政府、市场和社会等多方力量的整合与协同，在识别致贫因素的基础上精准施策，从而持续和有效地改善贫困群众的生活状态。其次，推动民生高质量发展。不断满足人民群众日益增长的、多样化的民生需求，是新时代党的群众工作必须面对的重要内容。通过切实有效的举措提高人民群众的收入水平，将强化就业优先政策置于更加突出的地位，积极构建有助于提升全民受教育程度的高质量教育体系，建成全覆盖、保基本、多层次和可持续的社会保障体系，实施包含医养结合、康养结合和护养结合在内的更加积极多元的人口老龄化应对策略，切实改善人民群众的生活品质。最后，健全民生保障制度建设。加快推进更加完备的民生制度建设应当成为党开展群众工作的重要任务，既要注重调适不同民生保障制度之间的相互关系，追求民生发展综合效应的最大化，又要关注民生保障的公平性和参与性，不断激发人民群众为幸福生活而奋斗的内生动力，真正推动民生发展进入新境界。

---

① 国务院发展研究中心自 2016 至 2019 年连续四年开展“中国民生调查”，每年开展 8 个省份约 10 000 户民生关切点入户调查，31 个省份 51 000 人的民生满意度电话调查，内容包括就业、收入、教育、医疗、养老等 12 个领域，基本涵盖了民生发展的主要内容。

② 许源源，徐圳．公共服务供给、生计资本转换与相对贫困的形成［J］．公共管理学报，2020，17（4）：140－151.

1.4.2 群众工作与国家治理

人民群众居于国家治理的主体地位，群众工作必然成为国家治理的重要构成要素①。党的十九届五中全会提出加快推进国家治理体系和治理能力现代化，并将“基本实现国家治理体系和治理能力现代化”作为2035年基本实现社会主义现代化的远景目标之一，内在要求党的群众工作要更加有效地集中群众智慧和凝聚群众力量，一如既往地坚持“充分尊重人民意愿，形成广泛共识”②，在不断完善党的群众工作体系和提升群众工作能力的过程中，将党的领导优势和国家制度优势更好地转化为国家治理效能。

一方面要完善党的群众工作体系。善于团结一切可以团结的力量和调动方方面面的积极性，是党的群众工作核心特点之一。治大国，若烹小鲜。在当今社会运行和社会变化加速化的趋势下，不稳定性和不确定性明显增加，党治国理政面临更多的风险与挑战。在推进国家治理现代化的进程中增进党的群众工作效果，必须构建起符合时代需要的群众工作体系，将“人民对美好生活的向往就是我们的奋斗目标”转化为多元国家治理主体的共同价值追求。因此，党的群众工作在牢固坚持和贯彻“以人民为中心”执政理念的同时，也应当将社会主义核心价值观融入其中，从而更好地增进和凝聚包括党、政府、企业、非营利组织和社会公众等在内的多元化主体的价值共识，使其在执政、理政、参政和议政的国家治理活动中，将做好群众工作转化为自觉的情感认同和行为习惯。另一方面，提升党的群众工作能力。面对日趋复杂的群众工作环境和人民群众对美好生活追求的不断变化，习近平总书记明确指出“年轻干部要提高群众工作能力”③，将基层作为培养锻炼年轻干部的最好课堂，将群众作为年轻干部的最好老师。一是增强调查研究的能力。深入基层和群众才能真正了解群众“急难愁盼”的问题，以服务群众和解决问题的实际行动赢得群众的信任和支持。二是坚定群众立场的能力。坚持从群众中来、到群众中去，真正站在

---

① 包心鉴．党的群众路线在国家有效治理中的价值导向和实现机理［J］．山东社会科学，2020（4）：193-194.

② 习近平．在庆祝海南建省办经济特区30周年大会上的讲话［N］．人民日报，2018-04-14（002）.

③ 曾德亚．提升做好新时代群众工作的能力［J］．红旗文稿，2020（20）：19-20.

群众立场上想问题、办事情，时刻把群众安危冷暖放在心上。三是完善政策执行的能力。认真落实党中央各项惠民政策，公开公平公正合法地处理群众事务，提高政策执行的规范性和预见性。四是创新群众工作方法的能力。善于运用群众喜闻乐见和易于接受的方法宣传和教育群众，运用法治思维和方式化解群众矛盾纠纷，不断提高群众的思想觉悟和行动积极性。

1.4.3　群众工作与网络执政

在当今的信息时代，互联网已经成为影响党的群众工作成效的“最大变量”，不断加强和创新网络社会群众工作，成为新时代党应对执政考验和化解执政风险的重大课题。习近平总书记高度重视网络群众工作，曾在多个场合就做好线上群众工作发表重要论述，明确指出要“创新互联网时代群众工作机制”，并将其作为健全为人民执政、靠人民执政各项制度的重要组成部分。群众工作场景的线上延伸，实质是对党的网络执政适应性的一次检验，因为网络群众工作并非实体社会群众工作的简单移植，它需要面对互联网社会呈现出的跨越时空限制、结构扁平、即时反馈、多元参与、话语复合等多维特征，对党在网络社会开展群众工作的能力提出了新要求。

首先，提升网络群众工作的情境认知能力。网络社会情境具有多样性、复杂性和多变性，网络群众工作情境认知能力的学习与养成，可以使党在开展网络执政活动中实现党群之间的有效互动和形成良性的党群关系。一方面要提升情境解释能力，实现网络群众工作与其开展环境之间的辩证互动，既使网络群众工作合乎网络社会环境的表达与理解，又使其凸显网络群众工作对网络社会的意向性建构。另一方面要改善情境反思能力，在处理网络社会不同情境中的问题时，我们要通过对网络群众工作过程的反思，提出新的解决思路与方法。其次，增进网络群众工作的话语聚合能力。网络社会话语呈现表述自由化、观点碎片化和载体多元化等特征，一定程度上对主流话语产生解构和挤出效应。党的网络群众工作不仅要破解“网络失语”困境①，更要通过培育理性网民、加强网络舆论引导

---

① 王晓芸，吴夕孜．新时代网络群众路线：内涵、价值、困境与策略选择［J］．理论导刊，2019（4）：53－59.

和完善网络法律法规等措施聚合优质话语，不断增强主流话语的传播力、影响力和凝聚力。最后，强化网络群众工作的价值引领能力。党的群众工作既要有与时俱进的“变化”，又要有不改初心的“不变”，于“变化”之中求“不变”是巩固党的执政基础和执政地位的必然要求。透过建党百年群众工作的基本经验，不断生产和创造符合时代需求的公共价值是其核心要素。党的网络群众工作需要通过探索和创造顺应人民群众美好生活追求的网络公共价值，增进对网络社会多元价值观念的引领和驾驭能力，将广大网民紧紧团结在党的周围。

党的群众工作历程是一幅不断认识、解决、再认识、再解决社会发展矛盾的生动图景。党在密切联系、紧紧依靠和全心全意服务人民群众的基础上，形成了鲜明的群众工作特点，积累了宝贵的群众工作经验，带领广大人民群众取得了一个个伟大胜利。进入新时代，党的群众工作重点面临着新变化和新任务，更好地将群众工作融入民生发展、共同富裕、国家治理和网络执政过程，是顺利推进第十四个五年发展规划和加快实现 2035 年远景目标的必然要求。在党的坚强和全面领导下，人民群众必将更加紧密地团结在党的周围，为赢得全面建设社会主义现代化国家新胜利贡献智慧和力量。

2　互联网时代中国社会主要矛盾的转变

2.1　社会主要矛盾转变的现实指向

当前，中国对新时代的发展，重新划定了新的历史方位。这一重大判断，是基于对世界百年未有之大变局的深刻认识而得出的科学结论。中国特色社会主义进入新时代的基本依据，是十九大报告提出的“我国社会主要矛盾已经转化为人民日益增长的美好生活需要和不平衡不充分的发展之间的矛盾。”这也是对我国社会主义初级阶段基本国情作出的科学判断。我党建设性提出建设现代化强国的战略目标以来，对这个问题进行过多次讨论。与此同时，我们必须看到，由于历史原因，当前还存在着大量“落后的社会生产方式”，很明显，再说“社会生产落后”已不现实。因此，要解决好新时代下人民群众提出的各种需求问题，就必须以满足人民群众不断增长的物质文化需要为目标。因此，仅仅谈“物质文化的需求”，已不能如实地反映人们的意愿与诉求。人民群众对美好生活需求越来越多，对政府公共服务的期望值也越来越高。

2.1.1　新时代我国社会主要矛盾的科学判断

新时代影响与制约人们美好生活需要满足的因素是多种多样的，但是，主要还是存在着发展的失衡。当前我国正处于全面建成小康社会决胜阶段，面临前所未有的改革攻坚与深水区突破，也遇到了一些深层次矛盾和困难。近年来，党和国家高度重视社会建设与发展，积极推动社会体制改革，取得了显著成效。但是，由于体制机制上存在不足，使社会对公平和正义供给不足，人们平等参与、平等发展权得不到应有保证。同时，由于经济利益格局的调整变化，贫富差距扩大也给社会带来了新情况、新问题，导致社会矛盾增多，影响了社会的长治久安。

习近平强调，要认真学习把握社会主要矛盾变化新特点和新影响，正是因为我国社会主要矛盾发生变化，这是一个事关全局的历史转变，给党和国家的工作带来了很多新的要求，它的基本着眼点是在新的发展理念指导下，解决失衡问题，较好地满足人民群众诸多方面不断增长的需求。特别是要抓住人民群众最为关心、最为直接、最为现实的利益问题，以高质量发展补民生之不足，使人民群众“在幼有所育、学有所教、劳有所得、病有所医、老有所养、住有所居、弱有所扶上不断取得新进展”。只有这样才能从根本上实现经济社会持续健康快速协调发展，推动全面建成小康社会和建设富强民主文明和谐美丽社会主义现代化国家目标如期实现，使人民群众得到了更加丰富和直接的、比较真实的获得感、幸福感和安全感。

2.1.2　反腐倡廉、从严治党是正确处理我国社会矛盾的根本政治保证

习近平指出：“腐败问题对我们党的伤害最大，严惩腐败分子是党心民心所向，党内绝不允许有腐败分子藏身之地。这是保持党同人民群众血肉联系的必然要求，也是巩固党的执政地位的必然要求。”① “坚决反对腐败，防止党在长期执政条件下腐化变质，是我们必须抓好的重大政治任务。”“不得罪成百上千的腐败分子，就要得罪十三亿人民。”② 持之以恒

---

① 习近平关于党风廉政建设和反腐败斗争论述摘编［M］. 北京：中央文献出版社，2015.

② 习近平关于全面从严治党论述摘编［M］. 北京：中央文献出版社，2016.

抓作风。由于网络本身存在着巨大的开放性和互动性，使得网络空间成为各种矛盾冲突的重要场域，并最终演化为群体性事件。党的作风问题绝不是一个小毛病，不正之风可能破坏党与人民群众之间的血肉联系。当前，“四风”现象在一些地方不同程度存在着，而且还呈蔓延之势。现实也证明，党内不正之风滋生了腐败，腐败问题与“四风”相互交织。习近平总书记曾谆谆告诫全党：“如果不坚决纠正不良风气，任其发展下去，就会像一座无形的墙把我们党和人民群众隔开，我们党就会失去根基、失去血脉、失去力量。”

2.1.3　社会治理的强化与创新是妥善处理社会矛盾的一项基础工作

改革开放后，伴随着社会治理水平的日益提升，我国成了世界上公认最安全的国家之一。但是，由于种种因素造成的社会矛盾和问题，仍是多发易发，它给社会治理带来新的使命和挑战。习近平总书记要求全党要通过加强和创新社会治理来化解社会矛盾、促使社会和谐，强调这是实现社会长治久安的一个基础性工作。习近平总书记指出：“加强和创新社会治理，关键在体制创新，核心是人。”还指出：“社会治理是一门科学，管得太死，一潭死水不行；管得太松，波涛汹涌也不行。”基层，是党执政，社会治理之根本，更是社会矛盾频发之地，甚至有些基层成了社会矛盾的“堰塞湖”和“火山口”，严重影响改革、发展和稳定。习近平总书记指出：“党的工作最坚实的力量支撑在基层，经济社会发展和民生最突出的矛盾和问题也在基层，必须把抓基层打基础作为长远之计和固本之策。”① 习近平总书记多次批示要重视20世纪60年代在浙江省诸暨枫桥镇诞生的“小事不出村，大事不出镇，矛盾不上交”的“枫桥经验”，并且强调“社会治理的重心必须落到城乡社区，社区服务和管理能力强了，社会治理的基础就实了”。

2.1.4　提高领导干部化解矛盾的能力和水平，是保持社会和谐稳定的关键

习近平总书记指出：“我们的事业越是向纵深发展，就越要不断增强辩证思维能力……我们全面深化改革，不能东一榔头西一棒子，而是要突出改革的系统性、整体性、协同性。同时，在推进改革中，我们要充分考虑不同地区、不同行业、不同群体的利益诉求，准确把握各方利益的交汇

① 习近平关于社会主义社会建设论述摘编［M］. 北京：中央文献出版社，2017.

点和结合点，使改革成果更多更公平惠及全体人民。”① 习近平总书记指出：问题是事物矛盾的表现形式，我们强调增强问题意识、坚持问题导向，就是承认矛盾的普遍性、客观性，就是要善于把认识和化解矛盾作为打开工作局面的突破口。

目前我国已步入发展关键期、改革攻坚期、矛盾凸显期，我们所面对的冲突就比较复杂了，既存在着以往长期累积起来的冲突，还有解决旧矛盾中出现的新问题，一大批仍然是伴随着形势和环境变化而产生的新矛盾。这些矛盾交织叠加、错综复杂、相互影响、相互激荡，构成了影响经济社会持续健康发展的主要障碍。其中不少矛盾在这一发展阶段不可避免地存在，不能躲，不能绕。只有正确认识这些矛盾，才能更好地处理好各种关系。改革皆为矛盾问题所迫，也是在对矛盾问题的理解与化解中推进和深入。要想从根本上化解好各类矛盾问题，就一定要坚持把人民对美好生活的向往作为工作中心和出发点，从实际出发制定出符合时代要求和社会进步潮流的政策措施。

2.2　互联网时代的社会总体特征

在中国特色社会主义进入新时代的今天，党的十九大作出了展望，“新时代”的差异在于新时代中国社会主要矛盾这一历史方位的变化。新时代是一个不断变化、与时俱进的过程。新的矛盾伴随着新的时代，社会主要矛盾转化成为新时代中国特色社会主义发展的主要标志。在互联网技术飞速发展、信息技术对人类生产生活影响日益深化的今天，社会主要矛盾的转变也将更加明显。我党要从新时代的这一时代背景出发，了解互联网时代社会整体特征到底如何，通过对互联网和社会矛盾变化之间关系的区分，对进入互联网时代中国社会矛盾变化重新认知。

互联网是时代变革的必然趋势，也是人类进步的利器，也正因为如此，人类社会结构总体特征正在发生着渐进式变迁，这一不可逆转的转变所带来的一系列社会效应改变着人们对人生以及对传统社会事务处理方式的看法。

---

① 习近平．辩证唯物主义是中国共产党人的世界观和方法论［J］．思想政治工作研究，2019（2）：9－11.

2.2.1 以网络勾勒现实：社会结构的虚拟化

截至2022年6月，我国网民规模为10.51亿，较2021年12月新增网民1 919万，互联网普及率达74.4%，较2021年12月提升1.4个百分点①（图2-1）。根据梅特卡夫特定律“网络价值等于上网人数的平方”，规模越来越大，网民数量也越来越多，宣告了虚拟社会已经大范围展开②。所以互联网时代的社会特征之一是信息交流网络化（虚拟化）。互联网改变了传统社会形态中人际传播和群体交往的模式，使人类进入一种全新的虚拟社区状态——网络空间。互联网诞生前，人与人之间要面对面，才能结社、结群，而且建立一个组织可能要经过相关职能部门的层层批准。这就使得组织内部成员无法直接接触和了解到外界事物。在互联网出现以后，人们用虚拟方式实现组织化，并建立虚拟组织表达观点③。虚拟结社成为人们生活的重要方式④，虚拟社区也得到了快速的发展，并且有很大的拓展性（无论数量还是规模）。虚拟社区中的人是通过网络联系起来的，这种关系既不是现实世界中人与人之间的关系，又不同于传统意义上的人际关系，而是一种新型社会关系——虚拟联结。虚拟联结之下，人甚至可以在“不在场”中得到一种与“在场”相似的体验感、融入感，从而增强虚拟组织与虚拟社区活力与黏性，尽管是虚拟的，联结也是一样的密切。

新的虚拟社交方式与虚拟社会关系在中国社会中开始重建，并且表现出令人瞩目的变革力量。在这一背景下，传统的“权力—权利”关系受到极大挑战。因此，信息的生产和获取均脱离现实生活的阶层属性，呈现出“去阶层”的特点，信息赋予了扁平、互构、延展等特性，在一定意义上成了“可以自由支配的力量”。网络传播的开放性和自由性使人们能够突破时间、地域、文化传统限制，实现即时互动和共享信息，这正是虚拟社

① 中国互联网络信息中心发布第50次《中国互联网络发展状况统计报告》[J]. 国家图书馆学刊，2022，31（5）：12.

② 尚虎平，惠春华．网络围观下的政府效率：从睡狗行政到非满意——基于50个网络焦点案例的探索[J]. 公共管理学报，2013，10（1）：117-127，143-144.

③ 曾繁旭，黄广生，刘黎明．运动企业家的虚拟组织：互联网与当代中国社会抗争的新模式[J]. 开放时代，2013（3）：169-187.

④ 黄荣贵．互联网与抗争行动：理论模型、中国经验及研究进展[J]. 社会，2010，30（2）：178-197.

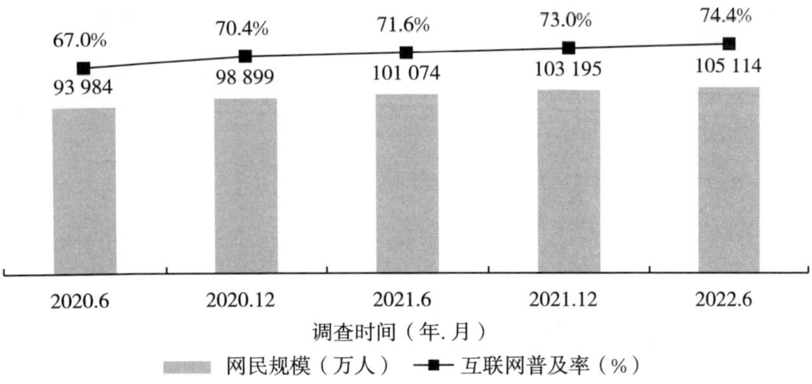

图 2－1　中国网民规模和互联网普及率

来源：中国互联网络信息中心（CNNIC），中国互联网络发展状况统计调查。

交所带来的新特点。随着虚拟社交空间的流行，以及与微博相似的微信、抖音等社交平台软件广泛应用，网民逐步由独立互联网个体用户，继而向进入虚拟社会空间这一社会单元过渡，它可以是“发布消息的人”，也可以是“接收资料者”，也可以是“信息传播者”。同时网络社群的出现改变了传统人际关系格局，使得人们的人际交流不再局限于现实社会中，而是跨越时空界限走向虚拟世界，甚至超越物理范围。社会交往模式亦正在朝着虚拟化方向发展，比如，通过文字、语音、视频等方式进行聊天、发送电子邮件及其他方式的信息沟通与社会交往。这种虚拟化的人际交往不仅改变了人们的日常生活方式，而且影响到整个社会文化结构以及人与人之间的关系。互联网技术的发展使人们的工作方式发生了根本性转变，从传统的以书面文字为主转为以数字形式进行表达与交流。这一点在中国网民上网时间上表现得尤为突出，2022 年 6 月我国网民人均每周上网时长为 29.5 个小时，比 2021 年 12 月提高 1.0 个小时（图 2－2）。

2.2.2　以网络代替沟通：社会公权的离散化

互联网时代中国社会的离散化体现在两个方面，一是社会结构的离散化，二是权力体系的再构。“依托虚拟化的网络交流，网络中的个体具有瞬间流动性，其在网络空间中的个体身份也呈现出多重‘碎片性’，网络个体将自我视为多重的、可变的、碎片化的‘虚拟角色’”①。在此背景

① 马克·波斯特．第二媒介时代［M］．范静哗，译．南京：南京大学出版社，2001：27.

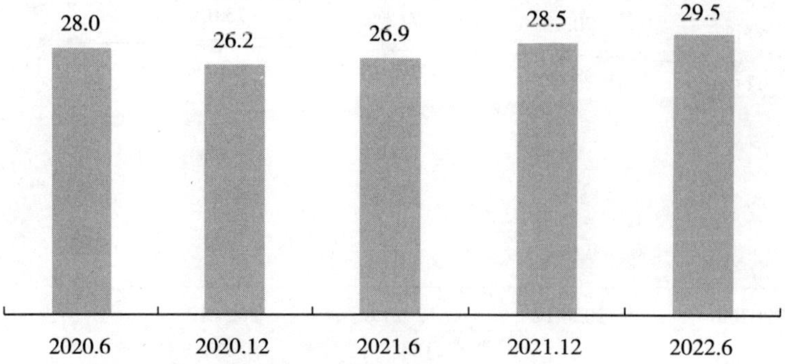

图 2－2　网民人均每周上网时长

来源：CNNIC，中国互联网络发展状况统计调查。

下，社会网络成为一种重要的公共领域。在社会网络系统视野下，当多个个体在虚拟空间中浮游在不同地点时，伴随着不确定因素，也相应形成了一些有一定规模的虚拟社区或者虚拟社团组织，虚拟社会离散化结构就这样产生了，并且进一步构成了“多中心”虚拟社会结构。“多中心”结构是以一个特定主体为核心而构建起来的，它与现实世界有着密切关联，又有相对独立的运行规则。“多中心”社会结构，催生了多元化社会思潮，造成不同人群社会行为离散性高，群体的选择更具有多样性。这种多样化的选择与认同，是一种基于现实社会背景对特定利益诉求作出理性反应的结果。社会个体更倾向于选择具有个人偏好与价值导向的网络社群，导致了不同人群间理解与信任的缺失。同时由于信息共享机制不健全，一些人为了自身利益而盲目追求个人利益最大化，最终可能导致社会分化。随着信息技术的快速发展，“数字化生存”成为现实，以手机为代表的新媒体技术对人们生活方式的改变日益深刻，并逐渐形成一种新型社会形态——“微社会”。社会个体在思想上处于“自我封闭”状态，常易使“封闭性人群”变得偏激、非理性。互联网技术带来了一个全新的社会交往空间——网络空间，它打破了传统的人际传播模式，为人们提供了更为广泛、便捷、开放的信息交流渠道，并引发了一场前所未有的社会变革。团体间、阶层间、区域间数字鸿沟正在逐渐减小，平等意识和自我意识正在增强，公民意识在互联网发展中得到增强。网络技术与经济全球化的深入推动了世界治理模式由传统国家治理向全球治理转变。新统治逻辑转变了，意味着一种新型权力体系的产生。国家与市场、个人与集体之间的关系重新调整。社会权力结构发生了改变，把政治任务交给了政府。

互联网建立起一个空前真实的时间网络，制作、出版资料、转载和反馈几乎能实现零时间或者趋于零时间。这使得信息能够以最快速度被传递到全球各地，并使之成为一个全球性共享平台，而信息网络与卫星传播的结合又提供了将各种信息及时地送往世界各地的切实可能性①。社会事件发生之后，有关消息很快就上了网络。由于信息本身具有即时性和海量性的特点，因此，网民往往会利用这种优势来进行快速有效的议题建构。面对互联网，公共议程建构等，需经过逐层纵向高门槛科层体系，且经常受到体制性阻碍；而即时联结的情景中，人在任何时候都能各抒己见，产生舆论，这在很大程度上促进了以互联网为载体的“体制外”公共议程建构。

在互联网时代，政府官员、媒体以及公众之间存在着复杂的关系和互动，它们共同参与网络公共议题。在这种情况下，“网络问政”这一新型民主形式出现，不仅对原有的制度框架与规则提出了挑战，又与传统行政方式相融合。本研究从社会学视角出发，通过分析网民参与网络政治过程中存在的问题及原因来探讨其解决对策。与传统社会角色比较，互联网时代赋予了中国网民一个虚拟的社会角色，使自由表达在我们这个时代成为一个具有发展趋势的社会群体，“这种新的政治走向一方面表现为政治主体的多极化，即统治与抵抗双方的主体都表现为一种去中心化的过程；另一方面，政治解放不再表现为社会整体结构的转换，而是表现为日常生活中的局部抵抗。”②

2.2.3　以网络共生主体：社会主体多元化

社会的多元性正在市场化的程度上加深，市场化、全球化、信息化继续交织叠加。在这个意义上，社会多元化不仅意味着一个复杂的系统，而且还意味着一种新的治理模式或政治生态的形成。尤其在市场化和全球化的今天，信息化的共同工具机制——互联网及与之相伴随的互联网社会，其结构形式等内容、形塑社会多元性并可能给行政体制改革造成冲击，更

---

① 张一兵．信息存在论与非领土化的新型权力——对斯蒂格勒《技术与时间》的解读［J］．哲学研究，2017（3）：103－109，129．

② 张一兵．资本主义理解史［M］．南京：江苏人民出版社，2009：200．

该把它列入讨论的范围。互联网不仅为人类提供一种新的生活方式，而且也改变着人们的生存状态和思维模式。在全球范围内，互联网带来的信息社会是“正在加速变成现实的技术社会形态”①。因此，在这样一个以网络为核心平台的信息技术革命时代，如何理解和把握这一变革所产生的深刻变化，就成了行政体制改革能否取得成功的关键之一。一方面我们忽视了更为复杂社会的多元性，致使我们在行政体制改革中尽管已发掘出许多制约性因素，但是，对于这些要素的分析还不够全面；另一方面，我们需要面对更为宽泛的理论框架，并将其应用于实际的制度创新过程中去，也就不可避免地对行政体制改革方案的设计和推进形成制约。因此，本研究从政治、经济、文化等方面出发，探讨行政体制改革中可能出现的一些问题及其对策。社会的多元性中派生出两大具化特征，一是叠加性，二是透明性。

叠加性。在互联网时代，人们不再仅仅是信息的传播者和接收者了。面对互联网，多数人仅仅是接受公共信息。在信息消费的基础上，人们又通过网络进行了信息创作。随着互联网技术的发展和普及，人们可以从各种途径获得自己需要的信息。这些被制造出来的信息，在传播过程中会产生信息叠加现象，这些海量信息往往包含了大量虚假信息或者不实信息。同时人的主观偏好也不断向信息生产渗透，再传递与再生产信息，从而形成巨量庞杂的信息。当这种情况出现时，信息就会被进一步加工，使其成为一种“叠加”性的社会现象。从巨量的资讯中要筛选出真正的资讯，对于普通大众来说，很难做到，所以较易出现信息放大（网络舆情）或者信息偏差（谣言）的情况。在叠加联结的情景下，以信息为依据进行决策变得困难，还使得体制和民众之间的关系更加错综复杂。

透明性。在传统社会里，人们通过“人肉搜索”获取自己感兴趣的信息或内容，然后再把这些信息发送给他人。面对互联网，有些联结是隐蔽进行的，体制能够筛选并截取信息传播，信息保密、分级供应蔚然成风。在互联网上，查找、浏览、评论等全部变成了“行为信息”，并且转化为有关联性的数据。

---

① 孙伟平，赵宝军．信息社会的核心价值理念与信息社会的建构［J］．哲学研究，2016（9）：120－126，129.

2.2.4　以网络派生利益：社会群体组织化

社会组织化历来是人们认识政治和社会发展问题的基础，社会组织化程度与模式既影响政治制度运行，还在社会进步、经济发展等方面发挥了重要作用。互联网被认为是一种高效的社会组织化工具，正是因为互联网技术，促使中国从此步入了新的社会结构，它的超级流动性已经成为一种普遍化的社会运转常态。与此同时，伴随网络社交平台的兴起，以用户为中心、基于信息分享和互动而形成的新型社群逐渐涌现。基于这种情况，网络中出现了不同组织程度的虚拟社群，讨论虚拟社群之组织化，就成了一个重要课题。当前，互联网已经深刻改变人类生活与生产方式，它正在从生产领域向消费领域拓展和延伸。党的十九大报告第一次明确提出了“科技支持社会治理”的要求，表明了数字社会的到来，互联网信息技术对传统社会组织化方式进行消解和重建。当前，我国已初步形成以网络为载体的新型社会治理格局，但与此同时，一些新出现的虚拟社群也对国家治理体系和治理能力现代化带来挑战。

关于互联网时代社群组织，存在着三个维度披露，反映了虚拟社群所具有的职能和功能，其中“信息”是最关键和核心的因素。一是涵盖会员信息的共享机制有利于采集、对个体偏好的信息，具有较强的社会整合能力，有助于形成强大而有序的网络秩序，促进社会和谐与进步。在此层面上可以将社群划分成多个小群体进行分析研究。二是社群间应具备资源交换机制，方便保持集体行动的协调。社群成员之间要保持一定程度的互信，以实现有效的合作。三是社群组织需要有较好自主性和合法性①。在我国，人们接受信息，进行社会动员、集体行动均和正式成员身份没有太大关系，真正起到组织化作用的，是个人化社会关系网络②，在各类集体抗争行动中，关系网成为获取信息、动员参与、争取支持的核心机制③。社会组织化的过程中，隐含着两组悖论：广泛性越强行动力就越弱，开放性越强自我控制能力越强，合法性越高自主性越差。所以，衍生出的“网

---

①　刘学，任奕飞，刘金龙．虚拟社群何以组织化？——以卡友驿站平台为例［J］．新闻与传播研究，2021，28（S1）：41－58，126－127.

②　胡荣．社会资本与城市居民的政治参与［J］．社会学研究，2008（5）：142－159，245.

③　石发勇．社会资本的属性及其在集体行动中的运作逻辑——以一个维权运动个案为例［J］．学海，2008（3）：96－103.

络自组织”天然具有信息获取的成本优势：“广泛性易得，行动力难寻，自主性有余，合法性不足”①。

2.3 互联网与社会矛盾变化的关系辨析

党的十九大报告提出，中国特色社会主义进入新时代。同时，提出了我国社会主要矛盾发生了新变化，主要矛盾转化为“人民日益增长的美好生活需要和不平衡不充分的发展之间的矛盾”②。社会主要矛盾牵一发而动全身。新时代社会主要矛盾新变化，使认识和处理社会矛盾的理念、主体、策略、方式、目标等发生重要变化。新时代社会治理话语转换集中体现在从利益管理型向复合治理型的创新与变迁③。随着科学技术的进步，人类生产活动的范围越来越大，社会化程度也越来越高，社会基本矛盾呈现出复杂性、多变性、复合性、多样性和动态化等特征，各种利益群体之间的矛盾必然会凸显出来。在新形势下，随着网民规模不断扩大和信息技术快速发展，网络群体性事件呈现出一些不同于传统社会的特征。

2.3.1 互联网放大现实社会矛盾

虚拟网络的出现是现实社会发展到特定阶段的结果，在现实社会中存在着问题和矛盾，还将延伸到虚拟网络中。网络上层出不穷的各种特殊类型的弱势群体，他们往往以某些特点作为衡量其是否为社会成员的重要标准。虚拟网络空间出现的种种新情况、新问题等，将直接关系到人们对于现实生活的评判和理解。

利益分配差距，是引发社会矛盾的一个重要根源。由于不同阶层的政治态度和价值观念存在差异，使得各利益群体围绕着各自所占有的资源展开激烈竞争，导致各种利益冲突不断出现，甚至激化为群体性事件。利益群体的冲突博弈成为社会矛盾的主要组成部分④。表现为利益获得群体和

① 庄曦，王旭，刘百玉．滴滴司机移动社区中的关系结构及支持研究［J］．新闻与传播研究，2019，26（6）：36－58，127.

② 党的十九大报告辅导读本［M］．北京：人民出版社，2017.

③ 谢海军，刘玥琪．中国社会矛盾话语范式构建及其经验检视［J］．河南社会科学，2022，30（5）：19－27.

④ 郑杭生．当前我国社会矛盾的新特点及其正确处理［J］．中国特色社会主义研究，2006（4）：32－35.

利益受损群体之间的矛盾[①]。传统的计划经济时代形成的政治权力和行政权力都具有强制性和排他性，这决定了政治权力的垄断程度远远高于行政权力。从理论上看，这一部分人在社会中的地位越高，认为自己所拥有的社会资源越丰富。尤其值得关注，部分处于“相对剥夺的感觉”或宽泛参照体系下产生“不公平的感觉”的利益受损群体等，会对自己所处的社会阶层产生一定程度的不满和抱怨。相对于客观的社会阶层归属，主观阶层认同下移的人，社会不满情绪更易出现[②]。

资源分配差距，是引发社会矛盾的深层原因。市场资源配置方式与传统计划经济体制下的“统分结合”形成的二元经济结构和利益格局，直接影响到社会阶层分化程度及其变动趋势。市场位置也影响到个人对自身利益分配的意愿与行为选择，进而改变着整个社会结构和社会秩序。由于我国处于经济转型期和社会转型时期，社会资源在各阶层内部分布不均以及收入分配不公等因素也会影响社会阶层间的相互联系。网络舆论作为一种新形式的社会力量，正成为推动社会变迁的重要因素之一。网络舆论能够对政府的决策产生有效的影响，推动公共政策制定和民主化进程。“网络问政”和“网络反腐”现象，正是现实资源分配不均这一深层次矛盾在网络平台上的体现。

机会分配差距，则使得现有的社会结构更加固化，加大了社会阶层之间流动的难度。在网民中存在着一种非理性情绪——“情绪宣泄”现象，即对某些问题或事件发表自己的意见和看法，甚至进行极端言论和行动，从而导致网络舆论形成。改革开放的起点是推动社会流动，但是，这种流动也造成了城乡之间，体制内和体制外、发达地区和欠发达地区出现“断裂”。这既是一种不平等的经济地位和政治身份的表现，也是一种不合理的社会关系网络的体现。所以，必须关注隐藏在社会分层现象后面的各种利益矛盾。

风险分配问题是随着社会风险来临而出现的一个崭新课题。在西方社会中，风险问题已成为一个重要课题被广泛讨论和研究。根据风险社会理论，工业化的迅猛发展，在给人类带来巨大物质文明的同时，各种“人为

---

① 朱力．中国社会风险解析——群体性事件的社会冲突性质［J］．学海，2009（1）：69－78.

② 李培林．社会冲突与阶级意识——当代中国社会矛盾研究［J］．社会，2005（1）：7－27.

产生的不确定性”应运而生。这些不确定性主要包括自然风险、政治风险、经济风险、文化风险、生态风险等。生态环境风险、新兴技术风险等，无不反映了这一不确定性。这些不确定因素使风险的内涵发生重大变化。这些议题的发生与信息的迅速传递密切相关。

2.3.2 互联网引发了新一轮社会矛盾

尽管绝大部分网络社会矛盾都能从现实中找寻根源，但虚拟时代的来临，也在无声无息中繁衍出新的社会矛盾。随着科技的飞速发展，人们可以通过网络获得前所未有的“自由”，但随之而来的问题是如何应对互联网带来的挑战。作为典型技术进步之一，互联网给社会结构、社会关系带来了影响，技术发展使劳动力被取代，传统技能和新兴技术之间的不相称将导致结构性失业。互联网时代，人们不再像蒸汽机时代那样通过劳动获取经济收入，而是更多依靠知识来获得财富。正在成长中的人工智能，会进一步压榨工作机会。互联网不仅影响了社会交往形式的变迁，而且在某种程度上改变了人际关系。互联网所创造的数字平台为人们提供了全新的交往形式、沟通渠道以及更多的参与空间。同时，网络既孕育着平等，也孕育着不平等①，一方面普通公众获得社交媒体自由表达的同等机会，另一方面，互联网技术本身具有“双刃剑”作用。网络技术在促进民主政治建设方面具有积极作用的同时，它又会带来一些负面影响，包括加剧贫富两极分化以及影响社会安定等。

2.4 互联网时代中国社会矛盾转变的主要表现

2.4.1 社会矛盾在空间上发生变化

在空间上社会矛盾由地方扩展到全国。利益诉求多元与利益冲突加剧使得社会矛盾呈现多样化趋势。网络社会矛盾是虚拟的、复杂的、隐蔽的、扩散的，研究网络社会矛盾及其演变规律对于维护国家安全、构建和谐社会有着重要意义。在互联网技术蓬勃发展的今天，“每个人都拥有麦克风”成了一种常态，人们可以随时随地发布或接收资料，由此，网络空间社会矛盾激增，并最终发展成为全球性的大危机。从而得出结论：社会

① 吴忠民. 网络时代社会矛盾的主要特征分析［J］. 马克思主义与现实，2014（6）：172-178.

矛盾在近乎无界的虚拟空间中无限延伸，引发的共振效应将超越区域范围，分布于全国甚至全球。

2.4.2　社会矛盾行为主体发生变化

社会矛盾主体从直接利益相关者向多元化主体延伸。不确定性是指人们对事物或过程具有的一种不确定的感觉和认识能力，即主观判断上的不精确性。新时期社会矛盾的主体出现了分化。随着互联网信息技术的快速普及，各种新型的社会主体不断出现。这类主体以其特有的方式，给全社会的稳定与发展带来冲击，而这一进程也正是互联网技术推动的结果。网络舆情与传统民意之间存在着密切关联，二者相互影响，相互制约。网络社群是指由一群有特定身份的人所组成的群体或团体，他们以互联网为载体，通过互联网技术将各种观点汇集起来，共同参与到公共问题的解决中去。他们通过信息发布平台，传播渠道，就有关问题展开广泛而持续的探讨，形成了相应的舆论场。网络社群作为一种新的话语空间，其影响力越来越强。网络社群中各成员间的互相关联与竞争给大众探讨公共话题也带来了契机。在这样一种特定情境下，人们会根据自身需要做出决策。在观察同一事件时，各社群之间也会有争论乃至针锋相对之处，使社会矛盾更加错综复杂，千变万化。因此，网络社群中的信息传播具有一定的复杂性和特殊性，需要通过有效策略来引导网民正确使用媒介，进而实现公共利益。

2.4.3　社会矛盾影响因素发生变化

社会矛盾等因素的作用发生变化，由只涉及事件本身，发展为引起极为广泛的“涟漪效应”。社会矛盾在发生、发展和解决过程中存在着各种错综复杂的关系，这些关系之间又相互影响、相互制约，构成一个动态的有机整体。复杂的社会矛盾，决定着它在整个社会变革中的深远意义和作用。随着我国社会主义市场经济体制建设进程不断加快，经济结构发生重大调整，利益关系日趋多元化，各种新问题、新动向不断涌现，引发各类群体矛盾纠纷增多。从单一因素作用到多种因素共同作用，并以一复杂系统呈现，进而出现了新的社会矛盾形态，也就是网络群体性事件。近年来，随着我国经济社会不断转型和经济全球化进程加快，各类新问题、新动向层出不穷。

在互联网环境下，传统社会矛盾冲击往往波及许多方面，从而引发连锁反应，如处理不当，次生危机也会出现。这就要求我们要高度重视网络舆论对群体性事件形成与发展的作用。近几年发生了不少群体性冲突暴力案件均显示了这一趋势。此外，网络谣言也给政府带来了不利影响，甚至引发群体性事件、公共安全事件。

2.4.4 社会矛盾诉求机制发生变化

社会矛盾是一个复杂的概念，它涉及社会关系的方方面面，也涵盖了政策制定过程中所需要考虑的诸多问题。传统的社会矛盾多是通过纠纷的形式表现出来的。伴随着我国国家治理体系和治理能力现代化的加速推进，政府逐步认识到，应通过制度创新应对公众利益诉求，并作为解决社会矛盾之主要途径。

2.4.5 社会矛盾演化模式发生变化

社会矛盾引发风险的不确定性，究其原因，在于社会系统本身的固有属性和外部环境的互动。随着社会结构和社会阶层分化程度加剧，不同群体之间出现了新变化。不确定性作为一种客观现象广泛存在于人类活动和社会关系中。它在一定条件下可以转化为现实的危机事件和社会问题，并通过各种途径向外部传递，从而诱发或加剧社会不稳定因素，引发群体性突发事件。风险不仅存在于现实世界中，而且在虚拟网络空间也同样存在着。在我国，由于网民数量大，网络具有强大的开放性和匿名性等特征，使之极易引发各种风险。网络环境下的各种不确定事件往往具有突发性、偶然性及不可预知性。互联网对人的行为方式产生巨大冲击，并引发一系列新问题。互联网使传统思维方式、交往模式发生了变化，让人可以重新重视自己的利益，却又对社会成员间关系和个体心理带来了很大危害。在互联网环境下，网络舆论成了影响社会变迁，创新国家治理模式的一个主要因素。

2.4.6 社会矛盾的解决方式发生变化

社会矛盾在发生、发展和解决过程中存在着各种错综复杂的关系，这些关系又相互影响、相互制约，构成一个动态的有机整体。大数据时代，社会矛盾处理方式的变化等，信息传递更方便，更有效率，网络舆论成了一条重要的通道。面对日益复杂多元的社会关系，社会矛盾具有复杂性、不确定性，这也使得社会矛盾容易激化。近年来，随着我国经济社会不断转型和全球化进程加快，各类新问题、新动向层出不穷。群体性突发事件发生时，往往会伴随群体心理的矛盾与恐慌，公众在网络上发表意见与主张，构成了舆论场。随着我国政治民主化进程的推进以及公民民主意识增强，民众对公共利益提出更高的要求，而公共危机事件的爆发也使得公众参与到公共决策中来，并影响政府决策。公共危机管理的过程是解决社会不确定因素的过程，也是提升公众的理性认知水平、达到有效防范与应对的过程。在互联网时代，传统的政府治理体系已经不能适应网络时代的要求。传统政府治理模式下，信息公开制度缺失以及公民参与机制不足导致网络社会矛盾难以得到及时解决，造成了公共危机事件频发。为了改变这种局面，必须重新建构政府网络化治理新模式。

3　互联网时代群众工作大数据的运用与分析

互联网时代下运用大数据技术做好党的群众工作，不仅是服务型政府建设的关键要义，也是践行全过程人民民主的重要见证，更是深入贯彻落实党一贯路线的重要实践。

首先，群众工作的大数据运用与分析是我国坚持全过程人民民主的有力佐证。全过程人民民主是社会主义民主政治的本质属性。全过程强调以民主的方式贯穿治理全过程，人民民主则强调“保障人民当家作主”的中国特色社会主义的本质属性。《中国的民主》白皮书指出信访平台、领导信箱、政务热线、网络“留言板”等使人民民主参与不断扩大，人民利益要求得到畅通表达和有效实现[①]。善于借助大数据技术做好互联网时代下的群众工作，不仅贯彻落实了党的一贯方针路线，更切实证明全过程人民民主是广泛、真实、管用的、区别于西式民主的、具有中国特色的人民民主路线。

其次，走好网上群众工作路线将高度重视加强和改进网络信访建设，进一步以中国智慧、中国方案、中国路径的高度推动信访制度改革创新。在信息化、互联网背景下因势而谋、应势而动、顺势而为，让数据多跑

① 中国的民主［EB/OL］. 中国政府网．［2022－10－24］. http：//www. gov. cn/zhengce/2021－12/04/content_5655823. htm.

路、群众少跑腿，把网上信访打造成群众信访主渠道——这是互联网时代下群众工作机制的应有之义。基于中国实践，做好创新互联网时代下的群众工作机制，将有利于实现全过程民主，推动社会主义现代化建设，回应人民群众关于美好生活的盼望，促进以信访工作为核心的群众工作体系改革创新。做好网上信访工作，对于充分释放信访工作制度改革效应，更好发挥信访工作为民解难、为党分忧职能作用，具有重要现实意义，是落实“互联网+信访”战略的具体体现，是走好网络群众路线的生动实践，是深化信访工作制度改革的迫切需要①。

最后，走好网上群众路线更是推动各级领导干部队伍做好做强党的路线常态实践的重要举措。国家中青年干部培训班上习近平总书记要求树立和践行正确政绩观，把好事实事做到群众心坎上，始终保持党同人民群众的血肉联系②。与此同时，在推动党史学习教育过程中，相关意见也明确提出要“以增强宗旨意识为着眼点，持之以恒为民办实事、做好事”③。这意味着要把党史学习教育做实做细，引导干部通过走好网上群众路线，使党史同当下和未来党的执政紧密联系在一起。依托创新互联网时代下群众工作机制的大数据技术应用，做好网上群众工作，不仅可以解决当前民众的急难愁盼，而且能够为党和政府赢得更强的社会公信力，有利于获得群众理解支持和打开工作局面。

诸如大数据分析、大众自媒体等创新互联网技术的应用，为当前群众工作带来了系统性风险④。第一个系统性风险是创新互联网时代呈现舆论格局复杂、信息交互爆炸、参与主体泛滥、网络暴力频繁。化简而论，当前的舆论格局可以分为官方媒体和民间新媒体。经过过去十几年来互联网产业井喷式发展，民间新媒体拥有庞大的用户量和流量。面对民间新媒体，代表我国党和政府的各官方媒体面临着巨大的信任、形象

① 党的十八届三中全会以来以习近平同志为核心的党中央推进全面深化改革纪实［EB/OL］. 中国政府网.［2022-10-24］. http://www.gov.cn/xinwen/2021-03/18/content_5593737.htm.

② 习近平在中央党校（国家行政学院）中青年干部培训班开班式上发表重要讲话［EB/OL］. 中国政府网.［2022-10-24］. http://www.gov.cn/xinwen/2022-03/01/content_5676282.htm.

③ 关于推动党史学习教育常态化长效化的意见［EB/OL］. 中国共产党新闻网.［2022-10-24］. http://cpc.people.com.cn/n1/2022/0322/c64387-32380529.html.

④ 网上群众工作平台建设与政府管理［EB/OL］. 人民网.［2022-10-24］. http://leaders.people.com.cn/GB/178291/218130/421748/421749/index.html.

与流量挑战：官方媒体如何更好地树立公信力？如何打造更具活力的形象？如何更加顺应并回应民心民意？如何重新构建具有官方权威的新闻信息发布平台？上述挑战与困难需要通过创新互联网时代下群众工作机制的大数据技术应用，去实现这样的挑战。第二个系统性风险在于互联网时代下的数据融合。互联网时代最关键的资源在于不断流动、不断变化的信息数据，而以科层制、干部制为基础的党政机关往往面临着条块分割问题，一些跨区域或者跨部门、跨层级数据被人为拆分，难以整合。如果各做各的，效果体现不出来，会浪费资源。因此，有必要推动创新互联网时代下群众工作机制的大数据技术应用，借助大数据分析技术了解群众诉求表达偏向偏好，建立健全群众诉求回应的大数据机器学习库，促使创新互联网时代下群众工作跨域跨级跨部门一体格局的形成。第三个系统性风险在于业务部门的媒介素养不足。如上所述，官方媒体是党和政府关键政务信息公开的一个传声筒，也是互联网时代下创新群众工作路线的关键路径。通过搭建创新互联网时代下的网上群众工作平台，能带动有关部门响应群众诉求，深入基层了解群众困难并加以解决。但是目前的难点是，负责群众工作的部门有很大可能不了解政策执行的实际情况，难以根据事情做出最合理的判断；而业务部门往往缺乏创新互联网时代下主动面对公众、虚心接受批评、耐心公开信息的群众工作意识。面对上述矛盾，有必要进一步理顺创新互联网时代下群众工作跨部门的共建共治共享机制，进一步提高业务部门与群众工作部门的互联互通①。

综上所述，当前互联网时代下群众工作面临着不小的挑战：如何从传统时代下的群众工作模式，转变为当代依托大数据互联网工具的群众工作模式？这既是社会管理创新的要求，又是社会管理创新的紧迫任务。为此，可以从互联网时代群众诉求表达大数据分析、互联网时代群众诉求回应大数据分析、建设互联网信息服务群众工作平台三个角度出发，回应网上群众工作建设的新时代要求。

---

① 俞好爱，王向阳．找回“群众工作”：当前农村基层治理形势研判及其战略选择［J］．科学社会主义，2022（2）：98－105．

3.1 互联网时代群众诉求表达大数据分析

3.1.1 在多元渠道中凸显的群众诉求表达

创新互联网时代下，群众诉求表达的舞台延伸到了网络空间。群众在哪里，群众路线就延伸到哪里。习近平总书记强调，群众在哪儿，我们的领导干部就要到哪儿去。“老百姓上了网，民意也就上了网”。截至2021年12月，我国网民规模达到10.32亿人，互联网普及率达到73.0%，网络空间参与已经成为人们日常生活与工作的重要参与途径。互联网的迅猛发展，让群众诉求表达的环境、对象、范围、途径等有较大改变，网络越来越成为人们“发声”中一个很重要的通道。对于大多数干部而言，只有弄清基层的问题、掌握第一手资料、掌握第一手的民意，方可扎扎实实地做好群众工作。为此，要紧跟时代要求、紧跟群众的期望、紧跟党的期待，在创新互联网时代下的群众工作要做好“收音”工作，主动学网络、刻苦懂网络、积极用网络，借助互联网大数据工具成就网上群众工作。因此，大数据运用与分析成为当前互联网时代人们诉求表达渠道多元化的大环境下开展群众工作所必须走的道路①。

当前，广大人民群众能够熟练借助互联网渠道提出观点、表达诉求，这样更加需要做好群众诉求表达的大数据分析工作。新技术、新平台为人们提供了空前的发展机遇及发声环境，不仅为年轻群体提供了更多表现个性和创造性思想的机会。但这一新情况也导致党政组织群众工作相对落后②。网络上海量资讯的快速传播，也很容易造成群体化舆情波动。这一新形势要求党政组织必须借助大数据智能分析技术，构建互联网时代下网上群众工作的预警分析机制，收集并分析互联网舆情信息，形成一个有效预警机制。与此同时，互联网时代下的群众工作机制要充分利用大数据，借助社交平台和手机APP等各方平台进行数据自动汇聚，通过微信公众号以及其他多种自媒体公众平台收集群众意见，利用大数据分析工具对上述信息进行主题整理分析，汇总具有代表性的主题或意见，最后推动线下具体的群众工作机制予以解决。这样才能在舆情群体化或矛盾扩大化前进

① 曾德亚．提升做好新时代群众工作的能力［J］．红旗文稿，2020（20）：19-20.

② 李伟．党的青年群众工作［J］．中国青年社会科学，2021，40（1）：27.

行科学的引导。另外，还可使用包括朋友圈在内的信息平台，进行一对多或者一对一式群众工作，提前对网上传播的各种不实情况或者失真信息做普及性宣传（表 2－3）。

表 2－3　依据制度和技术划分参与空间①

	制度内	制度外
线下	制度内线下空间： 投票、接触、公众咨询、公众协商、参与式预算、司法	线下抗争空间： 现场抗议、媒体曝光、聚众游行
线上	制度内虚拟空间： 网络参与、信息公开、线上留言、政策建议、“12345”	虚拟公共空间： 网络行动主义、线上交流

资料来源：李珍珍．公众线上诉求模式与影响因素［D］．济南：山东大学，2020：50.

对此，围绕创新互联网时代下的群众诉求表达，应该持续推进网上群众工作主渠道的畅通和拓宽，更加凸显为人民群众服务的优势。一是要实现网上诉求表达新型平台的全面覆盖。以网上群众工作的重要抓手网上信访为例，国家信访信息系统自 2015 年 1 月建设并投入使用后，成功打通国家、省、市、县、乡镇的条状垂直界限，有效覆盖具有群众工作权责的块状横向权威界限，实现网上信访大数据运用与分析的国家“一网通”；以信访信息系统为支撑，构建了集投诉、处理、查询、追踪、监管、评估为一体的全国网上信访综合运用工作平台，群众不出家门，无论何时何地，都能方便、快捷地提出相应的诉求。二是网上信访扩展到“掌上”更凸显便民优势。2016 年 7 月和 9 月，国家信访局相继开通手机信访、微信信访窗口。迄今为止，移动端信访已经占据了国家信访局网上信访量的七成多。三是网上群众工作服务需要面向未来，持续优化。部分县、乡建立了网上信访自助服务设施，切实降低群众上访成本。除此之外，也有部分地区将零散的网上信访“小窗口”合并为网上投诉大厅，减少公众反复投诉、科室反复推脱等传统群众工作容易面临的弊端。部分较有创新精神的部门以优化界面为原则，展开网上信访的界面改造，力图简化操作，提升网上信访体验，为广大人民群众提供更便利的人文服务（表 2－4）。

① 李珍珍．公众线上诉求模式与影响因素［D］．济南：山东大学，2020：50.

表 2-4　群众诉求表达的各类渠道

表达维度	具体渠道		具体含义
话语主体	普通群众参与	青年群体 中年群体 老年群体	自上往下网络参与下降 自上往下现实参与上升
	关键主体介入①	技术专家 社会组织 新闻媒体 网络博主	自上往下专业深度下降 自上往下传播广度上升
议题类别②	理性问题	技术风险	强调风险问题对群众的生命财产或社会环境具有威胁
		程序正义	政府工作环节存在法律程序上的漏洞
	感性问题	道德伦理	关注风险问题可能引起的道德伦理争议
		地域保护	认为风险问题将对当地社区带来破坏
诉求类型	投诉 建言 咨询 求助		依据各类网络问政留言总结的主要诉求类型③
表达策略④	法律途径	人力动员	聚集足够的人数去表达利益诉求
		组织动员	群众为了表达利益诉求而建立临时或者永久的组织
		物质动员	借助经济资本与物质资本动员群众表达诉求
		道德动员	使用道德文化作为诉求表达的资源，以获得社会支持
		媒体动员	以网络自媒体和大众媒体进行媒体动员，群众借助自媒体曝光扩散，大众媒体为群众诉求提供关注渠道
	情绪动员	谣言构建	没有过多的事实依据或者故意虚构信息
		悲情叙事	以牺牲尊严或危及生命的悲剧表演表达诉求
		道德捆绑	以道德伦理名义要求他人跟随指令行动
		恶搞戏谑	以幽默讽刺恶搞的方式表达自身观点
		网络动员	借助互联网工具搜集并动员群众以表达诉求

① 朱旭峰．中国社会政策变迁中的专家参与模式研究 [J]．社会学研究，2011，25 (2)：1-27，243.

② 王宇琦，曾繁旭．社交媒体上的公众表达与政府回应——基于风险事件的模糊集定性比较分析 [J]．新闻记者，2022 (10)：16-27.

③ 常多粉，孟天广．动之以情还是晓之以理？——环境治理中网络问政的政府回应话语模式 [J]．社会发展研究，2021，8 (3)：44-62，243.

④ 郭小安．社会抗争中理性与情感的选择方式及动员效果——基于十年 120 起事件的统计分析 (2007—2016) [J]．国际新闻界，2017，39 (11)：107-125.

3.1.2　做精准主动的网络舆情大数据分析

党政组织在创新互联网时代的背景下做群众工作，应当尽量避免“马后炮”般的事后被动处置，要千方百计取得主动，尤其要言之有物，有的放矢地积极发声。伴随着创新互联网时代的发展，网上消费逐渐增多，这一背景大大增强了互联网红利。在此基础上，互联网企业有能力根据消费者的历史消费数据，自动列出乃至主动推送商品的信息，博得更好的业绩——这恰恰反映了创新互联网时代下消费大数据的精准针对性，帮助互联网企业在创新互联网时代下抢占商业市场的高地。类似的，为了达到这一目的，创新互联网时代下的党政组织必须借助运用大数据分析技术提高群众工作的精准针对性，增强群众工作主动权。如从各种社交平台、论坛、应用、公众号及其他各种途径的群众言论中，获得大数据分析所需的群众工作精准化资源；要采用线上线下相结合的手段，运用所有网络化、传统化的工作方式，全面提高群众工作的个性化和针对性。群众工作组织应该从实际出发，协助网络意见领袖做好基层党政组织开展群众工作的积极分子和志愿者。再如，可定期安排具有较强创新互联网意识与群众工作经验的专家学者参加线上线下主题讲座或者群众讨论等，对现实生产生活的各类热点焦点问题答疑解惑。还可以强化与网络媒体互动合作和协同办公，如人民网“领导留言板”和新浪“舆情通”等。通过对目前各大媒体资料进行分析和总结，可以形成一整套舆情监测、信息预警、重点账号监控、舆情态势感知工作体系，最终实现创新互联网时代下政府机构对舆情事件的有效治理和处置的目的①。

掌握创新互联网时代下群众诉求表达的主流方法后，群众工作的下一步便是发动广大党员干部借助互联网倾听民声、尊重民意、顺应民心，做好新时代下的群众工作路线。习近平总书记反复强调，要更好地利用互联网听取群众的意见、汇集人民智慧，要求各级干部要善于利用网络了解民意，做好群众工作，是新时期党员干部干好本职工作的重要基本功，是评价党员干部能力与水平高低的一个重要维度。党员干部应深刻理解互联网对国家管理与社会治理的影响，将互联网作为接受人民群众监督的一条新

① 赵玲玲，王国勇．论群众工作与社会工作的关系——基于社会共生论视角的分析［J］．社会科学研究，2021（2）：145-152.

途径，擅长上网听民声，问需于民，以群众的需要为动力，努力为群众排忧解难；擅长在线问计于民，汇聚民智，促进各项工作更符合民心和民意①。

为实现上述目标，需要建立并完善快速高效地解决问题的创新互联网时代群众工作新机制，精准主动识别群众诉求表达，更加凸显便民利民优势。一是以业务规范推动群众诉求办理质量的提高。诸多提升党政服务水平的文件不断出台，例如国家信访局印发的《信访事项网上办理工作规程（试行）》，国家投诉受理办公室制定的《网上信访事项办理工作规则（试行）》和操作指南等。相关文件的出台不断强调了创新互联网时代下坚持业务规范化检查、定期进行自查和抽查、联查与责任倒查相结合等举措，深入推进网上群众工作业务的规范化、标准化。二是以快办促效化解群众诉求提出的问题。以网上群众工作的重头戏信访为例，国家信访局出台《信访事项简易办理办法（试行）》，推动各地区狠抓落实。对于诉求简单明确的，实现了日收日清、当日回复，争取一般事项 10 天内办结。接着通过督查督办，促进疑难问题的解决；强化督查督办，以落实责任为抓手，促进网上信访问题得到化解。在 2021 年化解信访矛盾的过程中，国家信访局扎实推动创新互联网时代下的网上信访平台建设，绝大部分群众诉求经过跟踪督办，较为妥善地解决了重点督查问题，带动整体信访问题得到有效解决。对于网络上反映的百姓急难愁盼，必须坚持“面对面”与“键对键”的结合，实现快速反应、核查，及时处置。必须把握好一个“干”，盯着一个“实”，从细节出发，从小处着手，突破“网上”“网下”，打通联系群众、服务群众“最后一米”。“网上”“网下”要形成合力，为了疏通民意渠道、形成社会共识、凝聚磅礴力量，真正让好事实事落实到群众的心坎里，永葆党与人民群众的血肉联系。由此可见，创新互联网时代下必须串联起“网上”与“网下”的关系，走出一条联系服务群众“最后一米”之路，走出一条新形势下“常做常新”的群众路线，打通群众工作的“网上”与“网下”。

3.1.3 掌握好群众网络诉求变化的新特点

综合多元渠道中凸显的群众诉求表达与网络舆情大数据分析，新时代

① 张峥，孙会岩．互联网思维中党的群众工作创新研究——以重庆市“群工系统”为例 [J]．晋阳学刊，2017 (5)：83-87，104．

下的群众网络诉求出现了新变化，呈现群众诉求表达更具广度、更具深度、更接地气的新形势。创新互联网时代下以科技发展为主导的信息传播方式发生了改变，成为当前群众工作所面临的新挑战新格局[①]。这一特点使得当前的群众工作出现了许多新的特点，对我们做群众工作也提出了新的要求。

第一个新特点是互联网经济快速发展导致社会利益格局更为复杂广泛，促使群众诉求表达更具广度。群众表达诉求的根本原因在于出现利益协调分配中的问题，同时群众工作的本质在于解决人民群众的利益问题和满足人民群众的利益诉求。但在不同的时期，群众所关心的利益问题和相应的利益变迁方向存在差异。因此，关注创新互联网时代下利益格局与环境的变迁，将更有利于识别群众网络诉求变化的新形势。互联网时代下的中国社会发生了巨大变化，其关键环节就是互联网经济崛起导致的利益格局重大变化。从制度视角出发，因应市场经济发展而出现的民主行政与服务型政府构建，客观上改变现有的制度格局，为利益相关者表达诉求提供了参与空间。而从行动者角度看，借助互联网经济快速发展，社会网络中的利益相关者与利益方向快速扩展。因此，目前政策施行的利益基点将面临复杂环境，很难同时满足各方面共同的利益需求。在此情况下，群众诉求表达的声量向广度扩展，群众工作需要同时面对诸多利益相关者的诉求。互联网时代下群众诉求表达更具广度的新形势，要求互联网时代下的群众工作要考虑到人民群众的不同利益需要，不仅需要“往前看”关注广大人民群众的眼前需要，而且要“回头看”关注诉求回应的后遗症，避免出现“解决一个问题，留下十个遗憾”的情况。

第二个新特点是互联网广泛运用加速社会组织形式的后单位化，促使群众诉求表达更具深度。广大党政干部推动群众工作的过程中需要直接面对不同的诉求表达主体。在计划经济时代单位制的背景下，群众工作推进往往只需要面对国有企业事业单位等具有较固定、稳定性质的主体，偶尔会接触一些具有不确定性的流动人员。这为过去传统群众工作的一大形式。但在如今的互联网时代下伴随互联网技术的广泛应用，加速社会组织

① 陈成文，陈静，陈建平．市域社会治理现代化：理论建构与实践路径［J］．江苏社会科学，2020（1）：41－50，8．

形式的后单位化。互联网时代下的群众工作面临着一大新变化，便是群众工作落地过程中需要面对形态各异的主体。承接社会利益格局的重大变迁，群众工作需要直接接触包括社会流动人员、外资企业职工、自由职业者、国有企事业单位职工、民营企业职工、城乡社区居民等多元主体。后单位制下群众工作的对象更具多元特性，群众工作接触到的群众样态与诉求表达更加深入实际与基层，由此产生互联网时代下群众工作更具深度的新变化。面对当前样态离散的社会公众，群众工作在具体开展上相对困难。大多数群众工作接触的经常是具体参与、独立表达、样态离散、各有诉求的群众。

第三个新特点是互联网大众自媒体赋予广大基层群众更便捷的发声途径，促使群众诉求表达更接地气。在创新互联网时代之前，报纸、杂志、广播、电视等单向传播媒介是大众信息获取的主要途径，广大基层群众也主要通过现场信访、直接投诉等途径表达诉求。互联网时代下数字技术得到快速运用，移动互联网、大众自媒体、网络短视频等具有双向互动特征的新兴媒介平台不断发展壮大，为广大基层群众接受与发布各类信息提供更为便利的渠道，也进一步推动着热点问题的快速传播与多元理解。当前的互联网平台促进信息传播快速化、观点表达互动化、发声重心下沉化，由此形成群众诉求表达更接地气的新变化。更接地气表现为，广大党政干部经常需要面对人人发声、舆论下沉、观点繁杂、纠缠不清的群众工作格局。要解决好这一困境，需要回归群众工作倾听民声、协调利益、服务人民的本质特征，基于互联网的大数据工具促进群众工作机制更接地气，听民声、讲道理、干实务，让广大人民群众愿意透过互联网下的群众工作机制合理表达诉求，能在群众工作机制下接通地气、倾听民声，在思想上、利益上、实践上理解并同意我党提出的宗旨和制定的方针，最终推动政策的施行①。

通过分析创新互联网时代下群众诉求表达的机制机理及大数据分析趋势，最终归纳出当前群众工作面临的更具广度、更具深度、更接地气的新变化。面对上述新变化，下文将进一步着重探讨如何利用大数据来应对创新互联网时代群众诉求。

---

① 李海青．群众路线与使命型政党的成功之道［J］．山东社会科学，2021（3）：5－11．

3.2　互联网时代群众诉求回应大数据分析

3.2.1　依靠群众诉求表达的渠道倾听民意

当前，各区域党政部门都瞄准了创新互联网时代下广大群众在互联网中呈现的多样化诉求，为此涌现出电子问政、网站留言、电话热线等途径来答复群众诉求。根据人民网《领导留言板》数据分析，查出各级领导干部对网民诉求的答复 34.6 万件，相比 2018 年同期增长 57.9%，整体回复率 80%。此外通过大数据分析还能找到，不同的省、地级市、区、县答复数量差异，并通过对回复量分布情况，可进行有针对性的改进提升[①]。就其研究路径而言，群众诉求回应大数据分析，就是一个具有强烈创新互联网时代背景的案例。从群众诉求响应大数据分析获得的数据，能够刻画并追踪整体人口到底在做什么，这类数据可以促进线下传统群众工作方式发生变革，改善以调查数据或群众投票数据为依据的可能局限性。与此同时，这些来自网络的大量数据也反映出各个区域政府部门的活动情况、能力与态度。信息时代网络空间和现实社会进一步整合，包含着丰富内涵与规律性的信息。这些大量实践数据和大数据分析技术相结合，为实证分析群众诉求提供了方便和可能性[②]。

创新互联网时代为依靠群众诉求表达渠道倾听民意带来了巨大的影响与挑战，客观上要求党政机关加快构建网上群众工作平台，做好群众诉求回应的大数据分析工作。面临新兴的互联网情境，大数据诉求回应存在如下挑战：一是互联网具有交互性、平等性，向传统的舆论引导方式提出了挑战，对党群凝聚力具有一定的消解作用。二是互联网具有虚拟性、匿名性，给群众工作对象的确定带来了挑战，使群众工作更加复杂。三是互联网快捷性与无限扩散性，对基层干部能力素质提出了挑战，导致群众工作虚化削弱。最后是互联网具有开放性、共享性，挑战政府社会控制力，给

---

① 侯莎莎．关于通过互联网开展群众工作的思考——以人民网“地方领导留言板”为例 [J]．求实，2012 (4)：79－82.

② 徐晓日，张鑫，刘丹琳．网络问政中公民参与的效果考量与提升路径——基于天津市政民零距离平台的调查分析 [J]．上海城市管理，2022，31 (5)：69－76.

基层社会治理增加困难[①]。至于如何搭建创新互联网时代下的网上群众工作平台，借助大数据技术推动群众诉求回应，有四点要特别强调：

建立社情民意搜集服务平台。打破信息壁垒，搭建沟通桥梁，搭平台、建机制、聚民力、汇民智，不断增强创新互联网时代下党委政府的网络理政能力。构建常态和公众实时交流的网络平台。尤其在基层社区，应建立民意搜集、交流的机制，构建群众提问转办平台，时刻解决基层群众在生产生活上遇到的困难。运用不同的网络平台，收集群众想什么、盼什么、诉什么。以网络直播的方式，搭建沟通渠道，吸引群众主动参与社会治理等。

建立网内外协调联动的处置机制。走创新互联网时代下的网上群众路线，需要不断增强做群众工作的能力，把互联网变成我党与广大人民群众进行交流沟通的一个全新的平台，变成弘扬人民民主、接受人民群众监督的一条新途径。网上开渠引流，解决线下民忧。建立多部门参与网上网下联动处置机制，紧扣网友们关心的热点问题。既要抓住线上线下生成的群众诉求，也要把握线上线下反映的民生诉求。将网友反映突出的问题，逐条向有关部门和单位转达。做好线上线下的及时响应或者点对点的统筹处理，保证网上矛盾诉求得到提前疏导和解决。建立问题排查化解闭环管理机制，强化督查督办，保证件件都能执行、凡事都要做到心中有数，杜绝推诿扯皮、拖拖拉拉的现象，使民意搜集网络化、矛盾解决本地化[②]。

重视预防网络舆情次生事件的发生。移动互联网时代，每个人都有麦克风，每个人就是一个自媒体。深刻领会和把握习近平总书记关于互联网“正能量就是总要求、会生活就是硬道理、会使用就是真本事”的要求，全面认识互联网的“扩音器”“放大镜”“显微镜”功能，剖析网络传播规律，抓住主要矛盾加以解决。增强网络综合治理能力，形成包括网民自律在内多元主体参与的创新互联网时代下网上群众工作的新格局。梳理好经济与法律的关系，运用大数据技术与其他手段综合治网。对网上群众工作的“灰犀牛”这一概率较大的事件要做好充分的准备，制定应急处置方

① 张宏伟．互联网时代基层群众工作模式创新研究——基于山东省新泰市“民意通”网络平台的实证分析［J］．理论学刊，2014（12）：40－45．

② 刘晖．现代法治背景下基层群众工作的路径选择——基于362份基层群众工作状况调查问卷的分析［J］．河南社会科学，2020，28（10）：112－117．

案；要未雨绸缪、预警预判可能出现的突发性“黑天鹅”事件；高度关注互联网上的“粉尘爆炸的原理”“蝴蝶效应”，对突发事件，做好重大舆情事件解压降温工作。

持续提升领导干部懂网络、用网络的能力。各级党政机关及其领导干部，都应该学会借助网络，坚持群众路线，常在网上看、聊天、发言，理解人民的想法和愿望，集思广益、提出良策，主动回应网友关切，释疑解惑。领导干部善于利用网络了解民意，做好工作，是在创新互联网形势下搞好本职工作的基本功。各级领导干部要强化学网络、懂网络、用网络的自觉性，在工作的实践中提高自身的互联网运用水平。各级党校与行政学院要加强领导干部懂网络、用网络培训。有关部门应当加强信息报送工作，掌握网情民意，把所辖区域内的在线重要资料、重大突发事件、网民诉求等梳理汇聚成网情动态，供领导决策参考。

3.2.2　推动制度建设回应广大群众的诉求

互联网时代带来了一个剧烈变革的社会，社会治理更应该保障人民根本利益，呼唤党政机关更主动进行制度建设以回应群众诉求。首先，构建多元互动式的群众工作路线。民众通过网络渠道表达诉求，若得不到政府部门及时响应，必然会对政府部门形象造成影响，甚至影响到政府与群众之间的感情。为了保证人民根本利益得以实现，创新互联网时代下的群众工作路线，一定要把以前政府单向的垂直式治理转变为多向的平行式治理。从党群互动的治理模式出发，群众工作应以法制为准则赋予公众参与到社会治理中的能力，培育广大人民群众在市场经济体制中的民主治理意识与治理能力，这样才能形成自主型的社会治理范式。其次，构建职能转变的服务型群众工作结构。社会治理应当为人民利益诉求服务，为此在对社会治理创新有了充分理解的情况下，政府要做到也必须做到：优化设计、转变职能、强化服务、提高效率，最终通过制度设计推动管理实践。为了加强监督和提升管理水平，要用创新的办法改进管理，最终才能借助创新互联网时代下的群众工作机制解决各种社会利益关系的矛盾和冲突问题①。具体地说，就是要强化制度框架设计，包括制度设计、工作政策、

① 高阳，李晓宇，周卓琪．数字技术支撑现代社会治理体系的底层逻辑与实现路径［J］．行政管理改革，2022（4）：30－36.

法律和法制等内容；同时强化监督管理，党政机关及干部具有全心全意地为人民服务的意识，保障人民群众利益得以实现，保证社会公正公平。社会治理强调社会资源均衡配置，创新互联网时代下的群众工作机制应该使得更多的人能够享受改革带来的红利①。最后，群众工作机制应凸显人民群众主体地位。凸显人民群众主体地位，既是为了凸显和保障广大人民群众的根本利益，更重要的是，社会治理的主体不可避免地依赖于人民本身。政府进行社会治理创新，从根本上说，就是要保障人民群众的合法利益，并且逐步让位给民众自治，把群众主体地位凸显于法治轨道，群众利益诉求亦有其表达通道。所以，主动回应人民群众诉求与期待，是我们党及政府义不容辞的职责。

要做好互联网时代应对群众诉求的大数据分析，需要注意的问题包括如下几点：

一是提高党政机关单位信息的公开度、透明度。无论是广大人民群众关心的热点事宜，还是机关单位日常事务的支出明细，都必须在法律允许的范围内使人民群众充分了解情况，在党政机关单位网站上公布人民热烈关注的情况，并对关键信息进行及时反复更新。二是加快党政机关回应人民群众诉求与疑问的速度。鉴于目前风险社会下各地危机事件频发，一些地方政府对群众的诉求没有及时响应，致使谣言满天飞，造成严重的政府公信力困境。为此，创新互联网时代下的政府部门更加需要在危机事件出现的时候及时掌握主动权，主动负起责任，对真实信息的响应诉求进行及时、有效的反应。三是用群众诉求的回应度打造满意型政府。目前政府绩效考核指标呈现多元化和模糊化的特点，提高政府部门回应群众诉求程度指标权重，能有效地改善政府部门中形式化与官僚化等问题②。

创新互联网时代下的网上信访智能化改革便是其中制度建设最显著的案例。信息系统和信访业务的整合正在深化，网上信访的智能化程度进一步提升。一是依靠智能化，助力基础业务规范。国家信访局正在积极进行信访业务智能辅助系统的开发工作，提高信息系统的功能，达到更加明确

① 张晓瑾．拓宽群众利益诉求渠道　探寻社会治理新方式［J］．人民论坛，2018（16）：70-71．

② 张华，仝志辉，刘俊卿．“选择性回应”：网络条件下的政策参与——基于留言版型网络问政的个案研究［J］．公共行政评论，2013，6（3）：101-126，168-169．

推送目的、更加准确甄别、更加智能判断、更加规范处理的大数据制度分析效果。二是依靠智能化，实现督办问效全过程跟踪。国家信访信息系统对于超过处理时限的案件，自动进行处理；对达不到业务规范要求的，予以提醒催办和跟踪督办；在公众评价不满意的事项上，设立显红标识，引导各责任单位突出重点，严肃处理。以智能化为支撑，强化综合分析研判。三是围绕民生领域的信访问题、涉众型问题，强化专题分析。各地区还利用大数据强化社会热点的研究、全面剖析民生动态，服务科学民主决策的需要①（图2－3）。

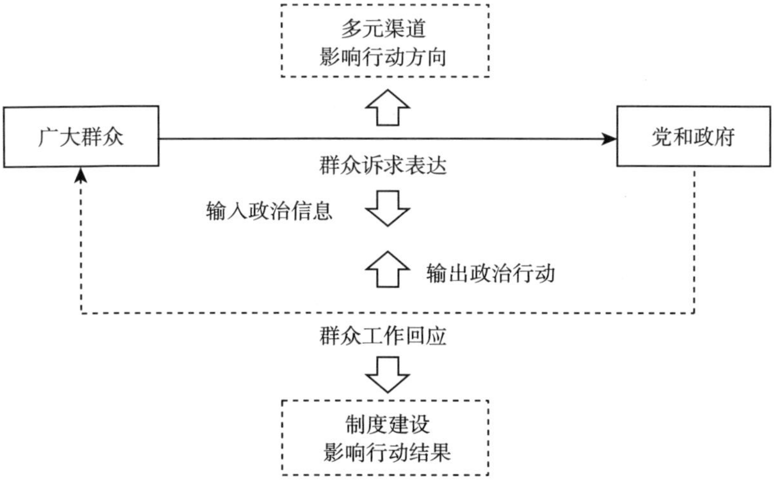

图2－3　群众诉求表达下的群众工作回应建设

3.2.3　鼓励并强调领导干部参与群众工作

各地政务热线在新冠疫情期间成为创新互联网时代下群众工作的生命线，国务院“互联网＋督查”和人民网“领导留言板”等平台解决了一大批群众身边的防疫难题。领导干部如何走好网上群众路线，怎样提升领导干部网上群众工作能力，成为大数据下网上群众工作的重点②。

尽管当前处于创新互联网时代，但仍然还有为数不少的党政领导干部

① 操慧，高敏．民生调查：一种新形态的党报舆情调查报道的探索与实践——以《四川日报》“民生调查”报道的文本分析为例［J］．新闻界，2014（24）：25－30.

② 走好网上群众路线　践行全过程人民民主理念［EB/OL］．［2022－10－24］．人民网，http://leaders.people.com.cn/n1/2022/0425/c58278－32407800.html.

不想做、做不好网上群众工作，这同他们不屑、不敢、不会、不愿有关系。一是有的领导干部觉得群众参与就是无理取闹，网络空间中充斥着非理性甚至存在暴力成分，投入精力到网上群众工作就是浪费时间。该群体的想法常常都是理所当然地以为，他们比广大群众要高明得多、职业得多，没有必要也不屑借助网络搜集民意、收集民智、发现民情。他们不承认群众呼声诉求，不承认建言献策具有重要价值。所以，网上群众路线往往成了一种可有可无的陈设。二是部分领导干部仍把互联网视为洪水猛兽，望而生畏，对网络舆情的控制困难重重，不敢通过网络与大众交谈。事实上，互联网公开、平等、互动、留痕和其他特点使得一些领导干部对网上群众路线感到忧虑；而且传统的思维“多一事不如少一事”的避责心态也来作怪，使得他们对于网络舆情更是避之不及。面对群众举报，一部分人害怕解决问题会得罪人；对于历史遗留的、涉及许多部门的老问题，就不敢触及。三是互联网对领导干部网络理政素质与能力有了新的要求，令不少人对网上群众工作茫然不知所措，不知该怎么入手。有的领导干部对传统话术已习以为常，不会用网言网语与大众相处；也有些部门找不到网上群众工作行之有效的办法，常不得要领，经常被动担任“灭火队员”的角色，在网上群众工作中没有找到有效“抓手”，时间一长，唯恐避而不谈。最后是部分领导干部对网上群众路线认识不够，不投放注意力。在轻重缓急与优先次序安排上，网上群众工作也不能放在首位。说到底，这些领导干部没有感受到群众的切身需要，不以群众为本，也不以群众为中心①。

因此，创新互联网时代下领导干部必须全面提高网上群众路线思想认识与素质能力，以免对经过网上群众工作渠道表达的群众诉求视而不见，对解决网上群众工作捉襟见肘。为此，应采取各种可行的措施，消除“四不”现象，使领导干部意识到群众路线在网络中的关键地位与必不可少的作用，鼓励并强调广大党政领导干部勇于走网上群众路线，擅长通过互联网与广大人民群众交流，最终乐于借助互联网搜集民意民情。综上所述，对于创新互联网时代下的领导干部而言，练好这一基本功可以归结为：对

---

① 郭鲁江．在实践锻炼中提高领导干部治理能力［J］．中国党政干部论坛，2020（6）：83－86.

创新互联网想学、敢做、会用，以此不断增强新时代下的群众工作能力。首先是想学。学绝不仅仅是单纯用手机、电脑在网上浏览资料，而是对新知识、新技术、新思想与新舆论一定要时刻保持浓厚的兴趣，保持较强的感知能力，力求掌握互联网的发展规律与趋势，养成创新互联网下的群众工作思维。借助互联网，增强决策能力与创新能力。其次是敢做。敢做就是勇于实践，对于网上民意保持一种宽容与忍耐的态度。对于网络上的建设性意见，应及时吸收，及时解决困难；不认同的诉求观点，也应及时解释；对于互联网上群众对党政模糊的认识，应及时澄清；对于群众的怨气怨言，应当及时解决；对于错误的观点，应及时加以指导、加以改正。我们必须以对党和人民的事业负责任的精神，承担起建设清正廉洁网络空间的重任。最后是会用。会用就是善于利用，力求在新形势下为群众工作插上互联网技术翅膀，保持创新的经常性主动性。通过互联网和网民“面对面”，积极回应人民关切，为广大群众释疑解惑、解民忧，使互联网真正成为广大干部与普通群众进行交流和沟通的一个全新平台，变成理解群众、贴近群众的新方式，成为实践全过程的人民民主的主体，接受人民群众新型监督。

综上所述，广大党员干部可以从路线认知、宣传学习、规章制定等方面推进认知，使大多数党政领导干部想学、敢做、会用，最终走出创新互联网时代下的网上群众路线，不断增强民众安全感、获得感与幸福感。一是部分党政领导干部对包含政绩管理在内的路线认知没有很好地理解，以致对创新互联网时代下的网上群众工作实践存在误解，最终导致对为民造福就是最大的政绩认识不足，也未将整个过程中的人民民主作为促进发展的准则。政绩好与坏，不光在于看统计数字好看不好看，还需要广大民众的判断，看工作是不是从群众的需要出发、群众有什么切实感觉。这说明改变党政领导干部政绩考核标准，看民心民意更显重要，有助于使领导干部对网上群众工作给予实实在在的关注①。如北京市近年来实行的“接诉即办”的做法，将群众表达的诉求率、解决率、满意率作为评价标准，有效地促进了创新互联网时代下的群众工作，扭转了之前部分领导干部“鼻孔朝天眼睛向上”，忽视网上群众工作的错误思想。二是借助党史教育的

① 李拓，鲁广鹏．提高干部领导力的基本途径［J］．人民论坛，2021（15）：63－65.

宣传学习，推动领导干部党史学习教育常态化长效化，其中最重要的途径就是创新互联网时代下的网上群众工作。通过开展网上群众工作，让学习教育更“接地气”，通过听取意见、做实事、解难题等，让广大领导干部学懂弄会、入脑入心。必须增强领导干部同理心、共情力，让他们能做到情真意切，实实在在视群众急难愁盼为分内之事。如在全国范围内实施的“四不两直”调研法，北京市推动的“局处长走流程”，都让领导干部深入一线，摸清了情况，感受到了真相，与广大人民群众产生共鸣、身体力行，为他们排忧解难。值得追忆的是，不可以跌入“能哭闹的小孩有奶吃”的无秩序陷阱，领导干部必须学会听声辨音，既要对提出要求的人作出反应，还需注意不发声的人。同时还要防止盲目迎合、追求稳定，不能仅仅看到群众面前的要求，同时也要从长远来看，切忌“解了一道题，留了十道悔”①。三是通过规章制定提高创新互联网时代下网上群众工作制度化水平，形成一整套可复制、可推广、可持续发展的制度。我们必须多渠道地了解，倾听人民的呼声、意愿、诉求与提案，可以就事论事、一事一议，还可以举一反三，将问题制度化地解决，促进网上群众工作由被动响应向主动治理转变，由接诉即办到未诉先办，甚至无诉自办②。借助生命周期理论，领导干部应对网络群众工作的相关能力建设框架如表 2-5 所示。

表 2-5　领导干部应对网络群众工作的能力建设框架

群众工作的阶段	群众利益诉求的生命周期	面临的工作任务	需要运用的能力
观察阶段	群众问题潜伏阶段	网络舆情应急预案的编制、培训与演练 网络舆情的监测与预警	预案制定能力 培训和演练能力 预测预警能力 政治鉴别能力
接待阶段	群众诉求表达阶段	网络舆论风险的识别 网络事件的评估与缓解 应急保障与准备	预案实施能力和执行能力 风险预判和评估能力 资源整合能力 应对处置能力

① 曹鹏飞．群众路线是党的根本领导方法和工作方法［J］．人民论坛，2021（16）：36-39.

② 李凤．治理理论视野下群众工作机制创新探讨［J］．宁夏社会科学，2016（6）：63-66.

（续）

群众工作的阶段	群众利益诉求的生命周期	面临的工作任务	需要运用的能力
开展阶段	群众工作开展阶段	成立群众工作小组，全面协调群众利益诉求 综合分析、果断决策、应对有序 信息报告、交流与发布 与群众、媒体的关系	部门间沟通能力 媒体应对与沟通能力 驾驭全局能力 组织协调能力
反馈阶段	群众工作回头看阶段	事后评估总结 事后群众问题的评估 群众满意度测评 群众工作手段方案的反思改进 政府信任与形象的考量	评估与恢复能力 总结与学习能力

3.3　互联网时代群众工作的运作新常态

面对互联网时代下群众工作出现的新情况新问题，需要党和政府密切关注互联网时代下群众诉求表达以做出合理的诉求回应。新形势下做好群众工作，是深入贯彻落实党的群众工作的关键任务。在总结互联网时代群众诉求表达与回应的相关特点后，总结创新互联网时代下的网上群众新常态。面对互联网时代群众工作的新常态，既要适应创新互联网时代下的大数据诉求表达与回应现实，也要重拾调查研究、干群关系、群众路线等三大传统。总体而言需要把握以下几点原则和要求：

3.3.1　更加了解广大人民群众的所想所需

中国共产党具有调查研究的优良传统，这也是我党夺取革命胜利的重大政治优势。“没有调查，就没有发言权。”调查研究是一切工作的必要前提条件，是谋划工作、策划途径、决定方案、落实决策、服务人民的重要抓手。传统的群众工作始终如一地进行深入、细致的调查研究，从而理解群众所思所求，对当前社会现实才会有深刻认识，提出真正能获得大多数人支持、符合中国现实国情，并能对革命运动产生一系列科学指导作用①。

① 孙菲，郑保卫．毛泽东关于《普遍地举办〈时事简报〉》通令的颁布背景、主要内容及实践意义——写在通令颁布 90 周年之际［J］．新闻春秋，2021（4）：54－61．

在当今创新互联网时代的背景下，社会利益格局与公共舆论场形势样态发生重大转折，对群众工作提出了新的挑战。创新互联网时代下的群众工作机制，既要运用互联网大数据技术更广泛吸纳群众诉求与更快响应群众诉求，又要借助调查研究的方式应对错综复杂的互联网时代社会变化格局。尤其是在创新互联网时代下，社会利益格局出现了新变化，社会各阶层之间的利益关系日趋复杂。创新互联网时代下的群众工作若不深入调查，便难以真正理解各方民众的真正利益诉求。对此，尤其需要避免路径依赖，草率决策，而应加速使调查研究成为党的群众工作机制中的重要路径。

随着创新互联网时代的发展，当今社会处在转型的过程中，并因之出现了种种新的情况和问题。创新互联网时代下新情况新问题的重要案例之一，便是每年中央1号文件聚焦的“三农”问题。面对“三农”问题，中央提出了精准扶贫战略与乡村振兴战略。两大战略的核心即如何精准因应广大农村差异化的实际，实事求是地借助当地优势与区位条件，促进各地农村发展。现在各地农村贯彻中央决策部署，创造出许多好经验。在这个过程中，凡取得成功、获得了广大人民群众的拥护与支持，均以深入调查研究为前提，从区域实际情况出发，定政策、搞规划①。但在创新互联网时代下，依旧有部分地区难以从现实的角度出发进行分析，采取照搬硬套的策略，或者仅仅凭借主观想象推动农村工作，常遗留许多问题。这不但使地方财政背了很重的负担，农民也对“翻烧饼”式的反复折腾不满。

创新互联网时代下人民群众诉求表达、各项问题反映的渠道与途径在不断增加。群众采取信访行为客观揭示了当前的政策实践仍有不完善的部分，因此存在群众不满的现象。碰到这样的情况，有些同志也许认为群众公开表达诉求是丢自己脸、家丑不可外扬；但若广大党政干部将群众信访作为送上门的群众工作，作为了解群众愿望、解决上访诉求的重要方式，结果将迥然不同。

如今，创新互联网时代下网络信息技术得到了更加蓬勃的发展，大数据技术的应用为新时代的网上群众工作带来了深层赋能。要按照习近平总

① 谭同学．社会转型、农业革命视角下的群众工作与乡村振兴——以武陵山区基层实践为例[J]．湖北民族大学学报（哲学社会科学版），2020，38（5）：1-7.

书记提出的要求，学习创新互联网思维，懂网络、用网络，理解人民的想法和愿望，集思广益、提出良策，正面回应网友的关注，让网络成为我们认识群众、联系人民的纽带，在做群众工作方面起到了积极的促进作用①。

3.3.2　更加注重广大人民群众的深厚感情

中国共产党是一个从人民中诞生的政党，我们每个共产党员，自己也是人民群众中的一员。为此，面临当前创新互联网时代的挑战，网上群众工作应当回归我党的初心，更加注重广大人民群众的深厚情感。邓小平同志曾亲切地指出，“我是中国人民的儿子”，此话代表了中国共产党人的立场。不论处于何种状态，党员同群众的血肉联系都是靠这种光荣伟大的干群关系来维系的。当前创新互联网时代下的群众工作不能仅借助大数据、电子政务等数字技术媒介，更需要找回群众工作中党的传统路线与干群关系，做到既借助新时代数字技术的“冷”高效，也做到传统干群关系的“热”接待。干群之间感同身受，创新互联网时代下的网上群众工作自然会将冷暖挂在心头、急人所急、忧人所忧。正如习近平总书记所言：“民之所忧，我必念之；民之所盼，我必行之。”

我党执政以后和执政之前相比，党员干部与群众脱离关系的可能性要大很多。因此，更加需要在创新互联网时代下重拾党的群众工作路线及其优良传统。执掌政权，意味着我们的党政领导干部，手里拿着或多或少、或大或小的力量。尤其在创新互联网时代下，这种权力将得到数字技术显性及隐性的加持。干群之间身份的变化极易导致干部想当然，高高在上，便不可避免地与民众分离，甚至到了和民众对立的地步。要在创新互联网时代保持对人民的深厚感情，必须解决网上群众工作中各级党政领导干部的基本立场问题，让该群体真诚地将广大人民群众作为中心，与大家心心相通，说做就做，在此基础上才可以建立起对人民群众的深厚感情②。

更加注重创新互联网时代下网上群众工作与广大人民群众的深厚感情，广大党政领导干部才能产生极大的内在动力，借助网上群众工作的渠道使民众受益，使为人民谋福利成为其自觉行为。以我党的模范人物焦裕

① 李凤．治理理论视野下群众工作机制创新探讨［J］．宁夏社会科学，2016（6）：63-66.

② 潘丽文．党的群众工作话语：历史回视、理论解码与当代建构［J］．西北民族大学学报（哲学社会科学版），2018（6）：22-30.

禄为例：焦裕禄逝世快60年了，兰考普通百姓至今仍念念不忘；谷文昌逝世40余年，老百姓到现在都还很崇拜他。只是因为他们对老百姓的那份深厚的感情，已经在老百姓的心里永远扎根了。这种情感就是创新互联网时代下的网上群众工作新常态，并不是技巧性运用大数据技术所能达到的，更加需要广大党政群众工作干部投入情感，更加注重广大人民群众的深厚感情。

3.3.3 更加全心全意相信并依靠人民群众

倾听并理解群众所思所求，依靠广大人民群众的力量才是我党群众工作路线的一贯方针。但这一思想在过去几十年的发展中产生了一定的偏差，部分领导干部养成了包揽群众所有需求，形成“我这都是为你们好”的惯性思维。这不可取。共产党最主要的使命与一贯主张是充分相信群众、依靠群众，带领和拥护人民当家作主。这要求创新互联网时代下的网上群众工作更要保持与人民群众的血肉联系。只有对人民群众有足够的信任与依赖，人民才能完全信任我们。

创新互联网时代下的网上群众工作机制需要我们重新相信群众，虚心向群众学习。因此，它只能来自广大人民。只有认真倾听并理解人民的呼声，相信并依靠广大人民群众，我们才能在创新互联网时代的背景下接受考验并且不断地解决困难。在创新互联网时代的背景下，我们既需要运用创新互联网时代下的大数据技术分析并回应群众诉求，又需要相信群众虚心向群众学习，才能完成任务。只有依靠创新互联网时代下网上群众工作机制调动大多数人，要站在这一高度，充分认识做好新形势下群众工作的重要性、必要性①。

3.4 建设互联网信息服务群众工作平台

3.4.1 互联网群众工作平台建设的重要性

创新互联网时代下推动网上群众工作大数据应用与分析具有关键意义。党和政府依托创新互联网，摸清民情、聆听民众呼声，取得社会成员的诉求意见，使公众参与到政府决策中去，便于民众对政府处理公共事务

---

① 陈杰，何云庵．试析中国共产党群众工作话语体系的建构［J］．西南交通大学学报（社会科学版），2017，18（6）：1-8.

进行监督。基层政府工作人员与人民群众能够通过信息化方式把各种诉求直接传达给党政部门的决策层，使信息传递的渠道多元化，从而尽可能排除传统科层制背景下信息源和决策层的中梗阻困境，让人们的诉求信息得到更快捷的传达、更方便的反馈，避免了信息在传输时失真和丢失，为维护群众权益提供科技支撑。运用大数据构建互联网信息服务群众工作平台，搭建群众工作便民服务网络平台，将群众诉求的表达和党政诉求的响应相结合，从而实现群众工作流程的优化、提升群众工作服务质量、减少行政成本，促使人们更加方便在网络空间中接受党政服务，加大政府公开力度，减少与党政机关之间的疏离感，增强广大人民群众热切参与公共事务的热情①。

作为当前创新互联网时代下国内唯一覆盖全国的网上群众工作平台，人民网的《领导留言板》一经推出，就收到了突出效果。据相关数据统计，从 2006 年到 2022 年，在《领导留言板》上的留言累计达到 200 多万条，网友通过移动端发布的留言数量达到了 31.5 万条，广大网民的满意度越来越高。此外，全国近 400 位市县级领导干部参与留言办理，全国共有近 1 500 家职能单位加入“政点评”，促进了网上群众工作联动格局的形成。网上群众工作平台开展大数据分析工作，对于化解群众在创新互联网时代下的各项诉求具有很好的作用。据统计，人们关注的焦点集中在城建、交通、治安、“三农”和教育等方面，也包含环保和其他方面民生问题，其中又以城建领域最为突出。就具体民生问题而言，群众对提高小区物业管理水平的呼声很高，也有城市停车难、乱收费、垃圾堆放难题等困境。借助网上群众工作平台，搭建大数据桥梁，群众已逐步成为社会治理的最大参与者与受益者，有助于促进公众参与，培育社会共治的浓厚良好氛围②。党的十九届四中全会指出，要扩大人民群众对建设和发展的反映渠道，注重基层直接民主的制度化、规范化和程序化。现以《领导留言板》为代表的官方全国性互联网信息服务群众工作平台，“问政泸州”所代表的地方互联网信息服务群众工作平台，“新浪舆情通记者”所代表的企业互联

① 于水，杨杨．数字技术赋能群众工作及其潜在限度——以浙江“民呼我为统一平台”为例[J]．求实，2022 (4)：4－14，109.

② 赵玲玲，王国勇．论群众工作与社会工作的关系——基于社会共生论视角的分析 [J]．社会科学研究，2021 (2)：145－152.

网信息服务群众工作平台，都能够有效地获取群众集中诉求，实现有针对性的鉴别和预判，把矛盾落地解决到基层去。同时，又有利于群众参政问政，从而健全国家的社会治理体系，构建共治共享的社会治理格局①。

创新互联网时代下的网上群众工作服务平台要擅长通过网络等多种渠道问需于民，问计于民。群众拥有的智慧是无限的，群众有关公共事务的看法与评价就是党和政府工作绩效评价最好标尺。对若干重要决策部署，应通过网络和其他平台及时向公众咨询，要将强化顶层设计与问计于民相统一，做到广察民情、广纳民意、广聚民智。网络问计应成为一种常态化的工具，促进创新互联网时代下的各级党政干部都能时刻听取群众的意见、响应人民群众的期望，在群众之间搭起“连心桥”。

为此，创新互联网时代下的网上群众工作服务平台要线上线下结合，相关工作人员更要以饱满的热情，为民做实事，解难题（表 2－6）。党群关系既有“键对键”又有“面对面”的关系，也要有网上网下联动发展，多视角全方面地互相倾听意见，最终达到相互理解的境界。广大党政领导干部需要将听“网言网语”与实地调研相结合，既在网上集合观点，还要到群众中去，到实践中去，面对面地体会群众疾苦、听取群众呼声，多结交一些能说会道的基层朋友摸实情、找问题。有关的看法与建议，最终体现在为人民群众办实事上。必须采取针对性措施，抓好贯彻落实，件件都有回音，事事都有着落，注重解决人民群众最为关心、最为直接、最为实际的利益问题，持续改善民生福利②。

表 2－6　群众工作路线的发展演变、策略选择与主要途径

时期	策略	主要途径
传统信访	接受人民群众来访 开拓线下公众诉求表达渠道	领导接见群众来访 信访信件接收处理
电子政务	电子政务网站建设 开拓线上公众诉求表达渠道	政府网站实现政民沟通 网上信访 领导信箱 “12345”

① 何天鹏．企业团干部群众工作能力提升研究［J］．中国青年研究，2017（6）：47－51.

② 吕德文．枫桥经验：基于群众工作方法的检视［J］．科学社会主义，2019（1）：64－71.

（续）

时期	策略	主要途径
互联网时代	网络群众工作建设 强调政民直接沟通互动	政策论坛 领导留言板 政务微博

3.4.2　网上群众工作平台建设缘由与路径

从积极的方面看，创新互联网时代下网上群众工作平台的建设有助于广大群众工作干部掌握社情民意，有助于吸收群众智慧，推动民主决策，有助于提升政府的行政效能，有助于促进基层政治社会化的进程。总而言之，创新互联网为当前的群众工作提供了进一步发展的契机。

广泛聚集群众，同心奏响网络空间奋发有为的时代强音。数以亿计的群众在网络空间奏响主旋律、传播正能量，是创新互联网时代至关重要的特征，也为以大数据应用与分析为主的网上群众工作平台提供了发展机遇。发挥广大群众的积极性、主动性和创造性，共同推动网络内容建设，广泛凝聚百万网民奋发向上的新旅程，建功于新时代。加强网上思想引领。坚持高扬思想旗帜，认真开展习近平新时代中国特色社会主义思想的网上宣传工作，引领亿万群众深刻领会“两个确立”决定性意义、坚决实现“两个维护”。充分利用互联网的平台优势、资源优势和传播优势，扩大手段载体，建立大数据应用网上群众工作的分析矩阵，革新宣传语态，重视互动引导，对党的创新理论进行了形象化、具体化、生活化的解读，以平实的语言深入浅出推进群众工作，使党的声音永远是网络空间的最强音，继续夯实全体人民团结拼搏的共同思想基础①。切实进行宣传引导。发挥网络传播的交互性、体验性、共享性的特色，全方位、多层次地展现了新时代党和国家事业发展的历史功绩；对于创新互联网时代下所经历的历史性变革，用小切口体现时代变迁的大主题，用小故事映衬互联网发展的大时代，切实引导社会话题、引导舆论走向。凸显网民传播正能量的主体地位，介绍更多带温度、接地气的产品和网络原创作品，实现对网民的指导、教育，真正让广大网民做一个正能量生产者、传播者和引领者。注

① 李新芝．习近平关于“厚植党执政的群众基础”重要论述的内在逻辑与创新价值［J］．四川师范大学学报（社会科学版），2021，48（5）：5-12.

重防范化解风险。增强风险意识，加强底线思维，建立和完善网上风险防范机制，稳妥应对、及时处理各种突发性敏感舆情。对于网络上的错误言论，敢打敢亮，及时驳斥历史虚无主义和其他网络上的错误思潮，对各种网络有害信息进行彻底清理，坚定守住网络阵地。

紧密联系群众，积极架设深入基层、贴近群众的桥梁纽带。善于利用网络了解民意，做好工作，是领导干部在新的形势下，搞好本职工作的基本功。必须积极探索、大胆实践，促进党员干部在网络上听到民声、察到民情，解决百姓疾苦，使互联网成为我们与广大人民群众交流沟通全新的平台。积极听取网民的意见。善于利用互联网，结交大众，通过建立网络留言板、开辟网络问政平台、网络直播的交互方式，广泛倾听群众呼声、搜集群众的意见和建议，做到“群众留言，干部留心”①。强化网上调查研究，在网上树立问政于民、问需于民、问计于民的理念。形成创新互联网时代下网上群众工作行之有效的机制，广集良策、良策，力争将网民所思所想变成真正的工作举措。积极应对网民诉求。坚持群众利益无小事，畅通群众对困难问题的反映渠道，满足群众各种诉求，促进各地区各部门将网上发现问题和网下解决问题有机结合起来，将网上舆论工作与自己的业务工作结合起来，探索健全网络“接诉即办”工作机制，形成了网上网下联动的工作模式，有效促进为民办实事常态化、长效化。真诚接受网民的监督。积极运用互联网的新技术、新应用，推进党务政务信息公开，健全民意汇集机制，使网民广泛而深刻地参与到政策的制定，将群众吸纳到党政机关的外部监督中来。搭建互联网监督平台，加大全媒体账号建设力度，健全包括网上信访、网上投诉和其他监督渠道在内的创新互联网时代下的群众工作机制，对正常的、有道理的善意批评与建议，应仔细倾听，吸收借鉴群众智慧改进当前的工作②。

紧紧依靠群众，坚决打赢网络生态治理这场人民战争。网络空间，是亿万人民共有的精神家园。净化网络生态、清朗空间的营造，离不开民众的支持拥护与广泛参与。必须坚持网络治理为民服务、网络治理依靠群

① 肖光荣，盛文楷．网络时代基层党组织的组织力建设：机遇、挑战与路径选择［J］．湖湘论坛，2021，34（1）：36－46．

② 刘华，包红光．群众监督“一把手”工作晾晒机制探析［J］．人民论坛，2020（15）：72－73．

众，发挥众多网民主体作用，打好网络生态治理人民战争。重点治理网络乱象。进一步完善网络综合治理体系，统筹系统治理、依法治理、综合治理和源头治理，尤其要盯紧广大网友反映的突出问题，继续深入开展“清朗”等一系列活动，重点治理网络暴力、网络诈骗、色情低俗、“饭圈”混乱、流量造假、网络水军等问题，同时对症下药解决网络游戏、网络直播、短视频混乱等网络严重问题，给人民群众创造了一个天朗气清、风清气正的网络空间。共建共享的网络文明。贯彻落实《关于加强网络文明建设的意见》，着力培育和实践社会主义核心价值观，深入推进争当中国好网民工程、网络公益工程等，强化网络诚信建设，建设一支网络文明伙伴队伍，不断增强中国网络文明大会的品牌影响力和感召力，促使网络文明的观念更深入人心，做到文明办网、文明用网、文明上网，为清朗网络空间的建设注入深刻而恒久的动力源泉。强化网络举报辟谣。鼓励网民主动反映网上违法、不良信息等，继续加强对网络举报的受理和处理工作，坚决保障人民群众的合法权益。深入治理网络谣言，做好利用中国互联网共同辟谣平台的工作，生产和发布具有权威性和专业性、形式活泼、形式多样的优质辟谣信息。深入推进网络素养教育，提高识谣辨谣能力，让广大网民做一个清朗网络空间的参与人、见证人与获利人①。

主动服务群众，有效提升网上群众工作发展能力水平。在数字化和网络化的今天，创新互联网智能化飞速发展，在互联网上营造利民惠民的广阔天地，必须依靠数字政府，构建数字社会，在国家治理体系与治理能力现代化进程中，发挥信息化的巨大作用，持续提高社会公共服务能力与水平。提高党员干部学网络、懂网络、用网络的能力。积极顺应创新互联网时代的发展需要，引导广大党政机关及党员干部增强互联网思维，积极学网络、懂网络、用网络。不断学习互联网规律，提升引导网络舆论、驾驭信息化发展、保障网络安全等能力，透过网络进入网民的心、做好群众的贴心人，真正做到网上群众路线的深入和落实②。深化“互联网＋政务服务”。继续深入开展网上群众工作成绩显著的账号推选活动，进一步提升优秀政务类账号公信力和影响力。强化全国一体化政务服务平台、在线监

---

① 顾丹丹，傅广宛．网络问政的价值增量与实现条件——基于数据资源挖掘的视角［J］．中国行政管理，2021（4）：76－82.

② 高泉．党建促进网上群众工作稳中有进［J］．人民论坛，2019（28）：104－105.

管平台等，继续实施政务服务“一网通办”、城市运行“一网统管”，积极打造线上与线下一体化的社会管理服务体系，让老百姓少跑路、信息跑多路，促进数字社会治理新格局的形成。扩大数字化惠民成果。扎实开展数字乡村建设、构建新型智慧城市，深化数字技术在教育、医疗、卫生、就业等领域的应用，推动在交通等关键民生领域创新运用，丰富数字化的生活场景与感受。强化个人信息保护。提高全民的数字素养和技巧，坚决同网络违法犯罪行为作斗争，保障广大网民，尤其是青少年在网络上的合法权益，使人们在信息化发展中增强安全感、幸福感、获得感。

3.4.3 互联网群众工作平台建设四大措施

注重信息系统的深度应用，实现网上信访业务的智能化升级。创新互联网时代下的网上信访平台的持续优化和完善，有赖于深化信息系统的应用。利用现代科技在业务工作中的智能辅助作用，保证联得出、用得上、高效办事。要以统筹推进“两个覆盖，三个服务”为重点。“两覆盖”：一是促进信息系统联通全覆盖。对于尚未联通的各级职能部门和乡镇街道，强力推进对接联通；对于尚未与网上信访平台相衔接的领导信箱及其他通道，有力促进资源的整合和信息的共享；二是信访形式全覆盖，工作流程全覆盖。“三服务”：一是人性化地为群众服务。推广手机 APP、微信公众号等移动端平台，具备条件时可以设置创新互联网网上信访自助服务终端，在群众体验方面实现界面友好、操作方便等优点，使广大人民群众能够更好地使用；及时对群众诉求作出反应，在信访事项的受理和处理的各个环节，以手机短信的方式，将进度及处理结果实时推送，便于群众查询、评估等[①]。二是服务工作部门做好标准化服务。创新互联网时代下的网上群众工作服务平台要进行需求分析与技术攻关，推进网上信访业务智能化提升。通过进一步统一网上群众工作的服务标准，建立更加合理的规则，构建创新互联网时代下的群众诉求表达与回应模型，使得信息系统能够自动识别信访事项的具体内容，智能推送政策法规、相关实例、处理意见等信息，为创新互联网时代下的网上群众工作业务办理创造智力支持。实施信访法规和业务流程的技术再造，将各种制度规定变成技术硬性要

① 马英芹．党的网络群众路线的时代境遇及效能优化［J］．中共天津市委党校学报，2020，22（5）：36－42.

求，以技术规范带动业务规范。尤其在应对方式的选择、联系业务办理流程进行通知、回复、送达等方面，为创新互联网时代下的网上群众工作引入人工智能，起到校验、把关和监督作用，最终使得信访工作实现标准化指引、检查规范化、预测前瞻化，为创新互联网时代下的网上群众工作提供大数据运用与分析的决策服务。将大数据与云计算进行融合，加强信息系统的综合分析功能，正确掌握群众诉求动向，及时发现普遍性趋势性的问题，更好地为党政机关及其工作人员提供决策服务①。

以网上信访为重点，推进网上群众工作业务的规范化、标准化。对于基础业务规范中存在的一些问题，把握关键环节，广泛吸收民意以改进提升，实现业务规范化标准化，促进现存的网上群众工作问题按章解决。在网上群众工作的登记录入环节，规范信访事项的录入标准、重复事项的判断标准，严格按照规范，将有关资料完整、准确地输入信息系统。在网上群众工作的受理办理环节，注重及时、精准等业务标准，减少受理办理时限，准确确定受理范围，准确区分法定途径，精准选择处理方式，将群众诉求确切地移交给有关部门。细化信访事项办理意见书规范格式及必备要素，保证要件完备、根据充分、内容适当、到达及时。在网上群众工作的督查督办环节着力于精准到位，确定督查督办事项的标准，强化督查督办。对于处理不够规范、处理意见未得到贯彻落实、群众评价不满的，要实施精准监督、适时监督、规范监督；对于问题比较突出的，融入实地督查、适时公开监督，促使群众的合理诉求得到妥善解决。在网上群众工作的汇报审核环节注重规范有效，上传的汇报材料翔实准确、附件齐全，上级单位应当对认定的事实清楚与否仔细审查定性的准确性、处理意见的适当程度和执行情况。满意度评价部分着力于互动沟通，维护群众评价的权利，主动引导公众参与考核。通过强化业务规范化检查，及时发现和整改不规范的问题，用操作的标准确保工作成效，达到公众对办理过程、办理结果的“双满意”的目标②。

努力促进快速、高效、优质地解决人民群众的合理要求。及时化解群众提出的各类诉求问题，是创新互联网时代下网上信访工作的核心内容。

---

① 张益刚，刘涛．行政法治化中的群众工作方式调适［J］．齐鲁学刊，2017（2）：61－66.

② 戴立兴．密切党群关系始终是我们党立于不败之地的根基［J］．党的文献，2021（2）：14－17.

创新互联网时代下的网上群众工作应该具有生命力，其关键是能够解决群众诉求问题。网上群众工作的功夫就在“网上”：要坚持采取综合施策的办法，提升问题解决的能力、解决争议的水平。一是加快“最多访一次”的探索与推广。对于创新互联网时代下的群众工作部门及相关责任单位来说，要高度强调促进诉求的一次性解决。为此，需要创新互联网时代下的网上群众工作部门夯实首办责任，及时响应群众诉求，对群众提出的各项诉求迅速响应，保持“一个盯住一个”的办事效率与精神，有效化解各类群众诉求。各地要适时和群众进行面对面的交流，形成良性互动的局面，将群众上访一次性化解到位，增加网上信访事项的一次性办结率。二是推动治理网上重复信访。对于反复出现的网上信访，各地区要根据实际情况，研究并提出有针对性的解决措施，重点是减存量、控增量。逐一分析原因，分类解决，疑难复杂的问题列入领导监督的重点对象，全力推进化解工作。搞好信访人的思想疏导工作，强化行为规范与教育引导。明确问题解决责任单位因案施策，精准解决，根据“三个到位，一个办理”的要求，将协商和解、公开听证、心理疏导等方法相结合，解决疑难复杂的信访问题。对于政策的执行力度不够，或是缺乏政策依据，提出适时改进的建议、完善政策等，促进矛盾纠纷从源头上得到解决①。

注重加强网上信访工作的组织保障。坚持一级抓一级、层层抓落实，上下联动、同频共振的运行模式，推进创新互联网时代下网上信访工作实施落地。一是进一步提高思想认识。重视和着力开展网上信访工作，将此项工作放在应有的地位。增强担当意识，认真履行职责，强化区域内网上信访工作协调推进，下大力气确立创新互联网时代下网上信访易用管用的办法。二是进一步加强协调指导。强化对市、县、乡（街道）和职能部门的分类指导，通过“抓两头、带中间”，总结经验和做法，推动工作比较薄弱的场所共同改进②。督促各级把“三率”作为量化目标考核的主要内容，指导的重点是及时解决群众诉求，在解决矛盾中确立正确的工作导向。三是进一步抓好宣传引导。扩大对网上信访的知晓度与影响力，使广

① 夏瑛．信访制度的双重逻辑与“非行政信访”——以A市重复集体访为例（2010—2014年）[J]．政治学研究，2019（4）：102-111，128.

② 刘慧婷，夏桐．论年轻干部群众工作能力的提升[J]．学校党建与思想教育，2021（18）：88-90.

大群众深刻认识到网上信访的公开性、透明性、快速性、高效性以及方便监管等优点，引导公众更多地通过网络反映诉求，使网上信访起到创新互联网时代下网络群众工作的主渠道作用。三是进一步健全工作队伍。积极寻求党委、政府的高度重视和大力支持，完善网上信访工作机构，重视选拔政治素质过硬的人才，大力提拔业务能力过硬、工作作风扎实的公务员，充实网上信访工作的队伍。同时可以通过网上培训和跟班学习、现场观摩等多种多样的学习，组织开展业务技能培训。开展岗位练兵、业务竞赛等活动，使每一位信访干部将利用信息系统开展工作，使每一位网上群众工作业务干部成为岗位能手。

不管时代的发展如何变迁，群众路线依旧是我党的传家宝，绝对不可以丢掉。在新的征程中，我们必须适应新形势的变化，时刻保持与时代特点相结合，走出一条创新互联网时代这一新形势下的群众路线。以为民办事、为民谋利为主要政绩，一件一件抓落实，一年接着一年干，使人民群众产生获得感和幸福感、安全感。必须在全过程中发展人民民主，广开言路，开门问策，凝聚真知灼见，凝聚智慧力量。

4　互联网时代群众诉求响应机制构建

该部分主要采用理论分析和案例研究的方法，逐步开展互联网时代群众诉求响应机制研究。群众诉求响应机制包括“响”和“应”两个部分，因此首先需要建立的是互联网时代群众诉求表达机制，在此基础上针对群众多元化的利益诉求建立协调机制，当群众利益受到侵害时，要建立互联网时代权益保障机制。另外，若上述群众诉求“回应”机制出现失灵，需要建立互联网时代监督反馈机制进行纠偏工作。当群众诉求“表达”和“回应”机制成为完整闭环后，建立悬浮“响应”机制之上的互联网时代心理服务和危机干预机制，发挥事后疏导功能，从而构建一个协同联动的互联网时代群众诉求响应机制。

4.1　创新互联网时代群众诉求表达机制

创新互联网时代背景下，推动国家治理体系和治理能力现代化的过程需畅通群众利益诉求表达以更好回应人民美好生活的需要。网络参政依托于互联网平台在诉求表达和信息传播等方面所具备的互动性、及时性、全面性、便利性以及开放性等诸多传统政治参与路径中没有的优势而迅速崛起，并且在短时间内获得了政府与公民的认可。然而，由于网络空间虚拟性、网络空间治理机制缺失、网络表达热情过高等多重因素的同时产生也营造了网络舆论场控制困难、部分自媒体和群众无责漫谈等不健康的话语环境。公众参与网络政治的积极性越来越高，参与环境也越来越复杂，各级政府应该如何疏通和规范网络公众诉求表达机制，在对公众做出及时反应的基础上同公众进行良性互动，越来越成为当前我国国家治理体系和治理能力现代化过程中即将遇到的一个严峻问题。

4.1.1 互联网时代群众诉求表达的形式

为更好进行利益诉求表达渠道的相关研究，国内有关学者依据群众采取的不同表达形式，将诉求表达渠道划分为制度化与非制度化两种。为了更好地厘清诉求表达形式之间的区别，在这里将从“公开形式与私下形式”诉求表达对象与“制度化与非制度化”诉求表达途径两个维度对诉求表达形式进行界定（表 2-7）。

表 2-7 诉求表达形式划分的两个维度

		诉求表达形式	
诉求表达对象		制度化	非制度化
	公开形式	公开形式的制度化诉求表达	公开形式的非制度化诉求表达
	私下形式		私下形式的非制度化诉求表达

一般而言，制度化诉求表达形式多通过调解、仲裁、信访、诉讼和人民代表大会等公开的、制度化的表达渠道得以实现。而非制度化表达利益诉求的形式，通常是以抗议、游行、上访、静坐示威等为主要形式，以公开、非制度化表达为主要通道①。诉求表达是有关个人在遭受社会不公正待遇的情况下保护自身权益的行为，尽管有时也可能采取不恰当的手段，但常常由于求助无门，因而进行非制度化诉求表达的概率较大。但在构建和谐社会的大环境中，其他人群所面对的不公正待遇以及他们在具体情况

① 李贵成．人的尊严视域下的新生代农民工利益表达机制研究［J］．东南学术，2013（5）：167-173.

下所采用的诉求表达形式也同样值得我们重视。

4.1.2　互联网时代群众诉求表达的地方实践样态

4.1.2.1　“接诉即办”的北京经验

“接诉即办”在北京率先提出，是创新互联网时代下群众诉求响应机制在北京的一次生动实践。以“12345”市民服务热线和网络平台为主要通道，实现了创新互联网时代下业务、职能、流程及体系的全方位变革。“接诉即办”最突出的特征是“一号响应”。从 2019 年启动至今，北京已整合全市政府服务热线 51 条，并且 12345 热线平台系统已经接入全市所有区域、街道乡镇、市级部门以及公共服务企业，实现了互联网时代下企业与群众诉求全口径的统一。“接诉即办”主要是通过把群众诉求下放到责任部门、着力于事件处理等方式，使群众诉求能够得到切实化解。以体制机制创新为纽带，以业务流程系统性再造为抓手，实现了群众诉求回应快、处理效率高、反馈及时的为民服务长效机制的建立[①]。

首先，创新互联网时代群众诉求表达机制下“接”听民心民意，“诉”出民事民情，“即”解民忧民难，“办”好民生民计，是其本质所在[②]。其次，接诉即办工作的顺利开展，有效地促进了基层治理权力和治理资源下沉，也促进了基层党政干部“切实围在群众身边，沉在第一线做工作”的工作作风的确立，切实改善了党群和干群关系[③]。最后，其回应机制的四个要素维度，即信息发现机制、信息下达机制、信息上传机制和压力感知机制有效地破解了信息不对称的难题（图 2－4）[④]。

4.1.2.2　“最多跑一次”的浙江探索

浙江“最多跑一次”改革不断向纵深发展，真实地反映了为人民群众办实事、对“四张清单一张网”进行了改革与探索[⑤]。2016 年，创新互联网时代背景下浙江省正式提出“最多跑一次”改革，并且要“刀刃内向”，通过政府自我革命实现“一窗受理，集成服务，一次办结”服务模式创

① 蔡明月．接诉即办：首都基层治理的一个创造 [J]．前线，2020 (2)：77－79.

② 王文举，孙杰．以人民为中心的接诉即办运行逻辑 [J]．北京社会科学，2022 (2)：27－34.

③ 孙照红．接诉即办治理场域中的全过程人民民主 [J]．北京社会科学，2022 (2)：35－42.

④ 张楠迪扬．“全响应”政府回应机制：基于北京市 12345 市民服务热线“接诉即办”的经验分析 [J]．行政论坛，2022，28 (1)：78－86.

⑤ 楼何超．浙江“最多跑一次”改革的实践及启示 [J]．宏观经济管理，2020 (8)：73－77.

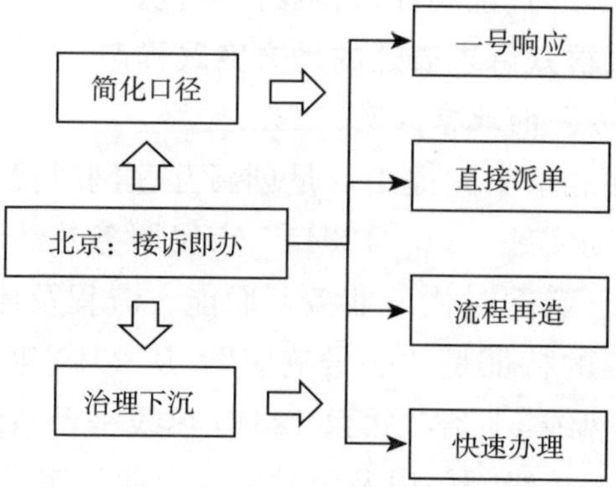

图 2-4　北京“接诉即办”

新，使企业和人民群众在向政府有关部门提出建议、办理事项中达到“最多跑一次”目标（图 2-5）。

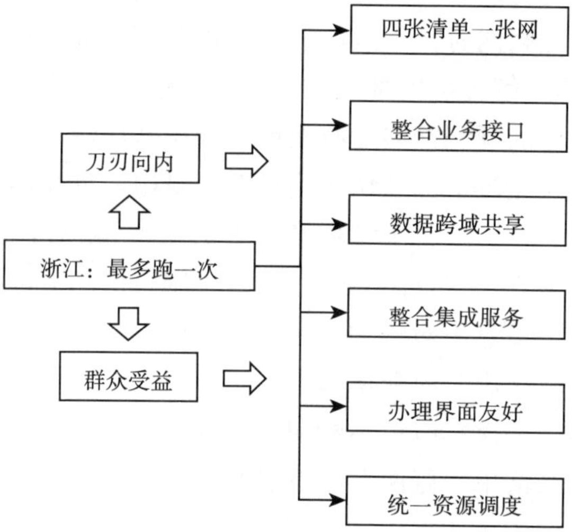

图 2-5　浙江“最多跑一次”

浙江省信访局在浙江省委、省政府高度重视下，克服互联网时代下各部门之间协调阻力，创建全省统一信访平台，包括统一用户、统一受理、统一判重、统一转办、统一标准、统一分享等六个方面。为了提高群众来访及服务受理便利性，该统一信访平台与“浙里办”统一 APP 连接，同时在微信、支付宝等常用软件小程序上提供界面。无独有偶，过去庞杂的热线电话按照兼顾热线社会知晓度、话务量、专业性和条线属性等理念融入 12345 热线，做到了一号受理并在统一受话中心接听电话。

2017 年浙江省信访局为创新互联网时代群众诉求表达机制，以公开公共数据和跨部门跨区域共享基础数据资源为抓手，促进政务信息系统中数据、信息和其他资源整合与共享，在提高信访效率和质量的同时，还能将群众“访累”的状况降到最低程度，切实减轻群众上访负担，为互联网时代开展好群众工作提供了一条行之有效的渠道。2020 年智能机器人的推出，让人工座席摆脱了单纯资讯类案件的困扰，信访部门工作人员有更多的精力去应对复杂的案件，提升了信访案件的办理效率与质量。

目前，浙江省正着力于人力、物力和财力资源的整合改造与网络平台综合管理提升，创新互联网时代背景下网络平台的快速发展对关键民意的征集、办理和报送也起到了很大的促进作用①。

4.1.2.3 “最多访一次”的克拉玛依改革

基础减负管理工作开展以来，克拉玛依市信访局为创新互联网时代群众诉求表达机制，充分利用 12345 政府服务热线电话综合应用网络平台“便民、快捷、高效”的优势，全面提高“网络＋”服务的质量，让群众不出家门即可满足相关的合理要求，切实帮助基础减负。

为了进一步实现党政机关和人民群众的有效交流和联系，克拉玛依市委市人民政府出台了政务类服务“一个号码受理、一个号码答复”的改革措施，要求有关部门配合。2021 年以来创新互联网时代下，克拉玛依市 12345 政务服务热线共受理市民各类诉求 6 万余件，涉及医疗、教育、社保等多个领域，妥善地解决了一大批群众在生产、生活等方面反映出来的急难愁盼问题。

克拉玛依市信访局根据信访形势，通过电话撤销或者撤并、呼叫中心分流、平行电话接访等多种方式，将全市范围内的近 20 条非应急型政府热线电话予以整合，做到公民“一个号”表达诉求，政府“一张网”受理诉求。与此同时，克拉玛依市委、市政府还提出了通过实施 12345 群众利益服务诉求集中表达服务渠道提升和改造，推进群众“最多

---

① 于水，任莹，鲁光敏．网上信访、群众工作与公共价值创造［J］．江苏行政学院学报，2022（5）：105－112．

访一次”改革[①]（图 2－6）。

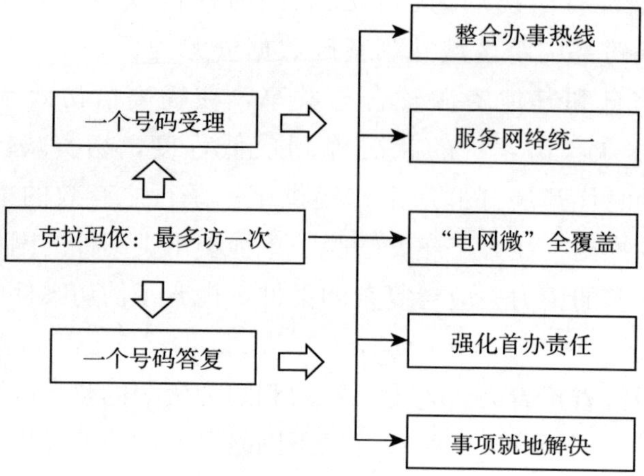

图 2－6　克拉玛依“最多访一次”

4.1.2.4　南京“听语”撬动群众“金点子”

2022 年 4 月 18 日，南京政务舆情研究院与南京市网络文化协会两个机构强强联合，面向全市发起“听语：征集市民好建议——抗疫‘金点子’”活动，充分倾听社会期盼、民智民意以及相关专家意见，在统筹推进疫情防控与协调市场经济发展中奉献自己的智慧与力量，夯实疫情防控与经济发展成果（图 2－7）。

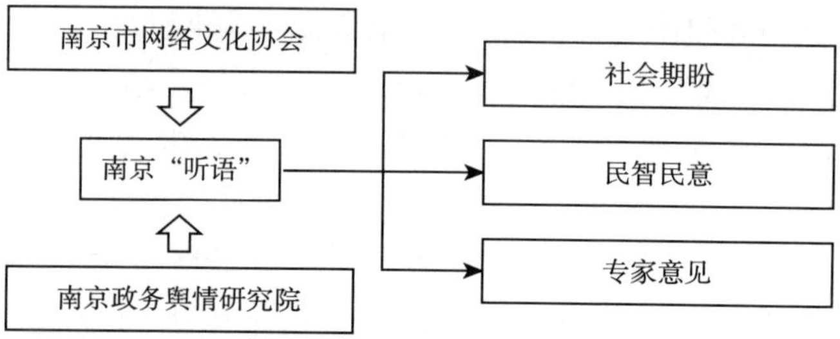

图 2－7　南京“听语”

活动以微网页、电话热线、私信留言、电子信箱等形式对广大群众的意见和建议进行了广泛征集。与此同时，政府积极倾听长期处于基层一线

① 全方位升级“互联网＋”服务水平　让居民足不出户便可解决合理诉求［EB/OL］.（2021－05－08）. https：//www. klmy. gov. cn/002/002003/20210510/3484f324－5421－4f8f－8b50－ca4255099f01. html.

从事防疫工作的党员、医生、社区工作人员等的呼声，深入市场环境调查在宁商会和协会的问题诉求，邀请相关专家学者、高校师生和网络人士等发表意见看法，持续提高征集工作含金量。

自活动启动以来，共收获了3 000多万次点击关注，累计收到智慧防疫、应急保障、交通运输、核酸检测等各方面有效建议3 000多条。在每一项建议诉求的背后，都隐藏着网民个人的担忧、感受与声音。

2022年5月10日与13日，南京市委宣传部、市委网信办等部门以及南京报业传媒集团、南京广播电视集团等企业联合发起了首次“听语”系列圆桌会议。活动主办方约请了参与“听语”抗疫“金点子”收集工作的专家学者、网络人士、公民网友代表和媒体记者，分别走进疫情防控工作中的多个要点，了解真实状况，亲身感受南京抗疫工作的方方面面。

“听语”抗疫“金点子”征集系列活动是在创新互联网时代背景下开展新冠疫情防控的一项创新之举。征集活动自4月18日开展以来已取得阶段性成果，得到了市民、网民朋友的响应和踊跃参与。市委领导对此非常重视，专门召开会议听取汇报，研究抗疫“金点子”意见并吸收回应，切实做好“民有所呼，我有所应”。

4.1.3　互联网时代群众诉求表达的路径优化

创新互联网时代背景下，以“接诉即办”与“最多跑一次”等创新治理实践可供其他城市借鉴和学习。同时也要看到，近年来，因群众诉求表达不畅引发的非理性乃至非法诉求事件频发，对社会稳定带来恶劣影响。从信访渠道所反映的问题来看，群众诉求如不能有效表达，也不能在限定的期限内妥善解决或者及时响应，冲突便会逐渐累积，积重难返，有窜访、闹访乃至进京越级上访①。所以，只有全面尊重人民群众的诉求表达权利，疏通诉求表达渠道，维护人民群众的正当权益和合法利益，才有可能消除人民群众的对立情绪，化解矛盾纠纷，构建和谐社会。创新互联网时代群众诉求表达机制需做好以下两个方面的工作：

4.1.3.1　畅通群众利益诉求表达多元渠道

人民群众每天从事的社会活动大多与自身利益密切相关。创新互联网时代下当利益受到损害时，群众采取什么方式求助才能维护自己的合法利

① 牟海松．群众诉求表达是社会稳定的基础［J］．中国党政干部论坛，2016（4）：91.

益，第一个环节一定是让他们能迅速、直接、高效地表达自己的利益诉求。所以，如何让广大人民群众的利益诉求能够有效地表达，需要采取多种措施来疏通广大人民群众利益诉求的表达通道。

首先，增强以公开形式制度化表达利益诉求渠道效用，积极引导民众利用制度化和准制度化表达利益诉求的渠道。一是明确信访部门有关职权和职责，构建统一信访受理协调体系，增强信访部门及工作人员倾听能力和觉悟，注意规避因待受理资源太过分散和庞杂造成民众无法找出适合自己情况的利益诉求表达机构。要构建科学合理的绩效考核体系对各种因素进行全面审视，创新互联网时代背景下不能单纯用“上访量”等来评价，以免为了增加部门工作政绩忽略一些群众诉求表达，在防范和减少群体性事件发生的同时，挫伤群众表达利益诉求的积极性。二是各级党政机关内，努力形成党委统筹领导、部门协作的运行机制。各级党委既要充分发挥领导核心作用，为做好信访工作打好工作主基调和积极促进信访工作顺利开展，又要切实加强人大和政协工作，在政府和司法等部门的指导下，组织多部门合作参与，才能达到多措并举有效解决信访问题的目的①。

其次，发挥社会组织和群众热线在表达群众利益诉求方面的正向功能。首先要充分发挥社会组织替代性的诉求表达功能。社会组织在利益诉求融合的基础上代表人民群众为人民群众表达利益诉求，而不是把全部的诉求与冲突集中在各级政府身上。二是创新互联网时代背景下加快整合清理各类民生问题热线电话速度，对与群众生活息息相关的咨询、建议、申诉、举报热线电话都要与市民服务热线12345联系整合，设立统一市民服务热线，加快化解群众急难愁盼问题，持续提高群众满意度以及政府的工作效率。

最后，完善群众表达利益诉求的“互联网＋”渠道。首先是要清理网络平台环境，健全网络平台相关法律法规，加大对网络垃圾信息审核和“网络水军”惩罚的力度，避免公众在利用网络平台表达利益诉求时受到不实、不良信息的诱发，继而通过过激的非理性或者非制度化的诉求表达

---

① 胡洪彬．中国共产党做好信访工作的历程回溯、内在逻辑与经验启示［J］．学术界，2022（8）：58－69．

通道表达。与此同时，网络媒体还应承担所发信息真实性的责任，不对不真实、不健康的信息进行报道和宣传，杜绝虚假信息恶意传播，进而为一些人所相信，并作出了表达利益诉求的非法行为。二是加快“互联网+信访”渠道的建设。创新互联网时代背景下充分利用互联网、大数据、区块链等信息技术手段和微信、微博、短视频等新媒体平台，广泛搜集民意，为群众诉求表达提供更多的便利。还应配套建立利益表达渠道畅通机制，避免平台因公众利益诉求表达量过载导致诉求表达渠道受阻，进而影响公众开展利益诉求表达活动。

4.1.3.2　构建畅达高效的政府回应解决机制

创新互联网时代背景下政群间互动关系归纳起来，可简要划为人民群众诉求表达和政府有针对性回应两大环节。公众诉求表达的合理性、有效性和真实性不仅关系到公众诉求表达能力和诉求表达渠道便捷畅通程度，也关系到政府诉求回应能力①。换句话说，离开了政府响应，再通畅的诉求表达渠道和理性的群众诉求表达还是枉然。

首先，在政群间建立起有效的政治沟通机制。利益诉求表达对象要想对表达主体的利益诉求做出有效应对，首先要具备的前提条件是双方能有效交流，而依靠交流平台则能便于政府充分理解民众的利益诉求。一是拓展政府信息公开工作领域。保障公众知情权是公众表达权行使的先决条件，主动披露涉及公众利益的政策信息能够为公众切实表达利益诉求提供根本借鉴。同时政府信息公开能够有效地缓解两者间信息不对称这一尴尬局面，增进双方之间的了解与交流。其次，要构建科学合理、行之有效的沟通模式。公众向政府决策系统传达利益诉求，可为有关部门出台相应的政策和采取适当的举措提供重要的借鉴。政府可以从群众诉求出发及时掌握舆论信息的反馈情况，并依据信息对政策执行情况做出及时准确的判断和回应。

其次，发挥协商民主对政群间诉求表达和回应的正面影响。一是维护人民群众参与和表达的权利。要让公众能够以平等对话、讨论和协商等多元方式有序地参与政府的决策过程，继而达成合理的共识，以公开的制度

---

①　张海东，张伟，瞿小敏．制度化还是非制度化？——我国居民诉求表达形式研究［J］．济南大学学报（社会科学版），2021，31（1）：15-28，157.

化的诉求表达方式实现有序的民主参与和合理的利益表达。政府要通过维护群众权益增强其在民众心目中的公信力和政府威望。二是构建政府和民众平等协商对话机制。注重政府和群众之间的利益协调和配合，政府要持为民服务初心，做工作之前要和群众充分对话、沟通和交流，以平等协商对话为基础，对有关利益取得共识、形成共识和开展合作，以避免群体极化的危险。

最后，建构科学合理的政府回应机制。人民群众因自身利益受到损害或者其他原因，通过各种表达渠道表达自己的诉求，一方面是希望自己的利益诉求能够得到政府部门的了解，另一方面也更加期待诉求能够被政府部门及时响应，继而妥善解决存在的问题。为此，应构建科学合理的政府回应机制：一是针对重大、突发性社会事件、人民群众集中关注的政务话题，例如新冠肺炎疫情每日每地的阳性人员增加数量、政府相关部门层层加码的原因导向等，政府要围绕此类热门话题建立“积极开展本体性回应、主动进行引导性回应、切实掌控主导性回应”的回应机制①。二是构建“互联网+”的政群互动回应机制。借助网络平台拓宽新型诉求表达渠道和政府回应渠道，如推出政务微博、建立政府工作微信公众号、创新政务 APP 应用、设立信访网站等多种形式在创新政府回应渠道的同时，给群众诉求表达带来便利。

4.2 创新互联网时代群众利益协调机制

网络社会的快速兴起一改传统社会较为平稳的金字塔式发展结构，其固有的流动性和风险性很容易从常态异化系统向威胁性系统裂变，进而导致社会矛盾和冲突的产生，对此需要中国共产党在创新互联网时代背景下不断增强协调不同阶层利益、妥善处理各类利益矛盾、最大限度减少利益冲突的能力，并且建立和完善合理高效的利益协调机制来解决社会矛盾，保持社会稳定发展。

4.2.1 互联网时代群众利益的构成要素

第一，经济利益。从层次上可划分为国家利益、社会利益与个人利

① 周彬，孔燕．回应与互动：政府网络传播创新机制研究［J］．行政管理改革，2021（7）：100－106．

益；从地域上可以划分为城市利益与乡村利益、经济较发达地区利益与欠发达地区利益以及不同行政区划地区人们的不同利益需求等①。

第二，政治利益。通常是指由人民当家作主，并通过直接或间接的形式参与国家、社会公共事务管理中去的权利和权益，需要借助公共权力得以实现。

第三，文化利益。通常包含群众文化活动、群众文化事业、群众文化组织等多种多样的元素，是多数人广泛参与的社会文化实践。

第四，社会利益。通常指牵涉到社会中大部分或全体成员需求实现的对象与满足途径。

第五，生态利益。保护生态环境就是守护人民最普惠最公平的公共利益，改善生态环境就是提高人民群众的公共利益。随着人类社会的发展，人民生活水平和质量的不断提升，新的物质需要还将不断形成，一定程度上还会增加自然资源的利用和消耗。保护生态环境，就是保护人民的生存权、发展权，就是增进民生福祉。

4.2.2　互联网时代群众利益协调的机制划分

利益协调机制是指在社会系统的不断变化中协调多元利益主体之间相互关系的组织、制度以及发挥其功能的作用方式。一般来说，按照作用领域将利益协调机制区分为经济协调、政治协调、法律协调与道德协调四种方式（图 2-8）。

经济协调是利益协调的基本手段。政治协调是指利用国家职能、政治制度及其他各种政治手段进行协调。创新互联网时代背景下通常政府是通过制定权力清单这种方式来协调的，权力清单可以清晰地确定政府权责边界以及其他重大问题，制定权力清单可以有效地规避政府的过分干涉，在履行自身监管职能的同时，确保其他工作得以开展②。法律协调则以权利与义务为首要特征，通过明确规定人的权利与义务来协调利益关系，维持社会秩序，定纷止争。道德协调其显著特点为广泛性与柔和性，道德协调起到的约束作用最为广泛，但是其约束作用相对较小。

---

① 习近平．使人民群众不断获得切实的经济、政治、文化利益［J］．求是，2001（19）：31-33，37.

② 陈婉玲，曹书．政府与社会资本合作（PPP）模式利益协调机制研究［J］．上海财经大学学报，2017，19（2）：100-112.

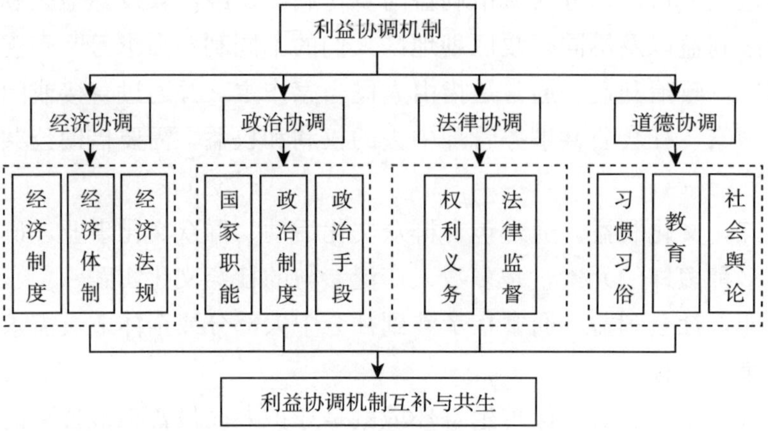

图 2-8　利益协调机制结构

4.2.3　互联网时代群众利益协调的地方实践样态

4.2.3.1　四川合江“农（龙）门议事”

2021 年年初，合江县面对群众诉求多元、矛盾纠纷情况复杂、治理力量薄弱等问题，坚持问题导向，围绕“群众自我管理、自我服务、自我教育、自我监督”目标，创新推行“农（龙）门议事”制度，搭建群众协商议事平台，激发群众自治活力，显著提升基层治理效能。其主要做法主要围绕以下三方面展开：

第一，搭建“农（龙）门议事”平台，通过先锋示范、组织搭台、群众当家三级联动，构建乡村治理“共同体”。村党组织牵头搭建议事平台，每月定期组织群众开展协商议事。第二，依照因地制宜、便利群众的原则，灵活利用“室内＋室外”议事场所，优化“线上＋线下”便捷议事方式，并行“一簿＋一箱”畅通民意渠道，让每一位村民都能够反馈给村两委与涉及单位，确保群众问题“件件有着落，事事有回音”。第三，成立党员志愿队、法律服务队以及“荔友格格”网格员 3 支队伍，构筑齐抓共管、共商共治的治理格局（图 2-9）[①]。

4.2.3.2　昆明富民司法局“四个主动”

2022 年 10 月以来，为进一步增强群众的获得感、幸福感、安全感，

① 四川合江：“农（龙）门议事”激活群众自治活力［EB/OL］.（2022-07-07）. https://dangjian.people.com.cn/n1/2022/0707/c441888-32468901.html.

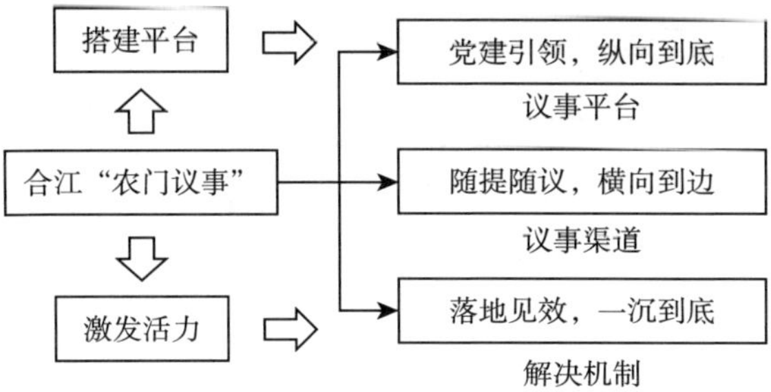

图 2－9　四川合江“农（龙）门议事”

提高人民调解的知晓率、认可度，营造人民群众“知调解、信调解、有事找调解”的良好氛围，昆明市富民县司法局牵头开展民事纠纷化解攻坚行动，从四个方面主动作为助力提升群众安全感和满意度。

一是主动公示人民调解员信息。前后制作 1 000 个人民调解员公示牌，在农贸市场、小区楼道、商铺门口等人员密集场所进行张贴。同时，对全县 87 名人民调解员姓名、联系电话、所属调解委员会地址以及云南掌上“12348”二维码等基本信息进行公示。

二是主动宣传人民调解工作。富民县各司法所在每月调解工作例会与季度培训会上，对人民调解员进行 12340 测评工作宣传，对未化解的矛盾纠纷进行分析研讨。利用微信、微博、抖音等媒体平台播放宣传视频、短片等，对人民调解受理范围、收费方式、司法确认等内容进行宣传。

三是主动介入矛盾纠纷排查化解。通过上门走访、周边打听、主动邀约等形式进行纠纷排查，主动提供调解服务。2022 年 11 月 5 日至 14 日，共开展矛盾纠纷排查 10 次，排查出矛盾纠纷 13 件，化解 13 件，其中邻里纠纷 5 件，损害赔偿 2 件，婚姻家庭 2 件，生产经营纠纷 1 件，征地拆迁纠纷 1 件，土地纠纷 1 件，其他纠纷 1 件。

四是主动接受群众监督评价。司法所与人民调解委员会在接受咨询或调解的过程中主动邀请群众自愿填写《人民调解工作满意度评价表》。当 2022 年，共接受监督评价 100 余人次。司法局及时对群众所做评价进行分析总结，根据群众指出的不足，及时调整和完善办事流程、转变工作作风（图 2－10）①。

① 富民县司法局“四个主动”开展矛盾纠纷化解攻坚行动助力群众安全感满意度提升［EB/OL］.（2022－11－14）. http：//www.kmfm.gov.cn/c/2022－11－14/6313124.shtml.

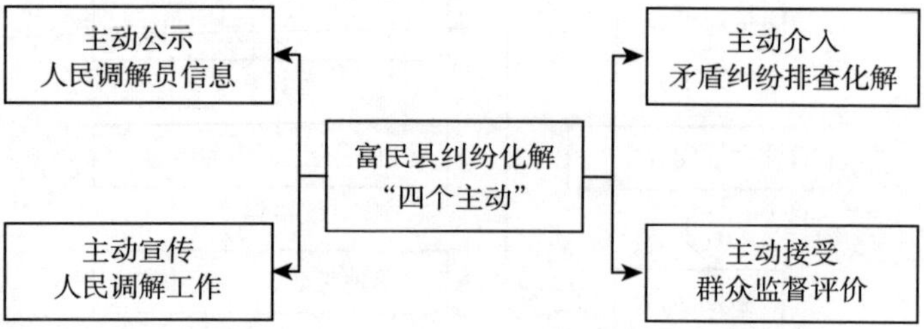

图 2-10　昆明富民纠纷化解“四个主动”

4.2.4　互联网时代群众利益协调的策略创新

首先，创新互联网时代群众利益协调机制要将数字技术引入群众利益调控。一是借助大数据、区块链等新兴数字技术对易引发利益纠纷、矛盾冲突的各种因素进行全天监测，汇集多源数据，研判辅助服务供给和递送机制，及时、全面地跟踪社会动态①。二是推动多跨场景应用需求分析，借助网络社交平台、政务服务热线、政府门户网站等渠道梳理群众关心的热点问题以及高频事项，从群众的“急难愁盼”中找寻多跨场景建设需求②。三是采用线上线下并行的形式，对相关目标人群集中投放推文、音乐、视频等正向内容。创新互联网时代群众利益协调机制要防止个人之间、群体之间的矛盾激化带来线上线下突发事件爆发，引发社会动荡。

其次，创新互联网时代背景下以数字技术为媒介，引导公众合理维权。一是依托网络平台覆盖面广、传播迅速的优势，通过线上宣讲、线上发布会等多种方式对公众进行宣传，诠释各种合法维权渠道。在有关法律和政策保障的前提下，创新互联网时代群众利益协调机制要及时、客观地公布有关部门维权诉求审查标准、办理进度和最后办理结果等情况，方便公众了解。二是以灵活、柔性的表达或宣传形式，向公众展现非理性维权言语和行为将会对自己、对家庭甚至对社会造成的伤害以及触碰法律红线后将遭受的严厉惩罚。对突发性群体事件要沉着克制，利用线上和线下的平台进行合理地引导和主动地配合，切实体察民情。引导群众正确处理个

① 赵欣．数字技术驱动社区治理的转型研究［J］．地方治理研究，2022（4）：26-36，78.

② 范瑞光，赵军锋．赋能共同富裕的数字政府治理：结构、过程与功能——基于浙江经验的考察［J/OL］．电子政务．［2022-10-31］．http：//kns.cnki.net/kcms/detail/11.5181.TP.20221027.2108.002.html.

人利益与集体利益、眼前利益与长远利益、正当利益与非正当利益的关系，在满足个人利益的基础之上为集体利益的实现贡献力量。

最后，创新互联网时代背景下借助数字技术强化议题的设置能力。一是创新互联网时代背景下各级党委和政府部门工作人员应通过网络平台实时关注社情民意，并以此为基础通过大数据搜索网友热议的议题，于早期对网络舆情进行预警和研判，适时、精准、科学地设置日程，尽最大努力获得有关舆论优先界定权和解释权，掌握话题设置时效性和策略性，巧妙地把网络舆论实时聚焦导向特定范围。二是创新互联网时代背景下结合聚合后的网络舆情对其动态发展规律进行深入剖析，引入利益诉求、利益协调整合的政策措施，加强议题聚焦，巧妙衔接政策措施和群众利益，在增强公众关注度的同时，把人民群众关注点和利益融合衔接，增进民众了解，为政府开展调解工作打下基础。

4.3　创新互联网时代群众权益保障机制

随着工业化、城市化以及信息化的发展，我国社会阶层结构发生了很大变化，人民群众的权益需求日益多元化。与此同时，权益需求多元化衍生出的权益关系也愈加复杂化，多元主体间围绕自身权益也可能出现较多的冲突和矛盾。中国共产党是执政党，对保障群众权益具有不可取代的作用。研究互联网时代背景下我国党和政府怎样更好地维护人民群众权益，对党和政府更好地实现服务人民、建设和谐社会与服务型政府、推进国家治理体系和治理能力现代化等目标均有十分重要的现实意义。

4.3.1　互联网时代群众权益的内涵

党和国家始终高度重视群众的权利与权益。维护人民群众合法权益应当一视同仁、一断于法，做到公平正义，继续铸牢中华民族共同体意识和争取实现中国全过程民主的目标①。因此，要保障群众的权利，推进社会主义民主政治的高质量建设与发展。

现阶段，群众的权利包括知情权、参与权、表达权和监督权等权益。创新互联网时代下人民群众知情权得到保障，才能实现参与权、表达权和

① 赵丽华，谢清松，黎岩．坚持各民族一律平等　保障各族群众合法权益［J］．黑龙江民族丛刊，2022（1）：1－5．

监督权。公民权利的全面实现又可以推动政府部门民主作风的改进和提高，增强政府公信力和权威性。特别是这三年新冠疫情防控背景下，医疗、教育、就业、养老等民生领域问题是人民群众最为关注、与群众关系最为密切的实际问题。这些具体权益问题如不妥善加以解决，将关系到广大人民群众根本权益能否实现。

4.3.2 互联网时代群众权益保障的理论推进

中国共产党始终坚持马克思主义群众历史观和人民群众权益至上。与此同时，中国共产党从中国国情出发，在马克思主义中国化的进程中充分探索与创新，不断向前推进富含中国特色的群众权益保障理论（表2-8）。

表2-8 中国共产党群众权益保障的理论推进

党的科学理论演进	群众权益保障核心观点	群众权益保障主要内容
毛泽东思想	全心全意地为人民服务，一刻也不脱离群众	一是把维护群众权益作为中国共产党人的最高价值标准；二是通过权益协调来维护群众权益；三是对维护农民权益问题给予特殊关注
邓小平理论	坚持把人民群众的权益摆在第一位，当做一切工作的核心	一是始终坚持人民利益为本的群众权益观；二是以生产力为中心的群众权益论；三是“三个有利于”中的群众权益论；四是权益主体日益多元化条件下的群众权益论
“三个代表”重要思想	维护人民群众的权益，澄清权益的内容是关键	“代表先进生产力”“代表先进文化”最终都是为了代表最广大人民群众的根本利益
科学发展观	“以人为本”，就是以人民的权益和全面发展为本	“权为民所用、利为民所谋、情为民所系”；构建和谐社会最为主要的是理顺权益关系；改善民生亦是维护群众权益最直接的体现
习近平新时代中国特色社会主义思想	完善党政主导的群众权益保障机制	全面开展群众路线教育实践活动；通过严厉的反腐败工作坚决维护群众权益；实现“国家治理体系与治理能力现代化”目标

资料来源：根据张陶博士学位论文《中国共产党维护群众权益问题研究》整理所得。

4.3.3 互联网时代群众权益保障的地方实践样态

4.3.3.1 盱眙“三提三知”群众工作法

为切实解决群众的急难愁盼问题，江苏省盱眙县以乡镇、村（社区）干部为主要试点人群，创新互联网时代下探索实施“三提三知”工作法，通过“提户知人”“提人知事”“提事知情”，强化干部与群众之间的联系，努力提升为人民群众服务的能力与水平。

一是"划片包干"，建立服务体系。以村、组、户为基本单元，划分服务联系区域。镇（街道）班子成员至少挂钩联系1个村（社区），每月走访不少于5户。县直部门挂钩联系1个城市居民小区，安排机关党员干部常态化走访，实现城市社区走访全覆盖。包村驻村干部、村（社区）干部、基层党员则采取分片包干的方式，逐街逐巷、逐村逐户展开拉网式入户走访工作，形成"横到边、纵到底、全覆盖、无遗漏"服务网格。

二是记录"民情日记"，掌握一手资料。党员干部为记好"民情日记"，需要定期总结走访群众的情况，及时汇总、梳理群众反映的各种诉求及困难，确保底数清、情况明、数字准、人头熟。围绕"党情、村情、户情"开展微调研、微座谈及深走访，熟悉了解上级有关涉农惠农政策，对村（社区）党组织基本情况、年度工作计划等内容了然于胸，做到大事小情"一口清"。

三是建立"四色清单"，跟踪问题解决。通过建立四色问题（绿、蓝、黄、橙四种等级）清单办理制度，落实限时办结、全程跟踪、销号管理等问题登记、处理、办结、反馈闭环管理制度，着力帮助解决群众诉求、帮助推动村（社区）发展、帮助完善社会治理。

四是实施"党员联户"，实现效能提升。全面推行"党员联户"机制，制定联户走访帮扶、无职有责示范"两项清单"，推动党员干部深入群众察实情、出实招、办实事。坚持以党组织有形覆盖带动组织功能有效发挥，以新型农村社区、村民小组、农业产业链等为网格，成立网格党支部、党小组，实现网格党组织100%覆盖（图2-11）[①]。

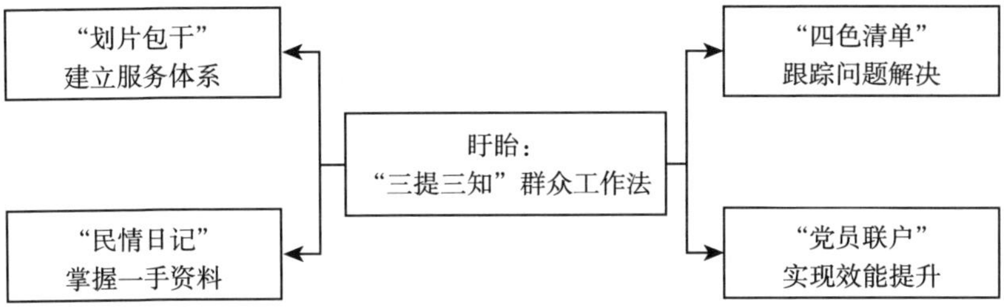

图2-11　盱眙"三提三知"群众工作法

① 富江．苏盱眙县："三提三知"群众工作法激活基层治理"神经末梢"［EB/OL］．（2022-07-29）．http：//dangjian.people.com.cn/n1/2022/0822/c117092-32508002.html.

4.3.3.2 福州法院“云”审判模式

新冠疫情防控形势下，福州多地法院在严格落实疫情防控工作的同时，开启“云”审判模式，在线上有序开展立案、调解、开庭等审判程序，打破空间壁垒，实现全流程无接触式审理，实现了疫情防控“不打烊”、网上庭审不停歇（图 2-12）。

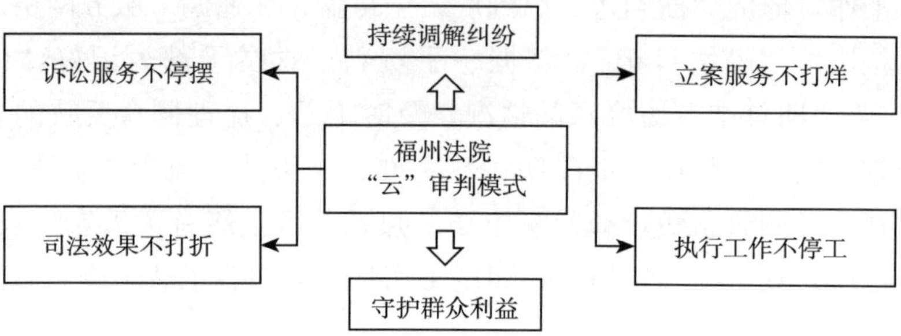

图 2-12 福州法院“云”审判模式

连江法院为保障审判工作持续开展，充分运用智慧法院建设成果，推进“互联网”、大数据等信息技术的深度应用，线上开展开庭、调解、立案等工作，全面提高司法服务质量与水平，切实保障执法办案和疫情防控双胜利目标。

马尾法院通过人民法院在线服务、云上法庭等平台以及电话、网络等无接触的方式，积极开展线上办公办案，确保疫情之下审判工作不停摆，切实做到疫情防控和执法办案两不误，司法效果不打折。

长乐法院根据有关工作要求，暂时关闭线下诉讼服务场所，推广使用各类线上服务平台，统筹推进疫情防控和诉讼服务。当事人可以通过线上平台申请网上立案，提交电子材料之后经立案人员审核，符合立案条件的予以立案，不符合立案条件的，及时与对方通过电话或其他形式联系沟通，耐心指导当事人按照相关立案要求更正信息，并为其办理立案手续①。

4.3.4 互联网时代保障群众权益的对策建议

4.3.4.1 坚定党的群众路线，建设融入式服务型党组织

首先，党政干部必须牢固树立正确的政治信仰和政绩观，把维护群众

① 福州法院：开启“云”审判模式 疫情之下审执工作不停摆［EB/OL］.（2022-11-05）. https://www.fj.chinanews.com.cn/news/2022/2022-11-05/512548.html.

合法权益作为工作前提和牢固坚持以人为本、为民谋利发展思想，始终心系百姓安危冷暖。各级党政机关领导干部要牢记“民心乃最大之政”，自始至终与人民群众站在一起，从群众中来到群众中去，始终与人民群众想在一起、谈在一起、干在一起，肯听意见、愿听意见、真听意见、善听意见，倾听群众“金点子”，凝聚共建共治共享、奋力战胜前进路上所有困难和险阻的智慧与力量。创新互联网时代群众权益保障机制必须坚定不移地把“以人为本”贯彻到底不放松。因此，无论是以人民为中心这一根本宗旨抑或“我将无我，不负百姓”这一价值追求，都必须坚持人民主体地位①。

其次，创新互联网时代群众权益保障机制要依靠法治切实维护群众合法权益。坚持依法治国与依规治党的统一，实现党与国家机关、政协、人民团体、社会组织以及企事业单位之间的互联互动②。坚持用事实的真相和法律法规的准绳还原事实的本来面目，依法依纪严肃查处相关违纪违法行为，严肃追究有关责任人员和涉事人员的责任，保障社会公平正义。鉴于强化基层尤其是中西部偏远乡村法治建设工作的迫切性，需要加大基层普法宣传力度，使更多的农民知法律、懂法律、守法律、用法律、护法律。与此同时，还可在基层设立法治咨询服务室，一方面向基层群众开展法律援助工作，另一方面可采取线下走访和座谈会的方式普及法律知识。

最后，有效维护群众的合法权益，需要进一步健全基层治理的机制，不断提高治理的能力与水平。基层是离群众最近的地方，也是困难矛盾最为集中的地方，党政干部要下大力气，将工作做到位，健全有关工作机制，持续改进发现问题和分析问题的方法，提升解决问题的能力，切实维护和保障群众的合法权益等③。创新互联网时代背景下基层党政领导干部需树立前瞻意识和战略精神，准确定位短期和长期目标，重视基层工作，将基层治理资源用于最重要且紧急的工作中，精巧规制下放的任务量和完成时间，以目标的可操作性和权责一致为准则，促使基层工作人员既能快

---

① 黄红平，赵佳鑫．新时代党员干部增强政治免疫力探论［J］．理论导刊，2022（9）：38-43.

② 韩春晖．依法治国和依规治党有机统一研究［J］．中国法学，2021（4）：145-164.

③ 维护群众权益的底线不容失守［J］．浙江人大，2022（4）：76-77.

速灵活应对环境变化，又能提升治理效果，实现“好快”双赢①。

4.3.4.2 完善法治保障制度，建立公平公正的保障机制

首先，重视发挥法治的正向引导功能，将其作为社会行为圭臬与价值评判的标准，把人民群众对社会公平正义的价值期待与利益诉求科学合理纳入法治化、制度化运行轨道②，依托法治的效用规范政府部门及其工作人员以及人民群众的日常行为，用法治教化大众、维护大众，保障其权益不受侵害。

其次，健全抵制损害群众利益的不正之风长效责任机制。建立和完善有关规章制度，从根本上促进与保障权力监督机制和权力制约机制有效运转，使权力以及行使权力的人员在人民群众监督下运转，切实保证来自人民群众的力量真正为人民群众服务。各地要结合实际情况，不断完善相关反腐机制，推动人民群众主动参与当地反腐工作，降低资源浪费的现象，推动政府转变职能。

最后，创新互联网时代背景下强化政府机关反腐倡廉建设和作风建设，不能将相关要求和职责束之高阁，要真正落实在党政干部和工作人员日常工作之中。健全政府部门及工作人员与人民群众联系的制度和机制，领导干部树立绿色政绩观，给人民群众作出表率，厉行节俭，杜绝铺张浪费等，创新互联网时代群众权益保障机制。

4.4 创新互联网时代群众监督反馈机制

时至今日，中国共产党群众监督的理论研究仍不完善，群众监督的实践研究也亟须紧随社会的发展更新和完善。创新互联网时代背景下，如何有效发挥群众监督的作用，切实保护群众的权利和利益，不仅需要完善的理论指导，同样也需要丰富的经验借鉴。网络舆论监督是信息时代的一把双刃剑，在对我国政治生活发挥强大正功能的同时也存在潜在的风险。如何充分发挥网络舆论在群众参与中的作用，同时又能维护网络舆论的秩序，防范群众参与网络舆论监督的失序，成为引导网络舆论监督健康发展的重要议题。无论从理论还是实践上看，随着网络技术的发展，创新互联

---

① 韦彬，臧进喜，邓司宇．顶格管理、基层形式主义与整体性智治——基于对 N 市 Q 区的考察［J］．海南大学学报（人文社会科学版），2023（41）：1－9．

② 林珊珊．进一步健全社会公平正义法治保障制度［N］．学习时报，2020－09－18（001）．

网时代背景下群众监督在政府决策过程中日趋重要。如何有效发挥群众监督的社会功能，成为当前加强和创新社会治理的迫切问题。

4.4.1　互联网时代群众监督的类型划分

监督是权力规范、正确运行的根本保证，是强化党内政治生活的重要举措。群众监督的日常形式主要包括直接对相关机构提出申诉、检举或控告，向有关部门举报、信访，通过网络平台提出意见建议以及通过群众团体或基层群众自治组织进行监督等。现有群众监督主要有以下两种类型：

第一，社会监督，又被称为非国家机关监督，通常是指政党、社会团体、社会组织以及人民群众等对行政机关及其工作人员的行政执法行为实施监督。创新互联网时代背景下人民群众参与监督主要表现在两个方面：一是参与居民委员会、村民委员会以及其他基层群众自治组织的活动，帮助地方政府对地方事务进行协调，从中把民众的意见、要求或者建议传达给政府。二是直接到各级职能部门，或者通过信访、面访以反映对相关问题的看法或者建议，广泛督促各级行政机关及其工作人员改正自身的行政行为。

第二，媒体监督主要是指通过报纸、刊物、电视、互联网平台等多元大众传媒形式对各种违法违纪行为、渎职腐败行为进行揭露、报道、评论或抨击。媒体监督的工具如手机、摄像机、录音机等，可以将实况客观、形象、真实地展现给大众，以形成“铁证”。同时，现阶段高速发展的互联网平台能够使相关信息迅速、广泛传播，一定程度上使得群众的监督渠道愈发便捷。

除此之外，创新互联网时代背景下广大群众还可以通过纪检监察机关“12388”举报电话与网站、组织系统“12380”举报电话与网站以及各巡视组、巡察组公布的电话与信箱等方式检举揭发党政部门及相关工作人员的违纪违法行为，全天候探照灯照出了“隐身人”，推动党内监督的深入开展，形成了强大的监督合力[①]。

4.4.2　互联网时代群众监督的地方实践样态

4.4.2.1　江苏常州新北“高新慧巡”直通车

江苏省常州市新北区“高新慧巡”直通车平台首次投用巡察，就收到

① 马丽．群众监督开启全天候探照灯［N］．学习时报，2021－10－15（003）．

50余个问题反映，形成27条高质量的问题线索。直通车平台二维码随巡察进驻公告一并张贴公示，并于官方网站、微信公众号实行线上线下同步宣传推送。群众扫码后可通过提供相关附件信息、照片等佐证材料，自行选择实名或匿名，反映相关问题至“一键直达”巡察组。2021—2022年，区委三轮巡察共计收到相关问题线索以及意见建议75条，通过平台收到67条。

近年来，新北区纪委监委准确把握纪检监察工作“做好助手、当好推动力”的信息化职能定位，突出“慧”智赋能。“高新慧巡”作为品牌抓手之一，将群众反映问题以及意见建议的渠道延伸到“指尖”，实现群众可参与、问题早发现，充分发挥巡察综合监督作用和联系群众纽带功能。

除了平台现有的“问题反映”模块，区委巡察组持续完善了“整改通报”“成效评价”等功能模块，探索建立巡察整改质效群众评判机制，形成了“一平台、全流程、闭环式”的巡察监督新模式，把整改成效及时公开，并将处理结果及时反馈给群众，推动问题整改见效收效（图2-13）[①]。

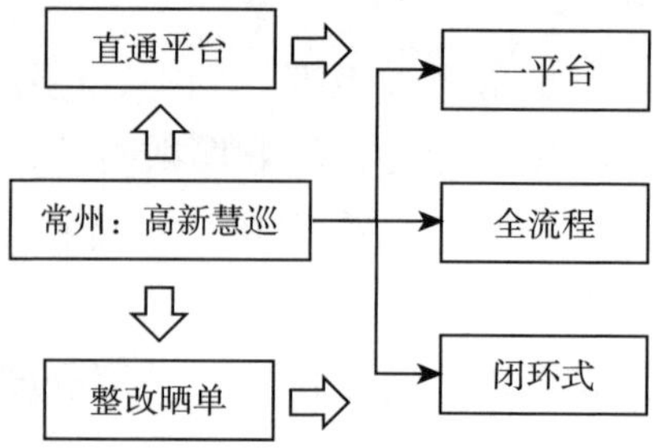

图2-13　江苏常州新北“高新慧巡”直通车

4.4.2.2　喀什地区“随手拍”

喀什地区岳普湖县在推动监督向基层延伸的过程中，及时推出风纪廉情“随手拍”小程序，聚焦住房供热问题、安居房政策落实问题、粮食存储保障问题等多达59项基层“微腐败”易发多发难题，紧盯“乡里的情、村里的点”，为群众足不出户反映问题架起便捷桥梁。

“随手拍”上线之初，就受到当地基层群众的热烈反响，极大地调动

① 江苏新北：畅通群众监督渠道　科技赋能“慧”巡察［EB/OL］．（2022-03-02）．https：//www.ccdi.gov.cn/xsxcn/202203/t20220301_174853.html.

了群众参与监督的热情。群众只需要一部手机在手，即可借助摄像头拍摄、记录自己所看到的或了解到的违法乱纪行为，助力发挥“摄像头”的实时监督作用，有效推动“八小时之内”与“八小时之外”监督的有效融合（图 2-14）[1]。

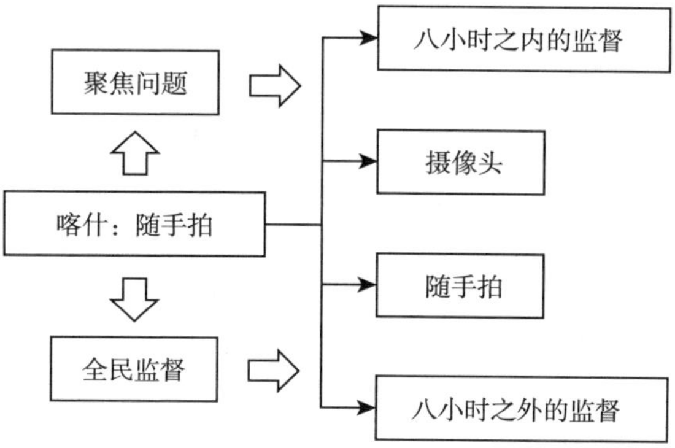

图 2-14　喀什“随手拍”为精准监督装上“慧眼”

4.4.2.3　江苏淮安“监督一点通”

“监督一点通”是由中央纪委国家监委部署建设的平台，于 2022 年 6 月中旬在江苏展开试点工作，聚焦“小微权力”，畅通民意监督表达渠道。江苏省淮安市作为试点，所有县区均已全面上线运行“监督一点通”平台，为聚焦基层小微权力的监督、推动信息化监督下沉落地、融入基层治理助力。该平台集权力清单、在线投诉、公开公示等信息窗口为一体，实现了“群众诉求一键直达，权力监督一点就通”。

淮安市纪委监委以提升应用能力为目标，分层分类召开了专题培训会。针对职能部门印发《基层小微权力监督一点通业务办理指南》，对各环节进行全流程展示；针对监督部门下发《小微权力“监督一点通”投诉事项答复工作指引》，重点阐述了答复要点、规范性用语等。淮安市纪委监委建立起承办部门负责人、分管领导以及监督部门的三级审核制度，实施“日督查、周通报”工作机制，确保群众反映的问题能够及时妥善解决。同时，针对群众的紧急诉求建立“直处快办”的工作机制；针对群众多次、

① 杨新远．喀什地区“互联网＋”让群众监督更“智慧”[N]．喀什日报（汉），2022-08-25(001).

强烈或集中反映的问题，发起“提级专办”“协同督办”（图 2－15）[①]。

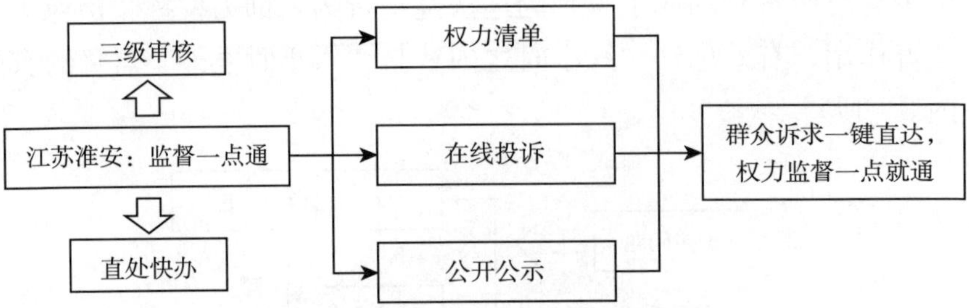

图 2－15 江苏淮安“监督一点通”平台

4.4.3 互联网时代促进群众监督反馈的优化策略

4.4.3.1 完善制度建设，优化群众监督的制度环境

首先，加强党内制度环境的建设，营造良好的群众监督制度条件。强化制度建设，是全面从严治党长期之策、根本之策。一是在制度制定与完善过程中将“行政发包制”和“科层制”两者的优势相结合，一方面要重视群众监督反馈制度制定和实施过程的统筹协调，另一方面要确保群众监督反馈制度制定和实施后所产生的结果能最大限度地达到预期，为群众监督制度建设营造科学、合理的环境。二是创新互联网时代背景下充分利用新兴技术、掌握新情况、处理新问题并形成相应的法规。各部门间及与群众监督反馈制度制定部门间应及时沟通，并能对群众监督过程中所暴露出的新情况和新问题在第一时间与制度制定部门进行沟通和反馈，然后再加以优化。

其次，深化政务公开制度，加强群众的舆论监督。标准化、规范化政务公开是有效公开的前提，对于增强政务服务能力、改善基层政务公开生态、提高政务公开效率、实现治理体系现代化具有重要意义。与此同时，创新互联网时代群众监督反馈机制要健全党政干部代表联系群众的激励约束和考核等制度，以代表联系群众畅通人民群众的监督反馈渠道，将代表履职档案作为代表连任和评优的重要依据之一[②]。

① 江苏淮安：群众诉求一键直达 权力监督一点就通［EB/OL］.（2022－11－21）. https：//www. ccdi. gov. cn/gzdtn/jdjc/202211/t20221115_230945. html.

② 於天禄 . 中国共产党关于群众监督制度建设的实践探索与基本经验［J］. 理论导刊，2022（5）：19－27.

最后，创新互联网时代群众监督反馈机制，必须完善群众监督制度机制保障。群众监督制度作为上层建筑，是在一定思想观念指导下建立起来的，其以既定的力量形式潜移默化地作用于人的思想观念之中①。创新互联网时代背景下建立健全完善的制度保障机制，一方面必须将相应的监督权力切实赋予到监督主体手中，真正做到权为其所用；另一方面，需要足够重视、信任监督主体的态度与行动，一旦发现违法乱纪的监督客体，应对其进行严厉的打击制裁，使监督主体在实践中真正感觉到自己的监督效用。

4.4.3.2　强化人民群众监督意识，构建监督共同体

我国是人民民主专政的社会主义国家，民主政治性质决定了群众监督在我国政治生活中占据着重要地位，其政治保障、权力制约以及评价反馈等功能十分显著②。完善群众监督一定要坚持走群众路线，基于群众路线展开具体工作。

首先，建立群众监督专责机制，扩大群众监督的制度构建空间。创新互联网时代背景下完善群众监督专责机构：一是各级纪委要设立负责群众监督相关事宜的专职部门。针对群众普遍关心的惠民补贴、教育、医疗等民生领域重点问题扎实开展全程监督，有效遏制群众身边腐败和作风问题。二是在各个部门设立负责群众监督相关事宜的专职部门。多管齐下编制权力清单，明确各项事务运行流程，对重点领域以及关键环节加大对权力清单的公开公示力度，规范基层权力运行。

其次，创新互联网时代群众监督反馈机制，激发群众监督热情，形成群众监督社会氛围。一是要依靠学校教育，让学生在各个学习阶段树立监督意识，增强监督勇气，培养监督习惯，形成监督惯性。同时，增强学生公民意识，明确公民应该享有的政治权利和政治义务，为步入社会后的群众行使监督权利打下知识基础。二是创新互联网时代背景下加大宣传力度，不仅仅要利用报纸、宣传墙等线下形式，还适当利用微博、微信公众号、快手和抖音等线上阵地，让公众的监督意识耳濡目染，深入人心。要

---

① 贾丽民，赵天淼．历程·问题·路径：建党百年群众监督制度建设研究［J］．江淮论坛，2021（3）：12－18，193.

② 刘华，包红光．群众监督“一把手”工作晾晒机制探析［J］．人民论坛，2020（15）：72－73.

多措并举疏通群众监督之路，线上与线下两不误合力搭建群众监督平台。

最后，创新互联网时代背景下落实人民群众的知情权、参与权、表达权与监督权。一是大力推进阳光工程，党政部门及相关工作人员自觉接受人民群众的监督。通过政府门户网站进行全方位政务信息公开，将触及公权力的领域全面置于人民群众监督之下，依托无处不在的群众力量，让权力监督无死角。二是拓宽群众监督渠道，让人民群众民情民意得到合理表达。线上可以开放政府门户与单位网页的公众留言板、领导信箱、社区论坛等平台、网站，线下则可以通过领导接待日、群众听证会、民主座谈会等民主形式，拓宽人民群众的监督表达渠道与问题反映途径，完善干部与人民群众交流对话的平台建设。三是加强对基层权力的监督，通过发传单、宣讲会等形式引导基层群众参与到干部监督工作中来。同时，可以在基层建立“微权力”监督队伍，由基层群众轮流当值，保障基层群众的合法权益。

4.5 创新互联网时代群众心理服务与危机干预机制

创新互联网时代背景下我国重大突发事件的处理绝大多数局限于后期的物质补偿以及相关责任人的责任追究等制度建设层面，灾中灾后的群众心理服务与灾前灾中的危机干预远没有形成制度化和规范化的体系。创新互联网时代背景下政府重视重大灾难的心理服务与危机干预工作，对于政府取得群众的支持与认可、社会秩序的稳定、彰显“以人为本”的执政理念具有重大意义。

4.5.1 互联网时代群众心理服务的实践经验

4.5.1.1 深圳莲花街道“一站五室十二点+N”心理服务网络

2021年以来，深圳市福田区莲花街道将心理服务作为基层社会治理的关键一环，以满足辖区居民群众的心理服务需求。依照省、市、区的工作部署，莲花街道不断整合辖区内专业心理服务资源，多措并举，全力推进社区心理服务体系建设工作，通过塑造“心‘莲’万家”社会心理服务品牌，打通社区心理健康服务“最后一公里”。

一是聚力共推，健全完善工作机制。调度综治、司法、妇联、卫生、工会、团工委等多部门精干力量，由街道党工委书记牵头成立心理服务体系建设委员会，大力整合现有人力、物力、财力资源，统筹协调街道心理服务工作的开展。在委员会指导下，街道逐步完善了联席会议、入户走访、心理咨询室建设、信息互通、危机干预、转诊转介等心理服务工作机制，推动街道社会心理服务中心在街道综治中心挂牌办公，实现与同级多元矛盾纠纷化解中心、综合治理中心等治理机构统筹协调、一体运行。

二是携手共进，充实服务队伍力量。截至 2020 年年底，街道与专业心理服务机构达成合作，先后调派 3 名专业心理咨询人员进驻街道社会心理服务室，为社区居民提供专业、精准的社会心理健康服务。同时，整合专职网格员、社区干部、机构社工、人民调解员等内生力量作为心理服务兼职工作者，并邀请心理专家或者心理咨询师按季度开展心理知识专业培训。

三是打造阵地，构建心理服务网络。依托原有党群服务中心进行资源整合，于所辖社区人流密集、交通便利处建设 13 个心理服务站（室），初步构建“一站五室十二点＋N”心理服务网络，实现了“街道—社区—小区”全覆盖。依托一个街道心理健康服务中心、五个心理健康工作室、十二个社区心理服务室以及 N 个心理健康服务点，为社区居民提供心理健康服务。

四是精准服务，塑造莲花心理品牌。2021 年至今，中心持续健全“宣传、疏导、干预”三位一体心理工作机制，前期共收集心理问题调查问卷 300 余份，进行心理测评筛查 150 余份。以“心莲万家，全民健心”为主题，以线上线下的宣传、讲座、辅导等形式广泛宣传心理健康知识，引导居民正确认识心理疾病（图 2－16）①。

4.5.1.2　“滨州心语”社会心理服务平台

2022 年 6 月 25 日，滨州市社会心理服务中心暨“滨州心语”基地正式启用，该基地依托欣悦健康全产业链条形成了全面服务心理健康领域的“五院、十中心、N 产品”体系，服务内容贯彻心理健康管理的“防、检、疗、养”全流程。

2022 年 12 月 2 日，滨州心语社会心理服务平台全新开启，该平台以“自助、互助、他助”为核心理念，集心理科普宣传、心理体检及建档、

① 社会治理“从心”开始，莲花街道打通心理服务“最后一公里”[EB/OL].（2021－07－10）. https：//www. dutenews. com/futian/p/2664159. html.

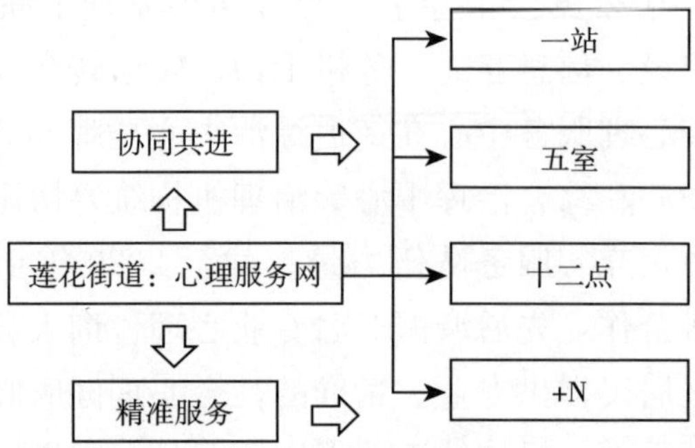

图 2－16　深圳莲花街道“一站五室十二点＋N”心理服务网络

精准化心理服务以及危机干预于一体。平台共包括六大模块，一是心理倾诉，提供 7×24 小时全天候服务，为群众解决情绪困扰；二是心理测评，分为专业性心理健康状况测评与趣味性心理健康状况测评，可以使群众更加了解自身的心理状况；三是心理咨询，通过平台实时推送专业心理学知识以及日常心理疏解小妙招，提升群众的心理健康意识和心理素养；四是课程推荐，可以通过心理学帮助解决个人生活中的问题与困扰；五是心事问答，搭建“解忧树洞”留言板，为群众提供一个心事抒发角落；六是危机化解；通过平台提供 24 小时免费心理咨询热线服务和自助手册，为群众心理健康保驾护航（图 2－17）。

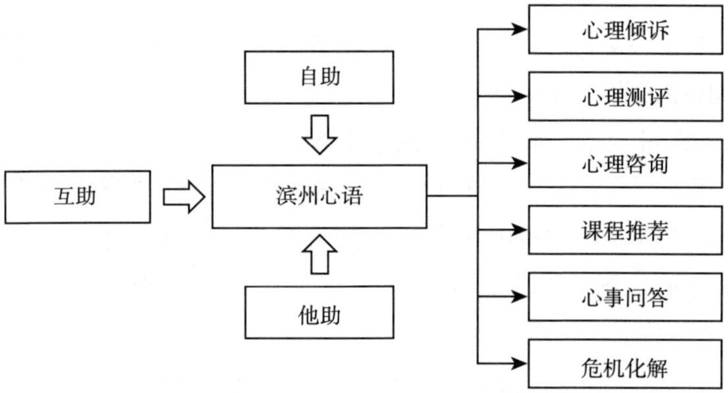

图 2－17　“滨州心语”社会心理服务平台

4.5.2　互联网时代完善群众心理服务与危机干预的优化策略

当前社会流动性、风险性、复杂性日益凸显，自然灾害和社会安全事故频繁发生以及多重因素的叠加使得我国社会处于高风险的状态。这一阶段的突发性危机事件蔓延迅速，覆盖范围广，且常常涉及很多方面，致使其在短时间内很难得到有效的处理。在社会飞速发展的背景下，人们对心理健康问题的关注程度逐年提高，各级政府在应对突发事件的过程中也越来越注重对心理危机的干预。创新互联网时代背景下需要通过构建心理服务和危机干预的长效机制予以化解。

4.5.2.1　完善心理服务机制，推进心理服务体系建设

首先，创新互联网时代下重大灾害发生时要实时、准确发布灾情信息，利用官方媒体缓解公众的群体恐慌等负面情绪[①]，增加受灾群众的安全感，进而增强受灾群众和非受灾群众对于党和政府的信任，推动后期心理服务工作顺利开展。引进公众代表参与灾后的重大问题决策，加大公众的决策参与权，让决策站在公众利益的立场上，做到以人民为中心，增强公众的自信[②]。针对基层场域，同样要做好监测监控和预警预报，对重点区域、重点时段进行 24 小时巡查值守，及时发布预警信息，建立健全应急广播体系，切实将预警信息发布覆盖至“最后一公里”。

其次，各相关执法部门要建立良好的互助合作关系，严格落实心理服务工作。地方政府应该在辖区内设立应急管理心理服务中心，同时在各县区常设心理危机服务办公室，明晰各行政部门及其他相关服务部门的具体职责，对处于不同组织、不同地区的心理服务队伍统一管理、统一组织、统一协调，确保心理健康服务工作科学、全面、有序进行。同时，创新互联网时代背景下可以依托社区，在日常社区服务工作中组织社区居民参与畅谈交流、文体娱乐活动，保障居民精神、心理健康。积极宣传心理卫生与精神卫生知识，引导社区居民正确处理生活中的各类关系，从而达到常态化预防与突发状况下治疗居民心理健康问题的目的，将社区建设成为居民心理健康服务第一阵地。

最后，推进心理服务网络平台的建设，搭建为各类人群提供涵盖咨询、跟踪、预警等服务功能在内的科学、系统、全面的大数据心理服务综

---

① 安静，等．突发传染病公共卫生事件心理危机干预工作的探讨［J］．中国心理卫生杂志，2021，35（9）：795－800.

② 梁丰，李盼盼，彭虎军．公众在重大灾害发生时心理危机干预分析［J］．灾害学，2020，35（1）：179－183.

合平台[①]，有效实现信息网络传递和分享，线上和线下并行拓展心理服务覆盖范围，提升服务效率。与此同时，创新互联网时代下心理服务网络平台应重视建立和完善网络数据管理制度，加强有关工作人员对数据合理利用制度化建设。一旦发生重大突发事件，政府即时启动突发事件心理服务预案，快速组织相关人员进入灾区进行心理服务，提升心理服务能力。

4.5.2.2 促进多元协同联动，构建危机干预长效机制

近两年由于新冠肺炎疫情及其他自然灾害频发，学界对“危机干预长效机制”展开广泛讨论，目前比较推崇的研究认为危机预警机制、风险研判机制、应急处置机制、心理疏导机制与舆情应对机制五大机制共同构成危机干预长效机制。当前常态化疫情防控下要积极构建危机干预长效机制，创新互联网时代背景下利用互联网、区块链、大数据等新兴数字技术，提出切实可行的解决策略，夯实现代化进程中提高心理服务水平、促进民众身心健康的基石。

第一，构建危机预警机制。一是健全预案体系。各部门应尽快加强预案备案的管理工作，拟定预案规划并建立应急预案资料库。二是要加强常态化预案演练。通过模拟构建突发性事件发生的场景进行演练，以此达到检验预案、锻炼队伍、磨合机制的三重效用。每一季度组织、指导开展各类突发情况应急演练，有效提升应急预案的实用性和可操作性。三是创新互联网时代背景下构建网络舆情危机预警机制。互联网时代信息传播速度快、传播范围广，网络舆情危机预警机制的建立是控制负面社会舆情、制定高质量应急决策和危机公关的重要环节[②]。

第二，构建风险研判机制。充分发挥重大安全风险研判和防控工作机制作用，相关工作部门密切关注重点领域和重点区域以及重大安全风险情况，对存在的风险隐患和安全形势进行科学预判。加快构建完善风险预警和监测体系，实现苗头性和倾向性问题的早期发现，准确预判和妥善解决。常态化制定和完善各种突发状况应急处置预案，保证突发情况发生后第一时间能迅速反应，果断应对，坚决杜绝因为应急能力不足导致小事拖

---

① 李博，等．集中隔离医学观察点心理服务管理模式构建［J］．中国公共卫生，2021，37（7）：1082 1085.

② 田世海，王春梦，杨文蕊．基于ANP和随机Petri网的突发事件网络舆情危机预警机制研究［J］．中国管理科学，2021（10）：1－12.

大事炸。结合人工智能、云计算、大数据和区块链等新兴数字技术对突发性自然灾害和社会安全事件进行整体性建模与分析，探讨其发生概率、影响范围和影响时长等，探究精准治理策略。

第三，构建心理疏导机制。整合和利用心理咨询服务已有资源，在充分发挥线下优势的前提下，加快搭建线上常态化心理咨询服务平台，实现线上与线下并行，提升心理咨询服务效率。创新互联网背景下要加强新闻宣传和舆论引导，讲好大家的事迹和做法，彰显人民群众同心同德、团结协作、同舟共济的精神，切实抵消负面消息冲击。

第四，构建应急处置机制。一是建立省市两级高层次的心理危机应急决策组织，确保突发状况时能协调多个部门和区域及时展开心理危机应急处置活动。推动整合心理危机干预资源，健全多部门多区域协同联动心理危机应急处置预案，建立应急联动危机干预长效机制[①]。二是坚持“分级管控”，综合制定风险辨认，风险评估和分享分级标准等管理制度，把风险分为重大风险、较高风险、一般风险和低风险四个等级，分别对应于红色、橙色、黄色和蓝色四种色彩，并进行严格控制的风险划分。对一些重大而敏感、涉及主观偏向性强、群众反响强烈、可能导致群体性事件发生的矛盾纠纷要及早发现、及早处理，努力将问题化解在基层、化解在萌芽状态。

第五，构建舆情应对机制。创新互联网时代背景下，根据突发事件的性质、类型、规模以及后续可能造成的影响，首先，完善舆情队伍建设，构建一支强大的舆情工作队伍，防止负向的舆情造成社会动荡。其次，建立和完善舆情应对处置支持系统，增加在舆情技术应用方面的研发或者购买投资，比如购买识达舆情监测服务，运用技术手段控制舆情发酵。最后，建立舆情信息工作激励机制，深入认识舆情发展的本质，提高舆情应对处置的科学性、准确性与实效性。

---

① 陈虹．健全社会心理危机干预长效机制［N］．中国社会科学报，2022－06－02（005）．

第3篇　互联网时代信访治理

信访作为一种具有中国特色的政治制度安排，不仅是中国特色社会主义制度的必要和有益补充，更是国家治理体系的重要组成部分。伴随着我国社会主要矛盾的转化，人民群众诉求呈现多样性和复杂性，必然导致纠纷矛盾呈现多频次、多领域和多主体发展态势①。信访承载的保护人民群众合法权益、便利群众政治参与和畅通群众意见表达等功能面临更多新问题，与时俱进地完善数字化时代信访治理体系和提升信访治理能力成为重大课题。长期以来，社会普遍存在对信访制度的不清晰认知，将信访等同于上访、人治、维稳、谋利或维权抗争，一定程度上忽视了信访制度是一种门槛较低、弹性较强、方便直接、刚柔并济的民主制度，其富有特色的民意表达、权利救济、民主监督和政治参与机制，是党和政府群众工作的重要组成部分。党的十九届四中全会明确指出要完善信访制度，将其作为正确处理新形势下人民群众内部矛盾的有效机制。互联网时代，物联网、大数据、云计算、人工智能和区块链等信息技术与政府治理的融合进一步加深，政府的数字化转型成为提升行政效率和服务水平的重要路径。网上信访成为进一步完善信访制度的关键依托，既是在推动政府数字化转型中“创新互联网时代群众工作机制”② 的有益探索，也是对“加强数字社会、数字政府建设，提升公共服务、社会治理等数字化智能化水平”③ 的有效回应。

伴随着社情民意的网络集聚成为重要的社会现象，社会公众借助网络

---

① 游劝荣．践行习近平法治思想　推进非诉讼纠纷解决机制建设［N］．人民法院报，2020-12-28（002）．

② 中共中央关于坚持和完善中国特色社会主义制度　推进国家治理体系和治理能力现代化若干重大问题的决定［N］．人民日报，2019-11-06（001）．

③ 中共中央关于制定国民经济和社会发展第十四个五年规划和二〇三五年远景目标的建议［N］．人民日报，2020-11-04（001）．

途径向各级国家机关反映情况、提出意见建议和投诉请求成为重要趋势。2020年新冠疫情发生后，为了更好地落实国家关于新冠肺炎疫情防控的决策部署，最大限度地减少人员流动和集聚，确保人民群众生命安全和身体健康，各地信访机构普遍实施临时暂停现场接待群众来访的措施，积极引导群众通过网上投诉、微信信访、手机APP等方式反映诉求，网上信访成为维护正常信访秩序、及时响应群众诉求、化解矛盾纠纷和实施监测预警的关键抓手。网上信访属于新生事物，要真正将信访制度优势转化为实实在在的社会治理效能，让人民群众体验到网上信访的便捷通畅、公开透明以及安全高效，以信访机构的数字化转型提升人民群众的获得感、幸福感和安全感，需要坚持不懈地推动网上信访高质量发展。党的二十大报告为当前信访工作提出高屋建瓴的目标指引，在党的统一领导下，信访工作要强化联系党和人民群众的桥梁作用，以为人民排忧解难为出发点，依托信息技术力量，运用人工智能、大数据等新时代科技手段赋能信访工作，发挥网上信访工作便捷高效的优点，托举人民群众的安全感、获得感和成就感，写就新时代信访工作高质量发展新篇章。

综观公共行政学一百多年的演进史，无论是传统公共行政范式、新公共行政范式和新公共管理范式，还是风头正劲的公共治理范式，尽管在不同社会发展时期各有侧重，但总体上符合“问题导向”的逻辑理路，政府数字化转型中的网上信访无疑成为重要的公共治理议题之一。党的二十大报告指出，要畅通和规范群众诉求表达、利益协调、权益保障通道，着力解决好人民群众急难愁盼问题。[①] 这为我国信访工作提供新的航标指引。筑牢中国式现代化的国家信访体系，需坚持和加强党的全面领导，深入贯彻《信访工作条例》，因地制宜地构建新时代信访工作新格局。需坚持人民至上，时刻践行“为民解难、为党分忧”的政治责任。当下，聚力改革创新，构建“全覆盖”责任机制、创新“全过程”工作流程、构建“零距离”服务模式、搭建“智慧化”业务平台，推进国家信访工作高质量发展，实现信访工作现代化建设，成为新时代国家信访治理工作面临的新命题。

① 习近平．高举中国特色社会主义伟大旗帜　为全面建设社会主义现代化国家而团结奋斗[N]．人民日报，2022-10-26（001）．

1　互联网时代信访治理与制度的历史演进

1.1　研究背景与意义

1.1.1　研究背景

第一，时代背景。伴随着网络信息技术的迭代发展，人类社会已经转向实体空间和网络空间并存的新格局。1969 年，计算机之间的相互连接开始出现，历经半个多世纪的发展，全球互联网普及率超过了 55%，网络信息技术已经与政治、经济、文化、社会、生态等各个领域深度融合。中国自 1994 年接入互联网，截至 2021 年 6 月，网民规模已经达到 10.11 亿，互联网普及率 71.6%，在线政务服务用户规模超过 7.73 亿。[①] 同样，可视化数据平台视觉资本（Visual Capitalist）在 2020 年发布的全球网站访问量统计数据显示，排名首位的 Google（谷歌）月访问量已突破 600 亿人次。由此可见，无论是国内还是国外，互联网已经成为人们的一种生活方式。联合国经济和社会事务部（UNDESA）自 2001 年以来对联合国所有成员国的数字政府发展状况进行评估，据《2020 联合国电子政务调查报告》显示，在过去的 20 年间，越来越多的国家和城市正在推行数字政府战略，尤其是以美国和欧盟等为代表的西方发达国家正在加速“数字蝶变”，将政府数字化转型作为国家总体发展战略的重要部分。各个国家在追求政府数字化转型的过程中，通过整合在线和离线渠道、调整政府和社会关系、扩大电子参与和伙伴关系、创新使用人工智能和区块链技术等方式，改善数字政府的服务效果，增加社会公众的参与机会。伴随着数字政府发展的持续推进，全球数字政府发展指数平均值从 2018 年的 0.55 上升到 2020 年的 0.60，即使在情况特殊和资源有限的国家，这种进展也十分明显。

2020 年新冠肺炎疫情的全球暴发再次激发了数字政府的作用，当隔离和检疫限制使许多正常经济社会活动停摆时，数字政府正经历着一场抗压测试。拥有强大数字政府系统的国家，可以在疫情防控期间转变

① 中国互联网络信息中心（CNNIC）. 第 48 次中国互联网络发展状况统计报告［R］. 2022 年 3 月 21 日 . http://www.cnnic.cn/hlwfzyj/hlwxzbg/hlwtjbg/202102/P020210203334633480104.pd.

以往的面对面互动方式，以数字化方案向社会公众提供明确的信息，或者通过数字平台与其他利益相关者合作，从而实施有效的危机治理。中国作为全球率先走出新冠肺炎疫情影响的国家，离不开数字政府的有力支撑，政府服务事项的“网上办”和“指尖办”，有效减少了人员流动和聚集，为打赢疫情防控阻击战提供了助力。联合国报告数据显示，从2018年到2020年，中国的数字政府发展指数由0.681 1提高到0.794 8，已经步入数字政府发展“非常高”的行列。作为中国政府数字化转型的重要构成部分，网上信访也获得长足发展。依据国家信访局发布的数据，自2015年1月1日国家信访信息系统上线运行以来，截至2018年上半年，网上信访占比就已经超过信访总量的50%。其中国家信访局移动端信访占网上信访量七成以上，许多省级信访机构的网上信访也占到信访总量的一半以上，网上信访已经成为人民群众信访的主渠道。

在党的二十大精神引领下，新时代信访工作需要继续增强政治自觉、责任自觉和行动自觉。首先，适应新形势新任务新要求，创新完善信访工作机制，建立健全各类调解联动工作体系，推动源头防控、排查研判、纠纷化解、应急处置等信访治理环节高效运转，切实保障人民群众切身利益，促进社会和谐稳定。其次，坚持人民至上，坚决扛起信访工作“为民解难、为党分忧”的政治责任，着力化解突出矛盾，不断增强人民群众的获得感、幸福感、安全感。群众反映的信访问题既有新动向，也有老难题，应持续关注研究各行业各区域的矛盾问题特点和变化情况，落实信访工作首问负责制，加强沟通协调和化解处置。对初次信访事项，强化服务意识和底线思维，把工作重心前移到事前预防和源头治理上，创新多元化解渠道，把信访融入社会治理网格，把信访服务送到群众家门口；对重复信访事项，要找准问题症结，因人制宜、因案施策，研究制定可行性解决方案；对行业领域问题突出的信访事项，充分发挥信访工作联席会议的机制作用，协调推动相关职能部门深入分析诉求背后的政策原因，解决好政策不周全、不连续、不完备等问题。最后，自觉把学习党的二十大精神的成果转化为推动信访工作高质量发展的生动实践，积极探索创新信访工作参与社会治理新举措，努力构建起新时代信访工作的新局面。持续做好《信访工作条例》的学习宣传贯彻，以法治化为引领，以标准化为驱动，以信息化为支撑，持续推动信访工作依法规范运行。强化“信、访、网、电”四个端口首接首办责任制，建立信访事项结案评审机制，加强信访事项办理质量和效率管理，全面提升工作质效。提升风险防范能力，提高对信访态势、专项问题分析的针对性和准确性，坚持“三到位一处理”原则，落实“开门接访”和分级包案等制度，推动信访重点问题“事心双解”“案结事了”，为全力打造新时代中国式现代化贡献信访力量。

第二，政策背景。互联网的普及和网民规模的迅速扩张，使得网络成为社会公众发表言论、传播信息、表达诉求、维护合法利益和实施民主监督的重要手段，网络公共空间成为社情民意集聚的重要场域，网络公民社会应运而生。社情民意的网络化表达和网络公民社会的形成，使得网络空间成为党和政府开展信访工作的重要阵地。在 2016 年全国网络安全和信息化工作会议上，习近平总书记指出，“各级党政机关和领导干部要学会通过网络走群众路线，了解群众所思所愿，收集好想法好建议，积极回应网民关切、解疑释惑。”在 2018 年全国网络安全和信息化工作会议上，习近平总书记进一步强调，“各级党政机关和领导干部要提高通过互联网组织群众、宣传群众、引导群众、服务群众的本领，让人民群众在信息化发展中有更多获得感、幸福感、安全感。”网上信访正承载着这一功能，成为聚合民意的“舆论场”、干群互动的“绿色通道”和更好为人民服务的“好帮手”，政府部门信访工作的数字化转型开辟了网民便捷、有序表达意见建议和维护合法权益的新通道，有助于维护良好的网络秩序和减少网络舆情事件的发生，有效提升了党和政府的信访工作成效。网上信访的开展也是贯彻和践行以人民为中心发展思想的生动写照，不仅做到了让群众少跑路，降低了人民群众的信访成本，而且实现了让数据多跑腿，推动了信访工作的便捷、高效和透明发展。信访工作是党和政府的核心工作，历年的政府工作报告都会对信访工作提出建议和要求（表 3 - 1），不断推动信访制度的完善和发展。党的十九届四中全会明确提出“创新互联网时代群众工作机制”，将其作为“健全为人民执政、靠人民执政各项制度”的重要组成部分，网上信访作为互联网时代群众工作机制创新的重要表现形式，有助于将信访制度优势更好地转化为社会治理效能，进而推动信访工作高质量发展。

表3-1　“十三五”以来政府工作报告中与信访工作相关的内容

政府工作报告	与信访工作相关的内容
2022年10月12日中国共产党第二十次全国代表大会	完善正确处理新形势下人民内部矛盾机制，加强和改进人民信访工作，畅通和规范群众诉求表达、利益协调、权益保障通道
2022年3月5日在第十三届全国人民代表大会第五次会议	完善信访制度，加强矛盾纠纷排查化解，依法及时解决群众合理诉求
2021年3月5日在第十三届全国人民代表大会第四次会议	注重解民忧、纾民困，及时回应群众关切，持续改善人民生活。继续完善信访制度
2020年5月22日在第十三届全国人民代表大会第三次会议	完善信访制度，加强法律援助，及时解决群众合理诉求，妥善化解矛盾纠纷
2019年3月5日在第十三届全国人民代表大会第二次会议	推进法治政府建设和治理创新。创新信访工作方式。加强和创新社会治理。改进信访工作，依法及时解决群众合理诉求
2018年3月5日在第十三届全国人民代表大会第一次会议	完善信访工作制度。打造共建共治共享社会治理格局。创新信访工作方式，依法及时解决群众合理诉求
2017年3月5日在第十二届全国人民代表大会第五次会议	推动社会治理创新。落实信访工作责任制，依法及时就地解决群众合理诉求
2016年3月5日在第十二届全国人民代表大会第四次会议	加强和创新社会治理。改进信访工作，完善多元调解机制，有效化解矛盾纠纷，促进社会平安祥和

第三，理论背景。20世纪90年代，伴随着网络信息技术在西方国家的持续发展，使得新公共管理引发的政府机构各自为政、决策系统异常复杂的问题具备了解决的可能性，兼具服务整合、电子行政和协同决策等特征的整体性治理理论粉墨登场，主张在官僚制框架内实现信息技术和信息系统的有效运行①，以此改造政府治理流程和提升政府工作效率。之后，为了更加系统地应对互联网时代各种社会变化的复杂性与不确定性，西方学者更加强调公共行政的数字化变革，倡导通过电子服务、互联网技术、自动化流程以及开放治理等把握数字时代互联网技术对增进公共利益和满足社会公众需求的巨大机遇，数字治理理论登上历史舞台。② 网上信访的

① Diana Leat，Gerry Stoker. Towards Holistic Governance：The New Reform Agenda [M]. New York：Palgrave，2002.

② Patrick Dunleavy. Digital Era Governance：IT Corporations，the State，and E-Government [M]. Oxford：Oxford University Press，2006.

出现，正是网络信息技术与传统信访工作相结合的产物，作为一种数字化信访渠道，有效发挥了数字技术为社会公众和政府组织的赋能效应，改善了社会公众的行动能力和政府组织的运转流程，提升了信访效率和效能。事实上，网上信访的开展是一项复杂工程，数字信息技术为其提供基础支撑，不仅包括信访人的诉求表达、利益协调、权益保障和监督反馈目标的实现，还涉及信访机构、职能部门、专家学者和社会公众等多元主体之间的互动交流和合作体系建设，网上信访治理的最终目标在于更好地维护人民群众的合法权益。网上信访治理是价值理性和工具理性的统一体，如果说数字信息技术解决的是工具问题，那么多元主体之间的互动就需要解决价值问题。党的十九届四中全会围绕“制度”和“现代化”两个关键词提出了一系列重要观点，其中就包括要“加强和创新社会治理，坚持和完善共建共治共享的社会治理制度”和“建设人人有责、人人尽责、人人享有的社会治理共同体”，为完善网上信访治理体系和探索多元主体之间的有效互动模式提供了崭新的思路。后现代公共行政话语理论作为一种意欲替代传统公共行政模式的理论方案[①]，主张打造符合公众话语表达需求的公共能量场，多元行动者或治理主体之间的互动更加自由，不同意向性的话语在特殊语境中进行交流和对话，尝试构建起多元民主和话语博弈的新型公共行政模式。“情境”和“意向性”是话语理论的两个核心概念，尤为强调话语的正当性，因为有效的诉求（如话语的可理解度、内容真实性、言说者的真诚、言说行为的恰当与正确等）是理想话语情境中平等交流和保障言说权的基本要素。网上信访发生在网络公共空间，信访人与信访机构之间通过文字表达、语音交流或视频对话等方式就信访事项进行互动，其实质是一种话语交流，既营造了特殊的情境又具有鲜明的意向性。通过推动信访联席会议制度的数字化转型，可以打造符合互联网时代特征的网上信访治理共同体，必定有助于信访事项的解决和维护人民群众的合法权益。时代背景、政策背景和理论背景的交汇，成为信访工作数字化转型的巨大契机。然而，秉持唯物辩证法的矛盾观点，任何事物都存在两面性，以片面或孤立的观点看问题存在偏颇。在任何时代，注意力都属于稀缺资

① 查尔斯·J. 福克斯，休·T. 米勒．后现代公共行政：话语指向［M］. 楚艳红，等，译．北京：中国人民大学出版社，2012.

源，当我们将其集中于通过政府数字化转型为社会公众提供更加优质服务的同时，也要关注潜在的挑战。2020年联合国电子政务调查报告中提及，新冠疫情的暴发为数字政府服务社会公众创造了机会，然而它也加剧了数字鸿沟，因为许多贫穷和脆弱的人难以获得数字政府的服务和支持。网上信访也面临类似的问题，当前中国仍有约4.6亿群众尚未触网，并且网民群体与信访群众并不存在一一对应关系，在开展这一研究的过程中也需要对“非网上信访”提起注意。

一般而言，社会科学研究的开展多源自于研究者对社会现实的观察与思考，两者共同催生学术作品的出现。对政府数字化转型中网上信访治理的研究，正是缘起于对互联网时代数字信息技术加速融入政府治理这一现象的关注，对这一问题更加深入的理解也得益于感性认识和理性思考的共鸣。第一，不同理论的拓展与融合问题。前沿的公共治理理论发端于西方，能否通过对其理论优势的提取和拓展来指导具有中国特色的网上信访治理实践？网上信访作为群众工作的重要组成部分，是否可以成为治理理论与党的群众工作理论实现对话的连接点？所以要聚合中西方理论的相对优势，发展出契合中国发展实际、具有一定普适意义的本土化理论。第二，数字化转型的限度与边界问题。政府数字化转型促使信访工作由传统模式向网上模式演进，是否意味着网上信访全面超越，甚至可以取代传统信访模式，或者说在理论上对信访工作的美好价值追求，能否在信访工作数字化转型中得到彻底实现？第三，透过现象追寻本质的问题。在政府数字化转型中，网上信访出现了许多不同的表现形式，比如江苏“阳光信访”、浙江“统一平台”、上海“人民建议征集”等，它们具有共同的目标定位和价值追求，但是当我们将注意力置于保障群众合法权益和消除矛盾纠纷这一信访工作关键任务时，是否所有的网上信访实践都能够适合提取助推信访事项化解的因子呢？第四，网上信访的扩散与复制问题。江苏淮安的“阳光信访”在全国具有非常高的知名度，几乎所有的省市都到淮安调研学习过，但是时至今日，“阳光信访”并未实现全国普及，这是否印证了各具特色的网上信访工作叙事与地方治理需求直接相关？比如上海将人民建议征集作为网上信访的核心内容，这一极具特色的选择显然潜存前置条件，与其人口规模、市民素质和政策建议水平不无关系。第五，网上信访治理话语的建构问题。网上信访涉及多元化的治理主体，不同的主体针对同一信访事项可能会有不同的话语取向，比如便民逻辑、效能逻辑或维稳逻辑，那么网上信访能否以人民为中心实现不同逻辑的整合，通过打造治理共同体来引导网上信访的未来发展，借此构筑起具有本土特色的治理话语，从而走出治理理论的“学徒状态”?[①]

1.1.2 研究意义

网上信访的出现，为更好地激活信访制度的社会治理价值提供了机遇。信访工作的数字化转型，有助于破解长期困扰信访治理的法治体系不健全、功能定位模糊和运行机制不完善的难题，从而更好地发挥这一特色制度的优势。同时，在信访工作的数字化转型过程中，要清醒地认识“数字化”只是“术”，更重要的问题在于求“道”，要更好地维护社会公众的合法利益和创造公共价值。因此，政府数字化转型中的网上信访治理，既要注重发挥数字信息技术完善信访制度的“术”的功能，又要保证优秀的“术”服务于真正的“道”，从而将更好地化解社会矛盾和维护群众合法利益置于核心地位。

研究理论意义来看具体有四点：①丰富和拓展中西方不同理论的应用场景。政府数字化转型中的网上信访治理研究是一个理论与实践并重的议题，这决定了网上信访治理的演进、生成、运作与发展完善也是充满复杂性的过程，需要发挥公共治理前沿理论的相对优势。概而观之，网上信访治理是一项系统工程，既需要正确治理理念的引领和发挥数字信息技术的支撑功能，又要重视治理的整体性、协同性、服务性和有效性，通过将具有不同面向的公共治理前沿理论与后现代公共行政话语理论相结合，可以在发挥不同理论优势的基础上，丰富和拓展其应用场景，从而助推网上信访治理体系的完善，提升网上信访治理能力。②探索和形成网上信访治理的学术观点。网上信访治理既是政府数字化转型的产物，也是社会治理现代化的必然要求。一方面，要将网上信访置于社会治理改革创新的鲜活实践中予以考察，分析其优势和总结其经验做法；另一方面，又要对网上信访治理进行系统性学术梳理，把握社会现象背后蕴含的一般规律。在对网上信访治理的演进历程、落地实践和现实挑战的分析中，结合多个网上信

---

① 李友梅．中国特色社会学学术话语体系构建的若干思考［J］．社会学研究，2016，31（5）：27－33.

访治理案例的分析和考察，探讨其生成逻辑、内在机理和未来走向，有助于形成富有本土特色的网上信访治理学术观点。③推动和改进网上信访的制度建设。党的十九届四中全会明确指出要完善信访制度，网上信访作为信访工作的表现形式，也是制度建设的重要构成部分。互联网时代，身处政府数字化转型中的网上信访，应当在信访工作中占据关键位置，但又不能完全忽略传统信访模式，两者之间要形成以网上信访治理为主、传统信访治理为辅的工作格局，在协同配合中共同推动信访制度的完善。党和政府应当顺应社会主要矛盾的变化，将数字技术运用、组织观念革新和人民群众期待结合起来，把网上信访打造成为社会公众政治参与、民主监督、矛盾化解和权利救济的常规化权威渠道。④建构和打造网上信访治理的话语体系。互联网时代数字信息技术的发展日新月异，为网上信访治理效果的持续完善提供了契机。然而，诸多“变化”之中却潜存着“不变”，网上信访的核心目标依然是维护群众合法利益和创造公共价值，通过建设“网上信访治理共同体”的学术话语，有助于聚合多元治理主体的力量，围绕信访事项形成治理联盟，在对其价值意蕴、保障机制和动力系统的持续关注中，推动网上信访治理的高质量发展。

1.1.3　实践意义

第一，推进信访治理现代化，增强信访制度化解矛盾纠纷的效果。网上信访作为党和政府治国理政的重要组成部分，发挥着联系和服务群众的特殊功能，是满足人民群众合理诉求、化解社会矛盾和维护合法权益的重要渠道。党的十九届四中全会提出“创新互联网时代群众工作机制”，将其置于坚持和完善中国特色社会主义制度、推进国家治理体系和治理能力现代化的重要地位，开展网上信访治理研究正是落实这一要求的应有之举和实际行动。

第二，践行网络群众路线，推动服务型政府建设。开展网上信访治理研究是对习近平总书记提出的“网上群众路线”的基本遵循，加强党政领导干部对公共事务的掌握与治理能力。以网上信访标准化和“人民满意窗口”建设为代表的创新实践行动，不仅有助于更好地听取民意、汇集民智和为民解忧，而且可以通过对网上信访数据的统计分析，研判社会治理和公共政策实施过程中潜存的普遍性问题，从而及时有效地实施引导和预警，以更加细致周到的服务巩固互联网时代党的执政基础。

第三，引导网上信访发展方向，增进治理效能。网上信访治理研究可以为信访工作人员更好地履职尽责提供行动指南，尤其是对当前政府数字化转型中网上信访面临的现实问题的讨论，可以帮助完善网上信访的治理理念、协作方式、关注重点和努力方向，从而减少和规避网上信访治理过程中不必要的“试错”行为，在建设服务型政府的同时，将信访制度优势转化为治理效能。

1.2 信访制度发展阶段划分

我国自1951年设立信访制度以来[①]，时至今日，已经走过了70多年的发展历程。信访制度已经为社会公众所熟知，成为一种表达意见建议、维护合法权益、促进政治参与和增进民主监督的重要渠道，在加强党和政府与人民群众的联系、更好地了解社情民意、有效化解社会矛盾纠纷等方面，发挥了积极作用。信访制度是中国共产党根据群众路线而创立的，通过研究相关党政文献，可将信访制度设立至今的发展历程大致划分为三个阶段，每个阶段都有其代表性的政策文件（表3-2）。

表3-2 信访制度主要发展阶段和代表性政策文件

主要发展阶段	代表性政策文件
新中国成立至改革开放前	1951年6月，政务院颁布《关于处理人民来信和接见人民工作的决定》； 1957年11月，国务院颁布《国务院关于加强处理人民来信和接待人民来访工作的指示》
改革开放至20世纪90年代初	1982年2月，第三次全国信访工作会议通过了《党政机关信访工作暂行条例（草案）》和《当前信访工作的形势和今后的任务》
20世纪90年代至2012年	1995年10月，国务院颁布《信访条例》； 2005年1月，国务院颁布修订后的《信访条例》
2012年至今	2022年4月，中共中央、国务院发布《信访工作条例》

资料来源：作者整理。

1.2.1 信访制度初步创设阶段（1949—1978年）

新中国成立以前，国家已有处理人民来信的专门机构存在。新中国成

① 鲍静，贾开．数字治理体系和治理能力现代化研究：原则、框架与要素［J］．政治学研究，2019（3）：23-32.

立后，毛泽东对正确处理群众来信作出批示，要求对待群众来信需保持认真负责的态度，克服官僚主义，尽可能满足群众需求。在党中央指示下，1951 年，我国出台《关于处理人民来信和接见人民工作的决定》，秉持密切联系群众的工作宗旨，国家信访制度自此设立。为确立国家信访制度的政治地位，1957 年《关于加强处理人民来信和接待人民来访工作的指示》发布，对在各级政府部门内部设置信访机构和组建专业领导班子提出具体要求。

这一阶段，为满足政权巩固需要，密切同人民群众的血肉联系，国家信访制度成为政治动员的重要手段。伴随着声势浩大的政治运动，信访制度从无到有快速发展，制度规范逐渐成形，组织机构设定不断丰满，信访制度的政治地位得到巩固。这一时期，我国信访制度形成归口管理的原则，具备政治动员性，同时也是党中央拨乱反正的工具。

第一，制度动员的政治性。信访制度建立之初在政治运动中发挥着重要作用，有学者将改革开放前的信访称为“大众动员型信访”①。即通过鼓励群众积极检举揭发反革命人员的信访方式动员群众参与政治运动。“三反”“五反”等政治运动成为当时信访制度发展的具体场景。中央领导人指示“要从处理人民来信入手，检查一次官僚主义、命令主义和违法乱纪分子的情况，并向他们展开坚决的斗争。”② 与此同时，《人民日报》等官方媒体跟随中央指示发表动员人民群众积极检举的社论文章。此阶段人民群众信访举报的积极性被极大地调动，来信来访数量激增，信访接待办公室成为群众参与政治活动的“前哨阵地”。

第二，拨乱反正的工具性。新中国成立初期，信访制度也被党中央用来修改政策和拨乱反正。针对当时干部工作中存在的作风问题，毛泽东批示：“违反政策及命令主义的工作作风，是不能忍耐的，必须实事求是，彻底检查，切实纠正。”③“四人帮”事件后，全国大量的信访件迫切要求平反冤假错案、拨乱反正，全国性的信访高潮再次出现。1978 年，第二次全国信访工作会议召开，就群众来信来访反映的问题进行总结，督促相

---

① 应星．作为特殊行政救济的信访救济［J］．法学研究，2004（3）：58 – 71.

② 冯仕政．国家政权建设与新中国信访制度的形成及演变［J］．社会学研究，2012（4）：25 – 47，242.

③ 建国以来毛泽东文稿（第一册）［M］．北京：中央文献出版社，1992.

关部门加紧制定政策和推行平反工作[①]。此阶段国家信访制度强化了党和人民群众的联系，成为国家拨乱反正的有力工具。

第三，“归口管理、统一领导、统筹全局”的原则。这一原则的形成同初期我国实行的计划经济体制和分隔管理的政府机构设置密切相关。归口管理原则的确立使得信访中相似的问题得以聚集，由业务部门使用特定方式统一处理集中清算，有利于群众诉求的统计分析和整体处理效率的提高，避免了多头负责可能产生的矛盾问题，防止别有用心的人钻空子。[②]该原则同国家政治经济体制相适应，体现信访制度“能办则办”的精神，推进群众问题及时高效处理。

1.2.2 信访制度转型发展阶段（1978年—20世纪90年代初）

党的十一届三中全会召开以后，国家大政方针向“以经济建设为中心”转变。国家宏观政治战略的变动推动信访工作发生变化，全国各地的来信来访中，涉及对国家改革提供意见建议的占比增多。1980年，国家开始强调对信访秩序工作的维护，国务院出台相关规定，完善信访工作的具体流程。党中央各部门设置人民来访接待室，取代之前的人民来访联合接待室，与此同时，信访治理相关的诸如责任归属、保密程序等环节重新运转，全国各地的政府部门和较大企业也陆续设置人民信访处，交由指定人员负责接待。在第三次全国信访大会上，对过去和未来信访工作的发展进行细致研判，将信访工作发展同社会主义精神文明发展相结合，审议通过了《党政机关信访工作暂行条例（草案）》。这次会议特别强调将信访工作做实做好的重要意义，落实了信访部门在全国的常设地位以及分级负责的信访工作原则，明确规定全国县以上的各级政府部门都要设立信访接待处。会议通过的草案在当时的信访工作指导中作为纲领性文件存在，具备较强的约束力，一定程度上为信访工作发展指明方向，也为此后国家信访条例的制定做了铺垫。1986年，《关于加强信访工作的通知》出台，明确国家信访工作受党监督，对党负责。

这一阶段随着国家政治、经济形势的迅速好转和各项政策的逐步落实，我国信访制度主导观念向冲突化解取向调整，相关功能开始强调为促

① 吴超．新中国六十年信访制度的历史考察［J］．中共党史研究，2009（11）：46－53．

② 刁杰成．人民信访史略［M］．北京：北京经济学院出版社，1996：21．

进改革开放和经济建设服务，信访制度科层化和规范化工作日益推进。

首先是观念上的理性化。经济本位的工作重心确立后，过去政治手段下强社会动员的取向逐渐淡出，国家信访活动一改过去浓重的政治色彩，秉持着实事求是的工作理念，从实际的群众来信来访需求出发调整工作内容和形式。区别于上一阶段纯粹地对群众信访加以激励，将群众信访作为参与政治运动的有力武器，工作重点转移到对信访流程的规范化建设上来，明确信访治理的目的是解决群众困难化解矛盾纠纷而非鼓吹革命运动的利器。同时，国家提倡信访内容不再拘泥于过往官僚作风问题的检举揭发，鼓励群众通过信访形式合理表达自身利益诉求。国家强调面对形式内容更加多样的群众来信来访，政府部门要通过信访件倾听人民群众的诉求和期盼，吸纳人民群众提供的好的意见建议，加强和群众的血肉联系，推进信访工作不断向前发展。①

其次是社会治理日益科层化。改革开放之后，党和国家改变过去频繁依赖政治动员手段开展整治活动的方式，开始重视组织科层体系的专业作用，社会治理的科层特征也愈加明显。因此，国家信访机构的政治地位更加稳固，信访工作朝向专业化方向发展。国家意识到信访工作除了是人民群众参与政治活动的直接体现外，还彰显了群众对国家经济发展和社会发展等多方面事务的关注，推动信访工作专业化和规范化，有利于更好地了解社会各方现状，进而在总结经验教训基础上向前发展。中央鼓励全国各级政府部门的信访机构广泛征集群众的意见建议，以此让信访工作推动改革开放事业的进步。中央意图传达后，各地信访机构如雨后春笋般建立，全国信访热潮再次展开，各地的信访部门还展开了跨区域的交流合作，信访讲座、交流会、座谈会等信访活动纷纷涌现，国家基本信访格局就此确立。在这一时期，国家亦加强对于各地信访机构的引导培育，开办信访工作人员学习班，开展信访工作培训课，向各级政府部门领导、信访工作人员和企事业单位信访人员深入解读《信访工作暂行条例》具体内容，促进实际信访工作规范化发展。

1.2.3　信访制度改革创新阶段（20世纪90年代—2012年）

进入20世纪90年代，社会主义市场经济体制在我国初步建立，经济

① 冯仕政．国家政权建设与新中国信访制度的形成及演变［J］．社会学研究，2012，27（4）：25-47，242.

体制变革的时代背景下，社会冲突愈加复杂化，随着人民的信访意识的逐渐增强，各地信访数量不断上升，相较从前内容更加多元，公民访诉的意愿更加激烈，业已建立的国家信访工作在此阶段进行改革创新，不断向前发展。

1991 年我国举办第一届信访工作理论研讨会，意味着人们突破对信访的感性认知，开始向客观、理性的认知层面转变，随后全国掀起了对信访工作相关理论的研究热潮。顺应市场经济体制下国家信访工作的发展要求，1995 年 10 月 28 日，我国首部信访活动基本法规《信访条例》颁布。该条例对国家信访部门工作具备强制约束力，是信访工作规范化和法治化的体现。①

进入 21 世纪，“信访治理”一词开始出现②，既与转型期社会冲突和矛盾凸显的特征相关，又与由“管理”向“治理”的话语转换紧密连接。转型期的社会背景催生了大量的非稳定因素。作为对社会动态发展过程的一种映射，这一时期的信访也凸显了一些新的特点，比如信访数量不断上升且维持高位运行，信访内容呈现集中表达趋势，信访主体逐渐多元化，群体性信访事项不断出现等，对传统信访工作方式提出了挑战。面对多样化的信访工作挑战，专业化信访工作体系构建成为国家关注的重点，党中央、国务院着力提升信访部门地位，通过制定政策文件对信访部门人员和职能进行调整，构建全面覆盖的网络化信访格局。2005 年，修订后的《信访条例》正式出台，相比于 1995 年我国首部《信访条例》，该条例在新的时代背景下具备更强的针对性和可行性，更加凸显民主性特征和以人为本的理念，贴合信访制度发展新阶段的信访工作实际需求。总结之后国家颁布的信访治理政策规章可知，这一阶段国家将信访工作纳入党和政府的基础工作范畴，着重强调信访工作的角色定位，着力推进信访治理的专业化。

从 20 世纪 90 年代开始，国家信访局推行了一系列信访制度化改革，我国实现信访管理到信访治理的转变，信访制度呈现规范化、法治化，信访功能也不断转换提升，信访制度建设进入了一个依法治理与制度创新的

① 刁杰成．周恩来与“文革”中的信访工作 [J]. 当代中国史研究，1998 (2).

② 许志永，姚遥，李英强．宪政视野中的信访治理 [J]. 甘肃理论学刊，2005 (3)：15-20.

全新时期。

第一，信访治理出现。2005 年修订的《信访条例》是信访制度改革迈出的重要的一步，其中彰显的由信访办理或信访管理向信访治理的转变，不仅是社会发展变化的要求，也凸显了信访部门自身变革的价值追求。信访管理向信访治理过渡的过程蕴含两个层面的变化：一是人民群众的权益保护意识和政治参与意识不断增强，尤其是社会主要矛盾转化后，人民群众的诉求更加多元化，除了以往常见的经济利益诉求以外，还涉及政治诉求、文化诉求、社会诉求以及生态环境诉求等其他维度，推动信访治理观念和方法的创新。二是信访数量不断增加，信访问题的复杂性不断加强，信访事项一定程度上凸显出“棘手公共问题”的高价值冲突、非结构化和不确定性特征[①]，对党和政府的问题处理理念、模式和方式提出了更高的要求。这些新变化的出现推动信访工作的变革，更好地整合多元价值观念、优化治理流程和提出有效的解决方案成为当务之急。

第二，信访法治化改革。这一阶段我国信访制度的变迁历程浓缩在信访治理行政法规的更新中，从 1995 年第一部信访工作基本法《信访条例》颁布到 2005 年《信访条例》的修订，十年间，信访经历了主体概念由“人民”到“信访人”再到“公民”的转变，反映着我国信访工作的规范化、法治化进程。作为维护人民群众合法权益的重要工作形式，信访工作需要在法律轨道上不断演进，以法律制度为准绳，才能更好地发挥信访机制的基本职能作用。这一时期，国家信访局先后颁布《关于完善信访事项复查复核工作的意见》《关于推进信访工作信息化建设的意见》《关于进一步加强初信初访办理工作的办法》《关于进一步加强和规范信访统计工作的意见》等文件，多角度、全过程、细致化地对信访工作加以规范。

第三，信访功能转换提升。进入 21 世纪，构建社会主义和谐社会总目标要求为信访机制发展提供更高的价值指引，信访治理成为了解公众意见诉求，协调社会各方利益关系，提升国家治理能力的重要工作手段。这一时期信访工作的创新和信访功能的转换提升为新时期拓宽信访平台，推进网上信访和法治信访提供坚实保障。

---

① 王小冬．社会转型期的信访治理机制研究［J］．求实，2014（S1）：53－55．

1.2.4 信访制度全面推进阶段（2012 年至今）

党的十八大以来，以习近平同志为核心的党中央高度重视信访工作，准确研判时代发展趋势，先后提出"改革信访工作制度，实行网上受理信访制度""建立涉法涉诉信访依法终结制度""创新群众工作方法解决信访突出问题""加强风险研判和源头治理""加强预防和化解社会矛盾机制建设""完善正确处理新形势下人民内部矛盾有效机制"等，为传统信访工作模式的改革创新和完善发展指明了方向。2013 年党的十八届三中全会提出国家治理体系和治理能力现代化的目标，为在国家治理现代化的框架下探索符合社会发展要求的信访治理方式提供了可能。此后不断加强信访制度的改革创新，将治理思维融入信访工作的各个环节，实现信访源头和信访末端治理的双向发力，助推信访矛盾的解决和信访制度的良性发展。[①]

2022 年 2 月，中共中央、国务院发布新的《信访工作条例》，相比于 2005 年的《信访条例》，新的《信访工作条例》从适用范围、领导格局、提出形式等层面进行了较大创新。具体而言，新条例的适用范围实现了全面覆盖，由过去限于行政部门拓展至全国范围的党政机关，对全国各级部门信访工作都提出了细致具体的指导要求。2022 年 10 月，党的二十大召开，二十大报告就完善社会治理体系，打造人人享有的社会治理共同体，对下一步我国信访工作发展提出了新的更高要求。报告指出，"在社会基层坚持和发展新时代'枫桥经验'，完善正确处理新形势下人民内部矛盾机制，加强和改进人民信访工作，畅通和规范群众诉求表达、利益协调、权益保障通道。"未来，追求良好的治理应当成为信访工作的核心价值导向，公共利益的维护和公共价值的创造要求信访制度应该内涵透明、责任、有效、法治、参与、回应和公正等价值要素，对阳光信访、责任信访和法治信访的探索应该在治理的框架内有所作为。

党的十八大以来，信访工作坚持以人民为中心、人民至上的理念同社会治理相辅相成，建立健全专业化规范化的工作机制，实现了逐级信访制度改革，推进网上信访治理不断发展。

---

① 赵永红．国家治理中的信访治理：演变、矛盾与发展［J］．行政论坛，2019，26（4）：36－44.

第一，逐级信访制度改革。过去，我国信访工作围绕“归口管理”原则，对来信来访逐个办理，尚不存在信访的级别约束，人民群众的利益诉求和检举报告可以直接上传中央，中央设置的调解部门也对全国上访群众和访件开放。新中国成立后，相关政策条文同样也未就上访级别做出规定或限制。随着信访工作程序化开展，越级上访产生的纠纷和问题给地方信访部门按规范流程工作带来阻碍，其弊端逐渐显现，故“属地管理”的信访原则代替“归口管理”原则。十八大以来，信访工作实现价值层面和技术层面的创新，信访工作加强对人民合法权益关注，重心下移、关口前移，信访程序逐渐精细化、科学化、规范化，对于越级上访可能带来的问题有了更全面的把握。为化解“信访不信法”等突出问题，2014 年国家信访局明确对跨级信访不受理的态度，体现我国信访流程的系统性和规范性。

第二，网上信访工作不断发展。近些年，国家重视网上信访业务的标准化、规范化，推进信访信息系统覆盖全、联通广、应用好。2014 年，《关于推进信访工作信息化建设的意见》发布，对信访工作实务中需要使用的业务术语进行了规范，国家信访信息系统开始筹建。次年，信访信息系统建成并投入使用，新建成的信访信息系统具备较大规模的信息承载量，系统安全性能、稳定性能和扩展性能都有保证。未来，我国还要建成更大规模的智能信访信息平台，同时从信息收集、信息分析、信息传播等多个流程保障信息资源的规范性流动，助力我国网上信访工作发展。2022 年《关于加强新时代网上信访工作的意见》发布，开启了我国网上信访工作的新发展阶段。如今我国群众普遍可以通过“领导信箱”“信访平台”、手机信访 APP、信访公众号等渠道向信访机构反映情况、提出意见建议与投诉请求。网上信访已经成为聚合民意的“舆论场”和干群互动的“绿色通道”，在技术革新与制度创新的协同互动中推进信访治理现代化，正在不断将我国的信访制度优势转化为治理效能。

2　信访治理的文献研究

2.1　国内研究动态

2.1.1　关于公共治理的研究

在中国知网（CNKI）数据库中，以“公共治理”为篇名、CSSCI 期刊为数据来源类别设置检索条件，筛选出2000年以来所发表的高质量学术文献，检索日期为2022年1月6日。通过对公共治理相关研究文献的梳理，可以对其总体发文量趋势进行整体把握。CSSCI期刊收录文献显示，国内与公共治理相关的研究起始于2000年，最早的研究学者为中国人民大学张康之、复旦大学胡春阳、厦门大学陈振明等，相关研究一直延续至今。透过年度发文量趋势图，国内关于公共治理的研究热度可以以2010年为界分为两个阶段，2000—2010年，公共治理研究处于成长时期，相关研究文献数量总体呈现增加趋势，直至达到2010年的峰值（49篇）。之后，相关研究持续开展，年度发文数量在20～35篇上下波动（图3－1）。

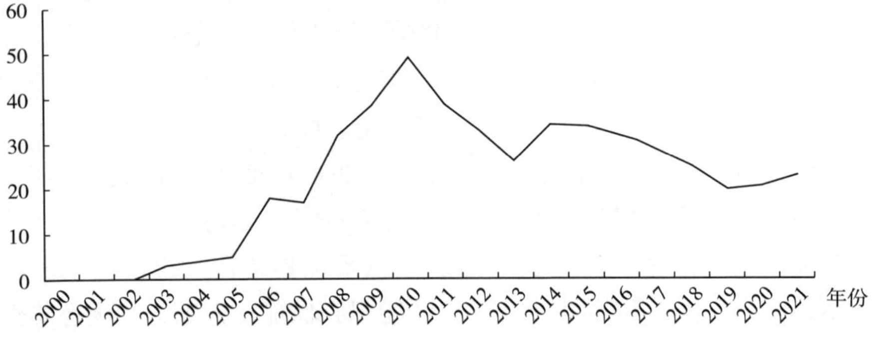

图3－1　2000—2021年关于“公共治理”的CSSCI文献年度发表文章数量趋势

通过对关于公共治理研究的CSSCI文献研究主题分布的考察，发现当前研究文献涉及的内容已经相当丰富（图3－2），围绕“公共治理”这一核心主题，环绕分布着“公共管理”“新公共管理”“公共治理理论”“行政学”“公共行政”“教育公共治理”“中央政府”“区域公共治理”“新公共管理理论”“治理视角”“公共服务”“公共事务”“公民参与”“治理模式”等关联度极高的研究内容，研究视野正在不断拓展。

通过对关于公共治理研究的CSSCI文献关键词的分析，可以发现该领域的研究热点，尤其是文献中高频出现的关键词一定程度上概括了既有研究的核心内容（图3－3）。“公共治理”既是核心研究主题，也是核心关键词，“治理”“教育公共治理”“善治”“区域公共治理”“公共治理模式”“公共性”“公共服务”“治理理论”等成为该领域重要关键词，在凸显彼此之间相互关系的基础上，也指明了公共治理的研究方向。

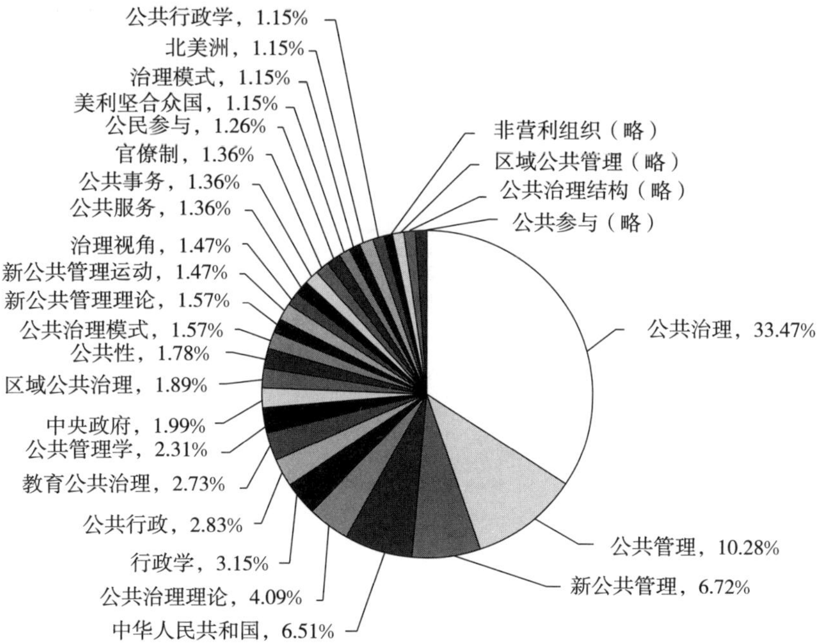

图 3-2　2000—2021 年关于“公共治理”的 CSSCI 文献主题分布

第一，公共治理概念与核心要素的研究。公共治理作为公共管理的核心概念之一，虽属于“舶来词”的范畴，但是自 20 世纪 90 年代其产生伊始，就得到国内学者的广泛关注和推介。在与中国本土公共管理实践不断结合的三十多年中，为政府改革、市场经济发展和完善公务员制度提供了有效的理论指导和经验启示，其本身也获得长足发展。国内较早开展公共治理研究的学者，基本对西方文献中“Public Governance”一词达成共识，即相对于“统治”和“管理”而言，“治理”更能体现对传统科层制行政模式的改造和发展。并且伴随着西方学者对以企业家政府理论为代表的新公共管理的批判和反思，将政府的主要职能限定于公共产品和服务的提供，甚至政府可以不直接提供公共物品①，只充当“掌舵者”的角色，公共治理彰显了公共管理未来的发展方向。② 关于治理的概念或含义，世界银行、经济合作与发展组织（OCED）以及联合国全球治理委员会等国

① 陈振明．评西方的“新公共管理”范式［J］．中国社会科学，2000（6）：73-82.

② 张康之．论政府的非管理化——关于“新公共管理”的趋势预测［J］．教学与研究，2000（7）：31-37.

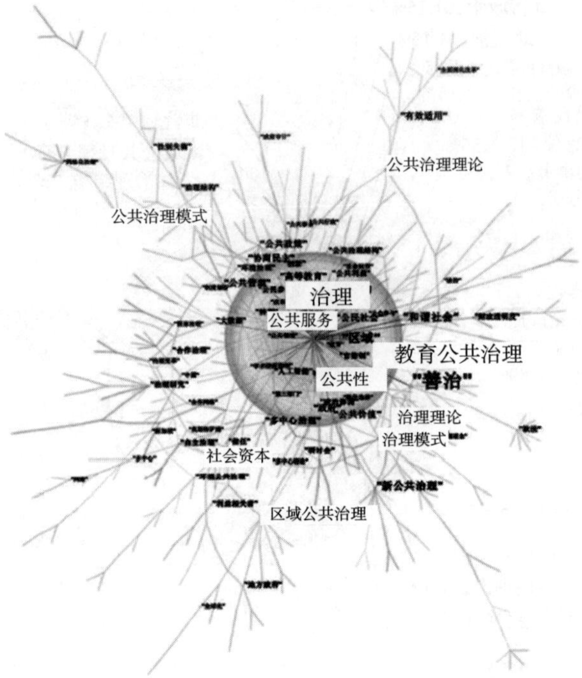

图 3-3　2000—2021 年关于“公共治理”的 CSSCI 文献关键词分布

际权威机构存在相关表达。国内有学者认为，尽管现代意义上的治理是一个新概念，但是作为“治国理政”活动的治理，在中国古代早已有之，从而引发了如何立足本土解读“治理”的争议。俞可平的观点具有代表性，他认为从统治走向治理，是人类经济社会发展的普遍趋势，“多一些治理，少一些统治”（Less Government and More Governance）成为 21 世纪全球主要国家政治变革的突出特征，因而治理是当代的产物。在考察国内外诸多机构、学者关于治理概念阐释的基础上，提出“治理”的概念是，以政府为主的多个组织运用公共权威共同维护社会秩序和满足公众需求的活动，其理想目标是善治，即通过对国家与社会关系的不断调整，寻找官民对社会事务合作共治的最佳状态，实现公共利益最大化。[①] 公共治理有助于维系政府合法性和改善国家治理效果，考察其核心要素成为研究的重要方面。参照制度—过程—结果的逻辑框架，公共治理必然包含权力配置、

① 俞可平．走向善治——国家治理现代化的中国方案［M］．北京：中国文史出版社，2016.

公民参与和满意度这三大核心要素[①]。权力配置涉及不同治理主体之间的分权和制衡关系，公民参与涉及对公共事务的参与和公共政策过程的参与，满意度则意在评估公众对治理行为、治理过程和治理结果的态度。伴随着与公共治理变革相关的政府创新不断涌现[②]，俞可平立足中国特色社会主义实践情境，提出了实现良好治理的十个要素：合法、透明、责任、有效、法治、参与、回应、稳定、廉洁和公正，对公共管理学界产生了重要影响。

第二，公共治理发展与实践结合的研究。理论与实践的结合有助于验证理论有效性，并在反思中推动理论的进一步完善和发展，国外理论的本土化发展尤其如此。作为后发国家，探讨公共治理在中国的有效性与适用性是重要任务。成熟的政治权威与社会权威、健全的公民参与协商机制、完善的法治与民主保障是开展公共治理的逻辑遵从，然而在中国特色的政治环境和政党制度下，要想成功适用公共治理，必须规避多元治理主体责任模糊的风险，即要求政府（执政党）要勇于承担首要公共治理责任[③]。中国和西方国家在国家治理和社会治理两者之间的关系上存在差异，致使公共治理的本土化在国家责任、主体人格以及话语体系等方面存在难题。立足于中国的特殊语境，公共治理应该避免"拿来主义"或"聋子对话"，解决方法就是要注意彰显本土治理优势，在本土问题的提出与解决中积累治理经验，促进理论自觉[④]。公共治理在国内学者的竞相争鸣中实现了快速发展，国家层面也开始在政策制定和现实实践中凸显其重要意义。党的十八届三中全会提出推进国家治理体系和治理能力现代化[⑤]，成为对公共治理强大生命力和实践指导能力的最大认可。之后，公共治理与中国治理实践的联系更加紧密，公共治理与区域行

① 褚松燕．我国公共治理评估之核心要素［J］．中国行政管理，2008（9）：35－37.

② 赵琦，顾昕．中国政府创新与公共治理变革：文献综述和理论探索［J］．公共行政评论，2022，15（2）：172－194.

③ 魏崇辉．当代中国公共治理理论有效适用的结构、方式与责任［J］．理论与改革，2012（5）：24－26.

④ 郑杭生，邵占鹏．治理理论的适用性、本土化与国际化［J］．社会学评论，2015，3（2）：34－46.

⑤ 本刊首席时政观察员．学习贯彻十八届三中全会精神系列报告：推进国家治理体系和治理能力现代化［J］．领导决策信息，2013（48）：4－7.

政协调[①]、网络舆情应对[②]、监察体制改革[③]、科技创新[④]、区块链和短视频治理等相关研究成果大量出现，呈现欣欣向荣的景象。

第三，公共治理失灵与矫正策略的研究。公共治理的中国化实施，面临着差序结构、关系社会、形式主义、集权思想以及官本文化等中国特殊因素的强大制约，尤其是打上差序化烙印的关系社会，使公共治理倡导的规则和秩序沦落为“关系圈”的“共谋”媒介，使得“契约化”社会心理被扭曲、公正和平等的政治人格被异化，如果不剔除社会中非良性关系因素的影响，中国必然面临“治理失败”的潜在风险[⑤]。在法学范畴中，公共治理主要表现为依法治理，然而政府“空心化”、公共行政“能力赤字”、问责过程复杂、成本收益模糊等困境，使得公民参与、协商合作难以持续进行，平等、权利、尊严无法保障，如果不端正价值取向和彰显公共利益、提升政府核心能力以及有效加大对民生的保障力度，那么公共治理就难免会陷入“失灵”的尴尬境遇[⑥]。处于转型期的中国，阶层变迁过程中出现精英阶层，谋求政府与精英之间的良性互动，寻求共识和正确划分话语结构，成为推动社会成功转型的必然需求。公共治理的成功施行还要注意整体主义、个人主义的区别和影响，过分强调整体主义而忽视个人主义可能会陷入囚徒困境，过分重视个人主义又容易对整体主义产生错误理解，综合两者优势，即将个人主义或整体主义置于特定环境之中，并将制度、交易费用和相关政策目标进行结合，公共治理才凸显其价值和意义[⑦]。跳脱中国特殊的治理情境，在更加宏观和系统的视野中，学者对于市场失灵和政府失灵相类似的公共治理也进行了探讨，较为系统的结构功

① 李荣娟．区域公共治理中的行政协调：现实问题与机制创新［J］．科学社会主义，2013（6）：78－81.

② 徐厌平，邵梦洁．公共治理视域下中国网络舆情危机及应对研究［J］．求索，2013（11）：250－252.

③ 黄新华．新时代公共治理改革的诸多议题［J］．人民论坛，2018（16）：18－20.

④ 陈夏，曹蕗蕗，彭云．后疫情时代公共治理的理论探索与实践路径——第十届中美公共管理国际学术研讨会会议综述［J］．中国行政管理，2022（4）：158－160.

⑤ 巩建华，曹树明．差序格局的文化影响与关系社会的破坏作用——兼论西方公共治理理论在中国实施的困境［J］．江淮论坛，2007（4）：95－99.

⑥ 袁立．公共治理困境与公法学的理性回应［J］．北方法学，2012，6（2）：130－137.

⑦ 刘骏，艾靓．公共治理研究中整体主义与个人主义的困境及新视角［J］．理论月刊，2016（6）：101－106.

能主义观点认为，公共治理失灵主要表现为结构失灵和功能失灵①，前者源自绝对权威的存在、合作网络结构不稳定和治理规则缺失，后者源自价值冲突导致的合作困难、公民参与有限和问责困境等，理性和辩证对待公共治理的应用界限成为发挥其指导作用的必要考量。除此之外，以新冠肺炎疫情为代表的风险社会及其复杂性②，也时常致使公共治理陷入困境。

第四，网络信息技术参与公共治理的研究。学者们普遍认为，前沿网络信息技术已经成为人类社会发展最重要的现实语境，技术参与治理被认为是权力实践的重要表现，现代国家正逐渐演化为一个技术装置③，国家治理现代化进程无法回避对技术治理价值、规则和法治的讨论④。以大数据为依托的智慧政府正在推动政府治理模式转型和治理能力现代化⑤，进而重塑政府治理生态⑥。学者们也十分关注以数字治理为代表的网络信息技术参与公共治理带来的潜在问题，尤其是以电子政务为表征的虚拟政府构建存在“客观技术”与“被执行技术”差异⑦，当新技术无法有效匹配制度“偏好”时，公共治理过程中植入的信息技术实质是一种折中的次优选择，初始的技术设定与公共部门的运作逻辑难免发生冲突和陷入不协调状态。在“互联网＋河长制”的水环境治理案例中，技术的嵌入无法解决合作关系中的信任问题，一些体制机制中存在的深层次问题也并非技术能够解决的。除此之外，公共部门对网络信息技术的认知具有复杂性，对其是否有助于解决问题的既有认知，会影响组织内部核心行动者采取不同的技术态度和互动策略，其实质是一个不确定性的组织命题，实践情境改变

① 邱忠霞，胡伟．公共治理何以失灵？——基于结构—功能的逻辑分析［J］．学习与实践，2016（10）：50－59.

② 艾伦·罗森鲍姆，魏文池．后疫情时代的公共治理［J］．中国行政管理，2021（10）：9.

③ 吕德文．治理技术如何适配国家机器——技术治理的运用场景及其限度［J］．探索与争鸣，2019（6）：59－67.

④ 崔云朋．新一代信息技术语境下国家治理现代化研究［J］．科学技术哲学研究，2020（2）：124－128.

⑤ 胡税根，王汇宇，莫锦江．基于大数据的智慧政府治理创新研究［J］．探索，2017（1）：72－78.

⑥ 陈剩勇，卢志朋．信息技术革命、公共治理转型与治道变革［J］．公共管理与政策评论，2019（1）：40－49.

⑦ 谭海波，孟庆国，张楠．信息技术应用中的政府运作机制研究——以 J 市政府网上行政服务系统建设为例［J］．社会学研究，2015（6）：73－98.

网络信息技术的应用效果①。新冠肺炎疫情发生以后，通过“健康码”等数字治理技术应对突发公共事件的研究逐渐增多，网络信息技术参与社会风险治理②、疫情的自动化评级③、智慧防疫④和疫情评估⑤等集中出现，数字政府、数字社区开始发挥规范和引导社会公众行为的功能，并取得积极成效，以行为、试验、预测和数据驱动促进公共政策知识增长为特征的“第三代”政策科学开始兴起⑥，公共决策和公共治理正向着数据化和智能化方向发展。

第五，公共治理平台建设的研究。互联网技术的迅速发展，使得平台型治理逐渐在公共治理领域兴起，越来越多的政府部门和社会组织正在通过创建多边平台整合社会治理资源，推动多元利益主体的合作共治⑦，俨然成为一种社会治理的新型范式。就其内涵而言，平台型治理可以理解为公共部门在将治理权力开放和共享的基础上，通过整合资源和建构规则，为多方利益相关者搭建多边互动与合作平台，以实现相互满足需求和创造公共价值的治理目标⑧。相较于传统的参与式治理或整体治理而言，多边平台治理可以借助其独有的结构特征展现其战略优势，尤其是多边平台承载的开放共享、资源整合和重复利用等特点，凸显了众多用户群体之间的网络效应和集体行动的协同效应，有助于公共价值的创造与分配⑨。在公共治理领域，对平台型治理的探索和创新不断涌现，种类繁多的政府服务平台、网络问政平台、信息数据开放和共享平台等治理模式渐次出现，平

① 任敏．技术应用何以成功？——一个组织合法性框架的解释［J］．社会学研究，2017（3）：169-192.

② 王海明．杭州健康码：风险治理的地方创新及其扩面推广之完善［J］．浙江学刊，2020（3）：36-41.

③ 查云飞．健康码：个人疫情风险的自动化评级与利用［J］．浙江学刊，2020（3）：28-35.

④ 史晨，马亮．协同治理、技术创新与智慧防疫——基于“健康码”的案例研究［J］．党政研究，2020（4）：1-15

⑤ 汪涛，赵彦云．基于健康码区块链的新型冠状病毒肺炎疫情防控与评估研究［J］．应用数学学报，2020，43（2）：265-277.

⑥ 佚名．“公共政策与公共管理研究的新趋势——行为、实验、预测与数据驱动”国际学术研讨会在厦门大学举行［J］．电子政务，2019（11）：28.

⑦ 闵学勤，陈丹引．平台型治理：通往城市共融的路径选择——基于中国十大城市调研的实证研究［J］．同济大学学报（社会科学版），2019，30（5）：56-63.

⑧ 刘家明．平台型治理：内涵、缘由及价值析论［J］．理论导刊，2018（8）：22-26.

⑨ 刘家明，胡建华．多边平台创建与平台型治理：地方公共卫生应急体系优化的对策［J］．中国矿业大学学报（社会科学版），2020，22（2）：75-87.

台型治理理念与社会治理实践创新的连接更加紧密，并涌现出一批基层平台型治理的典型案例。2019 年全国一体化在线政务服务平台的正式运行便遵循了平台型治理理念。在平台型治理模式的实践中，政府更加趋向于“元治理”理论倡导的资源整合，破解跨界公共事务治理情境中属地管理的困境[①]，有效助推了多元主体的协同合作治理和善治的发展。

2.1.2　关于网上信访的研究

网上信访作为一种新生事物，是伴随着网络信息技术的发展而产生的，相较于传统的信访工作而言，网上信访涵盖了更多的信息技术因素和特点，凸显自身的一些独特性，学界的相关研究逐渐增多。

第一，关于网上信访概念的研究。通过对现有文献的梳理，发现当前为数不多的研究成果，出现了至少五种（网上信访、网络信访、电子信访、信访信息化和信访信息系统）不同的表达方式，这种差异主要来源于对网上信访关注视角的不同（表 3－3）。一种较为普遍性的观点认为，网上信访作为一种兴起于互联网时代的新型信访方式，是社会公众表达诉求和维护权益的新渠道，不同的网上信访概念均表达了这一基础观点。立足于信访活动的完整流程，网上信访被认为是信访人、信访机构和其他参与主体的活动完全通过互联网来完成，涵盖整个信访事项提出、处理和反馈的环节[②]，可见这一定义的要求更加细致。除此之外，网上信访还可以从信访平台的视角来定义，即网上信访涉及信访主体、信访客体、信访内容和信访载体等不同要素，各个要素在互联网信息平台进行汇聚，进而推动信访事项得以解决[③]。通过比较分析可以发现，“网上信访”的出现时间较早，且认可度较高，中共中央、国务院 2007 年发布的《关于进一步加强新时期信访工作的意见》文件中，出现了“开通信访绿色邮政、专线电话、网上信访等多种渠道”的专门性表述。2014 年，“网上信访”一词进入国家信访局发布的《信访业务术语》目录。网络信访和电子信访的出现也较早，虽然使用数量相对较少，但是一直沿用至今。有学者专门对不同

① 韩万渠．跨界公共治理与平台型政府构建［J］．科学社会主义，2020（1）：104－110.

② 石佑启，黄喆．论网上信访及其制度保障［J］．中南民族大学学报（人文社会科学版），2014，34（5）：96－100.

③ 谢媛，任梦．中国网上信访推进中的问题与对策研究［J］．中国发展，2015，15（2）：79－82.

的概念进行了辨析，认为“网络信访”是一种“有来有往”的相对完整的表达方式，既包含信访人通过网络表达信访诉求和实施监督，也包含信访部门和信访工作人员通过网络处理和解决信访事项，是一个闭合回路①。但是综合来看，虽然网上信访存在不同的表述方式，但也仅仅是出发点或侧重点不同，在当下的语境中其实质并无二致。

表 3-3 “网上信访”不同表达方式的出现时间与文献数量

表达方式	出现时间	使用该概念的现有文献数量
网上信访	2000	124
网络信访	2001	39
电子信访	2000	9
信访信息系统	2007	24
信访信息化	2008	12

资料来源：中国知网（2021 年 11 月 3 日）。

第二，关于网上信访优势与劣势的研究。立足于网上信访的改革实践，学者以实证研究为主要方法，对网上信访的正反两方面表现进行了考察。网上信访的优势主要表现在有力地推动了社会治理创新，江苏省淮安市的“阳光信访”综合服务管理系统、“视频接访”系统和“矛盾纠纷在线排查”系统相互配合②，实现了信访方式、信访流程、信访功能和信访制度等四重创新。“湖北网上信访进基层”的创新实践成功将“走访”转变为“网访”，通过不断地优化网上信访流程和拓展可访问终端，吸引了群众主动通过网络进行政治参与和诉求表达，网上信访真正实现了“数据多跑路，群众少跑腿”，尤其是省、市、县、乡四级信访部门的全覆盖和与国家信访信息系统的联通，使得网上信访的便捷性、可及性和有效性大大提升③。天津市政务网市长信箱是开展网络信访的重要平台，自运行以来成为社会公众反映民生问题的重要途径，以畅通的民生诉求表达渠道、

① 张海波，童星，倪娟．网络信访：概念辨析、实践演进与治理创新［J］．行政论坛，2016，23（2）：1.

② 构建“网络信访”立交桥 打造“阳光信访”直通车——江苏省淮安市淮阴区创新信访工作模式［J］．中国应急管理，2014（4）：52-53.

③ 李雪莹，敬冉，姚盼．用互联网思维拓宽信访回应的互动之路——以“湖北网上信访进基层”创新报道为例［J］．新闻前哨，2018（7）：23-24.

快速有效的回应和联动整合式资源保障应对了碎片化民生诉求，彰显出其广泛的群众基础和现实应用价值①。更为一般意义上，网上信访的出现还有助于社会矛盾的预测和预防、公共决策的科学化和精准化、信访事项办理的透明化和明确责任等②。

同样，网上信访也凸显出一定的问题。网上信访事项表现为冰冷的数据，可能会影响到信访部门及其工作人员对群众利益受损的真实性感知③，出现党群和干群关系的疏离，滋生“懒政”等现象的发生，而“人”“事”和“制度”是影响网上信访效能的关键因素，缺失任何一环都将动摇网上信访有效开展的基础④。网上信访的挑战还产生于技术系统和服务平台的双重碎片化、数字鸿沟带来的网上信访的适应性不足可能会引发新的社会不公平，以及网上信访运作过程中可能出现的形式主义、官僚主义和部门之间协作效能不足等问题⑤。除此之外，网上信访与现实社会的信访相似，依旧存在着缺少相关法律法规作为持续建设的基本依据、地区之间的发展不平衡、信访处理的规范性不足和处理结果的公开性不够等突出问题，对网上信访的功能定位也缺乏必要的探索和讨论⑥。

第三，关于网上信访优化策略的研究。网上信访已经形成纵向到底和横向到边的立体格局，然而面对诸多挑战，真正实现这一多级别和多层次信息平台的功能，必须围绕网上信访工作的“有用性”和“有能性”开展效能评价，将网上信访工作人员的能力建设、信访事项的分类处理、信访系统的信息化以及信访制度的操作化等置于重要的地位⑦。网上信访功能的发挥需要实现目标、组织和技术的相互协同，政府部门应该积极完善信

---

① 赵伯艳．网络信访平台促进民生诉求解决的机制及影响因素——以天津市政务网市长信箱为例［J］．领导科学论坛，2020（19）：64-72.

② 付晶，刘振宇．大数据时代的网上信访：治理模式与优化路径［J］．宁夏社会科学，2019（2）：48-53.

③ 杨杨．网上信访治理的符号化：缘起、风险与应对策略［J］．理论导刊，2022（3）：84-89.

④ 任晓春，孟令光．网上信访工作效能的评价维度及提升路径［J］．信访与社会矛盾问题研究，2020（3）：62-72.

⑤ 吕普生．新时代网上信访的社会治理价值与多重现实挑战［J］．西南政法大学学报，2019（3）：12-22.

⑥ 滕亚为，崔梦豪．网上信访制度的发展、困境与完善［J］．知与行，2016（10）：102-107.

⑦ 任晓春，孟令光．网上信访工作效能的评价维度及提升路径［J］．信访与社会矛盾问题研究，2020（3）：62-72.

息系统，并且借助大数据等前沿技术更好地引导社会公众进行诉求表达，提升数据的分析应用能力，将网上信访的“好用”和“管用”作为提升治理能力的关键抓手①。网上信访是一项复杂工程，重点在于政府部门要及时有效地回应信访事项。研究发现这一环节受到处理层级、社会关注度以及影响范围等诸多因素的影响。网上信访过程中信访事项的解决存在“优先级”，不同指向的信访事项存在政府响应的差异，未来信访机构应当进一步加强横向和纵向部门之间的协作，提升对各类信访事项的回应能力②。当前网上信访的碎片化现象突出，应当寻求正确的理论指导以回应社会公众的需求和破解碎片化难题。整体性治理理论为网上信访的价值导向和组织方式提供了反思指引，网上信访要实现以公众需求和以信访事项承载的问题为中心，借助大数据技术推进“预警—解决一体化”的信访大数据平台建设③，发挥网上信访的整体功能。

第四，关于网上信访地位及其发展路向的研究。伴随着学者对网上信访认识的深化，相应的观点也不断变化。网上信访出现伊始，学者认为就当下的实际状况而言，其仅仅是一项技术革新，由于并未引入新型关系、体制和机制，不能算作制度创新④。同样，网上信访作为一种新型的业务模块，只是对传统信访的一种补充，并不能从根本上解决信访面临的困难和问题，尤其是网上信访也带来了一些负面影响⑤。与前述观点不同，有些学者认为网上信访仅仅处于发展初期，尚面临机制和体制的不完善，然而就其凸显的巨大能量而言，这项改革的持续进行必将撬动更大的改革⑥。网上信访作为“互联网+”理念的产物，与时代潮流和依法治国的取向相一致，是推动信访阳光化和法治化的必然选择和重要出路。网上信

---

① 付晶，刘振宇．大数据时代的网上信访：治理模式与优化路径［J］．宁夏社会科学，2019（2）：48-53.

② 方俊，王凌颖．网络信访的政府回应——基于2014—2018年广州市政府网站信访数据的分析［J］．华南理工大学学报（社会科学版），2019，21（5）：79-90.

③ 蒋冰晶，张继红．整体性治理视野下的网络信访研究［J］．河北法学，2018，36（6）：102-111.

④ 吴天昊．网上信访：技术革新还是制度创新？［J］．社会观察，2008（4）：30-33.

⑤ 马怀德．领导减少批示有利于减少信访　信访到信法的距离有多远——网上信访难以单兵突进［J］．人民论坛，2013（22）：34-35.

⑥ 杨杨．网上信访：生成逻辑、运作挑战与优化策略［J］．湖北社会科学，2021（6）：34-40.

访的方式、流程、功能以及制度创新，必将对传统信访制度的根本性变革起到巨大助推作用[①]。网上信访是国家治理体系和治理能力现代化的重要构成，前沿网络信息技术的应用有助于帮助政府部门更加精准地识别和预防社会矛盾。尤其是社会主要矛盾转变后信访的内容出现了新变化和新趋势，网上信访有助于信访核心功能的转换，对民主科学地制定公共政策提供数据支撑，可以推动智慧信访的发展。[②]

2.2　国外研究动态

2.2.1　关于公共治理的研究

公共治理之所以发端于西方国家，与当时特殊的国际社会环境以及诸多资本主义国家急需寻求缓解国内社会矛盾的有效方法存在密切关联，尤其是市场失灵和政府失灵双重困境的出现，使得西方国家在20世纪70年代陷入滞胀状态，发生严重的社会、经济和管理危机。这一社会现实有力地推动了公共管理实践的改革潮流，公共行政理论也逐渐实现了研究范式的变革，公共治理作为政府改革的新模式开始登上历史舞台。通过在Web of Science（WoS）科学引文索引集中以"Public Governance"为主题词进行检索，选取"Public Administration"和"Political Science"作为类别，时间为2022年1月19日。其发文量历时趋势如图3－4所示。

透过文献检索可以发现，国外公共治理研究的关键词共现网络内容丰富，围绕"Governance"这一核心关键词，形成了"Government""Management""Accountability""Policy""Participation""Performance""State""Politics""Networks""Good Governance""Network Governance""Collaborative Governance""Democracy""Trust""Innovation""Public Policy""Transparency""Citizen Participation""Decentralization""E-government""E-governance"等诸多研究面向（图3－5）。

第一，公共治理概念界定与解读的研究。一个新概念的提出必然引发诸多学者从不同的视角予以界定和解读，公共治理也不例外。世界银

① 张海波，童星，倪娟．网络信访：概念辨析、实践演进与治理创新［J］．行政论坛，2016，23（2）：1－6.

② 王晶，刘振宇．大数据时代的网上信访：治理模式与优化路径［J］．宁夏社会科学，2019（2）：48－53.

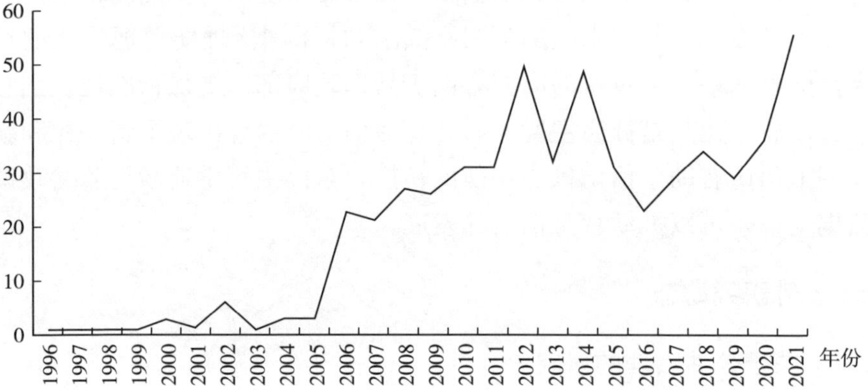

图 3-4　1996—2021 年关于“公共治理”的 WoS 核心合集文献年度发文量趋势图

图 3-5　1996—2021 年公共治理研究的 WoS 核心合集文献关键词共现网络

行在 1989 年发布的一份报告中首次使用了“治理危机”（Crisisin Governance）的概念，此后“治理”便被广泛地运用于政治研究和公共行政研究之中。盎格鲁—撒克逊语系中的“治理”（Governance）源于拉丁文和古希腊语，意为引导、控制和操纵，长期以来与“统治”交叉使用。自 20 世纪 90 年代以来，治理的风靡使其被赋予崭新的含义，不仅在英语世界使用，而且在欧洲主要语言中也流行起来，成为一个可以指代任何事物的

"时髦词汇"[①]。对治理的解读呈现出百家争鸣的景象：认为治理是系列活动的管理机制[②]，虽未得到正式授权，却能发挥作用[③]；意味着一种新的统治过程，或以新的方法统治社会[④]；依靠多个相互影响的行为者之间的互动创造的新型结构或秩序；对当时流行的观点进行系统地梳理和整合。[⑤] 全球治理委员会在1995年对治理进行了权威定义，秉持治理是各种公共（或私人的）机构共同管理共同事务诸多方式总和的观点，从为使相互冲突（或者存在差异）的利益得以调和并采取持续性的联合行动，它既涵盖了迫使人们服从的正式制度和各种规则，也兼容各种人们一致同意或认为符合其自身利益的非正式制度[⑥]。这一定义较好地实现了"治理"与"统治"或"管理"等概念的区分。伴随着学者研究的不断深入，发现治理并非想象中的那样美好，其也存在一定的局限性。如果缺乏享有合法政治权力的国家对资源实施市场化的配置，治理极有可能陷入危机[⑦]。为了克服治理的失效，一些西方学者和国际组织提出了"元治理"[⑧]（Meta Governance)、"有效的治理"[⑨]（Effective Governance)、"善治"[⑩]（Good Governance）和乐观治理[⑪]（Optimism About Public Governance）等概

① 鲍勃·杰索普，漆燕．治理的兴起及其失败的风险：以经济发展为例的论述［J］．国际社会科学杂志（中文版），1999（1）：31-48.

② 詹姆斯·N. 罗西瑙．没有政府的治理［M］．张胜军，等，译．江西：江西人民出版社，2001.

③ James N. Rosenau. Governance in the 21st Century［J］. Global Governance，1995（1）：13-43.

④ R. A. W. 罗茨．新的治理［J］．马克思主义与现实，1999（5）：3-5.

⑤ 格里·斯托克，华夏风．作为理论的治理：五个论点［J］．国际社会科学杂志（中文版），1999（1）：3-5.

⑥ Commission on Global Governance. Our Global Neighborhood：The Report of the Commission on Global Governance［M］. London：Oxford University Press，1995.

⑦ 鲍勃·杰索普，漆燕．治理的兴起及其失败的风险：以经济发展为例的论述［J］．国际社会科学杂志（中文版），1999（1）：31-48.

⑧ Thuesen，A A. Experiencing Multi-Level Meta-Governance［J］. Local Government Studies，2013（4）：600-623.

⑨ Alois，P. Lessons for Effective Governance：An Examination of the Better Work Program［J］. Global Governance，2018，4（1）：139-157.

⑩ Guy，M E. Public Service and Good Governance for the Twenty-First Century［J］. Journal Of Public Administration Research And Theory，2021，31（1）：250-253.

⑪ Peters，BG. Some Optimism About Public Governance［J］. Administration & Society，2021（10）：1624-1630.

念，展开了对矫正治理失灵的研究。

第二，公共治理内容与实践的研究。公共治理缘起于新公共管理运动的日渐式微，面对以政府再造为主要内容和将分权化、民营化、市场化作为主要工具带来的缺乏部门合作与协调等碎片化问题，学者们对其进行了深刻批判与反思，在实践中不断丰富公共治理理论。公共治理将服务作为多元治理主体重要的价值理念之一①。美国佛罗里达州的"公民第一"运动，将公共治理的服务理念应用于基层社区治理，通过实施广泛的公民授权、坚定改革信念、充分的资源保证、理智的利益权衡和确认行政官员的协助者角色等，不仅在实践中强化了公民参与政治活动的意识和能力，使公民有效承担起了其作为治理主体的责任，而且改善了政府部门对公民诉求的回应水平，实现了社区治理的良性运转，维护了公共利益。数字时代的来临以及政府部门对信息技术的运用推动了公共行政的进一步变革②，从整体性出发将原有的碎片化部门进行重新整合具备了可行性。英国政府通过合并和重组功能相近的组织、实施大部门式治理、重新政府化、恢复或加强秩序、提升信息技术生产力以及网络简化等措施，进行了以社会公众需求为基础的整体性治理改革③，真正实现了以公民、服务和需求作为公共部门组建行动网络的基础，形成了对新问题灵活反应、一站式服务、整体性数据库和可持续性的新型治理模式。相较于英国着重政府部门内部的整合与协同而言，美国更加强调通过政府与社会组织的协调配合破解碎片化难题，以网络为基础的合同制治理方式已经成为美国社会治理的普遍选择。英国和美国公共治理改革的实践表明，当代公共管理者是在垂直的权威模式和平行的协商模式相互交叉的情况下运作的。垂直模式的权威、资源和影响力来自治理核心的宪政过程，平行关系则建立于合同概念之上。同时，公共治理将创造公共价值作为政府部门的治理使命，强调围绕这一使命追求多元治理主体的支持与合法性基础，并提升

① 罗伯特·B. 登哈特，珍妮特·V. 登哈特．新公共服务—服务而不是掌舵［M］. 方兴，等，译．北京：中国人民大学出版社，2010.

② Patrick Dunleavy. New Public Management is Dead—Long Live the Digital Era Governance［J］. Journal of Public Administration Research and Theory，2006（3）：467－494.

③ Diana Leat，Gerry Stoker. Towards Holistic Governance：The New Reform Agenda［M］. New York：Palgrave，2002.

运作能力[①]，美国纽约市警察局通过“定义和识别公共价值”、华盛顿特区通过对“公共价值记分卡”的战略性使用、伊利诺伊州在绩效合同签订过程中开发“公共价值账户”和“公共价值链”，极大地改善了公共治理绩效。

第三，公共治理的理论研究。20世纪90年代治理概念一经产生，国外学者就围绕公共治理构建起了相对完备的理论体系。公共治理的最终目标比较清晰，即在现代国家政权建设的基础上，通过调整和完善国家、市场、社会之间的互动关系，维持和增进公共利益[②]，其分歧之处在于通过何种方法或措施达到这一目标。其一是采取“新公共服务”路径。这一概念在1989年提出伊始，学者就将其定位为既是一种理论，又是一种政府改革模式。即通过为居于公共治理核心地位的政府提供一个新的治理结构或框架，将公共服务、民主治理、公民参与等置于公共治理系统的中心，并认为新公共服务是21世纪政府公务员应当学习和掌握的必备素养[③]。该理论不仅影响了欧美国家的政府改革实践，而且对中国持续至今的服务型政府建设也具有重要启示意义。其二是采取“创造公共价值”路径。该理论认为，以政府为核心的公共治理主体应当将创造公共价值作为自身的使命追求，既然价值来源于人们的期望和满足，那么公共管理者就应当关注公民所表达的期望，并采取积极行动予以实现[④]。通过对创造公共价值、公共价值的理论与实践以及认知公共价值的系统论述，公共价值管理理论逐渐发展为涵盖“战略三角”、公共价值账户、公共价值记分卡和公共价值链在内的完整理论。该理论不仅为公共管理者提供了行动指南，而且为社会公众的期望带来了可以实现的曙光[⑤]。其三是采取“整体性治

① Mark H. Moor. Recognizing Public Value [M]. Cambridge: Harvard University Press, 2013.

② Perri Six. Governance: If Governance is Everything, Maybe it's Nothing [C]. The International Handbook of Public Administration and Governance. Massachusetts: Edward Elgar Publishing Limited, 2015.

③ Denhardt, J V and Denhardt, R B. The New Public Service Revisited [J]. Public Administration Review, 2015, 75 (5): 664-672.

④ 马克·莫尔. 创造公共价值：政府战略管理［M］. 伍满桂，译. 北京：清华大学出版社，2003.

⑤ Mark H. Moor. Recognizing Public Value [M]. Cambridge: Harvard University Press, 2013.

理”路径。该理论兴起于 1997 年，主张政府治理应当由新公共管理时代的竞争性、分散性模式转变为协同或整体性政府模式，通过不同治理主体之间的充分沟通与合作，共同致力于连续一致的政策目标，以提升治理行动的绩效①。作为一种新型治理模式，该理论尤其强调治理主体之间协调合作的制度化建设，以有效应对政府部门的放任状态和破除“孤岛效应”。其四是采取“数字化治理”路径。互联网技术的发展和网络社会的崛起，使得对数字治理必要性、数字治理模式以及数字治理实践价值的讨论成为显学②。通过在政府与市民社会、政府与社会组织以及政府组织内部运用现代信息技术，可以简化政府治理流程和优化公共事务处理能力，提高民主化治理程度③。其五是采取“网络化治理”路径。随着社会治理模式和治理技术的变化，官僚制治理时代已经转向网络化治理时代④。传统的按照自上而下层级结构建构的纵向权力线之外，又出现了由各种合作伙伴关系建立起来的横向的行动线路，未来的政府不能仅仅依赖传统意义上的公共雇员达成治理目标，而应当更多借助伙伴关系达成协议或组织同盟⑤。网络化合作的治理模式成为应对复杂公共事务的必然选择。

第四，平台型治理的研究。互联网时代的平台型社会（Platform Society）⑥ 悄然而来。平台型治理首先兴起于私人企业领域。伴随着互联网技术的应用和普及，以要素整合与资源协调为核心理念，通过促使生产者、服务者和消费者融合，一体化的“平台”企业开始出现。在这一机制运行过程中，消费者有机会成为生产者和服务者，极大地改变了传统的产业链和价值链，成为产业转型升级的新引擎。之后，平台型治理理念日渐渗入公共治理领域，以政府为代表的公共部门开始探索搭建治理平台，希望通过借鉴企业治理经验，借助不同平台之间的合作来生产和提供公共产

① Perri Six. Holistic Government [M]. London: DEMOS, 1997.

② Patrick Dunleavy. Digital-Era Governanc [M]. Oxford: Oxford University Press, 2007.

③ Dutil, P and Williams, J. Regulation governance in the digital era: A new research agenda [J]. Canadian Public Administration, 2017, 60 (4): 562 - 580.

④ 斯蒂芬·戈德史密斯，威廉·D. 埃格斯．网络化治理——公共部门的新形态 [M]. 孙迎春，译．北京：北京大学出版社，2008.

⑤ Fawcett, P and Daugbjerg, C. Explaining Governance Outcomes: Epistemology, Network Governance and Policy Network Analysis [J]. Political Studies Review, 2012, 10 (2): 195 - 207.

⑥ Nash V, Bright J, Margetts H, et al. Public Policy in the Platform Society [J]. Policy & Internet, 2017, 9 (4): 368 - 373.

品与服务，在改进公共部门服务质量的同时，提升其透明度、开放性、回应性和创新性，公共部门的网站、论坛或信息交流中心逐渐平台化[①]。网络时代公共部门的平台型治理试验与探索，最先应用于全球治理领域，尝试以一种平台协作模式来打破传统线性决策模式，以有效应对互联网时代治理的复杂性、不确定性、争议性和价值冲突性[②]。这一治理模式被视为可以有效推动和实现联合国《2030年可持续发展议程》诸多目标的优选工具。在国家层面，各国政府都在积极构建治理平台，希望通过更新治理工具和实施资源整合，重新塑造国家与社会的互动格局并实现成本缩减和增进效能[③]，如英国政府孜孜以求的"政府即平台"[④]愿景。平台型治理模式帮助地方政府广泛地汇聚利益相关者参与治理流程，以创新性方式面对城市治理问题，正在居民生活质量提升和促进城市可持续发展方面凸显巨大潜力。

2.2.2　关于"网上信访"的研究

尽管信访属于具有中国特色民主政治特点的制度安排，然而就其承载着一定的社会治理功能而言，世界上其他国家也存在类似的制度，如英国的公民申诉制度、日本的"行政相谈"和"苦情"制度、德国的联邦议院请愿制度等。具体到网上信访这种社会治理的创新实践，国外同样存在类似的机制，如欧盟的网上投诉机制和申诉专员机制、欧洲议会的网络请愿机制、欧盟的网络参政议政机制、美国的网络请愿机制、俄罗斯的公民诉请机制、澳大利亚和爱尔兰的网络投诉机制等，在线投诉（Online Complaints）、网上请愿（Online Petition）或电子化上诉（E-petition）等可以视为与网上信访功能相似的制度设计。

第一，关于"网上信访"定位与作用的研究。自美国奥巴马总统推出

① Ansell C，Gash A. Collaborative Platforms as a Governance Strategy [J]. Journal of Public Administration Research and Theory，2017，28（1）：16－32.

② Van Dijck J，Poell T，De Waal M. The Platform Society：Public Values in A Connective World [M]. New York：Oxford University Press，2018.

③ Mukhopadhyay S，Bouwman H，Jaiswal M P. An Open Platform Centric Approach for Scalable Government Service Delivery to the Poor：The Aadhaar Case [J]. Government Information Quarterly，2019，36（3）：437－448.

④ Brown A，Fishenden J，Thompson M，et al. Appraising the Impact and Role of Platform Models and Government as a Platform in UK Government Public Service Reform：Towards a Platform Assessment Framework [J]. Government Information Quarterly，2017，34（2）：167－182.

电子请愿系统“We The People”之后，韩国的文在寅总统也推出“Blue House”网站，允许社会公众通过网络自由表达诉求和愿望。尽管信息技术的发展推动了政府与公民交流形式的革新，宪法也将请愿权界定为公民的合法权利，但是网上请愿尚缺乏法律依据，仅被定位为电子民主的一种手段，或者被视为实现人民主权与代议制民主的补充形式①。学者透过公众情绪对政治参与和政治观点影响的视角，对网上请愿系统的定位进行了追问，认为网上请愿系统不仅是社会公众表达诉求的渠道，而且创设了直接民主的领域，成为一个孕育各种可能性的新空间②。网上请愿活动越来越受到公民的欢迎，已经成为公众影响社会变革的有力工具，成为先进民主国家当代政治参与的重要特征之一③，并且日益与公共决策、公共治理和政治运动等在线政治现象紧密关联④。有学者认为数百万处于不同地理区域且异质的北美人在网上签署请愿书，共同向横贯加拿大亚伯达省的油砂出口管道提出挑战，其实质是一种自下而上和自组织的网络行动主义，参与门槛低、赋予个人以集体身份且社会激励较弱是其重要特征⑤。除此之外，运用新媒体或电子请愿等方式维护群体权利也成为重要选择⑥。综合来看，电子请愿一般被作为电子政府的重要构成部分，可以支持公民通过网络表达他们对政府的期望或维护自身的合法利益。电子请愿已经成为“以用户为中心”电子参与的重要组成要素和代议制民主制度的重

① 김성배. E-petition and Legal Issues [J]. Public Law, 2017, 46 (2): 91-129.

② Junmo Song, Youngdeuk Park. What happens in the Blue House Online Petition?: An Analysis of the Blue House Online Petition Based on Natural Language Processing [J]. Korean Political Science Review, 2019, 53 (5): 53-78.

③ Chen Yan, Deng Shuyuan, Dong-Heon Kwak, Ahmed Elnoshokaty. A Multi-Appeal Model of Persuasion for Online Petition Success: A Linguistic Cue-based Approach [J]. Journal of the Association for Information Systems, 2019, 20 (2): 105-131.

④ Darren Halpin, Ariadne Vromen. Online Petitioning and Politics: the Development of Change. org in Australia [J]. Australian Journal of Political Science, 2018, 53 (4): 428-445.

⑤ Jodi L. McNeill, Thomas F. Thornton. Pipelines, Petitions, and Protests in the Internet Age: Exploring the Human Geographies of Online Petitions Challenging Proposed Transcontinental Alberta Oil Sands Pipelines [J]. Annals of the American Association of Geographers, 2017, 107 (6): 1279-1298.

⑥ Harrison, TM; Dumas, C. et al. Exploring E-petitioning and media: The case of # Bring Back Our Girls [J]. Government Information Quarterly, 2022, 39 (1): 1-10.

要补充[①]。

第二，关于“网上信访”优势与挑战的研究。电子请愿和公民投诉门户作用的发挥需要依赖于这类门户网站的顺畅运作，通过对俄罗斯电子请愿门户网站的抽样调查，并将其置于运行周期、发展机制、运行机制和工作结果的框架下进行考察，发现电子请愿网站的有效运作取决于公民的主动性而非当局的命令，从而提升了公众的社会参与水平[②]。电子请愿制度的实施是德国联邦议院机构改革的重要成果之一，在不破坏代议制民主原则的基础上设置请愿委员会，有效提升了议会的支持率，促进了协商民主的实现，为其他国家的机构改革提供了借鉴[③]。公共和私人组织以及个人对互联网的使用推动了网上请愿的出现。私人问题和公共问题的解决过程中产生了一系列有趣的定性和定量数据，可以用来解决与请愿原因相关的其他社会问题。网上请愿者所提供的丰富且低成本的信息成为政府部门和科研机构开展专业研究的基础[④]。学者通过对网上请愿签名和线下请愿签名的比较研究发现，语言、性别和收入并不会成为签署电子请愿的障碍，网上请愿可以有效地动员传统条件下代表性不足的群体参与政治活动[⑤]。积极的公民参与有助于改善和民主化政府政策，网上请愿的过程不仅提高了公共政策本身的透明度和有效性，而且提高了政府治理的质量和效率，有助于公共机构获得更多的公众支持和合法性基础[⑥]。

“网上信访”的出现同样带来一系列挑战。电子请愿技术平台在吸引

---

① Annisa Monicha Sari，Dana Indra Sensuse，Andy Syahrizal. User-Centered Design in Emerging Citizens Initiatives：A Study of E-petition in Indonesia [C]. 2018 Ieee Conference On E-learning，E-management and E-services (IC3E)，2018：145－150.

② Lyudmila Vidiasova，Evgenii Vidiasov. The Effectiviness of E-participation Tools in Russia：Analysis of E-petition Portals and Sites With Solutions for Urban Problems [C]. 3rd International Multidisciplinary Scientific Conference on Social Sciences and Arts，2016：621－628.

③ Kim Joo Hee，Chang Hyeyoung. Study on Institutionalization of Civic Participation：German E-petition System [J]. Public Policy Review，2018，32 (1)：1－19.

④ Helen Briassoulis. Online Petitions：New Tools of Secondary Analysis? [J]. Qualitative Research，2010，10 (6)：715－727.

⑤ Jill Sheppard. Online Petitions in Australia：Information，Opportunity and Gender [J]. Australian Journal of Political Science，2015，50 (3)：480－495.

⑥ Cho Hee-Jung，Lee Sang-Done，Seok Jin Lew. Legitimacy of Digital Social Innovation and Democracy：Case of Online Petition and Public Problem Solution Project [J]. Informatization Policy，2016，23 (2)：54－72.

公民参与决策过程的同时，产生了大量难以分析的非结构化文本数据，尽管计算工具可以帮助策略分析人员在海量的大数据中发现潜在趋势，但是在过多的文本数据中挖掘可用策略和更有效地促进公众参与决策依然是一个棘手问题①。公民主动性的缺失是电子请愿发展面临的重要问题，尤其是电子政务的发展全球不平衡，发展中国家无法快速实现发达国家已经比较成熟的网上政务水平。加强对以“用户为中心”的电子请愿案例的研究与探索应该成为发展中国家促进公众参与的重要任务。研究者同样注意到，尽管全球每年会产生数十万份电子请愿书，并获得数百万人的电子签名，但似乎这些网上请愿对公共政策的影响十分有限，还助长了“懒人行动主义”②（Slacktivism，意指只用某种社交媒体上的标签来声援某人或某事，而不做其他的实际行动）。数字鸿沟的存在可能致使网上请愿制度对中产阶级的关注置于弱势群体之上，数字不平等也可能会对边缘化人群产生不利影响。③

第三，关于“网上信访”目标实现的策略研究。通过对电子请愿门户网站（联邦和地区层面）和可以就城市问题进行投票的网络平台两种基本类型网站的抽样调查，发现电子请愿解决方案的估计比例存在差异，由政府倡议创建的门户网站或平台更加有助于城市问题的解决④。为了解决社会公众参与电子请愿主动性缺失的问题，要围绕电子请愿统计数据的公开、向政府部门推送通知、强化电子请愿组织支持和博客发帖等四个方面采取有效措施⑤。网上请愿以在线社交网络为基础，具有方便高效的信息分享能力和巨大的传播力，然而信息扩散是一个复杂的动态过程，网上请

① Loni Hagen，Teresa M. Harrison，Ozlem Uzuner. E-petition Popularity：Do Linguistic and Semantic Factors Matter? [J]. Government Information Quarterly，2016，33 (4)：783 - 795.

② Scott Wright. “Success” and Online Political Participation：The Case of Downing Street E-petitions [J]. Information Communication & Society，2015，19 (6)：843 - 857.

③ Thomas Elliott，Jennifer Earl. Online Protest Participation and the Digital Divide：Modeling the Effect of the Digital Divide on Online Petition-signing [J]. New Media & Society，2018，20 (2)：698 - 719.

④ Lyudmila Vidiasova，Evgenii Vidiasov. The Effectiviness of E-Participation Tools in Russia：Analysis of E-petition Portals and Sites With Solutions for Urban Problems [C]. 3rd International Multidisciplinary Scientific Conference on Social Sciences and Arts，2016：621 - 628.

⑤ Annisa Monicha Sari，Dana Indra Sensuse，Andy Syahrizal. User-Centered Design in Emerging Citizens Initiatives：A Study of E-petition in Indonesia [C]. 2018 Ieee Conference on E-learning，E-management and E-services (IC3E)，2018：145 - 150.

愿过程实际上是一个推（发出请愿信息）和拉（签署者分享）的动态实践，且拉的过程更有助于信息的扩散，因而瞄准合适的人群是传播请愿信息（获得更多支持签名）的潜在驱动因素①。设置政府主办的全国性在线请愿网站是促进公民政治参与的应有举措。学者通过对 Change. org 平台上关于澳大利亚的网上请愿数据进行分析，发现大多数的请愿信息是针对政府的，并且涉及的议题领域多为政治性，这一特点成为该国至今尚未创建全国性请愿网站的重要因素②。网上请愿目标的实现受到请愿活动发起者文本或视频等语言因素的影响，包含积极情绪和启发性信息的请愿活动更可能获得成功，而包含大量认知推理和强调道德判断的请愿不太可能成功③。欧盟在其专门的申诉专员网站上设置特色的交互指引，开展类似于问卷调查或心理测试的活动④，为响应公众需求和改进公共服务提供基础依据。总体而言，不断发展和完善包括电子请愿在内的电子政务已经成为世界各国的普遍行动⑤，网上请愿作用和优势的真正发挥，还要依赖于先进的制度设计。⑥

2.3 研究评述

国内外关于“公共治理”与“网上信访”的研究，已经取得不少成果，研究的广度、深度和丰富性在不断增强，一定程度上体现出与时俱进的理论品格和注重解决社会现实问题的能力。一方面，公共治理在对新公

① Mohammad S. Jalali，Armin Ashouri，Oscar Herrera-Restrepo. Information Diffusion Through Social Networks：The Case of an Online Petition [J]. Expert Systems with Applications，2015，44 (1)：187－197.

② Darren Halpin，Ariadne Vromen. Online Petitioning and Politics：the Development of Change. org in Australia [J]. Australian Journal of Political Science，2018，53 (4)：428－445.

③ Junmo Song，Youngdeuk Park. What happens in the Blue House Online Petition?：An Analysis of the Blue House Online Petition Based on Natural Language Processing [J]. Korean Political Science Review，2019，53 (5)：53－78.

④ Carter L，Bélanger F. The Utilization of E-Government Services：Citizen Trust，Innovation and Acceptance Factors [J]. Information systems journal，2005，15 (1)：5－25.

⑤ Kwame Asamoah. E-governance in Africa's Local Governments：Do District Assemblies in Ghana Optimize the Use of Websites and Social Media? [J]. The Electronic Journal of Information Systems in Developing Countries，2019，85 (4)：517－524.

⑥ 송경재，장우영. A Study on the Online Petitions and Democracy [J]. The Journal of International Relations，2020，23 (2)：155－178.

共管理运动的批判、反思、继承与发扬的基础上，达成了基本共识，即公共治理理论与实践的发展，符合公共行政发展的一般规律和演化趋势，成为化解“市场失灵”和“政府失灵”以及有效调节国家、市场和社会关系的行动指南，不仅进一步满足了社会公众的诉求和期望，而且提升了以政府为核心的多元治理主体维护公共利益和创造公共价值的能力。另一方面，学者并未止步于公共治理为化解社会矛盾、调整社会关系以及创造美好生活带来的优势，而是以批判性思维和辩证眼光对“公共治理失灵”进行了考察，并从不同视角提出一系列的矫正策略。对于网上信访而言，国内外相关研究各有侧重，这中间不乏因为中西方社会制度、政党制度、意识形态等因素带来的影响，但是西方发达国家进入互联网时代的时间较早，其对借助数字信息手段表达诉求和维护权益的研究更为多元和深刻。中西方学者关于网上信访工作的研究都是立足于本土情境之中，西方学者比较注重网络政治参与、影响公共政策议程和借助网络表情达意，而国内学者更加关注网上信访的权利救济、诉求表达、民意收集和信息平台的完善。尽管关注重点存在差异，但是对网上信访的重视却是不约而同，都希望通过不断创新和完善网上信访治理更好地维护公民利益。

然而，现有研究并非白璧无瑕。当前对公共治理的解读，要么过分强调治理主体的多元化和彼此之间平等的合作关系，要么过分强调政府在公共事务治理过程中的“元治理”角色，缺乏对“度”的考量和把握。伴随着社会运行和社会变化的加速，当前社会治理问题呈现高价值冲突、非结构化和不确定性等棘手特征①，单一理论的解释力和实用性不足。信访工作具有鲜明的中国特色，有助于在推动中西方理论融合发展过程中共同发挥作用，进一步巩固中国共产党作为领导核心的地位，实施政府管理、社会公众和社会组织普遍参与的共建共治共享治理模式，推动公共治理的创新和持续发展。

当前对网上信访的研究尚处于起步阶段，跳脱以往对信访制度“存与废”的争论，党的十九届四中全会明确指出要完善信访制度，这是开展网上信访治理研究的强大支撑。在政府数字化转型的背景下，现有研究多透过案例分析对网上信访的流程、平台建设以及优势和不足展开讨论，研究

① 于水，杨杨．“棘手公共问题”及其治理之道［J］．理论探索，2020（2）：68－75.

的系统性和完整性进一步加强。网上信访作为一种社会治理的创新实践，尚缺乏“互联网+政务服务”的全国统一性线上平台，也并未对纵向不同层级的信访信息系统和横向政府部门进行彻底整合与协同，更缺乏对网上信访生成逻辑、运作机理和发展路向的系统性讨论，尚处于碎片化状态。伴随着我国社会主要矛盾的转化和法治社会建设的全面实施①，处于数字化转型进程中的网上信访将更多地承载方便公民民主参与和意见表达的功能，逐渐弱化权利救济功能，现有研究尚缺乏对这一问题的深入探讨。总体而言，信访工作的数字化转型属于新生事物，需要进一步拓展其研究深度和广度，增强研究的系统性和整体性，从而巩固其作为中国特色群众工作制度的重要地位。

3　互联网时代信访治理的发生情景：数字时代信访工作的新样态

中国共产党的历届领导人均十分重视通过信访加强与人民群众的联系和听取群众意见，将其作为“送上门的群众工作”。现代意义上的信访制度创设于中华人民共和国成立之后，在70多年的发展历程中，参照数字信息技术介入程度和运作方式的不同，可以将其划分为“传统信访工作模式”“政府专网工作模式”和“网上信访工作模式”，由“堂前击鼓”到“网上传书”便是对信访工作模式转变的一种形象表达。需要明确一点，三种信访工作模式并非时间上的继起或相互替代关系，而是不同工作模式中对数字信息技术的应用程度存在差异。除去政府专网工作模式具有一定的过渡意义之外，传统信访工作模式和网上信访工作模式呈现共同存在状态。

3.1　互联网时代信访治理的历程回溯：由“堂前击鼓”向“网上传书”的嬗变

3.1.1　传统信访工作模式的创设发展

信访作为社会公众向国家机关反映情况、提出意见建议和投诉请求的

① 中共中央印发法治社会建设实施纲要（2020—2025年）［N］. 人民日报，2020-12-08(001).

实践活动，几乎贯穿了整个中华文明史。信访萌芽的出现可以追溯至远古的尧舜禹时期①，百姓可以通过“善旌”“谤木”“悬鼓”等方式对社会治理状况提出批评或赞誉。周朝在继承传统的基础上进行了创新，出现“献诗讽政”“上书进谏”“肺石申诉”等形式。秦汉至隋朝期间出现了“公车司马府”，专门受理吏民上书和朝臣呈奏。唐朝和五代十国时期主要通过“铜匦制”来“申天下之冤滞，达万人之情状。”宋辽金元时期出现了通过“登闻鼓院”“登闻检院”和“理检院”处理申诉冤屈和请愿呼吁的机制。明清时期设立“通政使司”和“实封事”制度，允许臣民上书言事和重视“收受天下臣民实封递入的书信”，来实现建言立政、平息民怨和下情上达的功能。民国时期开始出现类似现代信访的一些现象，如请愿、控告、建议、告发、呈诉等，然而由于内忧外患的国情和国民党政府在请愿制度方面的无所作为，人民群众的基本权利难以得到保障。中国共产党成立后，在根据地和解放区开展了处理人民来信和来访的工作，并发布《工农检察部的组织条例》《陕甘宁边区政府关于派公正干部切实调查群众控告案件的命令》《令各县政府对人民控告干部的案件应及时认真负责处理》等文件②，认真受理和处理人民群众的申诉和建议，成为中华人民共和国成立后正式创设信访制度的重要理论和实践准备。

新中国成立后，信访制度成为联系国家和人民群众的“桥梁”与“纽带”，根据国家政权建设和信访工作发展过程，大致可以划分为四个历史阶段。第一阶段：1949—1956年信访制度初创期。综观全球各个国家，信访制度是我党锻造的全新制度③，可以称为一项伟大的政治发明。1949年3月，中央书记处开始委派专门人员办理人民来信来访事宜，同年4月，设立了我党历史上最早的专职信访机构——政治秘书室。1951年3月，新中国第一个专职信访机构——群众信件组正式成立，信访工作已经成为党和国家的重要工作。同年5月，毛泽东作出重要批示，指出“必须重视人民的通信，要给人民来信以恰当的处理，满足群众的正当要求。”④

---

① 李秋学．中国信访史论［M］．北京：中国社会科学出版社，2009.

② 于水．当代中国县域信访治理研究［M］．北京：科学出版社，2017.

③ 王炳毅．信访制度的奠基：毛泽东与信访制度（1949—1976）［J］．政治与法律评论，2011(1)：152-183.

④ 冯仕政．中国信访制度的历史变迁［J］．社会发展研究，2018，5(2)：157-178.

同年6月，政务院发布“五一决定”[①]，信访制度建设开始提上议事日程，县级以上各级政府开始设立问事处或接待室等信访部门，1952年基本形成由专、兼职人员负责信访工作的局面。第二阶段：1957—1976年信访制度曲折发展期。伴随着社会主义改造和反右运动的进行，社会矛盾逐渐突出。1957年国务院发布“五七指示”[②]，要求各级政府部门要有一位领导主管信访工作，并设置专职机构和人员来办理群众来信来访，将“领导高度重视”和“编送简报”落到实处，极大地完善了信访工作的组织领导和制度化建设。1963年中共中央、国务院发布《关于加强人民来信来访工作的通知》，进一步规范了信访工作的组织制度和业务流程。“文化大革命”期间，信访工作难以正常开展和社会矛盾突出并存，信访制度功能一定程度上被虚置。第三阶段：1977—2004年信访制度重建期。“文化大革命”结束后，信访制度逐步得到恢复和发展，人民来信来访重新被重视起来[③]，一场信访积案的“歼灭战”即将打响。1978年，第二次全国信访工作会议在北京召开，以“解放思想”和“拨乱反正”为主旨，提出了恢复正常信访工作秩序的方针。之后，中共中央、全国人大和国务院等部门围绕“信访分工”“信访秩序”和“防止和纠正对信访群众进行打击报复”等做出规定[④]，信访工作趋于正常。1995年，国务院颁布信访工作领域的首部行政法规——《信访条例》，彻底终结了信访工作长期以来无法可依的历史。2000年，中办国办联合发布《国家信访局职能配置、内设机构和人员编制规定》，副部级行政机构——国家信访局成立。进入21世纪，人民群众的信访活动出现了新变化，信访工作面临新形势。2001年，第五次全国信访工作会议召开，对“信访工作领导责任制”“信访工作改革”“信访工作督办”和“信访工作队伍建设”等作出了全面部署。第四阶段：2005年至今的信访制度完善期。为了更好地适应社会主义市场经济的发展需求和应对矛盾纠纷复杂化、多元化的新形势，国务院于2005年对十年前的《信访条例》进行了修订，重点强调了“畅通信访渠道”“充分保

① 中央人民政府政务院关于处理人民来信和接见人民工作的决定［J］. 天津市政，1951（25）：8.

② 周恩来. 国务院关于加强处理人民来信和接待人民来访工作的指示［J］. 中华人民共和国国务院公报，1957（52）：1093-1096.

③ 本报评论员. 必须重视人民来信来访［N］. 人民日报，1977-09-04.

④ 张宗林. 中国信访史研究［M］. 北京：中国民主法治出版社，2012.

障人民群众合法权益”和“创新信访工作机制”等内容[①]，提出努力将矛盾纠纷化解在基层和萌芽状态的思路，突出了信访工作过程中的属地责任和主管责任。为贯彻党的十六届六中全会精神，破解信访总量持续高位运行的难题，国家信访局和中央处理信访突出问题及群体性事件联席会议对加强新时期信访工作提出了新要求[②]，社情民意诉求表达渠道更加畅通，社会舆情的汇聚与分析能力得到改善，并且对违反信访工作纪律的行为做出了规定[③]，逐渐建立起畅通、有序、规范和高效的信访工作新秩序。党的十八大以来，以习近平同志为核心的党中央高度重视信访工作，准确研判时代发展趋势，先后提出“改革信访工作制度，实行网上受理信访制度”[④]“建立涉法涉诉信访依法终结制度”[⑤]“创新群众工作方法解决信访突出问题”[⑥]“加强风险研判和源头治理”[⑦]“加强预防和化解社会矛盾机制建设”[⑧]“完善正确处理新形势下人民内部矛盾有效机制”[⑨]等，为传统信访工作模式的改革创新和完善发展指明了方向。

3.1.2 政府专网工作模式的承前启后

为了更好地适应改革开放和社会主义现代化建设的新形势，进一步加快行政管理信息化建设步伐，1992年国务院办公厅发布文件对政府系统政务信息化建设提出要求，中国政府部门的数字化建设开始起步。经过一系列探索和实践，北京市对网络信息技术和信息系统的应用相对成熟，于1998年7月1日正式开通“首都之窗”（即北京市政务门户网站）。按照

---

① 李薇薇．以贯彻实施《信访条例》为契机不断开创信访工作新局面［N］．人民日报，2005-03-02.

② 中共中央国务院颁发《关于进一步加强新时期信访工作的意见》［N］．人民日报，2007-06-25（001）.

③ 杨忠阳．《关于违反信访工作纪律适用〈中国共产党纪律处分条例〉若干问题的解释》和《关于违反信访工作纪律处分暂行规定》颁布实施［N］．经济日报，2008-07-25（003）.

④ 中共中央关于全面深化改革若干重大问题的决定［N］．人民日报，2013-11-16（001）.

⑤ 习近平．关于《中共中央关于全面深化改革若干重大问题的决定》的说明［N］．人民日报，2013-11-16（001）.

⑥ 中共中央办公厅　国务院办公厅印发《关于创新群众工作方法解决信访突出问题的意见》［J］．江西省人民政府公报，2014（4）：4-8.

⑦ 习近平李克强就信访工作作出重要指示批示［J］．中国应急管理，2016（4）：4.

⑧ 决胜全面建成小康社会　夺取新时代中国特色社会主义伟大胜利［N］．人民日报，2017-10-19（002）.

⑨ 中共中央关于坚持和完善中国特色社会主义制度　推进国家治理体系和治理能力现代化若干重大问题的决定［N］．人民日报，2019-11-06（001）.

“政务公开，加强行政监督”的原则，以“市长信箱”为载体，建立了最早的网络信访机制，不仅可以向广大市民提供更多的公益服务信息，而且开辟了新的政民互动渠道。2000 年和 2001 年国务院办公厅分别围绕“全国政府系统办公自动化”与“全国政府系统政务信息化”发布专门性文件，进一步推动了现代数字信息技术与政府治理的融合。以政府系统政务信息化建设起步较早的广东省为例，2001 年各级政府机关内部已经普遍使用计算机进行文字处理和信息管理，内部办公局域网也开始运作，部分省直部门和地市级政府部门建立了互联网连接，部分政府部门已经开通网站，其中深圳市规划与国土资源局在 2000 年 9 月开通了网上信访服务。2002 年 5 月，为了方便市民向市长吐露心声、反映问题和提出“金点子”，上海市政府门户网站开通“市长信箱”，成为社情民意涌流、通达的重要举措。2003 年 8 月，云南德宏傣族景颇族自治州“书记州长信箱”正式挂出，为了确保每封来信都得到妥善办理和回复，提升人民群众通过信箱反映问题、咨询求助和建言献策的积极性，州信访局专门成立办公室，出台制度规范来信办理程序，并且研究设立了督办机制，是国内较早开始探索网上信访的地区。2007 年 3 月，时任总书记胡锦涛对德宏拓宽民意诉求表达渠道做出批示①，要求推广“网上信访”的工作经验。

在各个地区独立探索将网络信息技术应用于传统信访工作的同时，国家信访局也积极行动，将经验推广与信访信息系统建设相结合。一方面，在全国 29 个省份选取了 100 家单位进行试点，对“投诉内容和处理结果公开透明，群众反映内容短平快，响应诉求方便及时，办理过程简单便捷”的“网上信访”进行全国推广。另一方面，2005 年 7 月成立网上信访专门机构筹建小组，开启了全国信访信息系统建设工程。经过科学谋划、精心组织和协调推动，2007 年全国信访信息系统开始试运行，2013 年实现全部信访事项可以通过网上投诉系统进行受理。信访信息系统十分注重标准化建设，国家信访局结合网上信访近期和远期发展需求制定了各种标准，对地方各级政府信访工作的数字化转型提供了指导，保证了网上信访沿着标准化、规范化的轨道有序健康发展。标准化有助于在信访信息

① 2007 年 3 月 25 日，《国内动态清样》第 928 期的文章《云南德宏“网上信访”筑成化解矛盾新渠道》得到胡锦涛总书记肯定性批示：“‘网上信访’经验值得总结，并可部署若干地方进行试点，探索反映民意和诉求的新渠道。”

化过程中获得最佳秩序，在处理同一领域的相同或相似信访事项时，可以有效发挥以往办理规则和应对策略的积极作用，从而以类似于“判例”[①]的形式不断提升信访工作效果。信访信息系统在借鉴国内外成功标准化工作经验的基础上，以国家电子政务标准化体系为框架，围绕“指标体系”“文件格式”“分类编码”“信息交换”提出了一个统一的原则[②]。国家信访局在2014年发布《信访业务术语》（国信发〔2014〕8号），对“网上信访涉及的术语”作出了统一规范。

这一时期的信访信息系统建设主要包含以下内容：一是建设和完善国家信访局内部的局域网。依托政务信息网络建设了信访专网，为国家信访局工作人员、中央和国家机关部委信访工作人员提供了信访业务系统和网上办公环境，信访新闻和法律法规的发布、信访工作经验的交流、人民群众提出意见建议、信访机构与信访人的互动有了平台的支撑。二是初步建成了信访外网网站和国家投诉受理中心网站。信访人可以依托互联网平台在网上提出信访事项和查询信访事项办理进展，使信访人能够对信访事项办理全程实时跟踪。三是依托信访专网网站建立了覆盖主要信访业务的应用系统。外网接收查询系统为信访人服务，信访业务综合处理系统为信访工作机构和政府职能部门办理信访业务打造全流程平台，督查督办系统对信访事项实施全程跟踪和实时办理提示，信访信息分析预测系统为政府部门和领导决策提供参考[③]。

政府专网工作模式是对网络信息系统和技术的初步应用，经过长达6年的探索和建设，基本实现了全国信访业务的横向互联、纵向打通和网上办理，一定程度上提升了信访机构的工作效率、信访事项办理透明度和信访数据的利用程度。但是，互联网时代数字信息技术的发展日新月异，政府专网工作模式逐渐无法满足信访业务办理的需求。一是信访事项尚未实现全程线上流转。政府专网工作模式存在于较高层级的信访机构，如国家

---

① 在普通法法系中，判例具有正式的法律渊源。根据判例法制度，某一判决中的法律规则不仅适用于该案，而且往往可以作为一种先例而适用于基本事实相同或相似的案件，即所谓的“遵循先例”原则。

② 国家标准化管理委员会和国务院信息化工作办公室于2012年发布了《电子政务标准化指南》，对电子政务标准化过程中的网络建设、信息共享、支撑技术和信息安全等做出了规定。

③ 杨杨．网上信访：生成逻辑、运作挑战与优化策略［J］．湖北社会科学，2021（6）：34－40.

信访局、部分省级和一些地市级信访工作机构，覆盖范围不够广泛，既容易诱发越级信访现象，又会在向基层属地政府流转的过程中遭遇困难。二是信访渠道较为单一，人们依然习惯于传统信访工作模式。通过政府网站向信访机构提出诉求，对于很多群众而言并非易事，一方面是知识和技能的原因，另一方面是渠道的可得性存在困难，如农村的计算机普及率偏低。三是信访事项公开程度偏低。政府专网工作模式为信访人全程跟踪自己的信访事项提供了平台，破除了传统信访工作模式的“封闭黑箱”，但是信访人以外的社会公众依然无法了解信访事项的办理过程和结果，信访工作的公信力和可信度依然有待提升。四是信访工作缺乏群众监督和评价。信访事项办理流程的可见程度与信访人对信访事项办理结果的满意程度并不存在必然联系，缺乏社会公众监督和办事群众评价的政府专网工作模式仍需改进。五是信访数据的统计分析层次较低，不够全面。政府专网工作模式仍需通过再次加工才能够将信访数据进行统计和分析，并且只是针对重点单位和区域，信访数据的统计分析方式和范围有待改进。

3.1.3　网上信访工作模式的应运而生

随着改革进入深水区，信访问题大量出现，尤其是征地拆迁、教育医疗和企业改制等方面的问题，群众反映强烈。2013 年 11 月，在数字信息技术持续发展背景下召开的十八届三中全会，适时提出“改革信访工作制度，实行网上受理信访制度，健全及时就地解决群众合理诉求机制”的要求，为信访工作模式的改革创新和进一步完善指明了方向。2014 年 2 月，中共中央、国务院在《信访条例》修订 9 年之后首次围绕解决信访突出问题发文，提出“从源头上预防和减少信访问题发生”“进一步畅通和规范群众诉求表达渠道”“健全解决信访突出问题工作机制”等意见①，成为指导和引领网上信访工作发展的重要文件。国家信访局以改进和完善政府专网工作模式为切入点，积极响应创新社会治理体制的新要求，着眼于更好地满足人民群众对改进信访工作的新期待，以互联网为基础的信息化建设和应用为突破口，推动了“互联网+信访”时代的到来。这一举措打破了政府专网工作模式中出现的各个地区各行其是、相互封闭和重复建设的

① 中共中央办公厅、国务院办公厅印发《关于创新群众工作方法解决信访突出问题的意见》[J]. 江西省人民政府公报，2014（4）：4－8.

困境，开始依托互联网建设全国统一的网上信访信息系统，群众诉求表达渠道进一步畅通，信访事项的受理和办理更加规范，社会公众的民主监督得到落实，基本实现了信访业务流程标准化、处理过程透明化和统计分析智能化①。网上信访信息系统建设的分工更加明确，国家信访局负责建设本级和全国数据交换系统，各省信访局负责建设省内网上信访信息系统，逐步实现省级系统与国家信访局的数据交换和信息共享。2015 年基于互联网技术的全国网上信访信息系统正式运行，全部信访业务实现了线上流转，各省（自治区、直辖市）陆续启动地方网上信访信息系统建设。2016 年国家信访局相继研发和开通了手机信访客户端、微信公众号，2017 年网上信访实现全国范围内省、市、县三级信访业务系统的全覆盖接入。党的十八大以来，国家信访局陆续发布多个信访工作规范性文件，深化了信访工作的数字信息技术应用。

党的十八大以来国家信访局发布的与网上信访相关的规范性文件见表 3-4。

表 3-4　十八大以来国家信访局发布的与网上信访相关的规范性文件

时间	名　　称	发文字号
2014.04	关于推进信访工作信息化建设的意见	国信发〔2014〕3 号
2014.09	关于进一步加强初信初访办理工作的办法	国信发〔2014〕13 号
2014.12	信访事项办理群众满意度评价工作办法	国信发〔2014〕16 号
2015.10	信访事项网上办理工作规程（试行）	国信发〔2015〕29 号
2016.07	信访事项简易办理办法（试行）	国信发〔2016〕8 号
2017.07	依法分类处理信访诉求工作规则	国信发〔2017〕19 号
2018.07	国家信访局法律顾问管理办法（试行）	国信发〔2018〕14 号
2019.04	关于让群众“最多访一次”的办法（试行）	国信发〔2019〕6 号

在党和国家主要领导人的关心和指导下，国家信访局的积极推动与地方政府的热烈响应形成协同效应，人民群众的诉求表达、权益保障、建言献策和参政议政的渠道更加规范和畅通，“互联网＋信访”真正实现了信访事项办理过程和结果的可查询、可跟踪、可督办和可评价，信访工作透

① 杨杨．网上信访：生成逻辑、运作挑战与优化策略［J］．湖北社会科学，2021（6）：34－40.

明度和公正性不断增强，群众满意度和信访工作公信力不断提升。这既是对党的十八届三中全会作出的“改革信访工作制度，实行网上受理信访制度”[①] 决定的贯彻落实，也是对国家“十四五”规划提出的“加强数字社会、数字政府建设，提升公共服务、社会治理等数字化智能化水平”和“提升全民数字技能，实现信息服务全覆盖”[②] 要求的前瞻性探索。总体来看，以互联网为依托的网上信访信息系统建设，充分利用了已有信访信息化建设成果，加强了信访信息资源的整合、开发和利用，使其成为信访工作监察督办、体察民情、接受群众监督的重要途径，成为广大群众反映情况、表达诉求、咨询政策、提出工作意见和建议的重要平台。网上信访信息系统可以为人民群众反映合理诉求、维护自身权益提供简单便捷的服务，也可以为各级党委和政府的宏观决策分析以及信访服务提供工作环境和信息服务，为进一步提升宏观决策水平、监管能力和公众服务能力、强化履职能力、切实加大群众信访问题的调处力度提供信息化支撑。

依托互联网技术，网上信访已经实现接访、办理、网上投诉等信访事项全部网上流转，并且成为群众信访的主渠道。网上信访中发挥支撑作用的主要有七个子系统：第一，网上信访投诉系统。对信访人投诉进行程序引导，方便群众提交网上投诉件，规范网上投诉秩序，指引信访人正确行使权力。第二，工作平台业务系统。信访工作人员登录信访事项办理系统后，可以在工作平台查看当前待办业务的总体情况、业务数量和业务状态的更新情况。第三，投诉登记业务系统。信访人在网上提交信访投诉件后，信访工作人员依据自动判重结果，对信访问题为本地管辖范围的网上投诉件或网上建议件进行登记和业务办理。第四，事项办理业务系统。对网上信访事项进行登记后，实施转送、交办、存档、告知等办理操作，并做出拟处理意见。第五，督办提醒业务系统。信访事项受理单位或责任单位未能在办理期限内完成当前环节工作的，由系统在快到期时自动向相关单位发送督办提醒信息，并将快到期的信访件予以黄灯提示。第六，信访工作考核业务系统。对信访工作的考核以推动信访问题及时就地化解为核心，由系统自动统计生成信访事项及时受理率、按期办结率、投诉人满意

---

① 中共中央关于全面深化改革若干重大问题的决定［N］. 人民日报，2013－11－16（001）.

② 中共中央关于制定国民经济和社会发展第十四个五年规划和二〇三五年远景目标的建议［N］. 人民日报，2020－11－04（001）.

率等数据，并依据工作需要及时调整考核指标。第七，满意度评价业务系统。对于初次非涉密求决类网上信访事项，信访人可以对信访部门和责任单位进行满意度评价，评价结果是监督和考评各级信访机构开展信访业务工作的重要依据和指标，有助于倒逼政府部门不断改进工作方法和提高公信力。

相对于传统信访工作模式和政府专网工作模式而言，将数字信息技术深度融入信访工作过程的网上信访工作模式拥有巨大优势，真正实现了“信访网上投、事项网上办、结果网上评、问题网上督、形势网上判”。第一，信访工作更加经济、便捷和高效。网上信访不受时间和空间的限制，只要具备网络环境和基础操作能力，就可以通过计算机、手机或便民服务终端向信访机构提交信访件或发出视频信访请求。从信访事项的办理过程来看，对适用简易办理的信访事项各中间层级单位需在1个工作日内完成转送且有权处理行政机关应当在3个工作日内是否受理[①]，其他初次信访事项，也应当按照申诉求决、意见建议、揭发控告、重大紧急、无实质内容等类别在15日内进行办理。第二，网上信访更加规范、透明和公开。网上信访事项的提出、受理、流转、办理、答复、评价和反馈等环节不但向信访人开放，而且选择性向社会公众开放，在尊重人民群众知情权的同时，也促进了政治参与和民主监督。第三，信访工作的压力有所降低。网上信访的公开、透明和规范，降低了社会公众对信访工作的敏感度，人民群众愿意理性表达，政府部门的工作绩效也不再单纯以信访事项数量作为评价标准，而是将“解决信访问题”[②]和“维护信访秩序”[③]作为量化考核内容。这种依据信访信息系统自动统计生成的综合性评价方式，相对于以往的“一票否决”方式降低了信访工作人员的压力，也减少了政府部门的维稳支出和“销号”等怪异行为。第四，信访工作的源头预防和科学决策水平进一步提升。信访信息系统中信访数据的统计分析、信访事项的督

① 适用简易办理的网上初次信访事项主要包括：一是事实清楚、责任明确、争议不大、易于解决的；二是提出咨询或意见建议、表达感谢，可以及时反馈的；三是涉及日常生产生活、时效性强，应当即时处理的；四是行政机关已有明确承诺或结论的；五是其他可以简易办理的。

② “解决信访问题”从三个维度进行量化，分别是信访事项及时受理率、按期办理率、群众满意率。

③ “维护信访秩序”分为三个指标，分别是进京集体上访情况、进京越级上访情况、求决类进京重复上访情况。

办和处理结果的满意度评价，有助于发现和改进信访工作中的不足之处，对于一些苗头性、易发性、倾向性和潜在性社会问题可以及时处理和预警，从而增强对社会风险的科学预测和综合研判，将信访问题解决在萌芽状态（表3-5)。

表3-5　网上信访工作模式与传统信访工作模式的比较

信访工作模式	相对优势	相对劣势
传统信访工作模式	面对面交流，鲜活生动‘情感表达方式多样，容易产生同理心；及时提供情感抚慰或心理疏导；信访人的“主体在场”压力，倒逼信访机构注意言谈举止和工作质量；信访工作人员主动“走访”，发现和解决潜在社会问题	信访成本较高；信访效率较低，等待时间较长；信访透明度较差，公开程度偏低；信访工作规范性较低，缺乏统一标准；较难实施监督、质询和评价；存在重复访、越级访、进京访、群体访等现象，维稳压力较大；存在“信件遗失”“拦访”“截访”等不良行为
网上信访工作模式	信访工作更加经济、便捷和高效；信访事项办理过程更加规范、透明和公开；信访秩序逐步好转，维稳压力降低；信访督查督办更加及时，响应群众诉求更加快捷；信访人实时查询办理进展，易于实施监督评价；信访大数据助力预测和研判风险，将矛盾纠纷化解在萌芽状态；数字技术赋能，信访工作前瞻化、智能化和可信化；信访工作标准化、法治化、社会化程度得到改善	键对键交流，缺乏情感传递；信访工作的心理抚慰、情绪纾解、焦虑治愈功能降低；信访人“主体在场”压力流失，出现网上信访治理的符号化现象；一旦应对不当，容易出现网络舆情；信访工作的智能化和智慧化发展，依然需要工作人员实施协助；信访大数据挖掘无法完全替代实地走访，存在群体需求掩盖和置换个体需求的风险；数字鸿沟问题；公众数字化素养不均衡、数字化基础设施可及性、可用性和稳定性问题、数字技术迭代发展与群众需求和期待不匹配问题

3.2　互联网时代信访治理的实践特征：契合时代趋势的治道变革

3.2.1　以党对信访工作的全面领导为根本保证

党的十八大以来，我国对信访制度进行与时俱进的变革创新，把信访制度优势转化为促进国家治理的最佳效果。习近平总书记关于加强和改进人民信访工作的重要指示为做好新时代信访工作提供了根本遵循，体现了中国共产党对信访制度改革认识的深化和系统化。

新时代信访制度是传承中国历史、符合传统文化，又契合国情的制度。党的领导是做好新时代信访工作的最高准则、最大优势，是根本性的。主要体现在：人民信访制度是党领导人民科学、民主、依法、有效治理国家和社会的重要制度设计，是党一手创立起来并不断得到完善的制度；人民信访制度的每一项具有明确方向性和现实指导性的重大决策部署，都是在党的领导下，总揽全局，协调各方，深入研究、论证、实施并发挥效力的；新时代信访工作高质量发展的新格局是党加强对信访工作领导着力构建的结果；信访制度和信访工作取得的新突破新成就，都是在党和政府的主导下，建立健全维护群众权益机制，实行网上受理信访制度，推进信访法治化，统筹城乡治理等多措并举、齐抓共管的结果。党之所以能够领导推动新时代信访制度不断开辟新境界，根本在于党的创新理论的指引，在于党中央的英明决策，体现了党对改革认识的不断深化和系统化，说明党的领导的必要性、正确性。

党的全面领导体现在党始终站位高远、总揽全局、综合协调各个方面，也正是在党的全面领导下，新时代信访制度在参与治理、民主监督、权益保障、维护稳定等基本功能上发挥着更大的效用。党的全面领导也体现在把党的领导贯彻到信访工作的整个过程、各个环节上，确保信访制度不跑偏、不拐向、不停步，发挥党的政治功能为信访制度提供方向，发挥党的服务功能推进信访工作有效运行，通过政治领导、思想引领、组织保证等方面加强党对信访工作的全面领导。一是政治领导，主要是通过制定正确的路线、方针和政策，构建党对信访工作全面领导的体制来实现。二是思想引领，主要是牢固树立“四个意识”，坚定“四个自信”，做到“两个维护”，切实提高思想和行动自觉，以高度政治责任和强烈使命担当做好信访工作。三是组织保证，主要是完善信访工作的机构设置，着力培养高素质的信访工作队伍，确保信访制度在各级组织中不折不扣得到落实，各行各业的智慧和力量充分积聚起来。中共十八大和十八届三中、四中全会，中共十九大和十九届四中、五中、六中全会都对信访工作制度作出了战略部署。《信访工作条例》就是在以习近平同志为核心的党中央的全面领导下，高瞻远瞩、审时度势研究制定的，是对我们党长期以来领导和开展信访工作经验的高度总结，特别是对党的十八大以来信访工作制度改革创新成果的高度提炼，也是人民信访制度发展史上具有划时代意义的里程碑。

新时代信访制度适应新发展阶段、贯彻新发展理念、构建新发展格局，面对信访形势复杂严峻，面对矛盾风险挑战增多，紧紧依靠和发挥党中央集中统一领导的定海神针作用，形成了党委统一领导、政府组织落实、信访工作联席会议协调、信访部门推动、各方齐抓共管的信访工作大格局。应该讲，包括全国党政军警和人大、政协的各级各部门，以及各派出机构、直属事业单位、群团组织，重点搞好党政机关及其领导干部的信访工作主体责任的落实，按照其在国家政治结构中的地位和作用，分别在信访工作中承担相应的责任。根据中央部署要求，以"创建全国信访工作示范县（市、区）"活动为载体，在县（市、区）党委的全面领导下，发挥信访工作在基层社会治理中至关重要的作用，加强统一谋划，认真组织实施，发动各方力量，整合多方资源，形成了工作合力，已初见成效。

3.2.2　以推进国家治理体系和治理能力现代化为目标

《中共中央关于全面深化改革若干重大问题的决定》明确了全面深化改革的总目标，即完善和发展中国特色社会主义制度，推进国家治理体系和治理能力现代化。国家治理体系是一个国家制度和制度执行能力的集中体现，是具有强大生命力和巨大优越性的完整体系。① 国家治理坚持从中国现实国情出发，密切关注并发挥中国特色本土制度的治理价值，而其中的信访制度就是围绕这个总目标展开的。信访制度改革创新是推进这个总目标的重要方式、形式、手段和力量，对于推进社会主义民主法治建设、服务党和国家大局、维护群众合法权益、维护社会和谐稳定具有重要意义。

坚持政治引领是党百年奋斗的重要经验，也是党治国理政的重要特色，更是区别于资本主义国家社会治理的本质所在。信访制度改革创新之所以取得巨大成就，就是由于其发挥了政治引领的先导性、根本性、决定性作用。习近平新时代中国特色社会主义思想就是新时代信访制度必须长期坚持的最根本的指导思想。习近平总书记关于加强和改进人民信访工作的重要思想，是新时代中国特色社会主义思想的重要组成部分，是指导推动新时代信访工作高质量发展的强大思想武器和精神动力，科学揭示了新时代信访工作的科学内涵、规律和特点，充分体现了马克思主义人民观和

① 文丰安，段光鹏．国家治理体系现代化的理论基础、历史变迁与发展进路［J］．浙江工商大学学报，2021（3）．

辩证唯物主义方法论，开辟了信访理论新境界①，对于推进新时代信访制度改革具有重大理论和现实指导意义。概括起来集中体现为“十个深刻指出”，全面阐明信访制度是中国特色社会主义民主政治制度的有益补充，是党的群众工作的重要平台，是反映社情民意的晴雨表；重点强调了基层是群众信访的源头、解决信访问题的关键，法治对做好信访工作具有重要的引领、保障作用，要综合治理信访突出问题；着重要求处理好维权与维稳的关系，解决群众合理诉求与维护正常信访秩序的关系，从源头上预防和减少信访问题；特别要求领导干部要做好信访工作，这是重要的政治责任。其中的核心要义，就是要坚持党的领导这个根本保证，坚持以人民为中心的主题主线，坚持维护群众合法权益的实践要求，坚持群众路线的基本方法，坚持改革创新的时代标识②。

信访制度以其符合中华传统文化和中国国情的特有的先天优势，与其他民主政治制度相互融合、相互促进，共同推进国家政治制度，保证人民群众能够持续深度参与的民主权利，在国家治理中发挥着不可替代的作用。作为中国特色民主政治的组成部分，信访制度可以实现直接民主，以此来保障政府与人民群众的紧密联系，信访制度的突出补充形式使得体现治理体系现代化要求的民主政治制度更加饱满。从主体来看，信访制度是具有宪政依据的，信访制度本身即蕴含着民主预设。从整体上看，信访制度更是中国特色社会主义政治制度的有益补充制度，信访制度体现着党和人民群众的“鱼水”依存关系，是这种紧密相连关系的制度化，形成了党和政府领导干部与人民群众的直接对话，保障了民意的顺畅表达。信访制度的灵活性保障信访工作可以嵌入民主政策活动的各个阶段，以此带来更加有效的实践民主③。除了信访制度的补充性质，信访治理与国家治理存在辩证关系，信访制度设立基础在于国家和政府需求与社会和公民需求之间的辩证联系，因此，信访制度的职能可以巧妙地协调二者之间的冲突，进而确保通畅的民意传达和政策下达。信访制度具有民主和民生的双重属性，信访制度可以通过自身由国家民主政治制度所赋予的公共权力来维护

---

① 李文章．坚持以人民为中心　开创新时代信访工作新局面［N］．学习时报，2022-04-29.

② 舒晓琴．新时代开创人民信访工作新局面的伟大思想武器——深入学习贯彻习近平总书记关于加强和改进人民信访工作的重要思想［J］．求是，2018（24）.

③ 孔凡义．补充民主政制：人民信访制度的再阐释［J］．学海，2020（5）.

人民群众的私人权利①。

信访制度涉及国家治理的各领域，信访制度不仅是完善社会治理的重要内容，还关系到国家治理其他领域制度机制的完善。变革创新信访制度不仅是提高社会治理能力的重要保障，也是提高国家治理能力的具体要求。信访制度既是联系广大人民群众的重要窗口和通道，也是构建社会主义和谐社会的重要基础性工作，因此，也是国家治理体系中不可或缺的手段。根据信访平台提供的信息，能够积极考量公共政策是否合理，执行过程是否有瑕疵，协调结果是否符合民意，从而通过改进来完善国家治理。同时，建立信访理论和大数据体系能够为国家治理理论体系提供有力支撑，信访理论体系是国家治理理论体系中不可分割的部分。为此，建立信访平台是国家治理综合平台建设的重要节点，与国家治理综合平台的建设相辅相成、相互促进，在国家治理体系中起着预防风险、优化政策的作用，在我国社会矛盾治理体系中具有“兜底”的意义和作用。而且，公民还可以通过信访平台实施权力监督，并以群众的满意度作为衡量各级领导干部为政得失的“试金石”。

充分发挥信访制度在社会治理中的积极作用，促进共建共治共享的良性循环。在构建“党委领导、政府负责、社会协同、公众参与、法治保障”的社会治理新模式进程中，要充分发挥信访工作的群众性、互动性、综合协调性。信访工作是社会治理的一项经常性工作，在统筹协调有关部门和单位资源力量，推动各职能部门各负其责、齐抓共管方面具有自己独特的优势，是多元预防和化解矛盾纠纷、推进社会治理的关键环节之一，为社会治理打下良好的群众基础和社会基础。全国信访系统突出理论武装，加强党性教育，以此转化为内生动力；加强信访业务能力素养，增强学法尊法守法用法意识，提高法治思维和依法办事的能力；锤炼忠诚、干净、担当的信访工作队伍，加强作风建设，真抓实干、敢于担当，服务人民，确保不变质、不变色、不变味，为信访工作提供有力的人才支撑。

3.2.3　以人民为中心作为主题主线

信访工作本质上是党的群众工作，新时代信访制度改革创新就是要坚

① 王浦劬．以治理民主实现社会民生——我国行政信访制度政治属性解读［J］．北京大学学报（哲学社会科学版），2011，48（6）．

持以人民为中心的根本立场，扎根于人民的创造性实践，坚持把党的群众路线贯彻到信访治理的全部活动之中。信访制度改革创新必须紧紧依靠人民，才能不断续写新时代信访工作的新篇章。只有深入群众，向人民求教才能取到真经。党的发展壮大、改革开放的巨大成就的实践证明，必须始终把人民作为智慧和力量之源。社会现实各种矛盾问题都是我们无法回避的，群众诉求躲不开、绕不过，再复杂我们也要直接面对，再棘手也必须认真应对，再困难也必须依法合理地协调解决。新时代信访制度的改革创新，就是深深扎根于基层一线，紧紧依靠广大群众的创造性实践。各级领导都注重深入调查研究，扑下身子，不耻下问，虚心向人民群众请教，用心向基层学习，防止自身主观臆断、凭过时经验办事。虚心采纳人民群众的合理化建议，让蕴藏在人民中间的一切发展潜能转化为政策效能。改革完善信访工作考核评价制度，实行群众满意度评价机制，始终坚持信访制度改革创新的绩效由人民群众来评判。

这是信访制度改革创新的出发点和落脚点，是坚持以人民为中心发展思想在信访实践中的生动体现，要求信访制度在思路出路、工作重点、方式方法上打破旧有的模式和做法。面对人民群众对共同富裕的新期待，高度重视改善民生，做好民生保障，处理好由分配不公、收入差距等引发的信访问题，从根本上维护社会和谐稳定，让社会主义制度的优越性体现到以人民为中心的具体政策制定和执行中，体现到新时代信访制度的落实中。面对人民群众对安全的新需求，在促进平安中国建设中主动作为，坚持底线思维，善用科学方法，加强信访舆情动态监测，加强对苗头性、倾向性、结构性信访问题的分析研究和应急处置，既立足于防，又有效处置风险，牢牢掌握全局主动①。面对人民群众对权益维护的新要求，忠诚履职尽责，提高为人民服务的标准。变革提升群众工作办法和水平，完善联合接访、领导干部下访、受理办理、督导检查等工作，赢得群众称赞；做好利益矛盾诉求的协调化解，务实解决群众急难愁盼的困难和问题，让群众在每一件信访事项的处理中感受到公平正义，让信访制度改革创新成果更多地惠及人民群众；坚持减存与控增同时发力、治标与治本同治，集中

① 中共中央党校（国家行政学院）. 习近平新时代中国特色社会主义思想基本问题［M］. 北京：人民出版社、中共中央党校出版社，2020.

治理一批重复信访，努力化解一批信访积案，使整个社会面上信访量大幅下降。国家信访局2020年以来交办的重复信访和信访积案化解率超过95%，一大批时间长、难度大、涉及面广的“骨头案”“钉子案”得到有效解决。[①] 其中“大督查大接访大调研”的工作方式功不可没。

新时代信访工作都是以人民为中心展开的，确保矛盾彻底化解，不再出现反复，减少人民群众信访成本。出台的一系列行之有效的信访制度规定都是在充分了解群众现实情况、汇集群众智慧，并在信访工作实践中不断完善的。新时代信访制度改革坚持运用群众工作方法，将基层信访工作纳入城乡基层治理之中，减少了矛盾积累和信访上行。走好网上群众路线，开展人民建议征集工作，对于推动人民民主和国家政权建设意义重大。国家信访局制定并完善网上信访建议征集办法，在门户网站专门开设建议征集窗口。北京、上海、重庆和四川等地都在各级党委、政府门户网站增开人民建议征集专栏等，激发群众参与热情，加强沟通互动，使之成为汇集民智的主渠道。各级信访部门还健全社情民意汇集机制，更精准地把握人民群众和社会各界脉搏，推动政策措施的进一步改进完善。信访部门受理的全部信访事项当中，有10%左右属于意见建议类，很多的意见和建议是具有建设性的。出台的一系列行之有效的制度规定都是在充分了解群众意见、汇集群众智慧，并在信访工作实践中不断听取群众意见并进行修改和完善的，最经得起群众检验，也得到了群众的认可。

3.2.4　以完善信访工作责任体系为重点

习近平总书记就问责追责问题曾提出过明确要求，“不能感情用事，不能有怜悯之心，要‘较真’‘叫板’，发挥震慑效应”。信访工作是第一难事，没有严格的责任制是不可想象的。信访工作责任体系建设是信访制度改革的重中之重，是牵一发而动全身的措施，随着新时代信访制度改革的深入推进，中央高度重视建立科学的严格的责任制和责任追究制。近年来，通过不懈努力信访工作经受住了来自各方面的风险挑战，使社会矛盾总量出现历史性拐点，全国信访总量明显下降，集体上访总量已连续11年下降。[②] 之所以有这样的结果，很重要的一条，就是建立信访工作责任

① 翟翔．去年9月以来全国信访形势平稳向好重复信访呈下降态势［EB/OL］．http：//www.gov.cn/xinwen/2021-10/21/content_5644103.htm.

② 建设更高水平的平安中国［N］．人民日报，2021-09-02（015）．

体系，各地各部门履职尽责，完善共建共治共享的信访治理制度，发挥了信访治理的效能。《信访工作条例》在第二章有10条对信访工作体制和责任体系作出了系统的明确规定，在第五章也有10条对监督和追责作了详细规定。

信访制度发展到今天，具有参与治理、权利救济、民主监督和维护社会稳定的重要功能，即信访制度是人民群众参与国家治理、当家作主的重要制度保障，社情民意是党委政府决策的重要参考；信访制度是人民群众积极参政议政、进行民主监督的重要载体；信访制度是让人民群众充分反映利益诉求，维护自身合法权益的重要制度安排；信访制度是化解社会矛盾、维护信访秩序、维护社会稳定的重要方面。《信访工作条例》实际在总则部分明确了信访工作的定位："是党的群众工作的重要组成部分""是党和政府了解民情、集中民智、维护民利、凝聚民心的一项重要工作""是各级机关、单位及其领导干部、工作人员接受群众监督、改进工作作风的重要途径"。信访工作要"服务党和国家工作大局，维护群众合法权益，化解信访突出问题，促进社会和谐稳定"。

党的十八大以来，各级各部门始终把为民解难、为党分忧作为首要的政治责任，确保中央关于信访工作的决策部署落实落地。主要有三方面的探索实践：一是从制度层面明晰责任。以《信访工作责任制实施办法》为依据，各地各部门都结合工作实际，制定和完善了相应的实施细则。从上到下都采取了一系列举措并抓好落实，不留死角，总结推广经验做法，公开曝光负面典型。二是从信访工作监督层面强化执行力。用好《信访工作责任制办法》这把"利器"，坚持党政同责、一岗双责，强化执行力，直指压力传导不下去这个突出问题，压实各级各部门的信访工作主体责任，将责任体现到领导干部接访、下访和包案化解工作之中，提高初信初访一次性办结率；将责任落实情况体现到考核的重要内容之中，重点考核"三率"，即信访事项及时受理率、按期办结率和群众满意率。三是从问责层面强化追责到位。落实对机关单位及其工作人员的责任追究，尤其强化信访部门提出改进工作、完善政策和追究责任的"三项建议"职责，完善了信访部门与巡视巡察机构之间的对接机制，确保责任落实到位，追责到位。这些做法在《信访工作条例》中都得以吸纳和体现。比如，在地方党委层面，第九条规定，地方党委领导本地区信访工作，贯彻落实党中央关于信访工作的方针政策和决策部署，执行上级党组织关于信访工作的部署要求，统筹信访工作责任体系构建，支持和督促下级党组织做好信访工作。

党的十八大以来，信访工作在党的统一领导下，从中央到省、市、县四级都普遍建立了信访工作联席会议制度，形成了党委统一领导、各职能部门各负其责、联席会议办公室和信访部门抓好日常工作的组织协调体制，主要职能是负责对信访工作的统筹协调、整体推进、督促落实。这一工作体制具有很强的政治性、稳定性、综合性，是信访工作发挥职能作用的根本保障。① 党的十九大以后，中央信访工作联席会议机制进一步调整充实，作为党中央、国务院领导下的议事协调机构的作用得到加强，省市县各级信访联席会议机制也得到相应调整和加强，县级信访工作联席会议机制覆盖面近八成。新发布的《信访工作条例》也明确，在乡镇街道一级也要建立和发挥信访工作联席会议机制的作用。可以说，信访工作联席会议机制是各级党委加强和落实党对信访工作全面领导的重要抓手，信访工作的重大决策部署实施都是在联席会议的具体组织下进行的。以 2020 年 7 月 17 日的中央信访工作联席会议全体会议为例，这次会议的主题是，深入学习贯彻习近平总书记重要指示批示精神，分析当前信访形势，总结上半年信访工作，部署安排下半年重点工作；研究解决涉疫信访问题，推进涉疫信访矛盾排查化解。② 研究和部署的都是围绕中心、服务大局的重点信访工作和任务。

3.3　互联网时代信访治理的生成逻辑：技术、组织和环境的协同互动

信访制度作为一种极具中国特色的政治制度安排，是国家治理体系的重要组成部分。党的十九届四中全会明确提出要完善信访制度，畅通和规范人民内部矛盾的处理机制。互联网时代，信息技术与公共治理深度融合，信访制度优势的发挥应当顺势而为，更好地做好网上信访工作成为进一步完善信访制度的关键抓手。网上信访作为社会治理创新的新形态，符合创新互联网时代群众工作机制的总要求，通过将网络信息技术形塑的扁

---

① 舒晓琴．中国信访制度研究［M］．北京：中国法制出版社，2019.

② 郭声琨．以化解信访矛盾的有力行动维护群众合法权益　为决胜全面建成小康社会营造良好社会环境［EB/OL］．http：//www.gov.cn/xinwen/2020－07/17/content_5527945.htm.

平化、参与性、共享性和即时反馈等特征嵌入信访治理流程，可以在畅通人民群众信访渠道的同时，推动整个信访过程的公开和透明。然而，网上信访是一项涉及多元主体的系统工程，尤其是社会主要矛盾转变后，人民群众对美好生活的需要更加多元化，对网上信访提出了新要求和新挑战。事实上，社会运行和社会变化呈现加速趋势，风险社会中一些具有高价值冲突、非结构化和不确定性等特征的棘手公共问题不断出现，网上信访也面临严峻的治理形势，必须加快探索适合新时期网上信访良性发展需要的治理策略，更好地将网上信访的制度优势转化为治理效能。自 1998 年北京市政府门户网站设置“市长信箱”以来，网上信访历经二十多年的发展，已经形成以国家信访平台为统领，全国范围内省、市、县三级信访平台全覆盖接入的“纵向到底、横向到边”的发展格局。社会公众普遍可以通过“领导信箱”“信访信息系统”、手机信访客户端、信访微信公众号等渠道向党委和政府反映情况、提出意见建议或投诉请求，网上信访正成为聚合民意的“舆论场”和干群互动的“绿色通道”。

3.3.1 技术赋能：网上信访生成的基础支撑

网络信息技术的发展是网上信访生成的基础条件。技术因素通常指技术与个人或组织的关系以及其自身特征，既涵盖技术使用与组织的匹配情况（如兼容性、试验性和风险性等），又涉及信息技术本身的特征（如复杂性、易用性和有用性等）。透过公共治理的视角，网络信息技术本质上是在扮演“赋能”的角色，即信息技术的应用可以形成一种新的方法、路径或可能性，来激发和强化行动主体实现既定目标的能力。网上信访是信息技术赋予社会公众与信访机构“行动能力”的结果，通过改变个人心理、组织结构或资源运作方式，促使其获得过去所不具备的能力或达成过去无法实现的目标。技术赋能网上信访可以从三个方面来理解：第一，技术赋能的对象是多元主体。网上信访是信访人、信访机构、职能部门、专家学者和社会公众等多元主体的活动场域，众多利益相关者围绕信访事项开展合作治理，其顺利实施依赖于多元治理主体的线上参与和技术运用。第二，技术赋能的方式是结构、资源与心理。结构赋能是指信息技术有助于破除信访治理过程中的潜在壁垒，促进不同部门之间数据信息的共享和业务协同，减少地域和时间限制。资源赋能是指信息技术可以增进多元主体对机会、信息、权力和支持的可得性与可及性，提升信访事项顺利办理的可能性。心理赋能是指信息技术有助于增强信访主体的自信心、自尊心和掌控感，在相对公开和透明的治理流程中，形成信访事项能够顺利解决的心理预期。第三，技术赋能的结果是改善个人或组织的认知与能力。信息技术有助于提升信访人、信访机构或其他利益相关者的认知能力与行动能力，可以促使信访事项的提出更加便捷、办理更加规范、监督更易实施，从而不断改善网上信访治理效能。

3.3.2　组织变革：网上信访生成的内生动力

组织因素通常指组织的自身特征，如组织的类型、需求、定位和文化等。信访机构作为公共部门，其存在和发展的核心追求就是维护公共利益与创造公共价值，网上信访是信访机构主动完善信访制度、提升信访工作能力和更好为社会公众服务的重要抓手。首先，探索信访制度的改革创新。信访制度建立后，在发展过程中功能逐渐发生偏离，承载了过多的权利救济功能，不仅影响了司法系统的正常运转和权威性，而且形塑了部分群众“信访不信法”的心理和路径依赖。信访制度的运行过程也面临法律法规贯彻不力和群众反映诉求方式极端等困境与挑战。实施网上信访治理成为信访制度改革创新的突破口，通过将网络的便捷、公开和透明等特征融入信访事项办理过程，不仅有助于优化信访治理流程，而且推动信访机构的转办和督办职能落到实处，促使其政治参与、意见表达和民主监督功能的回归。其次，推进信访治理体系和治理能力现代化。信访制度是中国特色社会主义制度体系的重要组成部分，不断健全信访治理体系和提升信访治理能力是政府部门的应然追求。信访机构积极将信息化思维融入信访治理过程，不仅有助于完善信访治理体系和提升信访治理能力，而且可以通过改善信访治理效果增强信访群众的满意度。最后，坚持以人民为中心的发展思想。全心全意为人民服务是中国共产党的根本宗旨，发展和维护社会公众利益是信访工作的出发点和落脚点。网上信访的公开、透明、便捷和高效，有助于维护社会公众的自由、民主和平等权利，保障社会的公平和正义，在妥善解决群众合理诉求和接受群众监督的过程中，不断增强人民群众的获得感、安全感和幸福感。

3.3.3　环境压力：网上信访生成的外源驱动

环境因素通常指外部的压力与经济社会发展状况等。网上信访的生成受到外部社会环境、群众利益表达需求和公共治理理论发展的驱动。首先，互联网时代自媒体的兴起与普及。网上信访的生成和发展与互联网社会的形成紧密关联，截至2020年12月，中国网民规模已达9.89亿，互联网普及率70.4%，互联网政务服务用户达到8.43亿，网民通过网络表达自身诉求、参政议政和建言献策成为时代趋势。同时，互联网时代自媒体的兴起与日益普及，使得人人都有麦克风、人人都有话语权，观点表达与传播的门槛降低，信访人倾向于将未得到充分关注的问题进行“网曝”，试图通过制造舆论压力提升问题解决的概率。“信网不信访”现象的出现，推动了信访制度与互联网的融合创新，信访人逐渐通过规范的网上信访渠道表达诉求和提出意见建议。其次，社会公众利益表达需求的多元化。改革开放之后，社会的流动性和包容性不断增强，社会公众的权利意识和民主意识觉醒，政治参与和利益表达更加积极主动，信访制度承载了越来越多的矛盾化解和权利救济功能。伴随着中国特色社会主义进入新时代，人民群众的美好生活需求更加多元化，形成政治、经济、文化、社会和生态等全方位诉求格局，推动信访机构以信息技术再造治理流程和规范信访功能，提升信访制度的响应水平和治理效能。最后，后新公共管理时代前沿理论推动。20世纪90年代，网络信息技术在西方国家持续发展，新公共管理引发的政府机构各自为政和决策系统异常复杂的弊端迎来了解决契机，以服务整合、电子行政和协同决策为特征的整体性治理理论登上历史舞台，同时期的数字治理理论、公共价值管理理论和网络治理理论等方兴未艾，推动了包括信访机构在内的公共部门进行数字化变革和实施开放治理，网上信访的持续发展也是公共治理引领的产物。

4 互联网时代信访治理的运作机理：差异化信访工作实践中的同质性取向

4.1 互联网时代信访治理的现实运作：地方政府各具特色的信访工作实践

由“堂前击鼓”到“网上传书”是对信访工作数字化转型的生动形象比喻，映射出伴随着数字信息技术的发展，具有基础“连接”功能的互联网也在不断升级，逐渐由解决信息不对称问题转变为增进社会的整体效率。无论是信访工作模式的演进，还是互联网应用目标的升级，都意味着社会组织的边界在逐渐被打破并重构，社会运行模式和社会治理方式正在变革。新时代的信访工作呈现出主体和内容多元化、形式和方式多样化、调处和办理艰难化的新特点，网上信访具有创新和应用数字信息技术的优势，可以帮助信访工作通过“五全”（各级部门全应用、办理过程全公开、信访业务全流转、信访数据全生成、信访信息全录入）实现办理过程和结果的“四可”（可查询、可跟踪、可督办、可评价），从而提高信访工作的整体效率和效能。当前，网上信访工作模式已经在全国范围内全面实行，并且成为人民群众表达诉求的主渠道，在疫情防控过程中面对“民‘疫’诉求”的不断升温，网上信访有效提升了企业和社会公众办事的便捷程度和效率。透过江苏省、上海市、浙江省、甘肃省等代表性区域的网上信访治理创新实践，可以更加系统和全面地理解这一新生事物的现实运作。

4.1.1　江苏淮安“阳光信访”模式

在政府数字化转型过程中生成的网上信访工作模式，已经成为全国各个地区开展信访工作创新的主要载体，也是人民群众信访的主渠道。伴随着网上信访的快速发展，“阳光信访”这一模式逐渐为全社会所熟知，并且成为各个地区信访制度改革的主要抓手①。江苏省淮安市是“阳光信访”的最早发源地，当地政府以主动变革的精神促使信访“在阳光下运行”，成为信访机构主动顺应时代潮流、适应形势变化和回应群众期盼的创新之举，用“阳光”倒逼各个政府部门以更加透明、公开、公平和高效的方式办理信访事项，不断提升群众的满意度和信访工作效能。

政府改革行动的实施总有其内在逻辑，是客观环境需求和主观能动性相结合的产物。改革开放以来，全国范围内普遍处于建设“服务型政府”和“行政管理体制”改革的氛围之中，各级政府部门面对着大同小异的客观环境需求。此时，地方政府的主观能动就凸显出来，能够顺势而为，地方改革与实践就会率先启动。一般而言，决策者的注意力是影响地方政府能否顺利获得主观能动性优势的重要影响因素，因为在信息爆炸的互联网时代，注意力的稀缺性和分化特征变得更为明显，决策者能否在政策系统的运行中对特定事项予以重点关注，决定了相关政策议程能否顺利

① 杨杨．网上信访：生成逻辑、运作挑战与优化策略［J］．湖北社会科学，2021（6）：34-40.

开启。[①] 注意力的稀缺与分化决定了决策的非完全理性，而决策者时间和能力的有限性决定了基于非完全理性的决策必须要正确配置注意力，这就对决策者的素质和能力提出了要求。在公共行政领域，决策者或领导者存在不同的类型划分：如果以权力的集中程度为标准，可以划分为集权式决策者和民主式决策者；如果以是否创新作为划分标准，则存在维持型决策者和创新型决策者。其中，创新型决策者又可以进一步划分为魅力型、变革型和战略型决策者等不同类型。在所有的决策者类型之中，变革型决策者更加重视运用新观念、新方法、新思路应对和解决所遇到的问题，善于吸收和借鉴新的工作理念和工作方法，从而改善和提升治理绩效。淮安市“阳光信访”建设可以追溯至 2004 年，具有多年基层工作经历的时任信访局局长邱金义，敏锐地察觉到传统信访工作模式在效率和成本方面存在不足。他曾经为信访人算了一笔“经济账”：如果信访人从距离淮安市区最远的盱眙县出发，选择经济成本相对较低的公共交通，至少需要换乘两趟车，才能走完 100 多千米的路程。这期间光是时间就要花费一到两天，路费也要花掉一两百元，除此之外还要解决吃饭、住宿等问题。然而信访事项由受理到办结需要一个过程，老百姓往往要往返几次，承受着巨大的经济、时间和心理压力。他还为信访机构算了一笔“效率账”：当时信访局只有 18 名定编的工作人员，暂且不论解决信访问题的协调过程，单是向信访人了解情况也要花费两个多小时，信访机构的接待能力和办事效率有限[②]。邱金义怀揣对两本账的思考，开始花费心思探索“用科技手段让百姓少跑路，把成本降下来还能解放信访干部”的可行方法。在经历几年的观察和思考之后，“高考分数查询”机制使他眼前一亮。2007 年 1 月 8 日，他请人设计的一个小系统向全社会公布，信访人可以像考生拿准考证号查询自己的高考分数一样，通过信访号码查询信访事项的办理情况，“阳光信访”的雏形诞生。后来，经过信访局与科技公司的联合研发和不断完善，2007 年 9 月集信访事项提出、受理、查询、反馈、分析和监督等服务于一体的“阳光信访”综合系统在淮安市正式投入使用，并逐渐实现全市各区县、乡镇街道和职能部门的全覆盖。2011 年淮安市成立全国

① 向玉琼．注意力竞争的生成与反思：论政策议程中的注意力生产［J］．行政论坛，2021，28（1）：74－81.

② 刘彦昆．淮安：启动阳光信访系统［J］．小康，2010（5）：43－45.

第一个市级网络中心，对数字信息技术、通信技术和网络技术等新成果的运用更加深入，“阳光信访”系统的功能更加健全，在动态更新过程中形成了9大模块。一是矛盾纠纷排查模块，“阳光信访”会对信访人提出的问题进行自动研判和分类识别，与信访事项相关的包案领导、责任单位、方法措施和化解时限等信息会在系统中清晰呈现。二是投诉受理模块，社会公众可以通过电话、短信、计算机、手机、视频等方式反映问题和查询办理情况。三是办理服务模块，所有信访事项全部实现线上流转和办理，既提升工作效率又方便群众跟踪办理情况。四是信访指数测算模块，对信访工作典型案例和薄弱环节进行定量分析，对影响信访工作质量的因子进行汇总，并通过建模自动生成信访指数。五是人民建议征集模块，通过设置快捷方式，更加方便群众随时随地提出意见建议。六是访情分析模块，实时对涉及征地拆迁和环境保护等重点领域的信访事项进行监测、统计、生成报表和研判趋势。七是满意度评价模块，通过将符合条件的信访事项列入满意度评价标准，以此保障社会公众的知情权、参与权和监督权。八是信访办理结果考核模块，以信访案件及时受理率、按期办结率和信访人满意率作为评价信访工作质量的核心标准。九是社会治理模块，加强对信访数据的利用，强化对社会热点和难点问题的识别和预警，在源头减少矛盾纠纷发生的可能性①。据资料显示，在短短的四年时间内，人民群众对淮安市信访工作的满意率由80%上升到95%以上，信访事项的按期办结率达到96%以上，重复信访率下降了15个百分点。

淮安市“阳光信访”创新实践，顺应了互联网时代趋势，政府部门以积极作为的公共行政精神响应了社会公众需求，适应和推动了信访工作的发展，完善了信访制度，凸显出一系列鲜明的时代特征。一是数字性。作为政府数字化转型的重要成果，“阳光信访”最核心的特点就是注重对数字信息技术的应用与创新，发挥数字技术的赋能作用，在便利和培养群众数字化习惯与能力的同时，也增强了信访机构的数字素养，更加有利于人民群众权益的保障和满意度的提升。二是群众性。不断创新互联网时代群众工作方式是永葆党的青春活力和服务水平的重要保障，“阳光信访”先

① 杨杨．网上信访：生成逻辑、运作挑战与优化策略［J］．湖北社会科学，2021（6）：34-40.

行先试，以“互联网+信访”畅通了群众诉求表达渠道，最大范围地听取和回应群众呼声，以群众诉求“有理、有解、有难”的“三有推论”维护和保障其合法权益，真正发挥了信访制度加强党和人民血肉联系的作用。三是责任性。信访工作的生命线在于帮助人民群众化解矛盾纠纷和响应群众诉求，“阳光信访”以数字化手段织牢了信访机构和职能部门的“责任网”，强化了信访工作过程的透明、参与、监督和服务，倒逼了信访事项的及时有效解决。四是公平性。作为一种制度设计，信访工作的社会公信力和合法性基础源自于人民群众普遍的公平感知，“阳光信访”通过对信访人知情权、参与权、监督权和评价权的保障，对信访工作的全流程实施了“全景式”展示，以信访事项的“可查询、可跟踪、可督办、可评价”推动了案件的依法合理、公平公正和公开解决。五是创新性。信访工作不断走向前进的不竭动力必然是创新，主要体现在两个方面：其一是理念创新，“阳光信访”遵从前沿治理理论的指导，对达到良政善治的合法、透明、责任、法治、民主、回应和有效等基本要素做出了时代响应，网上信访呈现出多元主体的合作共治态势；其二是模式创新，“阳光信访”推动信访工作模式实现了三个转变，即由传统信访转向网上信访工作模式、由被动应对转向主动应对工作模式、由微观管理转向宏观治理工作模式。六是适用性。互联网时代与风险社会的叠加，内在要求治理工具要有效应对扁平化、流动性和即时反馈等要求，适应性治理策略有助于匹配“满意解决方案”①。“阳光信访”生成于基层信访工作的实际需求，是对传统信访工作存在问题的“匹配性”和“精准性”解决，是一种“因地制宜”和“因事制宜”的探索性实践创新，无论是对信访人而言，还是对信访机构来说，都简单方便和快速高效，并且严格落实了《信访条例》的相关规定。七是节约性。成本适宜或者成效显著是支撑实践创新得以持续的重要前提，“阳光信访”以较低的数字信息技术投入，实现了信访资源的互通和共享，信访人享受到了优质、高效和值得信任的公共服务，信访机构和职能部门在多头接访、重复办访、进京劝访、应对缠访闹访的困扰中解脱出来，有效减少了无效和重复工作，降低了信访工作的行政成本（图 3-6）。

① 辛璄怡，于水．主体多元、权力交织与乡村适应性治理［J］．求实，2020（2）：90-99.

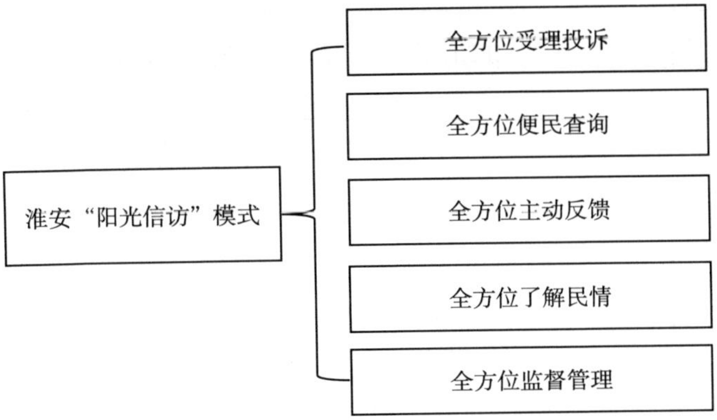

图 3－6　淮安“阳光信访”模式

4.1.2　上海“上海信访”模式

人民群众的智慧，并不会自然而然地转化为社会治理效果，而是需要通过一个良好的制度平台，才能进入公共决策的视野。信访制度设计的基本原则就是保持和加强党政部门与人民群众的紧密联系，在知民意、听民需和接受人民监督的过程中保护信访人的合法权益，从而达到稳定社会治理秩序和创造公共价值的目标。《信访条例》明确规定信访人可以以建议、意见或投诉请求的方式向相关政府部门反映情况，但是伴随着大量社会治理问题涌入信访渠道，信访制度承载了过多的权利救济功能①，一定程度上偏离了群众的诉求表达、意见建议、政治参与和民主监督的初始功能。网上信访的规范化、法治化和信息化特征与“诉访分离”的信访工作原则相互配合，有助于将在权利救济方向上发生偏移的信访制度拉回正轨。上海市信访局是较早开展网上信访创新实践的部门，在利用数字信息技术做好群众矛盾纠纷化解工作的同时，将承载着人民群众诉求表达和意见建议功能的“人民建议征集”作为信访工作的关键内容。早在 2011 年 12 月，上海市信访办就成立了人民建议征集处，并且出台了相应的部门工作规范——《上海市人民建议征集工作规定》。2020 年 7 月，上海市人民建议征集处实现了“转型升级”，与上海市信访办合署办公的上海市人民建议征集办公室正式揭牌成立，由信访办主任兼任人民建议征集办公室主任，

① 刘睿．群众性与法治化：信访制度改革的张力及其反思［J］．政治学研究，2020（5）：27－38.

上海市网上信访大厅的标识也与其他地区具有了显著的区别，以“上海信访（上海人民建议征集）”的形式突显对人民群众知情权、参与权、表达权和监督权的重视与保障，将线上人民建议征集工作作为引导群众对党政部门建言献策、改进工作和维护公共利益的重要举措。此外，人民建议征集中的“家门口”服务指数是对全天候、全市域“家门口”信访工作的数字化表达，是对各级信访工作的一次全面、深入、细致的体检和长期、动态的健康监测，对提升信访整体工作水平具有重要意义。指数重点考察街镇信访工作开展情况。服务指数建设主要分为领导责任、法治规范、多元化解、建议征集和基层治理等五个部分，涵盖“信”“访”“网”“建议征集”“三大机制”“复查复核”等多业务范畴，满分 100 分，分为优秀、良好、合格、不合格四个评价等级，指数得分作为“人民满意窗口”“信访工作示范街镇”创建的重要依据，形成“指数引领，平台联动，多元参与，一网治理”的工作格局，以此打造有温度的“人民城市”（图 3－7）。

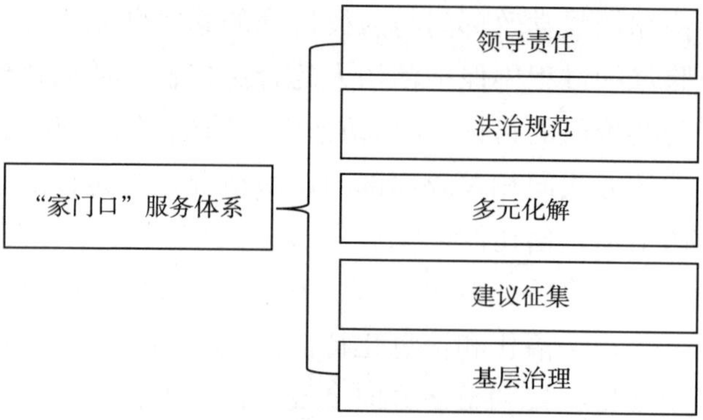

图 3－7　上海信访“家门口”服务体系

以人民建议征集为中心是富有时代特色和符合上海城市发展需求的新型工作模式。通过有效地整合“国家信访信息系统”“‘中国上海’门户网站”和“‘12345’市民服务热线”三大信息平台，打造了互联网时代人民建议征集的崭新工作路径。与此同时，配套实施了人民建议征集的表彰激励和考核评价机制，既实现了对人民建议征集的正确引导，又落实了信访机构征集人民建议的工作责任，使得信访渠道逐渐发展成为各级政府部门收集民意、吸纳民谏和回应民需的主要平台，强化了法治思维、提升了法治能力、预警了社会风险和实现了民间智慧更加便利可靠地走进公共决策视野。从2011年至今，在10余年的发展过程中，“人民建议征集”充分运用数字信息技术，实现了由“边缘”向“核心”的转变，已经接收办理人民建议信访事项30余万件，“意见建议类”信访事项的数量逐渐增加，由占信访总量的6.5%上升到30%，有效推动了信访制度初始功能的回归。信访机构共计向市委市政府上报重要人民建议1 300多件，其中有将近1 470多条获得了市委市政府主要领导同志的批示，其他职能部门对意见建议的采纳和应用率也上升至97%，推动了150多件涉及国计民生重要公共政策和规范性文件的出台。从长远来看，上海市信访工作中的“意见建议类”信访事项与“申诉求决类”信访事项在数量上将逐渐实现转换，前者的数量将不断增加，后者的数量将不断减少，在这引发信访工作功能发生性质变化的“一增一减”中，信访制度将成为不断扩大公民有序政治参与、在源头保障公民合法权益和改善政府部门依法行政水平的常规权威首选渠道。

法治社会建设是推进国家治理现代化的重要抓手，其重要表现形式就是制度和规则的合理性创设和全体民众的普遍遵循。法治社会作为2035年基本实现社会主义现代化的重要目标①，必然要从推动全社会增强法治观念、健全社会治理领域制度规范、加强群众合法权利保护、推进社会治理法治化和加强组织保障方面下功夫，其中健全社会公众参与重大公共决策机制尤为关键。因此，在制定和执行与人民群众生产生活、现实利益密切相关的社会政策和改革措施时，必须将公平正义和社会责任摆在突出位置，最大限度地畅通社会公众参与公共决策的渠道，发挥互联网时代数字信息技术在拓展群众意见表达和切实保障群众合法权益过程中的积极作用。“人民建议征集”以政府数字化转型为依托，为法治社会建设提供了巨大助力，其优势主要体现在以下几个方面。

一是有助于凸显互联网时代参与式民主的独特价值。参与式民主对代议制民主具有不可或缺的补充意义，可以在凝聚民心和增强政府公信力方面积极作为。数字信息技术的发展已经改变了信息的传播方式和人际动员模式，网上信访在聚合群众呼声、响应群众诉求和吸纳群众智慧的过程中

---

① 中共中央印发法治社会建设实施纲要（2020—2025年）[N]. 人民日报，2020-12-08(001).

践行了参与式民主。“人民建议征集”作为上海市网上信访工作的核心内容，其实质是为人民群众提供了一种开放式的“会议室政治”，即后现代公共行政话语理论倡导的“一些人的对话”，各种不同的意向性话语在相对有限的空间内自由、真实、真诚、自主、平等地表达，力争为公共决策的制定和公共政策执行做出具有实质意义的贡献，形构了一种“网络公共能量场”，既尊重了社会公众的话语表达权、知情权、参与权和监督权，又为维护社会公众合法权益和改进政府工作提供了制度化、规范化、权威化渠道。

二是有助于推动社会公众的有效诉求表达和有序政治参与。信访制度在运作的过程中成为社会“维稳”的重要依托，很多政府部门习惯于将自身难以处理的问题交给信访机构办理，致使信访制度在一定程度上过度倾向于“维稳”，从而相对偏离了其保障人民群众合法权益的“维权”初衷。“人民建议征集”在信访工作中重要地位的确立，说明信访机构正在正确处理“维稳”和“维权”之间的关系，以“维权是维稳的基础，维稳的实质是维权”① 的理念，减少和杜绝以“维稳”之名行损害“维权”之实。事实上，信访总量的不断攀升和群体性事件的频繁出现，大部分与公共政策的制定与执行中的偏差有关，信访机构通过“人民建议征集”主动听取民意，化解社会矛盾和改进政府工作，以较低的成本防止了政策设计的偏误，批量化地解决了处于萌芽期的矛盾纠纷。当前，意见建议类信访事项在网上信访总量中接近四成，明显高于传统信访工作模式中的数量，表明在数字信息技术的加持下，人民群众的意见建议、诉求表达、政治参与和民主监督有了稳定、有效、有序的表达渠道，这将进一步巩固和加强“人民建议征集”在整个网上信访工作中的重要地位。

三是推动了网上信访的法治化和社会化发展。网上信访的法治化建设是对信访人和信访机构的双向约束，一方面是提升社会公众的法治意识，主动学法、守法和在法治框架内行动；另一方面是改善信访工作的规范化水平和提升领导干部的法治素养。网上信访以数字信息技术为支撑，可以将信访工作的法治化要求和制度规范以信息系统内置程序的方式予以实

① 汤啸天．人民建议征集制度应当得到优先发展［J］．信访与社会矛盾问题研究，2018（1）：64－73．

现，从而反向推动信访人、信访机构工作人员和其他参与者在共同的法治框架内行动。“人民建议征集”充分运用现代科技手段，为社会公众提供了便捷的线上沟通表达渠道，大量社情民意数据的集聚为精准捕捉社会公众需求和发现社会治理难点问题提供了便利。一直以来，上海市都将“人民城市人民建，人民城市为人民”作为城市治理的重要遵循，“人民建议征集”就是在“以人民为中心”发展思想指导下，发挥民智民慧和施行共建共治共享的生动写照。在2020年的疫情防控期间，“人民建议征集”发挥了巨大的积极作用，有效地将社会公众的“金点子”转化为科学防疫和精准防控的“金钥匙”，实实在在地解决了疫情防控期间人民群众的合理诉求，推动了一系列便民利民公共政策的出台和落实。

4.1.3　浙江“统一平台”

浙江省是互联网大省，也是政府数字化转型和智慧政府建设的前沿创新阵地。2021年6月发布的《浙江省互联网发展报告2020》，截至2020年12月，浙江省网民规模达到了5 321.8万人，占总人口的90.9%，互联网普及率82.4%，网民规模和互联网普及率都高出全国平均水平，其中手机网民规模占网民总数的99.7%。互联网的高度普及和以数字经济为代表的新兴产业的蓬勃发展，使得浙江省具有了推进“互联网+信访”的巨大优势，网上信访成为落实“让数据多跑路、让群众少跑腿”数字化改革的鲜活实践，有效地响应了群众希望以更加便捷、透明和高效的方式维护合法诉求的愿望。据资料显示①，2019年浙江省网上信访数量占信访总量的74.1%，全年网上信访件平均流转时间为1.7天，信访件办理的平均天数缩短至3.65天，初信初访化解率达到95%以上，信访工作的“四化”水平位居全国前列，以数字技术为支撑的信访事项办理质量得到改善，增进了社会公众的信访满意度和信任度，浙江“统一政务咨询投诉举报平台”（简称“统一平台”）成为互联网时代具有引领性的信访工作模式。

浙江省网上信访工作的持续推进，是政府数字化转型需求与科技企业技术支撑协同配合的成果，自2018年浙江省信访局确立与阿里云的全面合作关系之后，双方以提升信访工作效能和服务品质为共同目标，通过人

① 倾情化解千千结——浙江信访改革纪事［N］. 浙江日报，2020-06-25（001）.

工智能技术对"统一平台"进行了优化和重构，逐渐实现了由以往的"被动型服务"向"主动型服务"转变，网上信访智能化、专业化、社会化和法治化水平不断提高。

一是在网上信访工作标准化的基础上探索了"1＋N"信访知识库建设。人工智能应用范围的不断拓展，得益于机器学习（Machine Learning）和深度学习（Deep Learning）的蓬勃发展。一般而言，学习必须要有与之匹配的学习材料，实现信访智能化目标的前提就是信访工作必须具备统一化和标准化的信访知识库。"统一平台"在之前已经实现了用户、标准、接收、判重、流转和资源共享的统一化，但是信访知识库尚未建立起来，人工智能处于只能学习有限知识的状态。为了克服这一难题，信访局与阿里云携手共建了在全省可以通用的信访知识库，不仅实现了省域信访工作政策法规和办事指南以及处理流程的统一化，而且允许地方政府保留具有特色和个性化的信访知识库，从而形成"1＋N"的信访知识库格局，人工智能可以通过学习提升网上信访工作效率和信访事项智能化办理程度。

二是以网上咨询投诉举报流程的进一步简化改善了信访人的用户感知。技术接受模型（Technology Acceptance Model）通过对用户在使用信息技术过程中感知到的有用性和易用性进行探索和研究，认为用户更加倾向于使用那些有助于提升办事效率和更容易使用的信息技术。① "统一平台"对群众咨询投诉举报的渠道进行了整合，但仍然存在一些流程细节上的问题和难点。为了更加有效地响应网上信访操作便利化的群众需求，浙江省信访局与阿里云进行了细致研究和分析，在不断地尝试与测试之后，原本需要由信访人填写的各种信息，包括信访事项归属的责任部门、事项类型等，实现了智能机器人替代，信访人只需要填写信访内容而不再需要其他繁琐操作，信访件的识别、标记和分派将由后台的智能机器人完成。同时，信访流程的进一步简化也使网上信访平台和手机 APP 的界面友好性得到了改善，信访人的政策咨询、诉求表达和民主参与变得更加容易和便捷。

---

① Sagnier，Loup-Escande. User Acceptance of Virtual Reality：An Extended Technology Acceptance Model［J］. International Journal of Human-Computer Interaction，2020，36（11）：993－1007.

三是通过打造智能信访客服系统提升网上信访工作的针对性和有效性。智能化是政府数字化转型的核心步骤，网上信访以智能客服机器人为抓手，通过对“1＋N”信访知识库的学习和多轮的问答训练，能够对信访人发出的文字、语音进行自动识别和针对性回复，同时自动梳理高频信访问题，简单的咨询服务类信访事项可以实现秒回应，棘手信访问题可以利用智能算法快速自动精准分流至职能部门，适用简易办理程序的 7 日内办结，适用普通办理程序的 30 日内办结，极大缩短了信访事项处理时间。智能机器人兼具智能回访功能，可以实现人工智能语音转文字、语音合成和语义理解等，不仅破解了人工回访工作量大、时间长和成本高的难题，而且有效提升了信访人的信访体验、信访成本、信访有效性和信访满意度。浙江省信访工作形势持续好转，信访事项办理质量和效率明显提升，截至 2020 年 6 月①，全省初信初访化解率达到 95%，不仅化解了信访积案 2 万多件，而且信访件的平均办理时间也缩短到 3.65 天。

四是以智能信访数据助手助力社会治理高质量发展。浙江省信访局依据省政府数字化转型顶层设计，将与阿里云的合作模式进行了拓展，与省编办、省大数据局等多个单位组建了“统一平台”数字化转型工作组，设立了由信访局主要领导任组长的工作专班，部门之间的组织协调更加顺畅，信访工作智能化深入到省市县乡各个层级。为了加快推进“统一平台”的人工智能应用和人才培养，实现网上信访智能化发展和专业人才支撑的齐头并进，浙江信访局与阿里云合作对信访工作人员进行政务人工智能培训和考核，培养了全国首批“政务人工智能训练师”，帮助人工智能“学习”新知识、“理解”复杂需求和“协调”不同部门之间的工作，为信访人的信访事项提供智能解决方案，更加有效地帮助社会公众解决问题。人工智能通过对“统一平台”积累的大量信访数据进行实时和精准分析，智能信访数据助手可以实现对群众舆情和社会治理热点问题的提前感知和预警，并将统计数据推送至部门和领导，为科学制定、执行公共政策和将社会矛盾化解在萌芽状态提供智能化支持（图 3－8）。

① 国家信访局．倾情化解千千结——浙江信访改革纪事［EB/OL］. 2021 年 6 月 9 日．https：//www.gjxfj.gov.cn/gjxfj/news/gzdt/dfdt/webinfo/2020/06/1590604495807999.htm

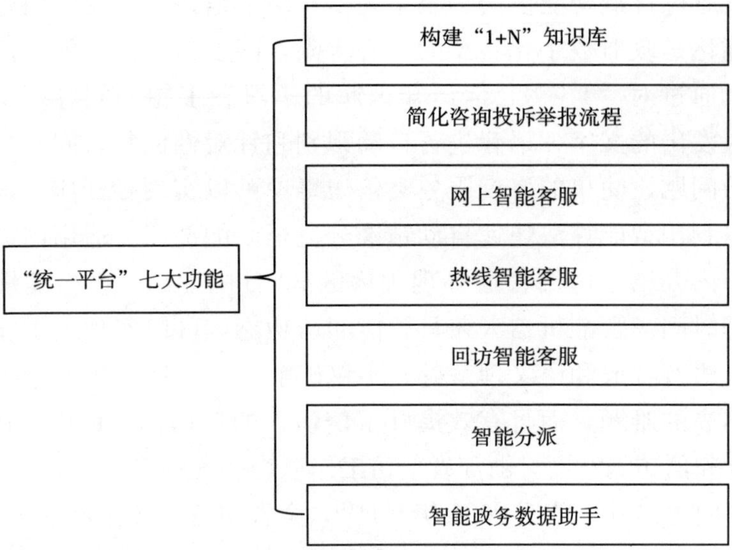

图 3－8　浙江省“统一平台”七大功能

4.1.4　甘肃“张掖模式”

甘肃省张掖市不断完善“信访网上投、事项网上办、结果网上评、问题网上督、形势网上判”的工作模式，引导群众更多地变“走访”为“网访”，实现了“数据多跑路、群众少跑腿”的“阳光信访”新模式，提升了群众满意度。

一是构建“阳光信访”，畅通网上信访的新渠道。按照“统一标准、开放接口、互联互通、分级负责、好用管用”的要求，建立电脑上网、手机上网、微信二维码三大受理平台，把来信、走访、来电、网上信访等不同形式受理的信访事项，全部纳入信访信息系统统一流转，构建起了纵向连接省、市、区、乡镇（街道），横向延伸至市直各单位的信访信息资源高度共享的网上系统。充分发挥政务信息网、微信群、QQ 群在新媒体宣传中的舆论引导作用，并通过网站、微信公众号等媒体开展全方位的宣传活动。引导群众亲身体验网上信访，让群众轻点鼠标、足不出户就可以反映诉求，解决问题，网上信访成了群众信访的首要选择。现在群众有问题直接上网反映，直接在网上查询办理进展情况，网上信访已成为反映社情民意的信息中心、为群众排忧解难的服务中心、解决信访矛盾纠纷的协调中心。

二是拓宽收集渠道，创新"互联网+"的新模式。在全市启动网上信访"二维码"进村社活动。在各乡镇（街道）、村组（社区）综治中心、矛调中心、便民服务中心等群众较为集中的服务场所醒目位置张贴本级网上信访"二维码"展示牌和易学易懂的《网上信访操作指南》。同时，增设引导咨询服务岗，配备群众工作能力强、网上信访业务精的干部，做好信访群众宣传引导和网上信访操作指导工作，群众只需用手机微信"扫一扫"，进行简单注册即可投诉反映问题，真正变网上信访为"掌上信访"。目前网上信访"二维码"已覆盖全市702个行政村、42个社区，网上信访"二维码"推动群众信访由"面对面"转换成"键对键"。

三是提升服务平台，搭建沟通民意的"直通车"。全面推行民生热线12345、"领导信箱"、视频接访、绿色邮政等做法，引导群众以书信、电话、传真、电子邮件等形式表达信访诉求，充分运用手机信访APP、信访微信二维码等，切实提高信访群众对网上信访的知晓度、认可度、满意度。在全市开展"三进三问三查保稳定促发展惠民生"活动，从最困难的群众入手，从最突出的问题抓起，从最现实的利益出发，动员和组织全市各级党员干部进农村、进社区、进企业，问民意、问困难、问需求，查政策落实、查矛盾纠纷、查风险化解，细致研判矛盾纠纷和风险隐患突出问题，集中解决群众关心的信访问题和矛盾纠纷，变群众"上访"为干部"下访"，着力解决群众"急难愁盼"实际问题。活动开展以来，共接收2 199件，成功化解1 628件，化解率达74%。

四是规范网信办理，压实信访办理的"责任担"。严格规范网上信访工作流程，按照"设置合理、功能齐全、运转高效、方便群众"的工作流程，对网上信访事项实行台账管理，压实科室职责，实行谁交办谁负责到底的原则，指导、协调、督促责任单位按信访规范流程做好受理、办理、回复、满意度调查等各个环节工作。在信访事项办理中严把时限关、程序关、质量关，实现办理环节一网通、无差错、高质量，方便了群众及时就地反映问题，实现了网上信访接待调处一体化，信访形式、工作过程、工作范围在网上的全覆盖。群众通过网络随时清楚去向、了解过程、知道结果，为上访人监督、公众监督创造条件，倒逼有权处理部门依法履责，维护了群众合法权益，实现了办理过程的可查询、可跟踪、可督办、可评价，形成了信访事项"网上受理、网上运行、网下办理、网上回复"的工作机制，进一步缩短了服务群众的“最后一公里”。

五是探索新途径，织密为民务实的“服务网”。各县区在吸收借鉴“枫桥经验”的基础上，积极推进社会治理创新，逐步建立起“党政主导、司法推动、社会参与、多元并举、法制保障”的矛盾纠纷多元化解工作机制，探索出具有本土特色“枫桥经验”升级版。甘州区坚持把“事要解决”作为网上信访工作的落脚点，依托“中心吹哨部门报到”工作制度，发挥甘州区信访工作部门的“矛盾联调”职能作用。针对疑难复杂网上信访案件，在网上转送职能部门的同时，组织涉事单位到区综治中心现场协调处理，共同商讨信访矛盾纠纷化解措施和办法，为妥善化解网上信访疑难问题形成合力，有力促进案结事了、息诉罢访。通过实打实解决群众网上反映的问题，不断提升网上信访群众认可度。山丹县积极发挥“大综治”统揽的“大信访”作用，依托建成的“一体化运作、一站式接待、一条龙调处、一揽子解决”矛盾纠纷多元化调处中心，推行矛盾纠纷、信访案件“一个地点办公、一个窗口受理、一个网络联动、一个口径回应答复、一个流程办结、一个主体落实”六项工作机制，实行“一窗办、一网办”“网上办、码上办”，实现了“敞开一扇门、最多跑一次、服务零距离”。高台县探索“四级七天”调解法，着力构建信访源头治理新格局，让矛盾纠纷在社、村（社区）、司法所、镇四级，7 个工作日内得到有效化解，将基层信访工作的重心放在了源头预防和前端化解，提高了矛盾纠纷排查化解的及时性、有效性和规范性，形成了以镇村为主，依靠群众、依靠基层、多元化解、就地解决矛盾纠纷的基层信访工作新模式，构建了一张纵向到边、横向到底的基层矛盾纠纷排查化解大网络，成为社会治理和信访工作的“减压阀”，化解社会矛盾的“稳压器”（图 3－9）。

4.1.5 湖南永州“江华模式”

湖南永州江华县积极建设以微信矩阵群为主的“连心桥”网上群众工作平台，整合“12345”公共服务热线、县长信箱、网上信访平台等功能作用，通过“互联网＋”科技手段，打造宣传教育、干群互动、阳光监督、基层治理的平台，形成服务群众和接受群众监督从线上拓展到线下、从定时优化为实时、从被动转化为互动的直通车。运用网络察民情、听民声、汇民智、解民忧，做到民情主动搜、民意主动引、民声主动应、民事主动办，及时回应人民群众关切、走实走好网上群众路线，不断密切党和

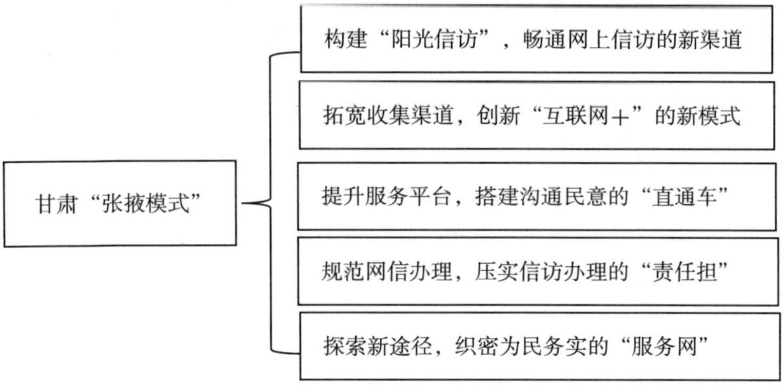

图 3-9　甘肃“张掖模式”

人民群众的血肉联系。目前，该县已经在 137 个县直单位、75 个行业部门、25 个试点村组建了网上群众工作群。各单位、部门主动在群内推送党的声音以及各类政务信息。试点村则重点选择危房改造、教育扶贫、产业扶贫项目资金分配使用等群众最关切的内容在群内张榜，阳光“晒账”，随时看、随时查、随时问、随时答，对反映的问题诉求和问题线索严格实行逐条登记、逐条研判、逐条办结。

一个个网上群众工作平台监督群，架起了网上监督的“连心桥”。截至 2022 年，该县 237 个“连心桥”网上群众工作平台已稳定投入运行，近 2 万名干部群众入群开展“点对点”掌上监督，发布产业扶贫项目收益分配、村级财务、政务信息等各类信息 1 000 多条，收到群众反映的各类问题诉求 300 余条，诉求处理了结率达 100%，群众满意率达 100%。为进一步做好矛盾源头防范治理，实现信访问题“及时办早、一线办好、苗头解决”的工作目标，江华瑶族自治县依托“互联网+”，着力构筑网上阵地，打造“网上信访中心”，引导群众从“面对面”信访向“键对键”信访转变，实现群众在家就能提建议，动动手指就能办信访，全力打造汇集民情民意的“直通车”和解决群众诉求的“快车道”。

该模式通过整合“12345”公共服务热线、县长信箱等平台功能，建设以“3+X”微信矩阵群为依托的“连心桥”网上群众工作平台，实行“一个平台统一管理、三个渠道共同受理、部门分级归口承办”运作模式，构建集网络信访、宣传教育、干群互动、阳光监督、基层治理为一体的工作平台。为让广大群众知晓网络问政、网络信访，该县结合乡村振兴等中心工作，组织党员干部下基层、进企业，为群众送法律、送政策、送服务，积极引导群众通过“连心桥”微信工作群等网上群众工作平台提建议、提诉求，健全和完善了“群众提、群主办、干部跑”的工作机制，实现了由“群众访累”向“干部跑腿”的转变。充分发挥江华网上群众工作平台大数据研判功能，精准了解群众诉求，全力打造“群众动动手、干部跑跑腿”的江华信访新模式。截至2022年底，该县网上群众工作平台共汇总群众意见、建议、投诉近3 123条，涉及居民用电、自来水安装、园区就业、农村集体土地纠纷等重点信访领域和事项，现已全部得到回复，回复率100%，群众满意度100%（图3-10）。

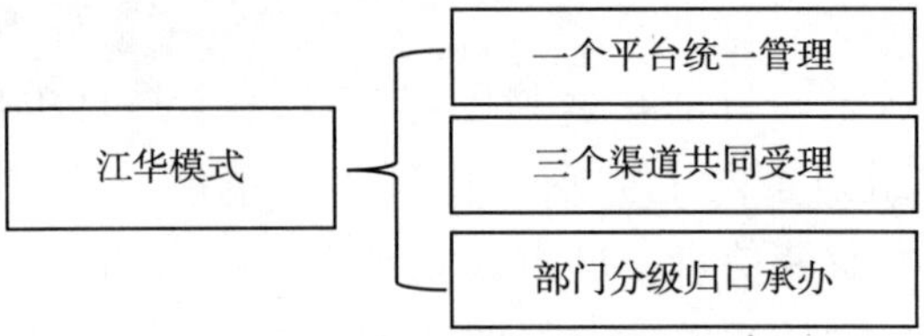

图3-10　湖南“江华模式”

4.2　互联网时代信访治理的目标追求：信访治理数字化的“异中求同”

透过对江苏省“阳光信访”、上海市“上海信访”和浙江省“统一平台”等网上信访具体表现形式的全面考察与分析，可以发现在不同区域存在差异和特色的网上信访创新实践中也存在着很多的共同点。这主要表现为三个方面：一是注重新型诉求响应机制的构建，在顺畅的政民线上互动中解决信访问题；二是谋求增进信访事项办理过程中的对话协商，尤其是在应对和处理棘手信访问题时，强调多元社会治理力量的协同参与；三是积极推动社会治理资源的共同享有和预警监测，加强对信访大数据和人工智能技术的创新应用。

4.2.1　政民互动的线上展开：构建新型诉求响应机制

将信访制度优势转化为社会治理效能的关键在于更好地响应群众诉求和保障群众合法权益。在互联网时代政府数字化转型的背景下，信访制度高质量发展的核心路径就是推动网上信访的发展，以数字化引领信访工作社会化、法治化、智能化和专业化，既能够使社会公众更加便捷、顺畅、经济和有序地表达合理合法诉求，又促进信访工作全部流程的透明、公开、参与、高效和有效。伴随着政府决策方式由以往的“出现问题—逻辑分析—因果解释—解决方案”模式向着“数据搜集—量化分析—建立预案”的模式转化①，以数字信息技术为支撑的网上信访，也要积极探索和创新群众工作机制，推动信访工作由“被动服务”向“主动服务”转变。

网上信访的本质是搭建起政府部门与社会公众之间沟通互动的桥梁，一方面政府部门可以通过网上信访更好地了解社情民意，另一方面社会公众可以通过网上信访更好地表达诉求和维护合理合法权益。网上信访的关键在于“互动”，“互”是交替和相互，“动”是变化或作用，网上信访是信访人与信访机构相互表达态度、价值与行为，从而使彼此之间发生作用或变化的过程。在传统信访工作模式下，这种互动的效率较低且不可见性较强，形成了对信访人耐心和情绪的双重考验，无论是通过书信的方式，还是走访的方式，一旦信访人失去耐心或情绪失控，极易引发重复访、越级访、进京访、无序访或其他极端的信访行为，导致双方互动的低效或无效。究其原因，互动效率较低、互动成本较高、互动时间较长、互动信息不对称、互动过程少监督、互动效果难评价等是重要的影响因素。破解信访工作过程中的不良互动行为，需要探索和尝试群众工作机制创新，仅在原有框架内进行局部的修修补补，难以将信访制度优势彻底地转化为社会治理效能。在互联网时代，数字信息技术是可资信访制度利用的巨大资源，由于其在公开透明、扁平参与、即时共享和反馈监督等方面的优势，可以有效迎合完善信访制度的目标需求。网上信访在对物联网、互联网、大数据、云计算、人工智能等前沿数字信息技术的应用中获得长足发展，不仅将《信访条例》的文本性制度规范转化为具有“硬约束”的流程控制和量化指标，而且对由“被动接访”到“主动下访、走访”的信访工作机制创新进行了数字化升级。可以通过网上信访生成的大数据对社情民意和社会治理难点进行更加全面的把握，有效弥补了随机走访的局部性、个案性和不完全性，更加充分地彰显了信访工作者的积极行动者精神②，在为信访人提供优质信访服务的过程中贯彻落实了以人民为中心的发展思想。网上信访为信访人与信访机构之间的交流互动搭建了绝佳的平台，信访工

① 徐继华．智慧政府——大数据治国时代的来临［M］．北京：中信出版社，2014.

② 王锋．走向服务型政府的行政精神［M］．北京：商务印书馆，2018.

作者的积极主动作为，既内含了倾听民意、为民解忧、保障民权、汇聚民智的道德义务与法律责任，又饱含了合法、公平、正义、透明、民主、参与、秩序、法治、廉洁等善治因子，信访人无需在充满未知的环境中默默焦虑地等待，而是实现了对信访事项完整办理流程的“可跟踪”“可查询”“可反馈”“可评价”。

信访工作的重要出发点之一就是想群众之所想和急群众之所急，对很多社会弱势群体而言，信访制度是维护其自身合理合法权益的“最后一根稻草”。信访制度是法治体系的重要和有益补充，法律既非万能也非解决问题的唯一方法，尤其是法律规定与实施会受到经济社会发展的影响，存在滞后性，而信访制度有助于解决信访人的“合理诉求”与一定时间内“缺乏法律支持”的问题，这在一定程度上也符合“法无禁止即可为”，是对社会公众权利的尊重。网上信访工作模式将信访人对信访制度的期待提升到了一个崭新的高度，对自身的合法、合理权利能否得到切实有效地保障有了更加安全的掌控感。管理心理学中将“掌控感”认定为一种内心控制的能力，无论内外部环境发生何种预期或非预期的变化，都可以自主选择面对这些新情况和新挑战的理念和思想状态，从而有效抵御“无助感”，保护个体免受焦虑、抑郁和情感过度波动的侵扰。传统信访工作模式中有许多导致信访人产生“无助感”的潜在因素，如信访的经济成本过高、信访花费太多工作时间、信访事项长期得不到回应、信访过程奔波劳碌、信访事项办理结果的漫长等待、信访诉求得不到专业人士帮助、无法参与信访事项办理过程、缺乏对信访机构和职能部门的监督渠道、无法对信访事项办理的各个环节实施满意度评价等。在政府数字化转型过程中创设和发展起来的网上信访，有效应对了这些影响信访制度优势发挥的“不良因子”，通过“阳光信访”的方式为社会公众营造公正、透明、高效、便捷的信访环境，办理流程规范透明，办理结果接受检验和评议，有效提升了群众的“掌控感”和满意度。

构建新型诉求响应机制是网上信访的关键举措。无论是江苏“阳光信访”，还是上海市“上海信访”，以及浙江“统一平台”，都在贯彻和践行这一平台设计理念。相对于以往缺乏数字信息技术支撑的传统诉求响应机制，政府数字化转型中的网上信访不仅更加通畅、及时和有效，而且信访工作与互联网、人工智能、大数据、云计算和区块链等前沿技术的融合，可以进一步增强信访工作的便捷化、智慧化、前瞻化和可信化水平，以数字技术的迭代发展撬动信访制度的创新和完善[①]。网上信访诉求响应机制的运作流程起始于信访人的诉求表达，过渡于信访机构对信访事项的解决和信访数据的统计分析，拓展于政府、市场和社会共同利用信访大数据主动服务社会公众，形成了“诉求表达→利益协调→权益保障→监督反馈→数据利用→创造公共价值”的顺畅通道，并且将对信访人的心理服务、危机干预、专业知识支持等服务贯穿始终，通过将“以人民为中心”落到实处提升社会公众满意度和推动信访工作高质量发展。

大数据和人工智能融入网上信访创新实践已经基本实现，此处将简要说明更为前沿的区块链技术何以能够参与网上信访治理。毋庸置疑，在信访事项的办理过程中，如果可以实现信访人与信访机构或职能部门之间的高度信任则必将有助于信访问题的解决，这样不仅信访机构更加易于履行自身职责和消除影响社会稳定的潜在隐患，而且信访人的情绪会更加平稳，信访满意度会更高，进而提升对政府部门的公信力和合法性支持。通过对学术研究文献和信访案例的梳理可以发现，信访问题的出现很多都与信任流失[②]、信任缺失[③]、难以建立信任关系[④]或“差序政府信任”[⑤]有关，并且信任的缺乏十分不利于信访事项的处理和解决，更容易诱发沟通障碍、越级上访和个人矛盾社会化等不良现象。通过对信访工作过程中出现的信任危机进行考察，可以界定三种基本的信任类型，分别是制度信任、政府信任和人际信任，其中“制度信任”是指信访人对国家体制、政治制度和信访制度的信任，“政府信任”是指信访人对承担公共决策和公共服务功能的以政府为代表的公共部门的信任，“人际信任”是指信访人对具体政治或行政工作人员的信任。区块链的概念于2008年首次提出，

---

① 杨杨．网上信访：生成逻辑、运作挑战与优化策略［J］．湖北社会科学，2021（6）：34-40.

② 北京师范大学法学院课题组．信访制度化解社会矛盾对策研究［J］．信访与社会矛盾问题研究，2020（6）：107-116.

③ 孔凡义．补充民主政制：人民信访制度的再阐释［J］．信访与社会矛盾问题研究，2020（6）：37-51.

④ 叶青，莫纪宏．习近平法治思想与国家治理体系现代化研究（笔谈）［J］．探索与争鸣，2020（12）：30-36.

⑤ 傅广宛，郭建文．基层社会矛盾的化解：差序政府信任格局的解构与重塑——以GZ省JP县为个案［J］．江苏行政学院学报，2020（6）：90-98.

旨在建立一种去中心化的信任机制，具有分布式数据库、多中心互动、安全可信、智能合约等特点，可以为解决信任危机提供可行方案。①

具体来看，其理论可行性主要有以下几点。一是分布式数据存储模式有利于资源共享。政府数字化转型进程中的网上信访具备了“上链”的基础条件，信访人提出信访事项、信访机构和职能部门开展信访工作、专家学者和社会公众参与信访治理都可以在区块链架构上完成。分布式数据库实质是依托于互联网、用于存储多元主体数据权利的平台，每一个参与者都持有相同本体价值且同步更新的数据，因此区块链对数据资源的共享具有更高的需求和要求，是可以让信访事项办理过程中全部利益相关者保持共享且不可删除记录的数据库。二是去中心化可以推动多中心平等互动。“区块链＋信访”有助于将与信访事项相关的信息向各个参与者进行对等存储和展示，避免和消除了信息不对称现象，参与信访事项办理的所有主体都可以以平等的地位实施多中心互动，信访人、信访机构或职能部门中的任何一方都不再是信息优势方，围绕信访事项开展的对话是基于权益平等性和使用便捷性展开的，为互联网时代的信访治理展示了一种“群用群管”和“去集中化”的互动范式。三是安全可信易于建立信任关系。区块链概念的生成即来源于对信任问题的探索，通过建构一个公开、透明、真实、不可篡改、实时监督的数据信息运行环境，完全摆脱了信息不对称环境中需要借助第三方权威或担保才能够建立信任关系的局限②，这一点对于消除信访人与信访机构之间的隔阂、杜绝非正常信访行为具有重要意义。四是智能合约推动协议与规则的自动执行。信访事项的成功解决依赖于信访人与信访机构之间达成共识，尤其是一些复杂和棘手的信访问题，需要在多次共识的基础上有步骤地向前推进，区块链的智能合约机制有助于减少共识达成的人力、物力、时间、信息等成本。区块链中的智能合约是一种协议或规则，其功能类似于网上信访信息系统预先设置的必须遵守的信访流程，一旦符合相应条件的事件发生，就会自动触发预设好的一系列操作，从而保证区块链中协议履行的真实性、强制执行性、可验证性和

---

① 杨杨，于水，胡卫卫．区块链赋能重塑社会治理结构：场景、风险与治理之道［J］．电子政务，2020（3）：54－61．

② 于水，杨杨．区块链赋能、治理流程优化与创造公共价值［J］．南开学报（哲学社会科学版），2020（5）：118－126．

隐私性。在当前的网上信访过程中，信访人可以自主选择是否将自己的信访问题、信访事项办理过程和结果，以及最终的满意度评价进行公开，区块链中的公有链、联盟链和私有链可以为信访人提供更多的选择。当前，区块链在物联网和物流领域、公共服务领域、数字版权领域和公益活动领域的应用场景不断增加。可以预见，“区块链＋信访”的真正落地实践必将推动信访制度成为社会公众表达诉求、保障权益、提出意见建议、实施民主监督和政治参与的常规、权威、首选渠道。

4.2.2　多元力量的共同参与：增进信访事项对话协商

信访工作彰显了权利主体与权力主体之间的互动和交往理性，是社会公众对政治体系和政府能力信赖与期待的策略选择。伴随着信访治理模式由传统的“压制型”向“回应型”转变，平等对话协商已经成为化解矛盾纠纷的核心方式[①]。网上信访治理也是信访人与信访机构或职能部门通过数字化手段开展对话协商的过程，无论是“阳光信访”，还是“上海信访”和“统一平台”，都将社会公众参与、平等对话、民主协商作为重要的信访事项解决策略，在理念和行动上实现了“价值理性”与“工具理性”的统一。主要表现在三个方面：一是以法治和规范为基础；二是强调对话协商的“正当性”；三是不断加强“联盟化”治理。

从整体性视角来看，通过对话协商化解矛盾纠纷可以按照化解依据（道德规范或者法律规范）和化解程序（简易调解或复杂协商）划分为四种基本类型，即道德型简易调解、道德型复杂协商、法律型简易调解和法律型复杂协商，并且每种类型都有与之匹配的社会治理创新实践案例作为验证[②]。对话协商的不同类型各具特点，虽并无优劣势区分，但是综观其在社会治理实践中的发展趋势，正逐渐走向矛盾纠纷化解依据的法治化和化解程序的规范化。在信访工作模式由传统信访向网上信访转化的过程中，信访的法治化和规范化程度不断提高，数字信息技术的介入一定程度上化解了传统信访工作模式效率较低、成本较高、透明度较差和维稳压力较大的难题。尤其是在信访事项的办理过程中，传统信访存在较为严重的“大闹大解决、小闹小解决、不闹不解决”现象，典型的发生领域如征地

① 李巍．基层信访治理模式之转换：从“压制型”向“回应型”［J］．天津行政学院学报，2017，19（1）：59-67．

② 张君．基层矛盾协商化解的基本类型与实践样态［J］．理论月刊，2020（10）：33-40．

拆迁、环境保护、交通事故、医疗纠纷、学生非正常伤亡等，一方面是民众法治意识和理念的不足，另一方面信访工作人员为了达到“息诉罢访”的目标，以逾越法律界限和违反信访工作规范为代价与信访人达成“私下协议”，致使对同种类型信访事项的处理标准和结果产生巨大差异，引发社会公众的强烈不满，结果是传统信访工作模式深受“闹访”“缠访”现象的困扰（表 3-6）。

表 3-6　基层社会治理中矛盾纠纷化解的基本类型

<table>
<tr><td colspan="2" rowspan="2">项目</td><td colspan="2">化解程序（采用何种形式、依托何种程序）</td></tr>
<tr><td>简易调解</td><td>复杂协商</td></tr>
<tr><td rowspan="2">化解依据（遵循何种规范、依靠何种力量）</td><td>道德规范</td><td>道德型简易调解（江苏徐州梁寨镇“乡贤调解”）</td><td>道德型复杂协商（江西宜春芦洲乡“祠堂说事”）</td></tr>
<tr><td>法律规范</td><td>法律型简易调解（四川成都沙渠镇“无诉社区”）</td><td>法律型复杂协商（浙江台州松门镇“民主恳谈”）</td></tr>
</table>

网上信访的具体表现形式多样，不同地区网上信访工作的重点任务也存在差异，但是通过数字信息技术增进信访工作的法治化和规范化却是共同的目标。在政府数字化转型的时代，网上信访是平台治理的重要表现形式，通过整合治理资源和建构治理规则①，为信访人、信访机构、职能部门和其他利益相关者搭建起线上互动与合作平台，以相互满足和合作生产公共价值凸显了信访工作数字化转型的战略价值。网上信访以数字信息技术将社会治理中化解矛盾纠纷的法律或道德依据转化为“技术约束”，在对话协商的过程中确保相同信访事项适用的办理标准、方式方法和办理结果具有一致性，经得起社会公众的监督和检验。网上信访以数字信息技术将社会治理中化解矛盾纠纷的程序转化为“规则约束”，信访事项由提出到办结都要遵从标准化的流程，并且视信访事项的复杂和棘手程度决定是否触发补充流程，以办理过程的公开、透明、可参与、可评价和可监督保障信访问题处理结果的公平公正。网上信访倡导对话协商的法治化与规范化，是营造良性平台治理生态的核心内容。对技术约束与规则约束的遵从和敬畏，有助于网上信访的持续创新和优化，也可以对信访人和信访机构

① 刘家明．平台型治理：内涵、缘由及价值析论［J］．理论导刊，2018（8）：22-26.

工作人员形成正向引导，鼓励和吸引更多的社会公众通过网上信访反映和解决问题，彻底破除传统信访工作模式中漠视法治和依靠经验与个人好恶办事的不良倾向。

后新公共管理时代，公共管理事实上已经演变为一个复合概念，存在多种理论模式，尽管其观点相对多元化和呈现出分散化特征，但是却都有一个共同的价值指向，那就是走向合作治理[①]。这种价值取向与即将到来的后工业社会合作性文化需求具有内在契合性，通过培育和提升以政府为中心的"联盟治理能力"[②]，可以将更多的社会治理主体及其承载的治理资源纳入合作治理过程，从而增强治理的包容性、开放性、透明性、参与性和有效性，最终改善社会治理的整体绩效。网上信访治理过程中对对话与协商的强调，一定程度上具有促使信访人、信访机构、职能部门、专家学者、社会公众等参与者实现"联盟化"的作用，多元治理主体围绕信访事项结成治理联盟，形成了广泛动员社会力量参与解决信访问题的局面[③]，可以更加顺畅和高效地进行价值表达、知识互补与资源交换，从而以更加紧密、系统的整合取代松散的聚集，实施更加卓有成效的集体行动。网上信访事项处理过程中对话协商的"联盟化"至少需要关注三个重要环节。一是端正的价值取向，这是培育联盟治理能力的基础。如果以大型企业比作政府，那么信访机构就是重要的业务部门，从而信访人就成为这个业务部门对接的最主要的顾客群体，如果不能在产品和服务的生产过程中真正体现"以顾客为中心"的价值追求，就无法实现部门价值[④]。政府工具论认为政府是被设计、被制约以及可以被恰当运用的社会工具[⑤]，在信访事项的处理过程中，信访机构与职能部门正是承担着这样的角色，必须将倾听和满足信访人的合理合法需求与期望置于核心位置，引导全部参与者将"以人民为中心"作为基本的行动准则。二是有效的主体合作，这是培育联盟治理能力的保障。网上信访治理中的对话协商，既是一套规

①④　于水，杨杨．乡村振兴语境下的"城归"：情景、解释、隐忧与价值实现［J］．农业经济与管理，2020（6）：15－24.

②　刘祖云．十大政府范式：现实逻辑与理论解读［M］．南京：江苏人民出版社，2014.

③　舒晓琴．新时代开创人民信访工作新局面的强大思想武器——深入学习贯彻习近平总书记关于加强和改进人民信访工作的重要思想［J］．求是，2018（24）：15－22.

⑤　米尔顿·弗里德曼．资本主义与自由［M］．张瑞玉，译．北京：商务印书馆，2004.

则，也是一个过程，其真实效用的发挥依赖于多元主体之间持续有效的互动。信访机构既是作为联盟治理的一个普通成员而存在，又是作为一个相对于其他治理主体更具话语优势的联盟体系的领导者和战略谋划者而存在。从而联盟治理能力的获取，既需要信访部门具有自组织治理能力，也要具备与其他社会组织、群体和个体进行情感、知识、信息、技能、愿景、价值等资源交换的能力，才能够为通过协商对话取得真正的合作效果奠定坚实基础。三是趋同的集体行动，这是培育联盟治理能力的目标。网上信访治理中通过对话协商形成的共识有助于趋同的集体行动实现，这也是多元治理主体围绕信访事项结成"联盟化"关系的最终目标所在。联盟治理倡导多元化、开放性、网络化和动态化，需要去广泛地搜集"联盟对象"和"团结一切可能团结的力量"①，网上信访治理过程中对相关专家学者、律师、心理咨询师、大数据分析师、人工智能训练师、区块链工程师等治理力量的吸纳和尊重，充分彰显了信访事项办理过程中的集体行动意识。

4.2.3　信访大数据开发应用：推动社会治理资源共享

政府数字化转型是获取国际竞争优势、改善民众服务质量和驱动经济社会协同发展的必然选择，通过对互联网、大数据、云计算、人工智能、区块链等现代信息技术的充分应用，不断提升政务服务数据的整合、开放和共享水平是应有之义。网上信访作为政府数字化转型的社会治理实践创新，已经成为社会公众诉求表达和权益保障的主渠道。各种各样不同类型信访事项的累积，既是信访大数据赖以生成和云计算得以实施的基础，也是人工智能在信访工作过程中不断"学习"和"训练"的核心资源，更是信访问题"链上"处理和解构"差序政府信任格局"的关键依托。尽管在不同区域，前沿数字信息技术融入网上信访的程度存在巨大差异，但是通过对"阳光信访""上海信访""统一平台"的考察，可以发现对信访数据的重视是不约而同的，"从数据中提取意义"② 已经成为化解矛盾纠纷和实施更加有效社会治理的必备技能与必然选择。

网上信访成为社会公众诉求表达和权益保障的主渠道，信访事项涉及

① 于水，杨杨．乡村振兴语境下的"城归"：情景、解释、隐忧与价值实现［J］．农业经济与管理，2020（6）：15-24．

② 张海波．大数据与信访治理［J］．南京社会科学，2017（10）：61-67．

领域广泛，数据信息数量庞大，兼具结构化和非结构化数据类型，单一信访事项生成的数据价值密度较低，并且伴随着公众权利意识的进一步觉醒和对美好生活的向往，信访数据生成和更新的频率正在不断加快，已经具备了收集、聚合和挖掘信访数据的基本条件[①]。但是要想实现对信访事项数据资源的开发应用，还需要使信访数据这一“富矿”符合信访大数据的三个基本需求[②]。一是信访数据的开放。这是实施信访大数据分析的前提条件，不仅包括信访机构数据资源的开放，也涉及其他职能部门数据的开放。就目前的实际情况来看，网上信访的数据是相对高度结构化的，这得益于网上信访的流程化和标准化运作方式，网上信访平台具备基本的数据统计分析能力。但是参照江苏、上海和浙江等网上信访发展相对前沿地区的工作经验，由信访机构内部工作人员承担信访大数据分析的职能是不现实和不必要的，应该积极寻求与企业的合作，发展服务外包，由专业的数据分析人员为信访大数据分析提供技术支撑，这潜在要求信访数据必须开放以增强协同能力[③]。二是信访理论的指导。信访作为极具中国特色的制度安排，与发源于西方社会的矛盾化解或治理理论并非完全兼容，信访问题研究较难成为主流的研究议题，并且信访机构封闭性较强，在科研工作者视野中十分正常的信访资料却被当作保密件来处理，致使信访数据的获取异常困难，客观上也增加了信访理论研究的困难。与此同时，由于传统信访工作模式中一些不良倾向的影响，信访问题常与维稳工作相连接，与之相关的研究也被视为具有高度敏感性，公开发表难度较大，客观上影响理论研究者的探索热情，降低了参与信访大数据研究的积极性。三是技术运用的持续。信访工作与其他政府服务事务存在一定差别，涉及相对较多的对话交流、互动协商、情感抚慰和心理疏导等内容，伴随着数字信息技术的进一步普及和发展，视频信访的优势将会在多种网上信访的类型中逐渐凸显出来，从而以视频为代表的非结构化数据也会逐渐增多，对大数据分析技术带来巨大考验。可行的应对策略是在加强政企合作的基础上，探

---

① 蔡进万．以大数据与人工智能创建“智慧信访”[J]．信访与社会矛盾问题研究，2019（3）：50－55.

② 张海波．大数据与信访治理[J]．社会科学文摘，2017（11）：68－70.

③ 郭建文．大数据时代新型信访治理平台——“云上信访”建设浅析[J]．法制与社会，2021（6）：129－131.

索形成信访大数据分析的商业模式，令参与这项服务的企业、分析人员能够获得收益，从而以适当的利益驱动带来可持续的技术和服务支持，同时吸引具有技术优势的企业加大对信访大数据开发应用的投入力度，以合作共赢推动信访大数据更好地发挥创造公共价值的功能。

在当前的信访工作实务中，“信、访、网、电”四种渠道的信访事项全部都会汇总到网上信访信息系统，因此网上信访是信访大数据得以开发和应用的基础条件。虽然网上信访工作模式相对于传统信访工作模式具有显著的优势，但是研究者发现，网上信访对于解决一些复杂和疑难信访问题的作用并不突出，尤其是那些重复信访事项和信访积案，通常与历史原因、利益诉求与现实情况脱节、不公正对待、超出职权范围等因素相关①，这种类型的信访事项数量不多，却耗费了大量的信访资源，网上信访也未必具备化解棘手信访问题的能力。信访大数据有助于更加有效地推动信访工作由“信访办理”走向“信访治理”，由“被动服务”转向“主动服务”，虽然基于网上信访，但是并未止步于网上信访，而是具有了一种“青出于蓝而胜于蓝”的味道，可以通过更大范围和程度更深的数据交换与共享，加强数据分析、挖掘的即时性与准确性，并且通过更加深入的理论研究，增强应对复杂和棘手信访问题的针对性。自信访群众提出信访事项之后，相关的数据信息就不断汇聚，逐渐具备了成为信访大数据的可能性，在网上信访的海量数据信息中提取意义，其中不可或缺的一个环节就是进行信访数据资源的整合、开放与共享。从信访大数据的使用主体视角来看，数据分析人员是最为主要的用户，其既有可能是信访机构的工作人员，也可能是专业从事数据分析与挖掘的企业，无论数据的使用主体如何细分，可以明确的一个原则是大数据的开发与应用必然是专门机构的专业行为。在社会主义市场经济体制下，信访机构内部设立专门的数据分析部门是成本高昂的，并且还面临信访机构编制限制和缺乏专业数据人才的重重困境。较为可行的策略是政府购买或者服务外包，以市场经济的驱动力获得信访数据资源分析和挖掘的持续发展。尽管在由工业社会向后工业社会的转型过程中，合作性文化氛围将逐渐占据主导地位，但是以“共同体”为代表的合作性技能并不排斥良性竞争的开展，立足于合作基础上的

① 张海波．大数据与信访治理［J］．南京社会科学，2017（10）：61－67.

竞争行为，同样有助于提升企业和数据分析人员的竞争力和胜任能力。从信访大数据的服务对象来看，党委和政府的政策指导与决策执行依赖于科学的数据支撑，从信访大数据中提取可以识别和定位社会治理普遍性、趋势性和难点热点的问题，有助于将预防社会矛盾和风险的关口前移，从而更好地实施预警监测和前瞻性治理。需要注意的是，由于中央和省级政府与基层地方政府的社会治理职责存在差异，因而大数据对两者而言意义不同，中央和省级政府层面有必要通过大数据对信访工作的整体情况实施研判，而对于基层政府部门来说，可以将信访工作的重点置于信访事项的化解层面，以卓有成效的信访办理效果为更高级政府的大数据整合、开放和共享服务。从信访大数据的主要社会功能来看，提升和改善党委政府的社会治理水平是重中之重。公共政策制定与执行不合理、行政执法不公平和"执法违法"[①]、信访机构工作人员违规违法办理信访事项是引发信访问题的三种主要类型，其中公共政策的制定与执行不当是引发矛盾与纠纷的主要因素，尤其以征地拆迁类信访问题最为典型[②]，而通过对信访大数据的科学分析可以为公共政策的优化与改进提供巨大支持。因此，通过提高信访数据的整合、开放与共享水平，将企业、数据分析人员、相关职能部门、信访理论研究人员等核心主体置于共享信访数据的视野之内，是改善和提升网上信访治理绩效与信访机构创造公共价值的必然举措。

4.3　互联网时代信访治理的机理透视：助推信访事项化解的因子提取

4.3.1　主体合作：基于认同的参与

主体合作是网上信访治理的基础条件。信访工作在政府部门的公共服务事项中具有一定的特殊性，相对于可以为社会公众供给高程度标准化服务的电子政务而言，信访机构难以为信访人提供普遍的、抽象的和无差别的解决方案。尽管网上信访可以实现信访工作流程的标准化，但是作为信访工作核心环节的信访问题解决却无法实现同一性要求。信访工作需要承认信访人和信访事项的特殊性，这与韦伯所钟情的官僚制组织的最大优越性——"普遍规则的统治"显得格格不入，更无法满足在口号与行动上遵

① 于水，杨杨．良性社会治理中"合理性"的有效调适与策略选择——基于城管柔性执法模式的思考［J］．理论学刊，2019（6）：129－137.

② 夏瑛．重复集体访：诉求类型与信访强度［J］．经济社会体制比较，2019（6）：114－123.

从“不因人而异”的官僚制原则，信访工作考验的是信访机构及其工作人员应对社会治理问题时的主动性、积极性、创造性，以及信访事项处理过程中参与者的良知与判断能力。在一定程度上讲，信访工作环境凸显了一些后工业社会特点，其所处的情境是充满不确定性、复杂性和风险性的[①]，这与工业社会的社会风险、不确定性与复杂性总体上处于可控状态存在差异，因而信访问题成为工业社会中的敏感问题与其自身的特质不无关系。所以，信访制度是一种超越了科层制的民主形式，它与官僚制之间存在着巨大的张力。虽然从中央到地方都建立了专业化、制度化和等级化的科层信访机构，但是其运作却具有明显的“弱科层性”[②]，更加契合张康之等对后工业社会中“合作制组织”的构想。“合作制组织”作为一种对官僚制组织的扬弃，是对官僚制组织无法应对因社会复杂性提高而产生的不确定性的回应[③]，尽管这种组织类型尚处于生成之中，并且存在学习型组织、无边界组织、虚拟组织、网络型组织等不同的想象与阐释，但是网络式结构、组织边界模糊化、组织开放性、差异化原则却是其共同特征。处于政府数字化转型大趋势中的网上信访，其生成与发展的重要动因就是基于认同的多元主体之间的合作与参与，否则网上信访就如同无源之水和无本之木，这与“合作制组织”所展示出的未来组织形态具有契合性。一是在结构方面，网上信访治理呈现网络化。正如同合作制组织在结构上的网络化使成员之间的交往关系和沟通行为变得更加直接和灵活，网上信访也在一定程度上克服了“中心—边缘式”的治理结构，呈现出“去中心化”的特点。官僚制所崇尚的等级秩序鲜见于网上信访治理过程，但是党政部门仍然处于相对权威地位，承担着元治理的角色。在处理信访问题时，信访机构将发挥引领、协调、制定规范和设计愿景的功能，通过将信访人、职能部门、专家学者、社会组织与社会公众等参与者聚合到网上信访治理流程，从而在不同的治理主体间建立起多重性的联系与关系，共同致力于信访问题的解决。二是在边界方面，网上信访治理呈现模糊化。

① 张康之．论社会运行和社会变化加速化中的管理［J］．管理世界，2019，35（2）：102－114.

② 孔凡义．补充民主政制：人民信访制度的再阐释［J］．信访与社会矛盾问题研究，2020（6）：37－51.

③ 张康之．公共行政的行动主义［M］．南京：江苏人民出版社，2014.

在合作制组织中，日益模糊的边界意味着以往对内维持秩序、对外发挥区分作用的“保护壳”逐渐消失，取而代之的是边界的“可穿透性”，组织内外的信息、资源等可以快速而轻易地穿透阻隔，组织的运转从而变得更加顺畅通达①。网上信访治理过程中的主体合作依赖于这种可以逾越的组织边界，无论是信访办理还是信访治理，无论是解决信访事项还是信访大数据的开发运用，都需要这种类似于生物体进行自由物质和能量交换的“隔膜”，而非生硬的“保护壳”，从而实现更加便捷、有效和自由的接入、对话与适时退出。三是在体系方面，网上信访治理呈现开放性。传统信访工作模式的透明度和开放性较差，这一点为社会公众所广泛诟病。合作制组织是一个开放式系统，摒弃了封闭式官僚制可能将政府转变为自我服务组织的潜在弊端，而是以不同组织、不同部门和不同个体之间的顺畅与便捷合作为指向，推动信息、能量、资源在组织内外的充分流通。网上信访治理以透明、开放、可参与、可跟踪、可监督、可评价的鲜明优势，具备将一切具有合作意向的组织或个人纳入行动系统的潜质，这也成为打造网上信访治理共同体的必要支撑。四是在运行方面，网上信访治理呈现差异性。在官僚制组织中，无论是管理者还是被管理者，都被塑造成为毫无差别的抽象化对象，毫无自由意志可言。合作制组织中的管理者与被管理者都呈现出可以拥有充分自主性的面向，能够依据自身对具体情境的认知对问题进行分析和判断，从而增强了免受外在力量干扰的独立行动能力。网上信访治理过程中的信访事项涉及领域广泛且错综复杂，不但信访人可以表达自己的观点，信访机构也可以依法依规提出自己的见解，专家学者、心理咨询师、数据分析师等参与者还可以从自身的专业视角出发，为信访问题的处理提供咨询和支持。尊重和承认每一个信访人与信访事项的特殊性，从而主动、积极和自觉地开展治理行动，既是理解和认识合作制组织的重要内容，也是构建网上信访治理新格局的必然要求。

4.3.2　话语博弈：公开透明的表达

话语博弈是网上信访治理的主要方法。信访事项的解决过程实质上也是一个多元治理主体的话语表达过程，尤其是面对一些复杂、疑难和棘手的信访问题时，极有可能需要经历多轮的话语博弈才能够达成共识。在信

① 王锋．走向服务型政府的行政精神［M］．北京：商务印书馆，2018.

访工作数字化转型的初期，由于数字技术融合程度的差异和社会公众的信访习惯，话语博弈通常是在线下展开，尽管会消耗相对较多的时间成本、经济成本和行政成本等资源，但是面对面的沟通对话和信访干部的主动登门拜访会因情感与心理的贴近对话语博弈产生正面影响。网上信访治理不应该是一个冷冰冰的数据平台①，也不应该在将网上信访工作模式和传统信访工作模式进行对比时，得出“网上信访能够解决的，以走访等传统信访工作模式肯定能够解决”② 的刻板印象，而是应该以网上信访的便捷、经济和有效为基础，进一步改善其话语博弈的公开度和透明度，增强网上信访传递信息的准确度、观点表达的顺畅度、话语博弈的友好度和情感沟通的真实度，以话语正当性的四种依据为标准，不断提升社会公众对网上信访治理效果的满意度。一定程度上讲，话语博弈是对话协商的具体表现形式之一，如果将后者认定是达到某种公正结果的途径，那么前者也可以实现同样的功效，必要条件就是前者要符合后者的约束条件，即无论是对话协商还是话语博弈，都要建立在所有人彼此相互理解和尊重的基础上，只有当正义成为每一位参与者都始终遵循的原则时，才能够借助对话协商或话语博弈的过程通向正义③。一般而言，人的共生关系至少存在“相互依存”“互惠互利”和“共生共存”三种类型④，但是在高度复杂和高度不确定性条件下，以道德和知识为规范性权威的“共生共存”才是开展合作行动的最佳选择，各个行动者之间的话语博弈实质上就是个人道德和知识的显性表达过程，能够得到合作场域认可、支持和接纳的话语博弈才具有真正的意义与价值。

话语的正当性有助于实现上述目标，这既与话语言说的真诚、切合意境的意向表达和充分自主的参与有关，又与依赖知识（包括经验和智慧等）与道德为协商对话做出实质性贡献密不可分。在公开透明的环境中进行符合“正当性”标准的话语博弈，是网上信访持续发展的重要动因之

① 吕普生．新时代网上信访的社会治理价值与多重现实挑战［J］．西南政法大学学报，2019（3）：12－22.

② 张海波．大数据与信访治理［J］．南京社会科学，2017（10）：61－67.

③ 于水，杨杨．乡村振兴语境下的“城归”：情景、解释、隐忧与价值实现［J］．农业经济与管理，2020（6）：15－24.

④ 张康之．论人的互惠互利、相互依存与共生共在［J］．天津社会科学，2019（4）：55－63.

一。这种“正当性”也可以透过协商对话中观点或意见的合理性来理解，因为在富含合理性要素的讨论中，人们彼此之间既可以放开心怀去倾听他人，也可以获得他人的赞同或者支持。从这一点来讲，只有将合理性意愿与能力融入话语沟通行为之中，才能够实现彼此之间的真正理解[①]。如果以人与人之间的关系来定义社会，那么农业社会是“熟人社会”，工业社会就成为“陌生人社会”，后工业社会也将转化为“匿名人社会”，与人际关系变化接踵而至的必然是社会底层运行逻辑的改变，更加具有流动性和开放性的动态社会逐渐形成，整个社会呈现一种“去中心化”状态，这种网络式结构为行动主体完全自主和自由参与话语博弈提供了肥沃土壤。网上信访工作过程中话语博弈的“真诚”，主要是指话语言说的真实诚恳、真心实意和以坦诚相待，从心底感动他人而最终获得相互之间的信任，这既与信访人的诉求表达有关，又与信访机构、职能部门或其他参与者的响应质量密不可分。哈贝马斯曾做出客观世界、社会世界和自我主观世界三种世界的类型划分，并提出人际交往的合理性必须遵守一定的规则和规范。比如陈述内容的真实性、人际关系的适当性、言说者语言意向的真诚性和语言的可接受性等，值得在网上信访工作过程中加以注意。网上信访产生伊始，理论研究者和信访实务工作者就特别关注其对真情实感的表达作用，尤其是面对一些复杂和棘手信访事项时，为了防止纯粹的文字表述难以充分传递信访人的情感波动、心理状态和内心期待，视频信访成为网上信访的重要表现形式之一。

相对于通过文字表达的方式叙述信访事项，视频信访显然在诉求表达的过程中更加方便灵活、传递情绪更加真实、话语的感染力与亲和力更强，既避免了对信访人文字功底、细心程度和个人耐心的考验，又更加容易使信访机构工作人员理解信访事项，进而产生情感共鸣和同理心。就目前来看，视频信访正在蓬勃发展，在方便群众足不出户反映诉求和减少走访旅途奔波劳累的辛苦与成本的同时，还可以在一定程度上满足信访人与更高层级领导的网络视频连线愿望，从而真正实现线下“面对面”对话的线上展开。同时，视频信访还可以支持单对单、多对单、多对多的对话方式，在开展视频信访的过程中社会公众还可以观摩视频信访现场的全过

① 艾丽斯·M. 杨. 包容与民主［M］. 彭斌，等，译. 南京：江苏人民出版社，2013.

程，不仅加强了信访干部与人民群众的紧密联系，而且打造了更加符合群众需求的诉求反映渠道①，网上信访事项实现了更高程度的公开透明表达、实时民主监督、办理进程和结果的快速反馈。视频信访作为网上信访的重要组成部分，兼具网上信访工作模式和传统信访工作模式的优势，具有实现后现代公共行政话语理论渴望的“一些人的对话”的潜质，既方便快捷、成本低廉、开放透明、参与性强和响应迅速，又可以表露对话各方的真实情绪、情感和心理活动，与信访工作需要兼顾法律、法规、制度的“理性”与想群众之所想、急群众之所急、忧群众之所忧的“温度”高度契合。视频信访与大数据、云计算、人工智能和区块链等前沿数字信息技术的深度融合，必然会进一步提升网上信访治理的优势，这也是为何前文提出不可以形成“走访能够解决的，网上信访未必能够解决”的刻板印象的原因。仅从视频信访来看，已经基本可以实现不同意向与观点在动态聚合中进行话语博弈或合作治理的效果，这种兼具民主公共性和合作意识的真实话语表达，是我们在全球化和后工业化进程中，能够以“合作共同体”② 思维应对社会风险与挑战的重要前提条件。

4.3.3 价值整合：异质需求的协调

价值整合是网上信访治理的核心目标。无论是传统还是网上信访工作模式，快速、高效且有效地响应群众诉求和办理信访事项是中心工作，能否就群众反映的信访事项达成价值共识是影响信访工作效率的重要因素。透过信访理论研究或信访工作实务，信访机构面对的信访事项大致可以依据难易程度划分为两类：一类是“简易信访事项”，这种类型的信访事项一般是信访人提出意见建议、政策咨询、表达感谢；或者事实比较清楚、责任明确、不存在较大争议；或者涉及信访人及其代表的群体的日常生产生活，具有较强的实效性；或者行政机关已经有明确承诺或办理结论的。其核心特征是信访人的诉求简单明了、处理过程涉及的治理主体较少，能够方便快捷地受理与办理。另一类是“棘手信访事项”，这种类型的信访事项多与改革开放过程中出现的利益重新分配相关，尤其是伴随着社会主

① 周盼，南纪宣．视频接访千里之外也能“面对面”解决问题［J］．四川党的建设，2019（17）：62.

② 张康之．论风险社会中的共同体形态［J］．西华师范大学学报（哲学社会科学版），2021（3）：1－10.

要矛盾的转化，社会治理出现许多新情况、新问题和新挑战，无法依靠传统信访工作的方法与经验进行破解。如信访工作实务中出现历史遗留问题与现实问题相交织、多数人的合理诉求与少数人的无理取闹相交织的情况，一些“三跨三分离”信访事项出现“无口可归”和“多口难归”的现象，由于政策变更、执行不到位或职能部门缺乏有效处置手段导致信访人产生对抗行为或极端思想，导致信访新案转变为信访积案和信访难案，表现出较高程度的价值冲突、非结构化和不确定性等疑难复杂特征。征地拆迁处置不当引发的信访问题就是典型的“棘手信访事项”，其在主体合作、话语博弈、价值整合等方面都呈现出不良状态，既是传统信访工作中的重点和难点领域，也是对网上信访工作能否顺利和有效开展的巨大考验。

征地拆迁信访事项对网上信访的挑战至少存在以下几方面：一是涉及的主体较多，一旦处置不当容易形成规模较大的重复访、集体访和越级访群体，甚至诱发群体性事件和网络舆情事件；二是信访问题相对复杂，较难通过书面文字进行完整无误的表述，且难以反映被征收户的情感和心理状况；三是参与信访事项处理的各方价值冲突明显，难以实现有效的价值整合和达成共识，各方需求较难同时满足，逐渐形成重复访和信访积案。南京市建邺区是南京市13个区中征地拆迁矛盾相对突出的地区，因征地拆迁引发的各种矛盾和问题呈现多发趋势，人民群众的信访问题突出，缠访、闹访、群体访时有发生，并且呈现出主体多元化、诉求多样化、利益关系复杂化的特点，信访问题的类型相对集中，表现出新老问题交织的特点，敏感时期上访情况较多。通过有效协调多元主体的异质需求来妥善处理疑难、复杂和棘手信访问题，不仅是传统信访工作模式的核心追求，也是网上信访工作模式应当重点破解的核心难题。在数字信息技术的支撑作用下，网上信访可以实现传统调处机制的优化升级，以更加便捷、有效和富有针对性的举措处置“棘手信访事项”，从而谋求多元治理主体的价值共识。网上信访治理已经在围绕更加有效的价值整合和多元诉求的调适方面作出积极探索：一是实施线上信访联席会议制度。信访联席会议制度是加强部门协作和形成棘手信访事项化解合力的重要制度安排，在应对和解决疑难信访事项方面具有巨大优势。通过将信访联席会议制度融入网上信访过程，可以以更加经济、便捷、透明和高效的方式开展协商和调适，以多部门联动、选准用对政策、多措并举和明确责任分工保证疑难信访事项的及时处理。二是破解网上信访事项要讲究策略善于变通。当前网上信访正处于发展期，以标准化流程为主导的办事方式容易忽视疑难信访事项的问题症结，并且融入人工智能的智慧信访也尚未实现自动匹配最优解决方案，依然需要信访工作人员采用灵活变通的方式解决疑难问题。一旦网上办理陷入困境，要及时变被动协调为主动上门办理，尽量缩短与信访群众的距离，这样既可以为解决问题赢得先机，又可以赢得群众的好感和信任，从而为法律和政策的实施提供有利环境。三是要妥善处置网上信访疑难问题，做到“三防止”（防止激化、防止扩大、防止不稳定状态长期化）。网上信访已经成为社会公众向信访机构表达诉求的主渠道，但是在处置疑难和复杂信访问题时，尚存在一些沟通和交流上的困难。因此，信访机构和职能部门要正确认识网上信访，防止网上信访事项扩大化、防止网上信访矛盾激化和防止网上信访不稳定状态长期化，注重网上信访工作方法的改进和疏堵结合，增加达成价值共识和异质需求有效调适的可能性。四是邀请专业人士参与网上信访事项办理。一些疑难和复杂信访事项的信访人往往情绪较为激动，对职能部门持有不信任和不合作态度，而专业法律人士、心理咨询师、社会工作者等具有超越各种利益群体的中立特征，容易被信访群众信任、接受和认可。在数字信息技术的支撑下，这些中立群体可以更加方便、快捷、经济和有效地发挥其专业知识，推动网上信访事项办理的专业化、规范化和精准化。

4.3.4 规则有效：标准规范的秩序

规则有效是网上信访治理的重要保障。标准作为规则的重要表现形式，在整个工业社会的建构过程中获得了长足发展，无论是对于市场经济和社会化大生产而言，还是对于现代化的政治生活和社会治理来说，标准化仿佛已经成为个人或组织行动的一把基准标尺，融入人类行动相关的各种不同事项，法的精神、组织纪律、秩序规范、绩效评判、个人成长等各个领域都可以通过标准化得到完美诠释①。即使是在全面建设法治社会的

① 张康之. 在风险社会中看标准及其应用问题［J］. 江苏师范大学学报（哲学社会科学版），2021，47（3）：64-78.

进程中，以法律制度、法律体系和法律规定为代表的社会治理规则，其实质也无非是标准的另一种表述而已。对标准的崇尚是合乎“合理性”需要的。从价值理性的维度来看，标准在一定程度上意味着公平、公正、公开、平等、有效、合作与秩序，从工具理性的维度来看，标准又可以与效率、经济、绩效、简易、质量等相连接，以至于在工业时代“标准化”已经成为“合理性”的代名词。毋庸置疑，标准可以对个人与组织的行为发挥调节、矫正和裁决的作用，吉登斯也认为人的行为是一种“理性化的行动”。因为人在行动之前大抵都会在头脑中存在一种先验性的观念，在一定程度上讲，人类的这种“先验性的观念”就类似于人的行为和行动都会遵循某种标准，“行动的理性化”是近代以来整个社会所具有的普遍性特征。① 在某种意义上，网上信访的生成与发展也是一个不断确立标准、规则、规范和秩序的过程。相较于传统信访工作模式中的“单一政党体制”“经验型治理”和“人治传统”，网上信访以“党政主导的多元治理”理念将更多的社会力量融入信访工作过程，以“法治化”“规范化”和“信息化”为指引，将人民群众的来信办理工作、来访接待工作、信访事项处置工作、意见建议征集工作、复查复核工作等全部纳入标准化流程，推动了网上信访治理的便捷通畅、公开透明、公平公正、民主参与、廉洁稳定和安全高效，以卓有成效的标准和规范实现了“双向约束”，即同时约束了信访群众和信访机构及职能部门的行为。相较于工业社会中的标准化，在农业社会中实施普遍性的标准和规则是没有意义的。因为农业社会是一个“熟人社会”，无论是权力关系还是伦理关系，都要遵从于具体的情境和要求，正如费孝通先生所表达的那样，“在这种社会里，一切具有普遍性的标准并不发生作用，一定要事先问清了对象是谁，和自己是什么关系后，才能决定拿出什么样的标准来。”② 因此，标准化治理技术在农业社会大抵是会遭遇失灵的境遇，交往对象的差异决定了不同的互动行为。那么，在由工业社会向后工业社会行进的过程中，整个社会是否依然会沿袭标准化的轨迹向前运行呢？事实证明，在风险社会及其高度复杂性与高度不确定性条件下，为社会治理制定和确立具有同一性或者普遍性意义的标准已

① 安东尼·吉登斯．社会的构成：结构化理论纲要［M］．李康，等，译．北京：中国人民大学出版社，2016．

② 费孝通．乡土中国［M］．北京：生活·读书·新知三联书店，1985．

经不可行，后工业社会凸显出的社会特征越来越呈现对应用标准的排斥和拒绝。[①] 政府必须努力寻找可能会因为标准化而导致治理失灵的社会治理替代方案或补充方案，即探索一套与标准规则相适应的具有补充性的治理技术，以填补风险社会中行动者无法执行标准化操作而产生的治理空白，而这些治理空白多是具有个性化、定制化和特殊化意义的社会治理难题。网上信访“简易信访事项”和“棘手信访事项”的类型学划分，在一定程度上可以对应标准化治理与个性化治理，当前网上信访尚未在完全意义上有效应对“简易信访事项”，又始终面临着解决复杂、疑难和非常具有特殊性的“棘手信访事项”。网上信访在确立规范、标准、秩序和规则等刚性治理原则的同时，也需要为疑难信访事项预留一定的弹性和解释空间。针对棘手信访问题的解决，主张采用情、理、法交融的“柔性治理”[②] 和因地制宜、因事制宜的“适应性治理”[③] 策略，可以为网上信访的发展和完善提供有益的参考与启示。当前，信访工作数字化转型的前沿区域，已经开始探索在大数据、云计算、人工智能和区块链等前沿技术的支撑下，为不同的信访事项提供个性化和智慧化解决方案，以“刚柔并济”的适应性治理策略开展行动，为信访人提供更加主动、有为、细致和满意的服务。

5 互联网时代信访治理的调适策略：信访治理数字化的困境及因应之道

5.1 互联网时代信访治理的实践之困

5.1.1 网上信访制度规范和服务供给的双重碎片化

互联网时代，数字信息技术与公共治理深度融合，在技术赋能的支持下构建更加系统化、完整性和符合社会公众需求的治理系统已经成为必然

① 张康之．论终结于风险社会的普遍主义［J］．河南师范大学学报（哲学社会科学版），2021，48（3）：17-26.

② 曹现强，张霞飞．刚柔并济：社区冲突视域下地方政府治理的双重逻辑——基于配建“共享小区”冲突的多案例对比研究［J］．中国行政管理，2019（12）：58-64.

③ 尹利民，余孟珍．适应性治理：中国基层治理的特性及其影响——基于乡镇政权属性的分析视角［J］．学习论坛，2020（9）：70-77.

要求。坦言之，技术已经成为实施有效治理的必备要素，离开技术支撑的公共行政是难以想象的[①]。在科层式治理结构中，系统性与完整性在一定程度上意味着稳定性，可以形成对治理议题的产生、运作、结果和反馈等一系列活动的合理预期。网上信访理应是信访机构按照既定的规范与标准，以社会公众为对象实施的服务行为，有效的规范有助于网上信访的“有法可依”，有效的服务有助于网上信访的“有迹可循”。然而，在网上信访的实际运行过程中，规范与服务呈现双重碎片化状态，在一定程度上消解和割裂了网上信访的整体性和系统化追求。

从网上信访制度规范的碎片化角度来看。在信访工作领域，国务院于2005年颁布的《信访条例》和2022年颁布《信访工作条例》，是现行有效、级别最高和效力最大的专门性行政法规，对网上信访治理作出了方向性的指引，但是尚未出台明确的可操作化规定。在政府数字化转型的浪潮中，尽管网上信访缺乏全国统一性的实践标准，但是不同地区对应用数字技术改善信访工作质量的热情丝毫不减，很多地区针对网上信访这一数字化时代的产物展开了符合自身需求的探索与实践。在近20年的发展进程中，出现了以云南省德宏傣族景颇族自治州“网上信访”模式、江苏省淮安市“阳光信访”信息系统、江苏省苏州市“寒山闻钟”网络信访等为代表的创新实践[②]。发展样态的多元化在一定程度上表现了地方政府推动信访工作数字化转型的积极性，营造了一种彼此吸取经验和良性竞争的百花齐放局面，但是从侧面也反映出网上信访发展的区域不协调和服务碎片化状态[③]。在传统的信访工作模式下，由于信访工作的不透明性和特殊时期巨大的维稳压力，且缺乏社会公众的参与和民主监督，信访工作在实际运转过程中出现了一定程度的失范和偏离，成为信访人与信访机构相互博弈的“战场”。尤其是部分地区的信访部门将维护社会的稳定作为首要目标，造成了通过不规范措施或“违法”执法以达成社会治理目标的不良行为。

① 颜佳华，王张华．人工智能场景下公共行政技术责任审视［J］．理论探索，2019（3）：88-94.

② 杨杨．网上信访：生成逻辑、运作挑战与优化策略［J］．湖北社会科学，2021（6）：34-40.

③ 蒋冰晶，张继红．整体性治理视野下的网络信访研究［J］．河北法学，2018，36（6）：102-111.

在农业社会、工业社会和后工业社会共时性存在的中国，信访工作面临着更加复杂的社会环境，疑难和棘手信访问题不断出现，逆向要求不同区域的信访工作在结合本地实际的基础上，要形成具有一定普遍性的信访治理策略，这也是建立健全全国统一的信访信息系统的必然要求。在信息时代，已经难以想象同一类型信访事项在不同区域办理的方式、时限、结果存在较大差异的情况。从某种意义上来说，这不仅是信访事项的办理结果，更是信访人通过相互之间的比较，形成的对地方信访部门办理信访事项的效率与效能的认知，并且都会影响到信访人对信访部门的信任水平和支持程度。反观已经成为信访主渠道的网上信访，其基础性规范并未达成普遍共识，突出表现就是不同地区省级信访条例在是否涉及网上信访具体条款方面存在着差异（表 3-7）。我国幅员辽阔，不同区域的经济社会发展水平差异显著，信访工作的数字化转型节奏必然要受限于地方施政重点和社会治理需求，加之国家层面尚缺乏清晰的方向指引，直接后果就是不同区域的网上信访建设出现一定的无序性[①]。从长远来看，这不仅会影响到网上信访的实际运行状况，限制其实际功能的发挥，而且不利于网上信访的规范化和法治化发展。

表 3-7 部分省级信访条例关于网上信访的规定

条例名称	通过（修订）时间	关于网上信访的规定
湖北省信访条例	2005 年 11 月 16 日	无
江苏省信访条例	2021 年 7 月 29 日	有，第 20、50 条
北京市信访条例	2006 年 9 月 15 日	无
江西省信访条例	2009 年 11 月 27 日	无
广东省信访条例	2014 年 7 月 1 日	有，第 20、24 条
山东省信访条例	2015 年 9 月 24 日	无
河北省信访条例	2015 年 9 月 25 日	有，第 11 条
浙江省信访条例	2016 年 7 月 29 日	无
云南省信访条例	2017 年 9 月 28 日	有，第 16、18 条
上海市信访条例	2018 年 5 月 24 日	无
安徽省信访条例	2019 年 9 月 27 日	有，第 14、15 条

① 杨杨．网上信访：生成逻辑、运作挑战与优化策略 [J]．湖北社会科学，2021 (6)：34-40.

从网上信访服务供给的碎片化角度来看。网上信访作为政府治理的重要组成部分，为社会公众提供优质的服务是其核心追求，其目标是希望更加有效地化解矛盾纠纷和加强党政部门与人民群众的密切联系。在信访工作的数字化转型过程中，网上信访既存在独立研发的信访信息系统、信访手机客户端、领导信箱等，也存在借助第三方平台响应网民诉求的信访微信公众号、人民网“领导留言板”、微博问政和各类网上论坛等。除去种类繁多之外，由于信访工作涉及的信访机构和政府职能部门繁多，致使在不同政府层级之间、同一层级的不同政府部门之间存在大量的重复建设情况，从而出现网上信访访问渠道和业务处理系统建设的服务供给碎片化问题。在一定意义上讲，服务供给的碎片化是政府数字化转型难以跨越的一个发展阶段，因为伴随着网络信息技术的发展，社会公众对通过网络渠道表达诉求和维护合法权益的需求可能与政府部门的服务供给存在偏差，而市场上的互联网公司却有着相对敏锐的需求嗅觉和更加灵活的服务供给方式，从而在网上信访的发展初期，信访渠道的多元化有其积极意义，即方便社会公众以自己熟悉和可及的方式向党政部门线上反映情况、提出意见和建议、实现政治参与和实施民主监督。然而，碎片化的服务供给普遍存在处理效率不高的问题，并且在一定程度上增加了网上信访的建设、运营与维护系统正常运转的成本。网上信访与传统信访工作模式的终极目标是一致的，即希望真正帮助社会公众解决问题和有效地响应群众诉求，但是网上信访的碎片化运转显然无法满足这一需求。一方面，信访渠道的碎片化极易诱发信访人将同一信访事项在不同的服务端口进行重复提交，这就对不同渠道之间能否实现及时和有效对接提出了挑战。以江苏省网上信访为例，按照省信访局的相关政策规定，在省级层面至少存在“书记信箱”“省长信箱”、人民网的网友给省委书记和省长的留言、国家投诉受理办公室转送交办件、省政府信访局的“领导信箱”“阳光信访”信息系统、手机 APP 信访、微信公众号这 8 个信访渠道向党委和政府反映情况、提出意见建议或投诉请求。参照江苏省《网上信访事项办理工作规范》相关内容，上述网上信访平台都要经过“江苏阳光信访信息系统”的人工分拣流程进行汇聚、甄别和判重，从而将分拣后的信访事项信息作为进一步处理和分析的依据。另一方面，信访业务办理系统的碎片化难以有效应对复杂和棘手的疑难信访问题。伴随着社会流动性的增强，“三跨三分离”信访事项逐渐增多，当前的网上信访不仅表现为省内部的标准化程度偏低，而且表现为省与省之间具体办理规范的差异化。前述部分谈及的省级信访条例中关于网上信访的规定仍处于碎片化状态，可能会对具体信访事项的最终办理结果产生不利影响，并且降低网上信访的服务效果。

5.1.2 网上信访机制认知和功能定位存在偏颇

无论对信访人来说，还是对信访机构工作人员来讲，网上信访带来了信访手段与方式、互动与办理、结果与反馈的巨大变化，将其作为一项政府数字化转型时代的技术革新已经达成共识。值得深入思考的问题是，在网上信访已经成长为社会公众诉求表达主渠道的背景下，如果仅仅将其定位于技术革新的位置，则会导致网上信访局限于“术”的范畴，难以真正上升至“道”的高度，进而影响网上信访的发展完善和功能实现。党和国家历来重视信访工作，在“单位社会”解体之后，原先由单位承载的“社会矛盾和纠纷分解功能”被严重削弱，信访成为“后单位时期”连接国家与公民之间利益表达与责任响应的核心制度平台①。网上信访作为互联网时代信访制度的现实载体，如果无法在理念认知和功能定位方面形成正确的价值取向，必然难以通过技术变革撬动制度创新，进而影响网上信访真实效用的实现。

从网上信访机制认知的角度来看。①将网上信访作为传统信访工作模式的数字化补充，缺乏对其重要价值的理解和领悟。在政府治理场域，信访工作具有一定的特殊性，不仅需要注重信访事项的具体内容，而且需要重视信访事项的表达过程，这与信访制度本身的特质具有很大关系。信访制度设计伊始，就是为“密切联系群众”的目标服务，内在要求党委和政府部门要在与人民群众的共同生活中增进彼此的感情。换言之，信访工作既是信访人与信访机构之间的利益纽带，也是一种更高层次的情感连接②。传统信访工作模式下，信访人可以在诉求表达的过程中流露出丰富的个人情感，信访机构工作人员也可以从中捕捉到语言文字无法传递的微观信息，从而彼此之间更容易产生共情和同理心，信访事项办理成为双方

---

① 张帆，田毅鹏．社会性治理技术：社会组织对社会矛盾的化解之道——以J市信访法律事务服务中心为例［J］．河北学刊，2021，41（4）：200－209．

② 孔凡义．补充民主政制：人民信访制度的再阐释［J］．信访与社会矛盾问题研究，2020（6）：37－51．

交换信息、交流情感和增进信任的过程。以文字表达作为主要信息传递方式的网上信访，显然缺失了信访人与信访机构人员情感层面的互动，从而形塑了信访工作实务中信访工作人员认为网上信访仅仅是一种补充性角色，无法与传统信访效果相媲美。这种观点也存在于部分学者的理论叙述中，认为网上信访仅仅在经济成本、速度和透明度等方面具有一些相对优势，但是却容易带来信访的随意性和匿名性，尤其是网上信访存在转化为线下集体行动的风险，从而增加了群体性事件发生的难以预测性和不稳定性[①]。②将网上信访简单作为传统信访工作模式的替代品，无法修正信访制度的异化现象。网上信访是数字技术与信访工作融合的实践模式，兼具技术理性与制度优势。一方面，网上信访必须按照信访信息系统预先设置的规则、标准和程序进行运作，无论是信访人还是办理信访事项的信访机构，都必须按照既定流程办事，从而在一定程度上减少和弱化了依靠主观经验行事等不规范的行为。另一方面，网上信访为信访人的诉求表达和权益保障提供了不同于传统信访模式的新型通道，更加经济、透明、便捷和公开，社会矛盾纠纷和意见建议具有了更加畅通的响应反馈机制，一定程度上消解了传统信访工作模式中出现的缠访、闹访和无理访等信访异化现象。然而，网上信访正处于发展和完善时期，针对一些原因复杂、资源整合程度高和价值取向存在显著冲突的棘手性信访事项，依然难以发挥现实功效。其中既涵盖原有思维惯性的影响，即认为传统信访工作模式无法解决的难题，网上信访同样难以奏效，从而缺少了尝试运用新方法和新途径解决难题的动力。也涵盖对数字技术赋能信访工作的盲目崇拜，认为网上信访可以消解传统信访工作面临的诸多不足和缺点，从而出现将网上信访绝对化的倾向。事实上，无论是传统信访工作模式还是网上信访工作模式，都有其相对优势和相对不足，应当正确认识两者相互配合在化解社会矛盾纠纷和响应群众诉求过程中的重要性和积极意义，避免陷入顾此失彼和去彼取此的单方面行动困境。③将网上信访当作方便政策陈述的象征性手段，极易诱导信访工作陷入治理符号化境遇。就信访工作的结果而言，至少存在陈述和执行两种较为典型的输出方式。在传统信访工作模式之

---

① 吕普生．新时代网上信访的社会治理价值与多重现实挑战［J］．西南政法大学学报，2019，21（3）：12－22.

下，信访人与信访机构之间发生的多为实体互动行为，这种治理主体面对面对话的情境，形塑了一种“主体在场”的无形压力，从而倒逼信访部门必须十分注意自身工作效果与信访人实际需求之间的匹配程度。如果信访机构的权威性执行活动并未给信访人带来实际利益，或者信访机构的信息反馈被信访人认作无效，则意味着初信初访可能向着重复访、越级访或进京访等非常态行为转化。反观网上信访，多为信访人与信访机构之间虚拟的线上互动行为，生成了主体不在场的结构性张力，致使信访机构更加注重信访事项处理过程符合既定的程序与时间节点要求，并通过政策性陈述给予信访人以文字符号意义上的满足①。然而，由传统信访工作模式向网上信访工作模式的演进，并未改变信访工作将化解矛盾纠纷和解决人民群众合理诉求作为核心价值追求的生命线。网上信访工作模式注重给予信访人以符号意义上的满足，使用一些未承载实际意义的文字响应信访人提出的事关自身合法权益的信访事项，或者以象征性的及时办理和快速回复掩盖实际问题并未化解的事实，都是缺乏对网上信访正确认知的重要表现，最终会致使信访人通过网上信访化解自身问题的期待难以实现。

从网上信访功能定位的角度来看。①网上信访的公开度和透明度相对偏低，依然凸显出信访工作的敏感性。网上信访作为党委、政府和社会公众之间互动的新型平台，既必须坚守促进社会矛盾纠纷化解和有效响应群众诉求的生命线，同时也要发挥信息技术的巨大优势，增强信访工作在民主监督、建议征集和风险防范等方面的功能。在应然状态下，网上信访不应当再延续传统信访模式的“黑箱”流程，信访人或利益相关者应当实现对信访事项办理过程的全程可见，可以就办理的每一个环节进行认同性评判，并及时予以结果反馈或提出建议。社会公众也不应该当是局外人或旁观者的角色，而是可以承担起民主监督的功能，从而要求网上信访在有效保护信访人个人隐私的前提下，探索普通公众监督信访事项办理过程的常态化机制。网上信访的实质是社会信息输入和政府信息输出的交互行动，在数字信息技术的加持作用下，作为重要社会治理主体的社会公众理应可以借助网上信访观察、参与、评价信访机构的工作情况，这有助于逐渐弱

① 杨杨．网上信访治理的符号化：缘起、风险与应对策略［J］．理论导刊，2022（3）：84－89

化在传统信访工作模式中形成的“谈信访色变”[①]的敏感化印象。然而，网上信访的实然状态并非与其应然追求亦步亦趋。由于在实际运作过程中沿袭了信访制度的神秘化色彩，加之信访信息经常与涉及社会稳定的“限制性介入”事务相关[②]，致使其仍然是高度敏感化的社会资源，网上信访尚难以真正实现社会权力监督公共权力和通过信访机构权力监督职能部门权力的应然目标[③]。②网上信访事项办理的社会参与度较低，依然凸显信访工作的独占性。信访工作的封闭式运作是社会公众质疑其最终效果的重要原因之一，尤其是伴随着一些非营利性矛盾纠纷化解组织的出现，以化解社会矛盾和纠纷冲突为核心取向的信访工作的专业性垄断正在不断降低，具有中立性、公益性和专业性特征的民办非企业单位参与社会矛盾化解的优势正在不断显现[④]。相对于信访机构而言，社会组织参与信访事项化解可以突出与信访人之间的“深度情感互动”和“持续性全程互动”，有效增强彼此之间的信任程度和情感连接，从而消解信访机构单纯依靠行政力量化解矛盾纠纷模式的短板。网上信访以数字信息技术为支撑，可以通过政府购买服务等方式更加便捷地将社会组织纳入信访矛盾化解过程，相关社会组织通过获取信访机构的“准入性”授权，可以在顺应社会基本运行逻辑的基础上，通过发挥正式制度所欠缺的灵活性、变通性和技巧性等社会治理技术，以专业知识的柔化运作、治理资源的高效协同或个体力量的组织化运作等方式增强解决社会矛盾纠纷的适配性。网上信访尚未对信访机构和职能部门之外的社会治理资源做出有效响应，以信访工作专业性和敏感性弱化了网上信访治理的实际效果，其本质是对社会治理权力的部门化占有，无论是透过公共价值管理和整体性治理理论，还是将其置于数字治理等理论视野之中，都和社会治理的现代化取向存在一定程度的偏离。③网上信访数据信息统计的内部化倾向，依然凸显信访工作的封闭性。相对于传统信访工作而言，网上信访不仅承载着社会矛盾纠纷化解和

---

① 彭錞．失信联合惩戒行政诉讼救济困境及出路［J］．东方法学，2021（3）：171－186.

② 刘江，郗永勤．首长信箱问政模式运行绩效提升研究——基于40个问政回应案例的调查［J］．福州大学学报（哲学社会科学版），2017，31（4）：42－49.

③ 杨杨．网上信访：生成逻辑、运作挑战与优化策略［J］．湖北社会科学，2021（6）：34－40.

④ 张帆，田毅鹏．社会性治理技术：社会组织对社会矛盾的化解之道——以J市信访法律事务服务中心为例［J］．河北学刊，2021，41（4）：200－209.

响应群众合法诉求的功能，而且更重要的是它可以利用数字信息技术，通过对信访人提出信访事项的聚合分析，提升信访数据对潜在社会风险、公共政策运行、新兴业态发展带来的前沿问题的应对效果，实施聚焦、评估、监测、预防和及时处理，从而在社会运行和社会变化呈现加速趋势的背景下，降低不确定性因素对社会公众合法权益、美好生活需求以及公共部门社会治理效果的不利影响。然而，就目前的实际情况来看，网上信访的数据信息开放程度偏低，信访机构通常是依赖信访信息系统内置的功能对信访数据进行基础性统计分析，如信访事项办理的时间、信访多发区域和信访事项多发领域等，较少涉及对信访事项具体内容的分析，或者缺乏相应的分析工具和手段，从而影响了网上信访数据潜在功能的发挥。信访机构尚未真正意识到如何去正确地开发和运用这一潜藏巨大社会治理价值的“富矿”，取而代之的是，网上信访不仅缺乏对不同部门具有异质性特征数据的交换与共享积极性，而且这些海量的数据缺乏信访机构以外的研究者或专业分析人员的深度参与，呈现出一定的“排他性”特征，致使其潜在价值无法被充分挖掘和利用。这也从侧面反映出对网上信访综合功能的完善并非“不能为”，而是缺乏探索和创新的精神，不知“如何为”。正是因为这一障碍性因素，将网上信访大数据成功和有效地运用至社会治理领域尚需制度建设和政策引领。

5.1.3 网上信访治理效能不足的潜在危险

作为政府治理的重要组成部分，网上信访的直接目标就是“有能且有效”地办理信访事项，这就要求信访机构及其工作人员不但要具备有效化解矛盾纠纷和响应群众诉求的能力，而且要同时保证整个处理过程的经济和效率。信访事项办理是网上信访工作流程的关键环节，由于信访机构一般承担的是程序性受理职能，真正对信访事项进行办理的是相关职能部门，因此从“一件事”的视角来看，网上信访是一个多环节相互配合的动态过程，从而其最终办理效果受到多种因素的影响和制约①。网上信访机制认知的局限和功能定位的偏颇，会引发治理效能不足的潜在危险，其主要表现就是网上信访治理目标追求的工具性取向、治理主体之间的协同性

① 杨杨．网上信访：生成逻辑、运作挑战与优化策略［J］．湖北社会科学，2021（6）：34-40.

受限和治理功能设置的精准性欠缺。

从网上信访治理目标追求的工具性取向视角来看。①数字技术对网上信访治理目标的置换。网上信访具备方便、快捷、经济和透明度更高的优势，更加有利于实现维护社会公众合法权益和响应群众合法诉求的治理目标。然而，部分信访机构并未完全厘清“技术”与“功能”之间的关系，认为只要在数字技术的赋能作用下就必然可以取得更好的治理效果，从而将网上信访的治理目标转向不断研发新系统和新平台，一定程度上出现了数字技术主导信访工作发展的非常态现象。在技术嵌入治理的过程中，出现技术主导治理的状况并非新鲜事物①，尤其是在技术成为应对互联网时代不确定性和复杂性状态的重要支撑的背景下，技术已经成为增进公共利益和满足公众需求的关键因素，从而生发出“技术决定论”的观点。诚然，在政府数字化转型的进程中，技术要素非常关键，发挥着基础支撑的重要作用，甚至在一定意义上可以讲，没有技术进步就不存在数字政府。但是，治理的最终目的是人的自由全面发展，以政府数字化转型为代表的国家治理现代化，归根到底是人的现代化，网上信访的发展和完善也应当为这一目标服务。数字信息技术是推动网上信访治理目标顺利实现的必要工具，内在要求信访机构厘清“技术工具”与“功能目标”之间的关系，谨防技术工具对治理目标的置换。因此，网上信访治理不可以盲目追求前沿信息技术的嵌入和应用，忽视信访实质功能的发挥和真实目标的实现，而是应该结合地方经济社会发展水平和信访工作实际，在网上信访治理过程中正确分配稀缺的注意力资源。②网上信访治理目标出现符号化的倾向。如果说网上信访治理目标的工具性取向发生在信访事项办理过程的前端，那么网上信访治理目标的符号化则是信访事项办理结果的具象呈现②。网上信访治理目标的符号化倾向以未承载实际意义的文字符号置换了信访问题未曾化解的事实，它与政府数字化转型进程中出现的“指尖上的形式主义”③ 略有不同。形式主义主要表现为数量众多的 APP 过度分

① 江小涓 . 数字时代的技术与文化 [J]. 中国社会科学，2021 (8)：4-34.

② 杨杨 . 网上信访治理的符号化：缘起、风险与应对策略 [J]. 理论导刊，2022 (3)：84-89.

③ 赵玉林，任莹，周悦 . 指尖上的形式主义：压力型体制下的基层数字治理——基于 30 个案例的经验分析 [J]. 电子政务，2020 (3)：100-109.

散工作者精力、政务工作群演变为“摆拍群”或政务系统建设长期处于“走形式”的状态等，比较注重外在表现形式方面的“有”或“无”，而符号化已经深入到网上信访机构权威回复与信访人实际诉求是否匹配的层面，需要更加关注和甄别实质内容的“真”或“假”。网上信访治理的符号化具有特殊的生成情境，如风险社会中频繁出现的复杂和疑难信访事项、线上数字化行动过程中信访人的主体缺场，以及层级压力型体制形塑的信访考核压力等，致使信访机构将象征性的符号化应对作为办理信访事项的理性选择。然而，这种工具性取向会带来一系列的不良影响，一旦信访人准确认识到网上信访并未帮助自己真正解决难题，则会采取重复访、越级访或向其他渠道扩散自己的权益诉求，极易诱发信访人的合理诉求转化为网络舆情，将信访人对信访制度的认同转化为信任流失，甚至出现信访人的个体理性转化为群体非理性等现象，进而影响社会稳定和正常的信访秩序。

从网上信访治理主体之间的协同性受限视角来看。

第一，信访机构的网上信访业务处理能力不佳。在网上信访的治理流程中，信访机构承担的主要职责并非直接介入具体信访案件的办理，而是开展对信访件的接收、分拣、判重、补充信息、简单事项直接回复、转送、交办和督办等任务。由于信访机构较少涉及信访问题的处理工作，网上信访与传统信访工作人员多属于“兼任型”职员，较少对从业人员的综合素质进行全方位的综合考察，经常出现“有经验的人不懂技术，懂技术的人缺乏经验”等经验和技术的错位现象。[①] 这带来了一系列的不良影响：一是部分网上信访工作人员认为自己并非专业人士，从而主观降低了对自身的工作要求，在工作过程中流露出疏忽大意的心态，加之业务培训不到位和不精准，常常出现信访事项答复不规范、不完整或者答非所问的情况。二是信访事务繁杂，具有不同知识或专业背景的工作人员常常存在不同程度的认知偏差，较为明显的问题是依法分类处理信访事项工作推进缓慢，出现对信访人合法诉求不重视、迟滞执行最新规定等不良现象。三是网上信访尚处于发展完善期，部分区域没有成立专门化的网上信访机构，而是选择在其他相关部门抽调人员组成业务部门，致使承担网上信访

① 任晓春，孟令光．网上信访工作效能的评价维度及提升路径［J］．信访与社会矛盾问题研究，2020（3）：62－72.

工作的人员数量缺乏、专业缺失、身兼数职和流动较快，一定程度上制约了网上信访真实功效的发挥。2021 年 10 月，浙江省信访局长会议在宁波召开，各个地市的交流发言归结起来主要涉及了八大类问题，其中六类问题与信访业务处理过程中的复查、复核、判重和分类相关（表 3－8）。正是由于网上信访相关工作人员业务能力不足和缺乏主动服务精神，加之相关工作规范正处于不断完善之中，致使在向职能部门等事权单位转办或交办信访案件时，常常出现无法正确和及时辨别涉事部门的问题，从而影响信访事项处理的连贯性、及时性和有效性。

表 3－8　浙江省信访局长会议交流发言涉及的主要问题

问　　题	主要内容
关于判重标准的问题	杭州等地信访局认为需要有效甄别重复件，判重的标准需要在现有基础上更加具体和细化
简易程序的适用问题	金华信访局提出申诉求决类不能采取“简易程序”的规定不合理
关于依法分类的问题	台州等地信访局提出，事权单位倾向于用信访代替行政，并且对事权单位缺乏相应的制约和督促机制
关于（目的）分类的问题	多个地市信访局提出，国家信访局将信访事项分类五大类（申诉求决类、揭发控告类、意见建议类、其他类、咨询类），目前网上信访信息系统使用的也是以上类别，而最新的学习资料，将其分类四大类（诉求类、意见建议类、其他类、咨询类），存在分类与系统不匹配的问题，并且对如何区分公共服务和信访事项存在疑惑
关于复查复核入口窄的问题	嘉兴信访局反映申诉求决类，复查复核的门关得太死了，需要开一开，并且应当慎重对待信访救济事项
关于存查和备查的区别问题	温州信访局提出存查和备查可能混淆。由于基层信访人员流动性大，建议厘清概念，方便统一

第二，职能部门办理网上信访事项的规范性欠缺。信访制度的生命线是有效化解矛盾纠纷和响应群众合理合法诉求。无论是传统信访工作模式，还是网上信访工作模式，作为事权主体的政府职能部门能否对信访问题做出恰当、正确和有效的答复与处理，直接影响信访人对信访机构的信任水平和信访制度的整体运作效果。然而，由于部分政府职能部门工作人员作风不良和态度不端正，出现信访问题内容审查不细致、实地调查不认真、选择性掩盖疑难问题和象征性反馈办理结果等不良倾向，致使信访人

不得不寻求其他解决问题的渠道，甚至逐渐演化为网络舆情事件。政府职能部门办理信访事项的规范性缺失至少会带来两方面的不良后果：一是信访事项难以一次性办结。对信访人而言，网上信访的最大优势是方便、快捷和经济，并且承载着信访人在短时间内获得预期结果的希望，如果政府职能部门无法及时、认真、细致和有效地处理信访问题，极易诱发重复信访和越级访等现象，同时也会降低信访人对信访制度的信心，转而寻求其他网络渠道的帮助。二是无法充分挖掘信访信息的内在价值。信访事项一般事关信访人切身利益，并且多与社会治理的热点、难点和痛点相关联，对于改进社会治理政策、优化社会治理方法和改善社会治理效果具有重要的参考价值。信访工作人员对信访事项的敷衍塞责，不仅是对信访工作的重要性缺乏认识，而且难以应对潜在的社会治理风险。

第三，信访机构与职能部门之间存在衔接不畅。在网上信访治理过程中，相对于信访机构和职能部门等可以直观感受到的治理效能不足之外，还存在更为隐秘的两者之间的协同配合问题。信访事项的解决过程类似于一个首尾相连的“连续统”，诉求表达起源于信访人，经过信访机构和职能部门的处理之后，最终的结果需要反馈给信访人，并全程接受信访人的满意度评价和民主监督（图 3－11）。尽管信访机构和职能部门是这个连续过程中的关键节点，但是也不能忽视不同节点之间的连接状况，尤其是一些相对复杂和疑难的信访事项高度依赖多元治理主体之间的协调与配合。与公共治理领域出现的其他棘手问题一样，疑难信访事项多表现出价值冲突、结构不良、主体众多和不确定性较强等特征，难以由单一的治理主体独自解决①。然而，不同治理主体之间的集体行动存在不确定性，一旦信访机构与职能部门之间出现衔接不畅或相互推诿现象，则会直接导致信访事项的办理进程缓慢，从而诱发信访人对信访机构或职能部门产生怀疑和不信任情绪，网上信访的治理效果也无法得到认同。

从网上信访治理功能设置的精准性不足视角来看。①网上信访化解矛盾纠纷的基础功能弱化。无论是传统信访工作模式，还是网上信访工作模式，帮助社会公众化解矛盾纠纷是其基础功能。然而，信访机构由于运作方式比较特殊，时常被认为是信访事项的“二传手”，并不能真正发挥破

---

① 于水，杨杨．“棘手公共问题”及其治理之道［J］．理论探索，2020（2）：68－75．

图 3-11　网上信访事项办理“连续统”

解矛盾纠纷的实际功能。部分信访机构工作人员责任意识和使命担当意识不强，也乐于承担这一角色，导致的结果是漠视人民群众关切和工作方法简单，遇到信访事项“一转了之”，热衷于向政府职能部门实施转办和交办，难以形成化解矛盾纠纷的合力①。相对于传统信访工作场景，网上信访呈现出信访人的“缺位”状态，即信访事项的全程线上传递不利于形成信访人的在场压力，形塑了信访机构与职能部门之间的推诿塞责行为。网上信访化解矛盾纠纷基础功能弱化的表现主要有：一是信访事项办理主体以部门目标置换信访人需求。网上信访同样需要面临层级压力体制带来的考核要求，并且以往需要由人工手动统计的初信初访受理率和按时办理率等指标可以在信访信息系统中更加清晰便捷地展示，不同层级信访部门之间的纵向比较和同一层级信访部门之间的横向比较更加易于实施。网上信访机构和职能部门通过减少信访问题实地考察时间或者选择性规避信访事项中的关键问题，达到追求更高的信访事项办理速度的目标。二是网上信访存在以象征性结果反馈给予信访人心理满足的取向。网上信访缺失了矛盾纠纷化解的紧迫感、危机感和责任感，信访机构和职能部门将更多的注意力置于办理流程和时间节点控制，相对忽视了对信访人实际问题的解决。三是网上信访尚难以有效应对复杂和疑难信访问题。这类信访问题的解决一般需要多元主体进行多轮磋商与讨论，视频会议是能够实现这一效果的重要载体，但是无论对信访人而言，还是对信访机构、职能部门、专家学者、心理咨询师或律师等主体来说，视频信访仍然存在一定的不确定性和功能局限性。②网上信访响应群众诉求的社会功能不畅。网上信访具有成本低廉、方便快捷和透明高效的特点，吸引了越来越多的社会治理问

① 李斌．信访改革当瞄准法治的靶心［N］．人民日报，2015-06-04（005）．

题涌入信访渠道。不断增长的信访事项对以为民解难和为党分忧为重要目标的信访制度提出了更高要求，信访机构必须以更加灵敏和有效的响应机制满足社会公众日益增长的美好生活需求。然而，对信访制度诉求响应能力的高要求受到诸多因素的影响，一旦无法正确和适当处理，就会致使信访工作难以发挥正常的社会功能。一是大量社会问题涌入网上信访，信访与法治的关系依然不清晰。不断推进信访法治化发展是建设法治中国和法治社会的重要组成部分，这就不仅要求信访机构和职能部门需要树立牢固的法治思维，而且社会公众也应当以法律为准绳，厘清诉求表达的合适通道。由于经济社会发展加快、机构改革不断深化、法律政策修订周期缩短，以及社会公众诉求更加全面等原因，加之社会公众普遍认为网上信访相对于法治渠道更加经济和便捷，依法分类办理信访事项面临工作链条延长、涉及部门增多、法律权威不足和法律关系复杂等问题，信访工作与法治化建设的结合点和着力点不容易把握，致使信访法治化依然面临一定困难。二是信访事项办理主体相对优势不突出，尚未统筹和整合社会力量。网上信访尚缺乏传统信访工作模式中的联席会议机制，这也是当前网上信访事项普遍采取“线上受理＋线下办理＋线上告知”工作方法的重要原因。在化解信访矛盾纠纷中具有相对优势的专家学者、心理咨询师、律师、第三方社会组织等治理主体尚未进入网上信访治理过程，尤其是面对一些复杂和疑难信访事项时，尚不能有效发挥“刚性”正式制度与“柔性”非正式制度的协同作用。三是对新兴业态引发的矛盾纠纷问题，网上信访的响应有效性不足。新兴业态一般是伴随着经济社会的发展而逐渐兴起的。新兴业态在制度规范、行业标准和监督监管等方面存在一定程度的滞后性。如在一些热门旅游城市或景点，网约房、民宿等引发的矛盾纠纷呈上升趋势，但是网上信访尚难以有效回应和化解类似问题。据浙江省网上信访信息系统显示，2021 年 1 月 1 日至 9 月 12 日，“浙里办”平台共收到民宿或网约房信访案件 2 881 件次，其中德清县莫干山民宿信访件位居首位，宁波市江北区发生“宿百家”和“迈时光”两起民宿欺诈案件，并且已经出现群体性信访，亟需出台有效的整改措施。③网上信访监测预警功能匮乏。互联网时代的社会运行与社会变化呈现加速趋势，信息的生成与传播更加便捷，网络舆情环境越发复杂，借助网上信访加强对社会治理问题的监测和预警成为重要功能。在理想状态下，网上信访应当可以及时预警负面和突发社会问题，实时跟踪和反馈公共政策宣传信息，同时为网络舆情危机处置和有限社会治理资源的精准投放提供决策参考①。一般而言，网上信访助推监测预警取得成效的节点主要有三个，分别是信息采集、信息分析和专题追踪。然而，当前网上信访在监测预警方面的创新功能略显不足，主要表现为：一是信息采集的“主动搜寻”不足，多以“被动响应”为主。当前网上信访的运作仍然处于“送上门的群众工作”状态，缺乏足够的人力、物力、财力和技术等资源实施全方位信息连接，主动发现问题和监测社会治理状态的体系不完善，并且欠缺相应的治理能力。信访工作的重要追求之一就是将矛盾纠纷化解在基层和萌芽状态，然而网上信访尚未摆脱对“显性”社会问题的治理层面，依然缺乏对“显性”和“隐性”社会问题的兼治能力。二是信访信息分析缺少深入挖掘，多以信访信息系统内嵌的基础分析功能为主。面对海量的信访信息，单纯依靠人工实施分析和监测显然效果不佳，由于缺乏专业数据分析能力和缺乏第三方数据分析机构的介入，网上信访难以对“信息富矿”进行有效的分析、聚类、衡量权重、情感判断和大数据统计，从而难以对数据信息进行二次加工和深入研判。三是网上信访尚难以开展专题追踪和实时监测，多以人工聚类和主观研判为主。从国家到地方的各级信访机构有一项共同的工作职责，就是分析研判信访形势、调整完善政策制度和防范化解信访领域重大风险。网上信访在这一方面具有传统信访工作模式无法比拟的优势，然而，网上信访受限于各方面因素的影响，对信访信息的利用和挖掘多依赖于专门研究人员或专业机构，这种处理方式虽然有其优势，但是潜存实效性不强、主观性较强或无法充分利用数据的缺点（表 3－9）。

表 3－9　网上信访监测预警的主要节点与内容

网上信访监测预警节点	主要内容
信息采集	时间设置：7×24 小时全天候 采集对象：主流搜索引擎；大型论坛；人民网等网站；微博、微信等交互工具；抖音、快手等短视频平台；视频和平面媒体；信访类行业媒体等

① 杨杨．网上信访：生成逻辑、运作挑战与优化策略［J］．湖北社会科学，2021（6）：34－40.

（续）

网上信访监测预警节点	主要内容
信息分析	负面信息、热点事件自动预警；自动实施信息分类、聚类或形成云图；按照标准分配权重；实施情感判断；生成数据统计图表；研判事件发展状态和趋势
专题追踪	实时监测热点事件和话题；跟踪专题网络舆情走势、信息源分布和传播路径；实施信息观点聚类和发展趋势研判；民意诉求聚类；信访信息专题报告

5.2 互联网时代信访治理的成因诊断

5.2.1 网上信访的法治与责任理念不足

信访制度的良性发展离不开法治和责任的保障作用，将网上信访打造成为更高水平的阳光信访、法治信访和责任信访是推进信访工作改革的重要抓手。然而，网上信访的法治化建设是一个渐进的过程，是包含社会公众在内的多元治理主体形成法治思维和法治方式的系统工程与长期任务，无法一蹴而就。网上信访责任工作制度的形成、贯彻和落实，也面临复杂、疑难和棘手信访事项与传统信访工作模式中“花钱买平安”等非规范手段的双重影响，需要在制度建设、机制保障和目标管理等方面循序渐进地优化与完善。

从网上信访治理的法治理念不牢角度来看。①信访机构权责相对模糊，与法治追求的确定性存在偏差。从信访机构的职能作用来看，信访人可以向信访机构反映情况和提出意见建议，进行投诉、申诉、检举或控告等活动，具体内容涉及社会治理、征地拆迁、环境保护、土地征收、非法集资等各种事项。在传统信访模式下，由于信访机构的权责相对模糊，许多矛盾纠纷涌入了信访渠道，并且形成了在重要节假日或特殊时间段发生的“信访洪峰”现象。网上信访成为社会公众诉求表达的主渠道之后，信访机构权责相对模糊的状况并未得到扭转，加之网上信访更加方便和快捷，许多涉法涉诉信访事项和以往较少进入信访渠道的矛盾纠纷，也纷纷谋求通过网上信访渠道解决。网上信访事项的事无巨细和矛盾纠纷兜底功能，与法治追求在不确定性中寻找确定性的特性存在偏差。法治要求规范性，但是网上信访事项的种类繁杂、领域广阔和潜存多种价值冲突，化解的过程通常既涉及以法律法规为代表的正式规则，也涉及以人情、面子为代表的非正式规则，法治难以为异质性较强的信访事项提供标准样式或行动标准。另外，法治具有概括性和普遍性特征，可以在大量实际的和具体的社会活动中抽象出可以反复适用的模式，但是网上信访事项并不是“非黑即白”，往往需要灵活地考虑信访人的实际生活状况或生存境遇。换言之，信访事项的解决过程并非仅仅考虑表面上的“事”，而且要考量事情背后“人”的因素，从而信访事项的复杂性和棘手性与法治之间存在一定张力。法治可以帮助信访事项的化解或者为矛盾纠纷的解决提供基础依据，但是仅仅依靠法治手段可能无法彻底化解信访事项。②社会公众维权方式出现路径依赖，与法治建设相左的观念向线上延伸。信访制度创设之初，主要的功能定位是通过民意表达、政治参与和民主监督等方式加强党政部门与人民群众之间的紧密联系，但是之后伴随经济社会的快速发展和改革开放进程的加快，化解社会矛盾纠纷和实施权利救济成为信访制度的主要功能①。涉法涉诉以及权利救济等信访事项的卷入，一定程度上弱化了司法的权威，尤其是信访事项办理过程中领导的批示和指示具有重要作用，“人治”色彩相对浓厚，与法治追求的规范化发生偏离，也逐渐形塑了信访人“信访不信法”的矛盾纠纷化解习惯。同时，信访工作中的政府信任呈现特殊的“反距离悖论”现象，社会公众对距离较远、等级较高、权力较大和职能相对抽象的政府机构抱有更多的好感与信任，而对距离自己较近、等级较低、权力较小和职能更为具体的政府机构持有相对消极的评价②。北京大学曾开展过一项社会调查，结果发现居民对不同层级政府机构的信任存在巨大差异，其中中央政府、省政府、市政府、县政府和乡政府的信任因子分别为0.930 8、0.883 8、0.705 4、0.397 4和0.241 3，突显出政府信任具有“整体水平较高，具有层级分化倾向”的特点③。这种现象在信访工作中也清晰地表现出来，形塑了“信上不信下”的维权导

① 唐皇凤，王锐．在回应民意与规范秩序之间寻求均衡：我国信访制度70年变迁的内在逻辑［J］．行政论坛，2019，26（4）：45－54.

② 吕书鹏．差序政府信任：概念、现状及成因——基于三次全国调查数据的实证研究［J］．学海，2015（4）：148－157.

③ 王浦劬，郑姗姗．政府回应、公共服务与差序政府信任的相关性分析——基于江苏某县的实证研究［J］．中国行政管理，2019（5）：101－108.

向。“信访不信法”和“信上不信下”的不良观念由线下延伸至线上，网上信访数量呈增长趋势，涉及的内容更加丰富，信访人直接向国家信访局或省信访局越级反映情况的现象有所增加。尽管国家信访局名义上对跨越本级和上一级机关提出的来访事项不予受理，但是在信访工作实务中，依然会通过交办、转办或督办等方式帮助信访人化解矛盾纠纷。③信访工作人员法治素养不足，化解矛盾纠纷仍然存在随意性。信访问题不同于一般的政务服务事项，突显出很强的情境性、现实性和目标导向性。信访矛盾纠纷的出现一般与特殊的情境相连接，将同一信访事项置于不同的情境中，可能需要采取截然不同的处理方式，或者是实施法治约束，或者是情感慰藉，或者是柔性引导，或者是上述方式的不同组合，必然对信访工作人员的能力和素质提出更高要求。信访问题还具有很强的现实性特征，必须统筹考虑信访人反映的信访事项及其自身的境况，尤其是对一些相对弱势或特别困难的群体，即使其提出的信访问题不合规或不合法，信访部门依然需要实施救助帮扶，信访工作人员应当培养起正确区分救助“温度”与法治“硬度”之间关系的能力。信访工作还具有较为明显的目标导向性，信访机构的核心目标是帮助信访人化解矛盾纠纷和实现息诉罢访，信访人的核心目标是合理合法权益诉求得到有效的响应或满足，然而看似共同的目标却容易在信访人不断加码的要求中偏离正确轨道，部分信访机构工作人员存在不顾法治原则的“花钱买平安”理念，反向纵容了部分信访人“以闹取利”的行为。信访问题的情境性、现实性和目标导向性，容易诱发信访机构工作人员行为偏离法治约束，从而使用一些灵活性更强、弹性更大或容易为信访人接受的方式办理信访事项。④司法维权渠道不畅通，社会公众更加信任信访制度。伴随着越来越多的社会矛盾纠纷进入网上信访渠道，与信访人权益诉求相关的事项也不断增加，而这类案件又多与诉讼相关。在政府发挥主导作用的监管模式下，存在着一个看似合理实则不合理的悖论。一方面政府部门可以相对自由地掌控监管对象、监管时机和监管范围，另一方面这种“自由状态”又导致了政府监管部门陷入“不一定能管好”的困境。中国消费者协会发布的一项关于消费者维权的调查报告显示，消费者并不缺乏维权的意愿，然而司法维权渠道并不畅通，并且维权过程和程序相对繁琐，花费的成本很高，实际的效率却很低，难以实现以较少的时间、经济和精力等成本达到预期目标的愿望。相较而言，通过信访渠道维护合法权益更加具有优势，尤其是网上信访更加经济、方便和快捷，信访人无需花费过多的时间和精力，只需要将自己的权益诉求表达清楚即可。诉访分离信访工作原则的顺利实现，并非仅仅涉及信访机构自身，还涉及涉法涉诉信访事项的流向问题，也与信访人是否愿意打官司、能否打得起官司或能否打赢官司紧密相关。如果司法维权渠道畅通、经济高效、易于操作和值得信任，信访人自然会以脚投票实现涉法涉诉信访事项的分流。

从网上信访治理的责任意识不强角度来看。①网上信访渠道的数量并不必然表征治理质量。与政府数字化转型是一个渐进过程类似，网上信访也经历了一个从无到有、由散乱到规范、由支流到主流的发展过程。网上信访由最初的领导信箱或政府部门电子邮件发展到当下的专门性网站或移动客户端，极大拓展了其便利性、可及性和可选择性，并且这种变化显而易见和易于实现，无形之中形塑了信访机构开发更多网上信访细分渠道的积极性，尤其是地方信访机构热衷于在主流系统之外开发具有当地特色的线上信访渠道。然而，细分渠道增加带来的直接表现就是碎片化现象，良莠不齐的小程序和客户端等矛盾纠纷化解渠道，既占用了工作人员有限的精力和时间，又可能无法帮助社会公众真正解决问题。在疫情防控期间，“健康码”成为社会公众出行和监测健康状况的重要电子化工具，据不完全统计，仅在江苏省的“苏康码”之外，就出现了徐州彭城码、南通易来通、南京宁归来、苏州苏城码、淮安淮上通、泰州神泰码、连云港连易通、无锡锡康码、镇江镇健康等十余种地方性健康码，在社会流动和社会变化加速化的当下，给社会公众带来了“码上加码”的治理困惑①。网上信访的治理效果显然并不在于开发数量众多甚至让社会公众陷入选择困难境遇的线上渠道，而在于真正帮助化解矛盾纠纷和响应合法诉求，不断增进网上信访的社会知晓度、主体参与度、问题解决效果和群众信任度才是配置注意力的正确选择。②网上信访治理的规范性和透明度存在改进空间。与政府数字化转型一道，网上信访相对于传统信访工作而言，具备了相对规范、公开和透明的优势。然而，透过社会治理体系和治理能力现代

① 李雪松，丁云龙．健康码“码上加码”的形成机制与双重效应——一项基于制度性事实的解释［J］．公共管理学报，2021，18（4）：105－115．

化的视角，网上信访的规范性和透明度依然偏低，与前沿公共治理理论倡导的理想状态仍然存在差距。在网上信访治理过程中，尽管信访人可以就自己提交的信访事项进行办理进度查询或结果反馈，但是信访事项化解过程的实时参与并未向信访人开放，信访人依然是被动等待处理流程和对最终办理结果进行评价，无法形成对结果产生原因或依据的清晰认知。尤其是针对一些信访人自认为合理合法却无法得到信访制度支持的信访事项，容易诱发信访人的不满情绪和重复信访行为①。除此之外，社会公众对信访事项办理过程的监督依然有限。当前网上信访网站普遍开设了“回复选登”或“案例公开”等栏目，但多属于筛选过后的选择性发布，较难吸引社会公众的参与兴趣和参与热情。由于公开程度和社会公众参与度有限，对于一些集中出现的区域性矛盾纠纷等信访事项，网上信访难以发挥预防和预警作用。等类似问题再次进入网上信访渠道后，信访机构或职能部门需要重新花费人力、物力和财力资源进行办理，凸显了较强的“响应式”和“头痛医头脚痛医脚”的被动服务特征②。③网上信访的在场压力流失与潜在的目标置换。政府数字化转型的一个重要特点就是以“键对键”交流取代了“面对面”沟通，尽管一定程度上便利了社会公众的参与和监督，也更加易于通过网上信访平台收集数据信息和研判群众诉求变化，但是这种数字化交流消解了信访人到现场反映情况和表达诉求生成的面对信访机构的“在场压力”，缺少了一种情景感、紧迫感、压力感和责任感。网上信访通常是通过文字表情达意，在文字能够有效承载信访人真实诉求或信访人有能力通过文字传递有效信息的基础上，信访机构与信访人之间的互动仍然缺少了面对面交流的“温度”，并且仅仅依靠文字实现共情或生成同理心是一件相对困难的事情。正是因为在场压力和共鸣场景的缺失，网上信访的办理结果容易出现目标置换现象，信访机构或是迫于规定时限的考核压力，或是囿于解决问题的能力不足，或是乐于无人实施在场监督，或是习惯于敷衍塞责等，都可能产生以象征性的文字符号置换或掩盖信访问题并未真实化解的事实。当信访机构或职能部门将注意力较多地

① 杨杨．网上信访：生成逻辑、运作挑战与优化策略［J］．湖北社会科学，2021（6）：34－40.

② 邓念国，李颖．迈向精准化：传统公共服务供给双重困境之新解［J］．天津行政学院学报，2019，21（6）：50－59.

配置于信访事项的程序性或节点性回应时，不可避免地影响矛盾纠纷的真实化解进度，甚至出现网上信访治理的“机会主义”倾向，单方面认为信访人不会全部进行重复访或信访事项对信访人并不紧急等责任缺失行为。

5.2.2　网上信访的组织与治理流程不畅

网上信访治理陷入困境既可以溯源至法治和责任理念缺失等内部因素，也与其组织运作不规范和治理流程不畅通等外部要素相关。网上信访生成于数字信息技术与信访工作的融合，其实质仍然是社会治理的构成部分，一些在现实信访治理活动中形成的不良习惯或工作作风也会在网上信访治理中体现出来。同时，网上信访事项的提交与受理、办理与反馈、公开与监督等治理流程也凸显出些许的不顺畅，进而致使网上信访在化解矛盾纠纷和响应群众诉求的过程中陷入尴尬境地，最终影响信访制度优势向社会治理效能的顺利转化。

从网上信访的组织运作不规范角度来看。①制度执行不到位，工作运行不规范。制度的生命力在于执行，缺乏严格执行的制度必然会走样、变形，网上信访也概莫能外。在网上信访的发展过程中，国家信访局依据发展实际发布了一系列政策文件，如信访工作信息化建设意见、信访事项网上办理工作规程、视频信访系统使用管理规定等，尽管相关的法律法规尚不健全和数量不多，但是对于完善网上信访制度具有重要的指导和促进作用。在网上信访成为社会公众诉求表达的主渠道之后，聚集增加的信访数量和更加复杂的信访情况为网上信访运作带来的巨大压力与挑战，仅仅依靠屈指可数的几份指导性政策文件显然无法满足实际需求，地方政府纷纷开始制定和出台地方性政策文件[①]，如江苏省于 2020 年 10 月发布《江苏省网上信访工作暂行规定（试行）》，围绕网上信访的事项受理、办理、督察督办、查询、分析和统计、通报和考核等做出了原则性规定，并于 2021 年 7 月修订《江苏省信访条例》，增加了关于网上信访的相关论述。总体来看，对网上信访的重视由中央传导至地方，再由省级传导至市级、县级和乡镇级，需要一定的时间，这既与信息传递的时间差有关系，也与不同层级网上信访的发展程度有关系。当前关于网上信访的制度规范建设

① 杨杨．网上信访：生成逻辑、运作挑战与优化策略［J］．湖北社会科学，2021（6）：34－40．

仍处于发展期，多为原则性和指导性规范，操作性较为有限，限时办结制、首问责任制、责任追究制等尚未真正建立起来，网上信访仅被当作服务于传统信访工作模式的一种新型信息收集渠道，很多制度规范写在纸上、挂在墙上和讲在口头上，与真正贯彻落实在行动中尚有一段距离。②政策落实打折扣，服务意识有欠缺。贯彻落实政策与真正地执行制度要求具有内在本质的一致性，制度执行的缺位与工作运行不规范也一定程度上表征了信访机构服务意识的欠缺。相对于传统信访工作的面对面互动交流和情感沟通，网上信访存在信访人主体缺场的弊端，需要以更加细致周到的服务弥补这一不足。与政府数字化转型的其他领域相比，网上信访机构对打造服务型政府的要求应当更加迫切，不仅因为网上信访事项涉及的治理主体多、内容庞杂、领域广泛和相对敏感，而且很大程度上与信访人的切身利益紧密相关，一旦处理不及时或办理不当将会引发较为严重的负面社会后果。然而，网上信访的新生事物地位尚未引起基层工作人员的充分重视，将网上信访事项一转了之的现象屡见不鲜，并且时常出现不能贯彻落实网络群众路线的行为，在信访事项办理过程中不严格遵循政策要求，推诿扯皮、效率低下和作风拖沓，矛盾纠纷不能及时有效化解，为社会公众所诟病。服务意识从属于价值理性，需要通过网上信访这一具有工具理性意义的载体进行现实运作，一旦出现政策落实打折扣、服务群众的观念淡薄或服务方式不能适应群众需要等价值偏离问题，必然导致网上信访陷入“制度空转”的境遇，从而诱发一系列社会治理风险和挑战。③工作作风显浮躁，工作纪律略松弛。在社会治理实践中，领导的注意力配置方式对治理效果会产生一定影响。相关研究发现，领导注意力存在不同程度的耗散和波动情况[①]，领导高度重视、领导比较重视、领导漠不关心或领导认为不是工作重点等差异化注意力分配方式，形塑了科层制政府机构的实际运作特征和话语体系。在信访制度的发展历程中，尤其是改革开放以来，地方政府将更多的注意力置于推动经济社会发展方面，将信访工作作为社会治理中矛盾纠纷化解或兜底的重要手段，将维护社会稳定和为经济发展提供优良环境作为中心任务。在这一思想引导下，信访工作目标时

① 庞明礼．领导高度重视：一种科层运作的注意力分配方式［J］．中国行政管理，2019（4）：93－99．

常发生偏离，一些地方政府动辄将信访维稳工作作为压倒一切的政治任务来抓，不能正确处理地方政府“信访维稳”与社会公众“信访维权”之间的关系。加之部分信访工作人员缺乏大局意识和工作作风比较浮躁，将维稳诉求凌驾于社会公众正常的合法权益保障之上，出现政策执行不规范，偏离党的政治纪律、组织纪律和财经纪律，甚至以形式主义、急功近利或执法违法等行为伤害信访人合法权益①，造成信访人与信访机构或职能部门之间的紧张关系。现阶段的网上信访治理，仍然未能摆脱信访事项线上受理与线下处理相结合的工作方式，线上受理、线下处理、线上反馈、线上评价成为主流的行动方式，显然网上信访依然会潜在地受到传统信访工作作风浮躁或纪律松弛的影响，尽管较少直接对信访人的身体安全或行动自由形成限制，但是信访人依然可能遭受焦虑、不安、烦躁或压力较大等心理问题。④工作标准不严谨，工作效率难提升。信访工作涉及社会治理的各个领域，事项内容庞杂且多与信访人切身利益相关，内在要求办理过程必须认真谨慎，具有一定的办理难度。在传统信访工作模式下，保障经济社会发展的维稳需求和促使信访人尽快息诉罢访的治理需求都有可能诱导信访工作人员各显其能，以目标导向的工具理性作为行动准则。相对功利化的信访工作导向为“同事不同政策”或“因人施策”等不规范操作带来了空间，甚至衍生出通过空头许诺、蒙混过关或敷衍应付等措施办理信访事项的行为。网上信访相对较高的公开度和透明度，以及互联网社会信息的快速和广泛传播，使得信访机构或职能部门实施的任何差异化应对或不符合规范的行为策略都难以遁形，依据信访法治化要求和工作实际需要对网上信访实施标准化管理势在必行②。江苏省信访局率先在信访工作领域制定了省级标准，印发了群众来信办理、网上信访事项办理、人民建议征集、线上“人民满意窗口”创建和复查复核等一系列工作规范，为建立科学严谨、符合实际、体现法治和规范务实的信访业务工作提供了基本依据。然而，网上信访的标准化工作刚刚起步，全国范围内普遍的情况是尚无统一规范可循，网上信访的专用术语、工作流程、工作要求、督察督

① 吴友全．利益、制度调解与政治想象——“非正常上访”为何成为一种选择？[J]．海南大学学报（人文社会科学版），2019，37（5）：51-59.

② 杨杨．网上信访：生成逻辑、运作挑战与优化策略［J］．湖北社会科学，2021（6）：34-40.

办、监督评价和信息研判等多处于混乱状态，相同的信访事项在不同区域的办理时限和办理方式都存在差异，相应的工作效率更是缺乏可衡量的标准，埋下了推诿塞责、松懈散漫和不作为的潜在隐患。

从网上信访的治理流程不畅通角度来看。自信访人通过网上信访渠道提出信访事项后，信访机构至少要经过分拣、甄别、判重、完善信息、拟办、办理、审核、回复选登、督查督办、监督评价、信息研判等一系列复杂的工作流程，一旦某个环节出现问题或行动迟缓，整个流程都会运行得不顺畅，而这些问题都可以被信访人或社会公众清晰地感知到，从而致使网上信访治理陷入绩效不佳的境遇。①网上信访事项的提交与受理。信访人与信访机构或政府职能部门发生联系的第一步就是在网上提交信访事项。当前，不同的网上信访平台对信访人提交信访事项的规定存在差异。如部分地区明确要求必须实名认证方可提交信访事项，为社会公众享受网上信访这一公共服务设置了限制条件或基础门槛。另外一些地区则相对宽松，允许信访人以匿名方式或不用登录也可以直接反映问题，在举报类案件中保护了信访人隐私，不足之处是存在随意反映问题或浪费公共资源的问题。信访人登录系统之后，可以进行自主选择。以江苏省微信信访为例，网上信访信息系统为投诉请求类信访事项和人民建议类信访事项设置了不同渠道，投诉请求类需要信访人如实填写事发地、主要诉求、事实和理由、相关材料附件、是否同意网上直接回复、是否允许公开、是否具有联名人等信息，对信访人的文字表达能力、数字设备使用能力以及相关法律法规的知晓度提出了要求。信访人提交相关信息后，就进入了信访机构的受理阶段。正式受理之前，信访机构会对接收到的信访事项进行甄别、判重和完善信息，甄别环节主要是对信访事项进行敏感信、无效信或常规信的判定，判重主要验证信访人反映的是否为重复信访事项，并且依据信访人诉求完善必要信息。拟办即意味着信访人提出的信访事项被顺利受理，但是办理渠道依然需要按照不同的信访事项分类进行选择。一般而言，治理的流程链条越长或涉及的治理主体越多，出现治理偏差的概率就会越大。在技术嵌入科层体制运作过程之后，负责不同业务的部门依然可能无法突破“部门主义”惯性，相对复杂的治理内容也可能引发信息和数据交互中一些不良现象的出现，比较突出的就是由部门权力最大化驱使的“主观不情愿”和科层权力规制的“客观不允许”[①] 等行为。②网上信访事项的办理与反馈。在网上信访事项顺利提交和受理之后，就可以进入关键的办理环节。办理操作由告知开始，秉持网上信访法治化和“诉访分离”原则，信访机构应告知信访人涉及诉讼权利救济的事项应当向有关政法部门提出[②]，重复提出的信访不再受理。信访机构还应当对下列信访事项进行直接答复：一是询问信访事项办理情况；二是信访内容不清晰或无实质性诉求；三是对已经解决的信访问题表示感谢；四是咨询相关信访法规或规定；五是对信访工作提出意见建议。针对不予受理、不再受理、直接答复之外的信访事项，需要按照要求进行转送或者交办：一是将信访事项直接或通过下级信访工作机构转有权处理机关办理；二是揭发控告类信访事项要按照纪检监察工作相关规定和干部管理权限报送相关负责同志或转送纪检监察机关、组织部门办理；三是对需要交办的信访事项要直接或通过下级信访机构交有权处理机关办理。综合来看，办理与反馈作为网上信访的核心节点，仍然是宏观性或一般性规定较多，尚未对信访事项的具体办理做出专门性操作指引。尤其是信访机构制定的网上信访事项办理规范尚难以对政府职能部门产生约束，从线上政务服务实施的“一件事一次办”治理流程改革实践来看[③]，网上信访尚缺乏不同部门之间的紧密协同，对网上信访事项办理的具体流程也缺乏清晰的指引，致使信访人无法形成对信访事项办理进展的明确预期，信访工作人员何时和以何种方式办理信访事项的自由裁量权相对缺乏约束。③网上信访事项的公开与监督。网上信访事项的办理结果除去向信访人反馈之外，还应当向社会公开和接受社会监督。当前，网上信访事项的公开以“回复选登”或“案例精选”等为主要表现形式，并且设置了相对明确的选择范围：一是信访事项按期办结、处理意见得到落实且信访人已经停诉息访的信件；二是信访人对信访机构或职能部门答复满意的民生类来信；三是已经具有明确回复的咨询、意见、建议类来信；四是经相关领导批示交办后，信访人对信访事项办理结果满意的信件。信访机构对“回复选登”的内容也做出了相关规定：一是来信信息栏展示来信标题、来信时间

① 曾凡军，潘懿．基层治理碎片化与整体性治理共同体［J］．浙江学刊，2021（3）：64－71.

② 信访工作条例［N］．人民日报，2022－04－08（006）.

③ 郭渐强，徐屹垚．政务服务中心公共服务流程优化研究［J］．湘潭大学学报（哲学社会科学版），2020，44（3）：31－36.

和来信内容；二是来信回复栏展示回复单位、回复时间和回复内容等信息。一般拟公开的信访件需要经历筛选审核、保密审查、分管领导审阅和主要领导审签等“四级审查”机制，确认无误后方可公开发布。相应的网上信访事项办理结果的监督，一般由信访机构发挥对职能部门的督察督办功能：一是查看常规信访事项办理程序是否规范、完整和答复意见书内容是否全面；二是要会同有关单位对信访人反复投诉的信访事项进行认定事实是否清楚、定性是否准确、程序是否规范、处理意见是否恰当的判定；三是对事实不清、定性不准、处理意见不恰当或者处理意见未落实的信访事项退回重新办理，具体的督察督办方式可以选择通过网络、电话、约谈或实地考察等实施。此外，信访人对信访事项办理结果有异议可以触发复查复核机制，社会公众对信访事项办理结果有异议可以通过适当方式向信访机构反映。综合来看，网上信访事项的公开审核机制较为严格，可能会对其公开程度和公开有效性产生不良影响。网上信访事项办理结果的监督主要依赖于信访机构，除非信访事项办理结果存在明显欠妥之处，否则非专业部门对专业部门的矛盾纠纷处理结果较难提出异议。就网上信访事项办理结果而言，最有发言权和感受最直接的主体是信访人，但是目前信访事项的办理过程缺乏信访人实时监督和全程参与，信访监督的有效性和准确性依然存疑。④网上信访事项的结果评价与信息研判。信访事项在经历办理过程之后，最终的办理结果要接受信访人评价，并且需要对网上信访信息系统中的信息进行分析和整理。一般而言，信访人只能够对信访机构纳入群众满意度评价范围内的网上信访事项实施评价，评价的主要内容涵盖信访机构工作人员的服务态度和工作效率、政府职能部门工作人员的服务态度和工作效率、是否依法按照政策解决了信访问题、是否按期出具了处理意见书并送达信访人等，最终的评价结果设置为满意、基本满意和不满意三个等次。网上信访事项的分析研判、数据统计和情况通报也是治理流程的重要组成部分。一般而言信访机构会对涉及公共政策或经济社会发展方面的重大问题，以及带有普遍性、苗头性、倾向性或预警性问题的信访事项加以整理，以摘要或者专报的形式报送相关党政部门领导同志。此外，信访机构还会按照月份、季度、半年和年度等时间安排统计网上信访数据，从而方便掌握网上信访的周期性数量和结构特点，以便为研判网上信访存量、增减量、突发的变量、一段时间内的热点问题及其变化动态等提供方便。信访机构借助网上信访信息系统，可以更加便捷地向相关地区或职能部门通报网上信访情况，如网上信访比例、及时受理率、按期办结率、群众满意率、参评率等数据，在对区域内网上信访情况进行全面了解的基础上，形成不断改进信访工作和完善治理流程的压力机制。综合来看，网上信访的结果评价机制尚未覆盖全部信访事项，且信访人在接收到信访事项办理结果之后，缺乏表达对结果不满意的渠道，要么发起复查复核，要么等待信访机构工作人员的回访，需要付出额外的时间成本和心理成本。信访机构对网上信访数据的挖掘和利用尚不深入，缺乏有效的信访大数据处理工具、能力和机制，不利于顺畅发挥信访大数据的监测和预警功能（表3-10）。

表3-10　网上信访事项的提交与受理要点

环节	任务	主要内容
信访事项提交	注册	1. 实名登录；2. 匿名登录；3. 直接登录
	信息填写	事发地、主要诉求、事实和理由、相关材料附件、是否同意网上直接回复、是否允许公开、是否具有联名人等
信访机构受理	分拣	接收省域范围内规定的不同网上信访平台事项
	甄别	1. 敏感信：涉及设区市、县（市、区）党委政府、省级机关部门领导干部重大问题的来信，按相关规定呈报； 2. 无效信：存档备查； 3. 常规信：以上两种之外的来信，进入常规办理流程
	判重	1. 对信访人姓名（身份证号）、地址（问题属地）、反映的主要内容等信息进行核查，判定该信访事项是否为重复信访事项； 2. 相关人员代信访人反映同一信访事项的
	完善信息	根据信访诉求的主要内容，对网上信访事项的相关信息进行完善，主要包括：信访目的、内容分类、问题属地、所属系统、热点问题以及信访原因等
	拟办	1. 对反映各级政府机关以及相关企事业单位及其工作人员职务行为的来信，提出转送办理建议； 2. 对意见和建议类的来信，提出转送参阅建议； 3. 对重要的“联名信”或“异常信”，提出转送办理建议； 4. 对重大、紧急类信访事项，及时提出建议报请领导决定； 5. 对重复信访事项，按照国家信访局《信访事项网上办理工作规程（试行）》第十二条规定办理； 6. 对其他需要呈报上级领导，或者需要重点督办的重要信访事项，报请领导审定

5.2.3 网上信访的整合与协作机制阻滞

网上信访是一个复杂的有机系统，帮助社会公众化解矛盾纠纷、为人民群众提出意见建议提供通道、监测和预警社会难点或热点问题的演变趋势是其核心功能。网上信访为了实现服务和满足社会公众需求的价值理念，必然需要通过整合力量和创设协作机制等具体行动作为依托，这也符合积极的价值追求需要通过工具理性的现实运作才能够实现的基本事实[①]。然而，网上信访的整合与协作机制尚显不足：一方面是线上与线下、信访机构与职能部门之间、信访工作部门与社会力量之间的资源共享与衔接存在缝隙；另一方面是多元治理主体之间正式协作与非正式协作机制的集体行动框架比较模糊，以有效化解网上信访事项为中心的良性社会治理关系有待建立。

从整合机制来看，其衔接存在缝隙。①信访事项的线上提出与线下办理缺乏融合度。网上信访事项源自于信访人的现实生活，尽管其提出可以借助网上信访这一便捷透明的通道，但是信访机构或职能部门化解矛盾纠纷与响应群众诉求依然需要在社会现实中开展，与传统信访模式的相异之处在于这种信访事项的办理过程不再是脱离社会公众视野的“黑箱操作”，而是需要在一定的行为规范和约束条件之下，在相对公开、透明、民主、可监督和可评价的氛围中进行。网上信访的运作实质是“线上”与“线下”行动的结合体，就其一般组合模式而言，至少存在“线上接访+线上处理”“线上接访+线下处理”“线下接访+线下处理”和“线下接访+线上处理”等不同的表现形式。在信访工作实务中，“线上接访+线下处理”是信访机构办理信访事项的主要方式。因此，网上信访事项的有效办理内在要求线上与线下的无缝衔接，以确保整个治理流程的顺畅和高效运转。然而，由于信访人与信访机构或职能部门工作人员看待问题视角的偏差，以及网上信访文字表达可能产生的误解，信访事项的线上提出与线下办理状况潜存不一致的可能性，并且线下办理之后的线上反馈依然可能出现不被信访人认同的情况。除此之外，线下办理环节较长、程序较多或部门分散也会在一定程度上影响网上信访的整合效果，致使信访人出现心理焦虑

① 于水，杨杨. 良性社会治理中“合理性”的有效调适与策略选择——基于城管柔性执法模式的思考［J］. 理论学刊，2019（6）：129-137.

或不满情绪。②信访机构与职能部门之间资源共享程度偏低。网上信访事项的顺利化解，除去线上与线下的融会贯通之外，还需要信访机构与责任部门之间充分的资源共享和信息互通。一般而言，信访机构接收到网上信访事项之后，需要按照具体问题的复杂程度进行分流，不同的信访事项适用不同的办理程序。2021 年浙江省信访局出台《浙江省信访事项登记录入办理指引（试行）》，对咨询类、申诉求决类、意见建议类、检举控告类和其他类等五类信访事项的办理程序进行了规范，同时明确区分了信访事项办理的简易程序和普通程序[①]。值得注意的是，在这一指引中不同信访事项的划分依然比较主观，信访工作人员在何种信访事项适用简易程序方面拥有较大的自由裁量权（例如对可以适用简易程序的“能直接答复、当场答复、及时答复的信访事项”缺乏可执行的客观标准）。在网上信访数量不断增加和信访事项处理难度相对增大的背景下，可操作性标准的缺失容易引发信访机构与政府职能部门之间认定标准的冲突，一定程度上增加了矛盾纠纷化解过程中集体行动的难度，容易将信访机构置于“二传手”的尴尬位置[②]，也不利于有限人力、物力、财力、时间和信息等资源的及时获取与共享。③信访工作部门与社会力量之间衔接相对不畅。网上信访事项的化解并非仅仅涉及信访人、信访机构或职能部门等直接主体，也涉及其他社会公众、信访治理领域的专家学者、心理咨询师、律师、第三方社会组织等间接主体，正确和有效地处理直接主体和间接主体之间的关系，有助于形成良性的矛盾纠纷化解氛围，共同致力于信访人权益的维护和公共价值的创造。相对于传统信访工作模式中运作较为成熟的信访联席会议制度而言，网上信访缺乏整合不同治理主体的有效方式，这似乎与政府数字化转型过程中多元主体可以在信息技术支撑作用下，以更加经济、便捷和畅通的形式进行互动与交流背道而驰。事实上，这与网上信访事项的“线上提交＋线下处理”的运作模式有很大关系，一旦遇到需要更多治

① 咨询类信访事项是指信访人对国家机关工作职责、相关办事程序、政策或法律法规等进行的咨询，以及对党和政府的民生服务信息的查询；申诉求决类是指信访人不服国家机关或其他组织的处理决定而提出改变和纠正的要求，或者是信访人请求国家机关正确履行职责并帮助其解决现实困难和满足其特定利益需求；意见建议类是指信访人对国家事务、经济文化事业、生态环境或社会事务提出自己的主张和看法；检举控告类是指信访人认为党组织或党员存在违反党的纪律、监察对象存在职务违法或职务犯罪，应当由纪检监察机关处理的违纪违法行为。

② 余明远．完善基层信访机制应做到“八个结合”[J]．领导科学，2009（13）：12－13.

理主体共同参与和建言献策的信访事项，一般都会进入线下的联席会议制度解决。相对于创设一种治理主体全部上线的“网上信访联席会议制度”而言，显然沿袭传统方式花费的成本较低和风险较小，不足之处就是可能会牺牲数字化时代化解信访事项的效率。信访机构或职能部门看似无可厚非的选择之中，透露出服务意识的不足和对提高工作效率的漠视，也一定程度上忽视了信访人对尽可能快速解决难题的需求。新冠肺炎疫情发生之后，线上学习、线上工作、线上研讨逐渐成为常态化行为，由此推及信访事项的线上协商与讨论应当成为备选方案之一。尤其是在遭遇突发事件和治理主体集聚面临困难的境况中，更加考验网上信访事项“线上提出＋线上解决”运作模式的有效性。这也是在政府数字化转型背景下完善网上信访治理体系和提升网上信访治理能力的必然要求。

从协作机制来看，其主体存在模糊。多元治理主体之间的协同合作是解决疑难信访问题的有效途径，也是应对社会运行和社会变化加速趋势中矛盾纠纷频繁发生的必然选择。在信访工作实务中已经存在多种多样的主体协作机制，但是由于对机制的理解比较模糊，并未对社会实践中不同机制之间的差异性进行有效思考，从而难以发挥不同机制在特殊治理场景中的相对优势。事实上，关于机制概念的探讨在学术界也属于争议较大的问题，尤其是机制与制度、体制之间的区别和联系含混不清，在一定程度上影响了对机制问题的学理探讨。从社会系统论的视角来看，整体社会是由具有不同性能且相互关联的部分组成的，而机制就是这些关联或部分之间形成的运作方式[①]。机制也存在类型学意义上的划分，如非规范性机制与规范性机制、非正式机制与正式机制等。其中规范性机制或正式机制通常与一定的社会体制相连接，受到社会机构或行为规则的约束，而非规范性机制或非正式机制缺乏组织机构或规则约束，突显出较强的随意性和自由性[②]。网上信访治理过程中的协作机制是一个综合体，既涵盖正式协作机制，也包括非正式协作机制，存在的主要问题是不同协作机制类型之间的界线相对模糊，且信访机构或政府职能部门选择适当协作机制的能力相对

① 孙绵涛．社会机制理论的新探索（上）[J]．沈阳师范大学学报（社会科学版），2007（6）：28-34.

② 锁利铭．地方政府间正式与非正式协作机制的形成与演变[J]．地方治理研究，2018（1）：25-39.

不足。①非正式协作机制的约束力相对较弱。信访人通过网上信访提出权益诉求或意见建议之后，如果被信访机构或职能部门认定为需要多方协作共同解决的复杂疑难问题，则会对相关的治理主体实施动员以增强其协作积极性。显然，这种依赖动员的多元治理主体自愿参与行为是一种非正式协作机制，在科层压力型体制内的相关机构或部门容易被吸纳或卷入，但是科层体制之外的专家学者、心理服务人员或律师群体等则容易在这种非正式的网络连接中缺席。尽管非正式协作机制围绕网上信访事项创建了一种轻松灵活的交谈、磋商和意见表达环境，但是其对参与协作成员的约束力较低，更主要的是其有效运作依赖于多元主体之间的彼此信任、相互尊重、共同理解和互惠关系。从而除去与信访事项化解具有直接关系的信访机构和政府职能部门之外，其他参与协作的治理主体可能存在异质性需求或偏好，从而在非正式协作机制提供的自由与灵活空间之余，衍生出较强的不确定性和不可控性。正如新闻媒体通常使用“问责风暴”去形容非规范化的行政问责[①]，由于联合应对重大突发事件的治理主体缺乏协作的持续性、稳定性和规范性，致使其随意性较大，并且常常将其与“运动式治理”带来的负面效应相连接，不利于良性社会治理模式的培育和运转。网上信访的非正式协作机制面临同样的质疑，参与协作的治理主体具有较强的自主选择性和流动性，相似的信访事项可能会因为协作主体的不同而出现办理结果的差异，采取有效措施增强协作机制的约束力和保证协作结果的确定性应当成为网上信访的重要价值追求和努力方向。②正式协作机制的互动模式相对僵化。相对于非正式协作机制的直接操作性和临时应对性而言，正式协作机制更加重视合作治理行为的过程设计、有效执行和目标产出，从而基于互惠和最小成本原则规范共同行动或履行承诺。一般而言，正式协作多表现为会议制度或组织章程等方式，不同的治理主体会共享一套制度化的议事和决策程序，通过长期性和规范化互动增进信任，从而围绕合作事项形成相对稳定的互动模式或心理期望。在信访工作场景中，围绕妥善解决重大、复杂和疑难信访事项的信访联席会议制度就是一种正式协作机制，对主体类型、会议内容、工作原则、会议召开形式、考

---

① 刘祖云，王彬彬．责任政府：行政问责从学术、立法到机制的逻辑［J］．学术界，2008（5）：7－16．

核评估等进行了详细的规定，以尽可能减少道德风险和逆向选择问题。除此之外，信访工作的正式协作机制也体现在对社会力量的吸纳与整合方面，信访机构或政府职能部门会以聘任的形式组建“专家库”，以相对明确的权利义务关系推动协作机制的运行，同时降低信访事项合作治理的交易成本和减少不确定性因素的影响。然而，正式协作机制也容易因为人员、流程、目标或价值取向的相对稳定而产生固化现象，无法有效地应对新变化、新问题和新挑战，将习以为常作为忽略新生事物的借口。在网上信访治理过程中，一些棘手信访事项的解决仍然依赖于多元治理主体的线下集聚，在应对新业态或其他新现象引发的矛盾纠纷时束手无策，在一定程度上凸显了正式协作机制的劣势。③灵活选择协作机制的能力相对不足。非正式协作与正式协作之间并没有不可跨越的鸿沟，伴随着时间的推进、社会环境发展变化以及多元治理主体之间信任程度的增进，协作机制会呈现出由非正式协作到正式协作再到非正式协作的波浪式上升趋势，这也符合事物发展的一般规律。信访工作与其他的社会治理事务类似，在特定地区特定时期内的信访事项存在类似性，如征地拆迁、环境污染、城区改造、工厂建设、下岗失业等信访矛盾纠纷都具有显著的集聚类特征，这从侧面反映出某些信访事项具有一定的相对稳定性。通过协作机制化解某一类型的信访问题，容易在非正式协作过程中总结和概括出成熟或定型的办理经验与方法，从而将合作治理伊始具有试探性、尝试性或实验性特征的非正式协作机制转化为规范性或稳定性较强的正式协作机制。虽然规范性文件中依然强调信访的政治参与功能，但在实践中，却是权利救济功能为主、政治参与功能极弱的态势①。作为“各级人民政府保持同人民群众的密切联系”的信访功能实际上成为被动的权利救济机制。然而，信访工作的具体内容并非一成不变，伴随着新现象、新问题或新需求的出现，原有行之有效的正式协作机制可能无法有效应对崭新挑战，从而倒逼正式协作机制的既定规范和运作方式产生一定程度的松动，为符合治理需要的新型要素加入协作过程创造空间。这些新型要素并非直接被吸纳到正式协作机制中去，而是需要经历一个相互接触、建立信任、达成共识的有效性测试过程。在这个渐进吸纳和融合的阶段，新型治理要素通常以非正式协作

① 张真理．推进以人民为中心的信访制度改革［J］．社会治理，2019（7）．

机制参与合作治理过程。在社会环境日益复杂化、管理主体日益多元化和社会公众需求日趋多样化相叠加的时代，网上信访应以疑难信访事项的领域和特点为依据，推动信访协作机制的专业化发展，同时对新生事物引发的信访矛盾纠纷和新型诉求保持敏感的“新陈代谢式”治理意识，从而以动态化调适应对不断变化的社会治理环境。

5.3　互联网时代信访治理的完善策略

5.3.1　形塑以信访人诉求为中心的服务理念

网上信访治理不仅要坚守帮助社会公众化解矛盾纠纷和有效响应群众诉求，还要通过网上信访事项信息的汇聚发挥监测与预警功能。“枫桥经验”作为社会矛盾纠纷化解、群众权益保障和利益协调的成功案例，在矛盾排查、风险研判、利益协调和权益保障等方面形成了卓有成效的服务机制，为有效提炼网上信访治理过程中的服务要素提供了有益启示。坚持以人民为中心的服务理念，将信访人的诉求视为网上信访治理工作的核心价值追寻，形塑以信访人诉求为中心而非以政府意愿为中心的良性网上信访治理关系，要求信访机构和政府职能部门在网上信访事项的办理过程中，要始终保持充满公共服务精神的“积极行动者”[①] 姿态。由于信访事项的复杂性和情境性，网上信访治理难以形成具有普遍适应性的同质化服务策略，必须在经验积累和熟悉办事原则的基础上，为信访人提供差异化精准服务。网上信访不同于传统信访工作模式，在数字信息技术的支撑作用下，网上信访正在朝着标准化、高效化的方向发展。但不能一味地将数字技术的精度作为核心的目标追求，甚至将其凌驾于道德伦理之上，从而失去数字治理的温度。网上信访治理归根到底是一项“人心”工作，通过技术赋能的方式更好地知人心、稳人心、暖人心和聚人心。在新时代发挥“人心归向”的巨大优势，内在要求必须将人民群众的愿望和需求置于首位。人心是最大的政治[②]，信访制度之所以能够冲破质疑声音的重重围堵，不断地焕发新活力和获得新发展，最大的依据就是社会公众对信访工作的认同与支持。网上信访具有数字信息技术的支撑，虽然获得了传统信

① 王锋．走向服务型政府的行政精神［M］．北京：商务印书馆，2018.

② 何锡辉．江山与人民：习近平关于人心向背重要论述的核心理念［J］．探索，2021（4）：14-25.

访工作模式无法比拟的优势，但是仍然要提高警惕，避免陷入机器式的同质化服务困境。网上信访治理缺失了面对面交流的情感表达，但是依然可以通过对具体矛盾纠纷和诉求建议的用心办理与有效反馈，让信访人感受到屏幕对面的温暖。

5.3.2 坚持把党的领导贯彻到网上信访治理的全过程

党的领导是国家治理的根本所在和命脉所在，是营造风清气正良好政治生态的关键保障，不断提升领导干部的政治判断力、政治领悟力和政治执行力是党在百年奋斗中取得重大成就的基本经验①。信访工作作为党政部门密切联系社会公众的平台和桥梁，是直接体现党的执政能力和领导水平的试验场，也是贯彻落实党的群众路线，坚持为人民执政和靠人民执政，坚定不移走全体人民共同富裕道路和体现以人民为中心宗旨的治理实践。网上信访治理活动需要坚持党委领导，始终贯彻落实以信访人为中心的服务原则，不断提升党委的价值引导和整合能力。第一，强化党委的价值引导能力。党委实施价值引导的重要性就是在不确定性的发展因素中增进稳定性，既包含信访人诉求的稳定性，也包括信访机构或职能部门解决方案的稳定性。价值追求是行动的指南，通过将信访人的私人价值与主流社会价值相连接，有助于促使包括信访人在内的多元治理主体达成价值共识，必然在一定程度上增进相互交流和信任程度，价值引导也就成为化解矛盾纠纷的助推剂。伴随着社会治理的不确定性和复杂化，公共棘手问题不断扰乱有效治理，通过有效的价值引导创设"复杂的适应系统"② 成为必然选择，价值追求的同一性才能够更加有效地应对环境的复杂性、多变性和不确定性。无论是传统信访工作情境，还是政府数字化转型中的网上信访工作状态，信访矛盾纠纷的发生环境都会随着时间的变化而改变，加之信访问题解决方案的协商性和非强制执行性，即使在信访人暂时性的息诉罢访之后，同样可能存在因为各种因素而进行重复访和提出更多诉求的风险。第二，提升党委的价值整合能力。在现实的网上信访治理过程中，实施有效的价值引导并非易事，尤其是在面对一些疑难、复杂和棘手信访

---

① 中共中央关于党的百年奋斗重大成就和历史经验的决议［N］. 人民日报，2021－11－17(001).

② 王学军，韦林．公共价值研究的几个重要问题——评 Public Value：Theory and Practice［J］. 公共行政评论，2018，11（6）：196－206.

事项时，多元价值观念之间的冲突成为常态。在尊重价值规律的基础上，不断提升党委的价值整合能力，从而构建起成功的公共关系，成为破解价值冲突的必由之路。一是紧紧围绕“以信访人为中心”的理念，在社会主要矛盾转变的基础上考量信访事项，充分尊重信访人对美好生活的向往，站在信访人的视角看问题，正确对待信访人的合理诉求。二是要设置相对清晰的价值认知和识别程序，以民主协商的方式搭建参与者网络平台，以顺畅和持续性的互动共享有助于矛盾纠纷化解的知识、信息和资源。

5.3.3　探索网上信访数字技术的动态更新

网上信访的核心价值取向就是增强信访制度响应社会公众诉求的能力，更好地将信访制度优势转化为社会治理效能。信访工作作为社会公众诉求表达、矛盾化解的主要途径，在数字技术动态更迭的过程中，必须强化网上信访的诉求响应功能，不断加强现代化数字技术的应用、维护和监管。第一，强化网上信访数字平台的运营和维护。在政府数字化转型的进程中，出现了一些与以人民为中心的价值取向相背离的现象，以数字化便民的旗号掩盖了懒政和不作为行为，为社会公众所普遍诟病的“指尖上的形式主义”就是重要表现之一。网上信访治理与人民群众的切身利益紧密相关，相对较多地涉及人民群众急难愁盼问题，确保其诉求得到及时有效响应应当是网上信访的重要工作目标。一方面，要加强网上信访数字平台的运营和维护。数字技术能将分散于网上信访信息系统、手机客户端、微信公众号、支付宝小程序等各处的信访信息进行系统化整合，最大限度地防止疏漏和降低人工整合可能带来的信息失真。另一方面，要加强对网上信访平台的维护。互联网场域的信息虚实、网络崩溃、黑客攻击时有发生，信访机构承担着避免网上信访平台成为无效平台、维护信访人权益诉求的重要责任。第二，落实网上信访数字平台的监管与反馈功能，形成全周期的闭环治理系统。信访数字化技术的诉求响应机制是一个全周期、闭环的系统结构，信访事项的提出、审核、办理、结果反馈等环节实现了线上运作，但是信访事项处理的效果要么依赖于信访人的主观满意度评价，要么依靠信访人是否就同一信访事项再次进行信访的情况来判定，相对缺乏第三方的评估与参与，致使信访治理时常陷入自说自话的境遇。数字信息技术提供了便捷参与的条件，可以探索实施信访事项办理过程与结果的监管与反馈机制，从而营造更加有针对性地化解矛盾纠纷的氛围。一方面可以探索优化信访机构的职能，将其工作重点置于对信访事项办理全过程的监督与反馈，加强对政府职能部门有效处理社会公众诉求的全流程控制，减少和杜绝“指尖上的形式主义”或“治理的符号化”现象；另一方面可以尝试引入“网上信访监督员”角色，在参与网上信访治理的信访人、信访机构、政府职能部门、社会组织或专家学者中选取代表，赋予其监督、评价和反馈信息的权限，以增进网上信访事项办理的公平性和公正性，提升信访事项解决方案的共识程度和可信水平。

6 互联网时代信访治理的未来走向：信访治理共同体的路径探索

6.1 价值定位：信访治理共同体的多维认知

6.1.1 人人有责：作为集体协作的治理共同体

传统的信访治理呈现出“政府一元化”的单一线性模式，此模式具有高度封闭性，难以吸纳其他治理主体参与，且单一线性链条上的运转具有不可逆性，一旦出现失误，纠错将会变得十分困难。信访治理共同体广泛吸纳了多元主体参与信访治理，既包括每个具体的、现实的个人，也涵盖政府、社会组织、经济组织等各类组织。治理主体各负其责，多元合作，可增强信访治理共同体的外部延展力和内部聚合力，从而形成共同推动信访治理的强大合力。只有充分发挥党的作用，才能形成稳定的治理结构和稳固的治理合力，为信访治理提供强大的动力来源和深厚的社会资源，从而提升信访治理效能。中国共产党在社会治理共同体中是领导核心，在社会治理各方面一直保持着强大的政治凝聚力，积极动员和整合全社会的力量到社会治理过程中。有效的信访治理需要大量的公共资源来支持，政府应当最大化地调动社会公共资源，同时负责制定信访治理的规则、整合信访治理资源以及提供社会公共服务。各类社会组织是信访治理共同体中的主体之一，是政府和人民群众之间的桥梁纽带，在化解社会矛盾、反映群众利益诉求、实现社会价值整合等方面起到了重要的作用。居民群众以城乡社区为载体，不仅要打通“落实的最后一公里”，还要共同规划设计信访治理的政策。

6.1.2　人人尽责：多元主体博弈的公共能量场

传统信访管理在处理相关问题时多采用下达工作任务—执行任务—反馈总结的单向模式。信访治理共同体多元主体共同治理的实践过程改变了原有的权力分配方式，塑造出了公共权力的开放格局。一方面，社会是一个密切相关的整体系统。马克思曾说："现在的社会不是坚实的结晶体，而是一个能够变化并且经常处于变化过程中的有机体。"[①] 信访这一工作机制不仅需要公共部门制定、执行政策以维护社会稳定，更需要群众与政府的交流、社会组织的沟通和利益团体的协调。另一方面，只有将信访组织视为信访治理的合作伙伴，将公民个体作为信访治理的有效主体，每个信访治理主体才能各司其职，做到人人尽责，真正释放信访组织力量。需要指出的是，公共权力的社会化配置可以满足灵活、自由的市场需求，激发主体间彼此相互合作的意愿，并使其主动承担社会责任，接受社会监督，这样就避免了治理权力削弱的情况。信访治理主体在信访治理的过程中，不再被当作"配角"被动地参与信访治理。在唤醒"主体"意识的同时，各治理主体间进行沟通、合作和协商，共同参与事务治理，通过民主协商的方式使不同治理主体间的利益得到平衡、共容，并化解相互间的价值冲突，信访治理过程将走向人人尽责。

6.1.3　人人享有：信访公共价值的合作式生产

信访治理共同体最终要实现信访治理成果的共享，其主要集中体现在共享美好生活上：物质性规定层面上保障和改善民生；精神性规定层面上实现人的全面发展。民生福祉关乎每个社会成员的基本利益，是社会治理的基础工程。信访治理的成果首先是相较于过去更好地改善幼有所育、学有所教、劳有所得、病有所医、老有所养、住有所居、弱有所扶等与群众利益密切相关的民生问题。在此基础上使更完善健全的信访治理成果公平地惠及全体社会成员，不断增强人民的获得感、幸福感以及安全感。在基本的民生问题得到保障和改善之后，信访治理共同体治理目标将指向实现人的全面发展需要。如果说，保障和改善民生侧重物质性规定层面，体现的是需要的一般性，那么发展需要针对人的全面发展则侧重精神性规定层面，体现的则是需要的个性化，这也属于"美好生活需要"。事实上，信

① 马克思恩格斯选集：第二卷［M］. 北京：人民出版社，2012：84.

访治理共同体作为中国共产党根据中国社会发展实际提出的现代治理新思想，其最高目标和价值就在于实现人的全面发展。这也是对马克思主义关于人的自由全面发展理论的继承与创新。随着社会的不断进步，物质层面与精神层面的需要会产生共同向前发展的局面，二者的有效互动构成了美好生活的动态发展样态。信访治理共同体最终将会实现全体社会成员共享美好生活的需要。

6.2　创新发展：信访治理共同体的动力机制

6.2.1　互联网时代群众信访治理专业化

马克斯·韦伯在科层制组织理论中强调了分工的重要性，围绕一套价值规范构建了合理的组织结构，并确保组织在不受社会秩序的影响下正常、高效地运行。通过这些理论的研究可以更好地了解组织发展的过程以及更好地促进组织的发展。这种专业化的要求不仅在行政系统中广泛体现，而且在国家、社会以及市场的各个领域中普遍分布。信访工作专业化是指围绕信访活动和信访现象而划分的业务部门。党的十九大报告已经强调，在加强社会治理制度建设的时候，我们要注重提升社会治理的专业化水平，这给我国信访工作带来了启迪。社会治理专业化回应了深化治理体制改革的要求，群众信访的发展必然要走专业化的道路。人们对信访制度的理解和认知各不相同，甚至部分人还不了解，有些问题还存在争议，因此对于信访制度还需要进一步探究和摸索。

从信访人事管理研究方面来看。信访治理是随着国家治理的变迁而逐渐演变出来的。随着互联网时代的到来，同时伴随着经济的高速增长，中国社会进入了一个矛盾突出的时期，在这个时期，如何正确化解社会矛盾，这对信访部门将是个巨大的考验。信访制度是我国治理体系的一个重要组成部分，是不可忽视的一个重要制度，需要不断地更新与改进，因而具备了主体的多方性、内容的复杂性、形式的灵活性、运行的程序性的制度特征。信访制度虽然在密切联系人民群众等方面较为突出，但在信访实践过程中也反映了不少问题，其中最值得关注的就是，这一制度难以有效回应民众的政治参与需求①。但互联网时代的信访系统拥有反映国家治理

① 冯仕政．国家政权建设与新中国信访制度的形成及演变［J］．社会学研究，2012（4）．

现状的动态大数据，这对信访工作人员的个人素质及业务能力提出了更高的要求，亟须对信访人事管理进行技术赋能。近年来，全国各地都基本建立了网上信访办公系统，通过该系统将收集的信访信息录入，如此反复，信访系统所拥有的数据库就变得庞大起来。基于数据支撑的信访系统涉及面广，涵盖了全社会的各方面，例如公民就业问题、社会保障问题以及教育医疗问题等，还包括社会和公民关心的实时热点问题。信访系统所包含的数据代表了人民群众的诉求，是最原始的民意，反映了中国社会的现状和矛盾。如何发挥信访数据的最大效用正考验着互联网时代的信访人事管理，应加强对信访专业人才的赋能，使其能够胜任互联网时代的信访工作。正如韦伯强调专业与分工的组织结构手段可以带来政府工作效率的提升，人力资源管理实行以人为本的管理，重视提高组织人员的整体素质，从而实现人力资源价值的最大化。其管理的专业化体现在对员工进行系统化的培训上。通过专业化的训练，努力培养出大量信访专家干部，为后续指导和从事信访工作做好充足准备，这也体现了信访治理工作的核心要点。通过信访工作，各级政府、党委也能够密切联系人民群众，同人民群众切身相处。基层政府实施行政决策及行为时，对程序的运用较少独断，而与社会成员的磋商较多，从而使基层社会和政府彼此信任，关系融洽。因此，信访治理的专业化建设应完善全方位、全过程、多样化的员工培训体制。一是全方位培训。由于互联网时代信访工作的需要，信访工作相关人员必须接受全方位培训，例如对法律法规知识的学习、如何做好“三农”工作等内容，努力成为一名优秀的智能化、知识化信访工作者。二是全过程培训。相关工作单位要致力于将培训教育贯穿于整个信访工作，做到入职、换岗、晋升等阶段都要进行严格的培训，在工作过程中努力营造良好的学习氛围。三是多样化培训。多样化培训需要成员自学与组织教学相结合、内部培训和外部培训相结合、长期培训和短期培训相结合。必要时可开展信访业务知识培训班，加强工作人员对信访工作的认识和理解；实时根据需要邀请经验丰富的信访干部、专家开展有关信访工作的讲座，帮助工作人员深入贯彻信访工作精神。党的十九大以后，我国人民群众对物质文化生活的要求越来越高，网络信访工作也要与时俱进，紧跟步伐，严格要求，努力争取给人民群众带来好的印象和服务。

从信访部门协同分工研究方面来看。信访工作牵涉部门繁多，有效的跨部门合作对于推进国家社会治理体系现代化至关重要。为了充分保障基层人民群众的民主参与权利，在信访工作的实践过程中，各个环节都要全面衔接起来，并建立合理有效的公众参与机制。①各基层之间的流程需要有效整合。各主管部门都会涉及信访工作内容尤其是一些重点领域，例如环保、农业等部门，这就需要各部门之间相互配合、团结一致，保证人民群众参与进来。对于疑难复杂和重大的信访事项的治理是一项复杂的系统工程[①]，因为其涉及多个主管部门的联动治理。②需要对纵向民主运行过程进行整合。即有效地将人民群众的民意、建议进行纵向传递，这也是政府进行决策的重要依据。比如信访部门经常收集的群众意见可以作为人民代表大会和政治协商会议议事决策时的重要依据，并进行信息共享。跨部门协同是社会治理理论的高频话题，即在协同型政府的建设中，努力修补政府各部门间的矛盾缝隙，最大程度实现各部门间的协作分工，其最终目的都是为了提高政府的效能。信访协同出现失灵问题反映了“碎片化威权主义”的弊病，造成信访办理事项效率低下，可能会出现非正常上访现象。因此，党委、政府要带头做好工作，充分利用社会资源，动员全社会力量去做好信访工作，在遇到信访涉诉涉法问题时，要及时运用法律、政策、协商、调解等手段，妥善处理信访问题。各地方、部门之间要相互配合、互相帮助，上下联动、左右协调，团结一致地实现信访工作价值最大化。

从信访问责考核机制研究方面来看。公共危机管理中的绩效问责制对政府具有激励作用，同时在管理方面能够约束政府的行为，另外，能够时刻提醒政府全体成员在管理过程中的使命，不敢懈怠，肩负起自己岗位上的责任。因此，解决信访问题，落实责任是关键。当信访工作出现问题，中央可对地方官员追责，这有助于地方官员自我约束并认真落实群众上访工作，同时再细分有关信访部门和监管部门的责任，进一步解决信访实践中的问题，激励地方官员更努力地为当地居民服务。目前，我国许多信访机关中大力推行领导负责制和领导接待日等制度。国家提倡加强信访工作责任的落实，并增加实地考察环节，加大问责力度，只有这样，各级政

① 周义程，刘涵怡，许继芳．“指尖负担”的问题表征与“一主多元”型精准治理模式建构[J]．江苏师范大学学报（哲学社会科学版），2021（2）．

府、地方官员才能更加认真积极对待。对上访工作人员的工作考核也需要根据实际情况及时做出调整，不仅要考核信访事项的完成率，还要询问人民群众的满意度，必要时可派相关人员进行暗地考察。历经几千年的发展，重义轻利、尊老爱幼、克己奉公、仁爱孝悌等中华民族传统美德为信访评议制度的构建与完善提供了精神内核与框架基础，也为构建社会主义和谐社会，促进基层治理体系与治理能力现代化发挥着积极作用①。因此要充分利用好、发展好村规民约、民族风尚等文化资源，促进其与社会主义核心价值观有机融合，确保传统观念同现代法治理念不脱节，有效提升信访评议参与人的业务能力。我国《信访工作责任制实施办法》就责任内容、督查考核、责任追究作出了具体规定，首次明确规定信访工作各责任主体的责任内容，并对问责主体、方式、程序等方面加以明确，完善了信访工作考核评价制度，为推动信访问题及时就地依法解决提供了制度保障。2017 年以后，全国各地设立了监察委员会，进一步加大了对社会的监督力度，社会监督的问责从源头上减少了权益救济类信访的发生。全国已有 27 个省份制定实施《信访工作责任制实施细则》，省市县乡层层签订信访工作目标责任书，按照党政同责、一岗双责、失职追责的要求，将"严"字贯穿到底，确保信访工作与其他工作同部署、同检查、同考核。当代中国的行政问责在公共行政领域广泛应用，不仅是对官员进行事后追究，使其承担相应的责任，更重要的是通过问责制，对官员进行警示，让他们恪尽职守，正确行使国家权力，让权力发挥正向作用，真正做到权为民所用。

6.2.2　互联网时代群众信访治理法治化

法治一直被认为是现代国家的灵魂。党的十八大以后，信访制度法治化的改革思路日渐清晰。信访法治化改革一直被视为构建多元纠纷解决机制，实现行政信访、复议、行政诉讼等各类救济机制之间协调配合的突破口。作为党和政府沟通人民群众的桥梁和纽带，一直以来，信访都是一项极具我国国情和独特政治优势的社会矛盾纠纷化解制度。它在社情反馈、权力监督、权利救济、纠纷化解等方面发挥着至关重要的作用，是符合中

① 邹东升，黄琦．场域变迁与制度重构：信访评议三治融合推动信访工作机制创新［J］．信访与社会矛盾问题研究，2019（4）：38－49.

国特色社会主义性质的“减压阀”，也是充分发挥社会主义民主的重要方式之一。基层信访治理是以“人民为中心”的党和政府的群众工作，是融合“法理之治”和“情理之治”、具有中国特色治理效能的“中国之治”(表3-11)。创新和发展多元化的矛盾纠纷化解渠道，妥善地处理好人民内部矛盾，把情理法有机融合进基层信访治理中，刚柔并济，共情共理，这对于加强党群联系，消解社会矛盾，稳固党的执政基础，实现中华民族伟大复兴都有着重要意义（图3-12)。

表3-11 情理法融合运用的必要性

类别	百分比	类别	百分比	类别	百分比
信访人	100%	信访工作者	100%	普通公民	100%
有必要	68.1%	有必要	81.2%	有必要	67.7%
没有必要	5.0%	没有必要	4.2%	没有必要	5.5%
无所谓	6.4%	无所谓	4.7%	无所谓	7.3%
看具体情况	20.5%	看具体情况	9.9%	看具体情况	19.5%

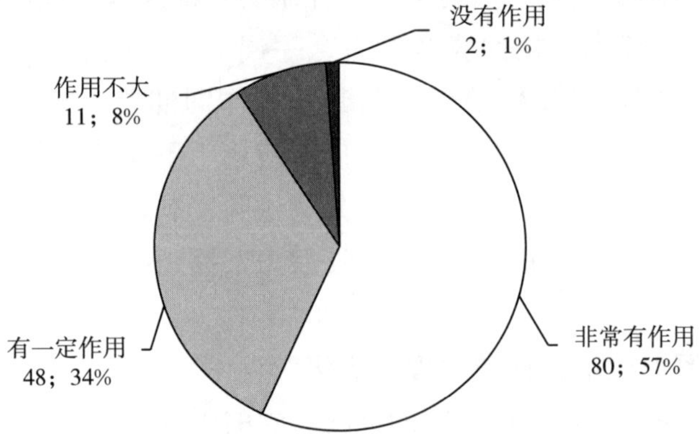

图3-12 信访人对情理法融合化解信访矛盾纠纷的态度

甘肃张掖市信访局以继续强化责任落实为抓手，下功夫在打造阳光信访、责任信访、法治信访、和谐信访、满意信访五个方面聚焦发力，推进信访工作法治化。

第一，打造阳光信访，推进信访基础业务规范化建设。一是加大力度普及信访信息系统。将互联网和信访工作联系起来，提高信访信息系统的应用范围，实现市、县、乡三级政府及市县职能部门全覆盖，进一步夯实阳光信访平台基础。二是着力提高信访信息录入率。重点推动有权处理机关的录入工作，不断完善问责制度，对造成信访信息失真的责任单位和人员从严问责。三是不断规范信访事务的办理程序。根据信访工作制度的改革要求严格履行受理、办理、答复的信访程序，从而提高信访初访的完结率以及上访群众的满意率。四是切实推进信访事项复查复核和督查督办。按法律法规和政策规定受理、办理复查复核信访事项，切实推动信访事项依法终结，努力提高“三级终结”的质量和权威。

第二，打造责任信访，推进信访工作责任全面落实。一是认真落实三个责任。切实落实各级领导干部对信访工作的领导责任、有权处理机关的主体责任以及信访部门的督查责任。领导责任要在全面落实各项制度的基础上重点强化一岗双责，主体责任要在压实办案责任、推动信访问题依法按政策及时就地解决上出实招，督查责任要在重程序、勤指导、强问责以及联合督查上见实效。二是继续开展“四访连民心”领导干部大接访活动。严格按照张掖市委办发文要求，认真落实市县党政领导和市直部门主要领导信访接待日、部门班子成员接访值周制度。三是扎实推动信访事项办理。切实落实有权处理机关的首办责任，推动初信初访及时就地解决，防止矛盾积累、问题上行。继续开展信访积案“清零行动”，下大气力化解信访积案，不断减少存量，全力控制增量。四是进一步加大信访工作问责力度。严格落实《张掖市初信初访办理责任追究实施细则（试行）》等有关制度规定，对违反信访工作纪律的单位和个人必须严肃问责。

第三，打造法治信访，推进信访秩序持续好转。一是深入落实信访工作制度改革措施。深入推进对信访诉求先分类再处理的方式，加大力度向人民群众宣传和普及依法维护自身权益的合法途径。不支持、不受理越级信访，不断压实有权处理机关责任，推动信访问题在初办环节解决到位，引导群众理性有序上访。二是切实推进有权处理机关依法行政。从来访接待和信访事项处理的全过程及受理、办理、督查、答复、复查、复核、告知、录入等各环节规范有权处理机关工作行为，不断提高依法解决信访问题的质量，通过具体问题的处理促进政府部门依法行政水平的提升。三是继续联动整治非访问题。不断强化非访问题属于社会治安问题工作定位的认识，努力打造由综治、维稳、信访、公安等部门联合整治非正常上访机制，努力形成处置非正常上访的工作合力，推进依法治访工作。四是坚持依法打击违法上访。全面落实中央和省市关于依法处理信访活动中违法犯罪行为的相关规定，依法依规打击处置蓄意非访、缠访闹访、以访牟利、借访滋事等违法信访行为，不断加大对重点非访人员的打击力度，规范信访秩序，切实推动信访形势根本好转。五是加强信访政策法规宣传。充分利用报纸、电视、互联网等媒体和各级组织接访场所，以宣传单、手机短信、微信等方式宣传信访工作改革政策及相关法律法规，不断提高信访政策法规的群众知晓率。

第四，打造和谐信访，推进信访工作与群众工作的共融互促。一是不断完善工作机制。进一步健全完善乡镇（街道）群众工作站和村（社区）群众工作室工作制度，切实推动站、室工作经常化、规范化，发挥基层组织作用，探索创新方式方法。二是加强经常性矛盾纠纷排查调处。把经常性矛盾纠纷排查调处作为基层组织信访工作的最重要内容，超前防范，从矛盾的源头寻找关键因素解决纠纷，这不仅能够杜绝或降低信访案件的发生率，而且能够增加社会和谐因素，减少不和谐因素。三是全面落实联合接访制度。以市县接访大厅和乡村群众工作站（室）为主平台，结合各自实际探索完善联合接访机制，创新联合接访做法，提升联合接访成效，在联合接访过程中宣传政策、普及法律、化解矛盾、促进和谐。四是积极推广第三方参与信访问题处理。充分发挥行业调解组织的作用，不断加大各类矛盾纠纷的访前调解、访中调处、访后调和力度，促进矛盾纠纷和信访问题的化解处理。积极邀请人大代表、政协委员、律师、基层“五老”和新闻媒体参与信访事项办理和督办，不断推动和谐社会建设。

第五，打造满意信访，推进信访部门执行力不断提升。一是深入加强机关作风建设。不断巩固扩大群众路线教育实践活动和“三严三实”专题教育成果，全面加强信访部门自身建设，进一步树立信访干部忠诚、干净、担当的良好形象，以更高的标准、更严的要求、更实的作风推动信访工作的开展。二是不断加强信访干部业务培训。以集中培训的方式，加强专兼职信访干部业务轮训，强化对信访工作制度改革措施的理解和认识，不断提高专兼职信访干部的能力和水平。以跟班培训的方式加强对专职业务骨干的培训，切实提高其研究和指导信访工作的能力水平。三是切实提升信访部门执行力。继续开展以学政治业务、比能力素质、创一流业绩为内容的信访干部能力提升活动，通过业务大学习、岗位大练兵、工作大比拼，不断提高信访干部的整体素质（图 3－13）。

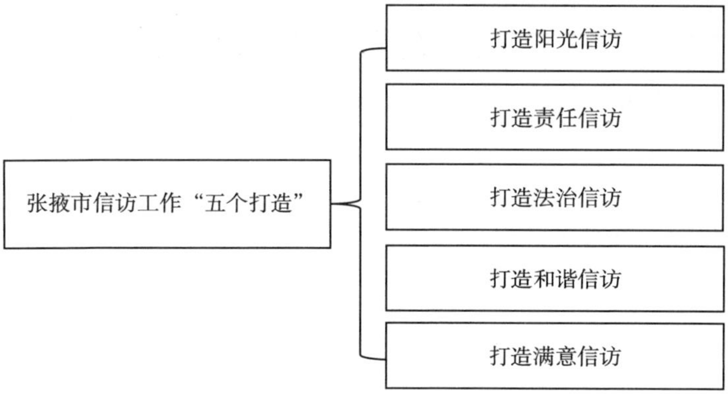

图 3－13　张掖市信访工作“五个打造”

从信访制度改革研究方面来看。信访制度是我国在落实群众路线方面的重大举措，有助于社会资源的整合以及人民群众向上表达民意和诉求。人民当家作主是我国社会主义民主政治的本质特征，党始终践行为人民服务的宗旨，不忘初心、牢记使命，始终同人民群众紧密联系、生死相依。人民在信访工作中依旧是主体，信访要以人民的诉求为中心，解决人民最关心的问题。全过程人民民主倡导以人为本，是人民民主实践进程的表述，是对具体实现途径的解读。建立信访制度是为了更好地同人民群众紧密联系，了解他们的心声，更好地提供服务，提升人民生活幸福指数，同时也有助于加强政府同人民之间的沟通，通过了解民意，才能不断完善和改进制度。信访制度是从群众路线中演化出来的，履行好信访制度，就是走好群众路线。随着法治化观念在社会中的普及，社会矛盾呈现新的变化，社会治理方向也需要做出调整，人民对权利的意识已经越来越清晰，现有的信访制度已经不能满足当前现状并引起了各界的高度关注，制度改革需要提上日程。对于信访制度的研究，有废除论、强化论之分。对于废除论，有学者认为信访制度存在诸多缺陷，很难适应当下法治建设和市场经济的环境，客观造成了国家政治认同的流失，应予以废除①。信访制度同国家宪法以及法律确立的法治原则是不一致的，只是简单地将权力赋予

① 于建嵘．中国信访制度批判［J］．中国改革，2005（2）．

信访部门，实际作用微乎其微，达不到解决问题的效果，而且破坏了司法部门执行的权威，终将得不偿失，最终必然导致信访制度被废除且应当废除。但信访制度也有其积极的价值功用。通过信访工作，可以为人民群众排忧解难，满足群众的合理需求，这也有助于加强人民群众对政府的信任感、对社会的自信心，提高群众对生活的幸福感。另外，信访制度能够起到调解矛盾的作用，可以及时调整人与人、人与组织、人与社会之间的关系，削除不安定的因素，促进我国社会的和谐稳定发展。习近平总书记曾强调要把信访纳入法治轨道，“需要密织法律之网，强化法治之力”。这集中反映出党和国家在十八大以来对信访制度改革以及将信访纳入法治化轨道的坚定决心。根据国家出台的信访规范性文件，我们可以看到对信访进行改革的综合治理、分类治理、多元治理、依法治理的思路，以及完善信访具体制度中规范化、精细化、程序化、信息化的导向。在处理信访工作中存在的问题时，借助智能化技术可以提高工作效率，同时也能使法律手段使用得更加公平公正。信访制度的改革和完善是全面改革战略中的重要任务之一，当前信访工作的重点是全力推进群众合理诉求及时就地解决。推进信访法治化建设是贯彻依法治国、建设法治社会的必然要求，也是保证群众表达诉求和民意、解决越访、缠访等突出问题的根本途径。信访行为模式必须符合法律程序、信访工作机制应当合法高效，这是深化信访制度改革的目标和前进的方向。

从信访程序规范化研究方面来看。信访制度具有舒缓社会张力、消除公众不满、发扬社会民主、维护人民权利、加强腐败监督、拉近党群关系、促进社会稳定、防止冲突爆发的功能。当前我国正处于社会转型的关键时期，对信访制度的正常运行也带来了一定的困难，对政治社会发展造成了一定程度的负面影响。根据统计数据显示，我国信访形式呈现出层级越高、增幅越大的态势。国家关于逐级信访的相关规定对信访工作中的属地责任、工作效率、及时解决信访事项等问题起到了积极的作用。在实地上访期间遇见问题时，信访人员可以根据问题的性质，向有权处置的本级或上一级机关反映，但通过网络、邮件等形式进行信访则不受限制。为了帮助人民群众更好地理解信访事项受理层级、依法逐级信访，国家信访局设计了群众依法逐级信访示意图。当出现越级信访的现象时，要及时对相关人员进行思想纠正和惩罚，对于积极举报者要给予表扬，从而保证信访活动的正常运行。2014年6月13日，全国依法逐级走访工作电视电话会议在京召开，国务院副秘书长、国家信访局原局长舒晓琴指出，全国各地都要坚持依法逐级走访，各级政府各部门要统一思想，提高信访工作质量和效率，还要加大监督和考察力度，做好信访考核制度，真心诚意为人民群众解决问题。智慧司法的提出为信访智能化处置提供了制度基础。它是将大数据思维运用到司法工作之中，利用互联网技术将收集到的数据进行存储和运用，从而保证司法工作的过程与结果。这些智慧司法制度的推行为涉诉信访提供了基础①。但信访工作中往往也会出现一些不良的现象，例如闹访、瞻前顾后、回应群众诉求不及时等，这不仅仅是对信访资源的浪费，而且对社会的稳定发展也带来了一定的负面影响。为了保证信访的秩序，在必要的时候相关部门可以履行信访终结制度，但终结应当依法有据，并对终结结论负责，最大程度上保障信访工作人员的权利，并竭力杜绝或遏制不良现象的发生。推行依法逐级走访，旨在规范信访工作程序，从制度上明确各级党政机关信访责任，进一步压实有权处理部门分级受理职责范围内的信访事项，促使基层信访部门及时就地解决信访问题，也能使上级机关更好地发挥督查督办、统筹协调的作用。

从信访体制创新研究方面来看。在我国宪法框架下，信访体制是嵌套在中国现行“向上负责、下管一级”的政府体制之中的。在政府信访部门体制机制创新薄弱、常规救济体制失效的情景下，要注意发挥信访救济具有节约经济成本、救济效果强等独特优势，及时纠正其弊端，将信访作为行政诉讼与行政复议的补充或解决相关问题的一种手段。近年来，国内信访工作量逐渐增加，信访积案尚未及时彻底化解清净，群众“弃法转访”“以访压法”现象时有发生。以涉诉涉法信访为例，随着涉诉信访案件数量不断增长，权利救济的功能不断放大，形成了权利救济的司法—信访“双轨制”。这就造成了上访人员信访不信法的心理，并以此循环。受立法滞后、机构设置多元化、诉访合一、司法程序与行政程序交叉渗透等因素的影响，涉诉信访的治理基本上在人治轨道上运行，给我国社会治理和法治建设带来了严重的危害。国家对于如何处理涉法涉诉信访问题的相关规

① 靳永翥，莫桂芳，赵远跃．“智慧信任”：数字革命背景下构建基层社会共同体的新动力——基于贵阳市沙南社区的个案分析［J］．中州学刊，2020（1）：77－78.

定中强调，各种社会矛盾最终还是要在规范的、法律的轨道上解决。这就要求对人民群众的合理合法诉求要公平解决，各政府部门、各级领导干部要把维护人民群众的合法权益作为处理涉法涉诉信访问题的根本出发点，带着诚意以及深厚感情接访群众，悉心倾听群众的诉求，具体问题具体分析，一个一个地解决问题。只要坚持走依法治访道路，坚持用法治来解决信访问题，用法治思维来分析和思考信访问题，落实每个环节都依照法律程序处理，那么涉法涉诉信访问题将会逐渐减少。

6.2.3 互联网时代群众信访治理智能化

随着社会的变迁，社会矛盾的加剧，涉诉信访中闹访、缠访、重复访等问题也变得越来越多。习近平总书记强调我国司法改革要符合规律，并不断健全和完善中国特色社会主义法律制度。所以除了使用法律途径解决涉诉信访问题，寻找法律之外的解决手段很有必要。智能化处置技术是一项较为成熟的技术，它可以全方位模拟人的思维，拓展延伸人类不能拥有的智能技术，当其掌握了足够的数据时，能够在短时间内展现惊人的判断力。在面对涉诉信访结案时，将智能化处置技术引入使用，在提高信访治理现代化方面起到不容小觑的作用。网络信访的兴起为智能化信访提供了大量的可靠数据，为信访工作减轻了一些负担。信访智能化治理的核心是通过网络信访数据来了解人民群众的意愿以及最关心的话题。做好信访舆情的预警工作，提升信访治理的科学化水平。同时，电子化可有效提高电子信访背景下公民民主参与的有效性。互联网时代的信访舆情风险预警需要弄清社会风险形成的缘由、辨别社会风险类型以及预测未来演化的趋势，要努力打造一个持续可靠的大数据库和风险预警系统，分析并界定社会风险等级，做好相应的应对措施。而大数据的兴起和互联网信访的大力推行为信访治理智能化提供了新的路径。

赣州市推进大数据与信访工作深度融合，努力打造“智慧信访”，2020 年赣州市网上信访占比近 78.4%，每年为群众便捷反映诉求、快捷解决急难愁盼问题近万件。“一网通办”，数据集成，方便群众反映诉求。赣州信访部门狠抓信访信息化建设，先后投入 200 余万元对信访网上服务中心系统进行升级改造，群众可以通过微信、“赣服通”、手机 APP、市长信箱等 13 个网上渠道反映问题。此外，赣州市建成信访大数据分析平台，对国家、省、市、县四级信访数据进行自动采集、汇总和分析，让全市信访事项“一个口子进出、一个系统流转”，做到集成管理、一网通办。通过“云”研判，“智”分析，精准化解群众诉求。依托信访大数据分析平台，每日开展信访形势分析研判，一旦某个地方、某个行业、某个领域信访形势异常，第一时间向相关地方和主管部门发送预警提示，督促做好排查化解工作，做到抓早抓小、精准化解。

一是软件与硬件相融合。利用建设“数字赣州”契机，投入200余万元专项资金用于信访信息化智能化建设，完成“赣州信访网上服务中心系统”升级改造，将所有信访事项纳入系统管理；建设全市信访大数据分析平台，打通国家和省市县信访数据通道，实现各级信访数据自动采集、汇总和分析，做到数据一体化集成管理与应用。在赣州市人民来访接访室配置大数据分析显示屏及“信访灵通”自助设备，提升智能化水平。在市人民政府门户网站互动栏目开设“市长信箱”和“网上信访”投诉查询评价网页，让信访事项处理过程透明化、规范化，实现信访事项受理、交办、督办、回复、测评“一站式”办理，查询、跟踪、监督、评价“一网化”服务。出台《赣州市信访事项网上督查督办办法》，每月进行网上巡查，定期通报各地各部门的网上业务办理情况。

二是线上与线下相融合。及时将来信来访数据录入信访网上服务中心系统，实现云端数据与实践数据高度契合匹配，不断丰富信访数据库。依托信访大数据分析平台，赣州市信访局每周召开信访形势分析研判会，对上周全市信访形势进行大数据分析，梳理出重点访情，向属地属事部门主要负责同志反馈通报，从源头上防范信访风险隐患。根据分析研判的结果，派出督导组对重点访情进行督查督办，确保每件信访案件有着落、有回音。2020年全市重点信访案件办结率达100%，化解率达98.73%，停访息诉率达96.75%。

三是纵向与横向相融合。纵向上，系统通过覆盖市县乡三级的2 408个应用终端账号，构建“纵向到底”的信访信息共享网络，实现全市信访事项“一个口子进出、一个系统流转”和“网上流转办理、线下调查处理”。横向上，系统与公安、政法、网信、教育、人社等部门系统实现互联互通，部门信息实时交换共享。成立纪检监察、涉法涉诉、劳动保障、非法集资、农业农村、征地拆迁、房地产以及其他类等八个工作专班，分类定期会商、研究信访态势，实现主要行业领域数据的集成应用，推动信访积案有效化解（图 3－14）。

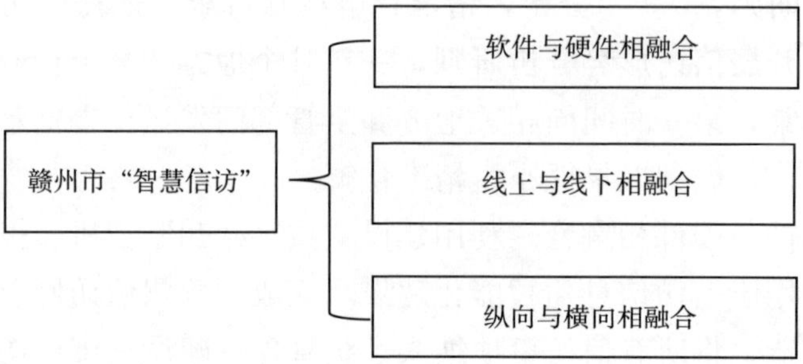

图 3－14　赣州市“智慧信访”

从信访治理的社会风险预警机制研究方面来看。信访工作能够反映出人民群众的各种诉求，是各级政府了解民意的重要途径。在信访实践中，往往会出现很多群体性突发事件，加强群体性突发事件的预警有利于切实维护地方安全。社会风险预警对于预防和监测社会风险是一个不可或缺的系统，是保证国家安全和社会稳定的关键。预防社会风险是每个国家高度重视的政治主题和政策聚焦点。信访事件大多代表的是人民群众对利益或权利的诉求，其本身不具有风险性，不会对社会的稳定发展构成威胁。基于信访大数据支撑的信访事件反映了关于社会风险相关的信息，其有利于相关部门及时采取必要的措施预防社会风险。随着信访工作越来越普遍化，信访如同预示社会风险的“晴雨表”，人们随时能观测到风险的苗头，智能化处置技术也能进行同步观测并及时反映，所以智能化处置技术就像一个智能化的“防篡改日志”[①]。社会风险预警能够及时发现社会中存在的普遍性问题并预示将要可能发生的事件倾向，有助于党委、政府和其他部门做出正确的决定。所以社会风险预警的重点在于是否能够迅速并正确识别出问题，尤其是高度重视的信访工作类、行政执法类以及公共政策类等相关问题，促使党委、政府和其他部门及时采取行动阻止风险的发生。信访实践中遇到的人民群众诉求大多是合理合法的，相关工作人员在利用大数据信息分析时，要注重保护群众的隐私，不得私自对外泄露，更不得利用信访大数据信息来威胁人民群众对诉求的正常表达，这是不道德更是

① 汪涛，赵彦云．基于区块链的产品链互联网统计研究［J］．统计与决策，2020（11）：10.

违法的行为。另外，人民群众上访是个复杂庞大的过程，人民群众反映的诉求、表达的意见容易积累，若不能及时解决，则可能会引起群体性事件，而社会风险预警恰恰能够有效减少此类现象的发生，通过大数据分析，能够帮助相关工作人员减少负担。

从网上信访的信息化治理研究方面来看。与实地上访相比，开通网上信访无疑减轻了信访人和政府的负担，不仅方便快捷，而且所投入的经济成本低，能够实现不用出门就能接收到人民群众的民意诉求。网络的信息化畅通了信访渠道，有助于提高信访工作质量和效率，同时也促进了政府同人民群众的紧密联系，更好地贯彻为人民服务的宗旨。在智能化处置技术不断推进的今天，研究发现，借助智能化处置的技术手段，同样可以提供信任感。信任是人类社会普遍认同、具有一定强度和稳定性的一种情感体验，是人与人之间建立起来的一种心理纽带或精神联系，人们称这样的信任为“数字信任”。数字信任不仅具有传统信任的特点，而且还具备了现代意义上的新特征。在过去农业经济、工业经济条件下，社会信任在很大程度上依赖于人与人之间的信任以及国家发布的制度，而在数字经济条件下，信任关系表现为数字信任。数字信任不仅包括了传统信任度上的信息交换，还包含了更深层次的信任机制。数字信任是指数字空间内的个体在数字技术基础上，通过数字身份识别构建了一种新型双向交互关系，就是对人与人之间的信任以及制度信任的延伸，对可信数据流通十分必要。数字信任是一种新的信息交换形式，它以数字身份为基础，并依赖于数字身份认证系统和数字网络，使用者使用数字身份连接网络设备，在整个数字空间进行通信、社交等，相关活动数据一定要保护其完整性和隐私性。数字信任指用户基于数字技术所形成的一种虚拟信任关系。数字信任建构人与机器、技术与平台、机与机之间的信任关系，认为数字空间所拥有的软硬件及平台是可靠的，该平台向使用者们保证了在使用程序时的安全和隐私，用户反过来也给予了足够的信任。数字信任的本质是一种社会文化现象，是一个国家或者地区的社会价值观、传统习惯以及经济发展模式、政治结构和法律体系所决定的信任机制。数字信任在信任关系生成与维持方面有革命性的提升，有助于数字经济社会活动的运行，是信任关系的一种较高层次的形式。互联网大数据为我国政法工作提供了便捷，减少了许多不必要的麻烦，虽然仅依靠其是不能够做出最终判决的，但是其能通过推动各办案机关在共同的办案平台上、明确的标准下办案，是提升涉诉信访案件办理效率的重要抓手①。2014 年中共中央办公厅、国务院办公厅要求各地区各部门实行网上受理信访制度，提出 2015 年全面实现信访工作信息化的总体目标。2016 年提出要全力构建网上信访通道，并对信访实践过程公开，便于人民群众投诉与考核。2017 年规定信访诉求、转送、处理意见等应当在国家信访信息系统中予以登记。至此，网上信访信息化治理工作的制度架构基本完成。相对于传统信访而言，网上信访大大提高了信访工作的质量与效率。当群众在互联网咨询关于信访事项时，信访机关工作人员要做到及时答复，处置结果也将受广大人民群众监督，要做到悉心倾听，不可感情用事，语言表达要得体，在法律范围内恰当处理，讲究事实。而通过视频接访更能达到面对面信访的效果，在处理矛盾、解决群众诉求方面更加有效，有利于取代传统的实地走访形式。

从网络信访制度平台建设研究方面来看。互联网时代，网络信息平台在政府机关也开始盛行，各级政府都在网上开通了官方网站，包括政府微信公众号等，增强了人民群众对政府的进一步了解。初步的网络信访形式是领导信箱，国家信访局一直到 2009 年 1 月才推出网上信访信息系统。提升治理强度，强化制度创新，离不开现代化智能化处置技术。它能将各种信息进行全面智能化管理，能够有效避免信访实践过程中存在的众多问题。国家也是大力支持推广网络信访制度平台建设，国家发布的《关于全面深化改革若干重大问题的决定》中强调要加大力度普及网上信访制度，帮助人民群众及时解决问题。根据统计的数据显示，2017 年我国信访量比上年增长 79.4%，这表明了这一制度平台已经得到了快速发展。2018 年，通过网络进行信访已经广泛普及，在全国各地盛行，已经成为各级政府、党委信访的一种主要渠道。实现社会涉诉信访治理线下线上融合，从单向管理向双向治理互动，从单纯部门监管向社会协同治理转变，也需要现代化的智能化处置技术②。通过信访，人民群众能够实现政治参与、向上表达民意，维护自身的合法权益，因此，网上信访在未来是一种必然趋势，将会一直延续下去。从网上信访的建立到现在的发展，该平台已经实

① 付晶，刘振宇．大数据时代的网上信访：治理模式与优化路径［J］．宁夏社会科学，2019（2）：48.

② 狄小华．智能化再犯风险评估司法应用的法律风险及其防范［J］学术界，2020（5）：69.

现了全面、多方位的格局，也成了人民群众向上表达民意和诉求的一种有力途径。但该平台还存在一些问题，例如在处理信访业务时的规范性，因此，我们还需要了解平台问题的根源所在，从而针对性地解决，促使网络信访平台更好地推进。建构网络信访平台的关键是将信访大数据同互联网技术相结合，帮助信访工作人员和信访部门提高信访工作质量和效率。

6.3　路径指向：信访治理共同体的四维建构

6.3.1　畅通信访治理主体参与的途径

信访治理主体在信访治理过程中扮演的是什么角色？尤其是作为微观治理主体的社区和个体是否有自己的参与方式或途径，是影响构建信访治理共同体的重要因素。因此，凸显社区组织和公民个体的参与维度和途径，是构建信访治理共同体的第一发力点。位于河南省驻马店市的西平县，在2016年被国家确定为社会心理服务体系建设的联系点，西平县也抓住了机遇，借此加强自己的基层信访治理工作，积极探索“信访＋社会心理服务”模式，将心理服务导入信访实践全过程，及时评估识别信访群众的心理状态，坚持将信访接待同心理评估相结合，根据信访群众的行为表现、心理活动进行精准评估。其做法被中央《信息快报》推广，连续四年获评“河南省信访工作先进县”。从近几年来看，西平县从未懈怠，一直致力于探索基层信访治理共同体道路。因此，选择西平县作为考察样本，具有一定的代表性（图3-15）。

中国共产党是信访治理共同体的顶层设计者，要加强党组织在信访治理中的领导核心作用。尤其是聚合基层党组织在参与基层信访治理中的力量来覆盖信访治理的方方面面，充分保障党组织在信访治理共同体中的政治引领、思想引领、组织引领；充分发挥各级党委对信访治理的宏观指导、微观推进和统筹协调平衡作用，在党统揽全局、协调各方中实现信访整合、信访团结和群体认同，夯实信访治理共同体的政治根基。政府不同于党委的顶层设计，其在信访治理共同体中处于核心地位，要为信访治理共同体建构运行规则，肩负着更为广泛、具体的治理责任。政府要在“放”“管”“服”上不断创新，积极引导市场在信访治理中发挥资源配置的主体作用，在强化自身组织、协调、沟通等服务功能上下功夫，努力形

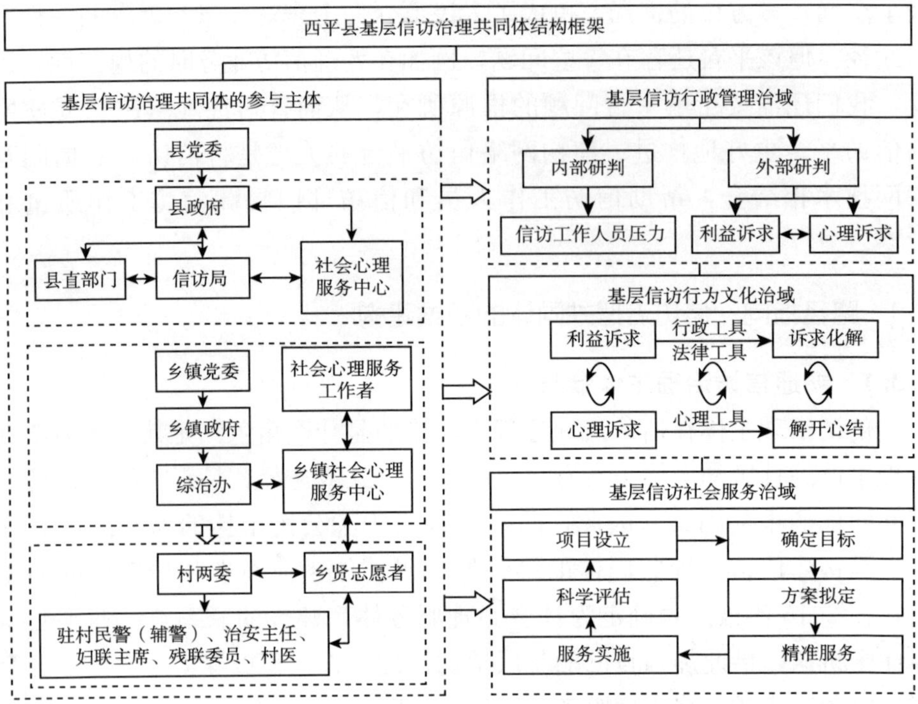

图 3-15　西平县基层信访治理共同体架构图

成全方位、宽领域、多层次的服务体系。政府可通过向社会组织购买服务、鼓励社会组织投资公益事业等渠道方式实现公共服务供给的多样化，从而更好地参与信访治理，提高治理绩效。社会组织在政府职能转变过程中要扮演好“承继者”的角色，承担起政府的部分职能。社会组织需运用从政府中剥离出的社会公共服务职能更全面地参与到信访治理中，比如援建希望小学、组织义诊、赞助体育运动、设立专项奖励基金等。此外，引入竞争机制、构建社会组织等级评估机制，也可激发社会组织参与信访治理的主动性。公民个体主要以城乡社区为基本单元参与社区信访治理，通过社区居民代表会议表达利益诉求以及客观评判信访治理效果。要充分利用网络化发展现状，推动将线上线下参与有效地结合起来。通过网络进行参与，既方便又快捷，它不仅可以有效地补充现场参与的不足，而且在未来将会变成信访治理的重要参与途径。拓宽公民个体参与信访治理的途径和范围也有利于提升公民的参与意识和能力，这是构建信访治理共同体的重要出口。

6.3.2　加快信访治理共同体顶层制度设计

制度建设是构建信访治理共同体的基本保障，既可以为信访治理主体行使治理权力提供制度支撑，又可以有效约束治理主体在相应的制度范围内开展信访治理活动。构建信访治理共同体要从加强顶层制度设计入手，在制度框架内保证信访治理的规范、有序进行。加快信访治理共同体顶层制度设计，首先要完善法律顶层制度设计，实现信访治理法治化。在信访治理过程中，不仅仅要剖析信访问题产生的根源，重要的是运用法治思维寻找解决问题的方法，继而将成功的实践经验总结升华至制度设计层面。完善网络信访治理顶层制度设计才能从根本上保证网络信访运转的稳定、有序。另外，道德对于整合信访意识、约束引导社会公民的行为模式具有重要作用，在完善法律顶层制度设计的同时要注意建设道德这一信访治理隐性制度，从而实现“德法共治”。其次，要建立完善突发事件监测预警制度。例如对于集体上访现象，要在第一时间向政府和党委如实报告情况，与此同时要稳住时态，安抚好人民群众的情绪，认真填写接访记录；要派人通知相关社区或乡镇领导，及时赶到现场进行指挥，疏散人群，给予合理的处置意见，对跨地上访的人民群众，及时安顿他们，需要送回的安排相关人员尽快接回，并做好后续安抚工作。第三，要完善基层信访治理制度。信访治理归根结底要落实到基层，基层是一切工作的落脚点，信访治理更是如此，要做好基层服务工作，并投入更多的资源到基层中来。通过网格化管理规范基层政务管理、提升社区管理水平、实现数据交换和资源共享，努力实现基层信访治理现代化。通过加快顶层制度设计，切实将制度优势转化为信访治理效能。

6.3.3　规范信访治理共同体价值目标导向

信访治理共同体价值目标旨在以人民为中心，激发人民群众的积极性、主动性、创造性，让人民当家作主，实现人的全面发展。信访治理共同体价值目标导向是构建信访治理共同体的思想根基。规范符合当代社会发展要求的统一价值目标，进一步有效整合社会意识，是构建信访治理共同体的内在需要。为此，需要重点做到以下三个方面。一是培育和弘扬社会主义核心价值观。社会主义核心价值观是信访治理共同体的道德引领和精神支柱，凝聚着全体人民的共同价值追求，需要通过不断地教育引导、实践养成，使之成为信访治理共同体的精神内核。为了让全体人民在理想、价值、道德方面都能够养成共同的信念，需要构建一个有巨大引领和凝聚导向的社会意识形态。所以，要发挥社会主义核心价值观对社会精神文明的创建和引领作用，将社会主义核心价值观融入贯穿到信访治理的细枝末节，使其成为信访治理共同体内在跃动的灵魂，为构建信访治理共同体提供了丰厚的文化滋养。二是营造更加公平正义的治理环境。信访治理成果越丰厚，公平正义就越重要，构建信访治理共同体离不开公平正义的治理环境。在全面依法治国的新时代，为人民谋幸福就是把人民对美好生活的向往以权利的方式在宪法和法律中规定下来①。由于一些历史和现实原因，区域差距和贫富差距等不同程度地存在着，必须努力破除制约社会公平正义的各种体制性壁垒，着力调整过大的收入差距，健全完善社会公平保障体系，扩大社会保障领域的公平治理范围，为全体人民营造机会公平、规则公平、分配公平的治理环境，为形成一个公平正义、和谐有序的社会结构奠定了良好基础。三是弘扬集体主义精神信仰。信访治理实践本就是一项“集体活动”，构建信访治理共同体理应坚定集体主义精神信仰。集体主义是最具价值合理性的处理利益关系的基本原则，是时代精神的主旋律，要正确处理国家利益、社会利益和个人利益之间的关系，要认识到集体主义并不排斥个人利益的实现，而是以社会中人民群众根本利益为基础的集体利益与个人利益的辩证统一，在社会结构日趋复杂的今天，我们更要坚定弘扬以大爱为底色的集体主义精神信仰。

6.3.4 夯实信访治理共同体数字科技支撑

党的十九届四中全会进一步明确了科技在信访治理中的重要作用，丰富了我国信访治理体系建设的内涵，而构建信访治理共同体，离不开5G、大数据、云计算、物联网、区块链、人工智能等最前沿、最关键的数字科技或应用。可以预见的是，数字科技在构建信访治理共同体中将发挥越来越重要的作用。一般而言，信访工作存在陈述与执行两种典型的输出形式。传统信访工作模式主要表现为信访人与信访部门之间的实体互动行为，形塑了主体在场压力，迫使信访部门必须十分注意信访工作的真实效果与有效反馈，并通过权威性或相关性执行活动给予信访工作人员提供需

---

① 唐勇．中华民族伟大复兴的民族学阐释——基于国家富强、民族振兴和人民幸福的分析维度[J]．中南民族大学学报（人文社会科学版），2022（3）：33-40，182.

要的服务。网上信访工作容易使信访人与信访部门之间产生主体不在场的张力，信访部门更加偏重信访事项处理的既定程序与时间节点，并通过权威性或相关性政策陈述给予信访人以符号意义上的满足。显然，无论是传统信访工作模式还是网上信访工作模式，都应当将帮助社会公众化解矛盾纠纷和解决人民群众合理诉求作为核心价值追求。然而，网上信访治理注重给予信访人以符号意义上的满足，极易陷入以未承载实际意义的文字响应信访人提出的信访事项，以象征性的及时办理和快速回复掩盖实际问题并未化解的事实（表 3－12），进而使信访人通过网上信访化解自身问题的期待难以实现。值得注意的是，与指尖上的形式主义比较注重形式上的“有”或“无”不同，网上信访治理的符号化倾向需要辨别内容上的“真”或“假”，即要深入到信访部门的回复内容与信访人的实际诉求是否匹配的层面。

表 3－12　网上信访治理的符号化倾向

	网上信访诉求	信访部门回复内容
案例一	信访人反映住房附近都是泥土路，一到下雨天就会变泥泞路，出行非常不便，而且道路过于狭窄，并反映自己所在地区老年人口过多，希望相关部门能够解决交通出行问题	该地区部分路面确实仍然是泥土路，已将道路修改计划上报，将尽快给予施工
案例二	信访人反映小区自行车棚内长期有人将捡拾垃圾杂物进行乱倾乱倒乱堆乱放。虽然多次向社区和街道反映了该现象，物业公司也进行了清理，但是隔一个月该问题又再次发生，希望相关部门能够采取措施，从源头上根除	对此情况已经核实，街道办事处确实对车棚堆积垃圾杂物清理过几轮，但仍未提出有效的管理措施和惩罚措施，从而导致该问题反复呈现
案例三	信访人反映部分业主擅自将公寓房作为民宿，通过美团等平台开通网上预约服务提供他人入住，经常会有大量外来人员出入，担心存在疫情交叉感染的风险，且外来人员喧哗唱歌噪声扰民，向物业反映无果，存在安全隐患，建议加强监管	经调查核实，你反映情况部分属实。该区域确实存在大量网约房，但这些网约房已经过治安消防承诺备案，属正常网约房房源。对于当事人反映的小区人员混杂的情况，已通知辖区民警对该片区网约房加强巡查监管。如遇到紧急情况也可以第一时间拨打 110 求助和投诉

资料来源：作者整理。

数字科技的快速发展与科学运用能够有效提高信访治理效能，要积极探索运用数字科技赋能于信访治理，打造“智慧城市”“智慧医疗”“智慧教育”“智慧社区”等数字化服务平台，构建智慧型信访治理共同体。数字科技还能丰富信访治理执行手段，比如将网格化管理与人脸识别、指纹识别、车牌识别、身份证人口集中库等相结合，可提升社区治安水平、缓解交通压力，还可以“运用全天候监测舆情系统、大数据监控管理平台和卫星云图等新型信息化手段，感知社会运行态势，畅通官民沟通渠道，辅助政府科学决策”[①]，以此优化公共安全防控体系，构建社会安全共同体，筑牢信访治理共同体安全基础。要广泛利用互联网、物联网、云计算、大数据等技术手段，加大数据资源采集力度，打造跨区域、多层级的数据交换共享平台，消除“信息孤岛”“数据烟囱”现象。信息共享能够加深个体之间、个体与社会之间的联系，这有助于激发公民运用信息技术负责任地落实主体职能，从而构建社会责任共同体。构建信访治理共同体是一个研究与实践动态循环往复的长期过程，其中不仅要凝练平等共享的价值观，打造合法有效的信访治理平台，破除体制机制弊端等，更需要明确各个治理主体权责定位，合作协同、共同治理，方能奏响信访治理现代化的交响乐，特别是在党的领导下搭建一个多元治理主体共治的互动平台。

① 邹东升．科技支撑赋能新时代社会治理［J］．国家治理，2019（41）：23－27.

第 4 篇　互联网时代群众矛盾多元调处制度

党的二十大强调社会稳定是国家强盛的前提，提出要坚决维护国家安全与社会稳定。我国正经历着百年未有之大变局，经济体制、社会结构、利益格局产生深刻变化，中国式现代化新征程中，社会主要矛盾呈现出新特征①。新时代新征程背景下，利益主体复杂化和价值取向多元化日益凸显，人民群众内部矛盾纠纷日趋复杂。司法资源的有限性、诉讼的程式化不能及时充分满足广大人民群众多元诉求表达、利益协调及权益保障的客观需要②。以人民调解、行政调解、司法调解等为主的多元调解机制能有效弥补单一司法调解的不足。多元调解机制并非人民调解、行政调解及司法调解等方式的简单叠加，而是多种方式基于特定的功能定位及运行方式的协调耦合，最终目的在于促进社会和谐，为中国式现代化建设提供安定平稳的国内环境。互联网时代，信息技术及数字技术的广泛应用为群众矛盾纠纷多元调处带来了契机，“互联网＋调解”的形成与发展为群众诉求表达提供了便利，为做好群众利益协调与权益保障建构起了新的通道③。多元化纠纷解决机制改革在中央以及最高人民法院的推动下，取得了一系列成就，多地相继以地方性法规的形式落实政策文件，并在一定程度上进行了实践创新。但是，多元调处实践探索中依然面临很多问题：各类纠纷解决资源并未得到充分优化，改革缺乏法律支撑④，各地发展水平不均衡，各部门职能定位不清晰，解决纠纷机制衔接不顺畅，工作保障不充分

---

① 李海涛．百年未有之大变局：中国判断与世界回响［J］．社会科学家，2021（9）：150－155.

② 左卫民．通过诉前调解控制“诉讼爆炸”：区域经验的实证研究［J］．清华法学，2020，14（4）：89－106.

③ 李瑞昌．联体与联动：作为社会治理制度的在线调解创新［J］．行政论坛，2020，27（4）：83－89.

④ 王聪．作为诉源治理机制的行政调解：价值重塑与路径优化［J］．行政法学研究，2021（5）：55－66.

等。未来，互联网时代群众矛盾多元调处机制建设应当加快功能完备、形式多样、运行规范的诉调对接平台建设，畅通纠纷解决渠道，不同当事人可以根据具体情况在人民调解、行政调解、司法调解相互协调的多元化调处机制中选择合适的纠纷解决机制；坚持“自治”“法治”“德治”的“三治”融合理念，充分夯实基层调解组织实力，规范多元调处联动流程，加快矛盾纠纷分级分类管控机制建设，充分发挥多元调处联动考核评估在多元化纠纷调处机制建设中的引领、推动和保障作用，为促进经济社会持续健康发展、提升基层治理联动能力、维护社会和谐提供重要保障。

1　我国群众矛盾变化背景下的调处制度演进

“时移则思异”，我们需要在不同的历史情境下，正确辨析社会主要矛盾是什么，追踪社会主要矛盾变化，这是从总体层面制定准确政策的基础。党的十九大报告依据现实情况的变化，作出新时代我国社会主要矛盾已经转化为人民日益增长的美好生活需要和不平衡不充分的发展之间的矛盾的重大政治判断①，并在党的二十大报告中得到确认。社会主要矛盾的变化意味着我国的调处制度也需要因时而变，才能与时代同行，成就伟大事业。

根据调解组织不同，我国调解制度总体可以划分为人民调解、行政调解和司法调解三种，随着社会主要矛盾变化和群众矛盾的演化，实践中单一类型的调解难以回应群众矛盾纠纷解决的现实需要，因此融合了多种调解方式的多元调处逐步在群众矛盾化解过程中发挥着更大作用。

1.1　新时代背景下的群众矛盾调处制度演进

1.1.1　新时代我国群众矛盾的变化与特征

我国群众矛盾的变化与社会主要矛盾的变化紧密相关。在不同时代和不同时期，由于社会矛盾不断因生产力和生产关系的提升得到解决，社会主要矛盾也在不断演化。因此，要重视群众矛盾纠纷调处方式的因时而变，对我国社会的主要矛盾进行梳理尤其必要。自新中国成立以来，社会

① 龚云．新时代我国社会主要矛盾和实践要求［J］．红旗文稿，2022（6）：30－32.

主要矛盾发生了三次转化：

社会主义革命和建设时期的社会主要矛盾。随着 1956 年“三大改造”完成、社会主义基本制度建立，1956 年党的八大提出：我们国内的主要矛盾，已经是人民对于建立先进的工业国的要求同落后的农业国的现实之间的矛盾，已经是人民对于经济文化迅速发展的需要同当前经济文化不能满足人民需要的状况之间的矛盾①。

改革开放时期的社会主要矛盾。1981 年，党的十一届六中全会召开，肯定了党的八大对社会主要矛盾的提法，并进行了精炼：人民日益增长的物质文化需要同落后的社会生产之间的矛盾②。

新时代的社会主要矛盾。党的十八大以来，我国经济、社会领域的发展呈现出许多新的阶段性特征，党的十九大对我国社会主要矛盾的判断是：我国社会主要矛盾已经发生转化，并在党的二十大继续得到明确。新时代群众矛盾也随社会主要矛盾变化呈现出了群众诉求复杂化、群众价值观念多元化、化解群众矛盾工作复杂化以及群众矛盾结构不良化等特征。

第一，群众诉求复杂化。由于社会结构的碎片化、社会利益的分散化以及社会诉求的多样化，越来越多的群众矛盾事件开始涌现。这类公共问题呈现出冲突性强、非结构化和不确定性的特征，仅靠任何一方力量都无法妥善解决，呈现出对象多元化、价值取向复杂化、利益诉求多样化等新挑战，如由于城乡发展不平衡和农村发展不充分，农村群众的矛盾化解和民生发展需求成为互联网时代群众工作机制创新必须面对的重要问题。同时，价值冲突更加常见，通常需要不同的矛盾解决手段共同发挥作用才能够奏效，人民调处、行政调处和司法调处的联动机制应该进一步整合，一个显著的情况是在网络空间政府舆论主导与民众自由表达之间存在结构性对立冲突，并对当前风险社会和转型社会交织中的各类矛盾起着强化、放大作用，对党领导的治国理政能力提出新的要求③。

第二，群众价值观念多元化。价值观念作为社会公众认知事物、辨别

① 韩艳红．中国共产党百年来把握社会主要矛盾的三重逻辑［J］．马克思主义研究，2021（12）：45－54.

② 封丽霞．新中国法治道路的逻辑展开：以中国社会主要矛盾的发展变化为线索［J］．中共中央党校（国家行政学院）学报，2020，24（2）：101－111.

③ 于水，杨杨．“棘手公共问题”及其治理之道［J］．理论探索，2020（2）：68－75.

是非的一种思维或取向，反映了人们的社会认知状况，并且具有明显的自利动力[①]。在群众矛盾的治理过程中，由于公民自身权力维护意识增强，且存在价值观念上的冲突，可能行动陷入困境：一方面，从群众矛盾涉及的利益主体上看，群众矛盾涉及诸多利益相关者的切身利益，利益相关性一直是社会矛盾的显著特点，出于对自身利益的维护，不同的利益主体倾向于将自身的价值偏好带入问题的解决过程中，从而在群众矛盾治理过程中会充斥多种相互冲突的公共价值诉求。在以环境邻避冲突为具体研究对象的棘手公共问题治理中，有学者曾对多元治理主体的价值观念进行讨论，总结出了存在多重冲突的“公共价值集”，分别是地方政府的政治价值诉求、施建企业的经济价值诉求、周边公众的社会价值诉求以及环保组织的生态价值诉求，不同类型的价值观念整合难度可见一斑[②]。另一方面，从群众矛盾涉及的范围来看，其边界难以确定，极大超出了某一组织或者某一领域的范围，跨界性的属性也潜在增加了价值观念发生冲突的概率。

第三，化解群众矛盾工作复杂化。复杂群众矛盾的社会问题的大量出现，不仅使得人类社会日益呈现出高度复杂性和高度不确定性状态，而且造成了传统社会治理模式频繁陷入失灵的窘境。利益主体的多元化和跨界性的复杂结构特征，共同助推了内部存在多重冲突与张力的“公共价值集”的出现，传统社会治理模式无法对这一困境实施有效治理。因为社会问题解决的关键环节已经超出了多元治理“主体在场”就可以达成方案的范围，而转化为如何权衡多种彼此冲突的价值观念并达成价值共识的问题。按照历史唯物主义的观点，价值观念形成的基础是人们在社会实践活动中所形成的利益关系，然而思想一旦离开利益，就一定会使自己出丑。所以就其本质而言，群众治理过程中出现的不同价值冲突与张力，是多元治理主体在参与社会问题解决过程中，以承载自身利益和诉求的治理理念来进行价值判断，并且将群众矛盾的治理过程视作表达自身利益诉求的场域，促成了自身价值偏好的现实表达，最终为达成价值共识设置了障碍。另外，在棘手公共问题治理的过程中，一些非正式、社会嵌入式和多样化

---

① 吴宏政，辛欣．“价值观先导”在解决社会主要矛盾中的基本功能［J］．马克思主义理论学科研究，2019，5（3）：113－120．

② 于水，杨杨．“棘手公共问题”及其治理之道［J］．理论探索，2020（2）：68－75．

的知识发挥着重要作用，而这些知识并非为所有治理主体所共同掌握，从而使价值共识达成的难度进一步增加。

第四，群众矛盾结构不良化。结构不良的问题并非指问题本身存在错误或者不恰当之处，而是指这类问题不存在明确的结构或者解决途径。群众矛盾的结构不良使得通过制度化或者程序化解决流程成为奢望，摆在治理主体面前的只有“剪不断，理还乱”的复杂形态，从而使得采取“摸着石头过河”的渐进决策成为现实选择。从一定程度上讲，面对动态与复杂的社会环境，“摸着石头过河”不失为一种对战略管理实践的新诠释，并且它也适合中国的治理情境。“摸着石头过河”并非循规蹈矩，也不是回避群众矛盾的治理需求，其本质上秉承的是治理制度和治理方式创新的逻辑。群众矛盾的治理，涉及多元治理主体的不同价值诉求，采取何种方式凝聚价值共识和共同为这种创新实践提供支持与合法性，从而可以使其以一种动态化的、灵活的以及可以随时调整的治理方式，为群众矛盾的解决以及多元治理主体共同价值的实现提供保障，是需要审慎思考的问题。除此之外，群众矛盾的治理过程，还需要搜集和聚合更多的信息，从而对该类问题形成相对深入的理解和认识。然而，公共价值观念之间的冲突，严重影响了治理主体之间协商或沟通机制的有效运行，谋求价值共识成为迫切要求。

1.1.2　我国群众矛盾调处制度的演进历程

近年来，群众矛盾纠纷日趋多样化、复杂化，呈现出许多新趋势、新动向、新特点。互联网时代，群众矛盾纠纷调处机制建设应当与时俱进，顺应时代发展需求，更好满足广大人民群众现实需要。

一是新民主主义革命时期调解制度的探索发展。群众矛盾调处制度是党群众工作的重要组成部分，最早可以追溯到大革命时期共产党人在农民运动中在农会等组织中建立负责调解仲裁的机构和机制，保护农民权益。1920 年前后，在浙江萧山、广东海丰、湖南等多地设置的农会通过规章和组织形式开展调解仲裁，如浙江萧山农民协会宣言就明文规定农民纠纷的调解办法，负责调解农民的种种纠纷。1931 年，中华苏维埃共和国临时中央政府在江西瑞金成立，中国共产党在根据地建立了村、乡、区三级逐级调解制度，调解组织还兼具了解民情民意、把握群众思想动向的作用，调解工作延续至抗日战争和解放战争时期。

二是新中国成立后调解制度的初步建立。新中国成立初期，各地基于新中国成立前的实践出台了系列调解工作规定，并且随着城市的接访，城市中也逐步建立了调解组织。1954 年，政务院颁布了《人民调解委员会暂行组织通则》，明文规定了人民调解相关内容，明确人民调解委员会是具有法律地位的群众性组织，是我国人民调解制度正式确立的一个重要标志。同时期司法部出台《关于〈人民调解委员会暂行组织通则〉的说明》，对人民调解进行了详细的说明。在新中国成立初期，浙江省绍兴市诸暨涌现出的“枫桥经验”得到当时在火车上的毛泽东同志的亲笔批示[①]，影响延续至今，“枫桥经验”历久弥新，在实践中发展出新时代的“枫桥经验”，如今依然在人民调解中起到重要的示范作用。

三是改革开放以来调解工作的制度化发展。改革开放以来，各类调解工作逐步规范化、法治化，以人民调解、行政调解、司法调解为主的“大调解”格局逐步通过系列法律法规的颁布而确定下来，明确了不同类型调解方式的调解主体、调解范围和调解职责，并发展融合人民调解、行政调解、司法调解优势的群众矛盾多元调处机制（图 4－1）。此外，新的群众矛盾多元调解形式不断出现，如仲裁就是在矛盾双方约定基础上，引入独立的仲裁机构或者仲裁庭这类新的主体，并由仲裁机构或者仲裁庭作出裁决的纠纷解决机制，具有法律约束力。

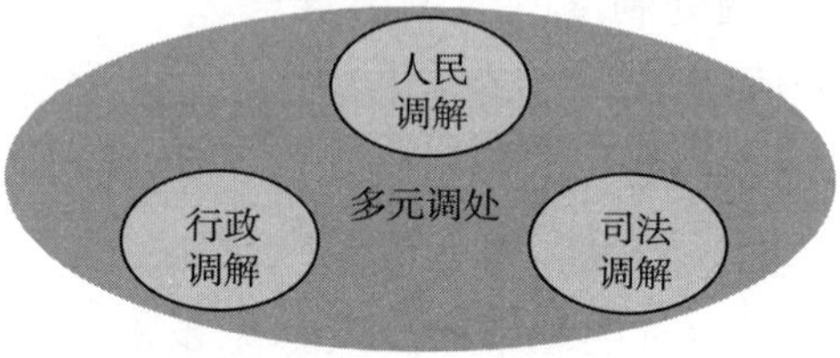

图 4－1　多元调处与人民调解、行政调解和司法调解的关系

四是新时代群众矛盾多元调处机制的创新与发展。新时期以来，信息技术的应用以及领导干部的高度重视成为群众矛盾多元调处机制的新特征，网上群众工作平台、智能机器人等新技术不断提升新时代群众矛盾多元调处机制的效率，领导干部常态接访也成为各个地方政府的新举措。

---

① 赵秋雁，贾琛．新时代“枫桥经验”的法治价值及其创新发展路径研究［J］．北京师范大学学报（社会科学版），2022（3）：113－119．

（1）群众工作平台化在全国开始建立。许多省份通过建立群众工作平台，促进群众矛盾和纠纷的化解，如上海市“上海人民意见征集”平台、浙江省“民呼我为统一平台”等[①]，平台化赋能主要体现在以下两方面：一是便利群众网上信访，有效缓解群众重复上访、无理上访的情况。通过网上信访平台的建立，并在微信、支付宝等常用软件小程序中提供接口，群众进行诉求表达的便利性得到极大的提高，网络及手机界面使用的友好性得到改善，并且较好地避免了“信息失真”的问题。二是对群众诉求的处理能力、时效性大大提升，统一平台建设破除部门间数据孤岛，数据流通共享有利于政府治理手段创新，通过信息整合和数据共享的政务数据协同化，更好实现数据归集与规范。同时，构建适应政府数字化转型需要的组织架构，开放公共数据并实现基础数据资源跨部门、跨区域共享，有效推进政务信息系统整合，提升网上信访的效率与质量，最大限度地减轻群众的“访累”，为互联网时代做好群众工作提供重要的技术支持[②]。

（2）智能化赋能成为群众矛盾调解的新趋势。在平台化的基础上，“互联网＋”群众工作可以通过智能化赋能，构建矛盾“分诊台”，提升回应群众诉求效率。智能化赋能是网上信访数字化转型过程中的新趋势。传统信访受线下来访或来信来访的方式限制，在人力、物力有限的情况下接待群众来访事项的容量较小，工作人员不仅需要处理复杂信访事项，对于简单信访事项的处理、归档等环节也耗费许多精力，工作负担较重。网上信访的智能化赋能主要体现在以智能客服、智能分流对信访事项进行“分诊”，对接对口部门分类处理，进一步提升信访效能。通过以智能客服接访，打造“永不下班”的信访平台。引入智能导服、智能客服等机器人自动接访，以全语音门户建设实现群众线上语音咨询，让人工客服可以专注复杂事项的回复和处理，有效缓解人工客服压力，提升信访服务质量。设置群众投诉举报规范引导流程，让诉求提交、受理、办理和流转更加高效。以浙江省为例，其网上信访平台 2021 年智能客服已服务 679 万余次，杭州市的智能客服“小杭”覆盖人社、公积金、交通、房管、教育等所有

① 于水，杨杨．数字技术赋能群众工作及其潜在限度：以浙江“民呼我为统一平台”为例[J]．求实，2022（4）：4－14，109.

② 于水，任莹，鲁光敏．网上信访、群众工作与公共价值创造[J]．江苏行政学院学报，2022（5）：105－112.

业务，日均提供服务 8 000 多人次，分流 40%以上的电话，每年可节约财政资金 1 000 多万元。此外，对信访事项进行智能分流。梳理大量热点问题，建立事项分类及关键词库，将群众诉求智能分派至各职能部门，缩短群众咨询投诉及建议的处理时间，精准快速地处理信访事项。全面压缩网上信访事项办理周期，快速处理群众诉求，能当场直接答复的即时答复，复杂疑难事项也可快速分派到相关部门，根据诉求类型，设立简易程序 7 个工作日内办结和普通程序 30 天内办结的流程；并安排智能客服回访，有效提升群众获得感①。

（3）领导干部接访成为群众矛盾多元调处机制的新常态。近年来，领导干部接访也成为我国群众工作中吸纳群众意见的创新。2021 年 12 月 28 日，时任浙江省委副书记、代省长王浩到嘉兴市南湖区社会矛盾纠纷调处化解中心接待群众来访。他来到信访接待点，接待约访群众并看望慰问信访工作人员，当场与相关部门商量解决办法②。2021 年 12 月 27 日至 28 日，时任安徽省六安市委书记叶露中先后到金寨县和裕安区公开接待信访群众。他认真倾听来访群众关于拖欠农民工工资、土地征迁资金延迟发放等方面的诉求，仔细询问有关情况，并与县区相关部门研究解决办法。安徽省马鞍山市委书记张岳峰前往雨山区接待信访群众，现场办公，将能解决的问题现场解决，不能解决的约定期限交办，明确答复群众诉求。安徽省芜湖市委书记单向前在弋江区马塘街道群众来访接待中心，逐一倾听 35 批次 47 位信访群众反映住房、物业、教育、拆迁等问题，详细了解前因后果，研究解决办法，明确责任单位、责任人、办理时限等。安徽省亳州市委书记杜延安在涡阳县共接待来访群众 38 批 59 人次③。吉林省松原市委副书记、市长陈强深入基层接访，面对面倾听群众诉求，推动信访问题化解。他强调，要及时妥善地解决好群众诉求问题，切实维护人民群众的合法利益。安徽省蚌埠市委书记黄晓武在五河县信访局接待室随机接待

---

① 于水，任莹，鲁光敏．网上信访、群众工作与公共价值创造［J］．江苏行政学院学报，2022（5）：105-112.

② 王浩在嘉兴调研经济运行情况并接待信访群众 狠抓重大项目建设 夯实稳增长基础［N］．浙江日报，2021-12-29（01）.

③ 安徽多位市委书记、市长公开接访［EB/OL］．https：//new.qq.com/rain/a/20211226A02UNC00.

了12批信访群众。他认真倾听群众反映的问题，逐一提出处理意见、给予明确答复，要求当地建立台账、跟踪落实，举一反三、标本兼治，努力减少同类信访问题的发生，确保让群众更安心、舒心、放心。广东省佛山市委副书记、市长白涛到市信访局接待来访群众，听取群众反映关于禅城区祖庙街道文沙横街废品站环境污染等问题，详细了解信访事项，现场耐心细致地做出处置和答复，依法依规限期解决好群众反映的问题。江西省景德镇市委副书记、市长胡雪梅到市信访局现场接访。针对信访群众主要反映的生活用水无法正常保障、拖欠农民工工资等情况，她要求切实解决好相关问题，尽快让居民用上安全放心的自来水，确保农民工足额拿到工资[①]。

1.1.3　新时代群众矛盾调处制度的功能定位

党始终坚持重视和做好群众工作是取得胜利和立于不败之地的关键。现实中，群众矛盾纠纷调处与社会的关系日益紧密，群众矛盾多元调处机制是党坚持以人民为中心的发展思想的本质体现。

进入新时代群众矛盾调处也有了新的功能定位。互联网时代群众矛盾多元调处机制的建设，有利于采取温和的方式缓解人民群众内部矛盾，和平处理互联网时代繁杂的群众纠纷，是党坚持“人民就是江山，江山就是人民”治国理念的真实写照，是党的群众路线的重要组成部分。

群众矛盾多元调处机制是党治国理政的重要工具。党向来坚持以人民为中心的发展思想，群众工作是党治国理政的核心工作，在风雨飘摇的革命战争年代，党的重要法宝之一，就是依靠群众路线，建立强大的革命队伍，最后赢得革命胜利。新中国成立以来，中国共产党成为执政党，仍然将坚持群众路线作为党的工作的重要方面。只有这样，党才能具有坚实的群众基础，永葆青春活力，立于不败之地[②]。群众矛盾纠纷调处是党保障群众合法权益、畅通群众诉求表达渠道、有效化解矛盾纠纷的有力抓手。

群众矛盾多元调处机制是维持社会秩序的稳定器。随着全面建成小康社会目标的圆满达成，人民群众对生活质量的民生问题的关注日益强烈，

① 畅通群众诉求表达渠道　做到件件有着落、事事有回音［EB/OL］. https://baijiahao.baidu.com/s?id=1721258825423875787&wfr=spider&for=pc.

② 中国革命、建设、改革与群众路线［EB/OL］. http://dangshi.people.com.cn/n1/2016/0711/c85037-28542071.html.

涉及民生类问题的纠纷调解、仲裁、诉讼案件增长较快。究其原因，我国进入中国特色社会主义新时代，社会利益结构发生大幅调整，不平衡不充分的发展使部分社会群体或个人的利益诉求无法得到充分响应，相对处于被冷落状态。此外，人民群众权利意识不断增强，维权意识与意愿更加清晰坚定，一旦涉及自身权益被侵犯的情况，人民群众需要多途径维护自身合法权益。群众矛盾调处则为调和群众纠纷、缓解群众内部矛盾提供了平台与台阶。

群众矛盾多元调处机制是预防矛盾升级的减压阀。近年来，随着利益分配的调整、社会的深刻变革和思潮的多元冲击，矛盾纠纷日趋多样化、复杂化。群众诉求日益功利，多数矛盾核心是经济利益之争。现阶段社会矛盾涉及的主体利益差别日趋多样化，社会矛盾往往关系到某一群体或多个群体的共同利益，涉及的范围和人员较为广泛，达成共识的难度进一步增大。互联网时代矛盾纠纷多元调处机制总体包含人民调解、行政调解及诉讼调解三种主要形式，群众矛盾纠纷调处是响应社会矛盾复杂性的必然要求。虽然矛盾纠纷主张在源头进行调解，但其主要目的是维护最广大人民群众的正当利益，当人民群众的合法利益受到损害后，鼓励群众采取合法途径维护自身利益，遵循矛盾纠纷多元调处的运行轨迹。通过纠纷预防机制、风险排查机制和分流调处机制，及时调解潜在纠纷，避免事件升级危害群众利益。

群众矛盾多元调处机制是了解社情民意的信息库。群众矛盾多元调处机制是通过群众工作方法收集民意民情的重要手段，这主要包括促进群众的政治参与，以及促进群众诉求表达，收集民意民情作为政策优化的依据。尤其是随着互联网时代的来临，网络空间和网络社会的形成，产生了虚拟空间的虚拟政治现象，对政治生活中的国家主权、政治体制、政府管理以及政治文化等产生重大影响。网络民意作为一种软权力，对国家层面的回应缺乏制度约束，应该探索网络民意进入国家政策制定过程的制度化模式，同时提升公众的网络政治参与素质和能力。优化民意民情收集工作有利于党实现由“维稳”到治理、由治理到善治、由民意采集到政治营销、由“电子盘”博弈到法治，以及由风险释放到社会崛起的转变，实现在善治框架下的良性互动。

政治参与是互联网时代群众合理合法的诉求，是社会治理现代化的应有之义。要通过把握群众工作与社会治理的协同性，清晰认知互联网环境下群众工作的新变化、新挑战，以新型社会治理理念引导群众工作、培育网络公共领域和践行网上群众路线[①]。在公共政策制定过程中，“触发机制”成为公共政策的催化剂，将理性的日常问题变化为一种普遍共有的、消极的公众反映。互联网时代信息技术的突破，已经改变人们的生活方式，从而触发了社会的全面调整，政府的管理方式也出现变化。拉雷·格斯顿认为，社会公众借助网络，讨论的问题范围更加宽广，而且表现出很高的强度，持续时间也更长，从而使得政策制定者不得不慎重对待这些公众关心的问题[②]。上海市闵行区推出的“家站点”就是通过群众工作保障群众政治参与的典型案例，“家站点”即闵行区人大常委会推动建设的人大代表联系群众平台的代称，是人大代表密切联系群众的重要载体，是人代会闭会期间代表依法履职的实践平台，也是人大推动全过程人民民主的重要抓手，目前闵行全区 14 个镇、街道、莘庄工业区都已形成“一家多站多点”的布局。通过在城市内不同社区“家站点”的布局和规范运行，“家站点”灵活、及时地推动群众的急难愁盼问题得到解决，是践行全过程人民民主的实践形式，也展现“人民城市人民建，人民城市为人民”的理念。“家站点”核心机制是在区层面建立立法文本与群众语言的“双向转化”。一方面把“法言法语”转化为群众易懂的语言，通过区人大平台统一配送给基层采集站，提高征询质量；另一方面，把征集到的群众建议再转化为适用于立法工作需要的意见建议。

中国特色社会主义进入新时代，国家治理在走向现代化的过程中需畅通群众利益诉求表达以更好回应人民美好生活需要。诉求表达包含合法接近渠道和强制性接近渠道。合法接近渠道包括个人联系、社会精英代理、组织接触等渠道，涉及大众媒介和政治党派、立法机构等；强制性接近渠道则涵盖罢工、阻挠、暴乱以及政治恐怖等极端化策略[③]。以“群众诉求

① 王朋兵．社会治理视角下的网上群众工作略论 [J]．中共青岛市委党校．青岛行政学院学报，2017 (3)：48-51.

② 拉雷·N. 格斯顿斯．公共政策的制定：程序和原理 [M]．朱子文，译．重庆：重庆出版社，2001.

③ 李锋，孟天广．策略性政治互动：网民政治话语运用与政府回应模式 [J]．武汉大学学报（人文科学版），2016，69 (5)：119-129.

表达”为主题词在中国知网（CNKI）进行检索，共有相关文献 155 篇，关键词主要为“利益诉求渠道”“群众利益”“社会管理”“利益诉求”“信访事项”“群体事件”“弱势群体”等。以“互联网”“群众诉求表达”进行检索，共有文献 7 篇，相关研究文献较少，且主要将互联网作为群众诉求表达的新型平台，如有学者将群众诉求表达平台建设划分为四个时期，分别是互联网平台的初步探索期（1998—2007 年）、全面兴起期（2008—2012 年）、深入发展期（2013—2014 年）以及“互联网＋”时期（2015 年至今），认为在不同时期互联网对群众诉求表达发挥的作用存在差异。通过平台化赋能，群众矛盾多元调处可以搭建政民“连心桥”，促进民众诉求表达。传统信访模式中，群众通过来信或到信访局上访的方式提出诉求，一般经历信息登记、来访事项提出、受理与办理、结果反馈等流程，因此来访过程中事项类别、是否受理、事项转接都需要人工判别和递送，信访局接待来访的能力有限，致使信访事项处理的时效性不强，存在不够公开透明和工作效率受人员影响等问题。网上信访平台通过将信访人、信访部门、事权单位整合到统一系统中，实行统一用户、统一接收、统一流转、统一标准等“六统一”，利用技术实现资源匹配的效率最优化，更好地发挥信访制度的效能。

1.2 人民调解的制度演进与特征

人民调解早在新中国成立前的革命和战争年代，就已成为中国共产党群众工作的重要组成部分。2010 年通过的《中华人民共和国人民调解法》对人民调解给出明确定义：“本法所称人民调解，是指人民调解委员会通过说服、疏导等方法，促使当事人在平等协商基础上自愿达成调解协议，解决民间纠纷的活动。”

1.2.1 人民调解的制度演进

在新中国成立前的革命和战争年代，中国共产党就已开展人民调解的初步实践。早期的人民调解主要是中国共产党人在农会组织中推行的一种功能，有矛盾纠纷的农民可以通过农会这一组织，以民主自治形式实现农民相互间调解矛盾纠纷，称之为“人民调解”。“人民”一词，在当时富含政治意味。新中国成立以后，人民调解制度有了进一步的发展，特别是在 20 世纪 60 年代，在特殊的历史背景下，我国人民调解制度进一步萌芽，以“捕人少、治安好”为主要内容的“枫桥经验”实质上就是人民调解相当典型和优秀的实践。“枫桥经验”诞生于浙江省绍兴市枫桥镇，其内涵是通过基层的人民调解，在问题源头解决矛盾纠纷，防止居民间的矛盾纠纷进一步升级，实现矛盾不上交，坚持人民的利益至上。在20世纪80年代和90年代，人民调解制度获得了进一步的发展，尤其是在1982年，人民调解被写入了《中华人民共和国宪法》，规定“居民委员会、村民委员会设人民调解委员会调解民间纠纷”，使人民调解的发展大大加速。2010年，《中华人民共和国人民调解法》通过，并从2011年开始施行，详细规定了人民调解委员会、人民调解员、调解程序和调解协议等内容，使得人民调解走上法治化和规范化发展道路。

人民调解是我国基层社会治理的本土创新，是一种具有我国国情特色的治理实践。人民调解部分承继了中国的传统文化和纠纷解决中的“非讼”理念，相较于走行政程序和司法程序，可以“不撕破脸”，在解决基层纠纷矛盾中具有更加广泛的适用性。现今，人民调解已经成为一种制度化、规范化、多样化的解决纠纷机制，新时代背景下的人民调解在法律法规的加持下，主体逐渐多样化，调解队伍也开始变得更专业化。根据人民法院调解平台网的数据，人民调解组织在我国专业调解组织中占据六成以上份额，人民调解的诉前调解的成功率也达到六成左右，约在57%，分流了司法审判的压力。

在实践中，也涌现出丰富的人民调解组织类型。《中华人民共和国人民调解法》第八条第一款规定“村民委员会、居民委员会设立人民调解委员会。企业事业单位根据需要设立人民调解委员会”。在基层社区中，普遍设立人民调解委员会；在企业间，有许多行业协会也设置了人民调解委员会。近年来，一批知名人民调解工作室崭露头角，在夯实基层、化解矛盾纠纷方面发挥了重要作用，其中就包括了重庆老马工作室、枫桥人民调解工作室等一批知名人民调解工作室，并涌现出“老马”马善祥同志等一批在基层矛盾纠纷化解中起到领头羊作用、化解大量矛盾纠纷的群众思政工作团队，他们发挥了重要的示范效应和模范效应，在当地和全国都具有广泛的影响力，培育出更多基层矛盾纠纷中善于做人民调解工作的“小马”。此外，随着经济社会的发展和社会组织的变化，人民调解也在泛化，企业事业单位组建的新型人民调解委员会不断出现，其中典型的是行业协会调解，行业协会通过行业规则实行自我管理，通过达成行业内不同企业"自发的"内部秩序完成自我调控，是《中华人民共和国人民调解法》中规定的典型的由企业单位组织的民间自治组织[①]。

1.2.2 人民调解的主体、依据与主要方式

人民调解的主体主要是人民调解委员会。人民调解委员会由人民调解员构成，人民调解员在主持调解基层群众矛盾纠纷时，不是高于调解双方，而是作为第三方参与双方矛盾的化解，是一种平等的关系。

就调解依据而言，人民调解的特点主要是"以情感人"，由于介入人民矛盾纠纷化解的人民调解员与被调解的双方是一种平等的关系，强制性的法律法规和行政性政策可以作为讲道理的一部分出现，但不是人民调解的主要依靠。实践中人民调解员更多依靠做好矛盾双方的思想政治工作来化解矛盾纠纷。此外，人民调解委员会在选择人民调解员的时候常常会考虑他在当地是否具有影响力，"德高望重"，人民调解员自身的经验和威信也成为人民调解的依据。

就调解方式而言，人民调解多运用社会知识，以情感人，通过摆事实讲道理、充分利用社会资本，如老马工作室所说，矛盾纠纷化解很多时候是把人感动了。相对于司法调解和行政调解，人民调解的门槛较低，注重调解的结果，而对调解程序和过程的关注度较低[②]，有学者认为，人民调解是"由希望讲道理解决纠纷的第三人与听别人讲道理而从内心表示服从的当事人表演的戏剧[③]"。人民调解的关键性在于人民调解员的调解技艺，即对情、理、法的认识与应用，在此基础上对矛盾双方的利益得失进行深入的和因地制宜的剖析（图 4－2）。近年来，人民调解的形势越来越好，调解的数量出现止跌回升，这不仅是因为当下社会纠纷总量增加而带来的"溢出效应"，主要源于适合人民调解的新型纠纷增加和人民调解机制的针对性调整[④]。

---

① 洪冬英．论人民调解的新趋势：行业协会调解的兴起［J］．学术交流，2015（11）：123－128.

② 黄艳好．人民调解的模式适用与程序规范化［J］．湘潭大学学报（哲学社会科学版），2022，46（3）：53－56.

③ 高见泽磨．现代中国的纠纷与法［M］．何勤华，等，译．北京：法律出版社，2003.

④ 兰荣杰．人民调解：复兴还是转型？［J］．清华法学，2018，12（4）：111－127.

图 4－2　人民调解的主体、特征与方式

1.2.3　人民调解的适用范围与应用现状

人民调解的适用范围主要为不涉及其他主体、不涉及犯罪的民间纠纷。经人民调解签署三方人民调解协议，约定民事权利义务，具备民事合同效力。这意味着纠纷双方在民事调解协议达成后需要如约履行义务，同时，可以进一步将人民调解协议提交法院，通过法律进行司法确认。在这背景下，人民调解之后双方当事人不可擅自变更协议，在法律的支持下人民群众通过调解解决纠纷的案例也在逐渐增多。

但目前，人民调解还存在许多问题。随着社会主要矛盾的变化，以及市场经济的冲击，人民调解委员会的地位有一定下降，进而导致人民调解的有效性也随之下降[①]，面临权威性较弱、人员紧缺、调解员专业性不足、资金匮乏等诸多挑战[②]。一是适用人民调解决纠纷的案件数减少，2010—2019 年，相对于人民调解，法院接收的案件数在逐年递增[③]。2018—2020 年，每年受理的人民调解案件数量在 905 万件左右[④]，这一数字要低于法院平均每年受理的案件数（这几年中法院每年受理案件约为 1 107 万件）[⑤]。二是人民调解存在组织体系不健全的问题，受到缺少具有专业性、行业性知识的调解人员以及组织经费不足等因素的制约。

① 钱大军．组织与权威：人民调解的兴衰、重振和未来发展逻辑［J］．法制与社会发展，2022，28（2）：28－42.

② 王璐航．社会治理视域下人民调解制度的现代化发展研究［J］．社会科学战线，2021（11）：263－268.

③④⑤ 数据来源于 2010—2021 年中国统计年鉴，http：//www.stats.gov.cn/tjsj/ndsj/。

对于如何优化人民调解制度，更好地发挥人民调解制度作用这一问题，可以从以下角度着手：一是提升人民调解组织在基层的权威性，表彰优秀人民调解员，同时要加大宣传力度，让人民调解成为群众了解、人群认识、群众能用的可及的纠纷调解方式。二是完善人民调解的组织体系，强化各级政府对人民调解的资金支持与场地人员保障，适当提高人民调解员的补贴标准，对优秀人民调解员的工作给予鼓励；强化人民调解队伍内部建设，着重关注人民调解委员会的建设以及人民调解员的选任过程，要把握好推选、聘任、考察，加强业务培训和实践，提升人民调解员的专业素质及调解能力；通过以声誉效应为核心，构筑社会资本—调解技艺的再生产激励机制，提高人民调解队伍的社会地位和社会影响力①，充实和壮大人民调解队伍。

1.3　行政调解的制度演进与特征

行政调解对定纷止息、构建和谐社会有着显著的实践意义。相对于人民调解，行政调解的主体为行政机关，具有权威性和专业性。

1.3.1　行政调解的制度演进

行政调解在我国主要在 21 世纪初开始萌芽并不断健全。2005 年《中央政法委员会、中央社会治安综合治理委员会关于深入开展平安建设的意见》和 2006 年党的十六届六中全会首次提出了“三大调解”概念，行政调解逐步受到关注。2015 年《法治政府建设实施纲要（2015—2020 年）》提出“健全行政调解制度”。《法治中国建设规划（2020—2025 年）》也强调行政调解是建设高效法治实施体系的重要内容。在这些文件的指导下，行政调解功能得到了增强，行政调解逐步成为矛盾纠纷解决的“分流阀”②。

行政调解是以行政机构为调解主体，基于行政机关自身职能，依法依规调解民事纠纷或行政争议案件，并作出调解或裁决的行动，解决当事人争议的调解方式。尽管其主体是行政机关，但是行政调解本质不是行政行为，而是一种矛盾纠纷解决活动。在我国情境中，由于政府具有较高的权

① 吴元元．人民调解制度的技艺实践考［J］．法学，2022（9）：3－15.

② 王聪．作为诉源治理机制的行政调解：价值重塑与路径优化［J］．行政法学研究，2021（5）：55－66.

威性，行政调解的成功率较高。

行政调解的类型划分可以基于纠纷所属的不同领域，总体来说，行政调解主要包含了以下四种类型：一是基层人民政府所主导的行政调解，不同于人民调解，基层的行政调解主体是乡镇人民政府和街道办事处，由政府作为第三方介入调解民事纠纷；二是国家合同管理机关所主导的行政调解；三是公安机关主导的行政调解；四是婚姻登记机关的调解。

1.3.2　行政调解的主要特征

行政调解的特征同样可以从调解主体、调解依据、调解方式和手段等方面进行辨析。

就调解主体而言，行政调解具有职权性与专业性，行政调解是基于矛盾纠纷所属的不同领域而开展的，不同类型的矛盾纠纷归属于不同行政部门来开展行政调解。行政机关在开展行政调解过程中能够提供程序、政策和法律方面的专业知识和专业建议，同时，行政调解中参与的行政人员往往拥有大量专业知识和调解经验。从程序上来说，人民调解失败的案件可以继续申请行政调解，成为以正式制度解决纠纷矛盾的又一防线，有利于增强社会稳定和谐以及促进纠纷的快速解决。

就调解依据而言，“以理服人”是行政调解的特点，这种理念包括了事件事实、公共价值、社会规范，以及相关法律法规和相关政策等正式文件，形成具有权威性的共识性方案（图 4－3）。

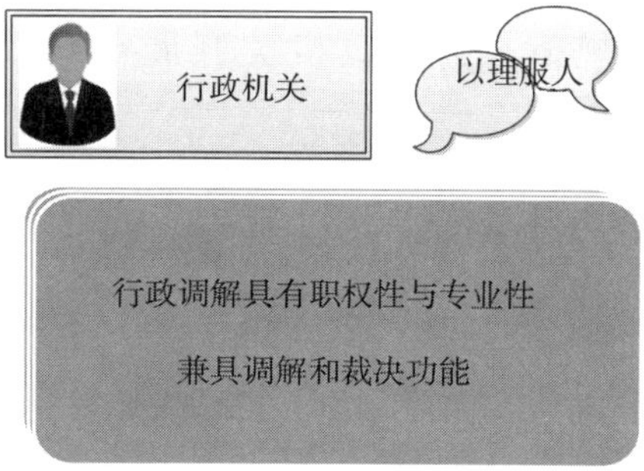

图 4－3　行政调解的行动主体与行为特征

就调解手段而言，“以理服人”也意味着行政调解采用说服而不是强制性的办法，由于行政调解的目标在于“解决纠纷”，行政调解机关居于纠纷双方之中，是中立而无倾向的第三方。行政调解更偏向于用专业知识，以理服人，尽管是由行政机关主持进行的，但是行政调解不同于具有强制性的行政行为，成功调解的基础在于“服人”而不在于行政权力的应用。

1.3.3 行政调解的适用范围与效力

行政调解主要作用于与行政机关职能有关的民事争议及行政争议。行政调解由行政机关主持，是行政职能部门依据自身职能受理相关行政复议或行政争议案件并作出调解或裁决，属于解决特定民事纠纷的非诉讼性质活动，具有非强制性，需要争端各方自愿参与。行政调解作为一条政民互动的途径存在，有助于发挥行政机关的力量，整合人民调解等资源，集中解决社会存在的矛盾纠纷，尤其是在社会变迁中出现的一些难以解决的矛盾纠纷，如征地拆迁、劳资纠纷、合同纠纷等，问题复杂，人民调解和司法调解手段都难以应对。对于这类复杂的矛盾纠纷，尽管可能可以通过法院裁决盖棺论定，但若想真正“服众”，可能还是行政机关采取行政调解的方式，在综合考虑包括法律、政策、事实的基础上进行调解更为合适；同时，行政调解对于行政争议的调解功能，有利于行政机关及时对行政违法或行政不当行为进行纠正。

当然，尽管行政调解有其自身特殊的优势，可以在大调解格局当中对人民调解和司法调解起到补充作用，但行政调解在解决多元化纠纷时，也面临合法性不足、权威性流失等多重困境①②。还需要在将来实践中进一步完善相关法律规章，可以先以地方性法律法规作为试点，并在调解主体、程序上进一步规范，为行政机关开展行政调解提供坚实的法律保障。

1.4 司法调解的制度演进与特征

司法调解是《中华人民共和国民事诉讼法》所规定的调解制度。根据《中华人民共和国民事诉讼法》第122条规定，当事人起诉到人民法院的民事纠纷，适宜调解的，先行调解，但当事人拒绝调解的除外。司法调解

---

① 王聪．作为诉源治理机制的行政调解：价值重塑与路径优化［J］．行政法学研究，2021（5）：55-66.

② 谷骞．论行政诉讼调解的适用范围［J］．行政法学研究，2021（3）：163-176.

的调解主体为人民法院，是人民法院在受理案件后，在判决前作为第三方依法对案件双方当事人开展的调解，就民事权益争议平等协商，达成协议、解决纠纷的活动[①]。

1.4.1　司法调解的制度演进

司法调解在我国具有很长的历史，在新中国成立之前的革命时期和抗日战争时期，中国共产党就应用了“马锡五审判方式”等司法调解的雏形。新中国成立以后，司法调解成为司法制度中的重要组成部分，在 20 世纪八九十年代，司法调解曾是民事案件的主要解决方式，“能调则调”成为法院处理民事案件的重要工作思路，只有实在不能通过司法调解解决的案件才会采取判决方式。《中国法律年鉴》数据显示，20 世纪 80 年代我国法院调解率高达 70%，直到 1998 年法院判决率才与调解率达到大致相同的 50%水平。

随着对法治化水平的强调，司法调解因程序不够规范等原因，呈现调解案件逐年下降趋势，进入 21 世纪我国进一步完善、规范了司法调解程序。2003 年，最高人民法院通过《关于适用简易程序审理民事案件的若干规定》，自 2003 年 12 月 1 日开始施行，明确规定了司法调解的适用范围。在《中华人民共和国民事诉讼法》中也对司法调解作出明文规定，司法调解走在更加法治化和规范化的道路上。

1.4.2　司法调解的主要特征

司法调解的特征可从调解主体、调解依据、调解方式和手段等方面进行辨析。

就调解主体而言，司法调解的主体是人民法院，司法调解是国家赋予人民法院审判权的一种表现形式，由人民法院的审判组织主持，对诉诸法案的民事案件进行诉前调解。

就司法调解的依据和方式而言，人民法院开展司法调解的主要依据为法律法规，可以以“依法安人”对这一依据进行概括，人民法院的审判组织通过陈述相关法律法规，结合具体案情对当事人进行调解，尤其是通过讲清法理让纠纷当事人明白权利界限，将法条与案件事实契合起来，实现

---

① 章志远．作为行政争议实质性解决补充机制的司法调解［J］．学习与探索，2021（12）：64－73，188.

成功的司法调解（图 4-4）。

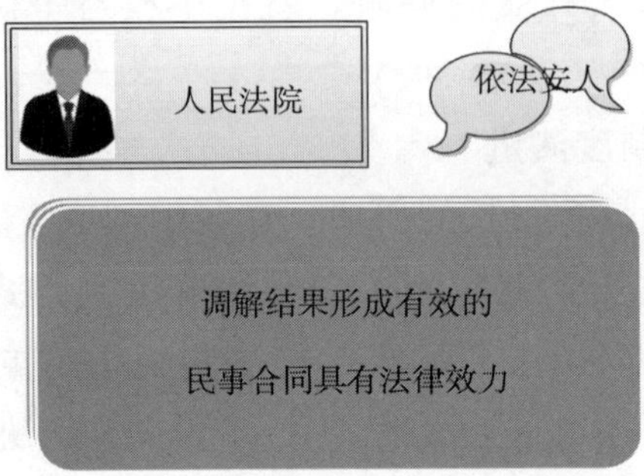

图 4-4　司法调解的主体与特征

1.4.3　司法调解的适用范围与效力

司法调解的适用范围主要为民事案件，最高人民法院通过的《关于适用简易程序审理民事案件的若干规定》明确了司法调解适用于简单的民事案件，但是不包括被告下落不明、发回重审、人民法院认为不适用等五种情况。对此进一步解读，可以认为首先从案件类型而言，司法调解意味着调解案件不涉及刑事犯罪，其次是从案件的审理过程而言，司法调解要通过发生诉讼后，在案件审理过程中（图 4-5、图 4-6）。

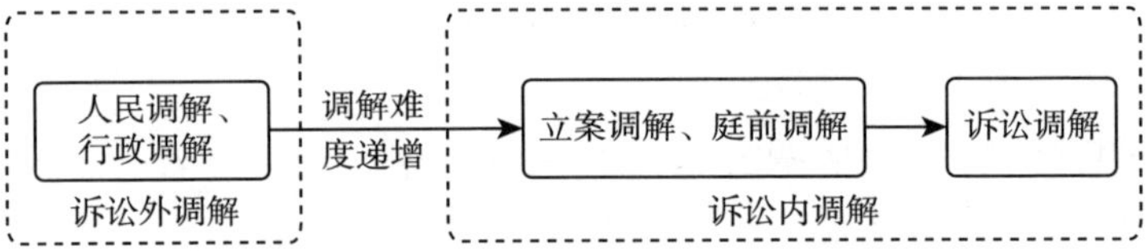

图 4-5　人民调解、行政调解与司法调解范围区分

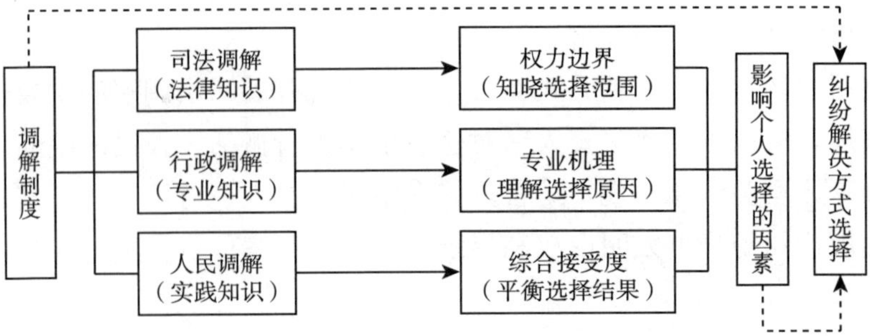

图 4-6　人民调解、行政调解及司法调解的形式差异

司法调解的调节效力，在司法调解程序完成后，即具有法律效力。司法调解效力源自实体法之私权自治，在当事人合意的基础上，形成有效的民事合同，法院及第三方均受其约束。但是实践中司法调解还存在不少问题。例如，在现实的立法与实践操作中，司法调解仍存在调解程序不甚严谨，非民事诉讼从适用范围角度而言，相关的司法调解规定不健全[①]等问题，行政审判考评的现实压力和当事人双方复杂的社会心态的问题[②]，在实践方面存在法官的调解技能有待提高和完善、案件增加、程序规范性有待提高、检察监督机制尚待健全等各方面存在的诸多问题。因此，若想顺利地在大调解实践中发挥好司法调解的作用，前提条件是司法调解过程中的当事人的自愿合意得到切实保障。同时要明确司法调解具体条文，避免司法调解的泛化，构建规范严谨的司法调解程序限制法官在实践中的“自由裁量”，保护当事人的合法权益；提高和完善法官的调解技能。此外，健全司法调解的检察监督机制也是重要手段。

1.5　多元调处的制度演进与特征

群众矛盾多元调处是指由各种不同性质、功能和形式的纠纷解决方式相互协调互补形成的矛盾纠纷化解系统[③]，强调人民调解、行政调解、司法调解并非单独发挥作用，而是融合应用。

1.5.1　多元调处的制度演进

随着社会主要矛盾变化，新时代群众矛盾也呈现出了群众诉求多元化、社会价值观念多元化、化解群众矛盾工作复杂化以及群众矛盾结构不良化等特征，社会转型等因素所致的社会矛盾纠纷的频发与复杂化日趋明显。单一的纠纷化解机制存在各自为政、缺乏配合、重复设立、职能交叉、供求错位等问题[④]，当事人无所适从。

我国多元调处建设先后经历了地方探索和初期试点阶段（2004—2007

① 《中华人民共和国行政诉讼法》第六十条规定：“人民法院审理行政案件，不适用调解。但是，行政赔偿、补偿以及行政机关行使法律、法规规定的自由裁量权的案件可以调解。”

② 章志远．作为行政争议实质性解决补充机制的司法调解［J］．学习与探索，2021（12）：64－73，188.

③ 范愉．多元化纠纷解决机制与和谐社会的构建［M］．北京：经济科学出版社，2011.

④ 张西恒．走出碎片化：多元纠纷化解一体化平台的构建［J］．甘肃社会科学，2021（6）：163－170.

年)、步骤安排和方案制定阶段（2008—2009 年)、扩大试点和全面落实阶段（2010—2013 年）以及深化改革和升级换代阶段（2014 年之后）等四个阶段[①]。在 2004 年，“多元化纠纷解决机制改革”出现在最高人民法院当年颁布的改革纲要中；2009 年，最高人民法院发布的《人民法院第三个五年改革纲要（2009—2013)》再次强调要“建立健全多元纠纷解决机制”；到 2013 年，多元调处在地方实践获得很大发展；在第四个阶段，党的十八届四中全会通过的《中共中央关于全面推进依法治国若干重大问题的决定》再次提出要完善多元化纠纷解决机制。2019 年 5 月 9 日，在海南省召开全国首次调解工作会议，提出：到 2022 年，基本形成以人民调解为基础，人民调解、行政调解、行业性专业性调解、司法调解优势互补、有机衔接、协调联动的大调解工作格局。2021 年，中共中央、国务院印发《关于加强基层治理体系和治理能力现代化建设的意见》也提出要健全矛盾纠纷多元化解决机制。再加上地方性法规和规章，构成我国的大调解格局，即由司法调解、人民调解、行政调解组成的三位一体的工作格局[②]，多元调解对于社会转型变迁过程中产生的特定的复杂社会矛盾纠纷调解具有重要意义[③]，改革进入全新升级阶段。

1.5.2 多元调处的主要特征

多元调处实际上是通过将人民调解与司法调解、行政调解协调结合的矛盾纠纷解决机制，形成大调解工作格局，整合政府和民间资源，使其各自发挥自己的优势和功能，提高纠纷消解工作的效率，提升调解结果的权威性，在矛盾纠纷日益复杂化的今天有效促进调解工作的顺利开展，缓解诉讼压力，实现诉讼与调解的有机协同。

多元调处由三种调解方式构成，整体来看其调解依据包括“情、理、法”。所谓的“情”是人情，即人的所有情感、社会关系等；所谓的“道”是道理，即事物本身所隐含的专业机理、社会民俗等；所谓的“法”是法律，即法律法规等。通过搭建多元调处平台、建立特邀调解组织和特邀调

① 龙飞．论国家治理视角下我国多元化纠纷解决机制建设［J]．法律适用，2015（7)：2-12.

② 孟泉，闫妍．能动治理与社会纽带：政府治理劳动关系试点中的策略选择［J]．中国人力资源开发，2022，39（5)，25-42.

③ 邹颖．参与式治理视角下的劳动争议多元协同解决机制研究：以 A 区劳动争议处理机制创新为例［J]．中国人力资源开发，2022，39（10)：89-98.

解员名册等方式，实现为民众提供更多的纠纷解决渠道、整合社会解决纠纷力量，缓解社会矛盾冲突①。

群众矛盾多元调处的载体主要包括不同类型的调解中心和线上调处平台。在各地，调解中心拥有不同的名称，如“信访超市”等不同类型称呼，但都为不同类型的调解组织提供场所，拥有复合调解功能。近年来，除了线下的调解中心，互联网上的“网上群众工作”愈发重要，最高人民法院的“人民法院调解平台”使得当事人可以拥有更加透明便捷的解决纠纷服务。在全国各地的多元调处实践中，以及在“互联网+”群众工作的地方实践中，比较有特色的是浙江省的信访超市实践。浙江省信访超市建设起到了整合矛盾纠纷调处力量、资源和平台的作用。有的矛盾纠纷依靠单个部门无法解决，集合纪委监委、信访、公安、人民检察院、人民法院，实行一站式接收、一揽子调处、全链条解决，使来访群众的大部分问题可以在“超市”内处理好②。“信访超市”创新的本质不在于具体怎么做，而在于对现有治理机制和力量进行常态化和制度化的整合，以降低行政成本，提高工作效率③。目前浙江已建成 90 家县级“信访超市”，实现省内县市区全覆盖。

2　群众矛盾多元调处的创新实践

社会矛盾多元调处是社会治理法治化的重要环节。要坚持群众路线，充分尊重人民群众的自主性和创造性，将自上而下的问题排查与自下而上的问题反映结合起来，畅通群众合法诉求的表达渠道，拓宽矛盾化解渠道，规范矛盾调处机制，将矛盾解决在萌芽状态、化解在基层，切实做到标本兼治；同时，要不断加强制度建设与机制创新，在实践中检验和发展矛盾纠纷多元调处机制，真正实现矛盾纠纷调处从“群众中来”到“群众中去”，着力解决好人民群众急难愁盼问题，维护最广大人民根本利益。

---

① 龙飞．论国家治理视角下我国多元化纠纷解决机制建设［J］．法律适用，2015（7）：2－12.

②③ 从安吉实践看“信访超市”［EB/OL］．http：//m.ccdi.gov.cn/content/35/22/59059.html？from=singlemessage&isappinstalled=0.

2.1 人民调解的创新实践

2.1.1 江苏省丹阳市司徒镇“人民调解＋”

“有纠纷，找人民调解。”一直以来，人民调解是一项里子工程，是化解矛盾的“第一道防线”，越来越多的矛盾纠纷选择通过人民调解途径进行解决。丹阳市司徒镇司法所立足职能，整合优化各方调解资源，创新调解工作模式，多措并举提升人民调解工作质效，充分发挥人民调解为民“解忧”、为和谐社会“加油助力”的作用，用心用情做好为民调解工作[①]。

一是“网格＋人民调解”让矛盾纠纷排查无死角。司徒司法所对基层涉土、涉房、金融、安全、环保等重点领域、重点人群不稳定因素做到及时掌握，变“被动应对”为“主动进位”，坚持源头治理，做到底子清、情况明、早介入、早化解，以更加积极主动的姿态咬定目标任务。

二是“党员微家＋人民调解”让矛盾纠纷调解多元化。“矛盾纠纷难协调，党员微家来帮忙。”自辖区内谭巷村建立了“党员微家”以来，小小的屋子也能发挥大作用。“党员微家”与“人民调解”打好“组合拳”，充分发挥他们了解邻里关系，知民情、懂民意的优势，积极参与矛盾纠纷的调处化解工作，在处理矛盾的时，运用邻里情，通过法、情、理的融合，化解了数起家事、邻里纠纷，获得了当事人的高度赞赏，取得了良好的社会效果。力争做到“小矛盾不出门、一般矛盾不出组、疑难矛盾不出村”，实现了党建与人民调解工作的深度融合，打造了多元合力化解矛盾纠纷的坚强堡垒。

三是“苏解纷＋人民调解”让矛盾纠纷“速解纷”。自“苏解纷”小程序大力推广以来，辖区内注册数已达数千。“群众点单、调解员办单”的线上模式，大大提高了纠纷化解效率，赢得了一致好评。“没想到我就在家捣鼓了一下，父子之间的小矛盾就解决好了。”固村村民陈某一家是外来租户，每天上下班早出晚归，跟邻里、村干部打交道甚少。当陈某与父亲之间有了矛盾纠纷，陈某无暇也羞于主动找调解员申请调解，父子俩关系一直僵着。抱着试一试的态度，陈某躺在床上打开了“苏解纷”小程

---

① 印象司徒公众号，2022-11-03。

序，第二天调解员就联系了双方当事人，并约好了上门调解时间。在考虑到陈某的上班时间后，调解员加夜班进行调解，最终引导双方当事人协商签字，达成和解。从点单到结单，不到 3 个工作日，矛盾纠纷就已被“速解纷”。司徒司法所将持续积极开展“苏解纷”宣传推广活动，引导群众通过“苏解纷”小程序申请调解纠纷，通过“指尖操作”承接每一起申请，将“苏解纷”小程序带来的“流量”转化为定纷止争的“力量”。

四是“政府法律顾问团＋人民调解”让矛盾化解精细化。2022 年以来，司徒镇政府成立了政府法律顾问律师团，吸纳了全市 11 名优秀骨干律师，司徒司法所充分利用该平台，将政府法律顾问律师团与人民调解工作相融合，常邀请律师围绕辖区内矛盾纠纷多发案件类型开展相关法律知识培训，为人民调解员“赋能充电”。一直以来，辖区内村土地类矛盾纠纷、劳动争议纠纷是人民调解员在调解过程中的难点问题，调解员们总是围绕自身在调解中所遇到的专业性问题踊跃提问，现场常常讨论热烈。“政府法律顾问团＋人民调解”新模式进入常态化运作以来，有效提升了人民调解员法治素养，人民调解工作也进一步进入法治轨道，变得更加精细化。司徒司法所人民调解工作在大调解工作体系下，创新建立四大模式，用更优质、更高效、更便捷的服务，实现矛盾不上交、不激化、不演变，为法治建设增添光彩（图 4－7）。

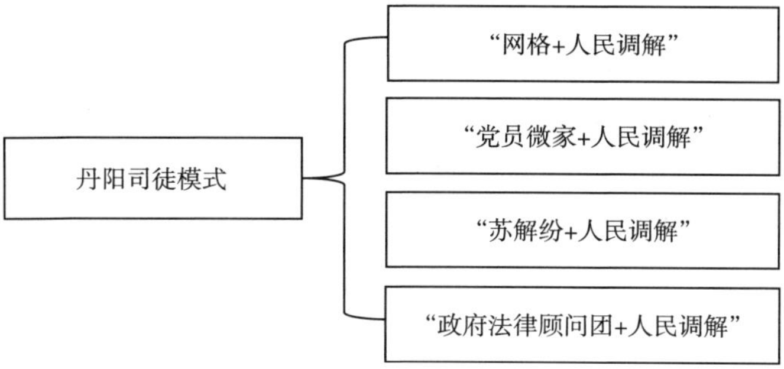

图 4－7　丹阳司徒模式

2.1.2　东营市打造“一创三合”新模式

东营市人民调解中心成立至今，坚持发展“枫桥经验”，建成省内首个市级人民调解工作平台“东营市人民调解中心”，积极探索实践“创新工作方法促规范、整合行政资源解难题、融合司法优势提效力、聚合社会力量增公信”的经验做法，依托“网格化”建设，立足“三创三新”，不断强化人民调解在多元化解矛盾纠纷机制中的先导性、基础性作用，形成了“一创三合”人民调解新模式，人民调解的知晓率、首选率、满意率不断提升，人民调解的先导性、基础性作用得以显现。2020 年 1 月 7 日，山东省市域社会治理现代化工作会议在东营市召开，东营市人民调解中心作为政法系统的唯一一个现场观摩点，省委常委、政法委书记林峰海，副省长、公安厅厅长范华平等省市各级领导给予充分肯定。2020 年 6 月 11 日省司法厅党委书记、厅长王玉君到东营市人民调解中心现场调研。对“一创三合”调解新模式和东营市人民调解中心列为全省市域社会治理观摩点等工作给予充分认可。

一是创新“三四五”工作法，高要求抓规范。坚持“民本”服务理念，推动人民调解工作“规定动作”规范有序。创设三项原则：一是免费服务原则，受理、调解、仲裁确认、司法确认、后续监督履行全程免费。二是以责定赔原则，通过调解中心专家评估方式或有资质的机构进行鉴定方式确定责任承担比例，按照责任比例进行赔偿。三是依法调解原则，调解活动依照法定程序进行；调解协议不得违背国家政策、法律的规定，不能损害国家、集体和其他公共利益。实行四项制度：一是信息保密制度，非经双方当事人同意，不得公开调解。二是调解回避制度，实行人民调解员主动回避与各方对调解庭人员是否申请回避相结合。三是专家评估制度，由各行业专家对受理的调解申请或法院委派案件的内容特点等先行评估研判。四是调前会商制度，依据评估研判结果制定调解方案，明确调解步骤，监督履行一站到底。

二是整合行政资源，短时效解难题。调解中心整合相关行政主管部门资源，先后组建了医疗、商事、物业、涉校涉生、婚姻家庭、劳动争议、知识产权等 15 个调解委员会，实现“专业人”在“专业地方”办“专业事”。同时，积极推进“智慧调解”平台建设，开通网上咨询、申请窗口，连通“人民法院调解平台”，建立“评估专家自选平台”，推行“网上调解”“视频调解”“微信调解”，构建起案件受理及时、部门协同有力、化解成效显著的矛盾纠纷调处“全科”在线平台，为群众提供了“便捷化、综合性、全方位”的非诉讼纠纷调解服务。

三是融合司法优势，提效力止纷争。与东营仲裁委员会合作，由东营仲裁委员会向调解中心派驻仲裁员，直接参与人民调解工作，现场受理仲裁申请并一站式办理仲裁确认手续，赋予人民调解协议执行力。与东营市中级人民法院建立和畅通了“人民调解＋司法确认”“诉调对接”工作机制，增强人民法律保障，赋予调解协议执行力，树立人民调解权威和效力；设立了人民法院诉调对接工作站，规范了案件诉前、诉中化解流程，进一步畅通了零费用、高时效纠纷化解绿色渠道；组建了行政争议审前和解中心、执行前和解中心，促进行政争议柔性化解，提高生效判决协议履行率。与东营市人民检察院组建人民检察院民事行政和解中心，建立了“检调对接”机制，对民事行政检察监督案件进行和解，有效维护各方权益，化解生效判决后的民事行政纠纷。与东营市公安局建立了“警调对接”机制，设立了警调对接调委会，有效化解公安派出所接处警中适合调解的案件。“警调对接”“仲调对接”“诉调对接”“检调对接”机制有效融合了司法优势，有效提升了人民调解的效能。

四是聚合社会力量，专家式促和谐。东营市人民调解中心组建了退休老干部、资深律师、政府购买服务人员构成的调解队伍；包括医学、法学、心理、质量评估等在内的960人的专家库，作为人民调解工作“智囊团”。联合市卫健委解决了当事人“信息不对等”问题，有力促进了医疗纠纷的疏导化解，该做法得到《医疗纠纷预防和处理条例》起草组专家的高度赞扬。东营市人民调解中心共接待群众咨询6 856人次，调解案件1 166起，其中人身死亡案件102起，群体性纠纷21起，涉案赔偿诉求金额4.02亿元，经调解达成赔偿金额2.27亿元，所有调解案件均实现了零反悔、零上访，初步实现了为党委、政府分忧，为人民群众解难的目标，人民调解在社会多元化矛盾纠纷调解中的独特优势和基础性作用进一步彰显。2020年7月8日，司法部《司法行政工作交流》第37期整版刊载了题为《山东省东营市司法局“一创三合”新模式全力提升市级人民调解中心服务质效》的文章，介绍和交流了市司法局在推进矛盾纠纷调处化解精准化、制度化、规范化建设，促进全市社会平安和谐稳定方面的新举措、新成效、新经验。东营市人民调解工作走出了一条可复制、可借鉴、可推广的示范之路（图4－8）。

2.1.3　湖北省潜江市人民调解

潜江市是湖北省直管市，是武汉“1＋8城市圈”重要成员，占地

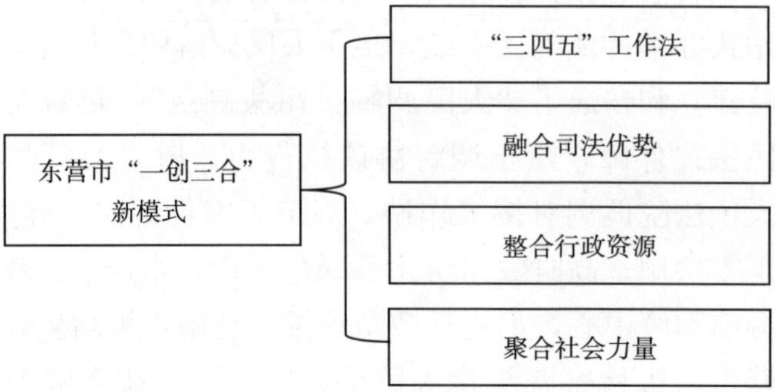

图 4-8　东营市“一创三合”新模式

2 004 千米^2，户籍人口 104 万人。2019 年以来，潜江市坚持以人民为中心，创新建立人民调解员制度，工作经验在湖北省交流推广①。2020 年，累计排查矛盾纠纷隐患 8 446 件，化解纠纷 8 293 件，调解成功率 98.2%，有效化解各类社会矛盾纠纷，呈现“一升三降”的良好局面，即调解矛盾纠纷案件数量对比创新人民调解员制度前上升 282.9%，信访案件同比下降 68%，治安纠纷同比下降 24%，突发性事件同比下降 44%，潜江市社会大局和谐稳定。

一是坚持选贤任能，建强调解队伍。第一，把握标准选人。积极探索新乡贤参与乡村治理的方法路径，对标“爱党爱国爱家乡，群众基础好、有德行、有才能、有成就、有声望，有爱心”的新乡贤标准，制定出台《潜江市专职人民调解员选聘方案》，按照“人员职业化、工作专业化、待遇工薪化”的工作思路，以政府购买服务的形式聘任专职人民调解员，从本地老干部、老教师、老党员、老军人、老模范等“五老”中选聘 1 892 名专职人民调解员，实现了潜江市 443 个村（社区）专职人民调解员全覆盖。第二，专业培训育人。创新开展线上培训，2020 年从 5 月 28 日开始，邀请市法院、市信访、基层调解组织调解专家、能手 5 名，首次依托市委政法委综治指挥平台对潜江市各村（社区）调解委员会主任及专职人民调解员、行业性专业性调委会负责人围绕五个专题开展了视频培训，参训人员共 4 250 人次。第三，建立制度用人。严格实行调解责任制，潜江

① 潜江市司法局，2021-01-27。

市儿其重视科学划定调解员服务范围与责任边界，重视调解程序规范化建设；严格实行日常坐班制，推动“两个主动”；严格实行持证上岗制，调解工作专业化水平和公信力更高。

二是坚持全程发力，打造调解链条。第一，法治为先，变“处置”为“预防”。坚持把普法贯穿于调解的全过程，成立“金牌调解室”“首席调解员工作室”，主动为群众提供经济生活、民事纠纷、上访投诉、村规民约等方面法律咨询，做到事前讲法、事中明法、事后析法，把调解的过程变为群众学法、懂法、守法的过程，引导人民群众增强法治信仰，力争从源头上预防和减少矛盾纠纷。第二，关口前移，变“被动”为“主动”。充分发挥人民调解员身在一线的优势作用，建立多层次、多渠道、全覆盖的纠纷排查网络，实行矛盾纠纷“日排查、日上报、日研判”制度，聚焦重点人群、重点地区、重点行业、重点时段开展矛盾纠纷排查，全面掌握本辖区内各种矛盾纠纷情况和规律、特点，实现对社会矛盾纠纷变化趋势动态掌握。第三，多元联动，变“独唱”为“合唱”。建立健全矛盾纠纷多元化解机制，通过在潜江市人民法院诉讼服务大厅、市司法局人民调解中心、律师事务所等设立人民调解工作室，创新建立公调对接、访调对接等工作机制，构建“四调联动”快处模式，进一步强化了人民调解化解矛盾纠纷的职能作用。

三是坚持综合施策，调动调解活力。第一，出台《关于进一步加强村（社区）人民调解员队伍建设的实施方案》，市财政每年安排人民调解工作经费 1 000 余万元。第二，强化基础保障。通过试点先行、稳步推进、全面实施的方式，大力推进人民调解委员会规范化建设，实现调解委员会场所规范、机制健全、运转有效、管理有序。在硬件保障、制度保障、人身保障方面均作出强化。第三，强化精细管理。全方位加强人民调解队伍管理，建立监管、考评、奖惩等管理制度；健全监督机制，常态化开展人民调解工作检查，从市委政法委、市司法局、市人民法院、市财政局抽调人员组成 6 个工作专班，分级分层对各人民调解委员会进行检查；健全考评机制，制定出台《潜江市专职人民调解员考核办法》，建立岗位责任和绩效评价制度，实行季度考评和年度考评，考评结果作为评先评优的重要依据；健全退出机制，对调解员不能履行职务的予以解聘，严重失职或违法乱纪的予以撤换，并追究责任（图 4－9）。

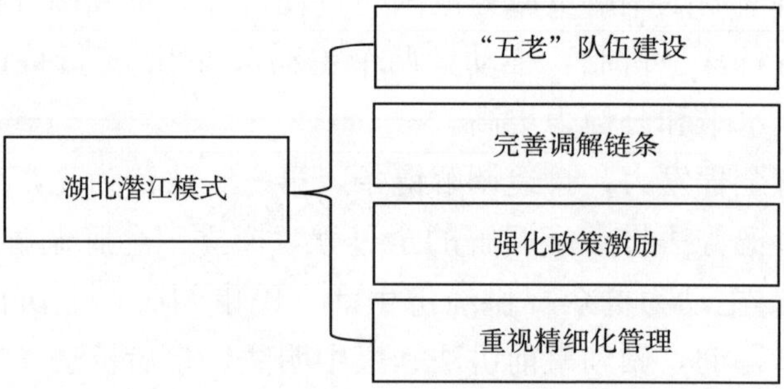

图 4-9　潜江模式

2.1.4　敦煌市创新“54321”工作法

近年来，敦煌市以不断满足人民群众基本公共法律服务需求为最终落脚点，创新“54321”工作法[①]，全面推广人民调解工作，推动健全自治、法治、德治相结合的治理体系，将人民调解打造为人民群众“看得见、摸得着、信得过”的诉求表达渠道，切实维护了敦煌社会和谐稳定。

一是以法为基，“五举措”护航人民调解换届选举顺利。第一，组织换届选举。敦煌市司法局会同政法委制定下发了《关于做好敦煌市村（社区）人民调解委员会换届选举工作的通知》，组织66个村（社区）全部完成人民调委会换届选举工作，壮大调解组织力量。第二，坚持关口前移。对重点领域开展矛盾纠纷“滚动式”摸排，紧盯苗头隐患，全面摸查村（社区）党建、社区治理等现状和社情民意，及时化解一批社会矛盾纠纷。第三，加强工作指导。组织力量对村（社区）专职人民调解员进行了摸底，及时掌握民情民意，把准关键环节，全程跟踪指导、监督村（社区）人民调解委员会换届选举工作。第四，用好服务平台。利用市、镇、村三级公共法律服务平台的宣传渠道，利用“法律服务在身边”工作群开展《中华人民共和国人民调解法》相关法律知识学习，组织开展专题法治宣传讲座、培训、咨询等活动23场次，进一步做好政策宣讲和法律法规解读，营造良好氛围。第五，开启法治专线。依托专业力量，组建法律顾问服务工作团队，为基层干部群众提供法律咨询、出具法律意见等服务超200余次，为村（社区）人民调解委员会换届顺利进行提供了坚强有力的法治保障。

---

① 资料源于敦煌市人民政府网站，2021-08-12。

二是以法为据，“四字诀”有效化解群众矛盾纠纷。敦煌探索出“望、闻、问、切”四字诀调解法，准确把握当前社会纠纷主体多元化、利益诉求复杂化、纠纷类型多样化特点，聚焦重点，整合资源，切实提高矛盾纠纷的化解质效。第一，“望”即察言观色。人民调解员在与当事人接触中，要做到“望而知之者，望见其五色，以知其病”，要善于察言观色，善于从当事人语气语速、面部表情等判断事态轻重缓急。如七里镇村民因伐树未观察周围是否有人意外导致另一村民死亡后，死者家属多人到司法所表达诉求，言语激动，现场混乱，后经观察，确定了真正能拍板做主的当事人进入调解程序，便于下一步调解工作的开展。第二，“闻”即耐心倾听。要做到“闻而知之者，闻其五音，以别其病”，要耐心倾听当事双方陈述纠纷发生的起承转合及合理诉求。如月牙泉镇一起婚姻家庭纠纷，调解员通过“背靠背”法，利用近 3 个小时的时间，耐心倾听当事双方及亲属陈述相关事实和诉求，发现双方并未有多大矛盾，只是发泄情绪，相互怨怼，来司法所只是想让对方难堪，发泄完心情舒畅又牵手离开了。第三，“问”即调查了解。要做到“问而知之者，问其所欲五味，以知其病所起所在也”。要耐心询问调查走访，探明矛盾的根源和焦点。如莫高镇王某在浇灌土地时疏忽水口将李某住宅房屋淹没坍塌一案中，调解员为掌握事情发展经过，与公安机关密切配合，对现场进行了走访，对周围住户进行了询问，并制作询问笔录，掌握了第一手的资料。第四，“切”即找准根源。要做到“切脉而知之者，诊其寸口，视其虚实，以知其病，病在何脏腑也”。要准确判别是非，抓住要害，切准矛盾的根源，才能在矛盾调解中有的放矢，做到公平公正。如潘虹个人调解室在调解七里镇庄某拆迁款分配纠纷中，针对一方当事人无视协议内容，无理取闹，调解员一针见血地指出，如果再这样，走诉讼途径的话，就不能自行分配拆迁款。最后该当事人经过考虑，最终主动接受调解方案，该纠纷得以顺利解决。

三是以法为刃，“三机制”积极破解行业调解难题。依托行业协会、商会“两新”组织，在深化医患、劳动争议等行业性调解组织全覆盖基础上，推动行业性专业性调解组织向金融商贸、知识产权等涉及民生、群众关注领域拓展。目前，按照“谁主管、谁组建、谁保障”的原则，已建成专业性人民调解组织 28 个，基本满足辖区群众化解矛盾纠纷需求。建立诉讼与调解高效对接机制。充分发挥行业调解成本较低、方式灵活、程序便捷等优势，运用行业性调解组织的专业力量，大大提高解纷效率，减轻双方当事人诉累。建立多元调解研判机制。准确掌握法律底线，在法治的框架内释法、说理、讲情，必要时组织专家讨论，从专业角度对行业矛盾纠纷进行分析和判定，确保调解工作的良性运作。建立调解司法确认机制。以“行业调解＋司法确认”的解纷新途径，促进行业调解的专业性与法院审判工作的权威性充分融合，为行业调解提供效力保障，确保达到“1＋1＞2”的良好效果。

四是以法为径，“两把握”创新探索基层治理思路。充分发挥典型代表引领作用，鼓励退休公务员、律师等人员等建立个人调解工作室。目前建成个人调解室 11 个，呈现出调解队伍专业化、调解方式柔性化、调解思路个性化等特色。把握选人用人的关键环节。认真落实《关于加强人民调解员队伍建设的实施意见》，选聘公道正派、具备一定文化知识修养的群众担任人民调解员参与人民调解，担任人民调解员。把握大数据手段应用。加强人民调解推广和宣传，有效做法和成效受省级媒体宣传报道 40 余次，受国家级媒体宣传报道 10 余次，进一步提高群众知晓率。同时，建立人民调解精品案例库，发挥先锋引领作用，通过典型案例指导，助力人民调解工作提质增效。

五是以法为本，“一回访”提升人民调解群众满意度。建立全过程法治跟踪机制。安排调解经验丰富的法律工作者值班。创新推行“初访必调、访前荐调、访后续调、调后问效”的调解工作原则，不定期对当事人进行回访，关注双方调解协议履行和后续关系发展等情况，引导群众通过合法手段反映合理诉求，进一步巩固矛盾纠纷调解成果（图 4－10）。

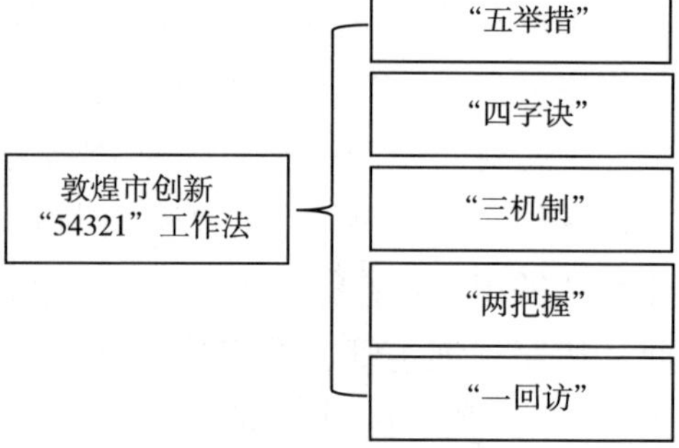

图 4－10　敦煌模式

2.1.5　永嘉县：人民调解有温度，法理情融合解纠纷

瓯北街道地处瓯江北岸，与温州市区隔江相望，区域面积 50.3 千米^2，常住人口 22 万人，现有工业企业 4 500 余家、规上企业 312 家、上市公司 8 家。瓯北是永嘉经济的头部区域，呈现民营企业多，外来人口多，城市建设多的“三多”特点，因此此区域的矛盾纠纷也较为复杂多样。面对巨大的调处难度和严峻的维稳考验，瓯北街道的调解员们履职尽责、迎难而上，实现了“小事不出村、大事不出镇、矛盾不上交”。

一是为民的热心和真心，让调解有温度。“很多案子在别的地方解决不了，在调委会这边却能讲得下来，有一部分原因是戴所长、金所长泡的一手好茶。”群众如是说。戴爱国、金景月都是瓯北司法所退休的“老司法人”，退休后他们仍热衷于人民调解事业，被返聘为瓯北街道专职调解员，从事人民调解工作均已达 30 年以上。不论是西装革履，还是衣衫褴褛，给这些来访者泡一杯热腾腾的茶，是他们从业以来一直坚持的习惯。“找了东家找西家，跑了南边跑北边，我话都还没说完就让我找其他部门，只有到了调委会这儿，我接到了一杯热茶，我心也跟着热起来了。工作人员愿意听我讲，不管事情能否解决，我都心存感激。”当事人表示：“我来的时候真的气炸了，但是接过戴同志的这杯茶，我感受到了真心，突然就没脾气了。”几十年过去了，不论案子多复杂，当事人情绪有多激动，两位老所长始终认真倾听诉求并详细记录在案，不但让当事人有说话的地方，更是让他们找到了解决问题的地方。一杯杯热茶倾注的是他们为民服务的热心和真心，当事人感受到了，调解有了温度，化解矛盾自然事半功倍。

二是担当的恒心和忠心，让调解有力度。纠纷不分大小，一旦处理不好，失了民意，就会化身尖锐的“矛”，破坏辖区稳定。只有牢牢铸就调解这面强而有力的“盾”，才能维护社会长治久安。“调解工作，有时候双方坐下来调解的过程不需要花很多时间精力，大部分的功夫要用在前头。前期工作不到位，做不到心中有数就组织双方坐下来调解，是一定会谈崩的。”两位调解员厚厚的一沓笔记里都是当事人的基本信息和案情摘要，不论是左邻右舍的鸡毛蒜皮，还是群集闹事的非正常死亡，只要记录在案，他们都毫无保留地倾注所有心思。“去当事人家做工作吃闭门羹是常有的事，一次不行就去两次，两次不行就去三次”，“这个案子一天都拖不

起”，“目前双方的金额只差这几万了，可以组织他们坐下来谈一下”。时刻秉持勤奋务实的信念，群众的“急难愁盼”才可以在第一时间解决；时刻秉持克己奉公的忠心，数不胜数的“硬骨头”“死扣儿”“钉子案”才可以在第一防线了结。

三是务实的细心和耐心，让调解有深度。“当事人的矛盾，看似是今天因琐事而引发的口角之争。追根溯源，细细盘问，我们往往可以发现，他们结怨的背后是因为农村里的一点宅基地，如果不把这个根本问题摆到台面上来解决好，今天讲好了柴米之争，明天还会出现鸡犬之辩。”“多跑几趟，多跑几家，多一些细心和耐心，多听一些声音，多还原一点事实真相，我们的调解就能更深入一些。”调解有深度，才能理清历史积怨，治好沉疴重疾。只有从根源上解决纠纷，双方才能真正解开心结，握手言和。秋雨润如酥，调解暖民心。两位老所长 40 多年始终保持初心，扎根于基层人民调解工作，调处无数，获奖无数。近三年来，瓯北街道累计化解矛盾纠纷 508 件，涉及 1 053 人次。受理的各类“硬骨头”，调解员用法、用情全心化解纠纷，切实贯彻新时代枫桥经验的“矛盾不上交、平安不出事、服务不缺位”理念。

2.1.6 乌海市“1345”工作举措

今年以来，乌海市司法局积极主动作为，充分发挥人民调解工作职能，创新“1345”工作举措，更好地服务企业和群众，为全市法治化营商环境持续优化提供和谐稳定的社会环境。

一是健全专职队伍，夯实人民调解组织力。选优配强抓队伍，充分将网格员纳入专职人民调解队伍，提升矛盾纠纷化解能力和水平，实现调解员与网格员同频共振。形式多样抓培训，“请进来”授课，与中国法学会合作，特邀司法部“全国人民调解专家”、重庆市江北区观音桥街道调委会“老马工作室”负责人马善祥授课，着重讲解调解技巧、典型案例。下发通知，鼓励人民调解员参加社会工作师资格考试，引导人民调解员积极参加继续教育。线上平台送学，联合市妇联，通过线上录播的形式，推出“乌海巾帼争先，八五普法先行”。2021 年度向全市人民调解员发放了 56.84 万元调解补贴，最大限度激发基层一线的积极性、主动性和创造性。

二是建立三项机制，织密纠纷排查过滤网。建立网格排查进企业机制，充分发挥调解员、网格员“人熟、地熟、情况熟”的优势，深入企业和市场网络走访调查，重点排摸涉及知识产权、劳动用工、破产清算、合同履约等涉企矛盾纠纷，逐一登记建立清单。建立涉企纠纷常态预警机制，定期分析研判涉企纠纷苗头性、趋势性问题，及时向有关部门报送风险提示，配合有关部门联动调处存在较大隐患的矛盾纠纷。建立涉企纠纷重点化解机制，结合“调解促稳定喜迎二十大”矛盾纠纷排查化解专项活动，实行小事随手“调”、大事联合“解”、难事统筹“攻”。1—3月，全市纠纷案件调解成功率为99.8%。

三是推行四项平台，升级立体化解服务器。在市、区、镇（街道）三级，按照“前台后厂”的模式，高标准打造集约高效、便民利民、智慧精准、多元融汇的矛盾调解服务实体网络一体化平台，确保矛盾纠纷实现一窗受理、一网通办、一站办结。依托公共法律服务平台采集矛盾纠纷数据，分析特点规律，实现足不出户申请解决纠纷。截至目前，通过矛盾纠纷在线调解平台（ODR）调解纠纷150件。

四是落实五项举措，开辟暖企护航快车道。组织法律工作者对劳动争议纠纷、合同纠纷、物业纠纷等9个常见问题，结合法律和政策规定进行分析，提出应对策略，统筹编印《涉疫矛盾纠纷法律问题百问百答》工具书。充分发挥典型人民调解案例对调解工作的指导借鉴作用，汇编中国法律服务网（12348中国法网）案例库选用的我市39篇人民调解案例，为人民调解员化解矛盾纠纷提供非诉解决的途径指引。实施法治优化“播种”行动，传播《“八五”普法第一线》法治声音，以喜闻乐见的形式将法律知识送到企业身边。实施法律服务“延伸”行动，将人民调解、公证等司法行政资源融入全市镇（街道）法律服务工作站，积极引导群众依法有序维权、化解矛盾，全力打造群众身边的“法律超市”。实施帮扶群众“三心”行动，鼓励引导公证小分队、普法志愿者，开展“优化营商环境‘不放松’，走访辖区企业‘我先行’”及“‘法雨’知时节，‘润企’细无声”等活动，零距离提供《中华人民共和国人民调解法》《中华人民共和国劳动法》等法律宣传指导，增强企业法律意识。

2.1.7　衡水市人民调解推行“12345”工作法

衡水市坚持发展新时代“枫桥经验”，紧紧围绕当好首都政治“护城河”，不断探索建立完善全市人民调解工作机制，逐步形成了具有衡水特色的“调解新模式”，推行一个“中心”、两项举措、三个到位、四个机制、五道防线的“12345”工作法，实现矛盾纠纷“零上交”。

第一，坚持一个“中心”。衡水市始终坚持维护社会稳定的中心思想，在社会建设与民生保障上始终坚持为民谋福利的执政理念，在人民调解实践中积极探索新方法，源头调解群众纠纷。

第二，落实两项举措。落实依法解决和重大事项预警报告两项措施。实行“两陪一引”，即陪着当事人咨询律师了解法律政策，陪着当事人走依法调解或诉讼程序，引导当事人依法解决矛盾纠纷。重大事项预警报告制度，凡遇到村内土地问题、村内重大开支、重大项目、集体资产处置变更等重大事项，村委会、村支部都要提前向乡镇党委政府有关部门报告，进行稳定风险分析，从源头上预防干群矛盾纠纷、信访案件的发生。

第三，确保“三个到位”。矛盾纠纷预防到位，充分发挥村法律顾问作用，确保村级事务依法决策、民主决策，做到依法办事。加强法治宣传教育，引导广大群众依法办事，尽最大努力减少矛盾点。潜在矛盾纠纷排查到位，坚持抓早、抓小、抓苗头，调解员主动作为、主动出击，发现小的矛盾纠纷积极化解，迅速消灭在萌芽状态。矛盾纠纷化解到位，矛盾纠纷出现后，全力以赴在第一时间、第一现场化解，确保案结事了。

第四，建立四个机制。强队伍提素质机制，狠抓人民调解组织建设，做到村村有调解员，乡村都有调委会，每个村、每个乡镇建立调解室，配齐配强人民调解员，小村 3 人以上、大村 5 人以上。采取不同方式加强培训，切实提高新任人民调解员业务素质和调解能力。矛盾纠纷零上交机制，各县（市、区）把“担子”压给村干部，使村干部思想上“认”责、工作上“领”责、制度上“定”责。把“技巧”送给村干部，坚持办好农村干部培训班，学法律、讲政策、教方法、提能力。零上交责任追究机制，对落实调解工作部署、执行规章制度、排查调处工作不力，或者不作为、乱作为、处置失当等引发重大社会治安问题的，追究相关部门单位以及有关人员责任。百分月考核实施机制，实行月考核制度，把综治、信访、民调等工作量化为 100 分，划分成优秀、一般、不合格三个档次，对连续三个月考核不合格的干部及班子分别进行责任追究。

第五，筑牢“五道防线”。第一道防线——各村调委会和村委会主任。

调委会和村委会主任对排查出的或当事人申请调解的各类矛盾，及时予以调处解决确保矛盾不激化。调处无效的，由村主任填写“农村矛盾纠纷排查调处逐级办理卡片”（以下简称“卡片”）并签署意见后，移交村党支部书记处予以解决。第二道防线——村党支部书记。村支书对于村委会移交的矛盾纠纷，召开两委班子会议，集体研究，进行调解。调处无效的，填写“卡片”并签署村级调处意见后，将矛盾纠纷移交乡镇包村干部。第三道防线——乡镇包村干部和片长。包村干部和片长对移交上来的矛盾纠纷快速介入，展开调查取证和依法调处。对经调处仍不能达成协议的，填写“卡片”并签署意见后，移交乡镇党委政府。第四道防线——乡镇党委政府。乡党委、政府对于疑难、复杂、纠缠不清的矛盾纠纷，协调各方力量，联系相关部门，强化责任，联合调处，坚决把纠纷矛盾解决在乡镇一级。第五道防线——品牌调解室。充分发挥医调委、交调委、“和为贵”调解室、“第三方调解室”及个人品牌调解室作用，接到当事人调解申请后，调解室立即立案，依法调处。调处过程中，乡镇领导干部必须全程参与，多部门联合严把矛盾纠纷不出区这道防线，经调处不成的，依法告知当事人到法院和有关职能部门予以解决。

2.2　行政调解的创新实践

2.2.1　大庆市“五强化”“五着力”

大庆市多措并举，统筹推进，全力推动行政调解工作创新发展，行政调解数量质量实现“双提升”。2022 年以来全市已办理行政调解案件 2 057 件，同比增长了 312 件，增长幅度达 18%，矛盾纠纷基本消灭在萌芽状态，有效地维护大庆市的和谐稳定[①]。

一是强化顶层设计，完善行政调解体制机制。全局上谋势，关键处落子。市司法局以解决群众需求为出发点，破解行政领域矛盾纠纷，化解难题，将行政调解工作作为丰富和发展“4543”大庆模式工作重要内容加以推进。制定了《关于加强行政调解工作的若干意见》《大庆市行政调解暂行办法》《关于健全人民调解与行政调解衔接机制的实施意见》三个指导性文件，为行政执法部门开展行政调解工作提供指引。出台了《关于健全

① 大庆司法局“大庆普法”公众号，2022 - 04 - 01。

人民调解与行政调解衔接机制的实施意见》，与市中院共同起草了《大庆市行政争议协调化解工作实施办法》，有效实现行政调解和人民调解、司法调解的有机配合、衔接互动，形成解决社会矛盾纠纷的整体合力。将行政调解工作列入重点工作任务，纳入全市法治建设考核指标，落实主体责任，强化组织保障，形成工作督导考核常态化机制。

二是强化规范化建设，着力在行政调解根基上下功夫。各行政执法部门认真落实主体责任，完善规章制度，细化工作流程，推动行政调解工作规范有序发展。横向到边，全域覆盖，在重点行业重点领域建立了 26 个市级调解组织。纵向到底，分级推动，市级行政部门和县区重点部门共建立行政调解室 62 个，每个调解室悬挂调解标牌，规章、制度、工作流程、组织架构全部上墙，公布受理电话，畅通了行政争议纠纷的受理渠道，初步建立了市、县、乡三级行政调解网络。

三是强化调解队伍建设，着力在提升调解员的调解技能上下功夫。按照“谁执法、谁负责、谁调解”的原则，将行政执法人员和法制审核人员加入行政调解队伍，同时积极吸纳律师、政府法律顾问、调解志愿者、退休司法、行政干警等，充实壮大调解员队伍和行政调解专家队伍。目前全市共有 2 720 名行政调解人员，组建了近 120 人的调解专家库。强化调解员的业务培训，通过组织座谈会、专题培训、以会代训、跟班培训等形式，开展业务培训 60 多场，参加人员近 1 200 人次，切实提高了调解员的调解技能和调解水平。

四是强化纠纷化解能力，着力在抓好信访案件上下功夫。市司法局以“排纠解纷防风险保安护稳促发展”为中心，开展 2022 矛盾纠纷排查化解专项行动，专班推进，包片负责，按照属地属事、应调尽调原则，立足抓早抓小抓苗头，行政调解在大调解工作中发挥特色、凸显亮点。“富强村拆迁改造项目”是市信访积案，国家信访局督办，历时 11 年，涉及 17 人，诉求高达近亿元，通过行政机关介入调解，如今信访代表 17 户中 13 户已基本同意补偿金，签订息诉罢访承诺书，纠纷已基本化解。目前全市已通过行政调解手段成功解决信访积案 31 件。

五是强化调解优先原则，着力发挥行政复议在行政调解的主渠道作用上下功夫（图 4－11）。市司法局在行政复议过程中贯穿调解理念，化解矛盾贯穿案件始终。通过案前理清案件脉络、讲解法律政策、计算复议成本、提供更优方案等方式进行案前调解。在复议过程中，综合评估案件合法性与合理性、法律效果与社会效果，通过政策讲解，降低申请人过高的预期，积极协助行政部门自查自纠，寻找双方的平衡点。当年已审结的30件案件中，有12件通过调解促成申请人撤案，占结案总数的40％。

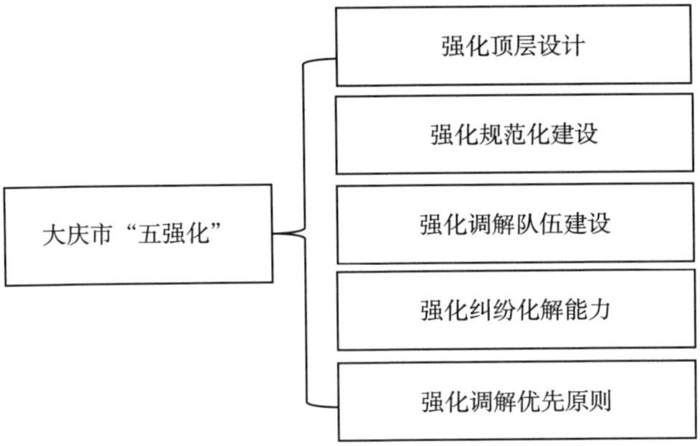

图4-11　大庆模式的“五强化”

2.2.2　北京市顺义区“2＋1”创新模式

北京市顺义区立足诉源治理推动矛盾纠纷源头化解，着眼“三调”联动大调解工作格局，以行政调解“柔性”治理的方式妥善处理经济社会发展过程中矛盾纠纷，在法治轨道上研究构建科学合理、运行顺畅、功能互补、程序衔接的“2＋1”行政调解体系，以行政调解“小切口”，服务新时期法治政府建设发展“大文章”。

一是立足行政职权，盘活行政调解优势。围绕“发挥行政权化解矛盾纠纷的优势作用，实现诉源治理”，以行政机关为核心，纵向形成区级行政调解委员会、行政调解工作室两级组织，横向与区法院合作、主导建立区级行政争议化解中心，“2＋1”行政调解体系一纵一横，搭建区域“全覆盖”行政调解网络。第一，纵向联动提升能力。建立“专职＋专业”“主导＋指导”的工作模式，组建由专职调解人员、专业律师、法学专家构成的行政调解团队，按需统筹为各单位行政调解工作室提供专业咨询、业务帮助，通过开放式专业团队资源共享模式，提高基层行政调解工作能力。针对政府重大项目、社会影响较大、疑难复杂纠纷的行政案件，区行政调解委员会选派工作人员协助开展工作，确保专业力量因案制宜、精准指导。第二，细化流程深耕制度。先后出台《关于复调衔接工作的实施方案》《行政调解工作规则》等文件，更新《顺义区各行政机关行政调解职权清单》，编制《行政调解典型案例》，引导全区各行政机关依法履行行政调解职责，较为完备的制度框架确保各级单位依法行政“不缺位，不越位”。

二是聚焦多元化解，拉长行政调解长板。立足区行政调解委员会、各行政调解工作室、区行政争议化解中心“三点位”，实现行政调解延伸连接行政执法、复议、诉讼，兼顾打破行政执法、行政复议、行政审判单打独斗局面，以“一纵一横、多点联动”模式引导当事人选择行政调解化解矛盾纠纷，促进提升多元矛盾纠纷化解合力。第一，复调衔接创新驱动“双升”。坚持行政复议“调解优先”，明确行政复议案前、案中、案后与行政调解衔接的范围、流程，针对重大疑难复杂等“重点领域”，提前介入、积极履职。复调工作启动至今，发生行政争议 3 366 件，调解 2 224 件，成功率达 66%，真正做到“案结事了、定纷止争”。第二，府院联动构建“三调”对接。以“行政调解”为中心，在区级行政争议化解中心通过联合办公、业务协同，实现行政系统与司法系统数据“破冰”，搭建“一站式”化解行政争议和民事纠纷平台，有效促进政府主导、法院参与的“府院联动”实质化运行，实现行政调解与司法调解、人民调解同源治理。

三是瞄准民需民愿，服务区域中心工作。第一，以服务区域中心为重点。发挥“2+1”行政调解体系作用，通过信息联通、力量联动、矛盾联调，提前介入服务全区重点项目建设，为各部门补齐民生短板提供机会。在顺义区幸福西街小区棚改项目中，行政调解组织仅 40 天实现 676 户居民全部签约，为疏解整治促提升专项行动提供法治助推。第二，以保障民生为落点。在坚持依法行政前提下，综合诉讼、复议、调解职能，协调各方利益，避免程序空转、无效诉讼。2018 年以来，仅区行政调解委员会参与拆除违法建设、工伤死亡、交通处罚、投诉举报等与民生相关纠纷 776 件，争议化解率达 88%[①]。

① 北京市顺义区司法局官方公众号“顺义普法”，2022-10-14。

2.2.3　聊城市莘县创新“1234”行政纠纷化解模式

近年来，莘县司法局多措并举开创行政争议实质性化解新格局，以“关键少数”为重要突破口，以矛盾纠纷多元化解平台为依托，以简办、快办、优办为目标，积极探索行政机关负责人对接参与行政调解、非诉执行、行政裁决、行政复议、行政应诉案件办理机制，建立起“1234”行政纠纷化解模式，以最简流程、最少成本、最快效率维护人民群众合法权益，行政争议风险预防和源头治理成效明显，全面推动了法治莘县、法治政府、法治社会建设迈出新步伐。

一是抓住一个关键，激活争议化解“倍增器”。压紧压实党政主要负责人推进法治建设第一责任人职责，制定出台《行政机关负责人参与行政争议化解实施方案》，高位推动行政机关负责人出庭应诉，统筹协调行政机关负责人全面参与行政纠纷和解、调解工作，让行政机关负责人成为纠纷化解的关键力量，提振了行政争议当事人对纠纷化解的信心，推动了行政争议多元化解机制构建。目前，莘县已连续 40 个月实现行政机关负责人出庭应诉和参与纠纷化解率 100%，其中“一把手”出庭占比 43.68%。

二是整合两大平台，开启争议化解“双通道”。以惠民、多元、智慧、全方位为目标，积极搭建调解平台。第一，创新性将行政机关负责人调解室与“一站式”矛盾纠纷调解中心一体建设，依托中心人民调解、公证、法律援助、仲裁、律师、行业党代表工作室等优势资源积极打造聊城首个县域品牌化、规范化、标准化行政纠纷调解平台，配备由社会律师、公职律师、业务骨干等组成的专业和解员队伍，实现了行政纠纷便民集约高效化解，该经验做法先后被《法治日报》等媒体报道。第二，积极搭建智慧调解平台，着力构筑“网络异地同步调解”“专家实时在线调解”新模式。在县乡两级调解中心、律师事务所均安装了远程可视化智慧系统，与“天网”工程、“智慧调解”APP 等联网，让群众足不出户享受全方位调解服务。2021 年以来，线上线下调解平台受理行政纠纷 226 件，调解撤诉 71 件，调解成功率 31.4%。

三是聚焦三个环节，打造争议化解“全链条”。始终坚持“预防挺在化解前、化解挺在诉讼前”原则。第一，诉前源头预防行政争议。推进公职律师、法律顾问全过程参与行政决策、行政执法合法性审查，筑牢依法行政的"防火墙"；邀请法官、专家、优秀调解员开展培训，编印《行政争议实质性化解指导性案例》，增强行政机关调解能力，防止了一大批行政纠纷演化为诉讼案件。第二，诉中积极处理行政争议。建立行政应诉备案制度，起诉后第一时间组织相关部门进行案件会商，争取庭前化解；建立行政机关主要负责人首案必出庭制度，不断增强行政机关出庭应诉质效；连续三年组织全县行政机关开展观摩庭审暨案例研讨活动，促进行政机关提高了依法行政能力。第三，诉后跟进化解行政争议。建立法院裁判文书、行政复议决定书履行回访制度，履行情况纳入法治考核；用好行政复议建议书、行政执法监督函、败诉案例通报，实现"纠正一案、规范一类"；与法学会、法院、检察院定期联合召开行政争议多元化解沙龙论坛，交流探讨败诉典型案例，攻克了一批新涌现的行政争议中的热点、重点、难点问题。

四是建立四项机制，织密争议化解"监护网"（图 4-12）。第一，建立行政争议风险预警机制。建立行政裁决、调解、信访、行政复议、行政诉讼信息互通共享群，及时预判、会诊行政诉讼风险，主动将调解关口前移，做到应调尽调、能调优调，推动行政争议就地化解。近三年来，全县累计化解非诉纠纷 154 件。第二，建立行政机关负责人全程参与行政调解、非诉执行、行政裁决、行政复议、行政应诉案件办理机制。不断完善全流程协调机制，由法院、司法局委派或者行政机关委托，每案必发《行政机关负责人参与行政争议调解通知书》，充分发挥行政机关负责人关键性主导作用和各自专业优势，推动行政争议快速实质性化解。第三，建立行政争议"府院联动，纠纷联处"机制。与法院、检察院联合制定出台《关于共同推进行政争议实质性化解的实施办法（试行）》，建立多部门行政审判与行政应诉联席会议制度，推进行政争议多元联动化解。第四，建立纠纷多元化解考核监督机制。将行政机关主要负责人出庭应诉、行政机关败诉纳入全县法治工作考核细则，月通报、季讲评、年考核，倒逼行政机关依法行政。2022 年 1—9 月，全县一审行政应诉案件 87 件，同比下降了 56.72%，其中调解撤诉 32 件，调解率同比上升了 31.2%，全县行政诉讼受案量连续两年大幅下降[①]。

① 资料源自聊城市司法局官方公众号，2022-11-01。

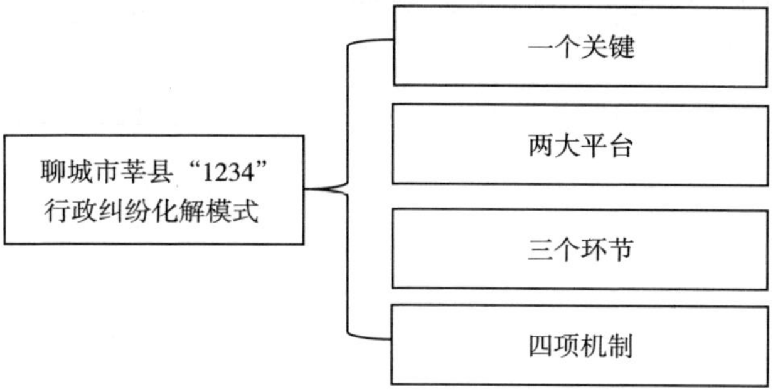

图 4-12　莘县模式

2.3　司法调解的创新实践

2.3.1　平罗县“塞上枫桥”的调解模式

近年来，平罗县人民法院陶乐人民法庭积极延伸审判职能，充分发挥巡回审判的作用，全力推进诉讼服务“一站式”建设，构建矛盾纠纷多元化解机制，真正让“枫桥经验”落地生根、开花结果，焕发出新活力。

一是推行巡回审判：司法为民零距离。“枫桥经验”能长效运转，关键在于坚持群众路线。实践中，陶乐法庭主动服务，走进百姓宅院、深入田间地头，创新巡回审判的方式方法，发挥“便民服务流动法庭车”巡回服务群众的作用，将矛盾纠纷化解在源头。“法官不是简单地一判了之，还帮我协调解决了田边杨树影响农作物收成的事情，我真切感受到了陶乐法庭司法为民零距离，巡回审判解决了我们百姓的难事。”一起供用水合同纠纷案件的被告告诉记者。2020 年 5 月 11 日，陶乐法庭在王家庄村村委会公开开庭，合并审理了 3 起供用水合同纠纷案件。原告平罗县水利灌溉中心因 3 名被告未缴纳灌溉水费，将其分别诉至法庭。陶乐法庭受理 3 起案件后，了解到被告不缴纳水费是因为东干渠渠堤上的杨树严重影响渠边土地种植农作物的生长，收成减少三分之一。由于 3 起案件在当地具有典型性，法庭决定巡回公开开庭审理，并联合村委会进行现场调解。“用水缴纳水费是理所当然的，至于杨树影响田边农作物的收成是另一回事，一码归一码，凡事咱得讲理讲法”……最终，其中 2 起案件的被告主动向原告缴纳了水费，原告向法庭申请撤诉。另外一起案件的被告对欠缴水费的事实予以认可，但希望原告能协调处理杨树影响农作物生长的问题。开完庭后，法官和村委会干部一起组织原、被告双方到现场实地查看，随后就此问题向相关部门发出司法建议函。农忙时节，陶乐法庭法官还会来到农村开“午间法庭”，让老百姓在田间地头或家门口参与诉讼，免受奔波之苦。同时，陶乐法庭充分发挥密切联系群众的“桥头堡”作用，坚持把巡回审判与民意沟通、信访化解、普法宣传等工作相结合，不断提升巡回审判实效，努力将矛盾纠纷化解在群众家门口。2017 年以来，法庭共巡回审判案件 185 件。

二是建立审务工作站：基层治理有作为。人民法庭是人民法院参与社会治理的重要环节。如何为基层社会治理保驾护航？陶乐法庭进行了深入探索。陶乐法庭辖区包括陶乐镇、高仁乡、红崖子乡和宁夏精细化工基地，常住人口近 5 万人，人员构成复杂。法庭不断增强社会治理的前瞻性和主动性，对矛盾纠纷提前介入、关口前移，在辖区 4 个乡镇设立审务工作站，安排工作人员不定期入驻，就近为群众提供法律咨询，实地解决纠纷。审务工作站成立以来，共接待群众咨询 200 余人次，化解矛盾纠纷 40 余件。

“我们不仅参加了一场庭审，还上了一堂法律课。”2020 年 6 月 3 日，陶乐法庭在庙庙湖生态移民村设立的审务工作站公开开庭审理一起合同纠纷。2019 年年底，庙庙湖村村民李某的货车发生故障，到哥哥李某某开的修车店维修，发生维修费用 700 元。因手头紧张，李某当场未付维修费，表示随后补上。然而，大半年过去了，李某某多次催要，李某仍未支付，李某某遂向陶乐法庭提起诉讼。庭审中，法官抓住双方矛盾的焦点，耐心细致地进行调解，向双方释明法律关系及法律责任后，双方达成调解协议，李某向李某某支付维修费，李某某出具收条并提交撤诉申请书。该案快速高效处理完毕，实现了案结、事了、人和。结案后，法官又向双方讲解了合同纠纷的相关法律知识。为使更多人了解关于合同纠纷的法律知识，法庭利用流动法庭车在庙庙湖村市场开展了普法宣传，为群众答疑解惑。

三是矛盾纠纷多元化解：提升群众获得感。“枫桥经验”的精髓在于依靠社会力量，就地解决矛盾纠纷，让基层群众切身感受到公平正义。如何及时有效化解纠纷？陶乐法庭坚持调解先行的工作原则，充分发挥矛盾纠纷多元化解机制作用。大力开展诉前调解工作，采取“人民法庭＋派出所”“法官工作室＋乡村干部”“法官｜人民调解员”等方式，加强对村民尊法、守法、用法办事的引导。加强与乡镇、综治办、派出所等单位的联系，主动排查矛盾纠纷，及时发现潜在可能问题，对诉前矛盾纠纷进行风险评估与预判，并提出法律意见。“我确实借了这个钱，但这阵手头紧张，一时半会还不上。”家住平罗县陶乐镇花园西街的田某以资金周转为由，向谢某借款 1 万元，并出具借条，但一直未归还欠款。谢某到陶乐法庭提请起诉。工作人员接收诉状后联系田某，田某表示借款属实，自己也愿意偿还，但目前没有钱支付。法官了解基本案情后，认为双方有调解的基础，便联合陶乐司法所进行诉前调解。经过调解，原、被告双方达成一致意见，司法所为其制作人民调解协议书后，双方到陶乐法庭进行司法确认，将矛盾化解在诉前。这是陶乐法庭发挥矛盾纠纷多元化解机制引领作用，高效快捷化解纠纷，降低当事人诉讼成本的真实写照。2020 年，陶乐法庭诉前化解各类纠纷 100 余起，既减少了诉讼收案数量，又化解了民间纠纷，减少了社会对抗①。

2.3.2　广州市“云端之上”的司法创新

广州互联网法院，就坐落在琶洲一座 5A 级写字楼的 52 楼，被誉为“云端”法院。这家在互联网创新集聚区成立的法院，从出生就携带着创新基因，从未停下创新的脚步。特别是互联网知识产权审判领域，更是用创新的方式保护创新，为构建网络空间知识产权全链条保护不断提供新解。

一是案件审理系统（“ZHI 系统”）极大提升办案效率。“ZHI 系统”通过运用大数据、区块链、人工智能等技术解决互联网领域知识产权保护的实践难题，为科技与司法深度融合提供了成功范式。“ZHI 系统”是以广州市中级人民法院 6 万多件网络著作权案件作品性质、权属、侵权责任等要素逻辑梳理和归纳，绘制成的 1 500 多个要素的审判知识图谱形成的数据为基础构建起的体系框架。该系统的侵权证据比对和裁判文书生成用户界面，获得两项外观设计专利。“ZHI 系统”通过深度学习算法和 AI 智能识别，可对图片等作品完成、发表时间、颜色组成等超 300 个要素进行全方位比对，极大提升准确度和效率。自上线以来，广州互联网法院运用“ZHI 系统”共审理案件逾 6 万件，结案数同比上升 30%，案件平均

① 宁夏高级人民法院官方公众号，2021 - 08 - 10。

审理周期下降两成[1]。

二是“枫桥 E 站”化解纠纷超 10 万件。“枫桥 E 站”的预约调解、远程调解、异步调解、跨境调解、联合调解、邀请调解和自行和解、司法确认、在线诉讼“6＋3”解纷模式，能够实现知识产权纠纷化解全流程、全业务、全时空。“枫桥 E 站”还提供诉讼转调解、调解转仲裁、调解转诉讼等人性化转换流程，同时还秉承开放共享理念，引入各种纠纷解决力量、纠纷解决平台、企业平台的入驻和对接申请，最终让纠纷在“枫桥 E 站”“一站式”解决，实现“事不出网”。

“法院用互联网的方式快速化解海量知识产权纠纷，这种高效的解纷模式值得推广。”自 2019 年 3 月“枫桥 E 站”上线以来，至今已化解各类知识产权纠纷 10.2 万件。

三是成立全国首个涉数据纠纷专业合议庭（图 4－13）。当前，数据作为新的生产要素，是经济社会发展的基础资源和创新引擎，如何厘清对数据收集、分析、处理的权利做出公平公正的裁判，是时代对法院提出的新挑战。涉数据纠纷常常面临查证难、审理专业程度高、法律适用难度大等问题。为准确界定该案数据权属，法院很快组成合议庭。涉数据纠纷合议庭的设立，是广东法院主动适应数字时代发展的一项制度创新，能为破解数据交易失范及价值不明等问题，提供“司法新解”。广州互联网法院成立三年多来，审结各类数据纠纷案件 700 余件，涉数据纠纷合议庭成立以来，受理数据财产权益、互联网竞争秩序等数据纠纷案件 150 余件。

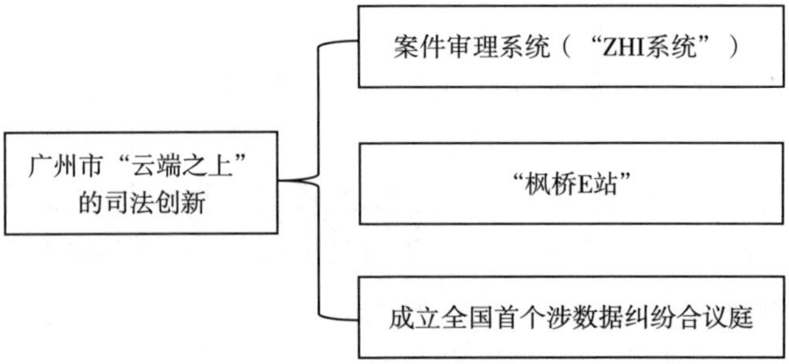

图 4－13　广州模式

① 广州市中级人民法院官方公众号，2022－04－24。

2.3.3　天长市铜城法庭"3+"服务创新

铜城法庭积极传承红色司法文化，主动融入基层社会治理，创新"3+"司法服务模式，打通全域诉源治理"路子"、开出品牌加速孵化"方子"、搭起法治人才培养"梯子"，全方位赋能基层社会治理。

一是"法庭+e站"，打通全域诉源治理"路子"。第一，突出"一环"建设。引入2名驻庭调解员，建立"诉转调""调转诉"闭环管理模式，当事人来庭申请立案后，优先转入调解程序，调解成功予以司法确认，调解不成当场立案，并将调解贯穿诉讼全过程。2021年以来，法庭诉前调解纠纷151件，同比上升23.6%，成功率62.1%。第二，聚焦"两轮"驱动。积极破解法庭司法服务半径偏大难题，在辖区乡镇设立3个无讼e站，结合人民法院调解平台"三进"工作，利用"一根网线、一块屏"，以"法庭法官远程指导+常驻调解员现场调解"模式，就地"云化解"纠纷31起。第三，推进"三化"建设。品牌调解专业化，结合辖区铜城镇"状元故里"文化底蕴，建成"诗书状元"调解室，邀请退休干部、教师等共同化解纠纷；一村一法官（助理）服务常态化，针对农村地区人口老龄化特点，提供上门立案、调解等54次，实现上门服务辖区43个村（社区）全覆盖；庭所共建机制化，与辖区派出所共建交通事故纠纷联调站，诉前化解纠纷51起。2021年以来，法庭受理各类案件183件，同比大幅下降37.1%，诉源治理成效显著。

二是"走访+服务"，开出品牌加速孵化"方子"。针对企业转型升级需求，在辖区5家龙头企业设立司法信息服务采集点，明确每个月第一个工作日为"企业服务日"，常态化上门走访，及时了解企业在用工、融资和合同订立等方面的需求，帮助压降和规避法律风险。5年来，妥善审理涉企纠纷案件667件，标的额达1.18亿元。针对辖区买卖合同案件多发的情况，深入当地中小微企业走访调研，找准引发纠纷的关键症结，及时向地方党委政府发出《法庭专报》，为2021年铜城镇入选"全国千强镇"、辖区企业上市提供有力司法服务和保障。针对辖区"国字号"农业品牌升级需求，成立涉农项目司法保障组，建立定期沟通和案件预警、通报机制，"司法服务虾稻共生""司法护航龙岗芡实"等品牌加速法庭服务"三农"全面发展，助推实现更多"农产品"到"消费品"升级转变。

三是"宣法+释法"，搭起法治人才培养"梯子"（图4-14）。一是培养更多乡村“法治带头人”。积极与基层党组织结对共建，借助道德大讲堂平台，定期对村干部进行法律法规培训，每月接收2名村干部来庭开展体验式培训，引导树立法治思维，提升依法履职能力。二是培养更多乡村“法律明白人”。持续加大巡回审判、以案释法力度，常态化将“三养”、相邻权等纠纷就地开庭，达到“审理一案，教育一片”效果；组织开展“民法典村（社）行”等活动67场次；推出“法律赶集”“普法夜市”两大品牌，拓宽释法宣传受众面。三是培养更多“法治传承人”。积极对接辖区6所中小学，法庭法官（助理）受聘为法治副校长，开展送法进校园24次；举行“未成年人法庭开放日”专场活动6场次；充分利用辖区龙岗抗大八分校国家级党史国史教育基地优势，与安徽科技学院人文学院党支部结对共建，挂牌红色教育实景课堂，将红色司法文化基因注入更多“法治传承人”心间。

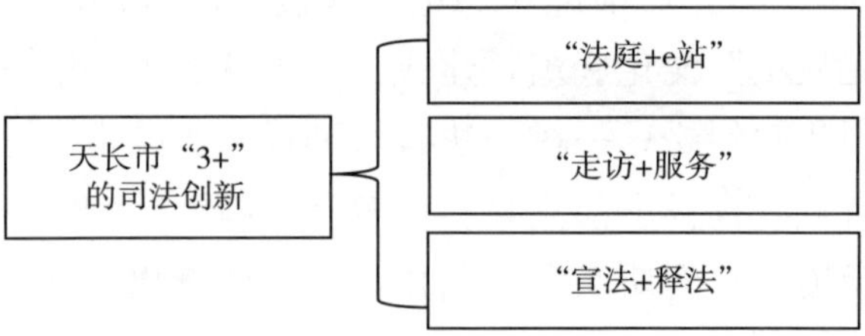

图4-14 天长模式

2.3.4 赣州市寻乌探索“红色文化治理”

赣州中院在深化和发展新时代“寻乌经验”过程中，依托赣南苏区丰富的红色文化资源，弘扬人民司法优良传统，发挥人民法庭前沿阵地作用，推动矛盾纠纷不上交、司法服务不缺位，努力打造革命老区社会治理工作品牌。近年来，赣州市中级人民法院始终牢记习近平总书记视察赣州时的殷殷嘱托，弘扬伟大建党精神、苏区精神、长征精神，创新探索“红色文化＋社会治理”新模式，扎实推进市域社会治理现代化，推动人民法庭工作高质量发展。“寻乌经验”两次被写入最高人民法院工作报告，先后得到最高人民法院周强院长和省、市领导的批示肯定，并在央视成功举行全媒体直播，获得社会广泛关注和好评。

一是充分利用红色资源，增强基层治理动力。依托赣南丰富的红色资源，打牢人民法庭建设根基，创新治理路径，减少诉讼增量，推动形成

"少讼"乃至"无讼"的法治良序，让人民群众切实感受到公平正义就在身边。第一，加强联动共治。充分发挥党在社区治理中国的统筹协调核心作用，推动创建"无讼村（社区）"80 个。安排人民法庭干警担任村级理事会顾问，与村民自治组织建立常态化工作联系，合力实现矛盾纠纷早发现、早防范、早处置。第二，深化诉源治理。调动基层群众的积极性主动性创造性，用村约规范、用典型带动、用事实说话、用成效引导，预防矛盾纠纷产生。于都法院盘古山人民法庭依托长征国家文化公园项目建设，打造祁禄山红军小镇诉讼服务站，成立以来共同化解矛盾纠纷 54 件。第三，聚力多元解纷。创新配置"法庭＋"矛盾纠纷调解工作室，加强诉调对接的一体化治理体系构建。寻乌法院澄江人民法庭将谢屋村的破旧老祠堂建成法治小院，因地制宜打造客家法治文化阵地，实现小事不出村、矛盾不上交。

二是大力发扬红色传统，激发基层治理潜力。赣州中院坚持苏区时期审判工作"坚持重调查、重证据，走群众路线的司法方法"，发挥人民法庭前沿阵地作用，改"坐堂办案"为"主动服务"，实现"诉讼服务在一线、调查研究赴一线、调解审判到一线"。第一，实行干警"进村入群"。组织 902 名干警加入村（社区）微信公开群 3 202 个，主动靠前、释疑解惑。入群工作开展以来，年均接受群众法律咨询 8 000 余人次、推送普法知识公众号文章 500 余篇。第二，开展"人民法官在身边"行动。推行"一村一队""一企一员""乡村夜话"等工作机制，听取社情民意，把司法为民的服务理念传播到每一个角落。制作《矛盾纠纷劝导书》，充分运用客家文化中与社会主义核心价值观一致的民间习俗、家风家训，通过学会"讲土话"、请"吃茶"，拉近与群众的距离。第三，始终坚持民意导向。全面兑现"办事不找人""首问负责不推诿"等服务承诺，确保把"送上门"的群众工作做好做实、常态长效。开通"一个号码对外、一个部门受理、一个平台流转"的全天候意见受理热线，接受群众对人民法庭工作评价，做到"事事有着落，件件有回复"。

三是聚焦传承红色基因，释放基层治理活力（图 4－15）。坚持把传承红色基因与深化和发展新时代"寻乌经验"有机结合，实施"红色基因激活"工程，提振人民法庭干警的精气神。第一，培育红色文化。升级改造中华苏维埃临时最高法庭旧址和审判史陈列馆，加强何叔衡调处争水纠纷等红色案例的研究、运用与宣传。举办以红色文化为主题的“法官文化周”活动，鼓励人民法庭干警创作回望苏区历史的文艺节目。第二，强化红色教育。组织干警开展“读红色家书、讲红色故事、唱红色歌曲、观红色影视、看红色展馆”活动，在“寻乌调查”纪念馆等革命旧址开展现场教学，沉浸式地体验红军的战斗场景和生活场景。第三，建强红色阵地。开展“庭村共建”“人民法庭解民忧”活动，建立一批基层红色文化治理阵地。赣州中院聘任原江西省苏维埃裁判部部长江善忠烈士的后代江华，在乡村振兴驻点村成立工作室，打造“兴法铺子”综合普法阵地，联合开展矛盾纠纷源头治理。

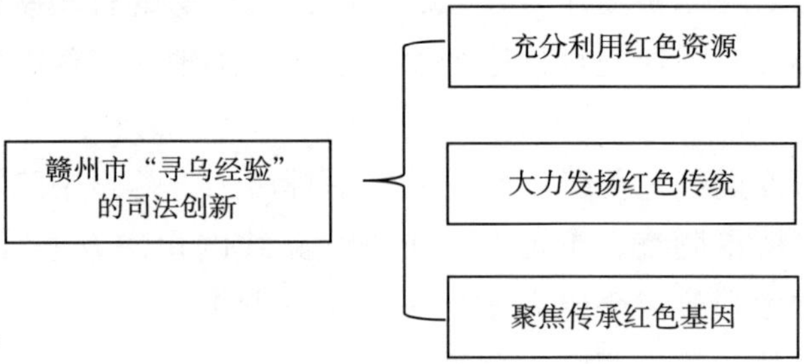

图 4－15　寻乌模式

2.4　多元调处联动的地方实践

浙江“枫桥经验”成为我国探索现代矛盾纠纷多元调处的沱沱河，国内对于矛盾纠纷调处经历了从“大调解”到“多元调处”的理论跨越。矛盾化解的实践探索逐步推动多元调处机制提档升级，实现从传统诉讼化解纠纷的“独木桥”到集调解、仲裁、公证、诉讼等多元调处方式的“一站式”大平台的蜕变。实践过程中涌现出极具创新意义的试点实践经验，如浙江杭州西湖区“解纷漏斗”、四川眉山“一核多元”、江苏苏州吴中区“内调外疏”等。已有的多元调处实践取得的成功经验，为扎实做好群众工作，落实为民造福的执政理念奠定了良好的经验基础。

2.4.1　浙江西湖经验——“解纷漏斗”

西湖区矛盾纠纷多元调处机制探索中依托行政力量成立高位领导职业团队，借助建章立制促进域内纠纷调处规范化建设；整合多元主体共同发力；通过技术革新应用，打造独具特色的多元调处漏斗，颇具成效地践行诉源治理。近年来，西湖区面对日益复杂的群众诉求采取的措施如下：

第一，建章立制，职业团队探寻“诉源治理”。一是成立专业领导小组及其职业团队。2012年7月29日，杭州西湖区委、区政府办公室基于省委《关于加强和创新社会管理的决定》及《关于全面构建大调解工作体系有效化解社会矛盾的意见》，成立西湖区大调解工作领导小组。2012年12月28日，杭州市西湖区大调解工作中心在蒋村街道正式成立。西湖区委成立“矛盾纠纷化解一体化网络平台试点工作领导小组”并且领导小组下设办公室、课题理论组、技术开发组和专家咨询组，各单位协商共同制定、细化平台建设方案。二是建章立制，推动矛盾纠纷多元化解机制规范化。为深入推进社会治理创新，预防和化解社会矛盾纠纷，全力打造“平安西湖”，西湖区委、区政府办制定《关于全面构建大调解工作体系的实施意见》（西委办发〔2012〕97号）文件，因地制宜地制定实施细则。为鼓励人民调解员发挥工作积极性，2008年，西湖区在全市首创两年一次的人民调解员等级评定制度，并依据等级发放生活补贴，并于2014年下发《关于调整西湖区人民调解办案铺贴的通知》，提高了办案补贴标准。为增强矛盾纠纷化解的规范性，西湖区制定了大调解工作中心管理规范、重大信息报告制度、重大矛盾纠纷应急处理办法、分流联调制度、督办回访制度、调解员分级培训制度、成员单位联席会议制度、调解工作考核奖惩机制等八项制度。并积极探索矛盾纠纷信息预警机制，坚持矛盾纠纷月排查和敏感时期专项排查制度，定期对矛盾纠纷及不稳定因素做动态分析。

第二，技术赋能，智能对接打造“解纷漏斗”。一是首建“云”台探新路。西湖区是国内最早一批探索多元调处的试炼场。2010年初，西湖区司法局依托西湖法治网建立省内首个网络调解平台，开设“一库三区”（调解专家库、案例浏览区、咨询留言区、视频调解区），自此，西湖区开始网络调解模式的探索之旅。2012年，西湖区创建“三全十服务”模式，其中“三全”是指服务时间全天候、服务内容全方位、服务对象全覆盖；2013年8月杭州西湖区启用“网上法律服务中心”开展网络调解工作。2017年3月，浙江西湖区正式上线在线矛盾纠纷多元调解平台1.0版，10月，在浙江省高级人民法院的主导下，多元解纷2.0平台正式上线，与之前版本相比，2.0 版本具有递进式的解纷流程，呈现出解纷资源的集聚性、解纷能力的智能化，并于 2018 年 6 月 14 日举行全省在线矛盾纠纷多元化解平台建设推进会，并举行全省上线仪式，至此，浙江全省境内被纳入集咨询、评估、调解、仲裁、诉讼五大服务功能于一体的多元在线解纷“云”台，为群众提供全天候不间断智能咨询服务。“云”台目前入驻多元解纷主体力量，截至 2021 年 4 月，浙江“在线矛盾纠纷多元化解平台”入驻机构 5 344 家，服务人员共计 37 581 人，可在 5 分钟之内响应群众发出的人工咨询请求，为群众提供专业化建设性建议，减少群众无谓跑腿。二是智能对接，发挥平台解纷漏斗效用。西湖区“矛盾纠纷多元化解一体化网络平台”是基于漏斗模型打造而成，其运行逻辑遵循漏斗效应。该平台整体上包括“在线咨询”“在线评估”“在线调解”“在线仲裁”“在线诉讼”五层漏斗，经过前端环节的梯次虑化，最终只有少量案件进入诉讼程序，能够较好地发挥分流效用。为发挥“矛盾纠纷多元化解一体化网络平台”综合效能，截至 2018 年 6 月，该平台已经实现与浙江法院网上立案系统、浙江移动微法院完成对接，已然实现调解案件与司法确认的双向联通，调解成功的案件便可一键导入法院立案系统进行司法确认。该平台各漏斗环节具体对接状况如下：一是咨询环节对接“中国法律应用数字网络服务平台”权威条文，全天候提供权威解读；二是评估环节对接“厦门能见法律咨询服务有限公司的‘易判’智能预判系统”，当事人提供及时全面的案情分析报告，并能做出风险提示及建设性建议；三是调解环节对接浙江法院律师服务平台，由当事人自主决定是否进行诉前调解，若接受调解则接入“在线矛盾纠纷多元调解平台”进行专业化调解，形成自动化笔录，反之则进入仲裁程序；四是仲裁环节对接西湖区自主开发的网上仲裁平台，根据仲裁调解成败分别出具仲裁调解书或仲裁裁决书；五是诉讼环节对接浙江法院诉讼服务网，为当事人提供与线下同等的全方位服务（图 4－16）。

第三，双线联动，多元主体“团战”群众纠纷。一是整合“草根”资源，坚持群众路线。2013 年 7 月杭州市西湖区开展“和事佬进社区”系列活动，得到群众的热烈响应。“和事佬”是对办事公道、善于沟通调和的人的尊称。“和事佬”作为一支草根队伍，自 2008 年全市推广至今，着实发挥了重要的化纷止争功效，已然成为重要的基层和谐力量。2009 年 6

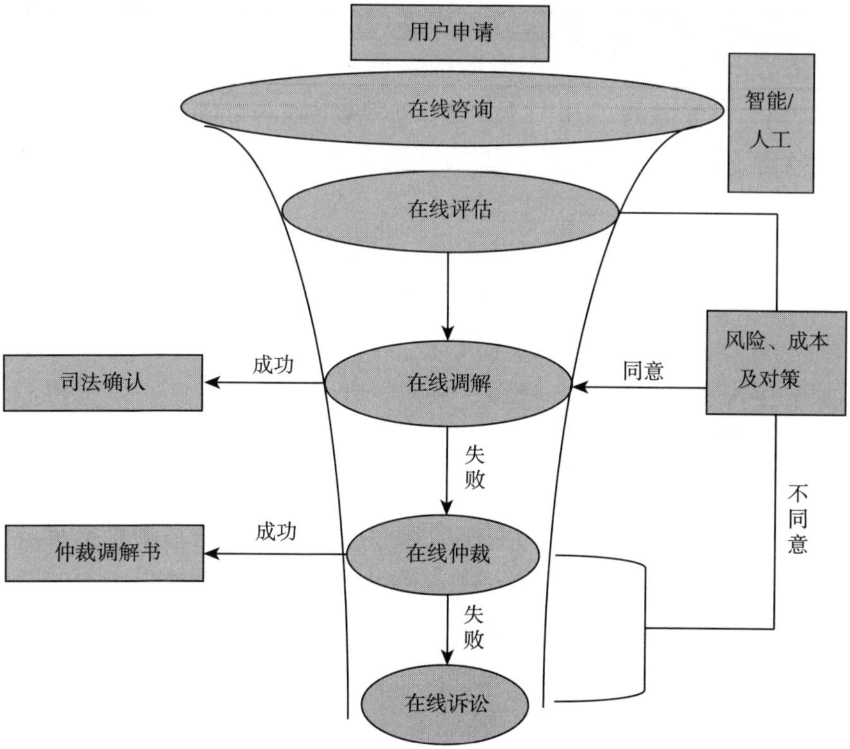

图 4-16　西湖区在线解纷漏斗模型

月西湖区北山街道成立首家“和事佬”协会，积极吸收热心公益、德才兼具、熟知法律知识的退休人员、党员等。为推进“和事佬”项目进程，杭州电视台成立西湖明珠频道《和事佬》栏目组，并时常进社区与群众互动，极大地调动了居民的参与热情。随着“和事佬”项目效果的呈现，“和事佬”队伍遍地开花，为提高“草根”队伍解纷技能，“和事佬”协会定期为成员开展法律知识培训活动，提高解纷理论水准。“和事佬”队伍基本上来自群众，也服务于群众，能与群众保持密切联系，深刻体会“家长里短”，成为西湖区调解队伍的重要分支。二是发挥名人效应，树立品牌意识。与管理工作相似，调解工作要想顺利进行，参与调解的人员具有威望能使调解工作事半功倍。西湖区重视发挥名人调解工作室的品牌效应，区委办公室发文统一命名域内包括褚金水、郑仁堂、虞康鹰、俞爱云、田未方、封雅琴、王大姐（文仙）在内 7 家名人调解工作室。名人调解工作室长期扎根基层、业务熟练，面对错综复杂的矛盾纠纷能总结出独到的心得体会，如褚金水的“三心”感悟（平常心、忍耐心、吃苦心）、虞康鹰的“五步调解法”（耐心倾听、调查研究、换位思考、巧借外力、把握时机）、俞爱云的“九字工作法”（理思路、用真情、讲方法）、封雅琴的“1234 工作法”等，名人工调解作室的命名起到了很好的引领和示范效应，成为全区调解员的良好榜样，示范一方，带动一片，为解纷止戈、促进社会和谐做出了积极贡献。三是聚拢专业团队，打造“诉调”联盟。面对日益复杂的社会矛盾调解需要，西湖区积极探索社会矛盾多元化解路径，聚力专业团队，协同调处社会矛盾纠纷。2021 年 1 月 15 日，西湖区成立全国首个集咨询。评审、调解、仲裁、诉讼等多种解纷机制于一体的诉调联盟——“西湖诉调联盟”①。其具体特征如下：①联盟宗旨顺应党的号召，符合时代现实需求。“西湖诉调联盟”旨在进一步落实习近平总书记关于把“非诉讼纠纷解决机制挺在前面”的指示落到实处。②联盟“五化”运行理念与时俱进。联盟遵循“前置化”“专业化”“智能化”“市场化”“考核量化”五化调解理念，是新时代西湖调解的又一大创新。③联盟聚拢多元专业团队，协商解纷。当前，“西湖诉调联盟”成员横跨法、政、商、学等多行业专业团队，其中西湖区人民法院为联盟发起者，除杭州仲裁委员会、浙江大学光华法学院、中国职能家居产业联盟、浙江建筑行业协会、证券业协会、共道云调解中心外，还有多家权威律所强势加盟。联盟的成立使得西湖区各界零散的、碎片化的解纷力量整合成一体，化“散兵战”为“集团战”。④创建“微法庭”，打通“最后一公里”。“微法庭”是指缩小版的法庭，是在镇街、村社设置的小型法庭工作室。“微法庭”具有以下特征：①规模小，以村社法庭工作室为载体，在法院指导下促进基层人民调解工作的微型新平台。②调解主体具有较好的群众基础。“微法院”选聘党员干部或是乡贤作为特邀调解员，与群众联系密切，长期扎根基层，便于开展解纷工作。③“微法院”具备网络时代特征，在调解工作中运用到微信、互联网等智能因素，“微法院”可对接“浙江移动微法院”“在线矛盾纠纷多元化解平台”等在线解纷平台，“微法庭”所在村社指定年轻干部协助群众注册认证和使用智能平台，方便群

① 杭州市西湖区人民法院．非诉讼纠纷解决机制新跃进！“西湖诉调联盟”今天成立［EB/OL］.［2021－01－15］. https：//www. thepaper. cn/newsDetail_forward_11175271.

众诉求表达，打通了群众应用智能平台维护诉求的“最后一公里”。

2.4.2　江苏吴中经验——“内调外疏”

2003年，江苏省苏州市吴中区开始探索诉调对接及矛盾纠纷多元化解机制，苏州市吴中区人民法院坚持党中央“把非诉讼纠纷解决机制挺在前面”的解纷理念，逐步建立起了“非诉调解先行、网格化解联动、司法确认断后”非诉讼解纷的“吴中路径”。2015年江苏省苏州市吴中区人民法院被最高人民法院授予全国“多元化纠纷解决机制改革示范法院”。

第一，顺畅对接，“三专队伍”总结“三字经验”。一是创新诉调对接机制。吴中区在多元解纷诉调机制上的创新主要体现在以下方面：推行“司法确认＋特邀调解”制度。自2009年，吴中区法院在省内首创人民调解协议司法确认制度，吴中区始终将司法确认制度与多元解纷相结合，保障诉前调解协议公信力。近期，吴中法院与区司法局、律协联合会在吴中区法院设立了律师调解工作室，聘请多名律师入驻，选聘医患、婚姻、劳动仲裁等23个热点行业领域特邀调解组织及退休法官、人民调解员等22名特邀调解员参与区内矛盾纠纷的化解工作。为加强特邀调解成员的规范化管理，吴中区建立起动态特邀调解组织名册，构建“能进能出”的考核机制。二是总结“三字经验”。吴中区的司法实践也使其司法确认与特邀调解制度之间存在着密切联系，形成了“拓”“快”“严”的“三字经验”。其中“拓”是指将特邀调解形成的民事调解协议纳入司法确认范畴，拓宽了司法确认的适用范畴；“快”指信息技术的应用加速了诉前调解与司法确认的衔接时效；“严”是指在包括特邀调解在内的诉前调解及司法确认均应合规合法，如此方能捍卫司法确认公信力。第二，推动“庭”“室”协作。为进一步探索诉调对接，吴中区法院积极探索人民法庭与驻庭人民调解工作室的深度协作，将诉前调解升级为专职调解员驻院调解。此外，吴中区开展“法官进网格”活动，2019年，吴中法院设立全省首家“家事法官工作站”，与基层人民调解是协作处理群众多元纠纷，是吴中区贯彻落实“把非诉讼纠纷解决机制挺在前面”解纷理念的实体化展现。“家事法官工作站”实现了纠纷解决从“法院”到“基层”的颠覆式转变，人性化的“审判”方式既增强了法院与群众间的良性互动，又实现了“诉源治理”的政策追求。三是打造“三专”解纷队伍。吴中区多元解纷的实践探寻中形成了“三专”的工作模式①。第一，推行“末尾淘汰制”，推动调解队伍专职化。吴中区为提高人民调解员调解实效，出台《吴中区诉调对接专职人民调解员绩效考核办法》对参与诉调对接工作的专职调解员及综合管理员进行年度考核，并借助“末位淘汰制”对专职调解员进行动态管理，提升了诉调对接的规范化、时效化水平。第二，引入多元调解力量，促进解纷建设专业化。目前吴中区的除了特邀调解成员、诉调对接专职调解员之外，还重视社会解纷力量的引入，包括 17 家个人调解工作室及各类专业性调解组织。为推动吴中区解纷力量专业化，吴中区采取诉调对接调解员定期培训机制、月例会制度、驻庭轮训和经验交流会等方式，促进解纷力量进化。第三，分离热点纠纷领域，探索解纷组织“专科化”。吴中区法院将纠纷频发的热点领域如高频率发生的婚姻家庭纠纷、道路交通事故纠纷作出分离处理，交由区法院本部、开发区法庭调解组织进行“专科化”集中处理。

第二，服务集成，打造“五位一体”三化平台。一是形成“一站式”诉讼服务平台。吴中区在探索繁简分流试点改革进程中构建了庭前“一站式”ODR 服务平台，借助自主研发的“吴中微法院”APP 开展线上便民司法服务，形成“线上＋线下”双轨多元解纷运转平台。吴中区“一站式”ODR 服务平台运行整体上体现出以下特征：第一，诉讼服务格局集约化。吴中区法院作为多元矛盾纠纷调处机制的引领者，因地制宜地构建起集立案、服务、裁判“三位一体”的现代化集约型诉讼服务体系。目前吴中区已构建起集业务性、辅助性、事务性解纷工作服务需求于一体的“一站式”服务，具体包含信访接待、立案（亦可在线跨域立案）、扫描、收费、鉴定评估、EMS 收发等服务窗口，服务当事人“一次办好”各类诉求。第二，诉讼服务方式立体化。吴中区“一站式”诉讼服务平台实现了“实体＋网络”的双重供给，该平台集服务大厅、诉讼服务热线、诉讼服务网络终端、巡回办案、诉讼服务站点等多种诉讼服务渠道于一体的立体化平台。吴中区“一站式”诉讼服务平台除了形成“厅、线、网、巡、站”五位一体的诉讼服务格局，还在多地配置智能设备，实现群众全天候

① 苏州市吴中区人民政府．吴中区“三专”提升诉调对接解纷效能［EB/OL］．［2020－07－14］．http：//www.msfy.gov.cn/Showarticles.asp？ID＝9667.

自助获取建设性解纷建议。第三，诉讼服务过程信息化。吴中区“一站式”诉讼服务平台对于信息化技术的应用较好的缓解了人工办案面临的案牍之苦。在整个案件处理过程中，建立自动归档的电子卷宗、借助“云柜系统”实现材料互通、庭审过程语音文字同步转换，极大提高了案件的受理效率，缓解了吴中区近年来“案多人少”的矛盾。二是在线前置质证程序，减轻诉累。传统质证程序是指当事人对当庭提交的证据进行说明质辩的过程，未经质证程序的证据不能作为判断案件事实的依据。与传统质证不同的是，吴中区采用在线庭前质证程序，将庭审过程中的举证质证环节放置于庭前，实现跨时空在线质证。ODR 平台自动记录留存，减少质证环节的反复，极大地提升庭审效率。吴中区当事人提出解纷调处诉求后只需注册登录“吴中微法院”APP 平台填写个人及案件相关信息，系统自动调取，减缓填表困惑。

2.4.3　四川眉山经验——“一核多元”

眉山市对于矛盾纠纷多元化解体系的探索始于 2007 年，眉山经过试点探索，形成党政主导下“一核多元”的“诉非衔接”运转体系（图 4-17）。2013 年、2017 年眉山市连续两届被评为全国社会治安综合治理优秀市；2014 年在全国 42 家“诉非衔接”试点法院终期评估中获得全国第一名；2016 年、2018 年的最高人民法院工作报告明确指出要推广眉山经验。此外，“眉山经验”入选 2019 年全国法院改革开放 40 周年成果展，2019 年 9 月，“眉山经验”在第五届海峡两岸暨香港澳门司法高层论坛上作了交流；2020 年 9 月，四川眉山中级人民法院被评为“全国法院一站式多元解纷和诉讼服务体系建设先进单位”，“眉山经验”广受认可，值得驻足回眸。

第一，党政主导，形塑“一核多元”解纷格局。一是形成“一核多元”工作格局。矛盾纠纷的发生、发展及其演变有其自发运行的轨道，深刻把握矛盾纠纷的特性及其发展倾向有利于从源头降低矛盾纠纷激化的风险。四川眉山市经过多年的实践探寻，对于纠纷需求形成了“一核多元”的工作格局，即以党政主导为核心，多元调解方式相衔接的矛盾纠纷治理体系。其中“一核”指的是始终坚持以党政主导作为解纷工作的核心，也是“眉山经验”中最基础最核心的一条。其具体措施如下：第一，坚持党政主导下的高位统筹，重视行政权力在多元解纷体系建设中的推动作用。

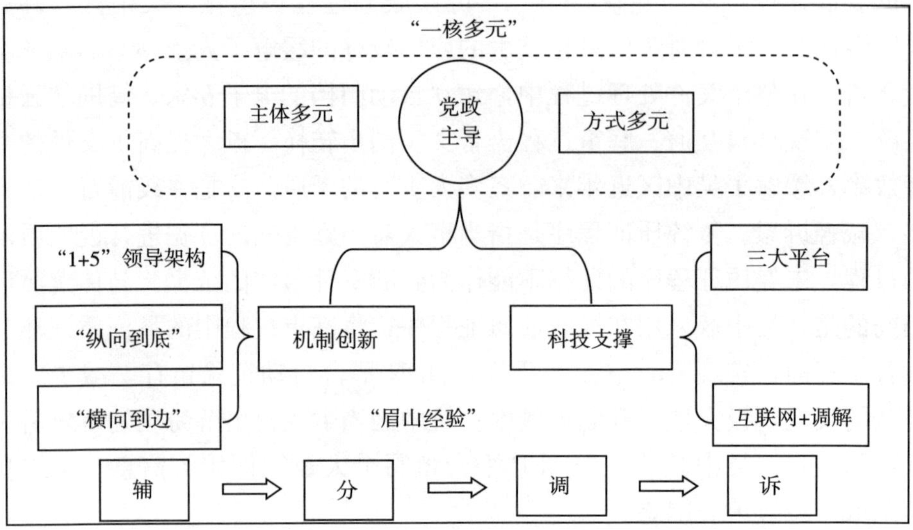

图 4-17　四川"眉山经验"

眉山率先在全省以市委、市政府名义出台《关于构建"大调解"工作体系有效化解社会矛盾纠纷的意见》《关于完善一核多元矛盾纠纷化解工作体系的实施意见》《眉山市健全落实社会治安综合治理领导责任制实施细则》等文件，促进多部门联动融合进行矛盾化解。眉山实践探索中，党委、政府除了出台一系列贯彻落实中央基本方针的调解政策外，形成了地方特色的特邀调解员制度、诉讼辅导机制、诉非衔接机制等。第二，强化政府财政支持，鼓励社会力量参与解纷实践。眉山市政府发布《关于进一步鼓励社会力量参与矛盾纠纷化解若干政策的通知》对于参与矛盾纠纷多元化解的组织及个人采取计件付酬式补助。各行业性、专业性解纷组织最新补助标准如表 4-1 所示。

表 4-1　眉山市多元主体解纷补贴标准

主体类型	补助标准
个人名义调解室	一次性给予 6 万元/次开办补助。 具体补偿标准如下： 若每年调解案件数≥30 件，给予 2 万元/年运行经费，并且按照时间顺序补助超过部分调解案件（其中具有市级重大影响案件 5 000 元/件，县级重大影响 2 000 元/件，乡镇重大影响 1 000 元/件，简易案件 200 元/件）； 若每年调解案件数＜30 件，则根据案件造成的影响程度给予补助，无运行经费

（续）

主体类型	补助标准
社会公益类、律师	按个人名义调解室标准给予补助
心理咨询师辅助调解	由邀请单位给予 300～500 元/次务工补贴
新建专业性、行业性调解组织	一次性给予 3 万元开办补助，运行补助及案件计量补助按个人名义调解工作室标准给予补助
商业组织	一次性给予 3 万元开办补助，运行补助及案件计量补助按个人名义调解工作室标准给予补助

二是创新解纷体制组织架构。矛盾纠纷调解需要与之相应的管理体制支撑，眉山以体制创新为依托，开展多元矛盾解纷探索的实践之路。眉山主要依托以下三个做法：第一，实体化构建矛盾多元解纷的专职领导体系，形成“1＋5”的领导架构。眉山市形成了市、区（县）、乡镇三级调解组织网络体系，并且在市、区（县）、乡镇三级新增领导职数、专业机构及人员编制，并设置专职副主任一职，建立起了专业化、常态化的多元解纷运行机制。此外，为协助多元解纷协调中心高效开展解纷工作，化解矛调中心业务压力，眉山市在市、区（县）矛盾纠纷多元化解协调中心下增设对应级别的市、区（县）级人民调解指导中心、行政调解指导中心、司法调解中心、刑法群众疏导调解中心、公调对接指导中心等共五个中心平台，促进全市多元解纷工作高效开展。第二，实体化纵向延伸调解组织，促进调解组织深入群众。眉山市在发展三级调解网络的同时，继续向纵向拓展调解网络，构建起村（社区）、村（居）民小组级别的调解组织，并且扎根基层，创造性地建立村级及社区综合调解室，实现大量矛盾纠纷能够及时就地解决。第三，实体化横向拓展调解组织，吸收多元解纷队伍。眉山在对探索基层矛盾纠纷多元化解路径时注重“纵横”应用，即“纵向到底，横向到边”，除了建立多层级的解纷平台，眉山也尽可能地横向拓展吸收各层级解纷资源，目前眉山市 131 个乡镇中各村居调解委员会实现 100％覆盖率①。除了人民调解委员会，还有人民调解小组、农村中

① 刘正国，廖文凯 . 58 万件矛盾纠纷都去哪儿了——解密矛盾纠纷多元化解的眉山实践［N］. 眉山日报，2019 - 02 - 13.

心户调解室、个人调解室以及眉山市 42 个市级部门作为责任部门建立的系统内自上而下的高标准行政调解中心。高标准的行政调解中心的建立为解决热点领域频发的矛盾纠纷提供了专业化平台，推动眉山市多元解纷的专业化及规范化建设。

第二，调解前置，推行“辅分调审”解纷流程。一是形成“辅分调审”工作模式。经过多年的探索，眉山走出了一条“辅分调审”的“诉非衔接”工作模式，其中“辅”是指诉讼辅导，就是在当事人向法院提出诉求之初，由法院工作人员对当事人就诉讼心理、司法认知和纠纷解决方式提供指导帮助，以分流化解矛盾，促进理性诉讼。“分”是指分类分流，矛盾纠纷的类型多样，均采用诉讼方式解纷难以做到快速高效，需要根据解纷类型及影响程度对其进行分类处理，对于案情简单、事实清楚、邻近纠纷等案件宜采用调解方式；而对于调解无果或是确实难以调解的案件则采取仲裁或诉讼等方式予以响应。“调”主要是指调解，此处的调解包含双重调解，第一重调解是指在案件未立案，法院相关工作人员根据“辅”与“分”的实际状况，向当事人提供的调解。第二重调解是指在法院立案后，经过法院相关程序，会在正式审判前进行一次庭前调解，此次调解与第一重调解的目的相同，旨在和平解纷。“审”是指进入正式的法院审判环节，根据法院审判正规流程，站好矛盾解纷的最后一道防线。二是推行调解前置，类案纠纷诉前分流。诉源治理最早是由四川法院在全国法院系统率先提出的理念，并在四川省内得以贯彻落实，诉源治理的重要一环就是矛盾纠纷的诉前分流。为应对日益繁杂的社会矛盾纠纷，集中优势力量站好最后防线，提升法院解纷效率，市中院实施《民商事案件调解前置程序工作规定（试行）》，为民商事案件解纷提供前置程序，有效地促进民商事纠纷快速、高效化解。具体要求如下：第一，明确规定五类纠纷诉前调解。其中家事、邻里、交通、物业、10 万元以下的民间借贷及 5 万元以下的其他债务在起诉前应当先经过诉前调解程序。第二，明确诉前调解前置程序。法院在收到当事人起诉材料规定时间内对纠纷类型做出分流定向，对应当前置调解的案件，应先由辅导法官向起诉人送达“诉前调解书”，并引导起诉人在调解系统中挑选 1 名或 2 名（如有必要）调解员展开调解工作。第三，明确调解结果效力及违约风险。对于调解成功的应由调解员出具经当事双方签字生效的“调解协议书”；对于调解失败的案件，调解员应当详细填写“案件诉前调解情况登记表”，并连同案件相关材料退回诉调对接中心，并于 3 个工作日内退回立案庭重新办理立案。对于无故不配合调解、拒绝执行调解协议等不当行为，一旦进入诉讼环节则酌情增加其诉讼费用及其他合理支出。

第三，科技助力，构建全域覆盖解纷平台。着力打造多元解纷“三大平台”。互联网时代对于效率的追求，使得信息化纠纷化解模式探索势在必行。眉山目前着力于打造“矛盾纠纷多元化解一体化平台”“网络调解平台”“移动终端平台”三大平台，探索“互联网＋调解”模式。2018 年 4 月，眉山东坡区法院“矛盾纠纷多元一体化平台”首次亮相，2019 年被确定为四川首批移动微法院试点以来，眉山法院一直着力推进域内在线诉讼服务建设，率先实现了全域覆盖式应用，并且完成四川首例在线跨域立案、四川首例在线诉前调解。新冠疫情防控为眉山“互联网＋调解”模式的运行提供了试炼场，2020 年 2 月眉山域内法院集中开展线上调解，并实现调解结果的在线确认。疫情防控期间，眉山法院践行了“让数据多跑路，当事人少跑腿”的服务理念，实现在线调解、材料转接、立案、送达、庭审、执行等一系列的诉讼服务措施，2020 年上半年，眉山法院在全省“服务指导中心信息平台质效考核”中斩获榜首。

2.4.4　陕西韩城经验——“四联调解”

韩城市针对全市矛盾纠纷多发、信访问题突出等问题，不断坚持和发展新时代“枫桥经验”，创新推行“四联调解”工作法，切实将矛盾纠纷化解在基层、消除在萌芽状态。2022 年进京、赴省、来市信访分别下降 63.6％、58.8％、29.7％，刑事发案下降 23％，实现了“小事不出村社、大事不出镇街、复杂疑难问题不出市域”的目标。

第一，“网格调解”将微小矛盾纠纷化解在组户。制定《健全城乡网格化管理服务机制的实施方案》，建成由村、社区一级网格 215 个，村民小组、城市社区二级网格 1 393 个，党员、“两代表一委员”、五老乡贤三级网格 6 709 个，以一级二级网格长为主，定人定岗定责，把工作下沉到每个村（居）民小组、楼栋、家户，源头排查化解矛盾纠纷，让“小网格”释放“大能量”。逐格排查明民情。按照一格一册、一户一档建立民情档案一本账，将易产生家庭矛盾、邻里纠纷、疫情防控问题等重点家户、老访户、“三失人员”、精神障碍患者、吸毒人员、社区矫正对象等纳入服务范围，推动问题早发现、快解决。入户走访解“疙瘩”。组织网格员、村（社区）民辅警、社区工作者、妇联干部、志愿者等不定期进网走访，唠家常、送温暖、听民声，及时疏导化解，解开群众心中“疙瘩”。小院恳谈化解纠纷。发挥“人熟事情家门近”优势解决家户、邻里等小矛盾纠纷，推广“小院茶摊会”“板凳会”模式，组织大家评大家议、摆事实讲道理，实现释怨气促和谐。

第二，“分流调解”将一般矛盾纠纷化解在村（社区）。对上行到村（社区）的一般纠纷，启动镇（街道）综治中心受理、分流、交办、提醒、督办机制，归口调解。村社民主调解矛盾纠纷。依托村（社区）党支部、综治中心“一站两室”，定期召开由村（社区）支部书记（兼综治中心主任）为组长，综治中心“一站两室”负责人、村两委干部、人大代表、政协委员、村民代表、五老乡贤、退伍军人、包村干部等为主体成员的村民议事会，民事民议、民事民办、民事民管、民评民决，化解矛盾纠纷。驻镇单位依规调解行政矛盾纠纷。对行政裁定类纠纷，驻镇单位主动靠前，深入村组就事实认定、法律适用等充分沟通，划清“小界梁”，住了“邻里情”，利用行政调解解决各类争议。政法单位以法释理调解涉法涉诉矛盾纠纷。对涉法涉诉问题，辖区基层法庭、司法所、派出所、交警中队信息共享、责任共担，积极向当事人进行释法、普法宣传，开展法治教育，对符合条件的提供法律援助、司法救助，对违法行为依法依规处置，最大限度减少信访问题发生。

第三，“联动调解”将较大矛盾纠纷化解在镇（街道）。对一些问题成因相对复杂、涉及面较大的矛盾纠纷，由镇（街道）综治中心“一中心一庭三办两所一队”和镇（街道）领导“联动调解”，提高矛盾化解质效。矛盾纠纷化解中心联合化解。政法委员组织业务科室，对村（社区）上行矛盾纠纷综合研判，提出针对性、实效性化解措施联合调解，做到“现场化解、事心双解”。镇街包联领导包案化解。镇（街道）包村（社区）领导担任矛盾纠纷化解组长，统筹包村干部、支部书记、调解主任等力量，协调相关单位开展化解工作，联通服务群众“最后一米”。镇街综治中心联席化解。镇（街道）综治中心整合镇村调解组织、驻镇行政单位、法律顾问等调解资源，召开联席会议，深入剖析矛盾原因，用情用法恳谈协商，变“独角戏”为“小合唱”，一次性调处化解到位。

第四，“精专调解”将重大矛盾纠纷化解在市域。重大疑难纠纷和信访积案提级办理，组织专班专业化、专题化、精细化调解，防止外溢上行。镇街专班调解。镇（街道）党工委书记牵头“精专调解专班”，街镇吹哨、部门报到程序启动后，一事一议，专题“会诊”，对于超出权限问题，提请上级市综治中心或信联办协调解决。同时，建立镇级心理疏导室，一对一疏导安抚，推动群众找到归属感，实现事心双解。部门专业调解。房地产开发、征地搬迁、涉军涉教、农民工讨薪等行业性矛盾纠纷，按照属事原则转办至相关职能部门，督促化解，涉法涉诉的由政法部门依法依程序化解。市级专题调解。单个部门难以化解的，市信联办或市综治中心联合召集相关镇（街道）、部门协调化解；问题复杂难以化解的，提出具体意见，由市领导召集涉事镇（街道）部门专题研究、精准研判，统一协调解决问题。

2.4.5　武汉黄陂经验——“防调结合”

2020年6月，武汉各区司法局按照市司法局的统一部署，结合辖区实际，创造性地开展矛盾纠纷排查化解工作，共调解矛盾纠纷47 563件，调解成功率99.9%，武汉市黄陂区积极探索多元化解矛盾纠纷新模式，较好地完成了服务疫情防控常态化、复工复产复市、社会和谐稳定三项工作目标。

（1）真抓实干，夺取专项行动全面胜利。第一，加强组织领导，压实工作责任。一是切实加强组织领导，迅速建立矛盾纠纷排查化解工作责任制度，成立以局党组书记、局长江秀国为组长的工作领导小组，责任明确到人。二是及时部署动员，结合实际工作情况有针对性地制定专项行动实施方案，切实布置好、组织好、实施好专项行动。三是壮大队伍力量，广泛发动人民调解组织、人民调解员、律师、公证员、基层法律服务工作者、法律援助工作者等，积极参与基层矛盾纠纷的排查化解工作，帮助企业梳理法律风险点、解决复工复产中的法律难题。同时加强基层司法所与区法律援助中心工作联系，形成上下联动的良好氛围。第二，建立长效机制，确保落地见效。一是严格落实预防排查制度。坚持“调防结合，以防为主”原则，达到调解成功率100%，履行率100%。二是明确矛盾纠纷化解责任制度。坚持“属地管理、分级负责”和“谁主管、谁负责”原则，辖区内的矛盾纠纷，由属地排查化解；跨区域的矛盾纠纷，由街乡领导小组协调指定办理；行业性的矛盾纠纷，由主管部门排查化解。明确化解措施，及时掌握矛盾纠纷具体情况。三是健全完善接边地区矛盾纠纷联防联调工作机制。黄陂区司法局组织发起三市四县（区）接边地区联防联调工作联席会，就接边地区联防联调工作现状、存在困难、意见建议进行深入交流探讨，充分发挥联防联调中心在接边地区矛盾纠纷排查化解工作中的积极作用。四是加强行业性专业性调委会建设。坚持按照资源统筹、分类推进的工作原则，根据行业领域发展需求，不断加大行业性、专业性调委会在交通事故、医患纠纷、劳动争议等领域化解矛盾纠纷的参与度。五是完善“三调融合”强化工作合力。着力构建矛盾纠纷多元化解机制，以网格化管理为依托，打造区、办事处、社区、网格四位一体的矛盾纠纷多元化解体系，实现矛盾纠纷从排查到处置“一站式”全覆盖。

（2）创新方式，探索矛盾纠纷化解黄陂新模式。第一，以点带面推行多元调解。黄陂区司法局适时总结“孙东林调解工作室”可复制、好推广的经验，制定方案，以街乡为主体，构建“1＋20”个人品牌调解室布局，防止矛盾上行，就地化解纷争。完善“多元调解”机制，先后制定了“1＋5”制度体系。打造多元团队共同体。当好乡贤名人的书记员和指导员，确保品牌调解室全天候当班。建立“三调对接”流程图。黄陂区根据品牌调解责任范围，制定工作机制。

（3）开辟线上调解新路径。黄陂区积极推动街乡品牌调解室，实现远程视频调解，过程云端储存，让信息多跑路、群众少跑腿，极大地提升了品牌调解工作效能。第一，强化多元调解公信力。区法院、区司法局会同街乡建立品牌调解法律效力司法确认网上办理“绿色通道”，根据当事人意愿，运用法治方式确保协议双方履行法定责任，打消了当事人一方对另一方不履行责任的顾虑和担忧，增强了当事人依法履行调解协议的责任感和约束力。第二，建章立制规范黄陂模式。黄陂区多措并举，激发黄陂区名人参与基层矛盾调解的热情。一是悉心引导，让名人在实践中收获成就感。各街乡通过访调、诉调对接等方式，积极向当事人宣传品牌调解室的运行特点和名人的品牌效应，引导当事人自愿选择，申请进入品牌调解程序，既给当事人指引一条第三方调处的路径，又为名人介入调处平添一份信任。二是宣传推介，让名人在奉献中分享荣誉感。黄陂区及时采集名人调解案例，通过专家组评估后筛选编辑典型案例集，印发到各街乡品牌调解室相互学习借鉴。对名人调解工作先进典型事迹，及时向各大媒体宣传推介，弘扬他们为平安黄陂建设无私奉献的精神，激励他们在基层社会治理中建功立业。三是政策保障，让名人在担当中富有责任感。各街乡分别以司法、综治、信访等部门为依托，专门规划办公场所作为“品牌调解室”阵地，统一制作标识和营造文化氛围，配置办公用品和网络设备。区政府还结合实际，出台“基本补助＋奖励补贴”保障措施，保障名人交通、生活等基本费用支出，激发名人参与社会治理、维护社会和谐稳定的社会责任感。

2.4.6　甘肃民乐经验

为着力调处化解全县矛盾纠纷和信访积案，民乐县创新基层社会治理方式，扎实做好维稳主体责任落实、矛盾纠纷排查调处、突出信访问题化解等方面的整治工作，以新安全格局保障新发展格局。

一是靠实工作责任，用好组织保障“压舱石”。民乐县矛盾纠纷多元化调处工作领导小组坚持关口前移、重心下移，深入矛盾纠纷多发、信访积案存量大的镇村靠前指挥，扎实推动社会治安综合治理专项整治工作。各镇、各部门单位深刻学习领会习近平法治思想的丰富内涵和实践要求，充分发挥党建引领作用，把稳定作为第一责任来对待，牢固树立“一盘棋”思想，着力消除影响国家安定、人民安宁的风险隐患。基层党组织靠实工作责任，发挥战斗堡垒作用，增强底气、自信自强，绘好社情民意“晴雨表”，筑牢信访维稳“防护网”，以精准的举措、务实的作风教育引导党员群众听党话、感党恩、跟党走，不断夯实基层治理基础。

二是强化法治宣传，按响联调联处“快捷键”。结合“百名法学家、百场报告会”，各镇、各部门单位把惩处违法上访行为的法律、法规及典型案例作为宣讲重点，加大反面典型曝光力度，推动“以案释法”走深走实。引导群众树立办事依法、遇事找法、解决问题用法、化解矛盾靠法的良好法治导向。深入推进“八五”普法工作，努力使尊法学法守法用法在全社会蔚然成风。结合“三进三问三查，保稳定促发展惠民生”活动，各镇、各部门单位领导干部带着感情、带着问题、带着责任深入基层一线集中走访摸排，把工作重心从事后处理转变为事前排查化解。建立“分级负责、分流导入”和“中心吹哨、部门报到”工作制度，加强统筹协调、网格管理、归口调处，形成工作合力，推动矛盾纠纷“一站式接待、一条龙调处、一揽子化解”。

三是坚持打防并举，跑出积案化解“加速度”。公、检、法等部门依法加大对信访人员以访谋利、制造事端、煽动策划缠访闹访等不良行为的打击力度，防范化解缠访闹访人员造成的不良示范效应。全面深化基层社会治理“三中心一网格”建设，对走访摸排发现的问题，深挖信访问题根源、找准症结所在、补齐短板弱项。强化矛盾纠纷排查化解工作的源头治理和依法治理，高效果断化解一批“骨头案”“钉子案”，实现“小事不出村、大事不出镇、矛盾不上交”的社会治理效果。

四是推进社会治理，汇聚基层安定“正能量”。以“五治”融合完善社会治理体系，提升社会治理效能。发挥政治统领和法治保障作用，强化德治教化，通过“一约四会”“道德讲堂”，带动群众自觉学法律、讲文明、树新风，积极向社会传递崇德向善“好声音”“正能量”。发挥“自治”在市域社会治理中的“强基”作用，选好配强村“两委”班子，大力整顿软弱涣散基层党组织，发挥群团组织纽带作用，在乡村治理、产业发展和公益事业等工作中广泛实行群众自我管理、自我服务、自我教育、自我监督，及时解决群众利益诉求，推动群众自治发挥正向作用。推进“雪亮工程”建设深度运用，提升重点单位、要害部位的技防设施建设水平，通过智治支撑提升风险隐患防范化解能力，增强市域社会治理的针对性、前瞻性、精确性，高标准高质量推进基层社会治理充满活力又安定有序。

2.4.7 南鲁山镇多元调解

近年来，南鲁山镇不断完善矛盾纠纷多元化解工作机制，创新探索“多元调解”溯源治理模式，将调解工作关口前移，重心下沉，打通了矛盾发现滞后、纠纷调处低效、纠纷信息孤岛等基层治理堵点，推动了“诉调多元化，矛盾身边解”的调处模式提档升级，该调处模式在《人民日报》刊发，2019 年、2020 年和 2021 年连续三年被评为无越级访、无重复访、无集体访的“三无乡镇”。

第一，坚持党建引领，筑牢多元调解根基。坚持把党的领导作为大调解工作的主心骨，依托各村党支部构建横向到边、纵向到底的调解网格，切实解决因地域面积广、人员紧张、工作场所限制等导致的纠纷调处不到位问题。一是聚焦阵地建设，部门抱团聚合力。投资 50 万元，建立镇矛盾纠纷多元调处中心，将群众接待大厅、矛盾纠纷调解室、心理咨询室等六个功能室与党建中心融为一体，将与社会治安综合治理有关的部门全部迁入矛盾纠纷多元调处中心办公，有效整合相关部门职能，实现基层党建、市民投诉、人民调解、司法调解、诉前调解、信访调处等多项工作整体联动。二是聚焦智慧部署，精准研判开药方。实施“三个一”工作法，每周召开一次工作部署会、每月召开一次议事会、每季度召开一次工作点评会，会上对每个村市民投诉、信访积案化解等情况制成柱状图，由分管班子成员进行通报、分析，党委书记亲自部署，精准把握不同时期矛盾纠纷调处工作重点。三是聚焦网格融合，一网调处化解纠纷。以党建网格、调解网格（综治网格）为基础，将村党支部书记作为各村调解网格责任人，各村确定3名党员为网格调解员，将全镇46个调解网格集中纳入基层党组织的领导，确保纠纷调解在党的领导下稳步推进。累计办结矛盾纠纷47起，开展调处工作部署会6场，矛盾分析研讨会24场。

第二，坚持人民调解，探索社会共治机制。南鲁山镇坚持矛盾纠纷多元治理，推动多元调处纵深推进。一是抓队伍、重规范，人民调解工作基础更加扎实。聘请4名群众威信高、基层工作经验丰富的原村干部担任专职人民调解员，由镇内懂法律、懂政策的7名党员干部作为后备调解员，形成调解梯队，为多元调处提供人才支持、法律支撑。成立南鲁山镇矛盾纠纷调解中心和法官特约工作站；由责任区书记牵头，坚持“属地管理”原则，在7个责任区分别设立矛盾纠纷调解站；在村建立村民议事厅，发挥“一村一法律顾问”专业优势，将调处触角延伸至46个调解网格。二是抓培训、重实践，人民调解工作实力更加强劲。建立月自学、季培训制度，将理论教学与实践教学相结合，邀请调解员旁听镇法庭典型案例的庭审，开展民法典讲解等培训8场，组织旁听3个典型案例的庭审，确保法律政策知识、纠纷调解技巧学得会、用得好。三是方法优、接地气，人民调解工作成效更加彰显。坚持“走出去”和“请进来”相结合，在工作中采用“法律+亲情”的调处模式，把矛盾纠纷消除在萌芽状态。坚持走出去，专职人民调解员下沉到46个调解网格，倾听村民诉求，建立纠纷调解台账，及时调处，确保矛盾不升温、问题不升级。微笑请进来，对劝而不和、和而不服者，进行二次调解，以“分类化解”为主要原则，分类制定调解方案，把涉诉村民请进调解室，把问题摆到桌面上，通过“以情、以理、以法”三管齐下的方式，确保矛盾纠纷化解。现已成功调处村级各类纠纷47起。

第三，坚持网格发力，构建大调解格局。南鲁山镇充分激发调解网格效能，实现“小网格撬动大治理”。一是因类施策，做优三层调处文章。根据农村矛盾纠纷的现实特点，划分为家庭矛盾、邻里矛盾和社会矛盾三大类。在基层调解网格体系内根据矛盾类别设置专项调处员，以家族为单位，由家族推选出德高望重的成员担任家族调处员；以村内网格为单位，由网格长担任邻里矛盾调处员；以村为单位，由村党支部书记主持村民议事厅工作。目前，全镇共有家族调处员278人，邻里矛盾调处员123人，累计调解家庭纠纷141起，邻里纠纷102起，社会矛盾234起，结服率达98%，矛盾纠纷在村级得到了及时有效化解。二是上下联动，做通层级传导文章。建立从上到下的压力传导机制，将纠纷调处的压力通过责任区、村、网格三级网格传导至触角末端，压紧压实网格责任，形成纠纷调处全参与，化解矛盾齐发力的良好局面。实行层级递进式调处模式，在调处体系中实现上下层级双向沟通。对于调而不服、解而有怨的纠纷，由村调解网格上报村民议事厅，由村党支部书记主持调处，责任区书记亲自督办。对于调解难度较大、涉及范围较广、涉及主体较多的疑难杂症，由责任区书记协调辖区内相关村书记，联动镇相关职能部门，组成调解工作专班，在责任区矛盾纠纷调解站中调处解决。对于纠纷调处难度特别大，涉及范围特别广的纠纷事项，由镇接手，党委书记牵头，班子成员亲自挂靠，请镇法律顾问与相关部门进行专题讨论，研判调处方案。在村民议事厅调处矛盾纠纷56起，责任区矛盾纠纷调解站调处矛盾纠纷18起，在镇矛盾纠纷多元调处中心调处重难点纠纷7起。三是未诉先办，做精诉前调解文章。聚焦涉诉案件信息反馈滞后问题，南鲁山镇依托法官特约工作站，建立涉诉案件实时传导机制，实现信息共享。对县法院反馈的涉诉案件，由专职人民调解员发动调解网格力量，迅速走访排查，及时介入调处，力争实现未诉先办和诉前调解。现已成功进行诉前调解20件，占反馈涉诉案件的59%。

2.4.8 石狮市“海上枫桥”多元调解新模式

石狮市是我省渔业大市，渔业年产值44.9亿元，拥有7个大小渔港，大小渔船近1 000艘，从业人员近3万人。因海上意外伤亡、工伤事故、劳资争议等引发的矛盾纠纷时有发生。石狮市因地制宜践行发展“枫桥经验”，率先在祥芝渔业协会成立人民调解委员会，创立“海上枫桥”金牌调解室，打造涉渔涉海纠纷调解新模式——“海上枫桥”，实现“小事不出船、大事不出港、矛盾不上交”，相关经验被中央电视台、人民日报报道并被司法部司法要情和省司法厅宣传推广。该调委会成立以来，调解成功率达 100%。

第一，调解力量多方整合。一是整合民间力量。渔业协会调委会注重吸收“内行人”参与，老船长周加荣、人大代表蔡建筑、劳动模范蔡鹏泽、老调解员蔡金拐等加入调委会。在矛盾纠纷调处中，还邀请外来渔工代表共同参与，打造行业自治的调解平台。二是锻造专业队伍。通过对每一起成功案例分析、经验交流，及时总结提炼经验做法，提升调解员调处能力。在休渔期间举办协会调解员业务培训；在实际调解中聘请律师面对面为当事人提供法律咨询；在调委会队伍内部设立调解员晋升和星级评定机制，先后培育 19 名四星级调解员，13 名三星级调解员。三是强化义务救援。2016 年以来，该救援协会共同处置各类险情 140 多起，挽回损失 700 余万元，从源头上预防和减少矛盾纠纷。该协会在石狮古浮湾救援一艘侧翻渔船，实现“不进水、零损伤”，闽狮渔 07570 作业期间在海上救起 13 名落水渔船船员。该救援协会两次获评“泉州市见义勇为志愿者先进集体”。

第二，调解机制多元联动。一是以温情促融解。“海上枫桥”多元调解模式更加注重人文关怀。在事故纠纷发生后第一时间启动调解的同时，迅速妥善安置船员家属的食宿，并开启对话协调绿色通道；对家庭经济困难的调解对象，协调民政、卫生、宗教等相关部门予以爱心帮扶。如：闽狮渔 07705 沉没，致使 4 名船员失踪，协会理事成员分组对四位家属进行安抚、善后协助及爱心帮扶。四星级调解员蔡鹏泽驱车 8 个小时、跨越 700 余千米前往江西余干为受伤渔工漆某补齐调解材料。二是以公允获信任。调委会遇事主动担当，始终遵循“公平公道”原则开展调解，受到社会各界广泛赞誉。调委会公信力和专业化调解能力，获得双方当事人的信任，调委会全过程全链条代理处置纠纷，让未被执法部门禁航的渔船可继续作业，减少经济损失。三是以法律规定权威。为当事人提供司法确认一站式服务，赋予调解协议书强制执行力。该调委会自成立以来，共提请办理调解协议司法确认 213 件。

第三，调解效能多向延伸。一是推动渔船编队作业。将纠纷化解端口前移，建立“十船联防”安全作业机制，便于及时自救和互救，大幅提升海上作业安全系数，减少事故发生与损失。二是建立基金保险兜底。动员所有渔船民购买渔业互助保险，发动社会爱心人士筹措资金成立调解应急基金，目前应急基金已达25万元，有效解决船主赔付能力不足或需要时间筹措赔付款等问题，也有效减轻降低了事故调解赔付压力和后续处理难度。三是有效提升调解效率。“海上枫桥”多元调解模式最大成效在于充分调动渔业生产各方及相关方直接和间接参与到纠纷调解中，解决以往涉渔纠纷“摸不清情况、找不到路子”和“搭不上边、办不成事”的尴尬局面，大大缩短矛盾纠纷调解周期。

2.4.9　威海市环翠区多元调解

一是打造化解矛盾纠纷的“终点站”。环翠区劳动仲裁依托“仲裁+工会”裁调对接工作室、人社局人民调解委员会，积极引导律师、人民调解员等社会力量参与调解。“化解劳动争议不能单打独斗，还需要更多社会力量广泛参与，形成工作合力”，仲裁院负责人道出了一直以来的工作思路。涉案某私立医院因经营不善，导致支付员工工资困难，劳动者郭某多次讨薪无果，无奈提起仲裁。考虑到案件事实较为清楚，存在较大调解可能性，仲裁委果断将案件转入诉前调解程序，由两位经验丰富的律师及时介入，经过律师的反复沟通交流和大量耐心细致的调解工作，双方分歧逐步缩小，最终于11月18日达成调解协议，约定用人单位分三期支付劳动者19万元工资，既保障了劳动者合法权益，又给了用人单位一定缓冲时间，实现了双方利益的“最大公约数”。

二是按下案件处理速度的“快进键”。多元调解还是提高效率的一大利器。“没想到不用花钱就能享受到律师服务，真是省力又省心”，劳动者陆某有感而发。按照以往流程，从陆某提起仲裁申请到结案大约需要20多天时间，耗时耗力。同为涉案某私立医院的职工，仲裁委畅通“绿色通道”，陆某11月18日在律师指导下填写申请书，用人单位当天就到达调解现场，通过仲裁员和律师的释法明理，耐心劝导，11月18日当天双方就达成了调解协议，纠纷化解时间压缩到了最低，跑出了多元调解机制的“加速度”。

三是当事人吃下履行到位的“定心丸”。多元调解在发挥强大优势的同时还尽量以最快的速度履行调解协议，为纠纷画上圆满句号。某机械公司与李某当天达成调解协议，用人单位原本打算一周内支付调解款项，考虑到数额不大，仲裁员和律师劝导尽量一次性及时支付到位。经过沟通协商，最终用人单位当庭通过微信转账一次性付清。“如果单位不履行调解协议还要申请强制执行，现在当场付清，真是解了后顾之忧”，李某感叹。群众利益无小事，一枝一叶总关情。劳动争议，关乎国计民生，更涉及千家万户。近年来，环翠区劳动仲裁结合优化营商环境实际和“我为群众办实事”活动要求，不断拓宽调解渠道，成功构建起人民调解、工会调解、法律援助工作站相结合的多元调解工作机制，目前共受委托成功调解案件32起，有效降低了劳资双方时间和金钱成本，切实提升了当事人仲裁服务体验感。

2.5　群众矛盾多元调处实践的经验启示

党的百年群众工作实践，在宣传和组织、引导和教育、依靠和服务群众的过程中，逐渐形成和积累了丰富的群众工作经验，坚定的人民立场、建设学习型政党和重视多元解纷的价值观念及群众思想开导、推动群众矛盾调处专业化建设等意义重大。

2.5.1　始终坚定为民造福的政治立场

党始终坚持与人民群众需求同频共振。从毛泽东明确提出“为什么人的问题，是一个根本的问题，原则的问题[①]”和“全心全意地为人民服务，一刻也不脱离群众[②]”的思想，到邓小平提出人民拥护不拥护、赞成不赞成、高兴不高兴、答应不答应的衡量标准，到江泽民提出我们党要始终代表中国最广大人民的根本利益，到胡锦涛提出科学发展观核心是以人为本，到习近平提出“坚持以人民为中心的发展思想，不断满足人民日益增长的美好生活需要，让改革发展成果更多更公平惠及人民”，坚定的人民立场在党的群众工作中既一脉相承又与时俱进。

2.5.2　深化调解前置的源头解纷观念

2021年2月，中央全面深化改革委员会审议通过《关于加强诉源治理推动矛盾纠纷源头化解的意见》，“诉源治理”正式上升为国家社会治理

①②　毛泽东选集（第3卷）[M]．北京：人民出版社，1991.

领域的重要制度安排。首先，转变以往纠纷双方当事人的对抗状态，实现从“利益对抗体”向“利益共同体”、从“切片式思维”向“综合性思维”、从“后向思维”向“前瞻性思维”等解纷实体思维理念的转变；其次是实现现代调解的程序思维的革新，摒弃传统调解的“和稀泥”式、压迫式、封闭式的不良解纷方式，深刻认识到当事人的程序主体性地位、保证调解程序的公正性、倡导调解主体的开放性，确保程序正义。再次，在开展矛盾调处时不能顾后不顾前，加强对于矛盾纠纷的预防机制探索，推动“诉源减纷”。

2.5.3 促进矛盾纠纷多元调处专业化

追根溯源，调解起源于我国，由于特定的历史遭遇，我国调解事业的职业化发展并未形成一条完整的运转链条，全面提升国内从事矛盾解纷调解工作队伍职业素养，推动其职业化发展还需进一步努力：一是借助法律明确调解队伍的工作性质及其地位，给予调解队伍特定的职责及保障，祛除调解队伍的后顾之忧，致其全心投入调解事业；二是形成专业的职教培育体系，培养专业合格的调解人才。国外业已形成较为系统的调解专业的教学体系，而我国调解事业的传承与发展主要基于传统调解实践经验的言传身教，缺乏调解的专业体系建设与规划，可以依据纠纷类型进行专业化的培训，增强解纷的针对性及效率①。三是形成规范的调解职业伦理。促进调解事业的职业化发展，除了培育专业素质过硬的人才队伍，还要重视职业伦理的软性教化。既然想要推动调解的职业化发展，就需要同其他职业一样构建起调解行业的职业规范：探索实施统一的准入机制、构建解纷调解的考核标准、构建调解行业的职业准则及其道德规范、形成调解行业的职业评价奖惩体系，逐步改善现有调解队伍的组成结构及提高其工作能力。四是重视互联网信息技术在多元解纷中的应用。构建互联网时代群众诉求响应机制，构建“一体化处理”“一站式诉讼服务”平台，让数据多跑路，让群众少跑腿。“互联网＋调解”的解纷模式是以人为本服务理念的创新体现，拓宽了群众矛盾纠纷调处的响应渠道。

2.5.4 严格规范互联网调解运作流程

自 2010 年 8 月《中华人民共和国人民调解法》通过以来，国内人民

---

① 陈正芹，吴涛．城市风险治理中的人民调解问题研究［J］．理论视野，2022（1）：68－73.

调解的规范化建设渐趋饱满。自2015年4月厦门市出台全国第一部促进多元化纠纷解决机制建设的地方性法规以来，截至2020年12月，国内包括山东、黑龙江、福建、安徽、四川、吉林、海南、辽宁、武汉等均发布了关于矛盾纠纷多元化解的地方立法，为地方探索多元解纷机制建设提供方向性指引及法律支撑，然而“互联网＋调解”作为一种新生事物，还未被纳入立法的范围之内，有关在线调解的规定只是零星呈现于最高人民法院出台的《人民法院改革纲要》及《多元解纷改革意见》中，两份文件对于在线调解的文本表达仅能发挥司法文件的参考效用，并不能作为判案依据。在线调解方面相关的专门规定仅适用于部门内部或小范围适用，总体而言，在线调解的法律规则建设上有待完善，规范的效力层级有待提高。

2.5.5　预防网上调解潜在风险及障碍

一是重视用户信息安全问题，网络调解产生的交互痕迹面临着“保存”与“保密”的矛盾，如何妥善处理网络调解产生的用户信息需要详细考量。互联网在线调解程序是信息不断传输及交换的过程，信息安全问题应当予以高度重视，人民群众基本的在线隐私权应给予保护①。二是经济发展不平衡导致的“互联网＋调解”的区域发展不平衡问题如何应对。当下“互联网＋调解”整体上表现出东部沿海地区快于中西内陆地区，经济发达地区快于欠发达地区。在“互联网＋调解”模式的推广及应考虑区域经济发展水平、各地区对于多元解纷工作的重视程度以及多元解纷机制运行的内外源动力等因素的影响。三是实践操作的便利性问题。“互联网＋调解”模式作为新生事物需要一定的群众适应期，构建中国特色的在线纠纷信任体系是“互联网＋调解”的必经之路②。新生期的“互联网＋调解”在实践应用中面临着一定的群众信任危机，如杭州西湖区起初应用该模式时，为确保当事人能知晓“互联网＋调解”模式的顺利运转，运用电话通知的形式展开工作时经常被误认为是电信诈骗，付出高昂的沟通成本。并且出于稳妥考量，线上线下均需要制作相应的卷宗文书，无形中加重了法院的工作负担。加大对于“ODR”的宣传推广是今后“互联网＋

① 刘益灯，张先友．网络消费纠纷解决中的在线调解问题及其对策［J］．湖南大学学报（社会科学版），2021，35（3）：120-127.

② 谢鹏远．在线纠纷解决的信任机制［J］．法律科学（西北政法大学学报），2022，40（2）：175-187.

调解”发挥技术赋能优势的必然趋势[①]。此外，系统设计的简易程度也是影响群众使用率的重要因素。

3 互联网时代群众矛盾多元调处的现实困境与机遇

群众矛盾多元调处机制的研究，关键在于探索互联网时代群众调处和化解群众矛盾的正确、科学、有效机制与方法，探索形成具有中国特色的非诉讼纠纷解决方式。群众矛盾多元调处机制作为党和政府群众工作的重要组成部分之一，是中国式治理现代化的重要机制创新[②]，是及时有效地化解社会矛盾纠纷，营造社会稳定局面的重要工具。我国社会主要矛盾的转变给群众多元调处机制的实施带来新变化，从实践中也不难发现其面临多方压力和挑战。当前，我国初步形成了具有本土特色的多元化矛盾纠纷化解机制，并落实到法律层面予以保障，但若要真正契合新时代社会发展需要，仍存在一些不足之处。

因此在深刻分析社会矛盾的动态持续性特征的基础上，本部分将重点研究我国群众矛盾多元调处的现实困境，进而推动社会多元调处联动机制的建立与完善。

3.1 人民调解解决纠纷效果不理想

人民调解在我国的发展，在经历20世纪80年代的鼎盛发展之后，在20世纪90年代却一度陷入停滞乃至倒退状态。主要原因是，随着中国法治进程的快速发展，各类社会复杂纠纷不断，但传统的人民调解制度对于社会转型中出现的这些新矛盾显得无能为力，表现出一定的局限性。尤其是伴随乡土社会变迁，人口流动的同时也带来固有传统观念的变化，乡土社会所具备的基本特征正逐步瓦解。一方面，传统人民调解建立于革命时期，而后在基层群众的日常生活中不断发扬壮大，因此具有熟人特征，带有浓烈的本土群众工作色彩，但显然，面对日益陌生化、原子化的社会，

① 韩烜尧．论中国的线上纠纷解决机制（ODR）：“网上枫桥经验”的探索与发展［J］．首都师范大学学报（社会科学版），2021（2）：70－78．

② 杨林，赵秋雁．矛盾纠纷多元预防调处化解综合机制研究：基于三种实践模式的分析［J］．中国行政管理，2022（6）：137－143．

传统人民调解的优势难以发挥；另一方面，面对新时代快速交融的社会经济文化，地区外来人口的文化价值观与本地传统文化价值观差异显著，也为传统人民调解带来一定挑战。

这就使得传统人民调解的方式相对碎片化，尤其是镇（街）一级人民调解员，他们善于运用的是本地人际关系，人情面子、风俗习惯作为一种化解纷争的资源与基础，在新时期表现得格外有限，这类调解仅可用于争议双方都是本地人，争议双方若出现外地人，则纠纷调解效果变得异常糟糕。进入新时期，社会面临熟人社会向陌生人社会的转变[①]，面对社会转型所引发的种种问题，人民调解机制亟需在认识自身困境的基础上谋求新的发展。

3.1.1　人民调解资源不足，效率低下

一是调解资源不足制约了人民调解工作的开展。一方面，伴随着社会的进步，纠纷类型变化多端，调解需求不断变化，传统人民调解已经不能适应社会需要。基层涌现出众多繁杂的纠纷类型，不但纠纷数量直线上升，个案的情况也较为复杂，新兴产业的发展产生了纯粹依赖组织权威的新型纠纷类型。另一方面，经费不足也是一大障碍。依据《中华人民共和国人民调解法》第四条和第七条规定，人民调解委员会调解民间纠纷是不收取任何费用的。一般而言，基层政府也并没有为调解组织配备这项财政预算，没有必要的经费保障，调解工作难以展开，大部分在基层的人民调解工作需要深入田间地头、工矿企业、城镇乡村，工作任务重、压力大，不仅调解员缺乏积极性，而且矛盾纠纷排查调处力度不够。调研发现，大部分基层政府每年投入人民调解的经费微乎其微，几年前对调解员补贴标准是一般案件 50 元，较复杂的 100 元，重大案件 300 元，即使这么低廉的补贴也难以兑现。发展到现在甚至取消了该项补贴，法律规定现有的调解组织不能从调解案件中收费，同时政府也不投入，这样一来人民调解组织因无经费保障而直接导致工作难以开展。

二是碎片化的纠纷解决体系呈现出效率低下的特点。人民调解期间，冲突首先进入村（社）和镇（街）司法所等类似人民调解委员会的调解机

---

① 郑杭生，黄家亮．论现代社会中人民调解制度的合法性危机及其重塑——基于深圳市城市社区实地调查的社会学分析［J］. 思想战线，2008（6）：6－12.

构，但基层调解机构大多数不具备及时有效处理矛盾的能力。例如，镇（街）司法所人民调解是综合性的人民调解组织，但是司法确认制度的实施举步维艰，其中既包括村民并不充分了解调解协议的效力，又包括后续缺乏规章制度来执行，尤其是基层司法所的调解工作在工作内容与职权划分上与专业性人民调解组织均有所交叉①。因职权划分不清，各机关人民调解中心对同一类型纠纷都有调解权，而各纠纷调解组织的调解形式、力度均有所差异，不可避免存在资源浪费的问题。而与之相反的是，专业性人民调解委员会则面临纠纷案件少、机构人员闲置等问题，即有能力解决纠纷但因没有纠纷案件而无法“开张”的尴尬局面②。组织体系碎片化，不可避免地造成人民调解内容的零散、零碎和无序。部分专业性人民调解组织成立后，不积极配合村（社）和镇（街）工作，而只解决业务主管部门交办的部分争议。除此之外，组织体系碎片化也导致各调解组织调解结果常常存在显著差异，导致不同地区、不同性质的人民调解效果差异巨大（表 4 - 2）。

表 4 - 2　基层矛盾调解的四个场域及其特征

类型	场域	调解工具	程序性	调解成本
社区调解	社区	道德	弱	低
行政调解	政府	权威	较强	较低
法院调解	法院	法律	强	高
媒体调解	社会	舆论	较弱	较高

3.1.2　人民调解员遴选方式及培养体系不科学

一是人民调解员的准入门槛低。调解工作虽然是以沟通思想为主的工作方式，看起来似乎对业务素质要求不高，但调解结果是以人民调解协议的形式达成，并以司法确认作为法律保障，那么协议的合法性、可履行性和稳定性就显得尤为重要。这对调解员综合素质提出了要求，不仅需要社会阅历丰富，道德品性过硬，还需要懂得一定的法律知识以及调解协议的书写。目前调解员缺乏专业培训，业务生疏也是导致人民调解功能弱化的

① 钱大军．组织与权威：人民调解的兴衰、重振和未来发展逻辑［J］．法制与社会发展，2022，28（2）：28 - 42.

② 吴元元．人民调解员的制度角色考［J］．中国法学，2021（4）：267 - 287.

重要原因。在调解案件复杂化和调解程序规范化的今天，按旧标准选拔出来的调解员其综合素质已很难适应目前调解工作需要。目前的人民调解员大多数是退休老人、毕业大学生，前者虽然工作经验丰富，但是文化水平还有待提高，对现在的新形势还没有足够的认识；后者缺乏社会经验，对争议的处理方式和手段还无法熟练应用，往往陷于调解窘境。

二是调解员队伍稳定性不强。当前乡村人民调解员中兼职调解员比例较高、流动性较大。青年专职调解员缺乏经验，入职后上手较慢，常需经历过渡期，然而因调解员工作内容烦琐且收入较低，乡村调解员岗位往往沦为专职调解员练习的临时跳板，且适应期长、服务期较短。

三是缺乏对调解员的技能培训。新时期矛盾纠纷环境越来越复杂多变，唯有不断地丰富社会领域相关知识才有能力胜任调解工作。专业调解技能也需要通过训练才能学会，除沟通交流能力强外，人民调解员调解语言是否准确直接关系到工作程序是否规范。现阶段村人民调解员业务培训工作大多由县级人民政府司法行政部门及基层人民法院承担，多数地区能够根据需要定期进行，但是普遍存在着培训内容简单、流于形式的问题。

四是人民调解员的激励机制不到位。村人民调解委员会除了地方政府、村委会给予基础保障以外，无任何经费来源。激励机制也很少涉及，只提及表彰和奖励作出杰出贡献的调解员。一切工作都离不开人力、物力、财力，调解员的补助、办公设备的购置等，都要有经费的投入，而且每笔支出都要经过政府的严格把关。人民调解机构本身造血能力不足不仅增加政府负担，而且发展受制于各地区财政状况，很难激发人民调解员工作积极性与主动性，吸引高学历、高素质的人才进入调解队伍，更成为一句空话[①]。在强调知识性与专业性并重的时代，职业化程度不高、报酬较少、缺乏稳定性的人民调解员群体难以维持恒定的内生活力，有时连当事人也很难相信，致使调解步履维艰。

3.1.3　人民调解效力柔性有余而刚性不足

人民调解存在“柔性”有余而“刚性”不足的问题。相较于其他调解形式，人民调解协议的效力较弱，尤其在基层社会实操中，随意性较大，这就使得人民调解不仅没有达到其设立的原有目的，反而导致人民调解组

① 吴元元．人民调解员的制度角色考［J］．中国法学，2021（4）：267－287．

织的价值萎缩[①]。尤其是调解双方不认可已经达成的调解协议，不仅漠视协议约定义务，甚至推翻且不履行调解协议，严重影响了人民调解工作的开展效果，直接折损了人民调解制度的权威与公信力。又由于调解协议在效力上存在歧义，因而使大量的调解协议流入了法院。这样，不仅浪费大量司法资源，而且使人民调解组织声望日益降低，人民调解制度职能逐步缩小[②]。

运用调解能够节省行政资源和缓解法院办案量大而人少的冲突，但在运用调解时应注意调解和法治同样具有适用边界。例如，对于家庭矛盾、家事纠纷等，调解能起到决定性作用。由于家庭矛盾通常是指那些牵动家庭感情的小事情，通常会牵扯到财产、赡养、监护等方面的争议，这时人民调解旨在让双方都能说到做到，情理法兼而有之，有助于修补感情。但一旦牵涉到家庭暴力、虐待、遗弃等严重危害家庭成员权益的不法行为，这时再为了讲和而进行调解是有失妥当的，应直接通过法治渠道进行。关于这类话题，“和稀泥”非但无法解决，反而会使问题更严重，违背社会正义。

在传统人民调解体系中，各种调解机构由不同主管部门各自管理，调解工作也各自为政。人民调解机构包括村（社）治调主任、人民调解委员会以及社会层面的各专业性人民调解委员会，各类机构林立，但是交流合作与信息共享机制不够畅通，各自管理事务，缺少应有的合作。有的地方解纷组织虽然已经成立，但是由于计划不合理、职能交叉或者宣传不力等原因，群众也并不能享受到高质量的服务，就我国现状而言，人民调解组织整体素质不高、调解能力弱是共性问题。此外，从工资保证来看，前两种人民调解员均没有特殊的工资保障，即便是人民调解的相关文件也并未对此作出详细规定，所以政府及有关部门在人民调解表彰奖励上存在随意性、自主性。体制的碎片化必然导致人民调解实际工作的碎片化，不仅缺乏统一调度和指挥，在处理一些需要一定专业性、复杂性的矛盾纠纷时，各类人民调解机构仍处于单打独斗的状态，调解效率十分低下[③]。在实践

① 范明志．规范化：基层人民调解工作的发展趋势［J］．人民论坛，2019（2）：76－77.

② 吴元元．人民调解制度的技艺实践考［J］．法学，2022（9）：3－15.

③ 钟杨，韩舒立．行政吸纳与治理资源的生成：基于人民调解专业化的研究［J］．行政论坛，2020，27（1）：99－107.

中，人民调解实践是纷繁复杂和多元的，这也就导致了人民调解在处理纠纷时只能支离破碎地进行。从表面看，各人民调解组织都在其领域内担负纠纷调解职能，但各人民调解组织定位并不清晰。人民调解是起到纠纷兜底解决作用还是分流纠纷作用，又或者已逐渐发展为公共法律服务，仍然有一些质疑之处，还没有形成统一理论或者实践方式，导致人民调解中出现了严重的“语言混乱”“结构混乱”等问题。

3.2　行政调解的认识定位模糊

3.2.1　行政调解的认识不到位

一是过多地强调行政调解功能。一方面认为行政机关能对社会生活诸多方面进行治理，便可大量利用行政调解来化解争议，当事人不愿调解的则强制调解。行政调解的内容是有限的，因为行政主体对处分自由裁量权的行使是有限的，行政诉讼适用调解的内容在满足合法性的同时，还要满足“有限性”。这里的“有限性”是为了防止行政主体在随意处分权利时造成国家利益、公共利益或者他人利益受到没有预计到的损失。另一方面表现出对法治主义的过分信仰，法治是一切问题的万能钥匙，并在中国目前的现实语境中倡导废除有效的行政调解机制，从而弱化了行政机关调解意识和责任心[①]。百姓投诉无门影响社会的和谐与稳定。目前实定法规范或回避行政调解效力的规定或表述模糊，行政调解法律效力性质模糊，实定法规范不明确，理论界与实务界也未形成统一观点。

二是过于否定行政调解的作用。目前理论界与实务界关于行政调解协议的效力有“不具法律约束力”“合同效力”及“高于一般民事调解效力”三种观点，法律规范不明确、不统一。加上行政调解法律属性不清、主体不明确、程序缺位等问题[②]，造成权利人诉累增加、义务人违约成本低廉、行政资源和司法资源的双重浪费、行政机关专业技术优势无法发挥等

① 张显伟，杜承秀．行政调解范围立法存在的问题及完善建议［J］．行政管理改革，2019（8）：81－89．

② 罗智敏．改革开放以来的行政调解：适用瓶颈与解决路径［J］．中国行政管理，2018（10）：35－39，89．

现象，行政调解的优势难以发挥[①]。调解的适用范围能够约束审判机关的行为并有效规制司法权滥用，更有利于司法的公正[②]。行政调解在实践中法律依据欠缺，即使从形式上看也与法律明确规定相悖，这一状况明显不利于法院司法权威的维护，而且使行政诉讼调解在实践中缺少统一原则、程序、结案方式和救济制度。

最高人民法院出台的《关于行政诉讼撤诉若干问题的规定》明确了关于被告改变具体行政行为、原告撤诉的相关规则，这一司法解释曾被认为是人民法院对于行政诉讼案件进行调解提供了法律依据，但亦有学者对此持否定观点：这一司法解释对行政案件调解问题未作明确表述，对行政案件调解原则、程序和结案方式这一具体重大问题也未作明确规定。再者，程序运行对调解书产生的效力类似于公证程序对契约、法律行为附加的效力，并且由于该程序以解决纠纷为目的，再加上司法机关的主持、参与、审查形成司法调解的第二效力来源，但法院调解因为其程序运作者的特殊身份及其与诉讼程序无法分割，因纠纷解决的直接便利性和经济性司法调解被过度使用，因法官集调解权与裁判权于一身的双重角色导致强制调解和当事人合意的异化出现，在程序性质与调解效力方面往往为学术界所诟病。

3.2.2 相关规范不系统、不完善，调解适用范围与现实需要不完全契合

行政调解相关条款仅散见于不同法律、法规及部门规章，行政调解主体不明，导致行政调解在程序性方面无法确保处理结果公平合理。由此造成行政调解法规缺乏权威性，无法适应社会需求。行政调解程序的缺失尤为突出。在实践中，行政调解虽得到了有力宣传，但因缺乏明确程序规定而对提起适用的条件、受理和期限认识不清。

所有职权的行使都要经过法定程序，而行政调解是行政机关或者法律授权组织职权的一种表现形式，在调解职权行使过程中必须有程序上的保证，只有有了程序公正这一先决条件，实体正义才有可能全面而有效地实现。而当前对行政调解所作的规范不是缺乏规定，就是不同规定之间有所

① 王聪．作为诉源治理机制的行政调解：价值重塑与路径优化［J］．行政法学研究，2021（5）：55－66．

② 章志远．作为行政争议实质性解决补充机制的司法调解［J］．学习与探索，2021（12）：64－73，2，188．

偏差，如对当事人如何提出调解请求、行政机关如何接受调解请求以及调解时限多长等问题都没有作出相应的规定。这样，不仅对行政主体而言缺乏调解程序规制，易产生行政权力滥用，而且对当事人来说，也意味着他们在处理纠纷过程中可期待性不足，这很容易使当事人质疑行政调解是否公正。从对调解协议自动履行率的影响来看，这不仅不利于争议的完全解决，而且浪费了匮乏的行政资源。

目前的法律规定只有上述三种类型的案件才可适用行政诉讼调解，其适用范围明显偏窄，而且对"自由裁量权"的规定也泛泛而谈。对于调解范围的表述，无论是以行政行为类型为标准采用肯定式罗列方式之学术观点或否定式罗列之学术观点均不能走出疏漏之不足。在我国，调解范围被视为例外情形，这是因为行政诉讼调解具有特殊性和我国行政诉讼法的一般原则所规定的不可调解。其中有传统"官本位"观念的余波，但也反映出行政诉讼调解制度立法设计所表现出来的滞后性特征。此外，在我国行政诉讼调解中运用双重标准对调解的适用范围进行了积极的列举，但从司法实践的视角来看这一列举方式欠缺科学性和实用性。就拿农村集体土地问题来说，经常会涉及数量庞大、历史遗留问题错综复杂的问题，这就涉及了多方的利益，只是以统一的标准进行硬性的裁决常常无法达到真正意义上的争议解决。因此，以更灵活多样的调解方式办理结案具有重要意义，但与《中华人民共和国行政诉讼法》相对照，则不能为之寻找合法性依据。也可以以行政审批事件的调解为例，到目前为止这类调解甚至已成为特殊事件结案的主要途径，只是这类案件从形式上看有悖于法律规定。很明显现行行政诉讼调解的适用范围已经不能适应司法实践需要以及人民群众的内在需求，也造成了部分调解于法无据。

3.2.3　组织保障不力

在组织保障方面，因行政调解法规未明确调解主体，在实践中存在政出多门的现象，有的案件谁是谁非，有的案件无人过问，最终吃亏的还是百姓利益。在人力保障方面，因为相当一部分调解人员专业知识与专业技能欠缺，思想观念与调解技能很难满足社会需要。或者以权压人、粗野的姿态；不是做和事佬就是和稀泥。这些均不利于争端的完全解决。并且缺乏联动机制，行政调解达成协议后，当事人能够自觉执行，那当然好。因行政调解协议无强制执行力而不予履行的，应当起诉。从而使行政调解完成的任务功亏一篑。若在制度上对行政调解和其他调解以及司法诉讼之间的联动机制进行设计，则可以更好地利用国家资源，更好地化解争议。

同时，对行政调解协议效力认识较为模糊。调解协议是否有效关系到纠纷能否最终得到解决，而当事人是否主动履行其义务则以行政调解协议是否具有约束力为前提条件，所以，行政调解是否有效，是实现其宗旨的终极保证。区别于人民调解和司法调解效力的法律认可，因目前尚无统一的行政调解立法，有关条款行政调解法律法规也未规定其效力，如《中华人民共和国道路交通安全法》第七十四条规定："对于交通事故损害赔偿纠纷，当事人可要求公安机关交通管理部门进行调解或者直接向人民法院起诉。经公安机关交通管理部门调解书双方没有约定或调解书有效而又不予执行时，双方均可在人民法院提起民事诉讼。"由于法律对行政调解协议是否有效没有明确规定，这主要是由当事人有意识地执行来实现，行政机关对调解协议无法强制执行，当事人一方不执行就无法执行，双方当事人不可以申请强制执行而只可以再次起诉，这就失去了行政调解制度自身应有之意，既达不到行政调解之目的，这样反而浪费了行政成本，也不利于纠纷的及时解决（图 4 - 18）。

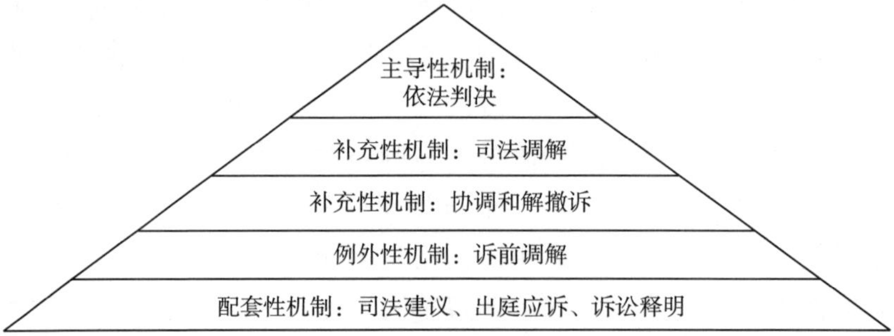

图 4 - 18　行政争议实质性解决的机制

3.3　司法调解机制运行存在局限性

3.3.1　工作机制不够完善

一是调解没有期限。根据《中华人民共和国民事诉讼法》第九十四条和第九十九条规定：人民法院的调解可以是审判员一人调解或合议庭调解，且调解达不成协议或调解书到达上一当事人反悔时，人民法院应及时作出裁决。但是在实际工作中，往往出现审判员一人主持调解、调解没有期限等问题。由于审调合一制度的推行，审判员常常是在取得了当事人的调解意志表达之后，就会自己拿出调解方案来，发挥自己的身份优势，并且调解没有明确时限，这些弊端给双方带来时间压力、经济压力和名誉压力，使双方不得不牺牲自己的一部分合法利益来达成一致意见，从而化解争议。"事实清楚、分清是非"中的调解原则将调解和判决的法理基础相混淆，在限制调解功能发挥的同时强化诉讼审调合一模式，在某种程度上有损于司法权威性与公正性。与此同时，调解程序的启动也过于随意，给恣意调解、迟延审判留了余地。对调解反悔权的限制缺失严重伤害调解的诚信根基、打开恶意拖延诉讼的方便之门，也有悖于诉讼效益原则，导致诉讼资源二次浪费（图4-19）。

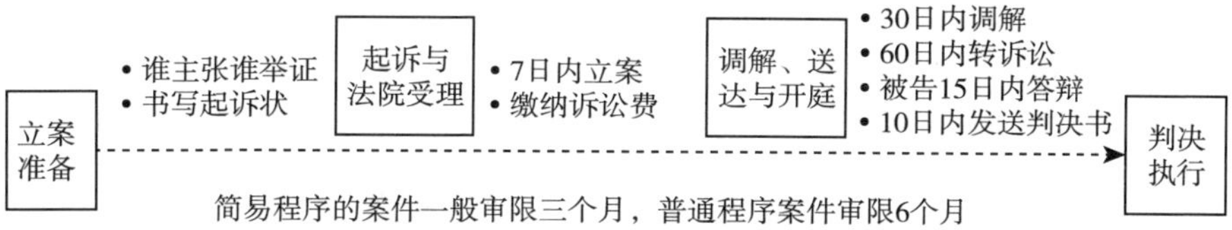

图4-19　司法调解的流程

二是法官职权主义的色彩太重。晓之以理，动之以情，是基本的司法技术。法官利用地方性知识对人情关系进行梳理并权衡利弊，而以相关法律法规为辅助工具，以法律给当事人带来消极后果为威慑。与案件亲历者相比，法官作为旁观者，其当事人陈述建构了社会事实与法律事实，然而很多案件事实却呈现两组不同事实，在含混不清的现实中，法官是"父母官"这一角色，当事人都想让他们用主动的方式来了解当事人所生"气"，而非利用法律规则来直接做出法律判决，这就会导致与秋菊官司相似的司法困境。现行巡回审判与调解工作体系中，较多原则性规定了法官应当担负审判与调解功能，而在引导人民调解、民意沟通和法治宣传延伸功能上并未涉及较多内容，从而未能最大限度发挥这项工作效能。同时对如何承接这些功能缺乏具体操作指引，导致巡回审判，调解工作随意性大，疏于执行，职责落实不力等问题，从一定程度上制约着此项工作的开展与提高。

三是司法调解原则缺乏具体监督措施。当前，法院专门的调解机构仍然处于摸索阶段，调解原则中规定了调解要查清事实、分清是非等，但是调解书中并没有要求明确调解理由以及所适用的法律法规及政策依据等，缺少监督、制约等法律规定。由于司法调解始终存在现代法律规则，往往很难深入人心，因而也很难实现以法律事实为网络促进纠纷解决这一痼疾。与此同时，在判决执行过程中，由于出于对不承认判决的抗拒，常常很难真正得到落实，不能使法律根深蒂固。一方面法律体系之总体诉求在法官所反映之非人格化行为，另一方面我国司法体系与文化固来追求司法为民之观念。许多学者认为，这是否就意味着司法角色错位，从而不可避免地附带一定的消极性而引起争议[①]。高强度的整合性和协调性需要法院职能向外适当拓展，并在业务指导、案件挖掘和处理以及调解资源的获取上与人民调解和行政调解积极对接和联动，这是否偏离司法保守性原则和中立性价值[②]。

3.3.2 司法调解的成本较高

一是司法调解更适用于应对复杂多样的利益纠纷。这是因为司法调解程序更严格，司法调解先天具备流程复杂性与资源有限性的矛盾。事实上，这不仅是群众选择司法调解的顾虑，也是选择诉讼常要考量的重要因素，尽管诉讼能通过法律强制的方式以及严格执行的程序，将矛盾置于一个公开平等的调解环境下，但对于大部分日常纠纷而言不免有些小题大做了。

二是司法调解在客观上避免琐碎矛盾的产生，却并不一定有利于保障群众权利。随着民众权利意识与法律意识的增强，日常纠纷完全可以借助社会工具解决，如果大量向司法领域转移，就会导致基层法院压力增大，不仅使有限的司法资源应接不暇，也排挤了法治工具的运行空间。二是当事人民事权利容易受到侵犯，日常纠纷大多具有情理属性大于可度量属性的特征，而法律条文相对显得僵化与不近人情，这就导致法院判决不一定能被当事人所理解，极易激化政民之间的矛盾，成为社会舆论的导火索，这也使得司法调解陷入舆论旋涡。由于法官职权影响及其他因素，使调解

① 苏力．“法治中国何以可能”背后：伪假定 VS 真命题［J］．探索与争鸣，2016（10）：33－36.

② 熊征．群体取向下的“部落”实用主义与司法理性的冲突与调适——以安多藏族传统纠纷解决观为例［J］．广西大学学报（哲学社会科学版），2017，39（1）：82－87.

成功常常以权利人让步较多为代价。在实践中常常发生的是法官“以判压调”。因为在法院考核时，调解结案越多政绩越好，而出于绩效考核的需要，许多法官往往会与当事人背道而驰，以判决相要挟或引诱双方当事人听从法官调解方案而造成双方权利不平衡。

3.4　多元调处优势未能充分发挥

多元调处机制是将多种解纷方式结合并建构的一种相互协调和有机衔接的体系，能够最大限度地发挥不同解纷类型的优势，依据不同的矛盾形式选择实现更为精准的矛盾纠纷化解。多元调处机制具体包括和解、调解、仲裁、行政裁决等形式，以部门联动、多元调解为主要方式，要求职能主体与利益主体多元参与并共同确立发展目标，由各个主体通过平等协商和互动，融合多元力量建立衔接机制并顺畅系统运作，成为我国应对新形势下处理复杂纠纷的新机制。当前，全国已有多达十几个省市相继出台了多元纠纷化解条例，在政法综治部门领导和协调下，司法行政部门进行业务指导，调处中心将具体任务落实到位，职能部门参与其中，充分发挥各部门优势和特色，将各类调解资源整合起来，将矛盾解决在初始萌芽状态中，从而促进社会和谐稳定发展（图 4-20）。

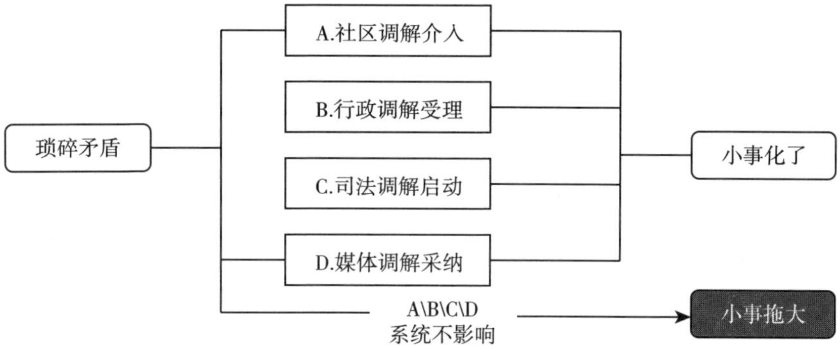

图 4-20　多元矛盾调解体系应对琐碎矛盾的运作与失灵

但需要注意的是，当前多元调处机制普遍存在着框架系统性不强，改革措施零散单薄和立法基础乏力的问题。尤其在一些行政规制方面，大多停留于政策层面，个别规定并不能化解纠纷，解决职能部门繁多凌乱、各自职责功能分割不明确等问题，纠纷解决途径不均衡发展，规范标准不严格，调解仲裁和诉讼等多种解纷机制不协调。从实际运行来看，实为行政机关、司法部门等社会治理主体“非常态”、运动式治理过程，多元调处依旧面临不少问题。

3.4.1 多元调处发展缺乏平衡性

一是行政化倾向明显。无论是民间化的人民调解，还是行政化的行政复议、行政裁决，抑或是司法调解，在实践中都有自觉或不自觉地向行政化、司法化方向发展的趋向，如解纷过程的所谓规范化甚至严密程序化、对解纷人员法律专业知识的过渡要求、解纷场所布置的准法庭化等，试图以此证明自身的合法性、提高解纷机构的权威性，但结果往往事与愿违。在中国一元化的政治体制和根深蒂固的官本位思想文化影响下，在每一种解纷机制中都充满着（准）行政权力主宰一切的魅影，实践中稍微大型一些的调解机构的内部管理机制也几乎是官方机构的翻版。已有研究提出，政府主导型纠纷解决模式在社会自我消解纠纷的能力还没有形成前就已经存在，但是从纠纷结构以及纠纷主体对解纷方式选择的合理性角度来看，纠纷解决问题会逐渐回归到社会本身，这主要是靠社会自组织力量，并与多元化纠纷解决机制相配合进行消解，而不是仅靠政府力量就能“包圆”的。如果“大调解”运动一直停留在依靠政府力量推动的水平上，一旦失去了政府组织指挥以及经费、人力投入等因素的影响，它的持久性不容乐观①。

二是司法调解与人民调解、行政调解间发展不平衡。从现实来看，司法调解仍是调解主力，然而司法调解正面临着案多人少的困境，构建多元化纠纷解决机制刻不容缓。如何以司法为主导，以及对人民调解和行业调解进行引导，建构多元化调解新模式应成为司法改革中的主要任务之一。事实上，当前调解、行政化解、仲裁都在司法中心主义观念的影响下，试图“更像”司法而不是“更能”解纷。这样一味参照司法化的做法，无疑会使得非诉机制遮蔽自身所具有的独特优势，反而限缩了自身得以发挥所长的空间，容易在外表司法化中迷失自我，这也成为多元调处失灵的重要原因之一。社会的多元化必然呼唤纠纷解决机制的多元化，而调解仅仅是

---

① 吴英姿．“大调解”的功能及限度——纠纷解决的制度供给与社会自治［J］，中外法学，2008（2）.

其中一个环节，但在实践中却呈现全能型包揽倾向，或由于忽视纠纷解决规律或由于维稳压力过大而对调解抱有过高期待。

3.4.2　多元调处衔接联动亟待加强

当前，人民调解、行政调解与司法调解衔接机制不健全，无法切实形成合力。实践中人民调解、行政调解以及司法调解等纠纷解决方式在信息联通、力量联动方面的问题尤为突出，联调机制不顺大大影响多元调处机制整体效能的发挥。有些矛盾纠纷的形成因素复杂，涉及面广，单靠某一部门很难化解，大多需要人民调解、行政调解和司法调解的配合。但是，由于牵涉部门众多，机制不够健全很难形成上下级之间、多个部门之间的联动与协同。再者信息共享机制还需要进一步健全。由于我国政府数据信息系统缺乏统一标准和有效集成，再加上政府部门条块分割和诸多因素共同作用，使得各有关部门信息共享程度不高，不利于促进矛盾纠纷高效解决。社会参与在深度与广度上都需要增强。新时代社会治理格局为共建共治共享，矛盾纠纷化解还需要社会力量广泛参与才能弥补政府力量解决矛盾纠纷的缺失。各地在促进社会力量介入矛盾纠纷化解机制方面进行了诸多尝试，但因制度保障与激励机制不到位，导致社会介入深度与广度不够。在线矛盾纠纷解决机制亟待健全。我国在线矛盾纠纷解决机制刚刚起步并有所进步，还存在许多有待改进之处。如法院配套基础硬件设施、网络建设仍相对薄弱；兼具法律专业知识和计算机知识复合型人才相对匮乏；在线矛盾纠纷解决机制正面临着数据采集与隐私保护的冲突等问题。因此，矛盾纠纷化解重点在于诉讼和非诉讼解纷之间的衔接，尤其要关注非诉讼解纷方式的功效。

调解制度实践发展中存在的最大问题就是调审结合——调解与审判一起成为法院民事审判权行使的途径，并由同一家审判组织采取先调解、后审判的办法办理此案。这里主要有两方面的问题：一是调解和审判处于同一程序下，其不同面向使双方不但无法优势互补，反而相互掣肘，从而影响了审判多重功能的实现；二是调解与审判的混同限制了这两个程序现代化。在现实生活中，公众是通过具体案例来感受“法律的获得感”的，也就是通过法院审理自己及他人的具体案件来获得对法律所代表的公正的认识。由于调解制度是在人民内部矛盾理论的支持下建立起来的，因此公众在亲身体验调解制度存在的问题时，不仅失去了“法律的获得感”，而且失去了对人民内部矛盾理论在实践中指导作用的信赖，从而导致了对司法的信赖危机。为此，需要对人民内部矛盾理论作全新的创建与阐释来应对调解制度中存在的问题。

3.4.3 多元调处运行基础存在短板

一是外部发展环境有待完善。一些地方把多元调处改革视为人民法院的任务，地方行政机关、司法机关和行业性调解组织单打独斗各管一片，缺乏沟通与联系，未能发挥化解矛盾整体合力，造成社会基础薄弱。各地区在多元调处改革中也出现了发展不平衡现象，一些地区发展有声有色，而另一些地区整体推进不够，进展较为迟缓，诉调衔接平台、衔接机制建设推进迟缓，导致非诉讼纠纷解决组织和法院之间工作衔接尚不畅通。分主体来看，一些人民调解组织普遍存在着组织涣散、调解水平不高等问题，未能起到调解矛盾纠纷的第一道防线作用；部分社会性调解组织职能重叠，权限交叉，多头办理，重复调解，迟延推诿；个别参与者则对调解知晓率低，信任度不高，致使部分矛盾纠纷未能得到全面有效的调解①。

二是内部运作成本较高。规模巨大的调解组织网络对人力、物力和财力的支持要求很高，调解没有任何费用。所以多元调解开展得好，一定会引起党政主要领导的关注。党政主要领导重视不够或政府财力缺乏是难以为继的。我国至今还没有一部统一的调解法律和规章，因缺乏立法，对三大调解的关系也无法律调整，更多地停留在党委政府的工作建议、职能部门规章等层面上，体现了强烈的地域特色与权宜特点。至于“大调解”到底应包含什么样的调解形式，这类调解组织间的关系是怎样定义的，它们是怎样联系在一起的，它们各自的长处是怎样被利用而非同化的，这几个问题均尚无结论，在一定程度成为多元调处机制建构的障碍。

三是在互联网语境中多元调处应对缺失。在互联网高度发达的今天，以信息技术为第四方的纠纷解决机制使在线替代性纠纷解决机制运用而生。伴随着矛盾纠纷由简单到立体的变化，化解手段由单一向多元转变，调解方式应做到线上线下相结合。但总体来看，当前对于“互联网+”的理解还比较肤浅，虽然购置了先进设备，硬件设备已完成信息化改造，但

① 何阳，汤志伟．“微调解”：乡村振兴中智慧调解系统建构的逻辑理路［J］．当代经济管理，2019，41（9）：49-54.

在线纠纷解决机制探索仍进展不大。为实现维稳目标，有关职能部门或者政府机构仍依赖线下方式，由此难以避免借助权力打压双方或者一方，这对于程序正义与司法公平都有很大影响。在工作进展中，由于着意于技术应用和对硬件设施的追求，用户体验有时会被忽视，未能对软件运用是否符合法律规定进行更深层次的考虑。在线下调解中，可能存在妥协性的，政府买单型调解，即调解主体为了实现维稳目标，常常采取息事宁人、调解不顾事实、简单妥协、动用维稳基金买单等方式，但并不能对线上争议与冲突的化解产生助力。

3.5　互联网技术赋能群众矛盾多元调处机制的优势

科技的进步支撑了我国解决群众矛盾纠纷方式的创新实践。目前，互联网技术为群众矛盾多元调处赋能，线上多元调处机制运用而生，伴随着矛盾纠纷由简单到立体的变化，化解手段由单一向多元转变，线上调解与线下调解相结合。建构互联网＋群众矛盾多元调处机制能发挥各种解纷模式的优势，切实满足不同人群多元化解纷现实需求，才能够真正激发我国多元化纠纷处理衔接机制的驱动力和凝聚力，构建起更全面、更完善、更丰富的中国线上多元调处治理体系。

3.5.1　政策优势

一是政府出台的各种政策为群众矛盾多元调处机制的建立指明了方向。自 2013 年中共十八届三中全会提出“创新社会治理必须以保障最大多数人的根本利益为核心，以和谐因素的最大化为目标，以社会发展活力的提升为动力，以社会矛盾纠纷的有效防范与化解为创新机制”，直接阐明了防范与化解社会矛盾纠纷的重要性①。2015 年，习近平总书记明确提出健全矛盾纠纷多元化解机制对维护群众合法权益和促进社会公平正义的重要性，多元调处机制中党委领导、政府主导、综治协调、依法治理的原则得以不断强化，并不断探索人民调解与行政调解、司法调解相互衔接与配合的方式，我国群众矛盾多元调处机制构建进入探索阶段。

伴随我国进入改革攻坚期，转型社会、网络社会以及公民社会三期叠加，各类社会矛盾不断泛化，亟需适应新时代发展的新要求与人民群众的

① 郑维炜．中国“智慧法院”在线调解机制研究［J］．当代法学，2020，34（6）：141－148.

新期待，加快完善矛盾多元调处机制。互联网赋能多元调处机制的政策导向逐渐清晰，2016 年最高法出台《关于人民法院进一步深化多元化纠纷解决机制改革的意见》，提出了要加强“一站式”争议解决平台建设，创新网上争议解决方式，为创新多元调处机制提供新的思路，也在制度层面为互联网赋能群众矛盾多元调处提供权威支持，进一步强化了政治保障。2021 年新出台的“十四五”规划中也提到了要完善社会矛盾综合治理工作机制，健全人民调解与行政调解、司法调解相衔接的工作制度；党的二十大报告更是提出要畅通并规范群众诉求表达、利益协调和权益保障通道，促进共建共治共享的社会治理格局加速形成。

由此，新时期在线纠纷解决模式得以不断发展，电子法庭、互联网法院、智慧法院、解纷码 APP 等形式众多，不断完善协调联动和高效便捷的矛盾纠纷多元化解机制。尽管当前在线多元调处机制并未达到较高水平的网络空间治理水平，但是我国在线多元调处模式不仅探索多元矛盾纠纷调解数字平台，更凝聚了民间 ODR、司法 ODR 与政务 ODR 三种治理模式，它不仅完全呼应了党的二十大报告中所描述的发展方针内容，而且有效地体现了“线上纠纷、线上解决”网络空间源头治理的理念，以数字化手段充分保证矛盾纠纷调解工作的规范性、源头性和时效性，从而为加快推进矛盾纠纷多元调解机制融合提供强劲动能，为加快推进国家治理体系与治理能力现代化作出了新贡献（图 4 - 21）。

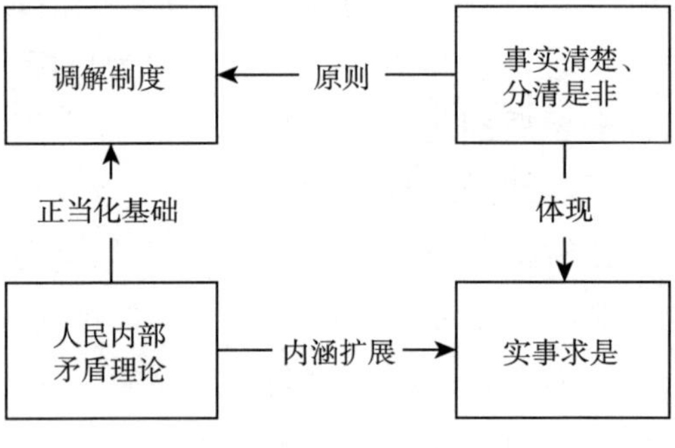

图 4 - 21　调解制度的理论内涵拓展

二是数字政府建设的推动。自十九届四中全会首次提出推进数字政府建设的理念，我国数字化进程不断加快，成为推动政府数字治理模式变革的力量源泉。20 世纪 90 年代后期，为更有计划地处理互联网时代种种复杂和不确定的社会变迁，主张借助电子服务——互联网技术、自动化流程与开放治理提升公共利益，满足社会公众需求，数字治理理论走上了历史舞台。数字治理以互联网 ICT 将政府和群众紧密地联结在一起，极大地促进了在线多元调处模式在我国的创新实践。网上信访治理就是群众寻求在线解纷模式的具体表现形式之一。为了提高政府回应性和及时就地化解信访群众合理诉求，网上信访平台把握“互联网+服务”建设契机，一方面构建数字化政务服务平台，通过构建简洁明了的在线运行方式，使公众的声音直达政府单位、随时随地反映情况、查询进度①；另一方面，借助互联网进行视频连接提供优质、便捷的公共法律服务，法律资源向偏远村镇拓展，服务热线和网络平台的综合集成能够为公众提供普法直播、远程会见、人民调解、法律援助、公证服务和律师服务等多项内容。

通过线上形式积极向政府求助维权，更多地表达了民众对政府的信赖②。以数字化改革为切入点，中央政法委提出要建设在线矛盾纠纷多元化解平台（ODR），将互联网、物联网、大数据、云计算、人工智能、区块链等信息技术植入政府治理过程，创新矛盾纠纷多元调处机制，有效发挥了技术为社会公众和政府组织的赋能效应③，打造人民群众利益诉求表达和矛盾纠纷妥善化解的有效通道，从而真正保障人民群众最为实际、最为关切、最为直接的利益。互联网赋能群众矛盾多元调处机制，以扁平化工作系统的构建来精简政务服务过程，既反映了政务服务信息化的发展格局，将数字治理的理论价值与实践意义融入我国 ODR 治理体系与治理模式中，也彰显了网络化治理格局在我国多元共治和协同创新④，继而实现民主化的善治模式。

当前中国社会主要矛盾已经发生转变，社会主要矛盾的变化是互联网时代群众工作机制创新研究的着力点，要求党和政府的群众工作不仅仅要通过传统的群众“主动上门”表达诉求和解决困难等方式来开展，而且要

---

① 祝磊．在线争端解决机制初探［J］．求索，2003（1）：75-77.

② 韩兆柱，单婷婷．网络化治理、整体性治理和数字治理理论的比较研究［J］．学习论坛，2015，31（7）：44-49.

③ 徐晓林，刘勇．数字治理对城市政府善治的影响研究［J］．公共管理学报，2006（1）：13-20，107-108.

④ 裴长洪，倪江飞，李越．数字经济的政治经济学分析［J］．财贸经济，2018，39（9）：5-22.

善于运用互联网技术与手段，将人民日益增长的美好生活需要和不平衡不充分的发展置于互联网时代去思考。通过进一步优化传统的党政干部“基层大走访”，主动上门了解群众面临的困难、矛盾以及对党和政府的期待；加强和创新互联网时代开展群众工作的智能化水平，主动关注和了解网络社情民意，提升对网络群众多元诉求的主动感知能力、网络舆情的预防研判能力以及网络风险和矛盾的化解能力。

党和国家注重适应新时代人民群众实际需要，已明确提出构建在线调解这一使命，建立在线矛盾纠纷多元调处机制是实现这一使命不可或缺的环节。线上解决矛盾纠纷既能够有效地解决网络空间的冲突，又能够给线下解决冲突提供方便的解纷途径，达到分流诉讼压力等辅助效果。在数字经济高度发展的背景下，人们解决多元矛盾的诉求对多元主体力量、多元解纷手段和多产品供给都提出了新的要求，原有调处模式具有单向式、孤立式和封闭式等特征，很难满足公众双向式、开放式和自由式服务的要求。尤其在与互联网内容相关的在线纠纷指数增长的背景下，“各方面参与、齐抓共管”工作氛围一直难以得到有效的营造。从 2018 年 9 月 9 日开始至 2021 年 5 月 31 日，北京互联网法院受理 102 585 起案件，其中社交媒体平台 23 781 起，占 23.13%[①]，数字金融、侵权纠纷、合同纠纷等矛盾数量只增不减。面对人民群众实际需要，建立在线矛盾纠纷多元调处机制，不仅可以满足人民群众大量纠纷化解诉求、减轻法院办案压力，还可以高效、方便地化解纠纷，提高纠纷解决效率[②]。2021 年，最高人民法院公布《人民法院在线诉讼规则》《人民法院在线调解规则》，并结合新修订的《民事诉讼法》，建立网上诉讼、网上调解框架体系，对推动在线纠纷解决机制改革具有标志性意义。互联网赋能群众矛盾多元调处，可以打破时间和空间限制，通过线上微信调解、视频调解和公众号调解多种调解形式，从而将同一业务同质化，将其转换为电子数据引入到调解系统中，利用线上调解和语音同步转换为文字等技术功能使调解通道更加方便和费用低廉，满足纠纷解决实践的新需求。

---

① 赵岩，赵晓畅．案件数量逐年攀升　侵权类纠纷绝对多数［N］．人民法院报，2021－06－06（04）．

② 最高人民法院工作报告（摘要）［N］．人民法院报，2021－03－09（02）．

3.5.2　技术优势

伴随着互联网和云计算的迅速发展与推广深化，人们的生产生活方式有了很大变化，也衍生出基于互联网的新矛盾新纠纷。新型矛盾纠纷促使线上矛盾纠纷解决机制产生与发展。2016年，《关于人民法院进一步深化多元化纠纷解决机制改革的意见》明确提出“应按照‘互联网＋’的战略要求创新在线纠纷解决方式”。同年中共中央办公厅印发《国家信息化发展战略纲要》把打造“智慧法院”纳入了国家信息化发展战略之中，推进大数据、云计算、人工智能、区块链、物联网等前沿科技深入司法应用。2020年新冠疫情发生后，全国法院根据中央指示部署加快了在线诉讼普及工作，司法实践中对于在线诉讼规则要求也越来越高。各类线上平台、移动法院、调解小程序等线上矛盾纠纷化解渠道逐渐多元化，矛盾纠纷化解机制也开始由以线上为主向线上线下相互融合补充的模式过渡。

一是互联网技术赋能为网络纠纷化解提供直接助力。随着电商、共享经济、互联网金融等多种新业态和新商业模式蓬勃兴起，涉网纠纷也急剧增加，新案件类型不断出现，传统的纠纷解决方式不能很好地适应新形势，纠纷解决工作面临着新挑战。尤其在新冠疫情背景下，更多矛盾纠纷都需要在线上解决。所以，互联网技术为多元矛盾调处机制创新发展赋能，不只是单方面为化解互联网内部矛盾和争议，而是直接主动肩负起探索中国网络治理新路径新模式“先遣军”的任务。也正处于这个“网络法治灰度”[①] 的阶段，我们需要从各个方面去探索和发现更加契合我国互联网治理实际的有效解纷模式和机制。

事实上，已在运营的在线纠纷多元调处平台（ODR）已成为“线上解忧神器”。网络纠纷的理想解决途径就是网络解决，而ODR在线争议解决机制的引入可以及时、有效、方便地对该问题进行处理，不仅提高了效率，而且保证了公平。构建互联网调解平台成为弥补互联网时代司法治理能力空白地带、走向互联网法治强国的一种积极尝试。其给中国网络空间治理体系带来更多创新性与高效性，实现“自治是核心，法治是保障，德治是基础[②]，智治是支撑”的“四治融合”，切实发挥多元矛盾调处机

① 周汉华．网络法治的强度、灰度与维度［J］．法制与社会发展，2019，25（6）：67－80.

② 邓大才．走向善治之路：自治、法治与德治的选择与组合——以乡村治理体系为研究对象［J］．社会科学研究，2018（4）：32－38.

制基于国情实际、贴近民众期盼、引领未来发展的效果。

二是在线调解提升公平效率，有利于实现智慧调解。互联网时代为创新发展传统调解带来了前所未有的机遇，从而及时有效地化解社会矛盾纠纷，营造和谐环境。一方面，互联网以其技术优势提升效率。首先，ODR 能够在线上快速解决纠纷，双方当事人只需移动鼠标键盘就可以完成纠纷申请提交、与调解员或仲裁员的交流、争议解决协议的送达等。ODR 空间上的无限性恰好弥补了在跨域性纠纷调解可能面临的成本与困难，拓展了受案范围。同时由于只要有网络接入就可随时随地启动程序，随着手机网络的飞速普及与发展，ODR 手机 APP 的应用还将更快地提升效率。另一方面，线上纠纷化解凭借自身特性确保了公平。ODR 成本低且简单易操作，使当事人解决纠纷时减少隐性成本又能注重公平价值实现。此外，ODR 虚拟争议解决环境还有利于均衡争议双方力量落差，提升公平价值。ODR 沟通以电子化的资讯交换方式进行，且当事人之性别、年龄及其他身份皆为虚拟，能有效预防线下讼争中经常出现的因为身份落差影响权益问题的发生。另外，ODR 之间的一切交互都只靠信息技术来传递，在求偿金额小或采用自助式网上解决争议的情况下基本上不需要请律师，矛盾化解技巧对于维权成功与否影响不大。加上 ODR 系统中广泛应用的智能电子谈判系统通过程序设计消除了感情干扰和其他外在因素的影响，协商时既对利益进行了公平的分配，又最大限度地满足了双方的利益。

调解制度在实践中所遭遇的各种问题说明需要谋求信息化要素介入，构建以信息化平台为辅助整合各方维稳资源、多种调解机制和调解方式相结合的多元调解联动新机制，推动在线多元调处工作进一步规范化、专业化、标准化和信息化，推动矛盾纠纷可防可控可调，在重要战略机遇期保持社会和谐稳定。近年来，我国法院在网上立案、电子送达等方面进行了积极探索，智慧法院建设取得了显著成效，在原有人民法院信息化 2.0 版本的基础上进一步转型升级，开始建设以数据为中心的人民法院信息化 3.0 版。地方各级法院通过健全“司法公开的平台”，强化诉讼服务中心建设，推动“12368”公益服务，取得积极进展，基本实现了网上立案、网上信访、网上阅卷、网上办公、网络互连等功能，充分贯彻了“使数据跑得更远、群众跑得更短”的司法服务理念。

三是将互联网与中国特色调解机制充分结合，完善多元大调处机制。从以乡贤礼治为核心的农业经济无讼思想向以司法权威为核心的市场经济审判思维的转变，正是社会经济协调发展对民众保障个人权益思维方式及正义路径的反映。在互联网经济高速发展时代，互联网、物联网、人工智能和大数据等信息技术为定纷止争带来强大而有力的技术支撑，更给争议双方带来一条“数字维权”科技新路径。线上纠纷化解平台被广泛使用，既打破了线下传统解纷模式在物理空间上的限制，规避异地诉讼和跨域立案等管辖权异议问题，同时也间接地整合和共享全球法律精英人才资源，切实增强 ODR 在公平正义和定纷止争中的公信力和影响力①。ODR 创新实践在信息化、数字化、现代化的治理技术中为中国互联网用户打开了一个思维范式层面，使人们能够真正凭借互联网信息技术感受到全流程、全系统、全方位的线上线下公力救济和私力救济模式。一般认为，传统人民调解、行政调解、司法调解的功能相对固定单一，主要承担纠纷解决以及一定程度上的控制功能。而互联网技术的引入，使得多元调处模式拓展了纠纷避免、纠纷控制和纠纷解决功能。因此，有必要利用互联网技术加快建成集政府、市场、社会、网民等多元协作的共同体治理模式②，完善多元大调处机制以提升群众矛盾化解的规模和质效。行政机关、司法机关作为构建社会治理体系的主体，理应承担更多的职能和义务。多元大调处机制的完善与功能的扩展有利于纠纷解决机制的建设和发展，可以进一步增强调处机制定纷止争和服务群众的能力，是促进新时代社会治理现代化的应有之义。

四是以理性思维提升科学性，增强矛盾化解的自主性合意性。在多元解纷机制失效的治理中，应以契约自由与民主自治为出发点与落脚点，以“人民内部矛盾必须依靠人民力量来解决，社会矛盾也必须由社会来解决③”为原则，推进落实新时代“枫桥经验”，“始终以全心全意为人民服务，坚持和弘扬把专门工作同群众路线有机结合起来的优良传统，真正做

① 廖永安，张培．论我国在线调解的路径优化——以技术—组织互构理论为分析视角［J］．烟台大学学报（哲学社会科学版），2021，34（3）：10－19.

② 陈晓春，肖雪．共建共治共享：中国城乡社区治理的理论逻辑与创新路径［J］．湖湘论坛，2018，31（6）：41－49.

③ 龙飞．多元化纠纷解决机制促进法研究［M］．北京：中国人民大学出版社，2020.

到相信群众、依靠群众，发挥广大人民群众自我教育、自我管理、自我约束的实质力量，才能使社会和谐安定，人民安居乐业①”。具体而言，互联网技术恰好能够为纠纷各方通过谈判博弈实现纠纷解决的合意提供尽可能多的外部环境与支持条件。并且通过多种在线平台，向当事人提供多种调解、仲裁、行政性化解机制，差异化、精准化选择解纷机制。它所具有的透明性、公开性等特点，可以在既不违背法律规定，又不侵犯第三方利益的前提下，最大限度地尊重当事人的程序权利和实体权利。互联网技术坚持“以人为本”，以尊重民意、依靠民力、保障民权为核心内涵，可以不断强化人民群众解决矛盾纠纷的融入感与正义感。

4 互联网时代群众矛盾多元调处联动制度的完善建议

完善人民调解、行政调解、司法调解三位一体的‘大调解’工作体系，发挥多元调解方式各自优势，加强调解制度协调联动，能更好发挥大调解工作体系在响应民生诉求、排解群众忧愁、优化群众工作体系等方面的促进作用。当前调解队伍整体状况参差不齐，管理工作难度较大，调解工作质效有待提升。为更进一步准确研判、预防、化解社会矛盾纠纷，应不断拓展调解工作领域的深度和广度，及时对矛盾纠纷进行分级、分类、评估、研判、录入和跟踪掌控②，及时应对复杂棘手问题。引领调解工作方式变革和创新，推进社会矛盾纠纷化解工作规范化、标准化、专业化和信息化进程③。强化组织功能建设，保障群众调解工作持续稳步发展④。

4.1 夯实基层人民调解力量，提升源头解决纠纷效果

4.1.1 强化基层人民调解组织力量

2021年2月19日中央全面深化改革委员会第十八次会议审议通过

① 张文显，朱孝清，贾宇，等．新时代“枫桥经验”大家谈［J］．国家检察官学院学报，2019，27（3）：3－37.

② 杨林，赵秋雁．矛盾纠纷多元预防调处化解综合机制研究——基于三种实践模式的分析［J］．中国行政管理，2022（6）：137－143.

③ 吴元元．人民调解员的制度角色考［J］．中国法学，2021（4）：267－287.

④ 钱大军．组织与权威：人民调解的兴衰、重振和未来发展逻辑［J］．法制与社会发展，2022，28（2）：28－42.

《关于加强诉源治理推动矛盾纠纷源头化解的意见》，旨在完善预防性法律制度，从源头上减少诉讼增量。加强人民调解队伍组织建设应当做好以下几点工作。

一是完善调解组织建设，健全矛盾纠纷化解机制。加快建立健全基层调解组织，不断壮大各类人民调解组织，加快发展乡镇街道调委会、村调委会、企事业单位调委会及行业性调委会，加快形成上下联动、相互配合、覆盖市、县（区）、乡镇（街道）、村（社区）、组五级人民调解组织网络体系。依托市、县（区）、乡镇（街道）、村（社区）四级公共法律服务实体平台，加大婚姻家庭调解组织与乡镇、村人民调解组织的沟通联系，实现纵向到底、横向到边的调解模式；依托网络平台积极探索构建远程公证、远程调解、远程会见等服务。

二是提升调解队伍素质，打造过硬专业队伍。在稳定原有人民调解员队伍的基础上，积极邀请致富女能手、律师、退休法官等行业专业能人，参与到婚姻家庭纠纷调处中，实现了调解队伍的专职化、知识化、年轻化。加大业务培训力度，推选优秀调解员积极参加各级各类培训、考察、研讨交流等活动，组织人民调解员进行定期专业培训，采取以会代训、办骨干培训班、以案释法、分级培训、参加人民调解“大讲堂”视频培训等形式，形成调解人才培养产业链①，实现调解员培训全覆盖。充分挖掘在矛盾纠纷排查化解中的典型人物、典型事迹，组织优秀调委会和调解员评优评先②。

三是强化服务保障，护航“平安家庭”。落实市、县区《关于规范人民调解“个案补贴”标准的意见》，促进全市人民调解工作健康有序开展。发挥律师专业服务优势，通过开展刑事案件律师辩护全覆盖、开设“疫”案说法微课堂、打造法律战“疫”云平台和《律师帮帮团》特别节目，全力做好妇女儿童法律咨询和服务。广泛普及各类法律法规，大力实施“互联网＋法治宣传”战略，拍摄各类维权专题片、微电影，在主流媒体集中刊发，网络媒体集中报道，为群众知法、懂法、用法提

① 廖永安，江和平．加强队伍建设是提升人民调解治理效能的关键一环［J］．中国司法，2021（1）：86-89．

② 胡中才，李志远，刘丽惠，等．“绩效考核＋星级评定”为专职调解赋能蓄力［J］．人民调解，2021（8）：23-24．

供便利①。

4.1.2 建立健全诉调对接组织机制

一是下沉司法力量，融入基层网格。依托辖区街道审务工作站将各街道村居的调解人员、网格员纳入诉调对接网络，实现法官、法官助理与网格对接全覆盖。上级法院部门定期组织成员下基层，为辖区专职网格员开展法治培训，为辖区企业开展安全生产法律讲座、联合公安、检察机关深入群众开展安全消防法律知识宣传。与辖区街道积极构建多元纠纷化解机制，出台相关规范性文件，将常见的物业、婚姻家庭及邻里等纠纷纳入其中，联合化解。

二是优化诉讼服务，减少群众诉累。充分发挥“司法＋互联网＋基层治理”平台优势②。要优化法院诉讼服务中心职能。依托集中送达平台、在线保全平台、在线委托鉴定平台、道路交通事故处理数据一体化处理平台、网上信访平台、网上交退费平台等信息化服务平台开展诉讼服务，让“数据多跑路，当事人少跑腿”。依托基层网格优化诉讼服务。在辖区街道、社区增设诉讼服务点，为群众就近提供诉讼服务点咨询或预约服务。

三是深化对接机制，加强沟通联系。各区法院与区司法局、派出法庭与辖区司法所建立健全诉调对接工作联络制度，及时总结通报诉调对接工作推进情况，畅通案件流转、信息沟通和舆情报送渠道，定期分析辖区矛盾纠纷特点及诉调对接工作难点，协调指导具体工作措施和对策落实。积极、稳妥、有序地完善立案前委派调解机制、案件统计与归档等制度，以群众诉求为导向完善工作流程、提升工作质效。依法开展司法确认，为非诉讼调解的发展保驾护航③。

4.2 明确行政调解适用情景，规范行政调解程序

4.2.1 确保矛盾纠纷调解程序系统的完整性

一个完整的矛盾纠纷调解应当是包含接待受理到追踪回访等七个环节的一个完整闭环，具体应包含以下程序：第一，接待受理。当事人申请调

① 王正航，丁洁，麻伟静．律师参与诉源治理的实践与思考——以浙江省杭州市为例［J］．中国司法，2021（10）：90－96.

② 孟婷婷．诉调对接机制的发展探析［J］．中国司法，2021（2）：106－112.

③ 丁亚琦．诉源治理视域下诉调衔接机制的完善［J］．人民论坛，2022（3）：81－83.

处矛盾纠纷，可以口头或书面申请。口头申请的，调解组织负责做好谈话笔录。书面申请的，填写申请表。有关调解主体应当对当事人的调解申请做出审查，并将符合受理条件的予以登记，否则及时告知当事人另择途径。属于直接调处的，则进入直接调处程序；应予以分流的，则由调解组织进入分流程序。第二，现场调解或庭式调解。凡由调解组织直接调解的矛盾纠纷，一般指定两名以上调解员或组成调解庭进行调解。调解庭以一名首席调解员为主的三名以上调解人员组成。第三，调查取证。在正式调解前调解人员就矛盾纠纷事实和争议的事项展开调查，做好全程记录；对需现场勘察取证的，则进行实地勘察并做好调查笔录。第四，开展调解活动。调解人员根据矛盾纠纷复杂情况以及矛盾纠纷调解的难易程度，选择适当的调解形式。如采取庭式调解，则需事先将调解时间、地点及须知，通知纠纷当事人、代理人。第五，达成协议并制作调解协议书。签订调解协议书是调解工作取得初步成效的标志性成果。对签署调解协议却拒不履行的一方，调解人员有义务告知当事人提起诉讼或申请仲裁。第六，结案归档。调解活动结束后应将有关材料有序完整归档。具体应包括：卷皮、目录、调解申请书、调查笔录、调解笔录，调解协议书，回访记录，附卷材料。而对于调解员现场调解且未制作正式调解协议书的简单纠纷，应当及时填写《矛盾纠纷受理调解登记表》，单独归档。第七，做好调解工作的跟踪回访。纠纷调解也应当有始有终，调解人员应当及时回访经办案件，督查落实调解结果，防止矛盾纠纷的反弹。

4.2.2　明确行政调解适用情景

行政调解的自身特性决定了行政调解要在一定的情景场域内方能凸显其特有功能。在有关适用调解结案的三类情形中，较难把握的就是“行政机关行使法律、法规规定的自由裁量权的案件”。作为一种“概括性规定”，这一情形指的是“行政机关在一定领域内可以根据法律法规的授权和规定，在一定幅度内根据实际情况自行处理行政事务的行政案件。”受行政自由裁量权理解及使用主观性的影响，行政自由裁量调解结案往往仅限于行政处罚领域。行政机关自由裁量权运行方式总体包括“决定裁量”和“选择裁量”两种。“决定裁量”是指对“是否采取”某个法定措施做出明确意思表达，“选择裁量”是指综合考虑案件情节轻重、法律法规适用范围、当事人态度等因素后作出的差异化“最终选择”。行政裁量的使用可能存在于整个法律体系适用范围之内。因此，应当更加精准、积极地把握行政案件适用调解的范围。一方面，“不适用调解”规定是针对行政行为合法性审查原则的坚守而言的，并非限制行政行为合法性以外的合理性争议通过调解方式解决；另一方面，“行使法律、法规规定的自由裁量权”规定是针对自由裁量权行使的依据而言的，并非限制行政裁量的具体行为类型。只要行政机关在授权范围内存在自由判断和选择的余地，不管是传统的行政处罚行为还是新兴的行政给付行为，均能在自愿、合情、合理、合法的基础上适用调解结案。

4.2.3 提高行政调解法律效力

行政调解属于诉讼外调解并无强制执行效力。行政调解是在自愿的基础上展开的，调解达成的协议能否有效履行受当事人的自觉自律程度影响较大。庞大的行政机构体量在中国特色社会主义现代化建设进程中处理了大量的经济、民事纠纷，一个客观的事实就是，经行政机关调解达成的调解协议多被当事人自觉履行，拒不履行协议、寻求诉讼途径解决纠纷的事件极为少见。由此可见，我国行政调解在保护群众合法利益，调整经济、社会关系，促进社会和谐等方面贡献巨大。然而，值得关注的是，行政调解协议一旦达成，若存在当事人拒不履行的情况，并非所有的协议当事人都有向法院提起诉讼并要求履约的权力。当下，我国现行法律体系中对行政调解起到保障作用的成熟机制包括司法确认、赋强公证、支付令、仲裁确认等，在非诉讼执行中，仲裁调解书、合意仲裁裁决书、公证债权文书中的调解书等都具有强制执行力，这是因为仲裁及公证的过程中，仲裁员、公证员对该种调解的自愿性及调解协议的合法性进行了准司法审查。行政执法机关所主持的调解也应遵循同样的正当性原理，应当赋予行政调解强制执行力。司法是维护群众合法利益的最终底线的原则取得了社会各界的普遍共识，各级法院应该对行政调解活动及其形成的协议保留监督权，预防行政机关越位行使裁量权，出现违背当事人自愿原则的行为活动，或是出现强迫调解而侵害当事人合法权益的不当现象，因而，法律应当进一步完善当事人的司法救济权。

4.2.4 规范行政调解运行程序

行政调解情景宽泛，但通常主要包括人民政府的调解、国家合同管理机关的调解、公安机关的调解、婚姻登记机关的调解等。行政调解应当受到正当程序原则的约束，符合最低限度程序正义要求，行政调解程序上的模糊不清将会影响行政调解的合法性。地方行政调解实践中存在久拖不决等问题，将会无形影响行政机关调解的权威性。部分行政调解处理的纠纷存在多次调解及反复问题，损耗行政机关时间与精力。推动行政调解工作走向科学化、规范化，必须完善行政调解的运转程序。有必要研究制定行政调解规范性流程，重点解决行政调解运行的程序规范性问题，对行政调解的程序启动、管辖、受理、回避、实施、权责等作出明文规定。加快行政调解的程序性制度建设进程，整合碎片化、抽象的条文，综合规范行政机关调解履职行为，提高工作效率。

与此同时，应该明确行政调解中的自愿原则是最为重要的原则，当事人自愿与同意是行政调解的基础，也是判断行政调解是否有效的根本原则。当事人双方自愿参与应当贯穿行政调解的全过程。无论是自愿调解还是依职权调解，当事人有权就调解方式、方法表达自身立场与观点。如果行政调解违背了当事人意愿或出现行政机关强制调解的状况，则调解协议无效。

4.3　规范多元调解联动流程，巩固调处成果

总体而言，我国司法调解制度及其运行相对完善，在倡导群众矛盾多元调处的大背景下，群众矛盾纠纷多元调处工作顺利进行需要规范透明的程序约束，在鼓励源头治理、溯源解纷的政策环境下，调解程序便捷性、衔接性等均对调解结果产生重要影响。

4.3.1　提升矛盾纠纷调解程序运行的便捷性

一是意识到互联网已经成为化解人民内部矛盾的新渠道。互联网时代，群众矛盾纠纷调解的工具日益多样化，"数据跑腿"的网上调解已经成为新的纠纷调解形式①。互联网作为民情表达的公共新空间，成为下情上达的快捷新通道，为加强政府与群众沟通开辟了新途径、新渠道，运用得当可成为化解社会矛盾的"减压阀"。开展网上调解工作，要针对互联网社交平台的特点，充分利用网络互动开放的优势，切实把网络打造成新时期党密切联系群众的重要工具，充分发挥网络在听取网民呼声、反映群

① 顾君炜．网上定制起纷争　线上调解化干戈［J］．人民调解，2022（5）：45-47.

众需求中的有效作用，积极扭转网上舆论生态的被动局面[①]。利用互联网开展好人民调解工作，需要集中精力培养一批对网络规律、舆论生态、网民期许有着充分了解，并且具有较高业务水平及实战经验的专业人才，提高互动和沟通的及时性与有效性，有效地化解矛盾纠纷[②]。

二是以互联网思维建构与完善网上调解平台。不日新者必日退。面对日新月异的互联网，我们既躲不过也绕不开，不碰网、不沾网只能是一厢情愿和自欺欺人。互联网这块阵地，我们不能丢也丢不起。必须正视互联网、用好互联网，真正把“懂网”作为一门必修课，把“用网”作为一项基本功。要多上网，通过亲身实践，适应网络环境、摸清网络规律、了解网民所需，掌握互联网舆论发展动态，让网络真正为我所用[③]。做好“互联网+调解”工作，首先需要可靠可控的调解平台。既要开通网站、微信公众号、掌上客户端等单向宣传的传统网络渠道，也要充分利用微博、微信、抖音等侧重双向互动的新媒体渠道[④]；既要集中精力打造区域性的网上纠纷调解品牌[⑤]，也要分门别类开通多元化的网上纠纷调解账号；既要利用好网络上现成的视频、图片、语音功能，也要积极研究融合法律讲解、舆论宣传、司法互动等综合性功能。

三是简化网上调解操作程序，最大可能便捷用户。网上调解兴起的初衷是方便群众更好地表达诉求以维护自身合法权益，因而相应操作流程的设计应当以简洁易操作为主。加快网上调解程序的自动化设计（即提前侦测用户预期，自动把期望的操作结果呈现出来，而不需要用户参与），在群众使用网上调解程序时设置更加丰富的自动化对话弹窗，应对群众多元化需求；加快网上调解程序的智能化设计，将复杂转移给系统。随着AR、VR、MR等智能技术的逐渐普及，智能化在流程中的应用愈发常见。从复杂度守恒定律来说，智能化并没有消除复杂，而只是实现了把复

---

① 钱晓晨，刘雪梅，徐德芳．《人民法院在线调解规则》理解与适用［J］．人民司法，2022（10）：47－55.

② 李艳艳．习近平关于网络意识形态工作重要论述的逻辑探析［J］．思想理论教育导刊，2022（5）：46－55.

③ 金兼斌．领导干部要善于运用网络了解民意、开展工作［J］．中国党政干部论坛，2022（1）：29－32.

④ 吴兰兰．《金牌调解》：五大关键词铸就金色品牌［J］．传媒，2020（10）：22－24.

⑤ 麻仁伟．陕西：大力实施“五项工程”打造陕西调解品牌［J］．人民调解，2022（1）：21.

杂情形更多地转移给系统。在群众进行诉求申请时，智能化分析群众诉求内容，减少群众使用步骤，避免程序上的烦琐。减少场景切换。用户独立操作的任务流中，减少场景切换可以有效地缩短用户行为路径，进而不会因为路径的流转而产生迷失。降低程序使用难度，用更简单更快捷的操作方式，填补烦琐操作的缺陷，是降低难度的常用方法。智能化识别用户常用功能，尊重用户的网上调解程序使用习惯。

4.3.2　优化矛盾纠纷调解联动机制的衔接性

第一，夯实衔接平台，构建多重调解网络。成立“诉调对接中心”，与立案庭合署办公，整合“诉讼服务、纠纷分流、矛盾化解”功能，努力将其打造成“多元衔接”的核心平台。设立专业纠纷调解室，推动专业化调解，如医疗纠纷专项调解、交通事故类纠纷的多元调解。在构建纵向网络的同时，加强与行政机关的横向衔接，建立了相对固定的“诉调对接”关系。

第二，紧扣核心环节，全面发挥机制效用。一是“主体多元化”。在推进多元解纷中，适时拓展解纷主体。从单纯依靠法官和人民调解员拓展到引入特邀调解员、律师、法律专家等社会解纷力量，加强与保险协会等行业协会和行政机关的合作，通过主体的多元化，整合社会各方力量，使大量纠纷通过协商调解的方式，在法院之外得到多元化解。二是“目标长远化”。在推进多元解纷改革中，强调将矛盾纠纷得到切实化解作为工作目标和终极考量，摒弃只看眼前利益的短期行为，关注当事人诉求的积极回应和科学解决，通过当事人和社会调解力量的共同参与，着眼长远彻底化解纠纷，实现“案结事了人和”。三是“效力法定化”。在多元解纷改革中，通过用活司法确认机制，赋予非诉调解协议一定的法律强制力。特别是对特邀调解员主持达成的调解协议，创新衔接和确认机制，通过协议效力的法定化，保证调解协议得到切实执行，提升非诉调解的公信力。

第三，推进“专项衔接”，凸显多元解纷实效。结合自身实际，推进“专项衔接”，实现“以点带面”，彰显机制优势，化解突出矛盾。如创新开展“物业纠纷专项调解对接”“医疗纠纷专项调解对接”。通过加强巡回指导和人员培训、开展司法确认、组织联席会议等方式，减少纠纷诉讼量，减轻当事人的讼累（图 4－22）。

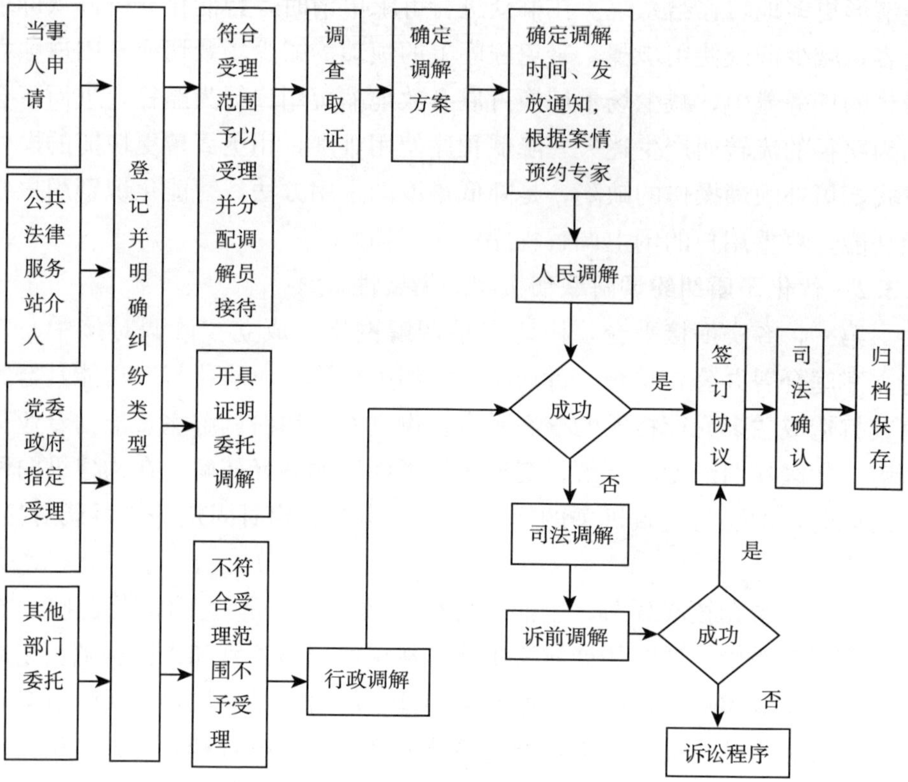

图 4－22　群众矛盾多元调处运行流程

4.4　强化矛盾分级分类管控，聚力化解矛盾纠纷

2021 年 9 月，最高人民法院印发《关于深化人民法院一站式多元解纷机制建设　推动矛盾纠纷源头化解的实施意见》，要求基层法院结合地域及重点行业领域风险点，深入分析社会矛盾纠纷成因，在实践操作中，矛盾纠纷分级分类既要对纠纷进行分类，细分调解涉及的集中领域，也要对群体需要进行细化。

4.4.1　矛盾分类，从“一手抓”转向“专业化”

互联网时代，群众矛盾纠纷面广量大，错综复杂，给调解工作带来了巨大挑战。对排查、梳理出来的各类突出矛盾纠纷，着力破除以往清单登记、台账管理的程式化工作模式，而是采取差异化的行动策略加以应对，分析矛盾纠纷缘由、症结、化解和有无可能激化的情况。从矛盾纠纷的影响程度及潜在危险程度看，将其分为高、中、低、微四个类别，将历史遗留、群体较大、牵扯面广等政策性强、法理关系复杂、利益纠葛较深的矛盾纠纷归入高风险矛盾；将各街道偶发性、应急性等事实清楚、法理关系较简单的矛盾纠纷归为中风险矛盾；将各社区邻里纠纷、婚姻家庭等需要一定调解能力的矛盾纠纷归为低风险矛盾；将各网格内家长里短、吵架拌嘴等短平快能解决的矛盾纠纷归为微小矛盾，实行矛盾纠纷分类分级化解。

4.4.2　分级化解，从“碎片化”转向“精准化”

矛盾纠纷多元调解不仅需要分类应对，还需要分级处理，各级各部门按照属地、分级、归口调处的原则，对摸排信息和受理的矛盾纠纷要按照“登记、危险评估、分级处理、结案存档、跟踪回访”的程序进行处理。要以打造“枫桥经验城市升级版”为抓手，针对四类矛盾纠纷，推进区、街道、社区、网格四级对应化解机制，深入分析社会矛盾纠纷成因特点，分门别类建立递进式预防化解工作路径，确保矛盾纠纷有效分流、源头化解，确保发挥所长、精准施策、高效化解。成立智慧联动中心，牵头负责高风险矛盾化解；打造“市域社会治理示范点”，成立专业调解队，负责化解各街道中风险矛盾纠纷；完善社区联调体系，负责化解辖区低风险矛盾纠纷；健全网格调解机制，负责化解网格中微小矛盾纠纷。

4.4.3　调解分工，从“一人干”转向“围着转”

矛盾纠纷调解的需要日益强烈，矛盾纠纷多元调解的专业化建设是必经之路。调解队伍面对矛盾纠纷应当作出合理的调解分工，合理配置调解资源。选取主调人，直面涉事各方当事人，掌控调解进度，高效推进调解，改变事无巨细一部门负责到底的局面。以“街呼区应”为抓手，区级各行业部门、政法单位、街道（镇）法律顾问，全程跟进参谋调解，为调解提供政策和法律保障，护航调解瓶颈期梗阻点，确保在法治轨道上推动问题困难及时解决。调解成功以奖代补，提高调解效率，激发调解热情，避免属地中“手长衣袖短”“时间紧、任务重，始终干不动”的尴尬，实现矛盾纠纷调解高效、平稳处置。“发令者”变“协调者”，改变“听安排”“跟着走”的旧方式，充分发挥领导统筹协调作用，实行主调人讲思路，领导听汇报、指方向、纠偏点，在瓶颈期、梗阻点等问题上进行协调，全程跟进保障，确保案结事了。“说教式”变“培育式”，改变宣传教育泛泛而谈的旧模式，将法治宣传教育引入矛盾纠纷调解全过程，向当事人分析讲解过往调解成功的相似事件，渐进式宣传民法典、物业管理条例等法律法规，实现以案释法。

4.5 建构调处联动评估指标体系，助力多元调处联动

研究采取分类分项的评估模式构建群众矛盾多元调处的评估体系，并从平台建设、工作机制、保障机制三大一级指标出发，分解出 29 项二级指标（表 4-3）。一级指标囊括互联网时代群众矛盾纠纷多元调解的基本运行条件。加强对平台建设的考核，有利于加快服务型平台建设，为群众提供便捷的诉求服务渠道[①]。加强工作机制考核，有利于加快平台及三大调解机制间的磨合，提升群众矛盾纠纷多元调解的工作效率[②]。加强保障机制考核，能为互联网时代群众矛盾多元调解机制建设提供基础的物质支撑与理论指引，能加快平台及多元调解联动机制建设的步伐，践行“以人民为中心”的服务理念。

4.5.1 建构矛盾多元调处联动平台建设评估指标

早在 2019 年 8 月，人力资源和社会保障部办公厅已发布关于在全国推广使用“互联网＋调解”服务平台的通知，要求以推广使用调解服务平台为抓手，探索“互联网＋调解”工作规律，改进调解服务方式，规范调解工作程序，科技赋能，提高调解工作效能[③]。在实践调解工作中，应当加快基层调解组织建设步伐，切实发挥调解的基础性作用，为当事人提供高效便捷调解服务。而各地“互联网＋调解”服务平台建设水平参差不齐，差距较大。在矛盾纠纷多元调解机制建设中应当加强调解服务平台建设，促进信息化技术与调解工作深度融合。在具体建设效果评估层面，应当重视以下方面的建设与完善：建立诉调对接中心、配备诉调对接工作人员、制定诉调对接工作制度、专设诉调对接调解室、建立与行政机关对接关系、建立与调解组织对接关系、建立特邀调解组织名册、建立法院工作

① 张西恒．走出碎片化：多元纠纷化解一体化平台的构建［J］．甘肃社会科学，2021（6）：163-170.

② 丁亚琦．诉源治理视域下诉调衔接机制的完善［J］．人民论坛，2022（3）：81-83.

③ 熊浩．论法院在线调解的机能失调：基于媒介传播与冲突化解的双重视角［J］．法制与社会发展，2022，28（2）：43-58.

人员担任专职调解员队伍、建立律师调解员制度等。

4.5.2　建构矛盾多元调处联动工作机制评估指标

矛盾纠纷多元调处工作机制是深入贯彻习近平法治思想，主动适应社会主要矛盾新变化的具体执行机制，是坚持以人民为中心，充分满足人民群众多层次、多样化的司法需求的重要抓手。加强矛盾多元调处工作机制建设及其效果评估是健全一站式多元解纷机制的必然要求。在具体评估中应当重点考察下列工作机制构成的建设成效：立案前委派调解机制、立案后委托调解机制、司法确认机制、刑事和解机制、完善行政诉讼协调机制、建立执行联动机制、调解协议合同案件、调解协议支付令、调解协议申请公证机关赋予强制执行效力、建立民商事纠纷中立评估机制、建立无异议调解方案认可机制、建立无争议事实记载机制等。

4.5.3　建构矛盾多元调处联动保障机制评估指标

矛盾纠纷多元调处保障机制建设是构建具有中国特色纠纷解决理论及制度体系的内在要求，是完善源头化解矛盾纠纷工作格局、创新矛盾多元调处方法路径、健全矛盾多元调处工作机制、加强重点领域矛盾纠纷多元化解的重要支撑。矛盾纠纷多元调处工作保障机制建设是提升预防化解矛盾纠纷能力水平、提高矛盾纠纷多元化解质效、打造人民调解升级版的动力源泉。在具体落实中应当重视成立调解工作领导小组、指定具体办事机构、建立分工协作机制、制定并落实调解方案、完善经费保障机制、开展调解培训、开展多元纠纷改革宣传、开展矛盾纠纷多元调处理论研究等内容建设与评估。加强组织领导、工作保障、工作管理、信息化保障、理论研究与实践是互联网时代群众矛盾多元调解保障机制建设及考核评估的重点内容（表 4－3）。

表 4－3　群众矛盾多元调处评估指标体系

群众矛盾多元调处评估指标体系		
一级指标	二级指标	具体内容
平台建设	建立诉调对接中心	独立建制、依托庭室、工作职责、整合性等
	配备诉调对接工作人员	数量、构成、专职或兼职、责任等
	制定诉调对接工作制度	对接领域、发布对接文件、对接层次或对接数量
	专设诉调对接调解室	数量、名称、建立对接工作机制、力量配备等

（续）

群众矛盾多元调处评估指标体系		
一级指标	二级指标	具体内容
平台建设	建立与行政机关对接关系	数量、名称、运行情况等
	建立与调解组织对接关系	数量、名称、运行情况等
	建立特邀调解组织名册	制度建设、入册单位、使用率等
	建立特邀调解员名册	制度建设、入册人数、专门领域的名册、使用率等
	建立法院工作人员担任专职调解员队伍	制度建设、专职人数、职业背景，调解案件数量等
	建立律师调解员制度	制度建设、依托律师协会或律师事务所、人数、案件数量等
工作机制	立案前委派调解机制	制度建设、委派组织名单、案件数量等
	立案后委托调解机制	制度建设、委托组织名单、案件数量等
	司法确认机制	案件数、裁定方式、申请执行数、自动履行数、典型案例等
	刑事和解机制	机制建设、案件数、和解形式、典型案例等
	完善行政诉讼协调机制	机制建设、联席会议、协调撤诉案件数量等
	建立执行联动机制	机制建设、联合发文、主导单位、运行状况、执行和解案件数量等
	调解协议合同案件	专项统计、开展情况、典型案例等
	调解协议支付令	专项统计、开展情况、典型案例等
	调解协议申请公证机关赋予强制执行效力	开展情况、申请执行状况、典型案例等
	建立民商事纠纷中立评估机制	程序建设、评估员名册、评估案件数等
	建立无异议调解方案认可机制	机制建设、制定具体措施、处理案件数量、效果等
	建立无争议事实记载机制	机制建设、具体措施、处理案件数量、效果等
保障机制	成立调解工作领导小组	组成人员、明确主要领导和分管领导、职责任务等
	指定具体办事机构、建立分工协作机制	机构设置、配备专职人员、明确责任部门或协办部门职责分工等
	制定并落实调解方案	实施方案、日常管理制度、具体措施、工作部署、任务分解、完成时间表等

（续）

群众矛盾多元调处评估指标体系		
一级指标	二级指标	具体内容
保障机制	经费保障机制	财政支持、争取专项资金、探索有偿调解服务制度等
	开展调解培训	参加培训情况、自行组织培训情况、师资与教材、培训资金、培训人次等
	开展多元纠纷改革宣传	建立信息专刊、完善信息报送机制、信息数量，对外宣传载体、宣传方式、宣传稿件、宣传效果等
	理论研究	承担课题、研讨活动、专家指导、发表文章、其他研究成果、成果转化等

第5篇　互联网时代的农村群众矛盾化解及民生发展

党的二十大报告总结过去十年党和人民事业极具现实意义的三件大事，其中包括全面脱贫和全面建成小康社会百年目标的实现。这一历史性胜利成果生动实践了为民造福是立党为公、执政为民的本质要求，为下一步走好共同富裕道路、建设中国特色社会主义现代化国家奠定了坚实基础。二十大报告指出，随着乡村振兴战略继续全面推进，“治国有常，利民为本。必须坚持在发展中保障和改善民生，鼓励共同奋斗创造美好生活，不断实现人民对美好生活的向往。”十八大以来，党领航中国式现代化，坚持以人民为中心的发展思想，围绕人民群众需要，在教育、医疗、社会保障、生态、民主政治等方面持续发力，建成规模最大的社会保障、教育、医疗卫生体系，体现了党的责任担当和人民至上的价值追寻。新时代新征程，人民对物质文化生活提出更高要求，要继续补短板、强弱项，解决好人民群众的急难愁盼问题，满足人民群众日益增长的美好生活需要。

全面建设社会主义现代化国家，最艰巨最繁重的任务仍然在农村，实现民族复兴目标，需践行乡村振兴战略。当前我国民生发展存在不平衡、不协调问题，制约着人民美好生活需要的满足。这种不平衡集中体现在国家城乡之间、区域之间和经济水平差距大的农村之间。改革开放以来，先富带动后富的政策使得资源禀赋差异不断放大，在互联网时代，这种资源禀赋差异诱发异质性区域诉求提升，刺痛了民生工作“最敏感的神经”。对于农村地区而言，农民阶层分化，群众阶层结构日益复杂，利益主体日渐多元，推促社会利益重新分割，因而，农村地区利益矛盾和冲突逐渐增多升级。其中经济利益矛盾占主导，集中发生在分配领域。面对群众间不断加大的差异性诉求、村庄价值冲突强化和乡村治理任务同管理资源不匹配等现实问题，乡村治理承受着超负荷压力，利益整合难度增大，乡村振兴中的民生发展与保障工作面临更多新挑战。

党中央着眼全面建设社会主义现代化国家大局，作出“全面推进乡村振兴，坚持农业农村优先发展，加快建设农业强国”的重大决策部署。全面推进乡村振兴，这充分体现了我们党一张蓝图绘到底、一以贯之抓落实的战略定力。新征程、新使命、新担当，要巩固拓展好脱贫攻坚成果，扎实推进乡村振兴战略实施，需坚持人民至上，解决好当前农村群众面临的困难，化解农村群众矛盾纠纷，需坚持问题导向，以为民务实的群众工作为实际抓手。要以人民群众的根本利益维护为根本出发点，系民情、惠民生、解民困。完善乡村公共服务体系，提升乡村公共服务水平，推进农村社会保障体系、健康生活、就业优先战略实施，运用高水平的科技手段、现代化物质装备破解资源禀赋约束，促进农业高质高效、乡村宜居宜业、农民富裕富足，扎实推进共同富裕，全力谱写增进民生福祉新篇章，在广袤田野绘就乡村振兴的壮美画卷。

1　中国民生发展的区域差异性：表征、成因与化解

习近平总书记提出“江山就是人民，人民就是江山”的理念，实则是将“民生”与“社稷”相提并论。回顾党的百年历史，这12个字是对新时代中国民生发展的最好诠释。当今中国实现了从“民族—国家”到“民生—国家”的历史跨越，已然进入到民生中国时代，[①] 从这一层面来看，民生成为社会主义现代化建设的新旨归，这不仅是社会进步和发展的必然趋势，还是社会主义核心价值观的现实诠释。进入社会主义新时代后，中国社会经济由高速度发展向高质量发展转变，人民的生存和发展层次也向更高层次迈进，国家进一步推进城乡之间、区域之间社会、经济、政治、文化、生态的协调发展。因此，加快满足人民日益增长的美好生活需要，实现与十九大报告两个阶段目标提出的解决民生发展不平衡不充分问题的战略结合，对于实现我国民生公共服务高质量发展具有重要的意义。

中国是一个拥有14亿多人口的大国，社会经济发展水平、人文文化、

① 王木森．民生政治的时代建构：逻辑范式与实践特征——《民生政治研究》评介［J］．社会科学动态，2018（4）：116－120.

地理区位条件、资源禀赋、区域民生政策等差异性比较显著，尤其是城乡之间、区域之间、行业之间的民生发展不平衡不充分问题非常突出。有研究指出民生发展的不平衡性特征及发展不协调的环境状态制约着人民美好生活需要的满足[①]，而且在 2035 年中国的民生发展仍存在不平衡不协调问题，[②] 这不仅暴露出了部分地区、阶层、个体在生存和发展方面存在隐忧，也折射出民生发展不平衡不协调问题对于不同区域、不同群体、不同阶层民生公共服务需求差异性的实然状态。显而易见，在新时代扼住民生发展喉咙的既非供给的“绝对性整体不足”[③]，亦非消除绝对贫困后的相对贫困问题，而是民生发展不平衡不协调问题。具体表现为城乡之间、区域之间发展的不同步性，致使城市和东部地区先富裕起来，而部分农村与中西部地区仍处于欠发达状态，城乡之间、区域之间在享受发展成果上出现“数量”“质量”及“时间”的不均衡，但在现实中却存在供需错配、供给不足、供给效率低等问题。而中西部欠发达农村地区因自身资源禀赋条件差，难以凭借自身资源发展经济，加之地方政府财政限制，经济发展更是受到制约。因此，亟待通过技术赋能民生发展、再造空间的方式，实现区域民生协调发展。

1.1 中国民生发展区域差异性表征与成因分析

1.1.1 中国发展区域差异性表征

长期以来，城乡之间、区域之间（东部地区与中西部地区之间）、发达农村与欠发达农村之间的资源禀赋条件以及资源配置偏好存在时间与空间上的差异。区域资源禀赋及其面临的地理因素差异决定了产生的民生需求偏好既有可能是同质性，也有可能存在异质性，而由地理因素与资源禀赋条件交叠效应形塑而成的民生需求存在异质性。

第一，城乡之间的民生公共服务差异是民生公共服务差异的主要表

① 王倩．新时代我国社会主要矛盾转化的民生维度解析 [J]．重庆交通大学学报（社会科学版），2020，20 (5)：9-16.

② 唐任伍．2035 年民生发展前瞻：美好生活与人的尊严 [J]．人民论坛・学术前沿，2021 (1)：58-63，99.

③ 马金保．新时代民生建设的“时代之问”及其发展之道 [J]．暨南学报（哲学社会科学版），2021，43 (5)：85-93.

现。城乡二元化结构也体现在民生公共服务方面。现阶段，群众对美好生活向往突出体现在发展的不充分不平衡背景下，城乡之间农村群众民生公共服务的差异性及美好生活向往与发展不充分的现实差距。2020年“中国民生调查（江苏）”[①] 以统计数据为依据，对农村居民希望改善的主要民生诉求进行了考察，医疗、收入、养老、教育、住房和就业等基本民生公共服务仍是民生的关切点。而城市居民则更希望在事业发展空间、决策参与权、生活环境和身体保障等民生公共服务方面获得改善。[②] 城乡发展的不同步性，致使城市和部分农村地区先富裕起来，而部分农村地区仍处于欠发达状态，其人民群众的诉求突出表现在乡村振兴与民生发展，而且农村因自身资源禀赋条件差，难以凭借自身资源发展经济，加之地方政府财政限制，经济发展更是受到制约。城乡之间存在着发展资源禀赋与政策供给能力的巨大差距。[③] 改革开放以来，资源禀赋差异在先富带后富的政策作用下，致使农村发展程度不一，也诱发了区域差异性诉求。诚如Lipton（1977）的城市偏向（Urban-Biased）理论所指出，贫困国家乡村阶级与城市阶级之间存在冲突，其实质在于城市阶级利用政治权力使社会资源不合理地流入自己利益所在地区，由此形成的政策往往具有“城市偏向”特征。地方政府的“城市偏向”行为根源之一是制度环境所传导的压力（或是地方政府的不当发展政策）致使其行为发生偏向。就这一层面而言，村域在承受自身资源禀赋不足的同时，还需要面临群众空间异质性需求所带来的工作压力。上述的城乡差异型民生需求模式则是对这一机理的解释。

第二，区域差异是民生需求差异的又一典型特征。从民生需求的区域差异看，总体上我国经济发展的区域性差距与民生需求的区域性差异的形成与分布具有一致性。[④] 首先，东部发达地区处于“春风已至玉门关”的

① 江苏省人民政府研究室，南京农业大学联合调研组.2020年江苏民生发展调查报告［J］.唯实，2021（5）：36-47.

② 王政武.新时代共享民生保障体系构建——基于我国社会主要矛盾新变化的视角［J］.长白学刊，2019，209（5）：120-127.

③ 陈帅飞，曾伟.美好生活需要与民生政策供给的优化［J］.中国地质大学学报（社会科学版），2019，19（3）：162-172.

④ 杨志安，邱国庆.财政政策对区域公共服务均等化的影响效应、作用机理及调控路径［J］.当代经济管理，2018，40（2）：72-78.

情景，正积极走出约束性政策的空间，而中西部欠发达地区则尚处于“春风不度玉门关”的状态。既往实现城市化地区和东部地区率先发展，在带来东部地区经济腾飞的同时，促使东部地区农村群众率先满足安全需要与生理需要，日趋追求民主权利、公平、生态宜居等更高层次诉求，而对于中西部地区群众而言该方面的诉求相对较弱，西部有些地区仍面临返贫风险。其次，随着东部地区的率先发展，经济结构转化带来社会分工的进一步精细化，进而致使群众工作的类型也日趋精细化与多样化，而中西部部分地区仍处于传统的熟人社会中，其群众工作的内容相对较为单一。再次，高新技术产业集聚致使人才向东部流动，其需求可能较之本土群众更高，故而加剧了东部地区民生工作的复杂性。综上所述，从纵向时间来看，区域之间经济社会发展的先后顺序不同，从横向空间来看，区域之间资源禀赋、区位优势、政策导向等方面空间差异性明显。

第三，除了区域之间的民生需求差异以外，发达农村与欠发达农村之间的民生需求差异化问题同样突出。改革开放前，提高经济指标是第一要务，大力发展生产成为社会常态，产生了“重增长、轻民生”的行为导向。这种行为导向一定程度上使现有的政策实施效果出现折扣。改革开放后，部分东部农村地区和中西部大城市周边农村顺利搭上改革开放的“顺风车”。部分东部农村地区已基本达到发达国家水平，其农村群众利益诉求（即对美好生活的向往）日趋多元化；中西部地区近郊农村也已实现全面脱贫、基本达到全面小康水平，其群众诉求以致富为主，并逐步呈现多元化趋势。近年来，中央与地方公共支出的增长主要投向欠发达地区的民生领域，尤其是地方民生公共服务领域，然而中国长期以来民生历史欠账多，这些民生性支出的增长只能缓解一时之急。囿于相对较低的人力资本与物质资本存量水平，欠发达农村地区仍存在相对贫困风险，其群众诉求集中于巩固脱贫与小康成果。个体间的异质性偏好意味着个体对民生公共服务的需求不仅在数量上，而且在需求内容上会存在差异。由于职业、社会地位、收入等方面的差异，不同阶层农民的经济关注点和需求会出现不同，不同阶层农民的民生关切点因而存在差异。上述的经济差距诱发型民生需求模式则是对这一机理的解释。

1.1.2 中国民生发展区域差异性成因

把握事物变化的内在逻辑需要尽快厘清事物变化的成因。民生公共服务需求区域性差异的形成原因是多元的。其一，不同阶层间经济利益需求存在差异性。农民阶层分化后，由于职业地位、经济收入以及社会成就的差异导致不同阶层的农民在经济上的关注点和需求存在一定差异。在农民阶层中占优势地位的私人企业经营者、农村富人、农村知识分子、新乡贤等阶层更多地关注如何提高诸如住房、教育、政治参与和民主权利等方面的质量，他们无需花费过多精力关注生存和经济问题。而因较弱的经济实力与较低的社会地位，在农民阶层中占弱势地位的农业劳动者、农民工、弱势群体、"三留守（留守妇女、留守老人、留守儿童）"群体等阶层，他们的经济需求和民生关切点则主要是如何能获得比较稳定的收入、就业和享受优质的社会保障。其二，不同的农民阶层在经济实力方面存在不均衡问题。主要表现为农村精英阶层（包括农村社会管理者、乡镇企业管理者、私人企业经营者、农村知识分子、新乡贤等）与普通农民阶层（包括农业劳动者、农民工、雇工以及个体经营者等）之间存在经济利益矛盾。相对而言，农村精英阶层的数量较少，然而这部分群体却占有着社会上相当比例的物质、经济资源，他们之间相互联合、合作，以便通过联合的力量获取其他阶层现有的物质、经济资源，壮大自己或者阶层实力，比如农村社会管理者、新乡贤掌握着乡土社会中一定的政治资源，私人企业经营者、农村富人、乡镇企业管理者等占有经济资源，农村知识分子掌握农村的教育、技术、文化等方面的资源。其三，乡村干部与其他农民阶层之间也存在着一定的利益矛盾。由于社会监管制度不健全以及对农村干部的管理与监督不力等原因，村干部队伍中贪污腐化、"利益共谋""寻租"、以权谋私等现象频现，不仅损害了其他农民阶层的利益尤其是损害了在农民阶层中占弱势地位的农业劳动者、农民工等群体的利益，而且也降低了农民群体对村干部的信任度，造成农村群众对村干部的抵触情绪愈加严重。其四，受价值多元化的影响，农村社会传统观念和道德受到冲击。改革开放之前，农村地区落后闭塞，与外界交流较少，受外来文化的影响比较少，大部分村民主要奉行集体利益高于个人利益的集体主义价值观。农民群众的思想理念比较统一，行为方式比较一致，个人对集体或者村庄共同体的依赖性也相对较强。改革开放之后，尤其是在我国建立社会主义市场经济制度之后，在城镇化和现代化建设强力推动的背景之下，地方政府为封闭落后的农民群众营造更加宽松、更加开放的社会文化环境，农民的阶层分化现象愈加明显。处在不同阶层的农民占有的各类社会资源比例有所不同，其所处的社会地位与所形成的社会关系等方面也存有差异，这些方面的差异必然会引起不同阶层农民价值观的差异。以往的一元化价值观的统治地位被多元化的价值观取代，公正、民主、法治等先进理念逐渐被部分农民群众认识和接受，农民群体的价值观念开始变得多元。

1.2　农村群众工作的区域差异性化解

对技术与空间的认知影响技术赋能民生发展的程度与空间再造的可能性。尽管当前对技术的认知仍停留在“技术有用与技术重要”的价值判断上，对空间的认知亦停留在“空间可塑和空间可变”的初始认知上，但这种认知存量将促成区域民生协调发展成为现实。

1.2.1　技术赋能的动力机制

1.2.1.1　技术赋能的动因：契合区域的民生发展

现阶段，存在三个技术赋能民生发展以促进区域民生协调发展的维度，即互联网的技术支持功能与地方民生公共服务匹配，技术的信息传输实时性、即时性与民生需求动态性匹配以及技术的“链接性”与民生发展的区域性匹配。[①]

互联网的技术支持功能与地方民生公共服务匹配。互联网技术嵌入民生公共服务领域后的公共服务供给“新”在“服务场域”和方式发生变化，由“实体场域”向“网络服务场域”转换，是民生领域工具维度的重大突破，拓展了政府民生治理领域，丰富了治理工具。2016 年，中央在全国网络安全和信息化会议上第一次从全国层面明确提出将互联网与民生公共服务联系在一起，会议强调：“要利用互联网的优势促进民生公共服务的发展，发挥互联网对教育、医疗、社会保障等民生公共服务的促进作用。”此后，为了促使互联网技术与民生公共服务的联姻，党的十九届五中全会进一步强调，要提高民生公共服务的数字化智能化水平。在这一背景下，政府充分利用互联网技术，将互联网技术嵌入公共领域——民生公共服务领域，形成“互联网＋民生”模式，使基本民生与互联网技术结

① 王丹，刘祖云．乡村“技术赋能”：内涵、动力及其边界［J］．华中农业大学学报（社会科学版），2020（3）：138－148，175.

合，积极发展民生公共服务多媒体、电子政务、网络问政等网络平台，随时随地了解群众实际诉求。很显然，互联网的发展带来了技术革新并缩小当下时空差异，进而潜在地满足了群众的民生公共服务异质性需求与精准开展农村民生工作的需要。

技术的信息传输实时性、即时性与民生需求动态性匹配。互联网时代的标志之一即为信息革命，实现了信息的即时传输，更加精准、及时、深入地把握和了解多元诉求，使东中西部地区的文化水平差距和诉求差异能够有效缩小，一定程度上可以强化农民的公共服务需求与公共服务供给工作的同质性。“线下”的民生公共服务供给部门掌握的民生需求信息具有客观的时空滞后性，避免不了供需错配的可能。是故，需基于农村民生需求动态性、时效性与地域性特征，利用互联网的信息传输实时性、即时性功能，重构信息网络，在网络上映射出一套系统且丰富并有原子化个人特质（包括多重数据、个人信息、个体化需求等）的信息镜像。互联网技术的嵌入，不仅是信息数据的挖掘与共享，更是对政治、经济与社会秩序的变革。例如，在政府信息化进程中，“金保工程”完成了从现代办公手段到社会保障信息系统的演进，现在需要借助于移动互联网进行升级增能，真正发挥畅通信息、贯通业务、整合资源、便利群众的效果；并基于物联网和互联网，构建更便捷、更智能的民生公共服务供给体系。

技术的“链接性”与民生发展的区域性匹配。信息技术赋能民生发展，带来的是供需之间的动态匹配和民生公共服务诉求的及时反馈，实现了供给端与需求端的无缝衔接，为政府向社会提供“横向到边、纵向到底”的无缝隙服务带来可能。技术的基本属性是“即时性信息链接”，通过民生需求与新技术的融合，打通“线上”与“线下”的通道，将现代社会中所有的信息、物资与人员连接起来，让政府公共服务供给与农民公共服务需求“链接”，搭建起技术环境下的“信息网络、需求侧与供应链”三者融合的民生供需匹配平台，使需求侧的用户与供给侧的供给者通过该平台建立起供需互动机制，实现供与需的同一性和精准匹配，减少“搭便车”和逆向选择的可能。信息技术融入民生公共服务过程中，供给模式从需求驱动转为数据信息驱动，一定程度上促进了需求与供给的有效对接，提高公共服务效率与供给质量，进而能够有效弥合区域资源禀赋的时空差异，实现资源的最优配置，进而推动地方协同发展，满足人民群众对于发展不平衡不充分的诉求。

1.2.1.2 技术赋能的前提：赋能平台的赋能机制

从实际运行状况来看，技术赋能主要通过能力支持、产业结构再造、信息网络重构、治理体系重构四大机制来实现。

(1) 能力支持。信息技术扮演着工具理性客体与价值理性主体的双重角色，拥有工具理性与价值理性所具备的能力。第一，技术作为一种工具理性的客体在工具理性思维方式的指导下，遵循并彰显技术理性的取向，借助精密的技术手段和计算推动科技创新与生产力发展，就此而言具有计算性特征的工具理性便成了科学技术发展的思维方式；第二，技术作为一种价值理性的主体，在价值理性思维方式的指导下，遵循并彰显“以民为本”的价值指向，这种指向实际上是将“以民为本”的价值取向从工具理性的“经济效率”的桎梏中解救出来，克服了功利主义工具理性的弊端，就此而言具有“人性”特征的价值理性便成了促进公平正义回归的思维方式。

(2) 产业结构再造。技术赋能不仅要解决“社会矛盾”问题，还要着重解决“社会经济发展”问题。借助互联网的技术支持功能，撬动各区域的资源要素和生产要素，再造产业结构。一方面，随着互联网时代的到来，催生出诸如网络服务、网络直播、直播营销等一系列崭新业态，该新业态有别于既往产业的时空结构要求，跳出了时空的限制广泛分布于各地，故而潜在地满足中西部地区群众民生需求。另一方面，促进技术与产业的融合，扩大“互联网+”在医疗卫生、教育、文旅、养老等产业的应用场景，以文旅业为例，通过“互联网+文旅”的互联互通，在数字平台上游客一端可了解当地有机农产品信息、掌握当地乡村旅游服务项目与农家乐体验活动，而数字平台另一端的民宿、旅游公司等可及时、有效地对接游客需求，扩大“互联网+乡村旅游”的服务范围。

(3) 信息网络重构。充分利用“技术”突破区域之间的时空界限重构信息网络，网络环境与现实民生场景不再是相互分离的两个空间，而是相互融合的空间形态。奥茨的“偏好误识”理论指出，在信息不完全的条件下，供给主体在确定公众个人偏好的边际消费替代率时带有随机性和任意性，存在偏好误识的可能，从而错误地把民生需求强加给群众。因此，“互联网+民生”模式的形成成为必然。“互联网+民生”是互联网时代开启的民生供给新模式，是民生供给与互联网相关集成技术整合的新型民生供给样态，对消解民生供需错配与供给效率低、提高供给效能、促进区域之间民生协调发展等创造诸多优势。基于互联网、物联网、大数据、云计算、人工智能、区块链技术嵌入和影响民生公共服务供给工作的具体方式，让民生公共服务供给和民生发展从技术赋能中获益，从而以技术赋能的方式缓解农村资源禀赋的劣势、走出集体行动困境与发展不充分的现实困境。

（4）治理体系重构。其一，乡村治理体系重构本质上是通过技术赋能实践，改变乡村治理过程中的信息流系统，以及促进信息与资源的交互，缩短了传统乡村因行政分割而形成的空间距离，从而可能引起治理结构乃至治理体系变革。通过技术扩散、场景改造、搭建平台等形式，“现实治理场域”转变为“网络虚拟空间场域”，推动了乡村“半熟人社会”之间的互动，此类治理属于“时空脱域”治理[①]，打破了地域治理的时空阻隔，实现乡村治理的空间延展。其二，技术推动农村群众在场的乡村治理体系形成的赋能。当社会发展到具有高度差异化与个性化的历史阶段，所谓的“共识”社会愈来愈无法包容差异化需求了，个体之间差异凸显并要求获得需求回应，农村群众矛盾也愈演愈烈。对农村群众异质性需求的尊重被放在了首位，“网络虚拟空间场域”成为农村群众话语表达以及出场的舞台，共识就是在农村群众在场中达成。其三，在科层制组织结构的大框架下实现乡村治理与技术的良性互动愈发成为重构乡村治理体系中的重要问题。技术赋能并非简单地嫁接到乡村治理体系中，而是在不断地试错与调试中融入其中。通过技术这一外源性要素赋能给乡村治理，从而转化为乡村的内在治理“能力”，而这种形式的外源性要素与内源性要素的有机融合，激活了乡村内生动力，打通了封闭断裂的乡村治理结构，使松散的乡村治理体系走向有序，进而重构起乡村治理体系。

1.2.2　空间再造的动力机制

1.2.2.1　空间再造的动因：区域协调需空间再造

（1）供需之间的区域性不均衡。“供给—需求”的匹配度会影响民生

---

① 李俊清，吴刚．空间结构视阈下民族地区治理的“在场”与“脱域”[J]．中国人民大学学报，2022，36（5）：49－59.

建设效果以及政府行动。党的十九大之前反映的是低层次和单向度的供需悬差，十九大后随着社会主要矛盾变化，民生资源的供需情况发生变化，反映的是高层次和全方位的供需悬差。很显然，社会主要矛盾发生改变，但社会主要矛盾所反映出的“供—需”结构并未因此变，但是相对于以前的供需悬差，“不平衡不充分的发展”暴露了新发展阶段上供需匹配度相对较低的客观事实。① 而且日益增长的民生公共服务需要与民生公共服务滞后性供给之间的供需矛盾，不仅降低实际供给与现实需求的匹配度，也容易影响民生改善效果，或者政府行为因供给政策缺乏针对性而执行力低下。有数据表明，2006—2017 年，中国四大区域之间民生公共服务供给绝对差异均呈扩大趋势，② 这不仅意味着民生公共服务供给的地区性差异与公共资源的行政空间非均衡配置，也反映出民生公共服务领域中已有的全域性供不应求转为地区性不均衡的供需矛盾。③ 空间再造过程，亦是一个资源配置重新优化与调适供需匹配度的过程。如果从空间视角进行分析与解决上述不均衡问题，实行空间再造，使公共资源配置由行政空间非均衡配置向信息空间一体化转变，供需便由不匹配向高匹配变化，进而实现空间再造下的区域民生协调发展。

（2）空间自身的驱动力。一方面，空间中地化解群众矛盾难题是空间再造的首要驱动力。民生工作不仅仅是群众矛盾的疏解，也包含着激发群众生产力、创造力、创新力等工作。在党的百年征程中，在新民主主义革命、社会主义建设和中华民族伟大复兴的历程中，我党始终以鼓励群众参与革命、生产为群众工作的重点，并取得了一个又一个的伟大胜利。互联网的发展为民生的发展带来了新的历史机遇，同时恰逢国家全面建成小康社会、“两个一百年”的战略目标期。在该目标期内，既需要调和群众间的矛盾冲突，满足其多层次利益诉求，更需要鼓励与激发群众的内生性发展动力。当前，党的民生工作面临了诸多新情况新问题，民生工作对象更

① 康来云．从供需关系入手把握我国社会主要矛盾转化所包含的“变与不变”新意蕴［J］．学习论坛，2018（11）：72－76.

② 李华，董艳玲．中国基本公共服务均等化测度及趋势演进——基于高质量发展维度的研究［J］．中国软科学，2020（10）：74－84.

③ 夏杰长．数字赋能公共服务高质量发展：结构性差异与政策建议［J］．价格理论与实践，2021（9）：1－5.

加多样化、复杂化，民生工作内容更加丰富，民生工作环境越来越复杂，必须把民生工作摆在突出位置，切实改进工作方法，增强民生工作的针对性和有效性。另一方面，资源配置非均衡（资源禀赋以及资源配置偏好性的双重效应）下的空间失调也是驱动空间再造的动力。现实环境是一个空间地域系统，突破空间的限制，再造空间，建设网络空间场域。恰如尼葛洛庞帝所言，数字时代人类在虚拟化、智能化、数字化的空间中生活。空间失调下形成空间异质性需求以及区域资源禀赋差异的空间状态，究其实质，是地理空间因素对民生需求呈现明显的关联效应，对区域资源禀赋施加了重要的影响，群众的民生需求偏好因此呈现出异质性。这足以彰显依附于空间之上或者以空间为载体的资源禀赋深受地理空间因素影响。

1.2.2.2　空间再造的前提：再造空间的驱动机制

从实际运行状况来看，空间再造主要通过技术赋能、空间正义两大机制来实现。

（1）技术赋能。互联网技术的兴起，不仅改变了人们对时间与空间的运用，而且也为空间再造带来驱动力。在一个空间广阔、人口繁杂、资源禀赋、需求异质性较大的行政辖区内，运用互联网技术能否突破地理空间的限制？施瓦布对此做出回应："信息时代的社会信息流为时空重构创造了条件"。[①] 与此同时，现阶段互联网技术和数字技术发展速度之快、涉及领域之多，正在构建新型的科技与民生之间良性互动的新可能与新空间。这一空间形态便是空间再造。再造后的空间正架起了"技术—空间—民生"三者之间的桥梁，并为避免民生公共服务供给出现差序格局以及更好地提供精细化、精准化服务带来可能。就技术与空间的关系而言，空间再造能否顺利实现，重点在于能否推进技术赋能为空间的再造创造条件。在不同的场域，新兴信息技术可以对不同的个体或组织进行不同程度的赋能。而互联网时代下科技进展及其技术赋能民生发展，便捷了区域之间、城乡之间的生产要素和资源禀赋自由流动，为空间伸展和重塑带来了新机遇，为空间的再造提供了新动能。

（2）空间正义的诉求。基于新时代中国实际的"民生"——人民性、

① 卢江．"施瓦布景象"真的存在吗？——技术牵引条件下系统性变革的政治经济学分析［J］．天津社会科学，2017（2）：19－24．

公共性特征，再造后的空间需要“空间正义”加持。空间正义即被正义化了的空间，表示空间中的社会正义[①]，空间内部资源配置、权力分配、参与机会等要素的平等正义是其应有之义。这也就意味着，将空间置于正义的场景与价值导向下，不仅是“善治”之于空间的应有之义，更是调整空间失调[②]、化解农村群众矛盾、促进区域协调发展的实践之路。其基本要求在于：第一，《国家基本公共服务体系“十二五”规划》强调，要确保全体公民都能公平且可及地获得大致均等的公共服务。这足以彰显出空间正义回归的重要地位。现实空间中面临一定程度的异化，存在非正义现象，如供给模糊地带出现供需失衡、存在选择性供给与歧视性供给的行为、关键性供给短缺以及供给同质化。是故，呼唤空间正义回归势在必行。而空间中的正义性回归，强调空间中的资源配置均衡与民生公共服务均等化，以及赋予弱势群体、边缘群体空间话语表达权。第二，空间正义性的实践，也有必要把握需求主体的异质性程度以及区域之间资源禀赋的异质性程度，使不同区域之间基于自身禀赋、资源、信息、需求与供给等比较优势基础上形成互补关系和协同效应。第三，任务情境与资源结构千差万别且瞬息万变，空间中的地方政府应置于把改革发展成果转化为群众日益增长的美好生活需要满足的任务情境中，适时调整“任务—资源”结构，而不是被靓丽的“经济增长数字”所蒙蔽，更不能被畸形的“唯GDP论”所奴役。

1.2.3 区域民生协调发展“何以实现”

在场景维度上需要明晰三个层面的问题：网络化信息与资源交互，网络化需求与供给匹配，以及技术、空间与民生交互。

（1）网络化信息与资源交互。在这种三层规划的第一层，互联网技术扮演的是专业化协调网络化信息与资源交互的平台，其在运行中具有精准识别区域性需求、对不同的个体需求偏好信息进行收集和汇总、分析和筛选数据的作用，再借助自身的平台优势向民生公共服务供给主体实时分享与反馈需求偏好信息，供给主体便根据反馈回来的需求偏好信息精准配置公共资源。概括来说，第一层级的网络化信息与资源交互是一个信息收集

---

① Pirie G H. On Spatial Justice [J]. Environmental Planning, 1983 (15): 465.

② 此处的空间失调主要指资源配置失调引起的空间错乱。

与分析、信息反馈与公共资源配置的不断循环往复的过程，以实现对不同区域群众民生公共服务需求的精准识别与精确配置。互联网时代背景下，依然存在社会的内生性资源分崩离析且处于信息与资源分离的鸿沟之中，这种状况必须得到解决。法国科学家狄德罗将技术看作为某一目的共同协作组成的各种工具和规则体系。[①] 作为一种工具手段，互联网技术蕴含着丰富的资源要素，通过互联网、物联网、大数据、云计算、人工智能等抽象要素可以填补网络化信息与资源分离的鸿沟，激发无限潜力，赋予民生的协调发展无限可能。此类交互就是网络服务场域，即虚拟的空间场域，成为政府数字化转型的重要场域，即对“数字空间的治理”[②]。

（2）网络化需求与供给匹配。在基于第一层网络化信息与资源交互的基础上，有效的人民日益增长的民生公共服务需要与民生公共服务供给对接取决于第二层网络化需求与供给匹配平台的合理运行。这种“网络化需求与供给匹配”平台被看作真实需求与供给资源交互而又有效配置的“公共池塘”。在这一“公共池塘”中，通过跟踪个体需求动态趋势与识别个体需求偏好，并对个体需求进行汇总，可以捕捉需求变化的细节与适时调适供给的方式，减少供需错配和供给碎片化、空间化。庇古模型[③]、萨穆尔森一般均衡模型[④]以及林达尔均衡均认为收集个体需求偏好对于供需匹配具有重要作用。供需匹配的前提在于个体需求偏好的科学汇总，而对个体需求偏好汇总则是对弱势群体和困难群众民生诉求的积极回应。这恰好回应了习近平总书记强调“坚持走普惠型的民生发展道路，确保弱势群体和困难群众的民生诉求得到积极回应”的要求[⑤]。供需错配向精准匹配转变是网络化需求与供给交互作用下的重要表现。把所有民生公共服务供给主体通过网络化平台集结起来，统一调配资源与进行专业化分工，减少供

---

① 胡卫卫，杜焱强，于水．乡村柔性治理的三重维度：权力、话语与技术［J］．学习与实践，2019（1）：20-28.

② 米加宁，等．“数字空间”政府及其研究纲领——第四次工业革命引致的政府形态变革［J］．公共管理学报，2020，17（1）：1-17，168.

③ Pigou，A. C. Some aspects of welfare economics［J］．American Economic Review，1951，41（3）：287-302.

④ Samuelson，P. A. The pure theory of public expenditure［J］．Review of Economics & Statistics，1954，36（4）：387-389.

⑤ 韩喜平，孙贺．习近平民生思想研究［J］．中国特色社会主义研究，2015（2）：14-18.

给主体之间因无效竞争引起的资源浪费，摒弃同质性供给主体之间由于分工不明确导致的重复供给现象，进而使供需错配向精准匹配转变。互联网技术为民生领域注入新的变量，未来大数据、云计算、智能搜索引擎等人工智能技术实现民生公共服务的数字化、智慧化升级，民生公共服务中供给主体与需求主体之间的信息不对称与结构性问题（供需结构的非均衡性及其由此引发供需错配、供给缺位、供不应求问题）因此得以解决，供给主体间歇性缺位带来的弊端以及供需错配的惯性影响也将得到很大程度缓解。

（3）技术、空间与民生三者的交互。在基于第一层网络化信息与资源交互、第二层网络化需求与供给匹配的有效运行的基础上，技术、空间与民生三者之间得以交互并实现区域民生协调发展。空间是一个关系的体系。正是因为空间与关系交织在一起，它就无可避免地与技术、民生产生微妙且意味深长的联系。空间（空间再造）、技术（技术赋能）、民生（民生发展）三个变量之间存在内在的逻辑性：空间因子、技术环境、民生发展三要素构成的有机整体可看作网络政治生态。技术进入民生场景后，会与民生场景相互适应和相互影响，技术调整自身以适应民生公共服务领域中供需错配、供不应求、供需失衡和群众矛盾突出等情境，同时技术也在对民生场景进行“微调”。环境是空间中的存在，技术环境则是在空间中实际存在。空间的异质性导致了民生需求异质性以及地方民生公共服务的供需错配、供需失衡，而技术环境中的技术通过赋能作用部分抵消了地方民生公共服务供需偏差。区域之间的民生发展差异因时空距离的刚性限制有所加强，同时造就了民生公共服务需求的地理异质性特征，然而现代化信息技术的嵌入则突破了区域间的时间与空间界线，通过精准匹配弥补了上层供给与下层需求断裂的缺陷①，还打破了横亘在区域之间难以逾越的“时空距离”，实现城乡之间、区域之间、发达农村与欠发达农村之间网络化信息、生产要素与资源禀赋的自由流动。由此形成的网络政治生态就是空间再造后的空间形态。整体而言，区域民生协调发展过程，亦是一个空间再造与技术赋能民生发展的过程。

① 沈费伟．乡村技术赋能：实现乡村有效治理的策略选择［J］．南京农业大学学报（社会科学版），2020，20（2）：1-12.

综上所述，在长期历史发展进程中，区域民生不平衡不协调发展一直是党和政府民生工作的重点与难点，也是社会建设的短板与关键所在。而这一历史沉疴，则大大限制了区域民生协调发展。这种状况，必须通过技术赋能民生发展以及重塑空间予以解决。技术赋能民生发展，打破区域间时空界限，既是重新塑造空间的过程，也是促进民生资源优化配置的过程，共同反映了技术赋能民生发展的时空进程。在此过程中必须充分挖掘技术的潜能与价值，使之不断与民生发展充分融合，发挥出相应赋能效应。与此同时，我们需要对技术赋能民生发展与空间再造有一个清醒的认识，在新的历史机遇期，互联网的技术赋能赋予了新时代民生发展的历史机遇，却也潜藏着技术失衡与空间失调带来的风险，需谨防技术赋能转化为“技术负能”① 与空间再造转换为“空间再遭”②，以及避免出现民生改善的马太效应。在“万物皆数据”的时代，可以预见，技术赋能民生发展并实现民生视角下的空间再造将是未来民生治理模式变革的主旋律，在未来也将能谱绘出全方位、立体化的区域民生协调发展图景。

2　农村脱贫成效、返贫现象与贫困脆弱性

2.1　改革开放以来的脱贫成效

2.1.1　改革开放初期的贫困形势

1949—1978 年，中国农村的贫困形势很严重。为尽快让中国农村脱离绝对贫困状态，党和政府制定的政策开始逐步向贫困地区与贫困人口倾斜，主要目的是加快解决农村贫困问题。这一时期，加快建设覆盖中国大部分农村贫困地区的农村饮用水项目、农村学校、农村道路建设、农村文化艺术中心、农村基础设施建设、农村老年人活动中心、乡村卫生所，为贫困地区与贫困人口提供住房、文化教育、医疗卫生等民生公共服务，建立了基本覆盖所有农村地区的数字网络中心，并在全国范围内建立农村合作社，从而有效推动贫困地区与贫困人口顺利脱贫。尤其是在“一五”期

① 胡卫卫，陈建平，赵晓峰．技术赋能何以变成技术负能？——“智能官僚主义”的生成及消解［J］．电子政务，2021（4）：58-67.

② 此处的“空间再遭”指空间再造后因某些要素再次遭遇资源配置失衡、供需错配以及发展不平衡不协调的风险。

间，粮食产量明显提升（增长了26%），全国人民的消费水平有所提高，生活水平也大幅提升。[①]

但由于大部分农村贫困地区尤其是深度贫困地区的经济基础薄弱，环境恶劣，地理区位条件差，物资资源、人力资源等先天不足，而且当时重工轻农的战略，以及公社化运动和“文化大革命”对大部分农村贫困地区尤其是深度贫困地区造成巨大冲击，使得这些地区发展极其缓慢。改革开放前大部分农村贫困地区尤其是深度贫困地区的居民生活水平很低、受教育水平不高、自我脱贫能力弱、返贫现象明显。1973—1977年，全国超过一半的省份存在粮食不足或粮食严重不足的问题，说明全国大部分省份粮食不足或粮食严重不足的形势严峻，而且大部分粮食不足或粮食严重不足的人口仍处于温饱以下状态。全国有1.3亿人口处于粮食严重不足的状态，常年处于粮食不足或粮食严重不足状态的人口数量占同期农村人口的12.9%。1977—1979年，按照农民人均分配收入50元的标准，对全国的穷县、穷队进行统计：全国穷县的数量占当时全国总县数的22.5%，其中人均可支配收入在40元以下的县就有182个，在40元以下的穷队数量有180万个，进一步说明了大部分农民的可支配收入处于很低水平，农民生活水平不高[②]。按1978年100元/(人·年）的贫困标准线测算贫困人口数量，发现该阶段贫困发生率高，贫困人口数占全国人口总数的25.97%，占世界贫困人口总数的25%。食品、衣着、居住、生活必需品的支出分别占消费支出的60%、12.7%、10.3%、90.7%，而文教娱乐、交通通信、家庭设备支出占比较低，比如居民拥有自行车的数量很少，农村拥有洗衣机的家庭数量也不多，而且少数农户家庭在1985年才拥有电冰箱[③]。可见，整个中国尤其是农村地区在改革开放之初的发展水平较低。

2.1.2 改革开放极大推进了中国减贫进程

中共十一届三中全会作出了改革开放的战略部署，开启了中国改革开放和社会主义现代化建设新阶段。改革开放战略的实施又是一次中国人民与中华民族发展史上的伟大革命，并为中国的解放生产力、发展新经济注

---

① 柳随年，吴群敢．第一个五年计划时期的国民经济［M］．哈尔滨：黑龙江人民出版社，1984：150-156.

② 1977—1979年全国穷县情况［J］．农业经济丛刊，1981（1）：48-52.

③ 赵曦．中国西部农村反贫困战略研究［M］．北京：人民出版社，2000：96.

入了强大动力。随着经济社会的快速发展，中国的减贫脱贫事业取得长足进步，人民生活水平进一步提高，贫困人口的数量大幅度减少。

改革开放初期，中国农村的贫困形势依然严峻，贫困人口的数量依然很多，贫困地区与贫困人口的脱贫难度依然很大。中共中央作出了“贫穷不是社会主义，社会主义要消灭贫穷”的科学论断，并从国家层面开展大规模、有计划、有组织的扶贫开发行动。中央提出到 20 世纪末全面建成小康社会的目标，制定分“三步走”和“两个大局”的战略构想，并作出在广大农村地区实施家庭联产承包责任制的重大决定，而家庭联产承包责任制的实施不仅解放了农村生产力，使农村迅速扭转发展缓慢、经济基础薄弱的局面，也使农村的生产关系得到理顺。为了促进农村整体收入水平的提高，政府实施农产品流通体制改革，鼓励发展乡镇企业和民营企业，同时成立帮助农村地区及贫困人口脱贫的专门扶贫机构，确定了贫困标准、重点贫困地区和贫困县。通过上述一系列的重大举措，“三农”问题得到有效地解决，不仅促进了农村产业发展，也解放了农村生产力，释放了农村活力，推动了农民生活水平的提高。

20 世纪 90 年代初，农村贫困现状有所缓解的同时，农村贫困现象的分布特征发生变化，农村贫困人口脱贫难的问题依然严峻，区域间、城乡间发展不均衡不充分的问题依然存在。中共中央提出全面建成小康社会的战略目标，实施分“三步走”发展战略，在原有基础上推进大范围的扶贫开发工作。1994 年，国务院印发的《国家八七扶贫攻坚计划（1994—2000 年）》，在扶贫开发工作纲领中确定了“明确扶贫对象、明确扶贫目标、明确扶贫计划、明确脱贫措施和明确脱贫期限”等内容。该计划要求用 7 年时间，使全国 8 000 万农村贫困人口的贫困问题得到基本上的解决。1996 年，中共中央为加快贫困地区的脱贫速度，召开扶贫开发工作会议，对农村地区的扶贫与贫困人口的脱贫工作作出部署，确定了到 20 世纪末贫困人口的贫困问题得到基本解决以及确保贫困人口尽快致富的目标，确定了扶贫开发的方针是开发式扶贫。1999 年，扶贫开发工作会议的召开，为扶贫开发工作指明了扶贫方向。2001 年，国务院印发《中国农村扶贫开发纲要（2001—2010 年）》，对扶贫开发工作的计划与措施作出部署。2000 年底，中国农村贫困地区的贫困发生率明显降低，贫困人口数量大幅减少。很显然，中国的脱贫扶贫工作取得重要阶段性进展，贫困发生率逐渐降低，贫困人口数量有所下降。

进入21世纪，中共中央提出要坚持科学发展观，构建社会主义和谐社会，继续推进全面建成小康社会，对扶贫开发工作任务作出新的战略部署和制定一系列扶贫开发政策。在扶贫开发工作任务安排中，中西部地区依然是扶贫开发工作的重点，同时将中西部地区的贫困人口确定为主要的扶贫对象，把中西部地区作为扶贫开发工作的重点区域，确定扶贫工作重点县以及确定主要的扶贫对象，在扶贫开发工作重点区域开展大规模的扶贫工作。在“一方水土养不起一方人”的地区开展易地扶贫搬迁和生态移民，同时开展产业扶贫和劳动力培训转移。继续深化实施西部大开发战略、人才强国战略、中部崛起战略、改革开放战略、振兴东北老工业战略，有效促进了区域之间与城乡之间的一体化发展。为了提高农民的民生福祉，在农村地区尤其是贫困地区实施新农合制度、最低生活保障制度、农村养老保险制度等一系列农村民生保障制度。2011年，中共中央召开了扶贫开发工作会议，印发了《中国农村扶贫开发纲要（2011—2020年）》，提出继续推进扶贫开发工作，扶贫开发主要任务发生重要转变，从解决贫困人口温饱转变为以巩固脱贫成果、增强贫困人口内生发展能力、改善贫困地区生态、加快消除贫困人口“等靠要”意识、缩小地区与城乡发展差距等。2010年底，中国的扶贫工作成效显著，农村贫困人口大幅减少，贫困发生率降低明显，脱贫人口的返贫率也大幅降低。2011年，中央决定将人均年纯收入2 300元作为新的国家扶贫标准。

2.1.3 后扶贫时代中国农村贫困状况得到很大改善

中共十八大以来，中国发展进入中国特色社会主义新时代，综合国力明显增强，科技创新水平明显提升，经济发展的状态由高速增长转为高质量发展，建立健全社会保障体系，加快推进国家治理体系和治理能力现代化，从而为扶贫开发工作夯实了人力、财力、物力保障，为保障贫困地区的民生发展提供物力支持、制度保障。2021年，习近平总书记宣告中国脱贫攻坚战取得全面胜利，贫困地区与贫困人口脱贫难的问题得以解决，中国的脱贫攻坚战成为世界反贫困治理的奇迹。

（1）贫困个体或贫困家庭生活水平显著提升。到2020年底，中国脱贫攻坚战取得了全面胜利，全国832个贫困县全部摘帽，12.8万个贫困村全部出列，实现了农村地区的贫困人口全部脱贫，解决了区域性整体贫困问题，推动了贫困人口生活水平的提高，贫困地区的社会经济发展水平提升显著，贫困个体或贫困家庭的“两不愁三保障”全面实现，改善了农村贫困地区及贫困人口的教育、医疗、就业、民主政治、收入等条件。脱贫攻坚的阳光照耀到每一个角落，贫困群众的生活发生了巨大变化。2020年，农村居民人均可支配收入明显增加，尤其是贫困地区增长到12 588元，贫困地区农村居民人均可支配收入的增长速度比全国农村高2.3%。贫困人口可支配收入逐年上升，自主脱贫能力稳步提高。2016—2020年，广西、内蒙古、西藏、宁夏、新疆五个自治区及其深度贫困地区的脱贫效果显著，三个多民族省份（贵州、云南、青海）的贫困人口减少数量惊人，累计减少了1 560万人。

（2）实现“两不愁三保障”。脱贫攻坚普查显示，贫困个体或贫困家庭的“两不愁三保障”全面实现，贫困个体或贫困家庭的生活水平显著提升、可支配收入明显提升、贫困地区的教育水平显著提升、贫困地区的生态环境明显改善、贫困家庭子女的受教育机会显著增多、贫困地区的资源优势得到有效利用。此外，农村贫困家庭子女因贫辍学的问题得到解决。在党中央的全面领导下，狠抓医疗保障和保险救助，实施基本医疗保险、大病保险、基本医保二次报销、医疗救助、财政补助等措施，切实减轻贫困户医疗负担，降低因病加贫、因病返贫风险；加快完善县、乡、村三级医疗卫生服务体系，实施“有能力的扶持办、无能力的上门办、疑难杂症精心办、惠残特事特办、政策优惠及时办”扶贫惠残服务；全面解决贫困个体或贫困家庭看病难、看病贵的问题，确保绝大部分的贫困个体或贫困家庭参加医疗保险。

（3）基础设施极大改善。长期以来“出行难、用电难、用水难、通信难”是阻碍贫困地区脱贫以及制约贫困人口民生改善的主要因素。因此，要加快推进贫困地区的基础设施建设，推动贫困地区的基础设施建设项目落实。2015—2020年，贫困地区的自来水普及率普遍提高，实现自来水通水到户、村级和村内道路硬化、农村生活用电安全、村内路灯照明工程等4个全覆盖。积极推进贫困地区硬化道路建设、硬化道路的外通内联，以及硬化道路通村屯的交通运输网络，加快提高村屯的交通通达度。截至2020年年底，加快推进贫困地区道路建设、道路通车等工作的落实，在贫困地区改建公路、新增铁路里程、增加动车与高铁里程等，从而进一步使贫困地区与外界的连接更加顺畅。为了提升无电地区和无网络地区的用电条件，实施电力建设、电网改造升级以及输电通道建设等工程。稳定可靠的供电服务实现了在农村地区的全覆盖。对集镇的道路、市场、房屋立面等进行改造提升，统筹做好城乡供水、供电、供气、污水处理等配套工程建设。加强贫困地区通信设施建设，加快向贫困地区推进远程医疗、远程教育、电子商务、数字治理、数字乡村建设，提高贫困地区的信息化水平、数字化水平。实施暖心工程，各地区的基础设施得到明显改善，群众生产生活条件得到极大改善。实施“两床一灶”入住奖励等，加快推进贫困人口的易地扶贫搬迁工作与搬迁入住工作。贫困地区基础设施的改善，从根本上破解了贫困地区“出行难、用电难、用水难、通信难”的问题，让贫困地区的贫困个体或贫困家庭能充分享受改革开放带来的福利。

（4）基本公共服务水平明显提升。在解决好贫困个体或贫困家庭衣食住行等问题基础上，为了加快提升贫困个体或贫困家庭的基本公共服务水平，在贫困地区大力提升文化教育、就业、医疗卫生、社保等方面的公共服务水平，从而为贫困地区与贫困人口尽快脱贫夯实基础。开展捐资助学活动、“雨露”计划和“五个一”爱心助学结对行动，开展学校与学校之间的结对帮扶，引进发达地区教育理念，实现教育资源共享以及远程教育，阻断贫困代际传递。贫困地区公共文化服务水平不断提高，基本实现村级文化设施全覆盖，尤其是中西部省份的基层文化中心建设完成；组织文艺巡演，用扶贫文化激励人、鼓舞人、鞭策人、影响人，开展“送文化、种文化”活动，开展独具特色的“一镇一节”民俗节庆活动，贫困群众业余文化生活逐渐丰富多彩。贫困地区医疗条件显著改善，建立健全基本医保、大病保险、健康扶贫保险、医疗救助、政府兜底保障等制度，形成“五大医疗保障”体系，确保贫困人口基本能够在常见病、慢性病、重大疾病方面就近获得及时诊治，大幅度减轻贫困患者费用负担。利用数字技术赋能社会救助，搭建社会救助数据平台，及时掌握政府的社会救助情况，为精准实施社会救助提供监测数据，大大提高了社会救助的精准度，使贫困人口基本实现了基本养老保险的应保尽保。

2.2 农村脱贫过程中的返贫现象

返贫是脱贫人口因病、因灾、因学、因残等各种原因重新成为贫困人口并再次陷入贫困状态的现象，其主要表现为贫困人口尚未实现根本性的脱贫。返贫有临时性与长期性之分，相较于贫困人口的长期性返贫，贫困人口的临时性返贫的贫困程度与脱贫难度均较低，而贫困人口的长期性返贫的再次脱贫则难度较大。农村贫困人口基数大、贫困发生率与返贫率高、致贫原因复杂、脱贫与返贫并存、脱贫难度较大等一直是中国反贫困工作的大难题。

中国反贫困工作大体可划分如下阶段：1978—1985 年为农村经济体制改革推动减贫阶段，1986—2000 年为大规模减贫和扶贫攻坚阶段，21 世纪以来的后扶贫时代阶段。1978—1985 年的农村经济体制改革推动减贫时期的目标在于消除全国贫困个体或贫困家庭普遍贫困问题。1986—2000 年，消除重点贫困地区的整体贫困、解决贫困个体或贫困家庭的温饱问题是大规模减贫和扶贫攻坚阶段所追求的目标。第一个阶段实施“整村推进”扶贫战略。增加贫困个体或贫困家庭可支配收入、提高贫困个体或贫困家庭生活水平、提高贫困地区社会经济发展水平、巩固脱贫成果、消除贫困个体或贫困家庭返贫现象是该阶段的主要目标。第二个阶段实施第二个扶贫开发纲要，并逐步在贫困地区实施精准扶贫战略（2013 年以后），确保精准解决贫困个体或贫困家庭的贫困问题，确保精准解决温饱问题，重点解决特殊贫困个体或贫困家庭的脱贫返贫问题。尽管中国脱贫扶贫工作获得了很大的成就，但仍然存在返贫现象。

2.2.1　实施扶贫政策后的返贫现象

实施“八七”扶贫计划后，我国贫困个体或贫困家庭在中西部贫困地区集中的特征变为贫困个体或贫困家庭在中西部特殊类型贫困地区集中的特征。对此，中国在 21 世纪制定的第一个十年扶贫纲要，与“八七”扶贫计划不同。中国在 21 世纪制定的第一个十年扶贫纲要具有一些新特点：第一个十年扶贫纲要以消除贫困人口的“等、靠、要”思想与激发贫困个体或贫困家庭内生发展动力，巩固脱贫成果，防止返贫为主要落脚点，建立了一系列完整的反贫困保障措施。但中国的贫困个体或贫困家庭的返贫问题十分突出，2003 年河南、安徽、陕西和黑龙江的返贫人数超过脱贫人数①，

① 彭俊．扶贫开发形势依然十分严峻，去年未解决温饱的贫困人口增加了 80 万人 [N]，人民日报，2004-07-17 (5).

2004 年，实现脱贫的贫困人口较多，但是贫困返贫率仍较高。2005 年，四川省返贫人口上升到 20%以上，2008 年，甘肃省返贫现象较为突出。2014 年、2016 年四川东北部贫困地区分别因洪灾、特大旱灾，导致返贫人口数量增多。2011—2019 年，贵州、云南、青海贫困发生率上升现象突出[①]。2011—2015 年云南省年均 118.91 万人返贫，2019 年贵州少数民族地区返贫现象明显，返贫人口数量较多[②]。

2.2.2 贫困再生产：层次互移、生存均衡与贫困陷阱

（1）群体贫困和个体贫困的互相转化，表现为“贫困再生产”层次互移的特征。从个体角度来说，个体贫困的生成受贫困个体本身的人力资本匮乏与贫困个体本身的可行能力被剥夺的影响。正如阿马蒂亚·森认为，缺失“人们能够做自己想做的事情、过上自己想过的生活的能力”构成功能性福利实现的障碍，而人力资本的匮乏则被归因于贫困个体本身的劣势基因、成就需求缺失和健康状况等，由此影响贫困个体生计资本存量的增进[③]。而个体贫困与脱贫脆弱性相互影响，由于遭遇各种风险（如返贫风险）和遭遇各种自然灾害（干旱、泥石流、洪灾、冰雹等）的冲击，贫困的个体极易出现财富损失和生活质量严重下降的现象。贫困个体本身的人力资本匮乏与贫困个体本身的可行能力被剥夺直接影响贫困个体本身的持续生计能力提升及其人力资本转为生存能力的机会，从而对个体贫困的脱贫产生影响。从群体的角度看，与非贫困地区相比，贫困地区农村农民阶层分化现象不明显，阶层之间、群体之间的福利缺失差异性特征不明显。由于贫困具有自我复制与扩散特征，这种特征对于贫困范围的扩大，以及对于增加贫困人口的数量具有影响；又因个体贫困总量的加成可以形成群体贫困，继而导致群体贫困具有整体性特征；又因贫困范围逐渐扩大、贫困个体或贫困家庭数量增加而导致群体贫困的减贫难度加大。因群体贫困具有整体性特征，易支配部分个体贫困的生成和强化。可见，“贫困再生产”的层次互移是群体贫困

① 李君如．中国人权事业发展报告 NO.1［M］．北京：社会科学文献出版社，2011：68-69.

② 庄天慧，张海霞，傅新红．少数民族地区村级发展环境对贫困人口返贫的影响分析——基于四川、贵州、重庆少数民族地区 67 个村的调查［J］．农业技术经济，2011（2）：41-49.

③ 阿马蒂亚·森，以自由看待发展［M］．任赜，于真，译．北京：中国人民大学出版社，2002.

和个体贫困互相转化的表现，再生产出贫困秩序的稳固性，而群体贫困和个体贫困互相转化和贫困再生产的层次互移增加了反贫困治理的难度。

（2）时间与空间的弱势累积，表现为“生存性均衡”自我维持的特征。首先，从时间角度看，随时间推移时代特征、地域环境、家庭关系、地理空间、资源禀赋条件、健康状况等先赋性弱势因素持续发挥作用，从而使贫苦地区与贫困个体或贫困家庭存在时间与空间的弱势累积现象。同样时代特征、家庭关系、地理区位条件、资源禀赋条件、地区发展状况、经济发展基础等先赋性弱势因素间的综合作用持续在贫困个体或贫困家庭之中发挥作用，当贫困个体或贫困家庭遭遇重大疾病、自然灾害（干旱、泥石流、洪灾、冰雹等）、交通事故等致贫事件时，极易推动先赋性弱势和负向生命事件相互强化，进而导致“双高型弱势累积”的形成，从而使得贫困个体或贫困家庭长期处于贫困状态难以自拔。长期的贫困沉积以及“双高型弱势累积”等因素促使贫困个体或贫困家庭长期处于贫困状态，增加了贫困个体或贫困家庭的脱贫难度。因此，自我再生能力强的贫困，使得贫困个体或贫困家庭陷入无法摆脱贫困的困境，以及使得贫困个体或贫困家庭难以摆脱贫困代际传递的难题，导致贫困个体或贫困家庭的生计压力转化为发展动力的可能性降低。同时，贫困随时间推移而形塑的时间与空间的弱势累积的同时，也推动贫困个体或贫困家庭出现贫困代际传递，制约了贫困个体或贫困家庭的脱贫以及制约贫困个体或贫困家庭的物质资本、人力资本的形成。

贫困时间的弱势累积与贫困空间的弱势累积具有匹配性①。“第一地理因素”“第二地理因素”都是限制贫困的因素，导致贫困个体或贫困家庭的生成，其中“第一地理因素”表现为某一地方的地理区位优势和地区资源优势，而“第二地理因素”表现为地区社会文化发展的差距、地方之间的经济竞争以及地区收入再分配之间的差距等。贫困地区因“第一地理因素”“第二地理因素”的相互结合陷入“空间贫困陷阱”。贫困地区的弱势累积影响贫困个体或贫困家庭物质资本、人力资本转换为发展能力的提

① 檀学文，李成贵．贫困的经济脆弱性与减贫战略述评［J］．中国农村观察，2010（5）：85－96.

升，而且也导致贫困个体或贫困家庭的生存性资源难以转化为生产性资产，进一步影响了贫困个体或贫困家庭的时间与空间的弱势累积，从而持续性形塑出贫困地区“生存性均衡”。从物质生产结构来说，贫困地区的“生存性均衡”体系参考了传统农业社会均衡理论，当物质供给的满足度低时，尽管贫困个体或贫困家庭有效利用有限物质资源，但资源利用的方式仍然停滞落后，导致资源浪费。从文化价值系统来说，Lewis将“贫困文化”作为解释穷人生存方式、价值系统与主流文化存在一定区隔化的理论范式，以此论证“贫困文化”对贫困个体或贫困家庭行为动机和生活情境有很大程度的影响。当贫困地区尚未真正受到现代文化以及自致性文化影响时，地方时空情境“最适”的规范性取向是“贫困文化”，这种“最适”的规范性取向被具体化为有限资源，并被贫困个体或贫困家庭重复运用，继而成为适应自然而行动的“地方性知识”。“贫困文化”和“地方性知识”规范性价值体系影响贫困个体或贫困家庭为建立和实现目标所选择的策略或手段，并支配贫困个体或贫困家庭的行为。贫困个体或贫困家庭在“贫困文化”和“地方性知识”规范性价值体系的支配下，其内部的有机体与环境互相内化，从而形塑出贫困个体或贫困家庭低物质需求的行动策略和生活方式，进而使贫困地区出现“生存性均衡”。贫困再生产因贫困个体或贫困家庭无法将生存性资源转化为生产性资产而出现顽固性贫困。

（3）“结构”与“行动”的关联互构，导致贫困个体或贫困家庭被卷入“经济性贫困陷阱”。首先，从“结构”对“行动”的作用过程来说，在贫困不同的区域交换系统中，存在市场交换子系统市场体系不完善、自然交换子系统低生产力、社会交换子系统宏观社会资本匮乏的结构性障碍。市场交换子系统、自然交换子系统、社会交换子系统间的“断裂”制约贫困群体的生计资本转化提升、贫困个体或贫困家庭自身的可行能力提升以及集体行动能力提升。其次，从“行动”向“结构”的转化过程来说，在贫困不同的区域交换系统中，贫困个体或贫困家庭的交换行为嵌入到自然交换子系统、市场交换子系统以及社会交换子系统中，以此释放生计资本并疏解生计压力。若贫困个体或贫困家庭具有强生计风险且弱生计资本时，贫困个体或贫困家庭的生计资本转换形成了“资源流动封闭”结构。贫困个体或贫困家庭因“结构”与“行动”的关联互构，无法实施有效的物质资本、生计资本、人力资本、自然资本转换行动而陷入“经济性贫困陷阱”。贫困个体或贫困家庭的收入长期处于只能应对基本生存的水平并受“生存性均衡”的物质生产结构和文化价值系统所局限，贫困个体或贫困家庭无法将生存性资源转化为生产性资产，因此绝大部分的资源收益被外部市场消费耗散。因此，应以高强度的收入增长机制创造跨越“经济性贫困陷阱”的条件。综上所述，在后扶贫时代，规模单位和时空条件是贫困再生产的逻辑，并导致“贫困再生产”的层次互移和“生存性均衡”的自我维持；而贫困再生产的根本逻辑是“结构”与“行动”的关联互构，而“结构”与“行动”的关联互构又因中介条件、规模单位和时空条件相互转化，从而使贫困个体或贫困家庭陷入“经济性贫困陷阱”中。

2.3　农村贫困脆弱性的基本特征

贫困脆弱性表现为贫困个体或贫困家庭脱贫后返贫的可能性较高①。原国务院扶贫办主任刘永富认为，“从本质上而言，返贫不是根本意义上的‘返贫’，而是有很多地方存在的返贫现象是因为这个地区根本没有脱贫”②。当贫困人口具有较强的经济发展，摆脱了“等靠要”思想，有稳定收入来源且收入较高，才算真正意义上的脱贫。2020 年实现区域性整体脱贫后，脱贫攻坚与乡村振兴开始逐步衔接，而推动脱贫攻坚与乡村振兴有效衔接，要求巩固脱贫攻坚成果，要精准帮扶贫困个体或贫困家庭，更加注重脱贫质量，脱贫攻坚时期对贫困地区进行外部物质、资金、项目帮扶的做法，要根据乡村振兴的要求转变为激发贫困人口内生动力，继而降低脱贫人口的返贫率以及减少脱贫人口的返贫数量，从而实现从根本上稳定脱贫。贫困人口脱贫后再次返贫的问题是扶贫开发工作的难题，也是世界公认的反贫困难题。

（1）隐蔽性特征。从贫困个体或贫困家庭识别、对贫困个体或贫困家庭实施帮扶、贫困个体或贫困家庭脱贫、贫困个体或贫困家庭再确认的过

① 黄晓军，黄馨，崔彩兰，等．社会脆弱性概念、分析框架与评价方法［J］．地理科学进展，2014，33（11）：1512－1525.

② 刘永富．“返贫”就是没有根本脱贫［OL］．中国政府网，http：//www.gov.cn/guowuyuan/vom/2016－03/21/cont ent_5055815.htm.

程看，排除贫困个体或贫困家庭因误识别、错识别而未成为帮扶对象外，因为“回头看”过程属于巩固贫困个体或贫困家庭可持续生计环节，贫困个体或贫困家庭的脱贫不存在脆弱性的情况，而且在实际中一旦发现存在可能导致贫困脆弱性的不良因素，贫困个体或贫困家庭再次返贫后都可再次获得帮扶。实际扶贫工作中，导致贫困存在隐蔽性的原因有：一是在不知情的情况下贫困个体或贫困家庭在地方政府的扶贫行动中被动脱贫；二是国家或地方政府制定的脱贫指标较难运用量化数据进行有效衡量，给部分贫困地区以及扶贫人员的主观性脱贫提供漏洞。实际扶贫工作中所应用的脱贫评判标准是有差异的。此外，其他省份、地区也存在类似情况。对此，为了统一脱贫标准，内蒙古召开脱贫攻坚战地方脱贫标准研讨会。无论是被动脱贫还是主观意义上的脱贫，它们本质上都是未脱贫，表明了贫困具有隐蔽性、脆弱性特征。

（2）频发性特征。返贫人口的家庭普遍存在主要劳动力健康欠佳、文化水平低、可行能力不高、增收来源单一、“等、靠、要”思想严重、依靠政府与外部帮扶、对村社集体经济发展兴趣低等问题。这些返贫人口脱贫难度更大，他们所在的贫困地区的社会经济基础薄弱，资源优势不明显、地理区位条件较差、贫困个体或贫困家庭自身的内源性发展能力尚未形成。在遭遇天灾人祸时，这类村级贫困家庭，极易陷入循环往复的贫困陷阱中，出现脱贫和返贫交织发生、返贫更难的复杂局面。如 2014—2015 年四川省的脱贫人口 245.2 万人，2017 年有 17 万人未稳定脱贫[①]；2017 年对云南的脱贫返贫进行“回头看”时，宁蒗彝族自治县战河乡万河村 42 户 218 人中就有 27 户 110 人返贫[②]。

（3）地域性特征。我国返贫集中高发地区依然是自然环境恶劣、经济基础薄弱、经济发展优势先天不足的贫困地区。“老、少、边、山、穷”地区中部分地区的地理区位条件差、资源优势不明显、生态环境较恶劣，尤其是受干旱、山体滑坡、泥石流、冰雹等自然灾害频发的影响，农作物产出效益低下，而且因农村文化下乡效果不明显，农民的物质生活与精神

① 四川：让脱贫成果经得起历史考验［OL］. 国务院扶贫办网站，http：//www.cpad.gov.cn/art/2018/3/23/art_5_81128.html.

② 云南：2017 年丽江市精准识别贫困人口 98 890 人［OL］. 国务院扶贫办网站，http：//www.cpad.gov.cn/art/2018/2/9/art_5_78402.html.

生活难以协调，村庄的凝聚力较弱，人才资源也匮乏[①]。此外，乡村经济发展缓慢，城市经济辐射以及带动能力较弱，贫困人口或贫困家庭的劳动力健康状况欠佳、文化水平低、可行能力不高，因而致使贫困地区开展扶贫工作难，巩固脱贫成果难度大。如贵州黔东南自治州雷公山、月亮山等喀斯特山区，自然环境恶劣、经济基础薄弱、经济发展优势先天不足、农业发展方式落后、村集体经济“空壳化”，导致该地区返贫率较高。根据124 个贫困村调查数据测算，2013—2015 年，贫困地区返贫率有所降低，但燕山—太行山区、秦巴山区的返贫人口超过脱贫人口数和新增贫困人口数，返贫率高。山西、甘肃、河北等省份连续三年的返贫现象较严峻，脱贫后返贫的人口数量较多。

（4）异质性特征。全国贫困人口的总量在国家实施脱贫攻坚战略后日益减少，然而无论是贫困发生率低的地区，还是贫困发生率高的地区，返贫现象都呈现异质性特征。大部分情况下，贫困人口的返贫多属于临时性返贫，如因灾返贫、因教返贫、因病返贫、因学返贫等。从年龄构成看，返贫现象在贫弱群体与弱势群体中比较普遍。从贫困情况的性别差异看，男女之间的贫困差别相对较小。从生计特征来说，采取单一脱贫生计策略的脱贫人口的返贫率较高，而采取多样化脱贫生计方式的脱贫人口的返贫低，不采取任何生计策略的脱贫人口的返贫率在三者间是最高的。

3　我国农村民生发展存在的短板问题

3.1　重点领域民生政策进展情况

综合来看，当前农村重点民生问题主要集中在寒旱地区农村人居环境、农村养老服务、乡村教育队伍建设、乡村医生队伍建设、农村社会救助体系建设等五个方面，中央和地方政府高度重视，在政策制定与实施过程中适当倾斜，以政策引领农村民生短板治理。

3.1.1　寒旱地区农村人居环境

干旱和寒冷地区由于地形和气候等因素，人居环境整治难度很大，同

① 胡原，曾维忠．稳定脱贫的科学内涵、现实困境与机制重构——基于可持续生计—脆弱性—社会排斥分析框架［J］. 四川师范大学学报（社会科学版），2019，46（5）：121－128.

时其生态系统相对脆弱。以黄土高原的半干旱地区为例，早期农民过度开垦，导致水土流失严重，增加了自然系统的脆弱性，洪涝灾害频发，严重威胁当地居民的生命财产安全。此外，受城镇化影响，这些地区劳动力大量流失，甚至出现“空心村”。因此，对人口相对稀少、气候相对恶劣、自然灾害频发的寒旱地区人居环境治理，应该因地制宜，特殊对待。甘肃省作为我国较为典型的寒旱地区，积极针对本地区实际情况推动农村人居环境整治工作，依据《农村人居环境整治三年行动方案》（国发〔2018〕5号），结合甘肃省人居环境整治目标，坚持因地制宜和规划引领、量力而行和循序渐进、注重保护和留住乡愁、村民主体和激发动力、标本兼治和建管并重、落实责任和形成合力等原则，出台《甘肃省农村人居环境整治三年行动实施方案》，对城市近郊及县城周边地区、乡镇及周边村庄、偏远村庄及深度贫困村等不同区域，提出了具有针对性的生活垃圾清运处理标准、卫生厕所普及率、生活污水乱排乱放管控标准等，有效推动了“室内整洁、庭院净化、巷道硬化、村庄美化”的人居环境整治行动。然而，由于寒旱地区特殊的经济社会条件，农村人居环境整治仍然面临资金缺乏、持续性不足和村民主动性欠缺等问题。

3.1.2　农村养老服务

推进农村养老服务建设是现阶段完善国家整体养老服务体系的重要组成部分。当前党中央积极制定相关政策，大力推进农村养老服务工作发展。《国务院关于加快发展养老服务业的若干意见》（国发〔2013〕35号）、《国务院办公厅关于推进养老服务发展的意见》（国办发〔2019〕5号）等政策文件对当前养老基础设施建设和养老服务提供提出更高要求：要加大对基层和农村养老服务的投入，启动养老院、老年食堂等农村特困供养服务设施改造工程；通过健全服务网络、拓宽资金渠道、建立协作机制等多种措施，切实加强农村养老服务。在国家政策指引下，财政部门每年投入大量资金用于农村居家养老和社区养老在内的农村养老服务建设工作。国家重视养老服务发展工作，积极推进相关基础设施落地，不断提升养老服务水平，农村养老服务建设进展明显，成果显著，农村老年人的获得感、幸福感、安全感不断提高。但是，当前我国人口老龄化情况较为严重，农村老年人群体基数大，农村家庭养老能力不足，农村养老服务运作和监管问题亟需进一步强化。

3.1.3　乡村教育队伍建设

农村教师队伍建设是长期以来党提升农村教育总体水平的重要手段。2018年全国教育大会上习近平总书记提出，当前出台的政策法规应该更多面向乡村教师，提升乡村教师的待遇水平。在党中央指示下，乡村教育队伍建设的相关要求愈加明确。《乡村教师支持计划（2015—2020年）》出台后，我国农村教育水平不断提升，乡村学校师资队伍逐渐壮大，农村教师“下不去、留不住、教不好”的状况有所好转。国家实现全面小康和脱贫攻坚目标顺利实现的背景下，美丽宜居乡村建设成为新时代新目标。在党中央的决策部署下，教育部联合多个部门经历多次研讨修改，出台《关于加强新时代乡村教师队伍建设的意见》（教师〔2020〕5号）。该意见就三个方面对新时代乡村教育队伍建设提出要求：第一，为乡村教师定向培养提供资金支持。加强同师范类院校合作，增加师范院校学生乡村定向发展指标，明确地方政府、师范院校和师范生定向培养计划，为地方精准培养一批高水平乡村教师。第二，重视农村教师教学能力培训。按照行政区划在省、市、县形成乡村教师教学能力教学水平培训基地，聘请高水平教育专家对乡村教师教学水平提供指导，定期进行教学能力考核，构建名校长、名班主任和名教师“三名”分工协作的乡村教师专业发展体系。第三，科技助力乡村教育水平发展。充分利用人工智能、云计算等现代化信息技术手段，结合传统的教学培养模式，打造乡村新型教学系统，制定创新型课程改革方案，推进信息手段同传统授课方式的有机融合。当前乡村教育队伍建设已取得较大进展，但与此同时也存在不容忽视的问题，如部分教师理想信念不足，尤其是部分到乡村任教的年轻教师缺乏安心从教的意志力，服务年限一到就立即参加公招或调动到县城学校；师资力量分配不均，部分学科缺编严重，音体美等教师大多不愿到乡村学校从教；入口低出口难，只要有教师资格证，仅凭“一张试卷”选教师，对师德缺失、消极怠工、教学水平低的教师尚未建立有效的退出机制。

3.1.4　乡村医生队伍建设

乡村医生是同广大农民群众生命健康离得最近的“守护人”，乡村医生队伍建设是新时代党开展农村民生工作的关注重点，乡村医生是农村医疗卫生队伍的中坚力量。自新一轮医药卫生体制改革实施以来，我国农村地区医疗服务水平显著提高，乡村医生素质水平和专业能力不断提升，农民群众的生命健康权得到有力保障。2015 年国务院出台《关于进一步加强乡村医生队伍建设的实施意见》，从乡村医疗人员体系构建、乡村医生管理和乡村医生学历水平等方面做出具体要求。构建科学合理的乡村医疗服务体系，第一，需进一步明确乡村医生的职责功能，根据地方人口特征和地理条件等要素因地制宜科学配置乡村医疗工作者数量，实现每千人不低于 1 名医生的配比，打造规范的基层首诊、分级诊制度。第二，地方卫生部门要按照《乡村医生从业管理条例》等相关文件强化对乡村医护人员的规范管理，确保诊治、用药、费用缴纳等乡村医疗服务全过程的安全规范，保障农民群体的生命健康权益。第三，规范乡村医生学历要求。明确乡村医生学历标准，组建专业技术过硬的乡村医疗队伍，重视对乡村医护人员医疗能力培训与考核，增加医学专业学生的农村定向培养指标，提高乡村医生岗位吸引力，推进乡村医生收入合理化，改善乡村医生执业环境。尽管各地高度重视乡村医生队伍建设工作，不断加大工作力度，取得了积极成效，但总体来看，乡村医生人才短缺、年龄结构偏大、工资待遇低、发展空间小等问题尚未得到有效解决，乡村医生“引不进、留不住、用不上”已经成为制约基层医疗卫生服务体系建设的最大短板和最弱环节。

3.1.5 农村社会救助体系

党的十八大以来，《关于创新机制扎实推进农村扶贫开发工作的意见》等政策文件出台，要求建立精准扶贫工作机制，扶贫工作进入新的历史阶段，党中央对农村地区社会救助体系建设问题关注程度逐渐加深。《关于做好农村最低生活保障制度与扶贫开发政策有效衔接的指导意见》提出，将精准扶贫工作和农村生活保障制度结合，一系列救助手段也逐渐落实落地。2014 年国务院出台《社会救助暂行办法》，整合最低生活保障、特困人员供养、医疗救助、教育救助、住房救助、就业救助、受灾人员救助、临时救助等八项救助措施，首次构建政府救助和社会力量参与相结合的“8＋1”社会救助新格局。为完善当前特困人员救助体系，2016 年，国家出台《特困人员认定办法》，从救济人员、救济手段和具体救济方法等方面明确救济实施流程。随后，《国家自然灾害救助应急预案》出台，细化突发事件中自然灾害的具体救助方案，《关于解决“两不愁三保障”突出问题的指导意见》提出了实现农村地区困难人口吃穿不愁和基本医疗、教育保障等具体日标，政策的针对性和可操作性逐步增强，农村社会救助体系的政策网络逐渐织就。结合实际情况来看，当前我国农村地区已全部实现脱贫，农村困难群体的生活水平有了极大的提升，农村社会救助体系逐渐完善。但总体而言，目前农村救助体系距离国家要求的目标还存在差距，仍有救济救助资源缺少、基层部门服务水平不到位和救助方式不细致等问题，需要出台相关的法律法规从根本上加以规范。

3.2　农业农村现代化对民生的要求

中国式农业化的关键是实现农业农村现代化，不管工业化、城镇化发展到什么地步，农业都要发展，乡村都不会消亡，城乡将会长期共生并存，这是客观发展规律。综观世界，主要发达国家在实现工业化和城镇化的同时，基本上消除了工农和城乡发展差距，实现了农业农村现代化。但也有一些国家在现代化进程中没有处理好工农关系、城乡关系、民生问题，农业农村发展滞后，农产品供应不足，不能有效吸纳农村劳动力，大量失业农民涌向城市贫民窟，乡村和乡村经济走向凋敝，工业化和城镇化走入困境，甚至造成社会动荡，最终陷入“中等收入陷阱”。

3.2.1　精准定位民生短板的主要表征

党的十八大报告首次正式提出全面建成小康社会，与20世纪70年代末邓小平提出的国家经济发展战略目标既一脉相承又有所发展，即不仅仅强调“小康”，而且为这一目标设置了“全面”这一限定语，平衡、协调和可持续发展是全面建成小康社会的必要条件。实现平衡就必须将小康社会建设为覆盖所有人口和地域，让所有农村摆脱贫困落后面貌，既注重提升农村群众对全面建成小康社会的满意度，又增强国际社会对中国减贫成效的认可度。实现协调就必须对各个领域都要进行覆盖和统筹，促进现代化建设的各个方面和各个环节均衡发展。实现可持续发展关键在于保证区域全覆盖，以及实现区域内地区间经济发展水平的均衡①。考虑到上述需求，习近平总书记指出当前我国深度贫困地区仍存在基础设施建设、公共服务提供、生态环境治理等方面的短板问题。对于民生短板问题的精准定

① 刘良军．新中国成立70年我国农村民生改善的宝贵经验［J］．广西社会主义学院学报，2019（4）：11-15.

位，是对标对表新时代发展目标、验证民生发展短板和实施精准治理的基本依托。

3.2.2 聚焦健全各项托底性民生制度

民生问题涵盖的内容广泛，涉及人民群众生活的各个方面，落实托底性民生制度，提供托底性民生服务，加大普惠性基础民生投入。首先，要关注国家深度贫困地区，切实保障全体国民的基本权益，争取脱贫攻坚“总决战”的胜利，乘势开启惠及全体国民的社会主义现代化建设新征程。其次，夯实基础性民生服务，除满足教育、住房、养老等基本生活需要外，还要加强对农村尤其是偏远地区水、电、路等基础设施的建设与日常修护工作。最后，完善托底性保障机制。构建针对农村留守老人、儿童等弱势群体的关爱服务项目，保障失去劳动能力的农村主体的基本权益，形成托底安全保障网络，带领农村弱势群众共享全面小康成果①。

3.2.3 科学开展民生治理绩效评估工作

根据2018年中共中央、国务院印发的《关于打赢脱贫攻坚战三年行动的指导意见》要求，2020年国家脱贫攻坚普查任务要全面开启。为最大限度地实现脱贫攻坚成效，真正帮助困难群体摆脱贫困，避免脱贫后返贫和规避数字脱贫、虚假脱贫等问题，一定要遵循科学审慎有序的民生治理绩效评估方法。一方面要树立全面建成小康社会并非“平均主义”的意识，要参照地域经济社会发展实际、因地制宜改善民生状况，不能眼高手低，盲目跟风比较，杜绝形式主义的“数字”脱贫和“指标”脱贫。另一方面，要兼顾地方实际的治理能力量化结果这一客观要素同地方群众意愿诉求和真实获得感这一主观要素，审慎开展民生治理绩效评估工作。

3.2.4 积极推进全面小康与后小康社会的有机衔接

从历史发展的视角来看，民生保障工作仍需继续推进。2020年全面建成小康社会仅仅是党和政府实现的第一个百年奋斗目标，跨越这一发展阶段，整个中国社会还要为中华民族几千年梦寐以求的“大同社会”理想生活状态而奋斗。因此，全面建成小康社会不意味着国家民生推进工作的

① 孙其信．关于农村民生问题的思考［J］．中国领导科学，2017（6）：42-43.

结束，而是实现民生治理新阶段的重要起点，真正做到“脱贫摘帽不摘责任、不摘政策、不摘帮扶”。按照习近平总书记的指示要求，既要为全面建成小康社会跑好“最后一公里”，又要乘势而上开启全面建设社会主义现代化国家新征程。要结合研究制定“十四五”规划，部署好全面建成小康社会之后的发展，实现两个一百年奋斗目标。

3.3　江苏省民生发展的总体状况

3.3.1　工作与就业

表5-1中，缴纳医疗保险的城镇地区居民占97.9%，缴纳医疗保险的农村地区居民占96.9%，苏南地区缴纳医疗保险的居民占96.7%，苏中地区缴纳医疗保险的居民占96.5%，苏北地区缴纳医疗保险的居民占98.8%，本地居民缴纳医疗保险的占97.7%，外地居民缴纳医疗保险的占94.6%。

表5-1　2020年医疗保障情况比较

单位：%

项目	城乡		地区			户籍所在地		合计
	城镇	农村	苏南	苏中	苏北	本地	外地	
城镇职工基本医疗保险	48.4	5.8	45.9	35.7	9.2	29.6	27.9	29.5
城乡居民基本养老保险（城镇居民基本医疗保险和农村基本医疗保险或新型农村合作医疗保险）	43.1	87.9	44.3	54.1	86.9	63.0	62.2	62.9
公费医疗	1.3	0.2	1.6	0.4	0.2	0.8	0.9	0.8
商业医疗保险	3.6	2.2	3.5	4.7	1.4	2.9	3.6	2.9
儿童、学生、老人的专门医疗保险	1.6	0.9	1.4	1.6	1.0	1.4	0.0	1.3
没有任何医疗保险	2.1	3.1	3.3	3.5	1.2	2.3	5.4	2.5

表5-2中，从居民是否正在从事有收入的工作来看，苏南、苏中、苏北地区间差异较小，但是城镇和农村差异仍较大。从户籍所在地来看，本地和外地的受访者差异较为明显，本地中有工作的受访者占49.0%，有工作但暂时停歇业者占0.6%，以前有工作但现在不工作者占45.1%，未做任何工作者占5.3%。外地中有工作的受访者占77.9%，有工作但暂时停歇业者占4.8%，以前有工作但现在不工作者占17.3%，没有未做过

任何工作的受访者。

表 5-2　2020 年居民当前正从事的工作类型比较

单位：%

项目	城乡		地区			户籍所在地		合计
	城镇	农村	苏南	苏中	苏北	本地	外地	
有工作	41.8	63.2	45.8	51.7	57.1	49.0	77.9	51.5
有工作，但目前暂时停业、歇业	1.1	0.9	1.3	0.8	0.8	0.6	4.8	1.0
以前有工作，现在不工作（包括离退休、下岗、离职等）	53.8	29.2	50.6	42.5	34.8	45.1	17.3	42.7
从未做任何工作（包括毕业后未工作、正在上学的孩子）	3.4	6.6	2.3	5.0	7.3	5.3	0.0	4.8

表 5-3 中，对于受访者工作地点的比较中，在本市工作的居民占比达到了 98.1%，而在省内其他市以及外省工作的居民比例仅为 1.1%和 0.8%。此外，城镇和农村差异也不大。从地区来看，苏南、苏中、苏北之间情况也较为接近，苏南在本市工作的占 99.6%，没有在省内其他市工作的受访者，在外省工作的占 0.4%；苏中在本市工作的占 96.0%，在省内其他市的占 2.4%，在外省工作的占 1.6%；苏北在本市工作的占 98.2%，在省内其他市的占 1.4%，在外省工作的占 0.4%。

表 5-3　2020 年受访者工作地点的比较

单位：%

项目	城乡		地区			户籍所在地		合计
	城镇	农村	苏南	苏中	苏北	本地	外地	
本市（县、区）	99.2	97.1	99.6	96.0	98.2	97.8	100.	98.1
省内其他市（县、区）	0.4	1.7	0.0	2.4	1.4	1.3	0.0	1.1
外省（自治区、直辖市）	0.4	1.2	0.4	1.6	0.4	0.9	0.0	0.8

表 5-4 中，城镇地区缴纳养老保险的居民占 90.4%，农村地区缴纳养老保险的占 83.7%，苏南地区缴纳养老保险的占 89.3%，苏中地区缴纳养老保险的占 88.3%，苏北地区缴纳养老保险的占 85.4%，本地缴纳养老保险的占 88.7%，外地缴纳养老保险的占 74.1%。数据显示，养老保险的普及率及参保率均较上年有明显增长。

表5-4　2020年养老保险情况的比较

单位：%

项目	城乡		地区			户籍所在地		合计
	城镇	农村	苏南	苏中	苏北	本地	外地	
城镇职工基本养老保险	50.5	7.1	47.4	37.1	11.3	31.5	26.9	31.1
城乡居民基本养老保险（包括城镇居民基本养老保险和农村居民基本养老保险或新型农村合作医疗保险）	35.1	70.1	35.4	46.8	68.6	51.3	45.2	50.8
机关事业单位养老保险	0.7	0.4	1.2	0.0	0.2	0.6	0.0	0.6
参加过城镇职工基本养老保险，但现已中断缴费	1.0	1.3	1.2	0.4	1.4	1.1	1.0	1.1
参加过城镇居民基本养老保险，但现已中断缴费	0.9	0.0	0.6	0.4	0.4	0.5	0.0	0.5
参加过新型农村合作医疗保险，但现已中断缴费	0.3	2.2	0.4	1.6	1.6	1.2	0.0	1.1
商业养老保险	1.6	2.7	2.6	2.0	1.6	2.2	1.0	2.1
企业年金	0.3	0.0	0.2	0.0	0.2	0.2	0.0	0.2
未到年龄，不需要	1.5	2.5	1.6	0.8	2.9	1.5	6.7	1.9
都没有	7.8	12.9	8.2	10.5	11.7	9.5	15.4	10.0
不知道	0.3	0.9	1.2	0.4	0.0	0.3	3.8	0.6

数据显示（表5-5），就受访者本人的职业类型来看，从事的职业类型多样，从事的职业分散，其中受访居民19.8%从事专业务农，6.2%为民营/私营企业员工，个体工商户雇主占比5.2%，农村专业管理人员与党政机关、军队、社会团体职员都占比3.1%；其家庭成员的职业类型主要集中在民营/私营企业职工，占比15.4%；专业务农，占比6.5%；其余受访者其他家庭成员从事的职业比较分散，分散在个体工商户雇员、自由职业者、教科文卫等事业单位职工等。

表5-6中，就江苏省居民从事的行业来看，从事的行业类型多样，吸纳就业人员最多的是农林牧渔业（22.5%）和居民服务、修理和其他服务业（4.8%）。受访者家庭成员主要集中于农林牧渔业（8.8%）和建筑业（8.4%）。

表 5-5 2020 年受访者就业类型

单位：%

当前就业类型	本人		家庭成员	
	样本数	占比（%）	样本数	占比（%）
专业务农	237	19.8	195	6.5
兼业农民	33	2.8	73	2.4
农村自营业者	25	2.1	23	0.8
农村专业管理人员	37	3.1	12	0.4
党政机关、军队、社会团体职员	37	3.1	42	1.4
教科文卫等事业单位职工	20	1.7	75	2.4
国有（国有控股）企业职工	12	1.0	85	2.8
民营/私营企业职工	74	6.2	464	15.4
合资、外资或港澳台企业员工	12	1.0	29	1.0
民办非企业单位、非营利组织职工	4	0.3	10	0.3
个体工商户雇主	62	5.2	103	3.4
个体工商户雇员	33	2.8	158	5.3
自由职业者	39	3.3	152	5.1
其他/不清楚	5	0.4	35	1.2
逻辑性总计	570	47.5	1 550	51.2

表 5-6 2020 年受访家庭就业所属行业表

单位：%

所属行业	本人		家庭成员	
	样本数	占比（%）	样本数	占比（%）
农、林、牧、渔业	270	22.5	265	8.8
采矿业	0	0.0	2	0.1
制造业	54	4.5	254	8.4
电力、煤气及水的生产和供应业	4	0.3	45	1.5
建筑业	26	2.2	137	4.6
批发、零售业	41	3.4	103	3.4
交通运输、仓储及邮政业	15	1.3	85	2.8
住宿和餐饮业	38	3.2	62	2.1
信息传输、计算机服务和软件业	4	0.3	38	1.3

（续）

所属行业	本人		家庭成员	
	样本数	占比（%）	样本数	占比（%）
金融业	3	0.3	34	1.1
房地产业	1	0.1	13	0.4
租赁和商务服务业	12	1.0	20	0.7
科学研究、技术服务和地质勘查业	0	0.0	13	0.4
水利、环境和公共设施管理业	2	0.2	10	0.3
居民服务、修理和其他服务业	58	4.8	131	4.4
教育业	11	0.9	38	1.3
卫生和社会工作	32	2.7	41	1.4
文化、体育和娱乐业	7	0.6	24	0.8
公共管理、社会保障和社会组织	47	3.9	47	1.6
国际组织	0	0.0	0	0.0
其他/逻辑跳过	5	0.4	94	3.1
逻辑性总计	570	47.5	1 550	51.6

数据显示（表 5－7），江苏居民最希望在工作中改善的问题是收入水平低，占 27.8%，其次是工作辛苦，占 18.8%。从城乡上看，农村居民认为收入水平低的占 29.4%，是城市居民的 1.15 倍；从地区上看，苏南、苏中、苏北居民认为收入水平低的比重分别是 26.2%、29.2%和 28.3%，区域之间的居民认为收入水平低的比例差距小，说明江苏各地区居民希望改善的问题是“收入水平低”；从本地与外地居民比较看，本地与外地居民都希望在工作中改善的问题是“收入水平低”。

表 5－7　2020 年对当前工作最希望改进的地方的比较

单位：%

项目	城乡		地区			户籍所在地		合计
	城镇	农村	苏南	苏中	苏北	本地	外地	
工作不稳定，失业风险大	8.9	7.7	7.9	6.8	9.0	8.0	9.7	8.2
收入水平低	25.5	29.4	26.2	29.2	28.3	28.2	25.0	27.8
收入不稳定	14.2	20.1	13.1	13.5	22.5	17.6	17.7	17.6

（续）

项目	城乡		地区			户籍所在地		合计
	城镇	农村	苏南	苏中	苏北	本地	外地	
工作辛苦	18.1	19.4	18.9	21.4	17.8	19.7	12.9	18.8
安全和健康风险高	2.7	2.8	2.7	5.7	1.5	2.8	2.4	2.7
无社保或社保水平低	4.8	4.2	3.7	3.6	5.4	4.4	4.8	4.5
职业技能积累少，未来发展前景不好	3.6	1.6	3.4	2.6	1.7	2.2	4.0	2.4
都挺好，不需要改善	22.2	14.9	24.1	17.2	13.9	17.1	23.4	17.9

数据显示（图 5－1），城乡居民不再外出打工原因中选择“因家庭原因不想或者不能外出工作”的人数较多，占总人数的 34.8%；选择“因个人原因在外找不到工作（如年龄太大、学历太低、没有手艺等）”的人数也占一定比例，为 20.7%。从图中数据可以看出，受疫情影响不敢或无法外出的仅占 8.9%。综合上述分析，可以总结出家庭与个人因素是居民不外出打工的主要原因，2020 年的疫情不是影响城乡居民不外出打工的主要因素。

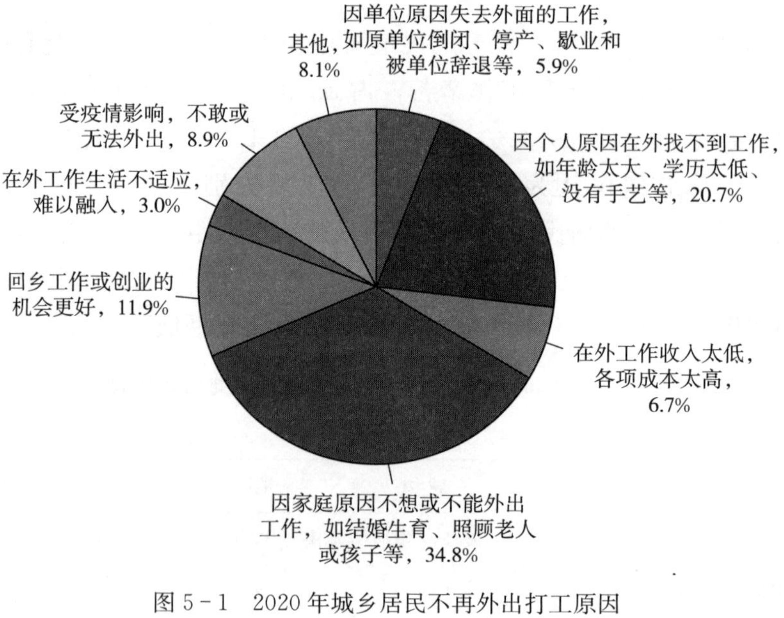

图 5－1　2020 年城乡居民不再外出打工原因

数据显示（图 5－2），居民不再外出人口在家就业的情况较为多样。

不再外出人口在家就业情况中选择“做自家农活”的人数较多，占了 26.6%；也有 18.8%的受访者不外出工作，主要是在农业类企业或农村合作社、家庭农场、种养大户打工；在现代服务业创业经营、互联网新兴行业创业与体制内单位工作的比重较小。总体上说明，居民不再外出人口在家就业主要是从事传统类型的工作，从事现代化工作的人员较少。

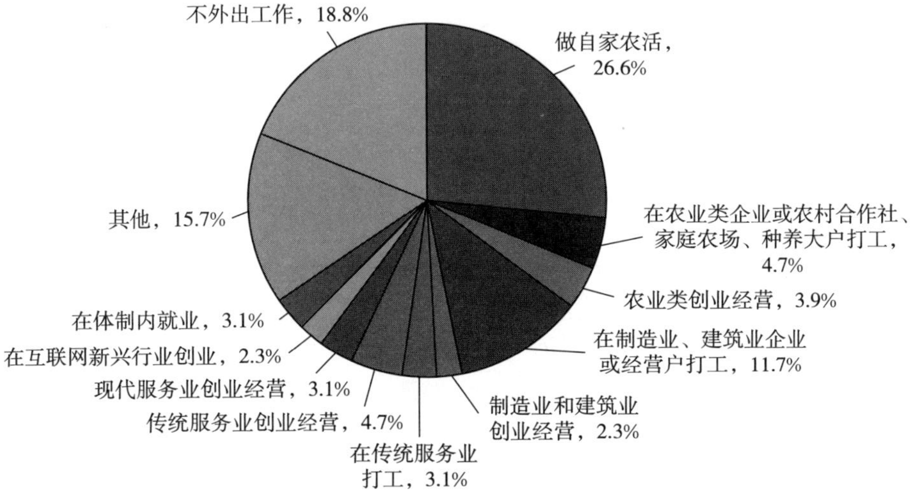

图 5-2 2020 年不再外出人口在家就业情况

3.3.2 基本民生问题

（1）居民生活满意度总体较高。表 5-8 显示，不管是从城乡层面看，还是从地区层面看，或者从户籍所在地层面看，大部分居民对家庭生活表示很满意或基本满意，少部分居民对家庭生活表示不太满意或很不满意。具体看，居民对家庭生活满意度的城乡差别不大，城镇居民的生活满意度为 68.4%，农村居民的生活满意度为 67.5%；居民对家庭生活满意度的区域差别较大。

（2）收入医疗教育问题依旧是社会的焦点。由表 5-9 可知，居民最关心的问题是收入、医疗和教育问题，其次是养老和住房问题。此外，按城乡、地区和户籍所在地划分统计的数据显示，农村对收入水平不满的家庭较多，城镇对收入水平不满的家庭较少，苏北地区对收入水平不满的家庭比例分别比苏南、苏中高出 7.1 个百分点和 6.2 个百分点，外地人员对收入水平不满的家庭比例比本地居民高出 3.3 个百分点。

表 5-8 2020 年家庭生活满意度比较

单位：%

项目	城乡		地区			户籍所在地		合计
	城镇	农村	苏南	苏中	苏北	本地	外地	
很满意	24.5	21.7	25.0	18.3	24.0	24.0	15.4	23.3
基本满意	43.9	45.8	42.1	55.4	42.1	45.5	36.5	44.8
一般	20.4	17.6	22.5	17.1	16.9	18.0	31.7	19.2
不太满意	9.6	10.7	9.0	8.3	12.1	9.7	14.4	10.1
很不满意	1.5	4.2	1.5	0.8	5.0	2.8	1.9	2.8

表 5-9 2020 年家庭生活焦虑情况比较

单位：%

项目	城乡		地区			户籍		合计
	城镇	农村	苏南	苏中	苏北	本地	外地	
就业状况	6.1	3.5	6.0	3.5	4.7	4.3	10.3	5.0
收入水平	18.3	23.9	17.7	18.6	24.8	20.4	23.7	20.7
子女教育	19.1	18.2	18.0	15.8	20.9	18.1	24.1	18.7
医疗	19.3	22.2	17.6	23.7	22.0	22.2	6.3	20.6
养老	11.4	11.8	11.0	14.8	10.5	11.7	10.7	11.6
住房	7.4	3.7	8.3	6.7	3.0	5.1	12.1	5.8
食品安全	5.4	1.7	5.5	4.9	1.6	3.7	4.5	3.8
环境污染	3.3	0.7	3.1	3.2	0.8	2.3	1.3	2.2
交通出行	1.1	0.5	1.4	0.2	0.6	0.8	1.3	0.8
政府服务	0.3	0.5	0.7	0.0	0.3	0.3	1.3	0.4
其他	1.1	1.5	1.2	0.5	1.7	1.3	0.4	1.2
没有	7.2	11.7	9.6	8.1	9.2	9.7	4.0	9.1

3.3.3 收入与消费

（1）居民年收入分布呈橄榄型结构，城乡、地区与本地外地居民间存在差异。从表 5-10 中的数据来看，2020 年年收入在 5 万～25 万元的家庭数量最多，占比 59.2%，因此呈现中间大两头小的橄榄型结构。从城乡层面分析，年收入在 5 万元以下的家庭在农村地区较多，年收入在 5 万元以下的家庭在城镇地区较少，农村与城镇分别为 48.9%、19.6%；从地区层面分析，苏北、苏南、苏中地区年收入在5万元以下的家庭分别为48.3%、20%和27.4%；从户籍所在地层面分析，年收入在5万元以下的本地居民家庭比例高于外来务工人员家庭的比例。家庭年均收入如果按城乡、地区和户籍所在地细分其差异比较大。

表5-10　2020年家庭年收入比较

单位：%

项目	城乡		地区			户籍所在地		合计
	城镇	农村	苏南	苏中	苏北	本地	外地	
1万元以下	3.7	15.3	5.0	8.3	13.1	9.3	4.8	8.9
1万～2.99万元	7.5	16.5	6.5	5.8	19.6	12.5	1.9	11.6
3万～4.99万元	8.4	17.1	8.5	13.3	15.6	12.6	9.6	12.3
5万～9.99万元	30.0	25.4	26.9	28.8	28.5	27.2	35.6	27.9
10万～14.99万元	19.7	14.5	20.6	21.3	12.1	16.6	25.0	17.3
15万～24.99万元	20.4	6.3	21.7	14.6	6.0	14.2	11.5	14.0
25万～49.99万元	7.9	4.0	8.1	6.7	4.0	6.0	7.7	6.2
50万元以上	2.4	0.9	2.7	1.3	1.0	1.6	3.8	1.8

（2）居民增收感有所下降，其中农村、苏北以及外地居民尤为明显。从对受访居民2019年家庭收入变化的调查数据来看（表5-11），43.3%的居民认为今年收入与上一年基本持平；41.2%的居民认为今年收入较上一年“有些减少”和“明显减少”；仅14.2%的居民认为今年收入较上一年有增长。从城乡差异来看，认为本年度收入有所增长的城镇居民占比（19.3%）高于农村居民占比（8.0%），而认为本年度收入减少的农村居民占比（48.2%）高于城镇居民占比（35.5%）。从地区差异来看，苏北地区认为收入比上一年有增长的居民占比为8.5%，这一比例低于苏南的19.0%和苏中的15.8%，而认为收入比上一年减少的居民占比则高达51.5%，高于苏南的33.1%和苏中的37.1%。

（3）经济援助工作落实较为到位。表5-12反映了受访居民2020年所获得的经济援助情况，从数据来看，低保、医疗救助、其他援助、精准脱贫救助占据了受访居民所获各类经济援助的前四位。从城乡层面上看，农村居民获得低保援助的比例最高；农村居民获得精准脱贫救助的比例同样比城镇居民高出3.2个百分点。从地区层面上看，苏北地区居民获得低保、精准脱贫救助的比例均高于苏南和苏中，而苏南地区居民获得的医疗救助最多。从户籍所在地层面来看，外地居民获得各类经济救助中其他援助所占比例较高，而本地居民获得的经济援助中低保援助所占比例较高。

表 5－11　2020 年家庭总收入较去年增减幅度比较

单位：%

项目	城乡		地区			户籍所在地		合计
	城镇	农村	苏南	苏中	苏北	本地	外地	
显著增长	0.9	0.6	1.3	0.4	0.4	0.7	1.0	0.8
有些增长	18.4	7.4	17.7	15.4	8.1	13.4	13.5	13.4
差不多	44.2	42.3	46.9	45.0	39.0	45.1	25.0	43.3
有些减少	20.9	28.5	20.0	24.2	28.8	23.8	29.8	24.3
明显减少	14.6	19.7	13.1	12.9	22.7	15.7	29.8	16.9
说不准	0.9	1.7	1.0	2.1	1.0	1.3	1.0	1.3

表 5－12　2020 年居民所获经济援助比较

单位：%

项目	城乡		地区			户籍所在地		合计
	城镇	农村	苏南	苏中	苏北	本地	外地	
低保	21.9	41.0	25.6	31.0	36.5	33.1	16.7	32.4
特困供养	7.8	12.8	10.3	27.6	4.1	11.0	0.0	10.6
教育帮扶	14.1	5.1	10.3	10.3	8.1	8.8	16.7	9.2
医疗救助	26.6	14.1	28.2	17.2	16.2	19.9	16.7	19.7
临时（灾害紧急）救助	1.6	1.3	2.6	3.4	0.0	1.5	0.0	1.4
精准脱贫救助	10.9	14.1	2.6	0.0	23.0	12.5	16.7	12.7
其他	17.2	11.5	20.5	10.3	12.2	13.2	33.3	14.1

（4）医、教、食、住仍是居民家庭主要支出。表 5－13 反映了 2020 年江苏省居民家庭消费支出的分布情况。数据表明，城乡居民消费支出压力主要体现在食品、子女教育、医疗和住房方面。城镇地区居民的住房消费支出压力较高，农村地区居民的住房消费支出压力较低；而农村地区居民的医疗消费支出压力高，城镇地区居民的医疗消费支出压力较低。苏北地区居民子女教育、医疗消费支出压力相对较高，苏南地区居民的食品、

子女教育支出压力相对较高。本地居民的食品消费支出压力明显高于外地居民的食品消费支出压力。

表 5-13　2020 年家庭消费支出压力分布

单位：%

项目	城乡		地区			户籍所在地		合计
	城镇	农村	苏南	苏中	苏北	本地	外地	
食品	31.7	28.9	33.0	29.9	28.1	31.3	22.7	30.5
住房（贷款、房租）	11.4	6.9	13.2	7.7	6.3	7.4	27.3	9.4
子女教育	21.3	21.1	18.8	21.5	23.5	20.9	23.6	21.2
医疗	18.7	23.9	17.9	22.9	23.4	22.3	9.5	21
人情送礼	4.3	8.0	3.9	7.0	7.4	6.3	2.1	5.9
休闲旅游	2.5	0.2	3.1	0.7	0.3	1.5	1.7	1.5
赡养老人	4.9	5.6	4.6	6.3	5.2	5.1	5.2	5.2
交通	1.9	1.7	2.1	1.4	1.7	1.5	4.5	1.8
服饰美妆	1.8	0.4	1.8	0.7	0.7	1.1	1.7	1.2
其他	1.6	3.4	1.6	1.8	3.4	2.5	1.7	2.4

3.3.4　子女教育

城乡之间、地区之间课外辅导培训班参与率不同且费用支出差距大。数据显示（表 5-14），共有 37.6%的学生参加了课外辅导班。从城乡上看，城市居民让子女参加辅导培训班的参与率是农村居民让子女参加辅导培训班的参与率的 1.54 倍，城乡之间课外辅导培训班参与率不同且费用支出差距大。从地区层面分析，苏南、苏中地区的课外辅导培训班参与率均接近半数，比苏北地区的辅导班参与率分别高出 18.1 个百分点和 19.5 个百分点；在培训班费用上，苏南地区普遍高于苏中、苏北，显然地区之间课外辅导培训班参与率不同且费用支出差距大，苏中、苏北地区家庭对于子女参与课外辅导培训班的认知与重视程度不同。

如表 5-15 数据显示，驱使城市和农村学生参加课外辅导培训班的最主要的原因是为了巩固和提高学习成绩。从地区上看，苏南、苏中、苏北的学生中，大部分是期望巩固和提高学习成绩而选择参加课外辅导培训班，也有部分学生是周边同学都参加了或者为了升学与能上想去的学校而选择参加，较少因为他人建议或出于无人看管等外在因素选择参加辅导班。在苏北，因学习不好需要参加的情况占一定比例，但是这种情况在苏南、苏中地区较少存在。

表 5－14　2020 年课外辅导培训班参与率及费用统计

单位：%

项目	城乡		地区			合计
	农村	城镇	苏南	苏中	苏北	
参与率（%）	29.0	44.7	45.7	47.1	27.6	37.6
费用（元）						
1 000 元以内	24.6	5.4	4.1	7.5	25.4	12.1
1 000～4 999 元	39.3	20.5	18.9	22.5	40.7	27.2
5 000～9 999 元	19.7	20.5	27.0	12.5	16.9	20.2
10 000～19 999 元	9.8	25.0	25.7	22.5	10.2	19.7
20 000～29 999 元	1.6	11.6	8.1	15.0	3.4	8.1
3 万元以上	4.9	17.0	16.2	20.0	3.4	12.7

表 5－15　2020 年参加课外辅导培训班原因统计

单位：%

项目	城乡		地区			合计
	城市	农村	苏南	苏中	苏北	
学习不好，需要参加	12.7	25.4	9.9	15.0	27.6	17.2
学习还行，但想巩固提高	59.1	42.4	59.2	50.0	48.3	53.3
周边同学都参加了	25.5	13.6	22.5	25.0	17.2	21.3
为了升学或能上想去的学校	19.1	6.8	22.5	17.5	3.4	14.8
放学太早，没有人看管	6.4	6.8	7.0	10.0	3.4	6.5
有些内容课堂上不讲	5.5	3.4	2.8	10.0	3.4	4.7
有些内容提前先学，有优势	11.8	16.9	16.9	2.5	17.2	13.6
学校或老师建议的或推荐的	1.8	6.8	0.0	5.0	6.9	3.6
其他原因	12.7	25.4	9.9	15.0	27.6	17.2

图 5－3 显示，“过去一年学前阶段教育状况没有需要改善”是大部分受访居民所选择的选项。但学前阶段教育也存在“入园贵”“入园难”等问题。显然，学前教育阶段的“入园贵”“入园难”问题，仍然是群众关心的主要问题，这两个问题仍需要政府着力解决。

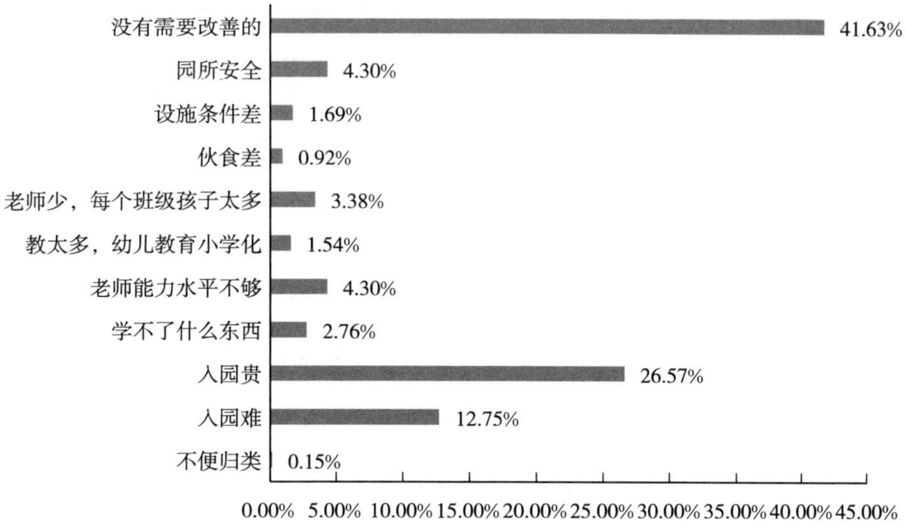

图 5－3　2020 年学前教育阶段最突出的问题

对于义务教育阶段受访居民最希望改善的事项中（图 5－4），多数的居民认为当前义务教育办学条件有所改善，但是校际之间的办学条件差距仍是他们担心的问题。义务教育问题主要集中在校际之间办学条件方面，从侧面反映出义务教育资源配置不均衡，办学条件参差不齐，进而校际办学条件差异大，因此需要从国家层面解决义务教育资源配置不均衡的问题。

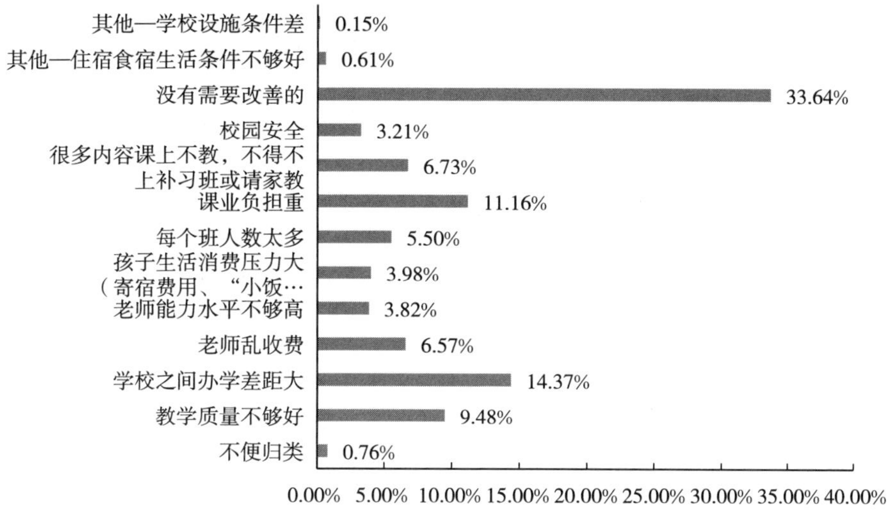

图 5－4　2020 年义务教育阶段最突出的问题

表5－16显示，城市居民选择教育总支出压力“非常高”的比例低于农村居民，选择“比较高”的比例也低于农村居民，显然由于城市家庭收入普遍高于农村家庭。地区经济能力与家庭教育支出压力具有相关关系，整体来说经济越发达的地区，居民家庭收入越高，对于教育的支出压力反而越低，从苏南到苏中再到苏北地区的经济发展实力逐步减弱，而教育支出压力从苏南到苏中再到苏北则逐步增强。

表5－16　2020年教育总支出及压力比较

单位：%

项目	城乡		地区			合计
	城市	农村	苏南	苏中	苏北	
非常高	4.53	13.21	3.21	3.58	10.94	17.74
比较高	12.45	24.91	13.58	7.55	16.23	37.36
一般	12.08	20.94	13.96	6.42	12.64	33.02
比较低	4.15	5.28	3.77	1.32	4.34	9.43
非常低	0.94	1.51	0.94	0.57	0.94	2.45

3.3.5　医疗卫生

表5－17显示，大部分受访者认为看病难与看病贵问题、社区医院服务能力、医生服务态度略有改善，其中认为社区医院服务能力和医生服务态度有所改善的分别有47.42%、53.33%，同时也有部分受访者表示“看病难、看病贵”问题、社区医院服务能力、医生服务态度没有发生变化，“看病难、看病贵”问题是医疗服务方面需要继续着力解决的问题。

表5－17　2017—2020年医疗服务变化统计

单位：%

项目	明显改善	略有改善	没有变化	略有恶化	明显恶化	不清楚
看病难是否改善	7.75	33	39.75	8.58	0.75	10.17
看病贵是否改善	4.42	25.08	43.75	15.33	1.67	9.75
去医疗机构看病方便程度	10.92	45.83	28.33	7.25	1.17	6.5
社区医院服务能力是否改善	12.25	47.42	24.25	2.17	0.25	13.67
医院服务态度是否改善	16.67	53.33	21.33	1.83	0.33	6.5

3.3.6　养老保障

（1）养老压力普遍存在，对资金来源的担心最为显著。表 5－18 表明，较多居民担心养老问题的人群占 45.33%。对于养老问题的担心程度农村明显高于城市，其中农村居民对于养老问题的担心程度高，城市居民对于养老问题的担心程度较低，而城市居民不担心“养老的钱不够”，农村居民最担心“养老的钱不够”。从地区角度看，苏北地区居民对于养老问题的担心程度高于苏南与苏中居民，其中苏北地区居民比较担心养老问题，苏南和苏中地区居民不怎么担心养老问题。除了最担心“养老的钱不够”，大部分居民比较忧虑健康状况、日常照料、行动能力等问题。

表 5－18　2020 年居民对养老问题的担心程度及表现

单位：%

项目		城乡		地区			合计
		农村	城市	苏南	苏中	苏北	
担心无人照顾	非常担心	7.90	9.15	8.33	7.92	9.17	8.58
	比较担心	20.96	16.92	15.63	22.92	19.79	18.75
	有点担心	16.73	19.05	18.96	16.25	17.92	18.00
	不太担心	33.82	33.08	35.83	34.58	30.42	33.42
	一点也不担心	14.34	15.09	12.92	13.33	17.29	14.75
	说不准/没想过	6.25	6.71	8.33	5.00	5.42	6.50

从当前社会养老面临最大的问题来看（表 5－19），45.24%的居民认为社会养老机构的收费太高是导致其发展受阻的主要原因，其次 12.38%的居民认为社会养老的专业机构和人员数量太少。

表 5－19　2020 年居民认为社会养老存在的问题

单位：%

项目	城乡		地区			合计
	农村	城市	苏南	苏中	苏北	
专业机构和人员数量太少	11.47	12.86	11.92	10.61	14.29	12.38
服务的专业化水平不够	6.88	9.71	8.28	9.09	9.18	8.73
收费太高	39.45	48.30	50.66	37.12	42.35	45.24

（续）

项目	城乡		地区			合计
	农村	城市	苏南	苏中	苏北	
服务内容不够丰富	2.29	3.16	3.31	5.30	0.51	2.86
服务人员缺乏职业道德，不尽心、不负责	4.59	11.89	9.93	11.36	7.14	9.37
没有问题	30.28	11.65	14.24	19.70	22.96	18.10
其他	5.04	2.43	1.65	6.82	3.57	3.33

（2）养老经济来源单一，城乡差异大。表 5－20 显示，农村居民主要以退休金作为养老经济来源，占比 36.7%，城市以自己的退休金为主要养老经济来源的比例为 75.4%，是农村以自己的退休金为主要养老经济来源的 2 倍。同时，农村居民中也有部分居民的养老是依靠子女或其他亲属，依靠子女或其他亲属养老的比例在城市中仅有 8.9%。但苏中、苏北地区依靠子女、亲属养老的比例远高于苏南地区。从户籍差异来看，主要依靠自己退休金养老的本地居民比例显著高于外地务工居民；在外地务工居民中，少部分选择凭借退休金/养老金养老，大部分选择工作收入作为养老金的主要来源。

表 5－20　2020 年居民养老经济来源所占比重表

单位：%

项目	城乡		地区			户籍所在地		合计
	城市	农村	苏南	苏中	苏北	本地	外地	
自己的退休金（退休金）/养老金	75.4	36.7	73.6	45.5	45.5	56.9	28.6	56.6
配偶的退休金/养老金	2.1	2.6	2.8	1.7	2.3	2.4	0.0	2.4
储蓄	3.6	5.6	3.2	5.0	5.6	4.4	14.3	4.6
靠承包田地	1.4	12.7	1.4	9.9	10.9	7.0	0.0	6.9
房产收益（租房或卖房）	1.0	0.0	1.4	0.0	0.0	0.6	0.0	0.5
由儿女或其他亲属赡养	8.9	22.9	7.4	27.3	17.5	15.9	0.0	15.7
低保或社会救济	1.4	5.6	2.3	2.5	5.2	3.5	0.0	3.5
工作收入	6.1	12.7	7.9	7.4	11.8	8.7	57.1	9.3
没想过	0.00	1.12	0.00	0.8	1.0	0.6	0.0	0.5

（3）养老仍以家庭照顾为主，养老机构利用率较低。表 5－21 显示，

近一半的江苏居民选择自己照顾自己，也有部分城市居民与农村居民倾向于子女照顾。同时，城市居民普遍选择社会性养老方式，城市居民倾向于雇佣保姆、专业养老服务人员定期上门照顾以及入住养老机构等方式进行养老，农村居民较少选择社会性养老方式。总的来看，有 89.2%的居民选择以家庭照顾为主要养老方式，而各地的养老机构利用率均比较低。

表 5－21　2020 年居民养老照顾方式

单位：%

项目	城乡		地区			户籍所在地		合计
	城市	农村	苏南	苏中	苏北	本地	外地	
自己照顾自己	22.2	18.8	24.8	15.9	18.8	20.4	22.1	20.6
配偶照顾	39.8	37.9	40.4	33.9	40.0	38.4	43.3	38.8
子女照顾	24.6	36.1	22.5	38.5	32.8	30.6	21.2	29.8
雇佣保姆	0.8	0.2	0.8	0.4	0.21	0.5	0.0	0.5
专业养老服务人员定期上门照顾	0.8	0	0.6	0.8	0.00	0.4	1.0	0.4
入住养老机构	6.3	1.7	5.0	5.0	2.93	4.3	2.9	4.2
没想过	5.9	5.5	5.8	5.4	5.23	5.3	9.6	5.7

（4）居民对养老服务的需求有所变化。表 5－22 显示，选择最需要的养老服务前三名分别是：上门为老年人提供打针、问诊、康复护理等医疗服务（31.8%）、做好居家老年人的日常健康监测和紧急救助（27%）、多办一些适合老年人参加的文化娱乐活动（23.7%）。从城乡来看，农村居民有 33.2%的受访者不清楚或者不回答此类问题，而城市居民对此关注度要高于农村 8.3 个百分点。

表 5－22　2020 年最需要的养老服务

单位：%

项目	城乡		地区			合计
	城市	农村	苏南	苏中	苏北	
为老人送餐、帮助老人洗澡、打扫卫生等家政服务	23.0	18.0	25.1	25.8	13.9	20.7
对老人住的房间进行防滑处理、加装扶手等	14.0	5.8	14.6	8.2	7.0	10.3
对老人住的小区加装电梯、建设无障碍设施等	19.8	3.9	18.6	12.0	6.8	12.6
多办一些适合老年人参加的文化娱乐活动	23.6	23.8	26.2	23.2	21.5	23.7

（续）

项目	城乡		地区			合计
	城市	农村	苏南	苏中	苏北	
上门为老年人提供打针、问诊、康复护理等服务	30.2	33.8	27.4	31.3	36.5	31.8
做好居家老年人的日常健康监测和紧急救助	23.8	31.0	23.6	27.5	30.3	27.0
修建更多养老机构	12.9	11.6	11.8	15.9	11.1	12.3
慰问关怀、心理疏导	12.0	9.4	11.2	10.7	10.4	10.8
不清楚/不回答	24.9	33.2	25.7	25.3	33.3	28.7

3.3.7 住房保障

（1）城乡间和地区间居民住房性质差异显著。表 5－23 所示，自建住房仍是江苏居民住房的首要选择。城乡居民住房状况存在较大差异，自建住房为农村居民的主要选择，城市居民则以购买商品住房居住为主。分地区看，苏南、苏中、苏北三地居民的住房均主要以自购商品住房和自建住房为主，但不同地区比例差异较大。本地受访者中，自建住房仍占绝大多数，占比达 63.6％，而外地受访者则以市场租赁房为主，占比达 56.7％。

表 5－23 2020 年居民住房性质比较

单位：％

项目	城乡		地区			户籍所在地		合计
	城市	农村	苏南	苏中	苏北	本地	外地	
自购商品住房	39.2	1.8	34.8	26.7	7.5	22.8	16.3	22.3
购买房改房、经济适用房	5.2	0.2	5.6	0.0	1.7	3.2	0.0	2.9
共有产权住房（包括限价房、自住型商品房等）	0.9	0.0	0.8	0.0	0.4	0.5	1.0	0.5
市场租赁房	9.0	2.8	13.8	0.8	1.3	1.4	56.7	6.2
单位租住房（单位公寓/宿舍）	4.6	0.0	4.8	1.7	0.6	1.6	11.5	2.5
公共租赁住房（包括廉租房）	1.5	0.0	1.5	0.4	0.4	0.5	3.8	0.8
拆迁安置房	6.3	0.6	7.9	0.0	1.3	3.9	1.0	3.7
自建住房	32.8	90.1	29.2	66.7	84.4	63.6	7.7	58.8
村统一规划建设的住房	0.5	3.9	1.3	3.8	1.9	2.0	1.9	2.0
其他	0.2	0.7	0.4	0.0	0.6	0.4	0.0	0.4

（2）居民住房类型以自建楼房为主。表 5－24 显示，受访者的住房类型以自建楼房为主，其次是没有电梯的商品楼房。从城乡差异来看，城市

的受访者以居住在没有电梯的商品楼房为主，而农村居住在自建楼房的受访者比例则高达82.5%。地区之间，苏中、苏北地区居住在自建楼房的受访者比例分别为66.7%和67.9%，苏南地区这一比例仅为33.1%，而居住在没有电梯的商品楼房的苏南居民占比高达43.3%。从户籍所在地差异来看，本地居民主要以居住在自建楼房为主，而外地居民则较多居住在没有电梯的商品楼房和自建楼房。

表5-24　2020年居民住房类型

单位：%

项目	城乡		地区			户籍所在地		合计
	城市	农村	苏南	苏中	苏北	本地	外地	
8层以上有电梯的高层住房	5.2	0.2	6.5	0.4	0.6	2.2	10.6	2.9
8层以下有电梯的小高层	4.9	0.4	5.0	0.8	1.7	3.0	1.0	2.8
没有电梯的商品楼房	45.7	1.7	43.3	25.8	8.1	25.2	31.7	25.8
（农村、城乡结合部等）自建楼房	29.9	82.5	33.1	66.7	67.9	55.9	30.8	53.8
普通平房	8.8	14.3	6.3	5.0	19.6	11.0	14.4	11.3
（工厂等）集体宿舍（包括临时建筑、工棚等）	2.4	0.2	2.5	1.3	0.4	0.6	9.6	1.4
不便分类	3.0	0.7	3.3	0.0	1.7	2.0	1.9	2.0

（3）居民住房状况持续向好。表5-25显示，居民住房状况整体良好。居民住房状况在苏南和苏中地区之间没有显著差异，两地受访者家庭同时拥有独立厨房和卫生间的比例分别为97.4%和95.8%，而苏北地区的住房状况则略差于苏南和苏中地区，有独立厨房和卫生间的家庭占比为83.1%。城市受访者家庭住房条件优于农村受访者家庭住房条件。

表5-25　2020年居民住房独立卫生间和厨房的状况

单位：%

项目	户籍		地区			合计
	城市	农村	苏南	苏中	苏北	
有独立厨房，但没有独立卫生间	1.5	10.8	0.6	2.1	12.8	5.8
有独立卫生间，但没有独立厨房	0	0	0	0	0	0
有独立厨房和卫生间	96.9	84.7	97.4	95.8	83.1	91.3
既没有独立厨房，也没有独立卫生间	1.6	4.4	1.9	2.1	4.2	2.9

（4）城镇居民对住房保障的需求明显。图 5－5 显示，农村地区的多数受访者认为现居住房没有需要改善的地方，对当前住房保障状况较为满意，而城镇地区的受访者对于住房的满意度则为 51.3％。不过从农村地区来看，居民对设施老化、房屋质量不好不安全有着一定的改善需求，两项需求的占比分别达到了 12.8％和 8.7％；从城镇地区来看，居民在对设施老化、房屋质量不好不安全有改善需求的同时，对房屋面积小这一问题也有着较为明显的改善需求。

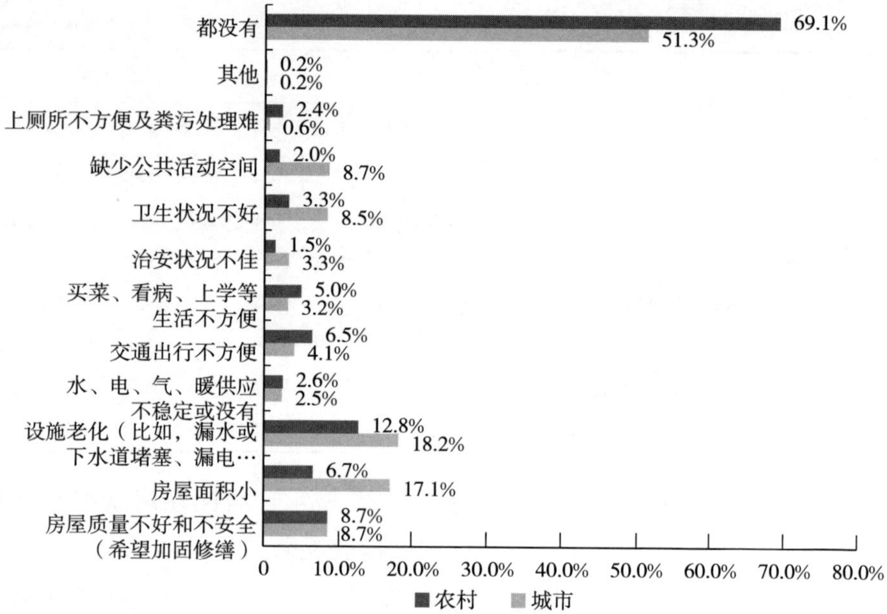

图 5－5　2020 年城乡居民住房改善需求比重

3.3.8　生活环境

（1）生态环境总体良好，居民周边水体质量值得关注。表 5－26 显示，多数城乡受访者对当前总体生态环境质量表示满意，且农村地区居民对当前总体生态环境质量的满意程度高于城市地区居民。其中，居民对空气质量、生活饮用水质量的满意程度整体上高于对生活垃圾处理以及周边水体质量的满意程度。从城乡来看，农村地区对空气质量和生活饮用水质量的满意程度优于城市地区。

值得注意的是，在所考察的选项中，城市地区和农村地区对周边水体质量的满意程度都不高，满意度分别只有 55.4％与 56.6％，在“非常不满意”选项中，占比也大大高于其他生态状况满意度，可见周边水体质量改善仍有待加强。

表 5-26　2020 年城乡居民对周围生态状况的满意程度

单位：%

项目	非常满意	比较满意	一般	不太满意	非常不满意	说不清
城　市						
总体生态环境质量	15.5	61.1	20.1	2.3	0.6	0.3
空气质量	20.9	54.9	15.2	6.9	1.5	0.6
生活饮用水质量	20.6	58.5	14.9	4.4	1.1	0.5
周边水体质量	12.0	43.4	18.1	10.5	3.4	12.5
生活垃圾处理情况	17.4	56.6	18.9	4.9	1.8	0.5
农　村						
总体生态环境质量	20.4	61.6	14.0	3.7	0.4	0
空气质量	31.3	52.8	9.4	4.6	1.8	0.2
生活饮用水质量	26.8	59.6	9.9	2.8	0.9	0
周边水体质量	13.8	42.8	17.1	15.3	6.8	4.2
生活垃圾处理情况	22.2	64.9	9.6	2.8	0.4	0.2

（2）标准复杂为主要原因。图 5-6 显示，城市地区在垃圾分类的各项数据比例均高于农村地区，且差异较大。农村地区垃圾分类情况整体堪忧，从未分类的比例高达 66.4%。整体来看，江苏省居民在垃圾分类上的普及程度并不高，尤其农村地区的垃圾分类状况亟待提高。

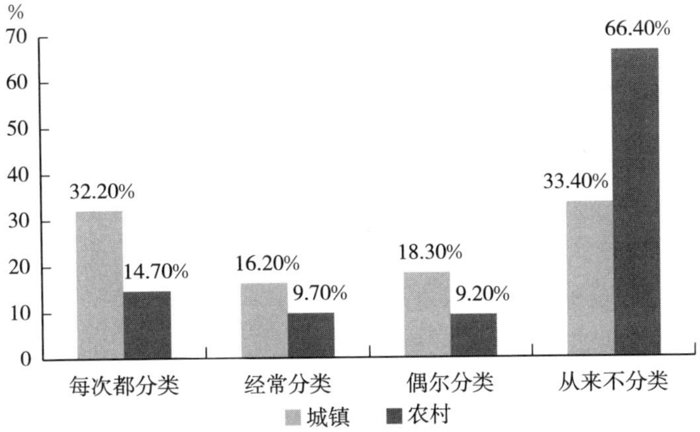

图 5-6　2020 年城乡地区垃圾分类状况

对于垃圾不分类的原因（表 5－27），“不会分”是阻碍大家分类收拾垃圾、分类投放垃圾的最主要原因。“垃圾桶无法满足垃圾分类要求”位居第二。在地区对比中，苏中、苏北地区分别以 67.2%、60.4%的高比例力证分类复杂是阻碍垃圾分类的主要原因。苏北地区选择“垃圾桶无法满足垃圾分类要求”选项的比例最高，为 34.2%。

表 5－27　2020 年城乡、地区间妨碍垃圾分类主要原因的比重表

单位：%

项目	城乡		地区			合计
	城市	农村	苏南	苏中	苏北	
没必要	10.5	11.4	10.3	10.9	11.5	10.9
没动力	33.0	20.4	35.9	24.5	20.5	27.3
不会分	57.5	62.9	55.6	67.2	60.4	59.9
垃圾桶无法满足垃圾分类要求	23.8	35.1	23.2	29.3	34.2	28.9
垃圾没有分类清运	12.8	14.6	10.3	9.6	18.9	13.6
其他原因	0.0	0.4	0.2	0.4	0.0	0.2

3.3.9　食品安全

（1）食品安全问题略低于上年，疫情防控期间有所波动。表 5－28 显示，受访者对食品安全改善情况整体满意，与此同时，选择“略微变坏和明显变坏”的居民占比最少。从城乡来看，农村地区对食品改善状况的满意程度高于城市地区。从地区来看，苏中地区对食品安全改善情况的满意程度最高，苏南次之，苏北最低。本地和外地受访者对食品改善状况的态度相差不大，均接近总体水平。

表 5－28　2020 年城乡、地区及本地和外地间对食品安全改善情况的满意度

单位：%

项目	城乡		地区			户籍所在地		合计
	农村	城市	苏南	苏中	苏北	本地	外地	
明显变好	10.8	7.8	9.0	8.8	9.6	8.8	13.5	9.2
略微变好	32.0	32.2	34.8	40.4	25.2	31.5	38.5	32.1
没有变化	54.6	52.1	48.8	45.0	61.9	54.2	43.3	53.3
略微变坏	2.4	7.5	7.1	5.8	2.9	5.3	3.8	5.2
明显变坏	0.2	0.5	0.4	0.0	0.4	0.3	1.0	0.3

表 5－29 显示，当前居民最为担心的食品安全问题是农药、化肥、抗生素、重金属、食品添加剂等高残留。在城市受访者中，有 41.9%的居民最为担心的食品安全问题是农药兽药、抗生素、重金属等高残留，位居其次的是合法添加剂超量使用，而在农村地区，有 43.4%的受访者表示对食品安全不担心。

表 5－29　2020 年居民最为担心的食品安全问题

单位：%

项目	城乡		地区			合计
	城市	农村	苏南	苏中	苏北	
农药兽药、抗生素、重金属等高残留	41.9	27.2	36.7	42.9	30.0	35.3
非法添加的非食用物质	36.4	21.1	34.6	27.9	25.2	29.5
合法添加剂超量使用	37.3	18.9	36.0	35.8	18.5	29.0
食品过期变质	16.6	11.0	17.1	12.5	11.9	14.1
有疫病的肉及其他食品流入市场	22.1	18.6	20.8	17.5	21.7	20.5
食品掺假	19.8	9.9	18.5	20.0	9.8	15.3
假冒劣质产品冒充名牌产品销售	15.5	10.1	18.1	17.1	6.0	13.1
其他原因	2.3	0.2	1.7	2.1	0.6	1.3
都不担心	18.6	43.4	21.0	22.9	42.1	29.8

（2）正规超市是居民获取放心食品的主要渠道。图 5－7、图 5－8 表明，尽管城乡居民获取放心食品的渠道多种多样，但大多数居民仍倾向于到正规超市购买安全食品。其中，有 72.1%的城市居民以此为首要选择，除此之外，购买知名品牌或企业的食品以及购买有认证标志的食品也是城市居民获取放心食品的可行选择。在农村地区，有 45.6%的受访者到有品牌或连锁的正规超市购买放心食品。与城市地区不同的是，农村居民还可以选择按照传统方式进行种植、养殖（45.2%）或通过订购熟悉的农场自产自销的农副产品（18.6%）来获得放心食品。

3.3.10　政务服务

（1）超九成居民对疫情防控期间政府工作表示满意。表 5－30 显示，对政府表示满意的居民占 95.1%。就城乡而言，城镇居民和农村表示满意的比例基本一致，但城镇居民表示“很满意”的比例略高于农村居民。就苏中、苏南、苏北而言，苏中的整体满意度最高，苏北满意度排在第二位，苏南满意度相对较低。

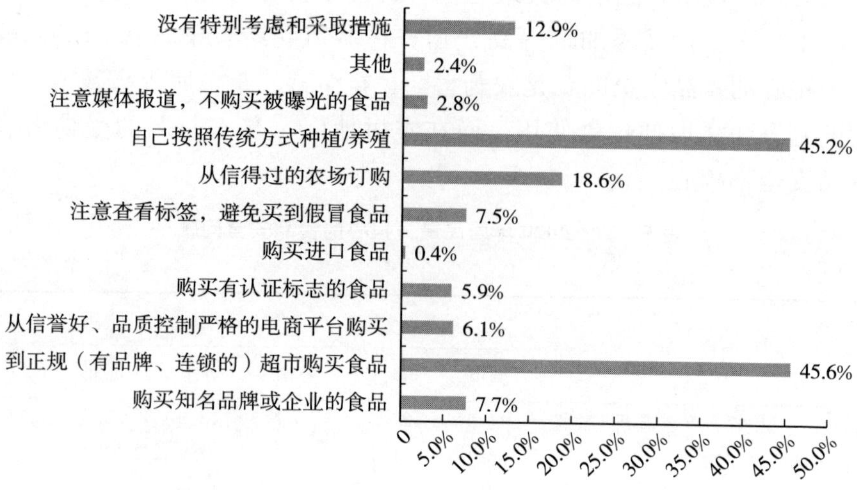

图 5-7　2020 年农村地区购买（获取）放心食品的渠道比较

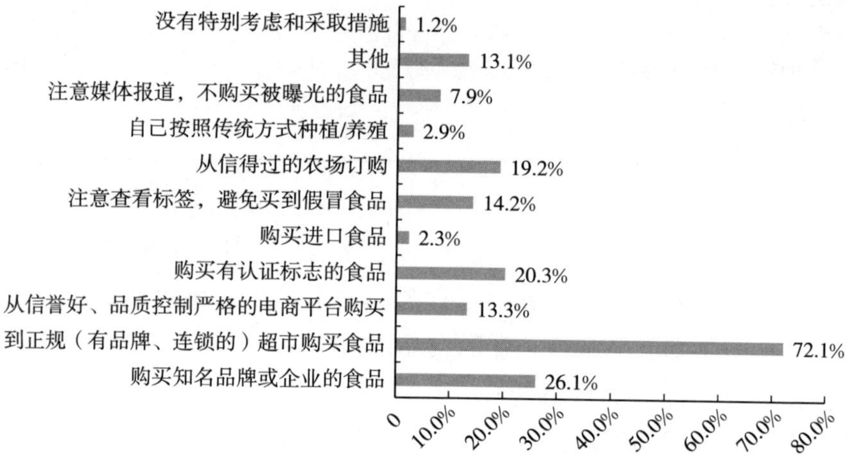

图 5-8　2020 年城市地区购买（获取）放心食品的渠道比较

表 5-30　2020 年新冠疫情防控期间政府满意程度

单位：%

项目	城乡		地区			户籍所在地		合计
	城市	农村	苏南	苏中	苏北	本地	外地	
很满意	65.4	64.2	65.4	68.8	62.3	64.4	69.2	64.8
基本满意	29.7	30.9	28.5	27.9	33.1	30.7	25.0	30.3

（续）

项目	城乡		地区			户籍所在地		合计
	城市	农村	苏南	苏中	苏北	本地	外地	
一般	4.3	4.6	5.20	3.30	4.20	4.3	5.8	4.4
不太满意	0.5	0.2	0.60	0.00	0.20	0.4	0.0	0.3
很不满意	0.2	0.2	0.20	0.00	0.20	0.2	0.0	0.2

（2）新冠疫情防控期间本地干部服务意识及与群众关系明显改善。表5-31显示，89.4%的居民表示本地干部服务意识和与群众关系有所改善，其中41.2%的居民认为是“明显改善”。就城乡而言，农村居民与城镇居民感受到干部服务意识和群众关系改善的比例差距不大，但农村居民表示“明显改善”的比例显著高于城镇居民。就区域而言，苏中被访者表示政群关系改善的比例最高，其次为苏北、苏南。

表5-31 2020年新冠疫情防控期间本地干部服务意识及其与群众关系评价

单位：%

项目	城乡		地区			户籍所在地		合计
	城市	农村	苏南	苏中	苏北	本地	外地	
明显改善	38.6	44.3	38.8	37.1	45.6	42.0	32.7	41.2
有所改善	50.5	45.4	49.6	54.6	43.5	47.4	56.7	48.2
没有变化	10.8	9.7	11.3	8.3	10.4	10.4	9.6	10.3
有所恶化	0.0	0.6	0.2	0.0	0.4	0.2	1.0	0.3
明显恶化	0.2	0.0	0.2	0.0	0.0	0.1	0.0	0.1

（3）现场办理是政府服务主要渠道，但使用网上办理服务人数正在增多。调查数据显示，25.3%的受访者到政府部门办过事。根据表5-32，在参与过政务服务的受访者中，有85.2%的居民选择现场办理，而选择网上办理的比例显著较低。就城乡而言，农村居民使用现场办理的比例更高。从区域比较看，苏南地区采用网上办理的比例最高，而苏中、苏北地区这一比例较低。

（4）简化材料是政府服务最需改善之处。表5-33显示，过去一年中与政府打交道的受访者仅占少数，在该项问题中，有相当比例的居民对“最希望改善的政府服务问题”没有作出回答，或没有对政府服务改善的希望。而在最近一年有政府办事经历的受访者中，最希望政府改善的服务问题集中在"办事流程繁琐""需要开各类繁琐证明""办事须填表格太复杂"和"政务信息不公开"。就城乡受访者而言，城镇居民对改善政务服务的迫切程度均高于农村居民。

表 5-32　2020 年到政府部门办事途径的比较

单位：%

项目	城乡		地区			合计
	城市	农村	苏南	苏中	苏北	
现场办理	80.6	91.9	78.6	91.5	90.3	85.2
网上办理	7.8	4.0	11.4	1.4	2.2	6.3
两种情况都办理过	11.7	4.0	10.0	7.0	7.5	8.6

表 5-33　2020 年居民最希望改善的政府服务问题

单位：%

项目	城乡		地区			户籍所在地		合计
	农村	城市	苏南	苏中	苏北	本地	外地	
办事程序太复杂和不公开	11.5	15.4	15.1	13.8	10.1	12.8	13.8	12.9
来回跑开具各类繁琐证明	15.7	16.2	15.8	25.4	11.2	16.0	14.7	15.9
部门之间相互推诿、效率低	12.1	14.7	14.9	15.6	10.1	12.4	20.2	13.1
代办、代理服务质量不高	2.2	3.4	3.3	3.6	1.8	2.5	4.6	2.7
不同渠道获取信息不一致	1.8	2.0	3.1	1.8	0.9	1.9	2.8	1.9
服务态度不好	4.2	6.4	5.7	5.4	4.0	4.8	6.4	4.9
其他	1.0	0.2	0	0.9	1.3	0.8	0	0.7
不回答/不清楚	42.9	32.8	32.9	29.5	50.1	39.4	35.8	39.1
很好，不需改善	8.7	8.8	9.2	4.0	10.5	9.5	1.8	8.7

3.4　江苏与全国的民生发展指数比较分析

（1）居民收入状况有所好转，但对收入的焦虑依然突出，食品支出压力加大需要关注。居民增收渠道增多，家庭收支状况有所改善。受访者预期收入会下降的比例由上年的 22.87%下降至 19.97%，预期收入会上升的比例由上年的 22.47%回升至 26.18%。受访者回答家庭近一年以来能够存上钱的占40.9%，32.46%的受访者认为未来一年家庭的收支状况会改善。居民对就业的总体满意率达到90.7%。通过比较可以发现，全国层面的居民收入状况与江苏省呈现的“橄榄型”收入结构基本类似，说明居民收入结构正在发生积极转变，收入水平正在逐步好转。但同时也要看到，收入仍是居民生活中最焦虑的问题，农村居民、中低收入者对收入更加焦虑。在经济下行的大环境下，受访者对收入的焦虑再次回升到第一位。这与江苏省民生调查结果的“居民增收感有所下降”的结论具有一致性，正是由于增收感的不足，导致收入成为居民生活中最为焦虑的问题。居民食品支出压力明显增加，低收入者的食品支出压力达到近年最高水平。受肉类等农产品价格上涨的影响，受访者对于消费支出压力最大的领域，首选项选择食品的比例较上年增加5.62个百分点。

(2) 居民切实感受到医疗负担的下降，有慢性病患者的家庭迫切希望解决医疗费用高的问题。从调查结果看，受访居民的医保报销比例有较大提高，居民对医疗的满意度明显提升。受访者住院医疗费用平均报销比例由上年的42%左右提高至46%左右。分别有38.35%、24.38%和24.31%的受访者认为医保报销比例提高程度明显、药品价格明显下降、家庭医疗负担明显下降。居民医疗负担的下降最主要的原因来自医疗保险覆盖面的扩大。江苏城镇地区居民缴纳医疗保险的占97.9%，农村地区缴纳医疗保险的占96.9%，有效缓解了居民的医疗支出压力。但是医疗仍是民生总体满意率最低的领域。对于日常生活最焦虑的问题，受访者首选项选择医疗的比例为19.72%，排在第二位。而在家庭年收入1万元以下的低收入受访者和有慢性病患者的家庭中，首选项选择医疗的比例都是最高的。这与江苏省居民对医疗问题的关注度较高具有一致性。在居民增收感有所下降的背景下，无论是城市还是农村，医疗消费方面的支出压力明显较大，且农村地区的支出压力相对高于城镇地区。

(3) 家庭教育支出压力持续增加，普惠性幼儿园供给仍需改善。尽管教育的总体满意率有较大幅度提升，但家庭子女教育支出压力呈持续增加趋势，课外辅导费用增加是主要驱动因素。对于家庭支出压力最大的选项，家庭有孩子的受访者首选项选择子女教育的比例为45.97%。普惠性幼儿园供给仍然不足。从子女所上幼儿园的类型看，仍有超过四成的孩子没能进入普惠性幼儿园。江苏省居民的家庭教育状况与全国层面差别不大，参加课外辅导班的学生比例较高，费用支出占居民家庭总收入的比例较大。同时，“入园难”“入园贵”的问题比较突出，是江苏省受访居民较为关心的民生问题，需要国家和省级政府层面在教育资源的均衡配置方面积极作为。

（4）城乡居民对养老的经济担忧突出，改善养老服务的诉求强烈。55%的受访者表示对自己的养老存在担忧。在所担心的具体问题中，排在前三位的依次为“养老的钱不够”“身体不好”和“生活上没人照顾”。江苏省受访居民对养老问题担心的比例略低于国家整体层面，但是将近一半的受访居民认为社会养老机构的收费太高，且社会养老的专业机构和专业人员数量较少。居民对改善养老健康服务的诉求强烈。在最希望改善的养老服务内容中，家里有老人的受访者选择“上门医疗服务”“健康监测紧急救助”“修建更多养老机构”“房屋适老化改造”的比例较高。在住房希望改善的方面，家里有老人的受访者选择最多的是“安装电梯”。相对而言，江苏省受访居民在最需要改善的养老服务方面，选择“上门医疗”和“健康监测”选项的比例低于全国水平。对于是否主张“安装电梯”，江苏省受访居民对老人住的小区加装电梯的需求仅为12.6%，与江苏省受访居民居住低层自建楼房的比例较高有一定关系。

（5）部分地区交通出行难，仍是困扰群众的突出问题。在12项民生工作满意度中，交通出行排在倒数第三位。从村级调查数据来看，在197个调查村中，有66个村没有通客运班车，29个村有一半以上的村组未通硬化路，24个村有一半以上的农户入户道路没有硬化，83个村的书记认为人居环境最迫切改善的是村内道路，还有10个村的书记认为应增强村道与主干公路的连通性。相对于全国而言，江苏省受访居民对交通出行的焦虑比例很低，“交通出行”在江苏省“家庭生活焦虑情况比较”列表涉及的十个事项中处于第九位，这与江苏省注重公路规划与建设紧密相关，据《交通强国江苏方案》显示，江苏省计划在2035年之前全面推进“四好农村路”建设，届时重点中心镇、特色小镇将全部贯通二级以上公路。

（6）生态环境、食品安全和政府服务持续改善，但部分难点问题仍需关注。受访者对总体生态环境、空气、生活用水、垃圾处理的评价均有所提升，但对水体质量仍很关切。约六成受访者对食品安全的改善情况表示满意，但居民对农兽药抗生素重金属等高残留、非法添加的非食用物质仍存在担心。相较于全国而言，江苏省受访居民对生态环境的满意度较高，尤其是农村地区居民对空气质量和生活用水的满意度都达到85%左右。在食品安全改善方面，江苏省和全国水平相差不多，对食品安全状况改善的信心较高。政府服务满意度得到显著提升，尤其是群众长期反映的一些问题有明显改善，但仍有进一步改进的空间。41.6%的受访者反映医保异地结算、随迁子女入学、办理城市和农村低保等事项必须回户籍所在地办理，离全面实现“一网通办”“异地通办”还有较大差距。认为“需要来回跑几个窗口”和“需要重复填多张表格”的比例分别为29.4%和19.3%，政务服务环境还需巩固提升。相对而言，江苏省受访居民对政府工作的满意度较高，达到95.1%，但是政务服务的主要渠道仍然集中在现场办理，网上办理的便捷性和可及性不足，并且认为简化材料是政务服务最应该改善的地方。

3.5　以农村群众工作助力民生发展

3.5.1　推动农村经济社会民生协调发展

保障和改善民生是社会主义的本质要求，对于推动共同富裕具有重要作用。而且保障和改善民生是一项集全局性、复杂性与艰巨性于一体的系统工程，必须发挥党组织以及政府的重要作用，加强党对保障和改善民生工作的领导。此外，在推动经济高质量发展的基础上，要不断加强城乡经济社会协调发展，统筹协调城乡之间、区域之间与群体之间的民生保障工作，推动民生工作与经济社会发展的统筹协调。此外，也要切实做到城乡、区域、群体民生的统筹协调发展，以及加快推进民生的兜底性、基础性、普惠性建设，确保农村群众与城市居民享有均等的基本公共服务。农村地区首先要解决贫困群众的“等靠要”问题，消除农村群众的“等靠要”思想，提升其自我造血能力，从而阻断贫困地区的贫困代际传递。有关部门也要积极进行政策引导，通过运用网络技术手段，构建农村就业创业服务衔接机制，让失业群众与无业群众顺利就业。

首先，完善农村就业促进政策。互联网技术发展创新农村业态，服务业就业机会多，很多农村创业主体将服务业作为首选。政府需在政策层面推进农村农业大数据和互联网技术的发展，补齐农村地区网络基础设施建设短板，强化对农村居民的互联网启蒙和服务业技能的培训，加大职业技能和创业教育培训力度，做好大龄、残障、低技能、下岗失业农村居民等就业弱势群体的再培训和再就业工作，从而提高就业弱势群体的就业创业能力、自我造血能力以及内源性发展动力。同时，开展“党支部＋农家课堂”活动，“土专家”“田秀才”、科技特派员等技术骨干带头到农户生产现场传授种养技术经验，党员带头学习种养技术，形成了“党组织引领、头雁带头、党员带动”的生动局面，为实现乡村振兴提供了坚实的人才保障。

其次，构建“资源禀赋＋市场导向”的产业遴选机制，根据资源优势与市场导向决定产业发展的项目、规模与数量，重点打造具有市场竞争力的乡村特色产业。加快形成“企业领航＋基地＋合作社＋农户”四位一体的产业发展共同体，充分发挥龙头企业带动产业集聚的作用，促进产业规模化、规范化发展。依据“乡村旅游＋养生休闲＋生态农业”的发展思路，以生态乡村旅游带动产业结构调整，以生态农业开发促进产业转型升级，从而推动乡村经济高质量发展。同时在农业发展方面，利用基层党组织的产业发展推动力，确定经济发展方向，构建农业产业帮扶体系，开展指导与产业帮扶工作，不断提高农业的核心竞争力、发展生产力与技术创新力，促进农业农村现代化。

第三，利用数字技术赋能农村企业发展。通过数字化手段有效提高企业生产效率，利用数字化技术对企业生产经营以及技术、资金、人力等资源进行实时监控，从而推动农村企业的数字化转型。数字技术有助于完善征信系统，增强农村个体户、乡镇企业家、农村管理者等阶层主体间的征信信息互联互通，化解农村阶层间的经济利益矛盾，为农村企业的健康发展作出贡献。

3.5.2 提高农村地区医疗、食品安全、养老保障

满足农村地区群众对美好生活的需要是新时代农村群众工作要旨，要发挥互联网技术关键作用，用心用情用力解决群众关心的医疗、食品安全、养老等实际问题，以切实提高农村民生福祉，增强农村群众获得感。

当前我国“互联网＋医疗”已在许多地区展开，但是相对于城市而言，农村“互联网＋医疗”事业发展较为迟钝，亦存在诸多不足。当前需继续强化科技对农村地区医疗卫生的支撑作用，在医疗卫生领域借助数字技术加大对医疗卫生的数字技术投入，开展核心技术攻关。在互联网时代，农村医疗卫生事业需要跟上时代步伐进行数字化改革，应用“互联

网＋农村医疗”的手段，推动医疗服务资源的高效便捷配置，使农民群众实现网上医疗诊断、网上排号与付款，继而使农民群众获取更加便捷的医疗资源。在数字乡村建设不断深化的背景下，为了加快将互联网技术嵌入到农村医疗场域中，形成“互联网＋农村医疗”的服务模式，各级政府及部门应做好政策设计，在农村地区设置“互联网＋农村医疗”发展制度。农村地区要加快引进医学专业人才和远程医疗信息人才，加强区域医疗卫生服务资源整合，加快建设远程医疗支持系统，推动开展“线上＋线下”的医疗服务。在完善“互联网＋农村医疗”整体方案基础上，实行远程会诊和基层移动体检，统一数据平台，才能共享移动体检的实时数据，以及为远程会诊提供资料，记录远程会诊的信息，相互补充，共同完善，形成居民完整的健康信息，整体上观测并提高居民的健康水平。政府也应当加大农村远程会诊，移动体检，建立电子档案的宣传力度，要尝试为“互联网＋医疗”注入资金支持，推动农村群众深度应用医疗网络，最大限度地为“互联网＋医疗”落地农村地区创造良好条件。①

随着互联网时代的到来，农村食品安全保障问题上升为一个重要的农村群众工作议题。要充分利用新媒体、新手段来宣传普及农村居民关于食品安全方面的问题，提升其食品安全意识。利用数字技术赋能农村食品安全，建立有效的统筹协调，加快实现食品安全的数字化，将涉及食品安全的各个部门纳入农村食品安全监管数字平台，加强群众对食品安全的监管与信息反馈，并根据相关法律法规实行相关食品安全监管主体的合作机制，形成多元主体合力解决食品安全问题的局面，从而更加快捷、更加全面地处理食品安全问题。农村食品安全监管数字平台的建立有效解决了农村居民找谁解决、找谁反馈食品安全问题的难题，一定程度上提高了农村居民对政府的公信力，提高了农村居民对政府的信任度。此外，利用数字化手段加快对食品生产经营产业链、食品供应链的全程可追溯。政府要加快建设食品生产、食品供应、食用产品销售的安全追溯体系，重点将食品生产经营主体纳入食品安全监管系统，从而加强对食品生产经营主体的监督，推进农村食品安全信息共享，推进农村食品安全问题解决。在网络生

① 徐顽强，王文彬．农村“互联网＋医疗”的发展难题与对策［J］．中国卫生经济，2018，37（7）：16－18.

活中，将网络话题在网络社区中发布与讨论，进而引起公众关注，从而使该网络话题成为热点，继而上升为政府议题。农村食品安全问题可借鉴网络社区的部分经验，将农村食品安全问题发布到网络社区中，经过政府、社会、普通群众的热议、讨论后，农村食品安全问题可能会上升为普遍关注的热门话题，从而有效地引导政府、社会、普通群众更加关注食品安全问题。可在村级设立食品安全网络监督员，进行食品安全的网格化管理，食品监督员在网格中监督与引导农村群众关注食品安全问题以及引导农村居民加强食品安全意识，而网格员将相关食品安全信息在网络社区中发布，则有助于农村群众对农村食品安全情况的掌握。

“互联网＋”国家战略的确定为中国农村“互联网＋养老保障”模式创造了较好的外部环境，在众多养老新模式中，居家养老和社区养老是符合中国国情、符合大多数老年人意愿的传统养老模式。互联网时代，要利用技术手段重点发展农村养老服务模式，形成“互联网＋养老保障”模式。“互联网＋养老保障”模式的构建必须将互联网技术嵌入农村养老体系中，通过构建智慧养老的管理模式提升农村养老的质量与解决养老问题的效率。“互联网＋养老保障”模式的构建可通过三方面实施：

一是利用“互联网＋”技术构建完善的信息管理系统。根据“十四五”养老服务和健康老龄化发展规划等，打造城乡一体、城乡功能互补的城乡养老信息管理体系，从而使保障养老服务设施用地有效供给，使养老服务的对象由简单粗放识别向精准识别转变。成立普惠养老服务的专业信息管理平台，加强对老年人助餐、康复护理、健康体检、自理能力等信息的了解与监管，为老年人提高方便可及、质量可靠的养老服务。探索养老、医疗、康复护理、健康体验、文体等多元化养老服务供给模式，构建“15分钟养老服务圈”，进一步缩短养老服务供给的半径，让老年人迅速获得养老服务。通过定期举办丰富多样的老年人艺术节、传统文化艺术节、歌唱比赛、文化艺术展览等文化活动来丰富老年人的精神文化生活。利用信息管理系统对社区范围内的养老服务机构进行管理，让养老服务机构的服务能有效贴合老年人的养老需求。[①]

① 张蕊．“互联网＋”背景下城乡互助养老模式的构建——评《“互联网＋”背景下智慧养老研究》[J]．中国科技论文，2021，16（1）：129.

二是构建农村养老的安全监控体系。农村养老安全监控体系的构建有利于“互联网＋养老保障”模式的形成。利用互联网技术将农村养老管理纳入数字技术系统中，让数字技术为农村养老管理的安全监控提供技术保障。借助互联网技术的功能，建立老年人健康监控平台，可通过智能设备实时监控老年人的健康状况、消费状况、自理能力等信息，从而加强对老年人的健康状况、消费状况、自理能力信息的智能化管理。农村养老安全监控体系也可以帮助监控与解决老年人在日常生活中遇到的困难（买药困难、出行困难、乘坐交通工具困难等）或者危险（车祸、发病、自然灾难等危险），这不仅可以为老年人争取有效的救助时间，还可以解决老年人身边潜在的危险。老人也可利用农村养老安全监控平台在线上预约基本养老服务、精神慰藉、康复护理等服务，保证他们足不出户就可以享受到这些相关服务。

三是利用互联网技术满足老年人社交需求。满足老年人社交需求也是“互联网＋养老保障”模式的主要功能之一，社区（或农村）在借助互联网技术的基础上，利用社区网络交流平台、娱乐平台开展邻里守望、生活照料、精神关爱等互帮互助服务，加强老年人群体之间的互助交流，保障老年人群体拓展生活交流圈，缓解农村留守老年人的孤独感，提高其幸福感，丰富老年人的生活。开发智能养老技术，打破部门信息壁垒，实现涉老部门信息交流与沟通，打造养老服务电商平台和线下服务集群等，加快提高农村养老的质量。

3.5.3　增进农村生态民生福祉

生态环境是关系党的初心与使命的重大政治问题，是最普惠的民生福祉之一。因此增进农村生态民生福祉，提高农村生态宜居水平是当前乡村振兴的主要任务之一。随着“两山”理念的提出，生态环境越来越与人民群众身体健康和生命安全相关联，也越来越关系到人民群众民生福祉的提升。当前生态文明转型迫切要求强化科技创新数字化驱动，持续强化农村污染治理，推进农村生态产业转型和绿色乡村建设。

首先，数字赋能农村环境污染治理，形成“互联网＋生态治理”模式。为进一步加强农村生活垃圾分类以及资源化利用，要完善农村垃圾分类、收集、转运和处理的管理模式，推动农村垃圾、生活污水无害化处理，持续提升农村人居环境质量。当前我国推行生态环保督察制度，通过问责地方党政负责人实现对各个地区环境问题的整治纠偏，突出目标治理的长期导向十分明确。需要在此基础上围绕精准、科学、依法，创新督察工作方式和手段。例如，运用数字化平台进行资料调阅和数据汇总，减少各地报送资料和人工汇总的车马劳顿，运用APP进行信访件交办转办，实现数据传输安全、及时。通过技术赋能环境治理过程，使得农村环境治理手段多元化发展，解决困扰农村群众的环境污染问题。

其次，要运用数字化思维强化农村居民生态文明教育，培育居民绿色生活方式。生态文明转型需要提升公民生态文明意识，需要居民的理性认知与行动呼应。当前群众特别是农村群众对于生态环境同自身的密切关系了解还不够深入，在习近平生态文明思想和“人与自然是生命共同体”的理念被提出后，公众对地方政府的环境治理行为更加关注，但是总体环境意识和生态环境态度还不鲜明，参与生态环境治理的意愿不强烈。考虑到个体的环境偏好会受到更广泛的环境偏好的影响，政府应加强生态环境治理理念网络传播广度和深度，利用数字技术将绿色生态治理观念潜移默化地培植在农村居民的心中。

最后，以数字化技术创新为基础，引领农村生态产业变革和经济发展全面绿色转型。当前数据智能有望重新定义可持续发展，实现数据资源智能化变现，在此基础上，要顺应数字时代要求，打造农村生态数据基础设备，推动产业结构、能源结构转型，促进绿色产业在农村落地，建立健全农村绿色低碳循环发展经济模式。政府通过加快地方生态环境大数据平台建设和公共服务创新，保障农村生态产品市场应用开发的规范化，为推动地方特色生态经济发展提供政策扶持和公共服务，为高质量农村生态产业建设插上有力的智慧中枢。

3.5.4 积极稳定就业，促进收入增长

强化返乡农民工、大学毕业生、无技能劳动者、失业人员等人员的内源性发展动力。将激发返乡农民工、大学毕业生、无技能劳动者、失业人员等人员的内源性发展动力与新时代文明实践中心、“三会一课”“固定党日+”、技能培训等工作结合，发挥党员带头作用，引导返乡农民工、大学毕业生、无技能劳动者、失业人员等人员参与，帮助摆脱“等靠要”思想，激发其在外部支持减少或撤出的情况下稳定从事产业经营的能力。基层政府应以制定产业规划、提供政策支持等方式发挥主导、引导作用，运

用以奖代补、先建后补等政策支持，调动返乡农民工、大学毕业生、无技能劳动者、失业人员等人员参与产业发展的主体主动性，并通过增加就业创业培训，提升返乡农民工、大学毕业生、无技能劳动者、失业人员等人员的可持续生计资本。要做好返乡农民工、大学毕业生、无技能劳动者、失业人员等人员的社会保障，落实就业创业扶持政策，健全城乡劳动者平等就业制度，从而保护劳动者的基本劳动权益。还要做好就业信息发布、就业创业指导、就业形势分析、失业保险办理等服务工作，建立和完善职业技能培训、劳动维权与劳动者权益保障、就业信息发布、就业创业服务、就业创业扶持的工作机制。注重技能培训和技能提升，解决好返乡农民工、大学毕业生、无技能劳动者、失业人员等人员的无技术、无技能、无就业渠道的问题，从而增加该群体的工资性收入。加强重点群体的职业技能培训，注重提升劳动者的就业创业能力。健全城乡均等的公共就业服务体系，坚持开展就业创业座谈会，开展产业扶持、技术培训、转移就业等多种形式帮扶，引导返乡农民工、大学毕业生、无技能劳动者、失业人员等重点就业群体积极参加专场招聘会，引导这部分重点就业群体参加职业技能培训，从而提升自身职业技能、人力资本水平，鼓励返乡农民工、大学毕业生、无技能劳动者、失业人员等人员参与物流快递、电商、家政服务等新兴行业，拓宽就业渠道。

3.5.5　完善社保政策，兜住民生底线

进一步完善社会保障制度和政策，兜住特殊困难群体的民生底线。落实“社会政策要托底”的要求，坚持全覆盖、突出保基本，完善以社会保险、社会救助政策为重点的民生保障“安全网”，注重普惠性、基础性、兜底性民生建设，做好关键时点、困难人群的基本生活保障。更加重视社会救助的救急解困功能，对于低收入型相对贫困，提高完善城乡低保、供养制度，健全动态调整机制，应保尽保；对于收入骤减或支出骤增型的贫困（主要是因重大疾病致贫、因自然灾害致贫、因身体残疾致贫以及丧失劳动能力的人口），要完善专项救助政策体系，将专项救助政策与特定人群脱钩，坚持按需施保，低收入家庭遇到什么困难就解决什么困难。比如贫困家庭子女教育负担重，实施各阶段教育资助政策与雨露计划；贫困户患慢性病与重大疾病致贫的家庭，实施医疗救助、大病保险等措施，切实减轻贫困户医疗负担；居住有困难、缺少“两床一灶”、“两不愁、三保

障”条件尚未满足的家庭，实施住房保障与住房改造措施。要完善监测预警机制，全面采集低收入家庭人口、收入来源、子女就学等信息，及时发现问题，主动采取措施，因户因人施策，做到精准帮扶，始终牢牢守住保障群众基本生活和基本权益这一民生底线。

3.5.6 强化民生保障，完善人才体系

做好农村民生保障工作，促进城乡公共服务均等化，积极探索解决相对贫困与乡村振兴有效衔接的办法，在已经摘帽的贫困县开展试点。扎实推进乡村建设，加快实施农村饮水安全巩固提升工程；实施乡村道路提档升级工程，增强城乡之间的连接性（路网规划、管护、产业路）；继续开展农村人居环境整治工作，重心放到完善管护机制上来。推动城乡低保、社会救助、抚恤安置等制度统筹，提高农村居民保障水平。以标准化为抓手，加强农村学校、基层医疗卫生机构、公益性养老服务设施、综合性文化服务中心、农村社区综合服务中心等设施建设，实现城乡之间设施均衡。出台引导紧缺人才服务基层的政策文件，引进高校高素质人才，面向基层招录专业人才，以政策杠杆撬动专业人才向基层流动；在村两委换届选举中，注重从农村致富带头人、回乡高校毕业生、外出务工返乡人员、退伍军人中选拔有能力的“领头雁”为乡村谋发展。建立“联校合作”机制，争取从各大高校选派优秀毕业生挂职团组织第一书记，协助推进产业振兴、发展村集体经济。借助“名校学子社会实践活动”，安排有技术专长的优秀大学生到农村送技术、送知识，发挥人才智力优势和专业特长，为乡村振兴注入源头活水，并通过种养技术培训、专题讲座、现场指导等，帮助农户解决具体问题。

3.5.7 支持网络建设，推广数字民生

积极应用“互联网＋乡村教育”，充分利用大数据平台和互联网技术以及多种传媒传播知识，充分灵活地对学生进行教育。加大对互联网教育的理念推广，为农村的老教师和家长提供物质和精神上的支持，这些都将推动乡村教育发展，为乡村振兴打造人才基础。推进县域紧密型医疗卫生共同体建设，加强城乡基层医疗卫生机构能力建设和医护人员培养。依托互联网平台、充分使用互联网信息技术手段，包括线上诊疗、大数据分析、云计算等，在传统医疗模式的基础上发展成“互联网＋医疗”的新型医疗健康服务业态。重视运用互联网技术，打造智慧养老平台，在智能手

机普及的前提下降低缴纳养老保险的成本，实现方便快捷、减少步骤，对养老保险多缴多得的模式加大宣传，有助于农村居民进一步多缴养老保险，扩大养老基金收益。

4　农民阶层分化中的群众矛盾与民生保障

4.1　农民阶层分化现象

我国的农民阶层分化带来的直接结果就是：农村群众的阶层结构日益复杂，利益主体的多元化也促使对社会利益的重新分割，因而，农民阶层分化过程中的利益矛盾和冲突也逐渐呈上升趋势，主要表现在以下几个方面：

第一，农民群体之间主要因经济利益而发生阶层分化，而阶层分化后，各阶层之间容易产生经济利益矛盾。随着经济利益矛盾的深化、加剧以及随着农民各阶层间就业、生产劳动以及生活方式的变化，农民阶层间的经济利益矛盾日益多样化和复杂化。在现代化进程中，在市场经济体制和改革开放的推动下，农民的就业方式、生产劳动方式以及生活方式发生重大变化。农民因收入差距、社会地位、政治地位的差距，形成具有不同利益追求、不同需求、不同特点的阶层①。改革开放以前，由于平均主义“大锅饭”体制的影响，农民群体之间的阶层分化现象不明显。由于农民群体之间的经济利益长期受到平均主义“大锅饭”体制的制约而难以实现私人化，而且农民群体的私人利益始终要服从于政治利益，因而农民群体之间的阶层分化现象不明显，农民群体之间的经济利益矛盾与物质利益矛盾也并未被激化。在市场经济体制和改革开放政策的推动下，社会经济迅速发展，人民群众的物质生活水平日益提升，人们的经济利益和物质利益逐渐得到满足。但是随着平均主义的打破，人们的经济利益和物质利益日渐多元化，进而导致人们之间的利益冲突也日益增多，而且容易被激化。从根本上说，这是由于我国尚处于社会主义初级阶段，大部分地区尚处于生产力相对落后、经济基础薄弱、生产方式落后、物质资源不丰富、商品经济还不发达的阶段。随着由于就业方式、生产劳动方式以及生活方式的

① 袁和欣．我国农民阶层分化问题研究［D］．北京：中共中央党校，2012.

不同，导致农民群体之间的收入差距、社会地位、政治地位也出现差距。这些差距长期得不到弥合，就会导致农民群体之间的阶层分化，继而加剧农民各阶层之间的利益冲突。

第二，随着社会经济的发展，农民之间发生阶层分化，而且农民阶层之间的利益矛盾主要发生在分配领域。利益分配是导致农民群体出现阶层分化，进而导致农民阶层之间产生利益冲突与矛盾纠纷的原因。现阶段，由于职业技能高低、就业机会不同、社会关系不同、就业岗位不同、在资源配置与利益分配过程中的地位不平等导致农民群体之间的收入存在差距，而收入差距的产生又影响农民群体之间的社会地位、政治地位等方面的高低，进而使得农民群体之间产生利益矛盾，导致了农民群体之间发生阶层分化。尤其是因收入差距过大出现农民高收入阶层与农民低收入阶层，而这两个阶层之间容易产生矛盾冲突。因为收入差距的过大导致农民群体之间的社会地位发生变化，农村管理者阶层与普通劳动者阶层之间也容易出现矛盾冲突。这些因收入差距过大而产生的矛盾冲突，成为当前农村群众工作的重点难点。

第三，经济利益整合的难度加大，群体性事件普遍增多。农民阶层分化在推动农民自主意识以及参与意识觉醒的同时，农民群体也逐步摆脱自身的“等靠要”思想，农民的内生性发展动力不断提升，农民群体也开始利用自身资源与内生动力提高自己的经济收入和生活水平。由于国家政策的宣传与政府的引导，农民群体对美好生活的向往以及追求美好生活的决心进一步加强，激发了农民群体对共同富裕的追求。当前已形成农民阶层分化的局面，因阶层的不同，必然导致在经济地位、社会地位、政治地位方面存在着一定差异，不同阶层农民群体的立场和利益需求也因经济地位、社会地位、政治地位的差异而产生差别。改革开放以来，我国的广大农村实行村民自治制度，农民成为村庄治理与乡村振兴的主体，进行自我管理与自我服务，协商民主、基层民主、参与民主等在乡村落地实现。不可避免的是，在农村自治的过程中不同阶层的农民群体以本阶层的利益最大化为追求目标，充分利用一切资源和机遇为本阶层谋利益，从而推动本阶层的利益最大化。不同阶层争取阶层利益最大化就使得不同阶层之间的矛盾和冲突不断激化，群体性事件普遍增多，导致政府的社会治理难度加大。

4.2　农民阶层分化中的民生发展与保障新挑战

赫克歇尔—俄林模型（H-O model）的提出，揭示了资源禀赋对民生发展的重要影响。实际上，资源禀赋展示的是综合发展潜力，是区域民生发展的载体。改革开放以来，资源禀赋差异在先富带后富政策的带动下被无限放大，诱发异质性区域诉求，刺痛了民生工作“最敏感的神经”。农民阶层分化、乡村治理困境、价值冲突强化的存在与扩大，成为影响当前我国农村群众工作开展的主要障碍。

第一，农民阶层利益冲突现象明显。在农村自治的过程中不同阶层的农民群体以本阶层的利益最大化为追求目标，充分利用一切资源和机遇为本阶层谋利益，从而推动本阶层的利益最大化，这给区域民生协调发展工作带来很大难度。在农民阶层中占优势地位的私人企业经营者、农村富人、农村知识分子、乡贤等精英阶层更多地关注如何提高诸如住房、教育、政治参与和民主权利等方面的质量，他们无需花费过多精力关注生存和经济问题。而因较弱的经济地位、较低的社会地位及较边缘的政治地位，在农民阶层中占弱势地位的农业劳动者、农民工、弱势群体、“三留守”群体等阶层，他们的经济需求和民生关切点则主要放在如何能获得比较稳定的收入、就业和享受优质的社会保障。同时，农村精英阶层与普通农民之间存在经济利益矛盾。农村精英阶层的数量较少，然而这部分群体却占有着社会上相当比例的物质、经济资源，农村精英阶层之间为了利用一切资源和机遇争取本阶层的经济利益最大化，他们会联合在一起为本阶层谋利，以便通过增强联合力来争取本阶层的经济利益最大化，比如农村社会管理者、新乡贤掌握着乡土社会内一定的政治资源，私人企业经营者、农村富人、乡镇企业管理者等占有着经济资源，农村知识分子掌握农村的教育、技术、文化等方面的资源。实质上，农村资源的分配受到精英阶层的控制，甚至出现资源被“精英俘获”的现象①。

第二，乡村治理存在任务与管理资源不匹配的困境。乡村治理承受着超负荷压力，一方面来自资源禀赋差异而导致的群众民生需求的空间异质

① 刘升．精英俘获与扶贫资源资本化研究——基于河北南村的个案研究［J］．南京农业大学学报（社会科学版），2015，15（5）：25－30，137－138．

性增加了乡村治理的不确定预期，另一方面来自地方政府自上而下的绩效考核与自下而上的诉求表达产生的乡村治理压力，这种压力会通过传导方式向乡村聚集。影响乡村治理行为的其中一个重要变量是其自身的资源禀赋和所面临的管理任务情境。任务情境和资源结构之间的张力使不同乡村之间在不同发展时期所面临的“任务—资源”匹配程度有所不同。村域在追求管理任务达成时，往往被自身资源禀赋所累。改革开放以来，地区资源禀赋差异、政策差异及发展机遇差异愈加明显，各地区农村之间、农村群众内部的异质性明显，进而衍生出群众诉求与表达机制的差异性。村域治理资源匮乏，缺乏足够的人力、物力、财力来执行上级政策。另一个重要变量是地方政府面临自上而下的绩效考核与自下而上的诉求表达的双重压力。中国政治体制中长期存在的末位淘汰赛以及晋升锦标赛模式[①]，如若地方政府之间的行为模仿[②]和跟风模仿[③]成为常态，“层层加码”将成为必然结果[④]。在逐级行政任务发包的管理模式中，由管理规模之累所带来的治理负荷必然传导、沉淀至基层，村域在治理上不得不承受通过压力传导方式向乡村聚集的压力。在这种压力情境下，为了规避风险、完成既定目标，在既定的财力约束下对日益多元的诉求进行选择性回应。乡村治理模式固化对乡村治理提出挑战，乡村治理中得以延续下来的“压力型体制”和“运动式治理”机制，使以“乡政村治”模式为核心的乡村治理模式逐步固化。“乡政村治”模式强调以自治为核心，却忽视了德治、法治的作用，这种治理模式逐步导致乡村“去德治化”与“去法治化”并存、乡村治理内卷化、治理能力弱化等现实问题。

第三，村庄价值冲突强化。随着现代化与城镇化速度的加快，现代文化以强势的姿态侵入乡村社会，对乡村传统文化产生冲突，公共价值虚无化、经济体制转轨与农民阶层分化等因素之间产生不可避免的碰撞，进而造成了价值主体的多元化和价值观的多元化，加速了多元价值观冲突场域

---

① 周黎安．中国地方官员的晋升锦标赛模式研究［J］．经济研究，2007（7）：36－50.

② 唐曼，王刚．行为模仿：地方政府行为的一个分析框架——基于多案例的研究［J］．公共行政评论，2021，14（3）：158－175，200.

③ 刘伟．学习借鉴与跟风模仿——基于政策扩散理论的地方政府行为辨析［J］．国家行政学院学报，2014（1）：34－38.

④ 周飞舟．锦标赛体制［J］．社会学研究，2009，24（3）：54－77，244.

和语境的形成，进而使村庄价值冲突加强。一方面，改革开放之前，农村地区主要奉行集体主义的价值观，囿于区域环境交流闭塞，与外界的信息与文化交流较少，农村群众较少受外来文化的浸润，对集体的依附性较强，坚持集体利益高于个人利益的原则，思想比较统一，行为也比较一致；改革开放之后，尤其是在经济体制转轨的推动以及异域文化的入侵下，农村群众原有价值观受到严重冲击，以往的一元化价值观的统治地位不复存在，农民群体的价值观念开始转向多元化。当农民群体的价值多元化发展到一定阶段则会引发各种农村社会矛盾与村民之间多元价值的冲突。另一方面，农民阶层的分化，一部分原因是农民内部之间所占有的物质资源、人力资源、经济资源的比例不同，进而导致了农民阶层之间所处的社会地位、政治地位、社会关系等方面也会产生差异。处在不同社会地位、政治地位、社会关系的农民阶层大部分会从自身阶层立场出发，尽可能利用自身的物质资源、人力资源、经济资源和社会地位、政治地位、社会关系等争取本阶层的经济利益最大化，这便使阶层之间产生矛盾和冲突，而阶层矛盾与冲突为价值冲突埋下隐患，随着时间推移价值冲突逐渐加剧，对农村社会传统观念和道德造成冲击，为民生工作留下祸根。

4.3　互联网时代农村群众工作模式创新

随着互联网时代的到来，数字技术正逐步延伸到农村群众工作领域，对农村群众工作产生重要影响。在乡村政务服务（如“互联网＋农业”“互联网＋乡村治理”“互联网＋乡村教育”“互联网＋乡村文化”“互联网＋乡村医疗”模式等）[①]、医疗卫生与养老[②]、项目监管[③]、生态保护[④]、文化产业[⑤]

---

① 毛薇，王贤．数字乡村建设背景下的农村信息服务模式及策略研究［J］．情报科学，2019，37（11）：116－120.

② 郭美荣，李瑾，马晨．数字乡村背景下农村基本公共服务发展现状与提升策略［J］．中国软科学，2021（7）：13－20.

③ 李利文．乡村综合整治中的数字监管——以D村经验为例［J］．电子政务，2020（12）：13－23.

④ 沈费伟，叶温馨．数字乡村建设：实现高质量乡村振兴的策略选择［J］．南京农业大学学报（社会科学版），2021，21（5）：41－53.

⑤ 范以锦，郑昌茂．数字乡村文化振兴的路径探析和逻辑建构［J］．中国编辑，2021（11）：16－22.

和新闻传播[①]等方面，数字技术已经逐步嵌入农村群众工作中，并有效提高了农村群众工作的效率与服务效能。

4.3.1 湖南省数字赋能乡村治理的群众工作模式

帕却克·邓利维认为，数字技术嵌入公共管理过程会引发治理范式的变化[②]。数字技术赋能乡村治理需要充分利用大数据、智能化平台等数字技术手段，破除“治理主体缺场”、乡村公共场域萎缩、乡村共同体逐渐瓦解、村庄公共精神消解等“共同体困境”，继而有效推动再造网络化乡村治理共同体与推动乡村治理数字化转型[③]。在移动互联网时代，乡村治理随数字技术的嵌入不断创新、不断变革，村务中主要应用的村务监督微信群、村务公开群、网格化管理等都是乡村治理与数字技术结合的产物，目的在于借助数字技术的链接作用和场域建构能力，推动村民在网络平台中实现自我管理、自我教育与自我服务，从而维护自身乡村治理主体的地位。互联网时代因数字赋能乡村治理使得传统的乡村治理模式在治理场域和治理方式上发生变化，村干部在网络平台发布村务信息、国家政策等内容，并在网络平台上与民共商村庄公共事务，村民无需到村民活动中心共商村庄公共事务就可实现村庄公共事务共治。互联网时代，数字化治理（即智治）需要应用到传统乡村治理中，将自治、法治、德治“三治融合”的乡村治理体系与数字技术结合，形成基层党组织领导下的“政治（基层党建的政治引领）＋自治（内生动力的支持）、法治（外在制度的刚性约束）、德治（道德规范的柔性约束）＋智治（数字赋能的牵引）”的治理模式，从而推动乡村治理体系由“实体场域”向“网络场域”转换。目标在于搭建政治、自治、法治、德治、智治“多治融合”乡村治理体系网络平台，实现村民有序参与乡村数字化治理。因为既有研究表明将互联网嵌入微观公共领域——村庄，利用数字技术的网络化、智能化、专业化功能，使村民在乡土社会中“共同在场”，从而使村民在乡土社会中共同维护乡

① 公丕钰．数字媒体环境下参与传播理论及实践价值的在地化探索——基于对清远市“乡村新闻官”制度的考察［J］．当代传播，2019（6）：70－74．

② DUNLEAVY P. Digital Era Governance：IT Corporations，the State，and E-Government［M］．Oxford University Press，2006：227－229．

③ 邬家峰．乡村治理共同体的网络化重构与乡村治理的数字化转型［J］．江苏社会科学，2022（3）：81－89．

村稳定秩序，而这种局面的形成需要基层党组织动员村民参与乡村数字化治理，维护自身乡村治理主体的地位。

案例1　数字治理：数字乡村下群众工作新模式

——以株洲市“幸福株洲”监督与服务微信群为例①

为了强调村民参与数字化治理的主体地位，重塑乡村治理结构，按照“一村（社区）一群、一户一人”原则，株洲市纪委创造性地开展网上群众工作，创建“幸福株洲”监督与服务微信群（图5-9）。在监督与服务微信群中加强人员的“标准配置”，对居民、村（居）干部、网格员、网格监督员等相关人员进行监督与服务，同时将市县乡三级纪检监察人员纳入监督与服务微信群。株洲实现了“村村建群、户户入群、人人知群”。“幸福株洲”监督与服务微信群建立以来，居民反馈的诉求信息很多，咨询政策超过20万件次（如2021年7月，渌口区南洲镇马家湾村同辉路水泥路面硬化工程费用公开后，村民从“幸福株洲”监督与服务微信群中发现马家湾村两委村干部套取工程款的问题）。“幸福株洲”监督与服务微信群中各级纪检监察机关交办督办的事件很多，纪检监察机关的事务办结率高，群众满意度较高。此外，各县市村社利用“幸福株洲”监督与服务微信群，实行惠民富民、惠企政策的执行情况、村庄基础设施建设信息、村级党务村务财务信息有效公开、村庄公共服务情况有效公示的制度，推动群众、企业、社会组织在“幸福株洲”监督与服务微信群中主动参与监督村庄治理、监督村两委干部行为以及惠民富民、惠企政策的执行情况，保障了群众、企业、社会组织的监督权，从而实现全民监督与全过程监督。在监督与服务微信群中完善投诉建议处置流程，形成问题解决速度高效化、办事流程清晰化的群众矛盾化解机制，真正实在地为民解决矛盾、处理事务。

“幸福株洲”监督与服务微信群以原有的乡村社会关系网络为基础，利用数字赋能乡村治理，实现“互联网＋乡村治理”。“幸福株洲”监督与服务微信群内使得关系联结、治理监督、信息共享、村民共同在场的网络化社会建立，进而呈现一个网络化乡村共同体的样态（图5-10）。按照

① 株洲监督与服务微信群进入4.0版［OL］. 株洲新闻网，zznews. gov. cn.

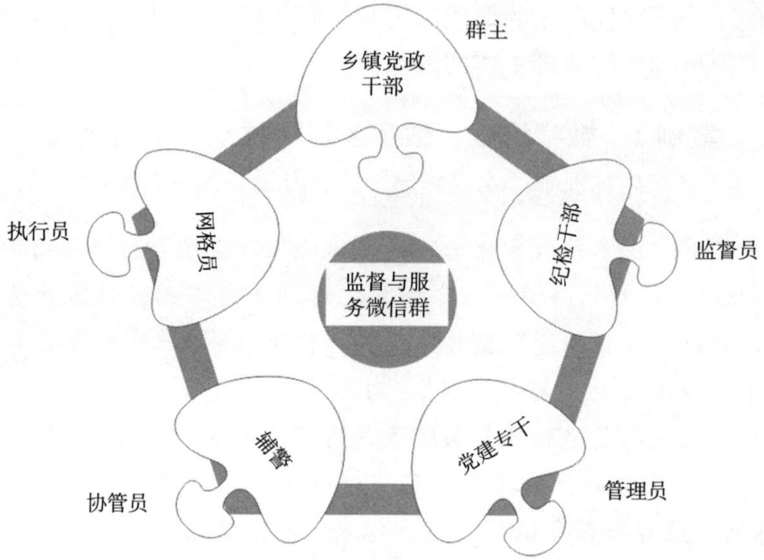

图 5-9 “幸福株洲”监督与服务微信群的人员配置

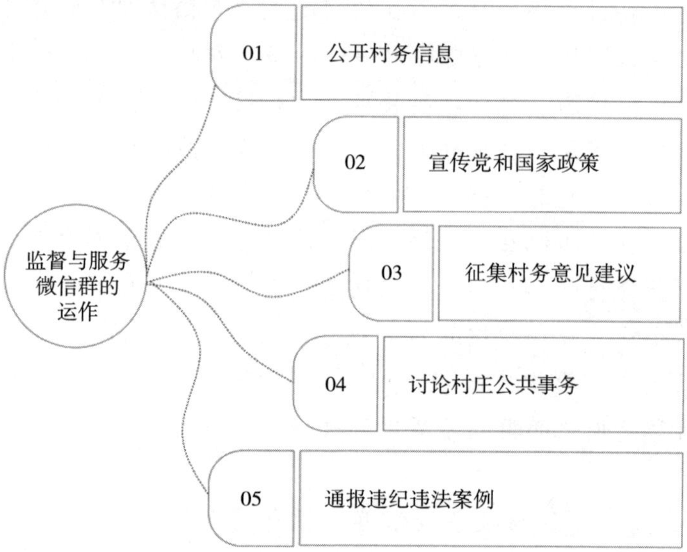

图 5-10 湖南“幸福株洲”模式

“一村（社区）一群、一户一人”的原则，基层干部在“幸福株洲”监督与服务微信群内实行“五个一”的标准配置人员，对监督与服务微信群的运行及对群内人员进行监督管理。为强化监督与服务微信群的各方面管理，要求监督与服务微信群内的成员全部以真实姓名进行备注，并在监督与服务微信群内要求成员不能发布或者评论与帮扶工作无关的事情。同时，建立监督与服务微信群的群众举报制度、干部轮流值班制度等，确保全民反馈以及提交的问题、矛盾能够迅速得到解决。此外，借助数字技术将全市村社的监督与服务微信群连接起来进行网络监管，防止监督与服务微信群的空耗。

《中共中央国务院关于实施乡村振兴战略的意见》指出，“农村群众工作的开展应依托互联网技术和信息化手段”①。“幸福株洲”监督与服务微信群是现代数字技术赋能乡村治理的主要模式，在互联网时代这种农村群众工作模式对于有效处理农村群众工作、提高治理效能具有重要作用；同时这种农村群众工作模式也对重构乡村治理结构、促使乡村治理主体增能、建强乡村智慧治理平台和再造网络化治理共同体具有重要作用②。“幸福株洲”监督与服务微信群的实践表明，数字技术赋能乡村治理，加强了居村村民与外出村民之间的交流与互动，使得村民在数字网络平台中“共同在场”成为可能。而国家与村民可利用数字技术“一网统管”“网络监管”的功能对乡村治理行为实施监管，防止基层在乡村治理过程中的政策执行偏差与“精英俘获”，有效提升了村民监督的政治效能，保障了其知情权与监督权，改善了村民“政治冷漠”的态度，进一步提升了村民参与村治的积极性。“幸福株洲”监督与服务微信群是数字赋能乡村治理、乡村治理共同体网络化再造的农村群众工作创新实践模式，是“数字技术＋乡村治理”的典型做法，必将有效推动乡村治理数字化转型。

4.3.2　乌鲁木齐市“互联网＋智慧党建”经验

在日常生活中，人们利用互联网、大数据、数字化平台等工具进行交流互动、传递信息，比如微信、QQ、微博、公众号、邮箱等数字技术应用平台已经成为人们沟通交流、发布信息、了解时事的网络方式。党的二十大报告指出：要发挥基层党组织的政治功能与组织功能，加强党对乡村治理的政治领导作用。为了促进基层治理体系和治理能力现代化，加快提升乡村治理的数字化建设水平，要提升村民对乡村治理、乡村振兴的参与

① 中共中央国务院关于实施乡村振兴战略的意见［M］. 北京：人民出版社，2018：11.

② 丁波．数字治理：数字乡村下村庄治理新模式［J］. 西北农林科技大学学报（社会科学版），2022，22（2）：9－15.

度、积极性、主动性，让乡村治理有序运行。要利用信息化手段，将“互联网+”技术应用于各个领域，尤其是应用于党建领域，着力打造“智慧党建”“数字党建”模式。利用信息、互联网技术与党建工作融合形成“互联网+智慧党建”模式，是农村群众工作模式的模式创新，也是对传统党建形式的丰富与拓展，不仅提高了农村群众工作的治理效能，优化升级了传统党建工作，也推动了农村群众工作的模式创新。

案例 2 “互联网+智慧党建”模式

——以乌鲁木齐市沙依巴克区八一片区管委会农科院社区为例①

乌鲁木齐市沙依巴克区八一片区是单位型社区，居民小区 4 个，自治区单位 2 个，居民 4 083 人。“八一街道党建 e 家”是乌鲁木齐市沙依巴克区八一片区积极运用数字技术开展群众工作的模式创新。该社区也建设微信公众平台，坚持“线上+线下”农村群众工作相结合，并利用“八一街道党建 e 家”提高社会治理水平、提升社会治理效能、提升化解群众矛盾效率、提高服务群众水平。此外，微信公众平台的应用也使得部门之间、区域之间形成问题联治、组织联建、数据信息联享、资源共享的联合行动机制。利用微信公众平台积极听取民意，鼓励居民参政议政、建言献策，发布便民信息与民意协调、处理、反馈情况。政府人员对在“八一街道党建 e 家”中收集到的民意通过数字化手段输送到社区党委，社区党委进行协调、处理、反馈，从而使群众反馈的民意得到快速有效地解决（图 5－11）。

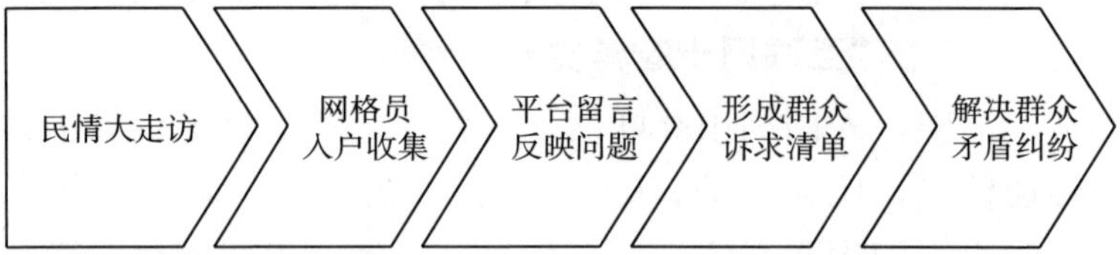

图 5－11 乌鲁木齐市“八一街道党建 e 家”模式

乌鲁木齐市“八一街道党建 e 家”利用数字化工具的便捷性，积极化解农村群众矛盾与排查纠纷，同时在微信公众平台上设置绿色通道，向居民征求意见、访民情、知民意，推动民情自下而上的反馈，鼓励居民参政

① 智慧党建 E 家，服务群众到家［OL］. 参考网，fx361.cc。

议政、建言献策，及时反馈与表达自身诉求。一方面，“八一街道党建e家”微信公众平台设置居民意见反馈、办结情况上传、居民评价版块，不仅使居民快速了解所反映意见的办结情况，了解居民对办结情况的满意度，也让居民的监督权与知情权得到保障；另一方面，利用该微信公众平台开展民情大走访，网格员入户收集居民需求，做到“下单、接单、清单”的一条龙办结，形成“群众诉求问题列表”，精准对接群众多样性需求，精准解决群众矛盾。该微信公众平台还将居民关心的热点难点问题进行公示，定期将居民问题解决的办理进度、完成情况进行反馈，实行办结销号制，居民关心的热点难点问题一经解决迅速销号，从而加快化解群众矛盾，提高为民服务的效率与质量。

实践表明，乌鲁木齐市沙依巴克区八一片区以“互联网＋智慧党建”的农村群众工作模式，有效推进该片区的“微信公众号”建设与乡村治理数字化建设，充分发挥了“互联网＋基层党建”模式的作用，精准了解民情、掌握民意、服务民需，并确保公共服务资源供给精准度。推动民情自下而上的反馈与服务资源自上而下的输送双向驱动，这样既能让村民及时反映社情民意，又能使基层党组织实时掌握村民动态。通过村务微信群、村务公众号迅速传递党的声音、宣传惠民政策和加强党群情感交流；基层党组织全过程、全时态掌握居民平台留言与反映问题的同时，实时研究解决农村群众存在的难题，实现信息采集与上报、分流交办、跟踪处置、结果反馈等高效运作。

4.3.3　浙江省数字化网络帮扶工作——“浙里帮农促富”

以数字赋能帮扶工作从而实现网络化帮扶是一项具有“互联网”＋帮扶工作的民生工程，是实现乡村治理现代化与数字化的必要途径。通过“互联网＋”帮扶工作推动乡村帮扶工作的网络化、智能化、专业化，再将从“互联网＋”帮扶工作数字平台中所汇集的数据信息作为网络化帮扶的依据，从而推动网络化帮扶工作的开展，弥补乡村治理的不足，为推动乡村振兴发展赋能①。针对乡村振兴中存在的乡村空心化与空巢化、部门信息共享存在壁垒、治理人才资源匮乏、村治主体空心化等突出问题②，

① 王胜，余娜，付锐．数字乡村建设：作用机理、现实挑战与实施策略［J］．改革，2021（4）：45-59.

② 吴玉刚．“双创”与共赢推动乡村振兴的策略研究［J］．南方农机，2022，53（6）：74-76.

如果能够利用数字化技术的网络化、智能化、专业化功能，将现代数字技术赋能于农业生产领域、村民生活领域与村治场域，将加速推动乡村振兴[①]。数字赋能乡村振兴是浙江数字化改革深度与广度的重要表征[②]。浙江积极利用其数字化优势，推动产业、生态、教育的数字化，并且利用数字技术的网络化、智能化、专业化功能不断探索“疫情防控精密智控”“浙江解纷码”等模式，推动防疫数字化与科学化；“民生‘关键小事’智能速办”“浙里帮农促富”“安薪在线”等模式，解决群众诉求与处理群众矛盾；创新“产业大脑”“数字产业”“要素数字化匹配”等数字化产业模式，有效推动了经济的高质量发展。

共同富裕体现了社会主义的本质要求，是全体中国人民的共同愿望[③]。实现共同富裕对于加快建设中国特色社会主义现代化强国具有重要作用[④]。浙江省根据《浙江高质量发展建设共同富裕示范区实施方案（2021—2025年）》《农业农村领域高质量发展推进共同富裕行动计划（2021—2025年）》，推动数字化改革，打造乡村振兴示范省，从“产业、改革、建设、赋能、帮扶、数字”等方面开展共同富裕计划，创新性开展农村群众工作，加快推进“互联网＋帮扶”的“浙里帮农促富”群众工作模式，促进共同富裕。

案例3　乡村振兴中网络帮扶工作模式

——以浙江省“浙里帮农促富”为例[⑤]

浙江省仍存在大量低收入农户，低收入农户大多分布于欠发达地区，面临帮扶风险多样化的难题。如果实现低收入农户的“互联网＋帮扶”的网络帮扶工作，就能够有效推动共同富裕。浙江省低收入农户大部分分布于地理位置偏远、地理区位优势较差、资源禀赋条件差、交通落后、信息交流不便的欠发达山区。由于自然条件的制约使得企业和个人难以在该地

---

① 吕普生．数字乡村与信息赋能［J］．中国高校社会科学，2020（2）：69－79，158－159．

② 郑燕伟．数字化改革赋能乡村全面振兴［J］．浙江经济，2021（3）：32－35．

③ 柯艺伟，张振．论新时代共同富裕思想的理论渊源与核心要义［J］．社会主义研究，2022（4）：86－92．

④ 李敬煊，王乐道．中国共产党共同富裕思想的历史考察［J］．学习与实践，2022（9）：5－13．

⑤ 数字化改革的澎湃动力［OL］．浙江在线，https：//www.zjol.com.cn．

区进行投资，加上欠发达地区的政府财政力量有限和产业经济基础薄弱，致使这些地区的经济基础薄弱、经济发展水平低。2021年，26个加快发展县，地处欠发达山区，经济基础薄弱、经济发展水平低，村民收入相对较低，资源禀赋条件差，导致低收入农户较多，省级重点帮扶县的数量较多，需要政府帮扶的低收入农户与无收入农户数量较多。

（1）改革集成实现网络帮扶清单化。“浙里帮农促富”主要解决帮扶工作中存在的低收入农户与无收入农户帮扶需求难以有效表达、区域之间与部门之间的帮扶信息不畅通、帮扶干部获取信息渠道窄、帮扶部门合作不畅、低收入农户与无收入农户对帮扶信息了解程度低等问题。浙江省不断开发完善网络帮扶措施，拓展网络帮扶服务宽度，实行网络帮扶信息清单化机制，实行网络帮扶工作的分类办理，推动帮扶部门之间的共治，加快区域之间、部门之间的帮扶信息共享、帮扶工作互助与帮扶资源互享，逐步实现帮扶工作智能化、专业化、现代化。

（2）流程重塑实现网络帮扶平台化。通过明确网络帮扶平台的帮扶流程、完善网络帮扶平台的帮扶风险预警机制、统筹网络帮扶平台的资源配置、拓宽网络帮扶平台的帮扶渠道来实现网络帮扶平台化。①明确平台帮扶流程：低收入农户与无收入农户可以通过网络帮扶平台提出自身的帮扶需求，帮扶干部通过网络帮扶平台及时有效地掌握低收入农户与无收入农户的帮扶需求，并利用“浙政钉”开展帮扶走访、统计需要帮扶的低收入农户与无收入农户的数量，落实帮扶措施，给予低收入农户与无收入农户社会救助，继而及时解决农户帮扶需求。②完善平台预警机制：“浙里帮农促富”数字化平台发送“黄码”“红码”预警信息来提醒结对干部、驻村干部应及时开展帮扶工作，结对干部、驻村干部收到预警提示信息后，根据预警提示信息以及农户帮扶需求开展针对性的帮扶。③统筹平台管理协调：帮扶统筹协调工作由原各级乡村振兴局主要负责，各级乡村振兴局通过迭代更新“浙里帮农促富”数字化平台实现网络帮扶平台化，而提供平台化政策匹配清单的工作由有关部门完成。

（3）数字赋能实现网络帮扶精准化。利用数字技术使帮扶信息数据在部门与区域间实现共享，利用数字技术推动帮扶人员对帮扶工作实施风险预警，利用数字技术使帮扶人员在后台对帮扶工作进行更加精准的监测，有效解决帮扶过程中低收入农户或无收入农户反馈问题慢、政策执行异化、帮扶措施落实不精准、帮扶资源供给不均衡、帮扶干部掌握信息不全面与不及时等问题，从而有效推动帮扶精准化。通过开发网络帮扶平台，能够使低收入农户与无收入农户在应用网络帮扶平台有效发挥平台的应用功能，消除因低收入农户与无收入农户无网络或不懂网络而无法得到帮扶的问题，强化低收入农户的识别精准度，加强数字系统后台监测精确度，从而推动数据共享、风险预警和后台监测精准化、网络帮扶精准化的实现（图 5－12）。

图 5－12　浙江省“浙里帮农促富”模式

乡村振兴中“互联网＋帮扶”的“浙里帮农促富”模式实施路径是：①改革集成实现网络帮扶清单化，网络帮扶清单化有助于精准定位低收入农户与无收入农户的生产生活诉求，定位低收入农户与无收入农户美好生活需要的内容，在利用帮扶地区的资源禀赋优势、人才优势与地理区位的基础上，提高低收入农户与无收入农户的兜底保障水平，提高低收入农户与无收入农户生活水平。②网络帮扶平台化需要通过流程重塑来实现，将国家惠民政策、就业政策、财政政策等方面的政策、企业的经济基础和个人所拥有的人力资本、物质资本资源进行整合，然后根据低收入农户与无收入农户的就业需求进行职业技能培训，同时提升低收入农户与无收入农户的产业发展能力，加速低收入农户与无收入农户迈向共同富裕的脚步。③数字赋能帮扶工作形成“互联网＋帮扶”模式，此外利用数字技术的智能化、专业化、现代化优势，推进“一户、一策、一干部”的实现，建立贫困户返贫预警机制，精准监控低收入农户与无收入农户的脱贫与返贫情况，从而在巩固脱贫成果与乡村振兴衔接过程中实现低收入农户与无收入农户的脱贫与致富。综上，基于“互联网＋帮扶”的网络帮扶工作推动乡村振兴，运用改革集成、推动帮扶工作流程重塑以及数字赋能帮扶工作等措施实现帮扶工作的清单化、精准化、精准化，浙江省“互联网＋帮扶”的农村群众工作模式有利于推动乡村振兴。

5　农村“互联网＋民生”的发展模式

5.1　“互联网＋乡村增收”模式

随着农村的互联网发展和智能设备的普及，农村的经济形态和生产方式发生了深刻的变化。科技水平的提升推动农村生产力发展，互联网用于计算农业的投入产出以及生产流程，具有优化农业的水资源、土地资源配置，节省人力等优势。农业生产率的进步增加了农民的空闲时间，农村劳动人口需要提升素质和增加收入以购买工业品，农村劳动人口积极创收和进城打工成为主流。改革开放以来，随着工业化程度提升，城市人口比率提高，农村青壮年劳动力离开村庄，成为活跃的流动劳动力。城市的工业化需要提供大量的临时就业岗位，助力农民非农就业和收入增加。因此在“互联网＋三农”背景下，为促进乡村增收、农业发展以及农村劳动力就业与收入是值得研究的。这对深入认识互联网对农村民生的影响以及政府更好地制定调整农村互联网发展政策意义重大①。

5.1.1　互联网对农业收入的影响

第一，互联网推动农业生产的可持续性。互联网在农村中的普及，势必影响农村经济基础即农业生产，深刻冲击旧有自然经济的生产方式。互联网以其强力的计算学习能力，可以对农业资源进行有限条件下的效益最大化的配置，不仅指经济收入，更是贯彻保护环境、绿色发展的现代社会理念，发展生态农业、立体农业。比如滴灌技术的运用，在充分计算农作物需水量数据的前提下，精准灌溉，还能同步施用化肥，节约水资源和人力成本。因此相应的政府部门需要积极联系农村当地的农民和涉农企业，促使转变传统的农业理念，推广互联网技术在农业的

① 顾意凤，施晓敏，刘德弟．互联网使用对农民非农收入的影响［J］．浙江农业科学，2022，63（3）：641－644.

应用，节约各类资源，为农业经济的可持续发展和绿色发展提供网络技术支持。①

第二，促进农业经济的特色发展。特色农业要把城市经济发展中总结的优秀企业管理经验和研发的先进生产技术带入农村，使农业经济产业化、特色化发展，具备高利润率和高附加值，吸纳农民就业，创造农民高收入。目前的农村只有极少数发达地区实现这一目标，实践成果显著，因此“互联网＋农业”对于乡村振兴是十分必要的。地方应该在乡村振兴战略指导下，由政府牵头培养或挖掘当地有特色竞争力的农产品，运用互联网平台，充分利用本土资源，发展科学经营种植，引进现代化生产流程。积极宣传，利用抖音、快手等平台创造商机。加强基础网络设备和快递点建设，推广电子商务，打开全国市场。形成生产加工销售一体化产业链，实现特色农业现代化发展。②

第三，促进农业的产业化发展。提高农业经济效益与乡村增收是实现农业的产业化根本性目标。农业产业化的关键是发展互联网技术，形成智能农业。只有打好这一生产力基础，才能在更高维度优化生产关系和人员配置，使整个农业经济进入产业化时代。农业生产的模式落后于工业生产，主要原因是农业资源的分散，广袤的土地和分散的农业人口使农业生产水平难以进步，更无法实现产业化和集约化发展。然而计算机和信息技术为农业产业化带来转机，计算机推动农业资源的集中管理，优化配置，形成规模效应。信息传递成本的降低可以顺利联络农民，形成群体合力，实现明确分工，以此来实现城市产业集中和人员集中进行产业化的效果。这样的优势使农产品输出的品质稳定，增强农村的发展韧性。③ 构建互联网与农业互为表里、相互促进的产业链，农业提供实体，网络为农业生产管理和销售创造推动力，促进第一产业、第二产业、第三产业的融合发展。④

---

① 阿依努尔·司马义．“互联网＋农业”模式对于农业经济效益和农民收入的提升作用［J］．新疆农业科技，2021（5）：13-14.

② 刘晓倩．中国农村居民互联网使用及其对收入的影响研究［D］．北京：中国农业大学，2018.

③ 彭鹏，张刚．农村居民互联网使用对其收入的影响研究［J］．中国物价，2021（5）：41-43，51.

④ 周汕安．互联网促进乡村振兴机制研究［D］．南昌：江西财经大学，2022.

5.1.2　互联网技术在农业应用中存在的问题与策略

第一，“互联网＋农业”模式存在的问题。一方面，互联网技术难以得到充分利用，新技术推广困难。农业是历史悠久、模式单一的传统产业，在与信息技术的结合中必然表现出短暂的不适应。农村地方的生产，还没有使用信息技术，更不用说深度融合，这制约了农业经济效益的提高。另一方面，在主体认识上，某些地方的教育水平较低，当地的农民对于电子信息设备和理念接受滞后，难以充分掌握互联网的运用技术，导致互联网的模式难以介入农业生产环节。因此，需要加大“互联网＋农业”模式的宣传教育，请专家学者或技术人员进行帮扶和指导，推进新技术的渗透。

第二，“互联网＋农业”模式应用的策略。一是提升农业的智能化发展水平。首先，推广智能设备的应用，通过智能终端达成农业生产智能化。现阶段适合农业应用的技术主要还是在生产层面。具体是在农业生产的各个环节嵌入智能设备，实时监测农业生产状况和天气条件，把农业生产过程做好数据量化分析，生产的每一个环节都有经验数据指导，从土地的耕作规划、农作物种植到高效率的采集运输，都实现效果最优。设置警戒系统，一旦生产过程中的数据情况与正常情况差异过大，及时向使用者发出警报。农业生产的损失发生往往是成规模的，并且农民发现滞后。数据监测可以避免人的感性认识，直接客观地反映生产情况，能及时调整，避免损失的发生。二是加强农业技术型人才的培养与引进。增加农业人才有两种途径，一方面在当地重视农业以及互联网技术的培养教育，发展符合当地农业经济特色需求的人才；另一方面，出台引进人才的政策，吸引大学生回乡发展农业。引进农业技术专家结合互联网技术和农业生产流程对农民、村干部和企业员工进行全方面的详细技术指导，培训出熟练应用互联网的人才。

5.1.3　互联网对农村就业及非农业收入的影响

第一，互联网使用对非农择业的影响。互联网的普及和智能手机的应用提高了农村劳动力在非农领域的就业效率，扩大了农民择业的选择面。其中，互联网的使用对于自雇型的非农就业率有更突出的提升作用，这是农村劳动力的高流动性导致的。互联网信息的丰富以及实时的发布与互动，加强了农村人口与就业市场的联系，降低了人力资源成本，使社会资本更为活跃。农村劳动力在互联网技术背景下，提高技术水平，增强了劳动者的素质，拓宽劳动者就业选择的领域，不局限于体力劳动，而是多样化的就业。[①]

第二，互联网使用对收入水平的影响。互联网使用提高了农村居民的非农收入，相应提升了总收入水平，在落后的农村地区提升尤为显著。一是拓展了农村劳动力的收入渠道，包括工资性收入和非农经营性收入。二是互联网使得就业效率提高，劳动力和市场对接更顺利，降低了择业成本。

5.1.4 政策建议

第一，加大投入建设网络设施。在农村铺设网线，增加信号基站，进一步普及农村劳动人口对互联网的使用。我国互联网已经发展较长时间，网民数量庞大，网络使用率很高。但农村相比较于城市，互联网的普及率还不够高。经济落后以及地理位置受限的农村地区的网络基础设施需要多加建设。要重点铺设农村的网络设备，打好硬件基础，降费提速，有效提升农村劳动人口对网络的使用广度和使用深度，提高生产力，创造出更多的价值。

第二，合理利用互联网，提升农村劳动人口素质。一方面，农村劳动人口在互联网的知识共享中寻找适合自己的方向，结合自身实际需求，利用网络学习平台来拓展知识技能，提高择业能力，促进非农就业。另一方面，政府要因地制宜，积极帮助不便于去城市短期择业的农村常住居民，开展农村电子商务培训工作，拓展电商平台为农产品销售助力。增加农产品手工品的制作和销售，进而增加就业机会，提高农民收入水平。

第三，结合地方特色，增加信息供给。目前农村信息供给水平还很低，渠道单一，很多靠农民自己寻找。这也扩大就业的风险，容易受到不法分子的欺骗，损失财物。现实中农村劳动人口确实有各种就业信息需求，这与供给水平不统一，需要当地政府完善规范。一是政府打造权威的知识平台和就业信息交流平台，促进农村劳动人口对于信息的流畅表达，使自身的信息更好传递，外界的信息及时接收，建立信息双向高效互通的机制；二是发挥农村的实体信息服务站的作用。将农村信息服务站打造出用人单位、有关部门和农村劳动人口之间的有效交流的桥梁，让就业相关

① 马闻博．数字普惠金融发展对我国城乡收入差距影响的研究［D］．长春：吉林大学，2020.

信息及时传达，满足农村劳动人口就业的多样化和个性化的需求。

5.2 “互联网＋乡村医疗”模式

民生问题中医疗保障问题一直为广大农民所关注。长期以来，农村卫生条件较差，医疗资源不足，医疗水平不高，人员设备有限，存在“看病难、就诊难”等问题。医疗保障关乎居民的身体健康和生命安全，健康的青壮年劳动力向来是一个家庭的收入来源支撑，因此进一步提高乡村医疗水平，解决农村居民的看病问题是至关重要的。在互联网技术的介入下，乡村医疗有了新的模式，高效的信息流转和远程的分级诊疗有力地推动了乡村医疗水平的提高。

5.2.1 “互联网＋医疗”的概念内涵和使用现状

第一，“互联网＋医疗”的基本内涵。“互联网＋医疗”依托互联网平台、充分使用互联网信息技术手段，包括线上诊疗、大数据分析、云计算等，在传统医疗模式的基础上发展成的一种新型医疗健康服务业态。随着农村互联网的建设和普及，农民上网用户比例的提高，“互联网＋医疗”的模式在农村地区发展具备了条件和空间。“互联网＋”模式应用在乡村医疗上，有利于城市优秀的医疗资源和农村共享，大数据分析下更全面准确地对待每一个患者，切实解决乡村居民看病难的问题，降低居民看病成本，助力乡村振兴。

第二，“互联网＋医疗”的使用现状。以江苏省为例，2018年江苏省卫生健康委员会发布《关于全面开展“互联网＋医疗健康”便民惠民活动的通知》，其中提出智慧医院的建设以及完善的分级诊疗规划，推进乡村医疗。截至2022年，江苏全省已有139家医疗机构，经过审批后，上线了互联网医院，网络平台上备案注册医师25 547人，护师3 159人。2022年以来，提供在线复诊147 792人次、在线咨询20 409人次，开具在线处方169 894张，已经具有相当的规模。互联网医疗在国家的支持推动和疫情防控要求下发展迅速。“互联网＋医疗”的新服务模式为发展乡村医疗提供了新的思路。[①]

① 侯志阳．脱域共同生产：村民参与乡村智慧医疗卫生服务治理的个案研究［J］．中国行政管理，2021（3）：54－61．

案例：河南省郏县“互联网＋乡村医疗”的应用

郏县地处河南省中西部，在平顶山市以北，郏县下辖 8 镇 5 乡，包括 377 个行政村，700 多个自然村。截至 2019 年，郏县共有医疗卫生机构 403 家，其中县级公立医院 4 家、公共卫生机构 3 家、乡镇卫生院 14 家、民营医院 5 家，妇幼保健院 1 家，病床床位 2 521 张，卫生技术人员 3 490 人，其中执业（助理）医师 1 623 人，注册护士 1 591 人。

（1）郏县医疗存在的不足。郏县的医疗卫生机构数量不足。乡（镇）卫生院仅有 14 家，平均一个乡（镇）只有 1 个卫生院，全县县级公立医院有 4 家，病床床位 2 521 张，即在县一级医疗资源是比较丰富的，达到了国家平均水平，但在乡村地区显得不足。

农村地区普遍存在医疗设备不足的问题，农村居民对身体健康意识淡薄。农村居民常常抱有小病靠自愈，大病再去医院的保守想法，同时农村缺乏常规的身体检查，对于一些慢性疾病达不到早发现早治疗的效果，容易积累，影响农民健康。

（2）郏县乡村“互联网＋医疗”应用现状。近年来，作为全国首批县级公立医院综合改革试点县和全省县域综合医改试点县，平顶山郏县积极推广互联网技术应用，在医疗卫生领域进行网络化数据化改造，探索“互联网＋医疗健康”模式，使乡镇一级能够享受到大城市下沉的医疗资源，改善乡村医疗基础设施不足、医护人员不足以及专家水平不高等常见的“看病难”问题。① 郏县以下的三点改革措施是非常具有启示性意义的，对乡村医疗的“互联网＋”具有示范作用。

第一，在互联网技术支撑下的远程会诊。目前，郏县的县、乡、村三级医疗机构都能实现网络远程问诊。这一点对广大农村地区意义重大，只需要提供一组电脑屏幕和摄像头，以及通畅的宽带网络传输，就可以实现点对点的专家远程问诊，大大减轻了居民的负担，不用特地到大城市看病，节约了交通住宿费用。此外，线上诊疗可以排除一些轻型疾病，在病情初期更好地认定疾病，避免农村居民小病不在意，等病情严重去看的情

① 郑序颖．河南平顶山“互联网＋医疗健康”探索：数据通则“家医”通——打通省、市、县、乡、村的“最后一公里”[J]．科技新时代，2018（3）：38－39.

形，间接改变农村卫生健康意识，有效筛查疾病，让农民把钱花在真正需要重视的健康问题上。截至2021年郏县线上沟通2 700多家医院、多达22万多名医生，同时在河南省县一级地方率先上线互联网医院，可以办理线上问诊、智慧导诊等多种业务，打通基层群众就医难的“最后一公里”。

第二，移动体检。郏县投入使用健康云巡诊车和开设家庭医生上门体检和诊疗新模式，为下辖的8个镇5个乡配置12辆健康云巡诊车，主要致力于服务老年人、残疾人、孕妇以及具有慢性病的患者等群体，为这部分群体提供多项基本公共卫生服务，包括血常规、心电图检查等。在互联网技术和健康云巡诊车的设备支持下，基层医疗设备和诊疗方式取得了进步，厘清了基层群众的健康情况，便于持续地签约这种服务。2020年郏县新的健康模式服务人次同比增长13.5%。对于身体健康受重点关注的群体签约率同比增长6.37%，履约率同比增长7.52%。郏县居民健康素养水平由2018年初的12.1%提高到2020年的25.8%，成为国家级健康促进县。在互联网技术的带动下，郏县实现了基层医院、县医院、省市医院资源的整合共享和互通，实现病人不出当地村镇，就能享受到更高水平医院专家的一对一服务，充分利用了各级医疗资源，还扩展基层医疗服务的功能。

第三，构建统一的数据管理平台，实现县乡医疗信息一体化共享。2019年，郏县被确立为县域紧密型医共体建设试点县后，以县人民医院主导展开，结合县中医院、二医院、妇幼保健院、疾控中心和乡镇卫生院，共同组成郏县医疗健康集团，综合行政管理事务、人员调度，实现资源整合和数据互通，构建高效率的医疗卫生服务体系。统一的数据中心在医院调度上优化了就医流程，提高了诊疗效率。同时，数据信息由政府运营，也保障了数据防止泄露，提升信息的安全性（图5-13）。[①]

5.2.2　郏县“互联网+乡村医疗”的启示

第一，提高数据平台建设水平。统筹城乡居民的健康信息，尤其是农村居民在各级医疗机构的诊疗情况，需要进行整合，以便于观测居民的健康状况和进行大数据分析，把握居民整体身体健康状态。在郏县的实践中，基层移动体检得到一手的居民健康信息，再上传统一平台，在以后的

① 姚欣昱，等．互联网搭建线上平台助力乡村医疗［J］．营销界，2020（50）：57-58.

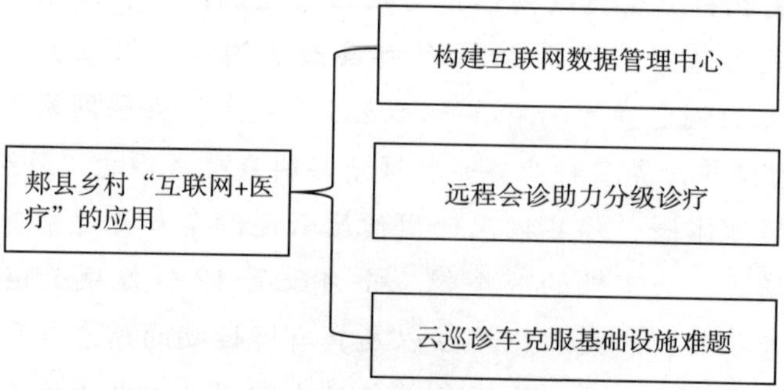

图 5-13 郏县乡村“互联网＋医疗”模式

远程会诊中再提出来，形成统一的数据资料，便于专家会诊，准确认定病情，也便于医院开药，查询病历等。

第二，重视医疗人才引进。新的模式需要“家庭医生”，移动体检、云巡诊车都需要广大医疗人才下乡支持。政府要鼓励医护人员下乡，给予充分的补贴，促进乡村医疗的发展。同时，远程会诊虽然主要是外地专家进行诊疗活动，但过程需要技术人员进行辅助操作，需要对医疗人员进行相应的培训，形成高素质、多功能的医疗队伍。

第三，加大宣传推广力度。为了推广郏县模式，应当加大农村远程会诊、移动体检、建立电子档案的宣传力度。同时对这些新事物的安全性、稳定性和便利性加大宣传，让农村居民充分认识，积极参与，在农村普及运用。政府应当充分认识抖音、快手等自媒体的作用，鼓励亲身受到医疗便利的居民展示流程，消除陌生感，展现出远程医疗具有的优势，促进优质的医疗资源下乡，打造好“互联网＋乡村医疗”模式。①

5.3 “互联网＋社会保障”模式

农村居民的社会保障主要涉及农村的社会救助、养老保险和优抚安置三个方面。与城市居民相比，农村社会保障是薄弱环节，亟须加强和完善。农村合作医疗存在养老保险本身的覆盖人群和补贴的疾病种类方面较窄，社会救助和优抚的保障力度低、金额小、报销力度弱等诸多问题。同时在社保基金筹措和使用流程上缺乏政府高效率的宏观调控，缺

① 沙小苹，李晨倩．互联网医疗推进健康乡村数字化建设［J］．医学信息，2021，34（19）：1-9.

少政府内部监督和社会监督机制。社会保障是一个国家的稳定器，农村更是中国经济的缓冲器，承接中国经济的软着陆，农村居民的社会保障更关系到国家的社会经济发展和秩序稳定。当今的社会保障体系需要突出农村居民的重要性，深入改善农村民生问题。随着互联网技术在农村的铺开，农村社会保障的发展完善迎来新的转机，不仅会降低居民接受输出社会保障的信息成本和缴纳基金的交易成本，而且还能完善社保基金的常规管理和报销使用流程，在程序上强化内部监督和社会层面的网络监督。

5.3.1　农村社会保障现存的问题

农村社会保障本身的资金不足和因此产生帮扶力度需要加强的问题，需要进一步加强保障资金的提供。农村社会保障主要涉及社会救助、社会保险、社会福利三个方面。如今老龄化加剧的背景下，农村养老问题迫在眉睫，是重点需要解决的问题。农村老龄人口比重高，大量青壮年劳动力流出，家庭保障能力减弱。社会保障需要加大力度，保证农村老年人的生活和健康。

第一，农村居民养老金的资金供给不足。2021 年江苏省城乡居民基础养老金每人每月 173 元，比国家最低标准高出 80 元。而在此基础上增加养老金的前提是一般人群每年缴费 300～2 500 元不等，以获得基础养老金最低 30 元或 60 元的增加。2021 年江苏省城镇职工养老金计发基数为 7 974 元。农民的养老金与此差距很大。从现在的消费水平来看，基础养老金在大部分地区 100 元左右不足以明显改善农村老年人的生活，而增加金额需要更多的缴费。实际上农村的低收入群体是没有资金持续缴纳养老保险的，而对于有缴纳大额养老保险能力的高收入群体，客观上养老金对他们的帮扶程度不大，而只是一种保底性质的投资。所以这样的“多缴多得”方式虽然可能吸纳更多的资金，但实际难以保障真正依靠基础养老金的低收入群体，这是实践中需要关注的问题。

第二，医疗保险制度亟须完善。我国农村现行的医疗保险制度是新型农村合作医疗制度，简称“新农合”。即以大病统筹为主，政府主导，多方筹资，遵从的是自愿性、政策性原则。新型农村合作医疗制度是基于农村的现实情况，不强制缴费以规避道德风险，参加的基本都是老年人和高风险患病的群体，可以起到准确保障的作用。到 2018 年，我国“新农合”

参保率已超过99.9%，其效果受到了广大农民的认可，缓解了农民因病返贫，看不起大病的问题。但“新农合”仍存在一些问题。首先是资金问题，现阶段缴费主要是政府补贴和个人出资，筹资渠道狭窄单一，这样的筹资模式难以整合社会力量的协同参与。随着“新农合”参保率越来越高，需要看病报销的人越来越多，在一些经济条件差的地区还会出现资金蓄水池的不足，政府补贴难以维系，影响保险的持续性和共济性。地方不得不提高个人缴费的金额，这又会增加农村家庭的负担。其次，合作医疗报销范围有限，难以满足日益扩大的医疗需求。卫健委规定乡级新型农村合作医疗的报销药物目录种类应控制在300～500种（含中药和民族药）。农村的卫生室只提供目录内的药品，可报销的种类有限，一些新药品和农民常用药不能被覆盖。如果村级卫生室从药厂进药，可以节省农民的看病取药的交通成本，也可以增加卫生室收入，是一个双赢的过程。但这是被监管部门所明令禁止的行为。对药品目录的限制一定程度上阻碍了农民的医疗便利。最后，就是报销流程和监管问题。现在的农村合作医疗没有实现全国联网，在农村大量青壮年流入城市造成了跨省报销困难，许多地方报销手续繁杂，金额少，程序多，保障面窄，产生路费比医药费昂贵的问题，违背减轻农民医疗负担的初衷。报销流程上，乡镇卫生院系统和村卫生室的是相互平行的关系，而且报销内容不能明确可视化，上级难以监督报销情况，技术的不透明加上监管人员有限，容易导致报销流程不规范以及骗保的行为。①

第三，农村还未形成统一的社保基金管理制度。农村社会保障基金账户缺乏管理，一些经济发达地区有政府管理账户，但存在立法上的缺失，不能明确规定职责，导致基金运作不透明，基金被挪用，监督管理失位。地方各自不同的管理措施不能持续有效获得基金增益，保障农民利益，影响了社会保障制度的持续性规范发展。②

① 徐硕．新型农村合作医疗制度的现实困境与可行性路径探究［J］．黑龙江人力资源和社会保障，2021（19）：27-29.

② 许大春．乡村振兴背景下农村社会保障法制的完善探讨［J］．农业工程技术，2022，42（15）：92-94.

5.3.2 互联网背景下农村社会保障制度问题的解决对策①

第一，继续完善农村社会保障政策。各个地方政府应根据当地的实际情况，利用优势资源，推进社会保障制度的完善②。要完善农村的保险体系，尤其是养老保险和医疗保险。我国城乡养老金水平差距大，大量养老资源都集中在城市，农村养老资源比较匮乏，应该优化养老资源的城乡配置，提升农村基础养老金发放的最低标准。加强农村医疗基础设施建设，推动养老机构建设，公办养老和社会养老机构相互补充，共同促进。加快精神文明建设，扩展文娱场所，满足老年人多样化需求。

重视运用互联网技术，打造智慧养老平台。互联网平台对养老有两大作用：一是在智能手机普及的前提下降低缴纳养老保险的成本，缴费更方便快捷，减少步骤。要加大宣传养老保险知识，有助于农村居民进一步多缴养老保险。二是发挥互联网的信息共享功能，为老年人提供生活便利。配备专门服务人员为老年人提供健康咨询、养老咨询以及日常安全检查，家庭设施维修，保障老年人的生活环境安全舒适。与老年人分享信息，发挥出虚拟养老院的作用。在智慧平台推动互助养老，可以组建身体健康，年龄适宜，热心热情的老年人成立志愿者队伍，利用网络互相沟通，及时对患病等生活不便的老年人进行帮助，既可以减轻经济和人力上的压力，以及老年人子女负担，同时对老年人的业余生活和被需要感、满足感都有帮助，丰富老年人的精神生活，改善生活不便的老年人的养老处境。

第二，进一步规范农村医疗保险制度。正视筹资问题，简化报销流程，加强资金监督管理。在互联网的运用下，发挥多种社会力量的作用，多方参与助力医疗保险的资金筹集。简化外地农民的异地报销流程和当地居民报销的手续和环节。建设“互联网＋”保险报销系统，利用计算机思维，在合法、合规前提下，最大程度简化居民的医疗费用报销程序，增加业务办理的透明性和安全性，明确资金流向，便于外界监督。

第三，打造统一平台规划社会保障。目前国内存在大量的社保数据需要整合，借此可以基于统计学分析全国的社会保障情况，分析区域之间的差异，明确落后地区的调整方向，以及统筹规划全国的社会保障方面的转

① 孙一平，孟沙沙．“互联网＋精准扶贫”视角下农村社会养老保障困境与发展［J］．农业经济，2020（12）：67-68.

② 王艾佳．农村社会保障对农民消费的影响研究［D］．沈阳：辽宁大学，2022.

移支付①。重要的是在平台统一的基础上健全农村社会保障的法律和监管体系，真正把社会保障纳入透明的管理之中。现实中农村的社会保障种类多，账目复杂，充满乡土特色，信息不透明。应该规范立法，在统一平台上，对各种保障项目分门别类，实行专款专用。完善农村社保监督体系，保证资金的流向正确，要动员广大农民参与，进行人民群众监督。充分运用数字媒体平台打开监督渠道，通过微博、微信、政府门户网站等平台接受民众的意见，同时做到政务公开透明，各项社会保障的钱款去向要明确，真正做到取之于民，用之于民。

5.4 “互联网＋乡村教育”模式

近几年，随着新冠疫情防控的需要，互联网在线教育迅速在全国的城乡铺开，有利于“互联网＋乡村教育”模式的普及。而互联网技术助力教育是一个循序渐进、不断优化协调的过程，这一融合过程中互联网教育和农村社会的现状是存在冲突和矛盾的，需要予以调节。农村人才培养的重要性不容小觑，关乎乡村振兴和农村脱贫。良好的教育对一个家庭乃至一个村镇都会产生积极的影响，为其注入新鲜血液。②

5.4.1 当前互联网在乡村教育应用中面临的问题和挑战③

在城乡二元体制下，农村社会情况和城市是不同的，因此发源于大城市网络技术应用在乡村教育上存在阻碍，不仅仅是经费和设备以及网络基础设施建设的问题，还存在着教师队伍建设不足、农村观念转变困难的问题。

第一，农村教育经费投入不足，网络相关设备难以安装。农村的教育投入不足问题是老生常谈的，一直以来农村的学校仅仅有教室、桌椅和一些基本的教育工具。大多数农村学校缺少体育场馆、音乐室以及各种素质拓展的场所，只能维持基本的书本学习。而网络教育恰恰是资金密度很高的模式，电子设备普及需要大量的经费支撑。老师上课需要的投屏、电脑，学生上网课所需的平板电脑和智能手机以及高额的网费，对农村学校

① 高娟．乡村文化复兴与农村社会保障中的文化养老［J］．文化产业，2022（11）：65－67.

② 任友群，杨晓哲．新时代乡村教育的强师之路［J］．中国电化教育，2022（7）：1－6，15.

③ 邢西深，管佳．发展“互联网＋教育”助力乡村教育振兴［J］．教育与装备研究，2022，38（8）：88－92.

和学生家长都是一笔不小的负担。

第二，乡村师资力量薄弱。客观上，城乡经济发展不均衡，乡村的生活条件一直是较为艰苦的，薪资水平比城市低，偏远地区更甚，吸引不到优秀的师范毕业生，缺乏有力度的政策支持。因而从一开始乡村教师队伍整体水平不如城市，这是客观环境造成的。随着地方财政的紧张，农村地区教师工资发放困难，越来越多的师范专业毕业生不愿意扎根乡村，教师队伍缺乏新鲜血液，老龄教师比例高，造成信息接受迟滞，教育方式落后。当地政府要提高教育水平，就必须重视教师队伍的建设，用政策和管理培训提高教师队伍素质。①

第三，传统教育理念惯性强，学校和学生家长对互联网教育接纳不够。受教师队伍老龄化的影响以及农村基本条件的限制，农村学校没有资源对教师进行新的教育理念方法的培训。农村的教育方法是传统保守的以黑板为媒介的老师面授。老师不习惯使用多媒体设备、制作课件等，缺乏相应的技术指导和形式上的创新。以英语学习为例，当城市教学注重口语表达，听说写作训练时，农村教学模式仍以“哑巴英语”为主，拘泥于背诵单词和句型这样的形式。此方法是难以灵活掌握一门语言的。语言教学在形式上的落后导致实际效果远不如城市。上网课也是迫于形势，并不能高效教学。不少家长认为手机、平板电脑仍属于娱乐工具，并不支持持续的线上教学。而当今的网络教育资源是十分丰富的，“慕课”等数字课堂不断完善发展，已经形成系统化的知识教学体系，在农村师资力量薄弱的情况下是一种有效的补充，应当积极普及这些线上课程，让想学习的孩子接触更多教育资料。

5.4.2　互联网背景下乡村教育的发展对策

互联网时代的教育信息共享是缓解城乡教育资源差距的可行有效的途径。农村教育资源少，更要做好迎接互联网教育的准备，以此来提升教育水平，让乡村学生享受优质教育。当前乡村教育存在资金不足、设备缺乏、师资队伍质量不高和教育理念守旧四个主要问题，需要政府对乡村进行转移支付，加大资金投入和教学设备引进，引进师范人才，打造高素

① 金丹丹．“互联网+”视域下乡村教育问题及策略研究［J］．农村经济与科技，2022，33(11)：282-284.

质、年轻化的教师队伍。① 加大对互联网教育理念的推广，对农村的老教师和家长们提供物质和精神上的支持，这些都将推动乡村教育发展，为乡村振兴打造人才基础。②

第一，增加农村教育经费，重点建设学校互联网设备。政府应加大对校园硬件设施的建设，使得学校能开展信息化教学工作，与城市接轨。在校内安装电子白板、投影仪以及建立多媒体教室。同时为在校教师提供便利的教学设备和环境，使教师有条件低成本地开展网络教育。运用“双师”模式，就是兼顾线上和线下，在不同维度多方位开展教学，达到相互补充、相互促进的目的。在线上的远程授课，由政府主导整合建立统一的规范平台，由一线城市的优秀教师开展教学；线下则有一位老师做好学情分析、课后作业、阶段考查等辅助性质的工作，帮助学生充分理解吸收线上所学内容，弥补线上课程容易泛泛而过、学习不深刻的问题。③

第二，加强师资力量，培训出高质量、教育理念先进的师资队伍。首先是吸引优秀的教师来到乡村，打下坚实的师资基础。青年教师不愿来乡村任教主要原因还是经济问题，乡村教师工资低，待遇差，晋升机会少。一些困难地方还时常延缓绩效和工资的发放，影响教师的生活。因此，要提高乡村教师待遇，提高最低工资水平，并保证按时发放基本工资和奖金补贴等。关心教师生活，有困难的予以帮助。完善教师的评价体系和晋升标准，保证公正透明，使得认真教学的教师看到实际的回报。其次是培训教师形成互联网教学理念，推动智能教育。乡村地区信息较为闭塞，老龄化严重，缺乏年轻教师，许多老师年龄较大，对学习新事物缺乏能力和热情。需要政府开展培训活动，加强技术上的指导，帮助教师使用互联网设备，在实践中认识到互联网的便利性和内在的强大作用，调动大龄教师的积极性。鼓励年轻教师开展互联网教学，形成示范，以少数带动多数，以先进带动落后。④

---

①④ 李钰，何鑫瑞．“互联网＋”背景下乡村教师专业发展的分析与探索［J］．河南农业，2022（9）：4－5.

② 贺培旭．“互联网＋”与乡村教育融合发展的途径探析［J］．中国新通信，2022，24（15）：176－178.

③ 叶特愉，杨小倩．“互联网＋”城乡学校发展共同体的实践研究［J］．新教师，2022（7）：25＋30.

第三，加强互联网技术与乡村教育的融合发展。进一步推动互联网技术对教育的促进作用，通过网络设备提高本地的教育水平，改善授课形式，通过信息共享来弥补城乡之间教师水平的差异。深度运用互联网提振乡村教育发展，进一步扩充信息教育资源，比如建立电子图书馆，通过大数据算法为学生提供感兴趣的知识和个性化推荐内容，让学习变得不枯燥①。同时还要宣传这种模式，改变部分家长看孩子接触网络就紧张的心理，提供良好的网络学习环境，多方协力，共同促进乡村教育。

5.5 “互联网＋乡村扶贫”模式

当前，由于农村地区资源不足、产业发展水平低、转型慢、动能不足、城乡二元结构尚未完全打破、农产品销售渠道不够畅通等问题成为全国各地农村发展缓慢的重要阻碍。这些积压已久的问题，如果仍用传统常规的处理手段解决，将是一个漫长的过程，效率较低。而互联网具有线上平台，交易成本低，对个人激励性强，还具有低成本拓展市场，扩大需求，打破城乡隔阂等优势特点，要充分贯彻互联网理念，利用互联网技术，可以有效地解决农村脱贫问题，因此以东海县三铺村电商发展为例，探索“互联网＋乡村扶贫”的发展模式。

案例：“互联网＋乡村扶贫”的应用

——连云港市东海县三铺村为例

连云港市东海县双店镇三铺村全村总人口 5 872 人，土地面积 22 092.9 亩，耕地面积 10 393 亩，一直以来种植的是主食类农作物，如小麦。由于农业利润低，当地农村居民的经济收入主要是外出打工。外出务工人数达到 1 506 人，达到劳动人口的三分之二。2017 年村民人均年纯收入 9 600元，远低于全国 13 432 元的平均水平，在江苏省的 19 158 元高水平相比之下更显得贫困。全村原有建档立卡贫困户 163 户，村集体也缺乏资金和产业支撑，缺乏造血能力，是市县重点扶贫村，属于“十三五”省定的经济薄弱村。

① 刘英祥．对接互联网教育资源　促乡村学校教学提质［J］．河北教育（教学版），2022，60（Z2）：6－7.

随着全面小康的推进，三铺村开始探索特色农业道路，大力发展鲜切花产业成功脱贫致富。该村成立“连云港穗泽农业有限公司”，运用电商扶贫助力群众脱贫攻坚。三铺村投资400万元建立东海县电商物流中心为孵化基地，招商引资、吸引乡村人才、发展线上网红、积极完善快递物流，实施“鲜切花电商+互联网扶贫”模式。

截至2020年，双店镇三铺村集中流转土地2 000多亩，连片建起528栋高标准的温室大棚，打造出具备三铺村特色的支柱性产业园。产业园模式使三铺村的就业问题得到缓解，2020年三铺村从业人员达2 300余人，在产业园区内就业的有300余人；人均收入20 300元，集体经营性资产投入790万元。村里为了更好地发展电子商务，建立物流中心，还有配套的冷链传输，保障鲜切花的品质。在这一系列的举措下，村民和村集体都富裕起来。村集体经营性收入达到70.7万元，集体收入达到117万元。三铺村作为一个合并村不仅摘掉长期以来的“省定经济薄弱村”的帽子，全村163贫困户在政策支持下全部实现脱贫，而且还被评为江苏省“一村一品一店”示范村、江苏省文明村、连云港市现代农业园区、连云港市电子商务示范村等多种荣誉。

三铺村“互联网+乡村扶贫”模式产生的启示如下：

第一，借助互联网完善农产品产业链。三铺村在电子商务的作用下打造出鲜切花全产业链条。三铺村通过利用现有的占地面积2 500亩的鲜切花产业基地，打造集育苗、生产、加工、运输、销售为一体的产业链条，形成完善的生产销售流程。

该村在生产基地的基础上，分别兴建了占地2 000多立方米的鲜切花冷藏区，以接续相应的占地3 200平方米鲜切花育苗中心，同时兴建占地2 700多平方米高效日光试种温室和占地8 000平方米电商快递产业园，综合形成以电商产业园为核心的电商创业孵化基地和集育苗、生产、加工、运输、销售一体化的产业链条，提供大量就业岗位，吸纳就业人员达到1 500余人，年生产各类鲜切花6 000多万株，实现电商年交易额6 500万元。

在销售方面积极开拓销售渠道。开发“花直达”电商平台，打通线上销售渠道，扩大鲜切花销售网络，减少生产端和消费者之间的中间环节，避免利润流失，压缩销售成本，实现让利于农民，增强线上盈利能力。根据鲜切花的使用场景和特色卖点，电商平台开发基地采摘后直接送达模式，优化鲜花包装和物流水平，提高顾客的服务体验。二是打造网红看花直播间。利用“抖音”“快手”等平台，组织培养网红，利用新媒体扩大宣传，打造高端品牌，扩大品牌效应。通过直播平台宣传，三铺村的鲜切花产品远销北京、上海、南京、武汉、郑州等国内 100 多个大中城市，部分名贵品种更是远销国外。网红看花直播间成功孵化出拥有 504 万粉丝的今日头条号“乡村小乔”网红，打造出“直播带货”农村电子商务脱贫的模范路径。

第二，重视吸引人才，推进电商人才培训。三铺村近年邀请电商专家、直播网红开展电商培训 10 余期，培训电子商务人才 400 余人，引导花农灵活创新发展，积极促使 200 余户农民在鲜切花产业链销售方面就业创业。该村电商人才培训计划还吸纳 30 多名大学毕业生返乡创业，其中，“连云港探花园艺有限公司”“连云港植觉农业开发有限公司”等一批由返乡大学毕业生创立的电商企业日渐兴起，是当地脱贫攻坚的重要力量①。人才引进一直是乡村脱贫的重要问题，高素质劳动力和优秀的管理人员是促使一个企业进行现代化管理、提高盈利能力的重要保障。尤其在互联网与时俱进，对创新能力要求日益增大的背景下，优秀的人才意味着能适应市场的变化，根据互联网特性抓住商机，扩大规模，提高效益，实现企业长远良性的发展。

第三，进一步加强基础设施建设，创设良好的营商环境。乡村的基础性建设较之于城市是薄弱的，当地政府在力所能及的条件下培育服务意识，提高办事效率，打造一个高效的、积极的、对企业友好的营商环境。同时做好基础设施建设，打通道路交通，降低运输成本。做好产业创新基地的基础供应，如宽带的降费提速，降低农村居民和企业的用网成本，推动互联网对产品销售发挥作用。在这样的举措下，才能吸引更多的资本投资，发挥区位优势和现有的产品优势，形成产业聚集，助力脱贫攻坚。

6　化解农村群众矛盾与推动民生发展

创新互联网时代群众工作机制，一方面要借助创新互联网时代群众信

① 朱小伟．“互联网＋”背景下农村电商扶贫实施路径 [J]．农家参谋，2022 (14)：63－65.

访治理机制、创新互联网时代群众矛盾多元调处机制、重视互联网时代农村群众矛盾化解和民生发展需求，来应对社会主要矛盾凸显出的多维性、持续性和集聚性特征；另一方面要清楚地认识到，只有不断增强党和政府在互联网时代开展群众工作的本领，通过互联网加强党和政府与人民群众的血肉联系，更好地依靠群众、发动群众、组织群众和调动群众积极性，共同致力于实现“强起来”的战略目标，才能够从根本上解决当前社会的主要问题。

6.1 构建农村群众矛盾多元主体协同化解机制

在互联网时代和农民阶层分化的背景下，农村群众各个阶层间经济实力和利益需求差异大，村庄价值冲突强化。农村群众内部利益矛盾大量涌现，呈现出多样化、复杂化、易激化、调解难等阶段性特征①。正确处理好这些利益矛盾是新形势下做好群众工作面临的新课题，这对党协调各方利益关系的能力提出挑战。党的群众工作任务加重，标本兼治的农村群众矛盾多元主体协同化解机制需求显现。习近平总书记提出“坚持和发展新时代‘枫桥经验’……健全社会矛盾纠纷多元预防调处化解综合机制”，成为下一阶段缓解村庄价值冲突，推进农村发展和基层现代化治理能力提升，创建基层共建共治共享理念，实现新时代乡村振兴战略的根本方向指引。构建系统的农村群众矛盾多元主体协同化解机制，需关注治理主体、治理方式、运行机制等要素类型的多元化和发展关系的复合化。

6.1.1 明确农村群众矛盾化解多元主体定位

面对日益复杂化的农村内部矛盾冲突，需充分考虑村庄阶层分化的现实情境，协调农村内部各主体之间的关系，发动政府和民间主体力量，通过构建多元主体矛盾化解机制，充分活化农村内部人、财、物资源，消弭各类矛盾纠纷。机制的有效运行受政府治理能力、社会发育程度和公民参与意识等因素影响，主体的多元并不意味着无序发展，要求赋予参与矛盾化解机制的各个主体角色定位②。结合当前农村实际发展背景，亟须形成

① 李亚雄，向雷．乡村民间纠纷解决与有效治理研究［J］．河海大学学报（哲学社会科学版），2020，22（3）：90－98，108．

② 詹国彬，陈健鹏．走向环境治理的多元共治模式：现实挑战与路径选择［J］．政治学研究，2020（2）：65－75，127．

以村民自治为基础，党政力量主导，多元主体参与、多种资源融合的农村群众矛盾纠纷治理机制[①]。首先，农民个体是农村社会生产实践的主体，也是形成农村多元化矛盾冲突产生的主体和乡村稳定秩序的受益人。农民对于农村内部的矛盾纠纷源头拥有比其他任何主体都敏锐的感知力，对于纠纷的化解手段有自己的理解，因此农民作为当下农村群众矛盾化解的基础主体力量存在毋庸置疑。其次，无论是农村群众工作还是城市群众工作，党的领导地位不可动摇。考虑到知识传播和资源获取在精英阶层与普通群众之间分配的不均衡性，同时，个体的参与意愿、参与能力、政治素养和主体间地缘、血缘关系等许多要素会影响农民群众矛盾纠纷化解的整体观和大局观，进而影响农民群众的有效参与。因此构建中国特色的矛盾多元纠纷化解机制，必须坚持农村党组织的领导地位，充分发挥党组织引导作用，传达党的政策意图，统筹利益资源分配，协调村庄组织关系和群众矛盾，推动农民群众按照党的意志自觉展开行动，引导农村社会纠纷的化解。再次，村委会干部是离农民最近的人，也是农民间矛盾纠纷最直接有力的调解人。农民自己解决不了的问题，村干部就要为其出谋划策。因此，要注重村委会自治能力培育，关键在于制定基本的组织职能清单，强调职责分工，划清机构的权责和层次，做到专项专人攻坚治理，避免出现越位插手或干预自治的现象。村干部要实现职权责一体，将群众矛盾调解手段落实落地。最后，其他农村组织是矛盾纠纷化解机制的专业力量。农村群众纠纷往往滋生于农村生活的方方面面，经济纠纷是农民最为关注也是出现频次最多的纠纷类型之一。要培育如“农村资金互助组织”在内的农民经济组织，以合法安全的方式构建农村内部和农村—城市的资金流转渠道，集中农民手中的小额闲散资金，盘活资金流向，减少农民经济纠纷，推动农村金融发展。要发展农村维权组织，从生态环境、医疗卫生等方面提供专业服务，要壮大农村矛盾纠纷化解队伍，形成地方党政领导、公众、社会组织等多元参与的农村矛盾化解格局。支持并积极引导农村组织的发展，使其发展成为提供公共服务、反映群众诉求、规范社会行为的独立主体。要从纠纷出现、扩大、激化及平息全过程体现多元主体

---

① 陈荣卓，刘亚楠．新时代农村社区矛盾纠纷有效治理机制建设研究［J］．理论月刊，2019（11）：135－141.

的参与[①]，构建“强政府—强社会”的农村群众矛盾多元主体化解格局，将共建共治共享落到实处。

6.1.2 强化矛盾化解主体联动与方法衔接

在明确农村群众矛盾化解多元主体定位的基础上，要实现矛盾纠纷化解机制的协调运转，需要弥合各主体间协作缝隙，落实化解方法衔接，实现政府与社会的协作配合，为满足农村群众纠纷化解提供全过程全覆盖的服务体系。

（1）完善主体对接机制。为防止不良社会影响的产生，适时化解机制内部主体间可能产生的协调问题，避免化解过程中主体推诿扯皮现象。要加快组合矛盾调节链条，形成化解主体联动的网络，提高机制联动调解的效率。首要任务是切实加强农村党政主体引导责任，落实村镇干部职能，统筹规划乡镇村基层干部职责权限，细化任务分配，明确工作的具体部门和人员，建立健全相应责任追究机制，确保干部认真履职。其次要提高政府的解纷能力。要提高基层干部调节能力，优化调节手段，激活干部的工作热情和同理心，避免粗暴调解等不合理的调解手段激化矛盾纠纷。督促调解委员会等农村专门矛盾调解部门将自身职能落实落细，注重平时对可能产生矛盾纠纷的事件进行排查化解，避免矛盾激化后调解耗费过多人力物力。调解过程要面向广大农村群体，合理布局，细致谋划，确保人员各司其职。政府部门要积极落实调解经费的保障问题，政府可通过建立最低矛盾纠纷化解经费保障制度，设立调解组织专项资金，按需拨付款项，保证政府调解队伍的专业度和规范性。要继续深化调节设施设备等政府购买服务，落实农村配套法律服务，为农村居民提供及时的法律援助[②]。除此之外，可以结合实际情况对农村矛盾纠纷进行分类，把经常出现的日常纠纷形式和特殊纠纷形式区分开，按照所属类型进一步归类，总结“梯度纠纷处理”程序，通过专业化手段分析分类，把日常纠纷交由基层调解组织调解，将复杂纠纷交由专业调解人员和组织处理，帮助提高协调机制的整体工作效率。

① 张文汇．法治化语境下的基层矛盾化解路径选择［J］．东岳论丛，2019，40（5）：183-190.

② 常军，吴春梅．论新时代农村基层矛盾化解的共治能力建设［J］．华中农业大学学报（社会科学版），2022（4）：160-168.

（2）完善化解方法对接机制。对于以“熟人”关系为主的农村来说，过于强硬的纠纷介入和矛盾化解方式往往不能产生较好的效果，需要针对地区特别的人际关系采用更为接地气的纠纷化解手段，使得农村紧密的人际关系得以维持，又能促进矛盾纠纷的化解。互联网时代，信息技术和大数据技术的发展为这种特别的柔性治理手段实施提供了创新的可能。信息技术手段具备高速灵活、多元快捷等特点，能够打通时间空间限制，一段时限内拉近矛盾纠纷事件主体距离，有效破除传统调节模式低效、低适应性缺憾。通过将社会专业高效的调解资源和设备集中于虚拟的网络平台，成为破解农村环境下群众矛盾纠纷和满足农村治理需求的有力工具。

6.1.3　构建覆盖全过程的多元主体矛盾化解机制

要将静态的主体结构转变为动态组织网络，构建全过程、全覆盖的矛盾化解机制。改变传统的基于已发生的矛盾纠纷“事中”实施的调节手段，从“事前”入手，注重“事后总结”，破除纠纷处理的滞后性，避免矛盾化解工作陷入“恶性循环”。首先，注重预防纠纷苗头，实施源头监控。提升矛盾解决效率，必须把目光落在矛盾还未产生的时段，从事前预防出发，构建矛盾预防机制，将矛盾遏制于萌芽时期。过往农村群众矛盾化解工作呈现“围堵式”特征，人民的利益诉求得不到及时的关注和满足，往往到激化为纠纷时才能被发现。互联网时代，信息技术的发展使得政府的信息获取和群众诉求捕捉能力增加，根据获取信息研判事件风险的能力也大大提升。群众的诉求被看见，群众的声音被听见，为矛盾诱因获取和矛盾源头控制创造了有利条件。因此，运用信息技术强化农村群众矛盾研判和预防机制，构建群众诉求表达平台，对于矛盾的化解具有重要的意义。当前要以互联网技术为基础，强化信息整合、联通、共享。完善网上信访办理制度，推进更好更快缓解农村群众情绪，解决农村群众困难。其次，事中调处是核心。除健全矛盾预防机制外，事中响应机制构建也十分重要。事中响应机制的构建有利于调解人员对矛盾的发生快速反应，研判事件所处危险性阶段及可控程度，在此基础上实施矛盾处理专业手段，避免事件发酵危害扩大。第三，事后追踪是巩固。矛盾化解后，并不意味着相关调解人员就能放松警惕。要加强对矛盾发生原因的追溯总结，了解事件发生的全部过程和具体细节，要确保矛盾切实解决，防止已化解纠纷“死灰复燃”，产生新的麻烦。因此，要总结事件产生的原因引以为戒，密切关注事件之后的发展轨迹。建立健全反馈和追踪工作机制，实现矛盾纠纷的成功解决，做到让群众彻底放心满意。第四，落实基层多级矛盾处理预案。相关部门将各自职能和预案流程熟记于心，确保工作预案要随着矛盾的发现立即开展，破除预案开展可能出现的行动阻碍。突发事件具有不确定性和危害性，其危害有愈演愈烈的可能，因此政府部门必须完善应急联动机制，强化专门的应急经费保障和物资提供，从高风险排查、专业机构人员指挥、事件现场应急预案落实和事后调查总结几个方面进行准备。要形成具有中国特色全过程、全覆盖农村矛盾化解机制，明确协调主体定位，协调矛盾化解主体联动，从事前预防、事中反映和事后总结多方面着手，形成矛盾纠纷化解合力，构建突发事件农村联动体系。

6.1.4 打造农村群体矛盾多元主体特色调解文化

新时代构建共治共享的社会文化，在充分共识的基础上处理矛盾纠纷，既是当前农村地区群众工作发展的实际需要，也有利于形成农村价值观向心力，使矛盾化解达到事半功倍的效果。强势的处理手段固然对纷争处理有立竿见影的效果，但往往会忽视纠纷之下隐含的群众诉求，治标不治本。面对农村社区纠纷多元化、复杂化的现实，要从核心价值观引导的文化调解出发，注重以人为本，培育淳朴乡风和农村文化，形成积极的农村文化氛围。通过开展优良家风民风相关主题活动，塑造互帮互助、团结友善、尊老爱幼的和谐文化环境，将优秀的文化根植农村群众心中，内化于心外化于行。明确农村居民内心的道德水准和道德界限，使其以自省的方式去感知社会，将矛盾纠纷化解在萌芽时期。

6.2 加强疫情防控期间民生保障与网上群众工作

做好网上群众工作是新时代中国共产党治国理政的基本要求，是助力疫情防控的关键环节。当前国内疫情仍呈多地散发态势，持续反复且未知的疫情在影响民众日常工作生活的同时，也容易加剧民众的负面情绪、集聚社会风险。要及时掌握民意，回应民声，把了解民情、集中民智、维护民利、凝聚民心的要求落到实处，提升疫情防控和经济社会发展的实际效能。新冠疫情暴发后城市治理主要存在医疗资源挤兑严重、应急物资难以保障、基层治理不够顺畅、疫情认知不充分等问题。应正确认识疫情特殊性对城市治理的考验，高度重视民意感知与回应，精准识别疫情中的社会风险，持续发挥一网统管的效能，落实资源调配与民生保障。为此，建议建立多维度感知网络，全面完善疫情防控支持体系；畅通有序的诉求表达，提高风险识别和管控能力；以“一网统管”为抓手，深化为民服务长效机制；推动政民间良性互动，营造群防群控的防疫氛围。

6.2.1　新冠疫情暴发后城市治理存在的主要问题

（1）医疗资源挤兑严重，加剧疫情防控难度。一是不合理使用医疗资源。2022 年新冠疫情病毒溯源多为奥密克戎，传播速度快、隐匿性更强、感染者更多。因此大量的医务工作者被安排到核酸检测、看护方舱的无症状感染者这些重复劳动中，严重地挤兑了医疗资源，而医疗资源被抽调的地区也成为新的薄弱环节。二是未能建立高效的医学分诊体系。由于缺乏对患者有效的分流，大量患者同时涌向医院，出现“扎堆就医”现象。而急需治疗的病人却被挡在医院大门之外，引发不少舆情事件。2022 年上海市仅“120”单日电话呼入量就是上年同期 12 倍。三是医疗供给与战略储备普遍短缺。应急医疗服务人员、隔离场地以及医疗物资储备、生产方面的不足，很难完成隔离防控，切断疫情传播路径。

（2）应急物资难以保障，催生民众恐慌情绪。一是疫情导致供应链断裂。部分地方“以邻为壑”导致跨区域物资流通不畅，部分地区农产品滞销，物资供应链出现问题。大量外卖员、快递员同时被封，导致配送运力严重不足。二是应急物资保障机制不及时，呈现迟滞状况。受封控影响，城市基本供应系统更多依赖政府应急物资及外地捐赠。而疫情发生后物资运输企业与志愿组织自发干线运输，未能与当地末端配送体系实现有效对接，地方物资需求变化和运力动态难以实时掌握。三是“事实传播”让位于“情绪传播”，民众恐慌情绪蔓延。公共服务保障不到位容易强化民众本已偏高的风险感知，加上可能感染病毒的恐慌感、物资不足的匮乏感、经济损失累积的压迫感，极易形成群体恐慌。个别地区已出现民众囤货、抢票等无序行为，民众因信息不对称引发偏听偏信，加剧了政府治理的难度。

（3）基层治理不够顺畅，“最后一百米”断层。一是陷入无限责任与有限权力的窘境。封控期间的防疫任务快速下沉至基层，但基层受整体性资源多寡和固有行政权力结构的制约，并不能及时快速地完成任务，任务下沉受阻。二是面临落实刚性防疫任务与处理柔性居民需求的矛盾。封控时基层需要增加处理包含核酸集体采集、社区消杀、物资管理、医疗需求管理、居民心理疏导、关爱弱势群体等多项刚性工作，而要处理个性化的民众需求往往需要柔性手段，工作压力倍增却难以得到民众认可。三是出现防控任务与应急能力难匹配的问题。基层面对突发疫情时的应急能力不足，出现执行偏差，治理任务难以得到落实。2022 年淮安、徐州疫情就已通报多起基层核酸检测工作组织动员不力、社区管控不严不细不实的问题，基层治理能力备受考验。

（4）疫情认知不充分，精准防控模式存在疏漏。一是未能全面建立针对奥密克戎特性和传播规律的精准防控体系。病毒的无症状感染特征对当前防控体系提出严峻挑战，2022 年下半年疫情多是无症状感染者形成较为广泛传播时才由于种种契机被发现的，一旦爆发即已形成社区传播态势，且病毒源头难以及时查清。病毒在人群中以指数级传播，累积案例很快就会超过流调队伍的能力。二是依赖原有防控路径反而拖慢了疫情防控。尽管上海的精准防控模式一直备受称赞，但流行病调查中的溯源、追踪、排查都需要足够的反应时间和专业人员。病毒传播能力越强，流调反应相对就越滞后，疏漏也越多。

6.2.2 上海疫情防控对江苏省网上群众工作的启示

（1）疫情特殊性考验城市治理，动态清零的防控政策难度增大。奥密克戎病毒的特殊性持续考验江苏省疫情防控体系。一是民众的生命健康遭受威胁。鉴于病毒的高传播力，病患基数大，死亡人数仍然不少，尤其与基础病相结合后，对老弱病残者伤害极大，民众的生命健康仍受到重大挑战。二是动态清零的容错率低。江苏省对内对外的社会经济交流密切，内防反弹、外防输入的压力巨大，防控体系稍有漏洞、防控工作稍有疏忽就可能出现重大突发疫情，一时一地的“失守”都可能造成全盘的崩溃，对经济社会发展的冲击难以避免。三是容易对疫情防控意识产生懈怠。确诊病例以轻症为主，容易放松警惕。部分专家、干部和群众深受“放开”思维影响，对于严格的疫情防控抱有抵触情绪，使防控工作难上加难。因此需高度重视疫情防控，增强持续做好疫情防控的战略定力。

（2）高度重视民意感知与回应，精准识别疫情中的社会风险。疫情暴发联同防疫管控措施的影响为社会风险的积聚提供了环境条件。一是需要化解社会稳定风险。疫情令原有的治理体系超载，无法对公众诉求进行及时回应，呈现一定的封闭性，而疫情本身又容易刺激大量公众诉求的产生，有诉求而无及时响应，民意便可能诉诸其他渠道来解决问题。二是需要杜绝社会民生风险。受疫情影响，就业、收入、医疗、教育等社会民生领域的风险难以避免，对于低学历、低收入和老年群体受到的负面影响尤为突出，进一步加剧社会不平等。三是需要警惕意识形态风险。网络上"群体免疫""利己主义"等不良思潮及谣言舆论的肆意传播容易消解主流意识形态的价值引领力，损害党和政府的公信力，对社会生活与公共秩序构成巨大挑战。

（3）持续发挥一网统管的效能，落实资源调配与民生保障。"一网统管"能在第一时间以相对小的成本解决最突出问题的关键在于落实精细的网格化治理。一是要落实线上线下协同高效处置一件事。上海此次面对的情形过于复杂，疫情一旦大范围暴发，基层管理又由于资源限制，兼顾不到所有问题，治理机制不畅使得前期问题的发现溯源与线下治理都出现漏洞。二是要进一步下沉治理重心，迅速回应居民诉求。封控后居民需求的暴发式增长，远超基层承接能力。一线工作人员解决实际问题的精力、权力和能力有限，存在基层服务供给与资源配置低效低能等问题。三是要避免因民生问题引发次生舆情。人口规模膨胀导致的资源短缺、公共服务紧张，使得如上海这样一个科技、经济和市民素质都较高的城市，在疫情防控条件下也不能有效地提供基本生活保障，民生问题成为引爆次生舆情的重要导火索。

6.2.3　加强疫情防控网上群众工作的建议

（1）建立多维度感知网络，全面完善疫情防控支持体系。一是完善疫情大数据模型。通过GIS信息、政务微信APP、发热门诊哨点及学校缺勤缺课等监测网络实时感知区域内重点地区、重点人群和重点环节公共卫生苗头事件的发生情况。集成跨层级、跨部门数据，整合联防联控核心信息，实现关键数据的源头采集、动态更新和及时反馈，第一时间发现异常情况并快速分析研判。二是建立数字化城市供应链体系。统筹整合城市供应链要素，完善省域内供应链基础设施布局。精准分析广域、高频、暴发的应急物资需求和特殊需求，做好城市供应链应急保障与托底机制。三是落实公共卫生资源均等化配置。实时连接公共卫生联防联控单位，根据病毒特性、疫情形势以及可选的公共医疗卫生工具进行动态调整，落实防控责任，优化分级诊疗流程，为区域疫情发生后政府的统筹指挥与快速决策提供支撑。

（2）畅通有序的诉求表达，提高风险识别和管控能力。一是全渠道感知民意、呼应民声。全面整合全省热线、领导信箱、门户网站与各类信访渠道，集信、访、网、电“四位一体”，汇集党委、行政、司法和社会力量等公共服务资源，一个口子收集民意需求，做大社情民意数据库。二是提供“集成服务”，建立开放灵活的公共服务供给机制。进一步推进政务信息公开和网上办公，优化智能导服和智能客服。推动移动应用端升级改造，为畅通群众诉求表达提供更多务实的选择。推动网上信访平台打造成为畅通便捷、务实高效、规范有序、权威管用的网上群众工作主渠道。三是做强预测预警体系。打造预警模块，收集、掌握疫情相关的社会舆论信息，敏锐把握社会风险、利益矛盾的苗头。正确分析与判断可能出现的发展动向并做出应对措施，实现事件精准追踪、行为科学预测、人员自动画像、热点实时推送、风险智能预警的全流程管理。

（3）以“一网统管”为抓手，深化为民服务长效机制。一是注重“线上+线下”的同步改善。基于“一网统管”平台集成多元数据，夯实区域公共卫生联席单位之间的联防联控与扁平化指挥。加强医疗卫生机构和基层组织的联防联控沟通机制，动用乡镇及社区资源合理制定辖区内的联防联控计划。二是打造全周期闭环管控体系。加快流程再造，实现涉疫民意事项办理的实时、多跨、闭环和共享，切实做到调处高效化、监督可视化、管控精密化。压实处置单位内部责任，强化内部经办人担当，第一时间统筹调配检测、流调、转运、隔离、收治等力量，最大限度遏制疫情扩散蔓延。三是优化组织架构。把原有平台间多头投诉、割裂数据经由一体化平台整合为关联数据网络，把当前多平台独立流转交办的平行结构转变为倒树状结构，以统一的供给端同步回应群众诉求，实现供给端、需求端、服务端的同频共振。

（4）推动政民间良性互动，营造群防群控的防疫氛围。一是做实矛盾排查调处机制。针对疫情出现的各种风险利益矛盾，统筹运用人民、社会、行政调解等途径，努力构建利益各方协商对话机制，引导利益各方进行理性沟通与协商，采取强制与疏导相结合的方法有效化解利益矛盾问题。二是双向规范政府及群众行为。进一步提高依法行政水平，认真落实责任担当，增强群众对政府的信任，运用法律规范和法律原则处理、解决疫情管控的实际问题。引导群众依法依规维权办事，增强道德规范的感召力和影响力，提升群众自我防护、自我管理、自我服务的意识。三是建立疫情相关的日常工作机制。从一事一议逐步转向制度规则制定，引导群众主动参与到日常防疫工作中，打造群防群控“微平台”。从根本上预防或引导涉疫舆情，避免出现跟着舆情跑的情况，提高政府的行动能力和民众自觉践行的能力。新冠疫情下各级党委和政府一方面要借助创新互联网时代群众信访治理机制、群众矛盾多元调处机制，重视互联网时代农村群众矛盾化解和民生发展需求，来应对互联网时代社会主要矛盾凸显出的多维性、持续性和集聚性特征；另一方面要清楚地认识到，只有不断增强党和政府在互联网时代开展群众工作的本领，通过互联网加强党和政府与人民群众的血肉联系，更好地依靠群众、发动群众、组织群众和调动群众积极性，共同致力于实现“强起来”的战略目标，才能够从根本上解决当前社会的主要矛盾。

6.3　以技术赋能优化和创新农村群众工作机制

从实际运行状况来看，技术赋能主要通过能力支持、产业结构再造、信息网络重构、治理体系重构四大机制实现。当前以技术赋能优化农村群众工作机制，需要从这四个方面进行创新。

6.3.1　发挥信息技术双重角色优势

信息技术扮演工具理性和价值理性角色，具备计算性特征和价值引导性特征。遵从技术赋能基本逻辑，将信息技术的双重角色优势运用到实际农村群众工作中，契合当前农村地区多元要素互动情境，有利于发挥数字技术优势，提高农村群众工作整体效能。一方面，推动数字技术等科学技术手段发展。农村群众工作以政社协同为基调，强调治理的低成本和农村居民的广泛参与，将信息技术的计算性特征和工具理性手段运用到当前农村群众工作中来，实现了国家资源有效对接，有利于农村居民诉求的充分表达，使得工作在保持对农村环境变化的有效感知基础上低成本、高效运行。另一方面，强化信息技术的价值理性手段。出于不同的利益诉求、价值目标和行为偏好，多元矛盾化解主体间在共识构建方面存在困难，形成彼此合作的阻碍。当前我国致力于将“人民本位”“群众利益”的价值理念融入农村群众工作当中，以克服单纯注重“经济效益”的功利主义弊端。互联网信息技术提供广阔的交流平台，促进信息透明公开和互联互通，在此基础上尽可能地协调主体间利益关系，推进共同目标的形成，对于破除时空壁垒，保障多元主体话语地位的平等具有重要意义①。这样能够较好地强化技术手段的价值理性优势在农村群众工作中的运用，推动农村党政组织价值引领同群众诉求、工作事务有效衔接，形成符合群众诉求和地方总体规划的工作方案，还能带动农村居民中的“积极分子”和“非积极分子”广泛参与，增进主体间信任，推进整体价值观构建，为农村群众工作持续推进提供动力。

6.3.2 技术赋能农村产业发展

农村阶层间经济利益需求差异，阶层间不均衡的经济实力不均和经济利益矛盾问题是当前农村地区群众工作差异的重要原因。在互联网时代，阶层分化带来的经济利益矛盾问题逐渐加大，集中体现在分配领域，并开始冲击村庄原有的价值观念。利用技术赋能推动当前农村地区产业结构再造，促进技术与产业的融合，对于解决农村地区经济发展矛盾问题，创新农村群众工作机制具有重要意义。互联网催生农村电商等区域“大产业”，出现网络直播、直播营销、网络服务等农村新业态，拓宽地区特色农产品营销渠道，增加地方居民收益，使得农村群众工作跳脱资源禀赋地区差异的压力。解决农村群众经济问题，用技术手段助力农村产业发展，要注重农村基础设施和装备的强化以及产业相关公共服务的完善。

强化农村基础设施，主要强调基础物流设施、网络设施的构建以及农业物联网设备的研发。农村基础物流设施构建包括农村道路设施和物流配送设施的完善。构建高效物流配送体系，一要保证农村道路的畅通无阻。中央要加大对于包括柏油路面、照明设置、交通信号灯等在内的农村道路交通设施的投入。要合理谋划农村物流网点建设，构建全面覆盖的电子商务物流配送体系，形成“县有中心、乡镇有门店、村社有网点”的快递网络，加快村邮站、快递超市、快递驿站、智能快件箱等多功能快递服务终端建设。为解决农村物流“最后一公里”的配送问题，要发展农村冷链物

① 胡卫卫，申文静．技术赋能乡村数字治理的实践逻辑与运行机制——基于关中 H 村数字乡村建设的实证考察［J］．湖南农业大学学报（社会科学版），2022，23（5）：61-67，75.

流，鼓励利益相关者组建物流协会和物流联盟，为冷链运输设施投入资金，打造地方冷链物流数据库，实现对物流的精准、实时监控，提升冷链物流运行效率，降低设施成本。二要改善农村地区网络信号差的情况，强化农村地区的网络设施构建。为此，中央要加大相关资金投入，在农村地区尤其是地形特殊、地理位置偏远的农村地区建设互联网基站，推动这些地区同城市及其他发达地区的信息互联互通，以此推动农村地区互联网背景下产业的变革和新技术应用。通过互联网信息平台的建构，使得农民同外部市场连接，获得更广阔的就业机会和提升自身技术能力的机会，从而获得更高收入，推动消费升级，促进农民生活质量和生活水平的改善。① 三要支持农业农村物联网设备的研发。发掘农村蔬菜水果等特色农产品和手工艺品的经济效益，引入关键核心技术手段和专业科研人员，鼓励行业龙头企业和协会入驻开发，共同推动农村地区新产业的形成，推动农业智能项目的推广。运用研发的商业化智能设备和信息化控制处理器协助特色农产品和手工艺品的开发。在此过程中，政府设立专项资金补助，为农业农村物联网技术的开发和推广使用提供奖励扶持。②

完善农村产业相关公共服务。一要加速构建农村经济信息平台，以大数据技术为支撑，以农村互联网基础设施为基础，积极投入农村数据平台建设专项资金，政府牵头鼓励互联网企业参与农村大数据体系构建。信息平台构建需注重科学性，以保障信息传播过程的安全，防止农村农业重要数据信息泄露。同时推动实现农村农业数据共创共享，节约成本提升农村资源利用效率。二要强化对农村居民的技术培育。政府部门除提供专项资金供农村信息技术平台等设施建设外，还需为广大的农村群众提供技术培训的机会，提升农村群众对高科技的使用技术水平。政府要带动农村农民了解互联网、接触互联网，继而对那些对互联网技术感兴趣的农民开展免费的技术培训。通过系统专业的技术培训，使得农民主体能够独立开展互联网经营活动，为农村产业创新和技术创新培养后备人才。通过采用分级授课的方式，对较好地掌握互联网知识技能且愿意自助式经营的农民提供

---

① 文丰安．数字技术赋能乡村建设现代化：重要性、梗阻及发展进路［J］．湖北大学学报（哲学社会科学版），2022，49（5）：134－141，173.

② 陈梦，付临煊．“互联网＋”背景下农产品供需信息平台建设博弈分析［J］．中国农业资源与区划，2017，38（12）：221－226.

更高级的电商培育课程，实现初级触网农民向中高级电商学员的转变。这种互联网信息平台的构建和信息技术的培育，是政府完善农村产业相关服务的最直接表现，对于突破传统农村产业模式，实现产业技术转型，推动新农村建设具有重要意义。

6.3.3 强化数字治理能力，构建信息网络推动供需配置

数字技术作为影响群众工作效能的重要因素，其赋能效应处于变化之中，需要契合特定时空领域的社会经济发展水平和群众需求，方可实现效用最大化。网络信息的传输实时性、即时性助力公共服务供给部门更加精准、及时、深入地把握和了解多元诉求，“互联网＋民生”作为互联网时代开启的民生供给新模式，利用“技术”链接突破地域间及域内的时空界限，呈现其同公共服务融合的新型民生供给样态。强化数字治理能力，助推数字技术嵌入，亦是当下构建农村信息网络、化解农村群众矛盾纠纷、提高农村供需配适度的题中之义。网上群众工作应更加注重将各主体的个性化、碎片化语言转换为数字信息资源，实现各主体在互动平台中的充分交流与共享，创新优化公共服务供给过程和形式，解决公共性与社会性问题，共同创造价值。网上农村群众工作需以农村群体偏好为依据，发挥数字化改革的巨大优势，主动适应农村阶层变迁趋势和农村社会治理的现实需要，调节并改善实践中与群众诉求不合拍、与社会转型不同步的部分，实践好为民办实事的长效机制①。一是重塑民意采集工作闭环。要构建渠道全整合、数据全归集的统一平台，共享民意数据池。充分利用网上信访大数据，建立具有高质量数据存储、处理及分析能力的大数据中心，进行民意诉求收集、数据碰撞分析，从碎片和信访事项中收集数据、探察民意，提取出集体偏好进行回应，解决农村地区治理中的规律性、潜在性问题。二是加快数字场景应用。推动移动应用端升级改造、智能机器人开发应用以及政务知识库建设，做到调处高效化、监督可视化。通过对权力清单、基层平台事件库、行政执法结果、法院公开判决结果、行政处罚公开数据、政策法规库、信访清单、历史事项等数据的整合，训练形成政务知识库对外提供智能服务，供网上智能客服等管理系统使用。三是通过访情

① 于水，任莹，鲁光敏．网上信访、群众工作与公共价值创造［J］．江苏行政学院学报，2022（5）：105－112.

预判辅助决策，强化民意收集的功能。围绕党委政府的重大决策，充分结合群众反映的突出问题，深入评估潜在的社会风险和政策得失，为决策提供科学有价值的参考，对群众“隐藏”的诉求与政府资源进行精准匹配，从而实现政府决策方式由“出现问题—逻辑分析—因果解释—制定方案”的被动响应到“数据搜集—量化分析—明确联系—方案预备”的主动预测的转变，真正起到防范农村群众矛盾风险的作用。

6.4　加强疫情防控期间中小微企业纾困工作

近期国内新冠疫情的多点散发与局部暴发，对江苏中小微企业的生产经营再次带来了强烈的外部冲击。疫情的反复使多数中小微企业面临短期营收锐减、运营成本提高、融资难度加剧、市场需求紧缩等多重挑战。为此，需紧抓“主体导向、效能导向、问题导向、协同导向”四个着力点，推动全省中小微企业平稳有序运营，以确保疫情防控与经济社会高质量发展的统筹推进。

2022 年 3 月以来上海疫情及江苏省多地零星散发病例的出现表明，未来一段时期江苏省仍将受到疫情不确定性的影响。而超 300 万家、占全省企业总数愈九成的中小微企业在疫情中受到的冲击尤为明显。鉴于疫情的反复发生，需坚持效能导向、问题导向、协同导向、主体导向，及时为受疫情影响的中小微企业纾困解难，以确保其平稳有序运营。

6.4.1　疫情反复对江苏中小微企业的影响

（1）短期营收锐减，生产经营陷入困顿。疫情防控期间，各地坚持“动态清零”总方针，倡导减少人员非必要流动，极大降低了消费者的消费欲望和消费积极性，导致市场需求锐减。中小微服务企业尤其是旅游、住宿、餐饮、娱乐、物流运输等行业受到的冲击更为巨大，个别行业甚至一度处于完全停业的状态。相关调查数据显示，2022 年 4 月，江苏省餐饮服务收入与上年同期相比下降 70％以上；快递服务企业业务量同比下降 28.5％，业务收入同比下降 26.5％。中小微制造企业亦受临时停工管制、物流管控的影响，部分企业面临着原材料运不进、产品发不出等问题，极大制约了产业链内部上下游企业的正常生产经营。若疫情持续时间继续拉长，部分中小微企业存在因营收骤降而破产倒闭的风险。

（2）运营成本提高，资金链承压明显。在短期收入锐减的同时，疫情的反复进一步造成了中小微企业运营成本的提高，这些额外的运营成本从构成上看主要分为三个方面：一是原材料成本和库存成本。受疫情影响，企业预期销量计划难以实现，大量原材料和产品积压甚至损坏，形成较高库存成本。二是疫情管控带来的管理成本。按照行业主管部门要求，企业必须严格落实疫情防控工作，而其间所产生的人员和物资成本，大部分亦需由企业自身承担。三是社会恐慌带来的延迟成本。疫情所带来的恐慌情绪以及对企业生产造成的冲击需要一段时间才能消失，进一步推高了企业的运营成本，甚至可能高于疫情所带来的直接损失。

（3）融资难度加剧，债务风险高企。受国内经济周期性下行压力的影响，加之贸易战、去杠杆等多重因素，江苏省中小微企业本就面临着融资难融资贵、现金流紧张等难题，而疫情的发生更是加剧了中小微企业在融资方面所面临的压力。具体而言，其融资压力主要来源于两个方面：一是获取金融机构支持的“高门槛”并未有效消除。为缓解中小微企业融资压力，各级政府出台了一系列减息免息的金融支持政策，但银行出于对自身放贷安全的考量，在外部风险增大的情况下，中小微企业的融资成本负担虽然得到了一定程度的减轻，其获得贷款的难度却并未随之降低。二是非金融机构融资利息支出增多，加剧了企业的债务风险。疫情的发生恶化了企业经营的外部环境，降低了社会资金流通速度，部分中小微企业因无法获得金融机构贷款而依赖于民间借贷，企业的利息支出成本负担进一步加重，加之短期资金回流受阻，极易面临较大的坏账风险。

（4）市场需求紧缩，生产经营企稳向好仍需时日。中小微企业在市场需求端仍面临着较严峻的现实考验，消费需求增长放缓以及消费市场疲软对企业的生产经营带来挑战。一方面，全国 2022 年一季度社会消费品零售总额 138 142 亿元，同比下降 0.2%，出现负增长，江苏省消费市场状况亦不容乐观，全省一季度社会消费品零售总额 10 855.7 亿元，虽实现了同比 0.5%的增长，但相较 2021 年一季度 35.2%的同比增长率差距明显，增速下降了 34.7 个百分点。全省社会消费品零售总额增速显著放缓，体现了疫情对消费者的消费需求与行为的制约。另一方面，虽然近期省内及全国疫情形势呈企稳态势，但受制于消费惯性与消费信心复苏时滞，以及部分地区疫情防控的严峻形势，省内消费市场需求仍将在较长时间内呈疲软态势。总体来看，全省中小微企业要达到疫情前经营状态尚需时日。

6.4.2　江苏中小微企业纾困政策分析

（1）突出时效性，政策出台密集迅速。为帮助中小微企业纾困解难、快速渡过难关，2022 年 2 月，江苏省人民政府印发了《关于进一步帮助市场主体纾困解难着力稳定经济增长的若干政策措施》，4 月再次印发《关于有效应对疫情新变化新冲击进一步助企纾困政策措施》。各部门也密集出台了一系列行业专项助企纾困政策，如江苏省商务厅出台“江苏商务 16 条”，省市场监管局印发“助企纾困稳企强链 12 条”，江苏银行推出“金融纾困行动方案 28 条”等。在此基础上，各地市亦结合本地区实际，及时出台相关实施细则推动纾困政策有效落地。

（2）注重全面性，纾困体系相对完善。多轮高频的纾困政策出台，在全省构建了一套相对完善的中小微企业纾困政策体系。总体来看，现有政策涵盖了以下四个方面：一是降运营成本类。主要包括降低中小微企业生产经营所需的用电、用水等生产要素价格，适度减免其房屋租金，缓缴或返还社会保险费等。二是金融支持类。主要囊括下调中小微企业贷款利率，对贷款进行展期、续贷、免除逾期利息等。三是财税扶持类。对中小微企业进行减税降费，主要涵盖增值税、消费税、个人所得税等项目的减免以及阶段性缓缴养老、工伤、失业保险费等。四是稳岗援企类。主要包括对产值总量达到一定额度和增长率的中小微企业直接进行现金奖励，向受疫情影响、暂时无法正常营业的企业发放一次性留工培训补助等。组合式的政策支持有效解决了企业在经营资金链、金融债务链等方面所存在的突出困难。

（3）强调精准性，瞄定目标靶向发力。根据疫情所造成的行业冲击特点变化，在注重时效性与全面性的基础上对受疫情影响更为严重的相关重点行业研究出台了定制化政策，因“业”制宜、因“企”制宜，直击中小微企业生产经营的难点、痛点和堵点。例如南京在全省率先出台了“批零住餐等服务行业纾困 10 条”，力图支持服务业恢复发展，留住城市“烟火气”；无锡市工信部门在集成电路、生物医药、汽车零部件等重点行业展开了一对一协调、一对一帮扶行动。在精准的靶向支持下，2022 年 5 月以来江苏省餐饮、零售等消费服务行业已出现探底回升的趋势，制造业的生产供应链亦基本恢复正常。

6.4.3 疫情反复下江苏中小微企业纾困的四个着力点

(1) 坚持主体导向，以智改数转赋能企业升级。一是树立智改数转标杆，引领企业融通发展。疫情下，更多的中小微企业意识到触网自救的重要性，因此，要善于化危为机、顺势而上，以智能化改造与数字化转型赋能中小微企业发展，提升自身核心竞争力。建议组织智改数转示范工程，鼓励行业和产业链上的大型企业发挥“头雁效应”，以经验输出引领同行业和产业链上的中小微企业开展智改数转。二是加快校企深度融合，解决智改数转人才缺口。要充分发挥行业协会的资源整合优势与中介作用，链接高校与中小微企业双方，推进校企深度合作，为中小微企业的智改数转提供充足的专业人才支撑。从短期看，要及时创新人才就业引导机制，大力做好支持专业人才向中小微企业流动的政策优惠工作；从长期看，要在充分考虑中小微企业对人才能力需求的基础上，进一步明确智改数转人才的能力素质标准，推动高校人才培养与企业人才需求的深度匹配。

(2) 坚持效能导向，深入落实已有政策。一是加大宣传力度。由于政出多门、各地方与各部门宣传能力不同等原因，目前仍有很多中小微企业不清楚近期所频繁出台的援企纾困政策，制约了政策落地效果。建议由各地最具宣传力度的媒体统一收集纾困政策并定期高频发布，充分利用电视、网络等多种渠道，将支持中小微企业的各项纾困政策宣传到位，便于广大中小微企业全面了解和掌握。二是提高政策可操作性。进一步明确界定政策帮扶对象标准，出台详细介绍各类纾困政策的业务指引。建立政策清单，便于中小微企业选择使用。进一步简化纾困政策申请流程，推广表格化或免申请模式，不断提升政策落地的便利性。三是强化政策实施监督管理。加强救助企业信息披露，强化政策执行层面督导，积极听取中小微企业实际诉求，及时掌握执行层面情况，发现问题及时调整，建立健全政策落实激励机制，确保纾困政策落到实处。

(3) 坚持问题导向，加大金融输血力度。一是正视中小微企业融资难融资贵问题。在落实中小微企业贷款扶持、抗疫专项低息贷款、银行贷款财政贴息等政策的基础上，有序引导金融机构增加中小微企业贷款供给，鼓励金融机构承担社会责任并合理降低中小微企业信贷门槛，持续为中小微企业输血。严禁对受疫情影响大、有发展前景的企业抽贷、断贷、压贷。可考虑对金融机构信贷增量中的中小微企业信贷规模比例设置刚性指标并进行监管考核。二是着力构建多元化的中小微企业融资支持体系。根据行业特征和发展阶段差异，构建国有银行与地方银行各展所长、直接金融与间接金融结构合理、传统金融与互联网金融优势互补、商业性金融机构与政策性金融机构协调合作、民间金融与正规金融共生共荣的中小微企业融资生态，为广大中小微企业提供多层次、差异化、广覆盖的金融支持。

（4）坚持协同导向，稳步促进消费回升。一是重视需求端消费刺激政策协同。研究制定更为精准有效的促消费指导意见，充分利用面向中小微企业的专项消费券发放、消费补贴提供以及消费便民措施等消费刺激手段，提振市场消费需求，以促消费活动的常态化展开给予中小微企业以必要的“造血”支持。二是重视“补偿性消费”，强化低收入群体帮扶政策协同。根据消费周期规律，疫情渐趋平稳后，短期内往往会出现对消费的回补现象，但受制于疫情所带来的就业压力与经济压力，收入预期的不稳定性可能会导致低收入群体消费意愿的下降，因此亟须对数量最多、受冲击最大的低收入群体进行更加直接和重点的补贴扶持。从短期看，应当以减免税收、减免社保缴纳的方式加大对这部分群体的临时救助力度；从中长期看，还应采取多种措施落实就业优先政策，保障低收入群体的稳定收入。要坚持问题意识和为人民服务的宗旨，打造让群众满意的服务型政府，明确政府各部门的职责分工，鼓励部门间合作。发展电子政务提高行政效率，打造信息公开的阳光政府，让群众安心放心，形成让群众“少跑腿”或“至多只跑一次腿”的服务模式。

首先，深化“放管服”改革，推进政府职能转变。落实服务型政府的角色定位，为当前农村地区进一步推进民生工作和民生事业发展提供坚实的保障。深化“放管服”改革，意味着要着力推进社会共同参与体系的建设，意味着要把握服务型政府同市场和社会的合理关系，助推市场和社会主体积极参与政治活动和民生建设工作。在“不忘初心、牢记使命”的理念指导下打造“集中高效审批、分类监管服务、综合行政执法”的基层治理架构，持续开展“减证便民”改革行动，优化农村营商环境。

其次，加强电子政务建设。政务服务利民生，政务信息的公开发布方式也要接地气。电子政务作为一种极具时代特征的信息化技术办公和公共服务提供手段，极大拓展了同群众沟通交流的方式渠道。因此，要充分创新利用电子政务手段关切群众困难，抚慰群众情绪，解决群众问题，增进同农村群众的血肉联系。加强电子政务建设是解决民生问题的现实选择，数字技术打通了信息传播的时空限制，一站式服务和扁平化的平台机制为农村群体提供了便利。电子政务结合技术升级满足农村群众经济发展和就业需求，电子政务同文化发展结合满足农村群众精神需求，“互联网＋政务服务”的推广减轻农村居民办事负担。电子政务的建设，关系着地方政策落实的“最后一公里”，为农村地区民生高质量发展创造空间。

最后，打造阳光政府，强化政府信息公开的及时性和透明度。所谓阳光政府，就是要将基层政府的政务程序和政务信息公开于阳光下，打造廉洁奉公的亲民政府，贯彻以民为本的服务理念，维护农民群众基本的监督权利，提升农民参与意愿和参与能力。打造阳光政府，不仅要将政府权力运行过程和与民众切身利益有关的事项公开公布，更要积极构建决策听证、重要事项公示和政务信息查询等制度体系，密切同群众联系，鼓励群众表达自身利益诉求，塑造自身价值观念，将政治参与和公民自身利益实现结合起来，促进地方治理共识凝聚，提升群众政治参与的积极性，构建公开、透明的阳光政府，助推人民群众的幸福感和安全感获取。

6.5 发挥公平正义的价值导向作用，推进服务型政府建设

党的二十大报告指出，“中国式现代化是全体人民共同富裕的现代化。共同富裕是中国特色社会主义的本质要求，也是一个长期的历史过程。”解决发展不平衡不充分问题、缩小城乡区域发展差距、实现人民的全面发展和全体人民共同富裕仍然任重道远。[①] 为此，报告提出战略指引，“坚持把实现人民对美好生活的向往作为现代化建设的出发点和落脚点，着力维护和促进社会公平正义，着力促进全体人民共同富裕，坚决防止两极分化。”从本质上说，这是提出乡村振兴战略的重要考量，凸显当前农村群众工作践行的公平正义宗旨。公平正义是中国特色社会主义的内在要求，亦是贯穿中国共产党百年发展历程的价值追求[②]。党的农村群众工作实践过程蕴含着党着力解决农村居民矛盾纠纷，解决农业农村问题，持续缩小

---

① 习近平谈治国理政［M］. 第四卷. 北京：外文出版社，2022：138－139.

② 《中共中央关于党的百年奋斗重大成就和历史经验的决议》中六次提到公平正义，凸显了公平正义这个中国共产党百年奋斗的重要价值追求。

城乡差距、区域差距，让全体人民共享发展成果，在中国式现代化建设过程中不落伍、不掉队、赶上来的重要举措，同样体现公平正义意蕴[①]。推动民生发展，需要将公平正义的价值观念作为新时代农村群众工作的根本法宝，在实际的农村群众工作过程中充分彰显其价值理念的引领作用。

新时代推进农村群众工作，积极维护农村居民权益，保障民生，从本质上是要解决公平正义存在理想与实现、协调与统一的问题，具体包含两种样态。首先，就生产层面而言，当前农村地区存在资源禀赋差异和生产资料地理空间格局差异，这些差异要素的存在使得农村农业生产、发展的实际需求与实际状态之间存在缝隙，缝隙的存在容易引发公平正义问题。对于部分农村地区而言，这种公平正义引发的利益冲突集中发生在分配领域。农村阶层化使得不少地区涌现出专业大户、家庭农场、农民合作社、农业企业等新型农业经营主体，很大程度上影响了农业生产的分配格局。对于普通农民而言，这些主体的出现使得其可掌握的资源被进一步挤占，使得农民的分配获得感减弱。农村农产品的交换同样也受到影响，企业、合作社从农民手中收取农产品，但是由于市场的发育程度不够，产品流转交易环节过多，许多农产品价格受到低估，实际落到农民手中的钱较少，一定程度上挫伤了农民积极性。其次，当前农村经济和生态领域的公平正义问题亟须关注。一方面，相对于城市快速发展积聚的诸多问题，农村整体生态环境尚好，生态环境转化为经济效益、促进农民增收方面还有非常大的空间，还有很长的路要走，要把良好生态资源转化为生态价值。另一方面，近年来，不少农村地区片面追求地区经济发展，粗放型经济发展模式较大程度损伤了农村地区生态环境质量，工业污染、养殖业水污染等产业污染问题较为严重，农村自然资源也遭受一定程度的损害。对于农村居民来说，生态环境的破坏是其公平正义价值受到损害的具体体现。要全面把握农村生态和经济关系，解决生态污染问题，彰显公平正义。

“坚持以人民为中心的发展思想。维护人民根本利益，增进民生福祉，不断实现发展为了人民、发展依靠人民、发展成果由人民共享，让现代化建设成果更多更公平惠及全体人民。”针对新时代农村如何实现共同富裕，

① 陈昌荣，廖小明．中国共产党推进乡村振兴中公平正义的价值引领与实践路向［J］．广西社会科学，2022（10）：24－31．

增进农村民生福祉，农村群众工作如何展开问题，党的二十大报告提出了上述总体要求，其中内含公平正义的指向。

（1）准确阐释党的乡村振兴政策措施，强化公平正义导向。要把握中国特色社会主义过程中公平正义这一价值理念的目标取向，要将深层内涵和目标要求同社会实践相结合，推动这一理念在农村群众工作中走深、走实。具体而言，党对公平正义的价值追求浓缩在其制定的各项规章政策文件当中，通过自上而下的发布、执行逐步被转化为具体的群众工作。因此，深刻领悟党的乡村振兴政策内涵，就是要将公平正义这一价值理念从政策文字中提炼出来，并在“三农”问题的解决，农村民生福祉的提升等关键环节中体现出来。不仅政策执行的地方干部要深刻领悟公平正义的价值内涵，掌握实现公平正义的工作方法，还要将这种价值观念和实现手段进行生动地宣传，使其成为引领农村群众工作的重要方向指引。互联网时代，要拓宽宣传渠道，通过“三微一端”、报纸期刊等渠道宣传阐释乡村振兴具体措施和群众工作具体内容，强化农村居民对政策的认知认同，使全党全社会尤其是农村居民深刻理解推进乡村振兴的公平正义价值导向和伦理精神，助力各项政策措施落实，提升农村居民对于治理目标实现的信心。

（2）夯实制度基础和治理基础，保障公平正义。生产是分配和消费的基础和前提。面对资源禀赋差异、空间格局差异问题，以及农村阶层分化下集中在分配领域的群众利益矛盾，首先，要坚持资源调节与发展生产相结合，不断夯实乡村发展的公平正义基石。要根据农村地区的资源禀赋，因地制宜地推动各类产业发展，重点促进电商、智慧旅游等产业发展，创新发展城乡数字经济新业态①。振兴实体经济，做大做优产业，让农民腰包鼓起来生活好起来，夯实公平正义的基础。要强化顶层设计，以共同富裕为目标导向，合理调控农村资源，一方面推动农村内生动力发展，另一方面加大资金技术的投入与保障，结合农村地域资源禀赋，将农村产业蛋糕做大。要强化党的统筹领导下，在生产环节就开始重视公平正义。强化对农村自然资源的保护，强调“两山”理念，合理规划科学决策，将资源

① 苏红键．数字城乡建设：通往城乡融合与共同富裕之路［J］．电子政务，2022（10）：88－98.

转化成地区农民致富的方式手段，坚决杜绝对农村地域资源的过度开采利用。既不能竭泽而渔，也不能让资源“睡大觉”，抱着“金饭碗”讨饭。为此，农村基层组织要发挥作用，立足乡村振兴的时代背景和农村实际发展情况，因地制宜地进行产业调研活动，制定农村产业开发方案。在此基础上开展开发工作，倾听群众的利益诉求，最大限度上满足农村居民对于自身福祉要求，保证公平正义价值目标导向在乡村振兴各个环节得到体现。其次，要保证农村居民各项权益的保障。在推进实施乡村振兴战略、农村产业发展以及农民民生保障的进程中，农民的利益诉求是最根本的出发点。农民利益诉求的实现是公平正义价值理念落地的直接体现。互联网时代，要重视农村农民的各项权益，加快缩小城乡经济技术差异，弥合城乡数字鸿沟，实现信息技术成果的全民共享。在农产品市场交换环节，注重交换始端农民经济利益的获取，遵循共同富裕的目标指向，强化交换环节的程序公平正义，以程序公平正义促进结果公平正义。最后，强调差别补偿塑造分配正义。党的二十大提出“完善分配制度，努力提高居民收入在国民收入分配中的比重，提高劳动报酬在初次分配中的比重。”分配制度是促进共同富裕的基础性制度，打造机会平等的就业形势，提升低收入者的收入，扩大中等收入群体是必要手段。当前农村地区更需要强调差别补偿，促进权益保障和分配的公平正义。当前农村地区权力结构失衡引发的公平正义问题需要相关决策者的注意。基层政府在推进农村地区公平正义观念共识的基础上，除要拓宽的农民利益表达渠道外，更要建立权力制约和权力救济机制，重点要落实各项财政补贴制度和生态补偿制度，改变农村同城市的利益格局不均衡状态，弥补基础资源差距，补偿城乡二元“剪刀差”的利益受损，给实际资源和发展现状都较为落后的农村更多关注，使农村地区获得优先发展机会。

要坚持问题意识和为人民服务的宗旨，打造让群众满意的服务型政府，明确政府各部门的职责分工，鼓励部门间合作。发展电子政务提高行政效率，打造信息公开的阳光政府，让群众安心放心，形成让群众“少跑腿”或“至多只跑一次腿”的服务模式。

（3）深化“放管服”改革，推进政府职能转变。落实服务型政府的角色定位是当前农村地区进一步推进民生工作和民生事业发展的保障。深化“放管服”改革，意味着要着力推进社会共同参与体系的建设，意味着要把握服务型政府同市场和社会的合理关系，助推市场和社会主体积极参与政治活动和民生建设工作。在“不忘初心、牢记使命”的理念指导下打造“集中高效审批、分类监管服务、综合行政执法”的基层治理架构，持续开展“减证便民”改革行动，优化农村营商环境。

（4）加强电子政务建设。政务服务利民生，政务信息的公开发布方式也要接地气。电子政务作为一种极具时代特征的信息化技术办公和公共服务提供手段，极大拓展了同群众沟通交流的方式渠道。因此，要充分创新利用电子政务手段关切群众困难，抚慰群众情绪，解决群众问题，增进党同农村群众的血肉联系。加强电子政务建设是解决民生问题的现实选择，数字技术打通了信息传播的时空限制，一站式服务和扁平化的平台机制为农村群体提供了便利。电子政务结合技术升级满足了农村群众经济发展和就业需求，电子政务同文化发展结合满足了农村群众精神需求，“互联网＋政务服务”的推广减轻了农村居民办事负担。电子政务的建设，关系着地方政策落实的“最后一公里”，为农村地区民生高质量发展创造空间。

（5）打造阳光政府，强化政府信息公开的及时性和透明度。所谓阳光政府，就是要将基层政府的政务程序和政务信息公开于阳光下，打造廉洁奉公的亲民政府，贯彻以民为本的服务理念，维护农民群众基本的监督权益，提升农民参与意愿和参与能力。打造阳光政府，不仅要将政府权力运行过程和与民众切身利益有关的事项公开公布，更要积极构建决策听证、重要事项公示和政务信息查询等制度体系，密切党同群众的联系，鼓励群众表达自身利益诉求，塑造自身价值观念，将政治参与和公民自身利益实现结合起来，促进地方治理共识凝聚，提升群众地方政治参与的积极性，构建公开、透明的阳光政府，助推人民群众获取幸福感和安全感。

第6篇　创新互联网时代群众工作机制的策略与路径

党的十八大以来，党和国家实现了根本性变革。中华民族实现了从站起来、富起来到强起来的伟大飞跃，比历史上任何时期都更接近伟大复兴的目标，“强起来”的愿望和信号从未如此强烈。互联网时代我国主要矛盾已转化为人民日益增长的美好生活需要和不平衡不充分的发展之间的矛盾。创新互联网时代群众工作机制，一方面要更加注重多主体尤其是群众的参与，借助互联网做好群众工作。例如优化群众信访治理机制、创新互联网时代群众矛盾多元调处机制、重视互联网时代农村群众矛盾化解和民生发展需求，以此应对互联网时代社会主要矛盾凸显出的多维性、持续性和集聚性特征。另一方面要清楚地认识到，只有不断增强党和政府在互联网时代开展群众工作的本领，通过互联网加强党和政府与人民群众的血肉联系，更好地依靠群众、发动群众、组织群众和调动群众积极性，共同致力于实现“强起来”的战略目标，才能够从根本上解决当前社会的主要矛盾①。我国正经历着百年未有之大变局，国家安全和社会稳定成为党和政府的中心工作之一，加强爱国主义的群众工作，可以达到统一思想、坚定信念、团结一致的效果，互联网时代的中国特色社会主义发展的策略布局，是从全面建成小康社会到基本实现现代化，再到全面建设社会主义现代化强国，这种不断“强起来”的战略安排是中华民族发自内心的自信。

新中国成立70多年来，党和政府的群众工作卓有成效，党领导人民创造了世所罕见的两大奇迹。其一是我国的经济水平和发展速度在追赶世界上取得了很大的进步，完成了发达国家几十年才完成的工业化进

① 程东旺．群众范畴的概念辨析、理论建构及方法论启示——以党群关系建设为视域［J］．理论导刊，2022（10）：19-25.

程。中国已成为世界第二大经济体。中华民族以崭新的姿态屹立于世界的东方。其二是社会长期稳定的奇迹。我国长期保持社会和谐稳定，人民安居乐业，成为国际社会公认的最安全的国家之一。可以说，在人类文明史上，除了中国特色社会主义国家治理制度，没有任何一种制度能够以如此之速度创造出平衡经济发展和社会稳定的关系并确保双丰收的成绩。这根本上取决于我们的制度优势，同时更重要的是伟大的、优秀的中国共产党坚持不懈的领导。创新互联网时代群众工作机制，应继续发挥中国特色社会主义制度和国家治理体系的显著优势，群众工作是党和国家优良传统，是我党战胜敌人夺取胜利，是改革开放取得经济成就的法宝。互联网时代群众工作机制创新是国家治理体系的重要组成部分，其强大的理论与实践优势，是鼓舞和动员群众，实现两个一百年奋斗目标和中华民族伟大复兴中国梦的强大武器，是实现最广大人民根本利益，促进和改善民生，使改革发展成果更多更公平惠及全体人民的根本保障。

随着以世纪疫情为代表的不确定性风险和难预料因素的普遍增多，2022 年党的二十大再次强调要运用互联网群众工作化解新形势下人民内部矛盾，深入线上、深入群众身边，打通群众诉求表达渠道，发动全体党员干部切实保障群众权益和利益表达，及时将矛盾纠纷化解在基层和萌芽状态[①]。因此，创新互联网时代群众工作机制研究不仅要立足于我国社会主要矛盾转变的社会现实，而且要探索形成“互联网时代中国特色社会主义群众工作制度”，在推进国家全方位、各层次的网络治理体系和能力现代化基础之上，更好地为实现中华民族“强起来”的战略目标保驾护航。具体来看，一是要坚定“三重”维度，明确创新互联网时代群众工作机制的基本遵循；二是要培育“服务＋”理念，不断健全互联网时代群众工作价值体系；三是要优化“政府＋”结构，进一步加强互联网时代群众工作队伍建设；四是要调适“智慧＋”工具，探索互联网时代群众工作技术的动态更新；五是要构建“整合＋”机制，努力营造优质的互联网时代群众工作环境。

① 习近平．高举中国特色社会主义伟大旗帜　为全面建设社会主义现代化国家而团结奋斗[N]．人民日报，2022－10－26（001）．

1　坚定“三重”维度：创新互联网时代群众工作机制的基本遵循

1.1　政治使命维度：突出创新互联网时代群众工作机制的价值引领

1.1.1　创新互联网时代群众工作机制与贯彻落实以人民为中心的发展理念

党的二十大报告提出“坚持以人为中心的发展思想”这一重要命题，并对其丰富内涵作了深入的阐述：人民是历史的创造者，是决定党和国家前途命运的根本力量。必须坚持人民主体地位，“不忘初心、牢记使命”的具体目标之一，就是为广大人民群众解决难题。要把全心全意为人民服务的理念贯彻到互联网时代的群众工作中，做到真正满足人民利益诉求、维护人民合法权益，要把人民对美好生活的向往作为奋斗目标。创新互联网时代群众工作机制，还必须坚持和贯彻以人民为中心的发展思想。

互联网发展状况统计报告显示：截至 2021 年 6 月，我国网民规模达 10.11 亿，互联网普及率达 71.6%，我国手机网民规模达 10.07 亿，网民使用手机上网的比例为 99.6%（图 6－1）。[①] 创新互联网时代群众工作机制必须坚持以人民为中心的发展思想，是践行党为民服务宗旨的集中体现。党的根本宗旨是全心全意为人民服务。这一根本宗旨决定了党是最广大人民群众根本利益的忠实代表者和坚定维护者。践行以人民为中心的发展思想，既是党的根本宗旨的必然要求，也是党的根本宗旨的深刻体现。从我们党的发展史可以看出，虽然我们党在不同历史时期有着不同的任务、面临不同的挑战，但以人民为中心、为人民服务的工作导向始终没有改变。中国共产党不断为广大人民谋利益的奋斗历史充分证明了这一点。坚持以人民为中心的发展思想，是习近平新时代中国特色社会主义思想的核心要义。习近平总书记强调：“为人民谋幸福，是中国共产党人的初心。我们要时刻不忘这个初心，永远把人民对美好生活的向往作为奋斗目标。”从当前我国主要矛盾的变化不难看出，无论是“人民群众对物质文化的需要”，还是“人民群众对美好生活的向往”，都充分体现了国家发展目标、

① 第 50 次中国互联网络发展状况统计报告［R/OL］.［2022－09－20］. http：//www. cnnic. net. cn/NMediaFile/2022/0916/MAIN1663313008837KWI782STQL. pdf.

发展方向和关注点，都是以人民的实际需要作为出发点。

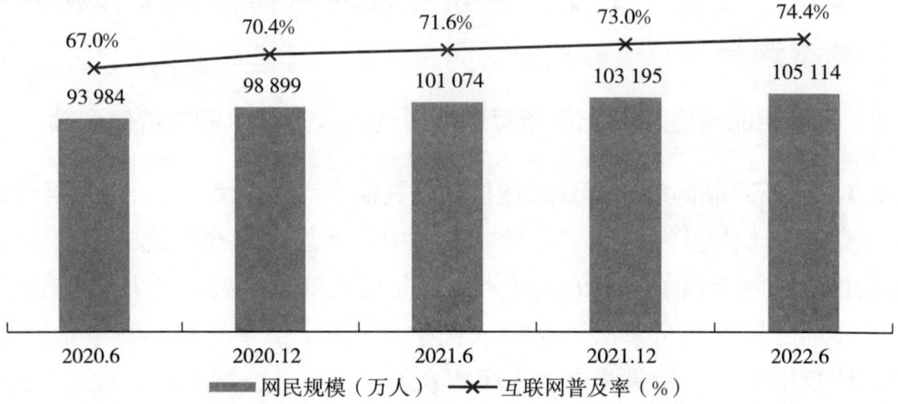

图 6-1　网民规模和互联网普及率变化趋势

资料来源：中国互联网络发展状况统计调查，2022 年 6 月。

坚持以人民为中心的发展思想，需要切实走好群众路线[①]。这就要求党和政府以及其他组织要立足于新的世情、国情和党情。《中共中央关于党的百年奋斗重大成就和历史经验的决议》中强调“坚持人民至上”[②]。人民的创造精神是实现中国特色社会主义、把群众路线提高到新的生命线高度的真正力量。关于党的先进性和长期执政合法性问题，这并不是一劳永逸的事，人民群众是共产党的衣食父母，党的根、血、力都植根于其中。如何进一步加强党的执政地位，巩固党的阶级基础，是以人民为中心的群众路线的中心问题，万变不离其宗的是抓牢人民这一根本。习近平总书记指出，我们当前的奋斗目标就是让人民过上美好生活，实现其愿望。因此，我们要坚持以人民为中心，着力解决人民群众最关心的问题，集中力量做好基础性、兜底性的民生工作。比如，对人民群众最为关心的房价高不高、交通便不便捷、上学就业看病困不困难、自然环境优不优美等。如果不解决好这些民生问题，即便经济指标上去了，比如国内生产总值、人均可支配收入等指标达标了，由此宣布全面建成了小康社会，

① 齐惠．群众路线为全过程人民民主提供内生动力［J］．人民论坛·学术前沿，2021（23）：113-121.

② 中共中央关于党的百年奋斗重大成就和历史经验的决议［N］．人民日报，2021-11-17（001）.

人民群众也不会认同、不会认可。因此，坚持以人民为中心的发展思想，是与毛泽东思想、邓小平理论等一脉相承的[①]，必须不断加强和改进民生，切实增强人民群众的获得感和幸福感，从而推进人类社会不断前进。

1.1.2　创新互联网时代群众工作机制与践行网络群众路线

群众路线是党的根本工作路线，以毛泽东为主要代表的中国共产党在长期斗争中形成了一切为了群众、一切依靠群众和从群众中来到群众中去的路线。群众路线是毛泽东思想三个活的灵魂之一，是党的生命线。坚持党的群众路线，维护好全体人民群众的切实利益，是党在长期革命和建设中制胜的法宝，要在新形势下发扬光大。要带领群众发展致富，把解决好群众的利益问题作为坚持群众路线的重要内容。党的十九届四中全会强调，“创新互联网时代群众工作机制，始终为人民服务、信任群众、依靠群众、领导群众，深入群众、深入基层”。这彰显出互联网在创新群众工作、走好群众路线方面的重要作用。把握和运用互联网这个“最大变量”，是对各级干部能力和水平的考核。信息化和网络化的发展趋势，为我们带来了很多难得的机遇。我们要加快构建合而为一的全媒体传播格局，这有赖于信息革命成果的运用。[②] 面对信息化带来的现实挑战，在坚持群众观点的基础上，要主动整合和运用新兴技术，不断完善网络化的群众工作方法。领导干部要经常根据政府网上公务平台了解民意，并及时回应网民关切的问题，正确引导网上的舆论导向。

近年来，各地顺应互联网发展的新趋势，将先进的技术手段运用到工作当中。其一，为了发挥党员的模范带头作用，各地的党支部主动在线上设立“智慧党建”平台，平台自创立以来取得了显著成效。如：事前广泛收集群众利益诉求，重大决定广泛征求群众意见；事中审慎对待和处理每一位群众的意见和问题，全心全意为其服务。其中，吉林省打造的“e 支部”可作为典范，“e 支部”将为群众服务的过程有效转化为凝聚人心、凝聚力量的过程；还有一些地区如广西东兴市，为了促进农业工业化和现代化的进程，积极开展电商扶贫活动，带动经济发展同时提高村民的就业

① 米占民．理性审视施拉姆关于毛泽东群众路线思想观点——兼论毛泽东群众路线思想的生成逻辑［J］．毛泽东研究，2022（3）：112-122.

② 习近平谈治国理政，第 3 卷［M］．北京：外文出版社，2020.

率，一举两得。今后的网络群众工作可以借鉴上述做法，以多种形式监测群众感受，倾听群众声音，凝聚力量、集思广益，解决群众关切，为联系群众、服务群众开辟更多“绿色通道”。未来，我们将借助互联网等技术手段，创新群众工作机制，努力实现目标细化、精准贴切。面对新形势的挑战、顺应新时代的发展趋势，基层工作者每天都要问自己这样一个问题：如何在日常生活中体现“群众利益无小事”?[①] 其二，科技是第一生产力，科技的发展使得群众工作拥有十足的动力，有了互联网，我们就可以通过大数据、云计算整合群众利益诉求，更有效率地处理群众工作，找到民意传导的最短路径，第一时间去解决群众的实际需求和困难。有了互联网，我们就可以通过移动端、大数据，精确地分析群众的诉求，为他们提供个性化的服务，精准解决他们的实际需要[②]。上述的努力足以凸显出新时代以来我国为顺应趋势所做出的努力，但现阶段我们仍然存在差距，我们亟须在创新工作机制的道路上搭建一个精细化的制度平台。可以从事前、事中、事后，从上到下，从宏观到微观的全方位无死角地进行群众工作。典型的是“互联网＋群众路线”智慧平台。该平台的优势在于，不仅可以便于党员干部落实群众工作，而且便于党的自我指挥、自我控制、自我监督、自我管理。该平台设置了完整的考核机制，为提高党员干部的群众工作效率以及积极性做出重要贡献。通过设置“群众满意度”“办事数量”“处理时长”等指标，客观考核广大党员干部的工作情况和工作态度，克服行政偷懒、不负责任、网络行政不作为等问题。通过设置完善监督机制，广大群众也能够参与考核工作当中。建立信息透明墙、网上信访渠道和制度，让权力在阳光下行使。要及时疏通信访举报和受理的渠道，才能保证平台拥有持续的效率和工作能力，有重点地解决群众上访“肠梗阻”问题。

1.1.3 创新互联网时代群众工作机制与完善共建共治共享社会治理制度

社会治理是国家治理的重要部分之一，社会治理现代化是国家治理体系和治理能力现代化的应有之义。党的十九届四中全会提出，要坚持和完善共建共治共享的社会治理制度。我们要顺应这一要求，在此基础上不断

---

① 齐惠．群众路线为全过程人民民主提供内生动力［J］．人民论坛，2021（23）：113－121.

② 谢新洲，温婧．“网上群众路线”视角下的主流媒体网络问政实践［J］．新闻爱好者，2021（12）：39－42.

革新，进一步开创互联网时代以群众工作为中心的社会治理新局面。

党的十八大以来，以习近平同志为核心的党中央，深刻把握推进国家治理体系和治理能力现代化的总要求，从理念、体制、方式等多个维度探讨社会治理问题，有效解决老问题，取得明显进步，社会大局稳定，人民安居乐业。同时，我们也清醒认识到，随着社会经济格局发生的深刻变化、利益关系日益复杂化、科学技术发展速度加快，可预见和不可预测的安全风险及挑战都会出现，人民群众参与社会事务的意愿逐渐增强。履不必同，期于适足；治不必同，期于利民。新时代，只有进一步推进治理体系与能力现代化，不断地探索符合中国实际情况的中国特色社会主义社会治理道路，不断完善和发展自己，不断创新，在稳定中进步，整个社会才能在保持秩序的同时更加充满生机和活力。完善党委领导、各级政府负责、民主协商、社会协同、公众参与、法律与法治保障、科技支撑的社会治理体系，提升党、政府、人民等各主体的社会治理的能力，是实现共建共治共享的社会治理格局的方向和路径。党自其诞生就确立了初心与使命，那就是为人民谋幸福。党的全部工作就是提高人民群众的生活水平和质量。因此，社会各主体都要承担起社会治理的各种职能，中国共产党要担负起领导社会治理的最重要职责，通过强化党组织建设、践行党的群众路线来提升自身政治领导力、思想引领力、群众组织力和社会号召力①。社会组织、企事业单位、人民群众等各类社会主体都有必要承担起社会治理的部分职能，在提高公共服务水平、激发全社会活力上发挥应有的作用。要充分发挥法治在社会治理中的保障作用，在法治轨道上用法治思维解决问题，协调社会力量，平衡社会利益，调节社会关系，规范社会行为，化解社会矛盾。大数据、云计算、物联网、人工智能等新技术的发展和完善改变了人们的生活，与此同时，相应的社会治理模式也随之发生着变化。用好这些技术手段，就能有效推进社会治理的科学化、智能化、信息化、专业化、精细化。“上下同欲者胜”也说明，社会治理绝不是单方面的行动，而是各相关主体通过有效整合形成合力的过程。只有构建人人有责任、人人享有的社会治理共同体，才能实现社会的和谐、稳定和文

① 荆蕙兰，任晓伟．新时代增强党的群众组织力：必然逻辑、价值指向与实践进路［J］．长白学刊，2021（6）：33－39.

明，进而实现国家的发展、繁荣和富强。

1.2 支持与合法性维度：明晰创新互联网时代群众工作机制的理念来源

1.2.1 坚定中国特色社会主义群众工作道路

党的二十大代表在谈坚定不移走中国特色社会主义道路时指出："方向决定道路，道路决定命运"。[①] 这个问题至关重要，因为道路关乎国家前途、民族命运、人民幸福，道路就是党的生命。明晰创新互联网时代群众工作机制的支持与合法性来源，首先就是要解决道路问题。新中国成立70年来特别是改革开放40多年来，我们党紧紧依靠人民独立自主地探索和发展社会主义，历经千辛万苦，付出各种代价，成功开辟了中国特色社会主义道路。这是一条植根于中国大地、反映中国人民意愿、适应中国和时代发展进步要求的道路，是实现"两个一百年"奋斗目标和中华民族伟大复兴的必由之路，是不断为人民的美好生活创造物质基础并不断走向社会主义现代化的必由之路[②]。这条路是我们通过100年的奋斗、通过不断努力创造、踏实勤奋积累所取得的根本成就，是引领中国进步、增进人民福祉形成的。习近平总书记书曾说：要坚持中国特色社会主义道路，坚持以经济建设为中心，坚持四项基本原则，坚持改革开放，坚持独立自主、自力更生，我们坚定使命，不忘初始心愿，既不故步自封，也不改旗易帜，而是站在当前的基点，总结经验、渐进前行，坚持把中国前进的命运掌握在自己手中。

当前中国特色社会主义进入新时代，党的群众路线也相应地具有新的时代内涵，创新互联网时代群众工作机制，必须坚持走中国特色社会主义互联网时代群众工作道路，这是事关党和政府群众工作成效的首要问题。走好这条群众道路，必须坚持党对有关人民全体事务的全面领导。党、政、军、民，东、西、南、北、中，中国共产党领导各方。伟大的事业需要强有力的党来领导，这是实现中华民族伟大复兴的最根本保障。走好这条群众道路，就要立足基本国情，深刻把握互联网时代群众工作在过去发展的大致趋势，并且努力揭示我国互联网群众工作的具体路径，总结和归

① 林晖，等．人间正道　必由之路［N］．新华每日电讯，2022-10-21（001）．

② 雷青松．党的群众路线的百年演进及其经验启示［J］．长白学刊，2021（6）：23-32．

纳其总体特征的基础上，深入分析这些特征对创新互联网时代群众工作机制的新挑战和新要求，从而有的放矢地开展互联网时代群众工作。走好这条群众道路，必须坚持实践基础上的理论创新。[①] 新时代在互联网群众路线上，必须用习近平新时代思想武装全党，这就要求全党都要为之不断努力和奋斗。全党要深刻领会新思想的核心与实质，善于学以致用，将理论用于实践，争取用自己的努力把党的科学理论转化为强大的、惠益全体人民的力量，为更加高效、更加坚定地建立互联网群众工作机制而奋斗[②]。走好这条群众道路，必须坚持以人民为中心。人民是历史的创造者，同时人民群众也具有决定党和国家前途命运的根本力量。互联网之所以能够发展壮大，广大人民群众作为坚强后盾是其中不可避免的原因。从根本立场上考察坚持和发展互联网时代中国特色社会主义群众路线，需要把以人民为中心纳入考察范围。党存在的意义就是服务于人民群众，做到人民群众在哪里，领导干部就要顺应互联网发展的潮流，到哪里去。走好这条群众路，须持续发扬奋斗精神。这种奋斗精神是百年的历史传承，同时也具有新时代的中国特色的特征，这种精神是中华各民族、全国广大人民以及我们党发展前行的屹立不倒的精神脊梁。新中国成立70年以来的点点滴滴，汇聚起来就是一部感天动地的史诗。正是这种奋斗精神食粮的支撑，我们才取得了光辉伟业和伟大成就。走好这条群众道路，必须保持战略定力，增强忧患意识。前方的道路永远不会是一帆风顺的。我们取得的成就越多，我们就越必须如履薄冰，越要警惕和平时期的危险。我们必须做好更加艰苦的准备。当前互联网群众工作机制面临着党员干部意识不强和能力不足[③]、网络民意真实性难以辨别、党群沟通网络平台不完善以及长效工作机制尚未建立等挑战[④]，全党要保持战略定力和忧患意识，增强奋斗意志，弘扬奋斗精神，增强战斗能力，以永不懈怠的精神奋勇前进。

---

① 谢伏瞻.在把握历史发展规律和大势中引领时代前行——为中国共产党成立一百周年而作[J].中国社会科学，2021（6）：4-29，204.

② 常利兵.作为方法的群众路线——1957年中共关于干部参加体力劳动的实践及影响[J].上海大学学报（社会科学版），2022，39（4）：87-107.

③ 刘慧婷，夏桐.论年轻干部群众工作能力的提升[J].学校党建与思想教育，2021（18）：88-90.

④ 王晓芸，吴夕孜.新时代网络群众路线：内涵、价值、困境与策略选择[J].理论导刊，2019（4）：53-59.

1.2.2 理顺“压力”与“动力”、“困局”与“优势”之间的逻辑

明晰创新互联网时代群众工作机制的支持与合法性来源，不可忽视理顺两种逻辑的重要性，即正确处理社会主要矛盾变化为创新互联网时代群众工作机制带来的“压力”与“动力”、“困局”与“优势”之间的关系。一方面社会主要矛盾的变化，在为传统群众工作机制带来巨大压力的同时，也为其带来了更好做群众工作、提升群众获得感、幸福感和安全感，从而满足新时代人民群众对美好生活需要的巨大动力①。第一，践行网络群众路线使得民众可以及时知晓政府信息、参与政府决策、表达自身利益诉求、监督政府行为等。在网络时代，人民群众的思想得到了逐渐的解放、群众之间的联系越来越紧密，群众的社会参与意识也日渐强烈，且在参与过程中懂得运用道德和法律手段来表达自己的想法，力求实现自己的价值追求。这就要求各级党委和政府不断探索和实践，为人民群众创造一条便利的路线。例如：通过优化政府门户网站设置，建立信息公开专栏，让政府行为适当透明化来保障群众享有知情权；再如，定期通过访谈会、座谈会、居民会议、社区会议等形式，搜集群众的想法和诉求，以及群众对于政府的建议，保障居民参与和监督等。第二，践行网络群众路线是更加方便快捷地解决群众的燃眉之急和现实需要，有利于实现人民群众对美好生活的追求。新时代，我国政府部门和人民从不懂网、不上网逐渐转变成无时无刻离不开网络，在就转变过程中，政府不断协调和解决与群众之间存在的种种矛盾，并设立网上渠道来真正地为老百姓提供便捷。其中包括“24 小时政务大厅”“一站式业务办理窗口”“网络问政指南”等让群众问有所答，需有所解。第三，从宏观层面讲，网络群众路线的践行有利于实现整合社会的和谐稳定。由于互联网提供了一个群众表达诉求、宣泄情绪的虚拟平台和独立的个人空间，满足了人民群众的表达欲望、倾诉欲望和参与欲望，抚平网民群众的非理性情绪。这样一来，心中的想法在虚拟空间得到了倾吐，从而不会转化为现实生活中的暴力，有助于提升网民公共理性和促进社会和谐稳定。综上所述，践行网络群众路线是必然抉择②。另一方面，面对社会主要矛盾的变化，互联网时代群众工作机制的

① 孙应帅．群众工作新特点与年轻干部成长研究［J］．人民论坛，2022（Z1）：34－37.

② 许晓，季乃礼．党的群众路线历史演进与经验启示：乡村治理的视角［J］．西南民族大学学报（人文社会科学版），2022，43（7）：187－194.

具体运行方式，如信访治理机制、群众矛盾多元调处机制、农村群众矛盾化解以民生发展等很多工作陷入“困局”，然而，党和政府历来重视群众工作的传统，积累了丰富经验和成果，总结四十年历程的成功经验，要求我们继续推进国家信息化建设，重视通过网络加强与人民群众的联系，增强运用网络媒体引领社会思潮的能力，提升领导干部运用网络媒体的素养和能力，不断完善网络空间法治体系，为党群关系和谐打造天朗气清的网络环境。这些宝贵的经验都是摆脱这种困局从而获得优势的坚实基础。

此外，国家、社会治理的现代化也为在创新互联网时代群众工作机制的过程中，将“压力”转化为“动力”、将“困局”转化为“优势”提供了新思路。习近平总书记在党的二十大报告中指出，完善共建、共治、共享的社会治理体系，提高社会治理有效性，畅通规范群众诉求表达、利益协调、权益保障渠道，构建人人有责、人人尽责、人人受益的社会治理共同体。作为国家治理的重要方面的社会治理，树立“以人民为中心”的社会治理理念是新时代社会治理的最核心目标。而目标的实现需要党、国家、政府始终坚持广大人民群众根本利益的维护，如此，贯彻群众路线就是一条必由之路，保障群众路线长期坚持并稳定有效[①]。因此，群众工作路线与国家治理是相辅相成的，一方面建立健全互联网时代群众工作机制必然会促进国家、社会治理体系与治理能力现代化，另一方面，推进国家、社会治理体系与治理能力现代化，其中一个重要的且必不可少的途径就是要着力推进群众路线制度化[②]。①推进制度化要从基层抓起。基层制度的建立健全关系到党和国家治理的正式制度安排。自改革开放以来，“单位制”随之解体，我国的基层社会亟需建立健全完善的治理体系和制度。在解体之后的新的条件之下，变化持续不断，主要集中在我国的社会主要矛盾上，由此决定着社区基层自治制度也需要调整。要进一步改革基层政府组织的内外部管理制度，包括决策、组织、领导、控制等各个方面；要推动基层人民民主建设，推动全过程性质的民主，同时增强基层自治组织的代表性。②要进一步完善社会组织建设。在新的历史时期之下，

① 杨海莺．十八大以来中国共产党群众路线制度化的探索与创新研究［D］．武汉：华中师范大学，2021．

② 陈武明．群众路线永远是我们党的制胜法宝——学习习近平总书记关于群众路线重要论述［J］．毛泽东研究，2021（6）：13－24．

国家的政治权力系统和群众之间关联度、密切性不高，群众利益机制所发挥的代表、维护、平衡功能都无法展现其应有的效果。人民群众的利益诉求表达渠道受阻、权益维护主体缺失、化解矛盾的效率效果低下，使得社会治理呈现出了表面治理绩效和实际努力程度不匹配的尴尬境地。要重新建立组织权力体系，使其与制度化的群众路线相互联系，是破解这一治理难题的有效路径。③要建立健全群众的利益诉求表达、利益诉求整合以及群众利益维护等运行机制。建立的原因应当归为原有的国家政权体系和群众路线的连接通道瓦解，造成基层群众将表达利益诉求的途径改变为上访、聚群甚至用暴力抗争等手段去表达自身的合法利益，这就造成了社会治理当中难以根治的顽疾。因此，在国家治理和社会治理中，要建立健全群众利益表达机制，完善“诚谈会”“听证会”“走访”等制度，使基层群众诉求得到有效表达。要不断改革体制机制，改变政府传统管理模式，积极吸引社会组织和人民群众参与社会的治理。实行参与式决策，发扬协商民主的独特性优势。“有事好商量，众人的事情众人商量”，要不断平衡好自由与平等、公平与公众等要素的关系，制定合适的制度，平衡各利益主体之间的关系，维护好不同阶层、群体的合法权益。

1.2.3 处理好群众工作与党政工作、治理体系和治理能力的关系

明晰创新互联网时代群众工作机制的支持与合法性来源，还需要正确处理三类关系，即处理好群众工作与党政工作、群众需求与治理能力、群众工作与治理体系之间的关系。做好群众工作是党政工作的中心任务。“江山就是人民，人民就是江山。”习近平总书记在党的二十大报告中强调，治国有常，利民为本。我们要坚持在发展中保障和改善民生，这是因为造福人民是对党员干部工作的基本要求。为了这个目标和要求，党和政府要积极带动人民群众参与，争取人民群众认可，不断让人民对美好生活的向往变成可以触碰的现实。群众路线是我们党的生命线和根本工作路线①。把党的群众路线贯彻到治国理政全部活动之中，是实现国家治理体系和治理能力现代化的题中应有之义。2021 年《中国的民主》白皮书指出：“民主不是装饰品，不是用来做摆设的，而是要用来解决人们需要解

① 陈武明．群众路线永远是我们党的制胜法宝——学习习近平总书记关于群众路线重要论述[J]．毛泽东研究，2021（6）：13－24.

决的问题的”。党的一切执政、治国活动，都要尊重人民的主体性和首创精神，把发展政治智慧深深根植于艺术性实践之中，体现出管理的适度原理，使各方面提出的独到见解都能运用于治国理政。改革开放以来，中国经济发展取得奇迹，社会稳定有目共睹，这都要部分归功于我党具有中国特色的民主政治。但是当前仍存在着领导方式和执政方式有待改进，群众监督在内的权力运行制约和监督体系不够健全，群众参政议政渠道有待拓宽等问题，使得人民需求出现匹配度不高的现象[①]。①党政团队建设必须尊重深厚的群众基础。维持和掌握政权的关键是赢得人。建设一支广泛的高素质的党员干部队伍成为党建工作的核心任务。这个团队应当如何建设？从哪里建设？唯有从群众中来。从群众中来的党员有共产主义理想，能力突出，作风优良，在党组织中具有主动性，在先锋队中具有主动性。在从入党积极分子甚至发展到党员的过程中，以往那种“党组织和党员说了算”的封闭做法需要做出适当的调整，在工作中要充分征求群众的意见，凡是群众不满意的一律不发展。干部队伍建设也要尊重民意，要以“群众之道”为导向选干部。②群众的监督是管理好党员干部的良药。党员干部的真实水平来源于群众的观察和监督。为了实现廉政建设的目标，必须不断寻找新的方法和新的途径来加强工作人员的监督。加强人事监督，不能仅仅依靠纪检监察部门和组织部门的人事监督机构，还要充分利用群众的力量。③群众的参与为党建活动带来生机与活力。毛泽东同志曾讲过，我党的工作必须从群众中来，到群众中去。党建活动是有关党的建设所开展的一切活动，它用党的理论武装起来，并成为把理论转化为现实的核心工具和载体，因此党建活动的开展和举办必须始终贯彻群众路线[②]。④确保人民群众的权益受到保证是为人民服务的目标。“全心全意为人民服务”是党的立党之本。“一切为了群众，一切依靠群众”的基本观点需要在服务过程中被遵循。⑤干部工作实绩评价要体现群众意见。人民群众扮演着多重角色。在党的工作中，他们既充当参与者、受益者，也扮演着见证者和评判者。在当前的新形势和新时代背景下，改革大业是否成功，民生大事是否落实，还需要人民群众来充当评判者。因此，干部工

① 罗微．把党的群众路线贯彻到治国理政全部活动之中［J］．当代中国史研究，2018，25（1）：11-15.

② 齐惠．群众路线为全过程人民民主提供内生动力［J］．人民论坛，2021（23）：113-121.

作实绩评价要体现群众意见，让其参与其中，并成为各级党组织和党员干部工作业绩的最高评判者，把群众是否真正受益，群众生活是否改善以及改善程度，作为检验新时代背景下改革的成效、衡量各级党员干部工作绩效、政务效率的最终标准，促使党员干部不再唯上而是脚踏实地。

互联网时代的矛盾，是基于新时期人民日益增长的美好生活需要和不平衡不充分发展的矛盾。群众需求的多样化、质量化成为互联网时代群众工作的重要特征，急需通过提升党和政府部门的社会治理能力来满足群众的需求。与此同时，政府治理体系的完善是更好地做好互联网时代群众工作的重要保障，政策、法律、制度等顶层设计为创新互联网时代群众工作机制保驾护航[①]。而完善国家的行政管理体制机制是实现政府治理体系和治理能力现代化的首要要求。党的十九届四中全会决定提出“坚持和完善中国特色社会主义行政体制”。国家行政体制包括行政决策、计划、执行、组织、监督、反馈等诸多体制。党的十八届四中全会以来，这些行政体制及制度有了很大的改进。①行政执行层面，我国自新时代以来，逐步推进了互联网、大数据、人工智能等高科技网络发展，推行互联网信息服务，并结合政务服务推出了“最多跑一次”等便民制度；②行政决策层面，我国逐步引入多主体参与、专家论证、合法性审查、委员会论证、头脑风暴等集体讨论决定等制度；③行政组织层面，逐步推进了以扁平化组织结构、大部制、授权化协同高效为目标的各项制度与机制；④行政监督方面，逐步推行了横向、纵向监督，督察督查监督，以及自我控制自我纠偏相结合的各项监督制度与机制。为了更好地促进政府治理体系和能力的提升，党明确了具体要求。例如，行政执法强调四点要求：一是要集中力量办大事，最大限度减少不必要行政执法事项，把执法资源用到最需要的地方；二是重塑执法队伍，通过拆分、整合、轮岗、末位淘汰等方式，建立一个完备的组织队伍体系，并尽力探索跨部门执法，推动基层执法；三是落实责任与惩罚制度，通过在队伍内部建立相应规章制度，规定每个党员的责任，以及违反责任的惩罚措施；四是创新服务与管理方式，引进高新技术来推动全国一体化政务服务平台建设，集中力量统一指挥，保证全国

① 柯健，郭丹．“互联网＋群众路线”：系统认知、基础支撑与制度保障研究［J］．社会科学研究，2022（3）：56－62.

一盘棋；五是健全强有力的行政执法系统，做到执法必严违法必究，从而提高政府公信力。[①]

1.3　运作能力维度：探索创新互联网时代群众工作机制的现实路径

马克斯·韦伯提出了“合理性”双重维度之间的关系，即工具理性在相应的价值理性指导下才可以发挥积极和建设性作用。创新互联网时代群众工作机制，要贯彻落实以人民为中心的发展理念、践行群众路线、完善共建共治共享社会治理制度，皆可称为创新互联网时代群众工作机制应秉承的“价值理性”，相应的“工具理性”应该在符合上述价值追求的基础上，探索寻求可行的实施路径。

1.3.1　互联网时代与群众工作整合模式

习近平总书记在党的二十大报告中指出：“健全网络综合治理体系，推动形成良好网络生态。”创新互联网时代群众工作机制，应该探索将互联网时代“线上”群众工作、“线下”群众工作、“主动式”工作方法和“被动式”工作方法进行全面融合。

要将“线上”群众工作与“线下”群众工作相融合。习近平总书记曾指出，要善于运用网络了解民意、开展工作。构建完善的互联网群众工作主客体互动机制，党员干部通过互联网平台，深入群众之中，通过在互动平台上潜水、聊天、发声，才能了解群众想法和期望、聚集群众智慧，有效提升群众对党和政府的认同感和归属感，以此增强互联网时代群众工作的实效性。①应完善网络民意综合研判机制。广大党员要积极搜集网民的线上观点，对这些观点进行归纳总结并梳理，对于有疑难问题的要及时给出解决思路，对于提出意见的，要有选择性地吸取建设性建议。②应建立完善“线上审政”与“线下施政”的联合驱动。网络世界的民意民情是一面镜子，它能够显现出现实的政务和政绩情况。因此在网上访民意、察民情，发现问题并于现实生活中排解民怨民忧，才能真正做到惠民利民。这种联动机制在当下已有实践，例如新冠疫情防控中人民日报借助网络平台征集新冠肺炎患者求助信息，便于干部们及时收集患者信息，

① 姜明安，张璁．完善国家行政体制　提高政府治理能力［N］．人民日报，2020－02－04(010).

并移交相关部门和地区进行处理，解决人民群众的燃眉之急。未来我们更要总结经验，做到哪里有群众，就在哪里开展群众工作。在开展工作的过程中，各级工作人员要强化互联网思维，坚持“线上”和“线下”相结合，并注重面对面解决实际问题。当前，我们已经在“面对面”方面开展了很多工作，也取得了一定进展，那么在“键对键”方面，我们要充分借用互联网的交互性优势，建立完善群众工作主体与客体之间良性互动机制。群众工作的主体是各级党组织和党员干部，客体则是群众。传统群众工作中的主客体关系往往成了管理者与被管理者关系。互联网的交互性深刻影响着群众工作中的主客体关系，极大增强了群众的平等意识和权利观念。如何适应互联网这一群众工作的全新环境，处理好互联网时代群众工作中主客体之间关系，考验着党的执政智慧和执政本领。

党和政府部门不仅要处理和解决群众“找上门”的诉求与期望，而且要深入基层和一线主动去了解和挖掘群众对美好生活的向往与追求。正如宋代苏轼在《思治论》中说：“犯其至难而图其至远。”习近平总书记曾要求：我们全体党员同志要始终同人民群众的想法一致，并为一致的想法切实采取一致行动，要同甘共苦，继续在实现人民对美好生活的向往的道路上顽强奋斗，为党和人民争取更大荣誉。我们要牢记总书记嘱托，始终站稳人民立场，准确把握人民群众所想所需，主动回应群众期盼[①]。①做好身边事，为群众办实事解难题。群众利益无小事，一点一滴见初心。人民群众正是通过油、盐、菜、米、水、电、气等一桩桩生活小事，深切感受到党和政府的服务与关怀。②弘扬好传统，增强人民精神力量。我们党在百年披荆斩棘、栉风沐雨的奋斗中，积淀形成了一系列伟大精神和优良作风，这是我们党乃至中华民族宝贵的精神财富和力量源泉。③奋进新征程，实现美好生活向往。党和政府部门要向人民群众面临的最难之处发起攻坚，沉下身子，与群众拉家常、交朋友，要追求“让群众满意”这一最远大的目标。互联网时代带给我们很多挑战，我们要将这些挑战看成机遇，并抓住机遇，用好机遇。例如运用丰富的网络资源以及非正式的传播方式，积极回应网民关切，给予老百姓接地气的回复和关心，提升人民幸

① 习近平总书记在庆祝中国共产党成立100周年大会上的讲话［J］．新生代，2022（1）：2.

福感，积极大胆探索“互联网＋群众工作”方式方法①。诸如大力推进“互联网＋政务服务”建设，为群众提供便捷高效服务，加快发展“互联网＋教育”“互联网＋医疗”“互联网＋就业”等以满足群众美好生活需要，积极开辟“互联网＋农业”“互联网＋扶贫”以助力乡村振兴和精准扶贫，不断增强互联网时代群众的获得感幸福感安全感。

1.3.2　创造公共价值与治理现代化

正如前文所言，党和政府存在的重要目标之一就是为人民群众创造公共价值，在互联网时代开展群众工作也概莫能外。这一目标的实现，应紧紧围绕治理体系和治理能力进行。具体展开而言，首先，国家治理体系现代化是指通过一系列的顶层设计和制度安排，通过自上而下的一系列的组织机构、人员配备、制度设计等活动，使得国家的治理体系日趋合理。互联网时代群众工作机制创新是国家治理现代化的重要组成部分，其强大的理论与实践优势，是鼓舞和动员群众实现两个一百年奋斗目标和伟大复兴中国梦的强大武器，是实现最广大人民根本利益，促进和改善民生，使改革发展成果更多更公平惠及全体人民的根本保障②。党的二十大报告中提出要以中国式现代化推进中华民族伟大复兴。推进互联网时代的群众工作治理能力提升，也是推进中国式现代化的重要之举。无论是创新互联网时代群众诉求响应机制、创新互联网时代群众信访治理机制、创新互联网时代群众矛盾多元调处联动机制，还是互联网时代农村群众矛盾化解和民生发展等，都离不开国家治理体系的现代化。正因为如此，习近平总书记指出，群众路线是我们党的生命线和根本工作路线。进入新的历史趋势，面对重重压力与阻力、机遇与挑战，我们必须更加耐心更加坚定地践行治理体系与治理能力现代化的道路③，而其中就内含着群众工作体系和工作能力的现代化。

群众诉求响应机制包括“响”和“应”两个部分，因此首先需要建立的是互联网时代群众诉求表达机制，在此基础上针对群众多元化的利益诉

---

① 柯健，郭丹．“互联网＋群众路线”：系统认知、基础支撑与制度保障研究［J］．社会科学研究，2022（3）：56－62．

② 徐奉揉．从两个图谱看国家治理体系和治理能力现代化［N］．人民日报，2020－04－10．

③ 中共中央关于坚持和完善中国特色社会主义制度推进国家治理体系和治理能力现代化若干重大问题的决定［N］．人民日报，2019－11－06（001）．

求建立互联网时代利益协调机制，当群众利益受到侵害时，建立互联网时代权益保障机制成为需要考虑的部分。另外，若上述群众诉求“回应”机制出现失灵，需要互联网时代监督反馈机制进行纠偏工作。当群众诉求“表达”和“回应”机制成为完整闭环后，建立悬浮“响应”机制之上的互联网时代心理服务和危机干预机制，发挥事后疏导功能，从而构建一个协同联动的互联网时代群众诉求响应机制。

在互联网时代，面对高发的社会矛盾，作为中国特色的社会矛盾治理机制，信访制度备受关注。信访制度成为各类社会矛盾的聚集地，这使信访制度承受了前所未有的压力，其在功能定位、法律依据、体制结构和运行机制等方面面临一系列的挑战。国家治理体系通过群众路线实践，依靠人民参与和监督，保障自身的纯洁性、先进性和人民性，从而能有效地领导和推进国家建设①。随着国家治理现代化的推进，国家政治治理、法治治理和行政治理不断完善和加强，信访治理自身也亟待改革创新。信访治理的专业化建设可为国家治理能力现代化提质增效，而其法治化与智能化建设则可成为国家治理体系现代化的有力依托。

有效化解社会矛盾纠纷是加强与创新社会管理的重要内容。调解是纠纷当事人之外的第三方居间调停，促使当事人自愿解决其纠纷的活动，是化解社会矛盾纠纷的重要手段。人民调解、行政调解和司法调解是有效化解社会矛盾的三大主要调解方式，它们紧密衔接、相互影响又相互配合，是新的历史条件下具有中国特色的争端解决方式。这种非诉讼方式的运用有利于消除分歧，促进和谐，加强稳定和团结。为完善新形势下人民内部矛盾调解的有效机制，需要通过建立调解中心、执法司法人员联合调解、网上司法确认等方式，促进调解协议的签订与申请行政确认、司法确认的顺利衔接，增强人民调解方式和协议的可信度；要完善将群众利益和诉求科学分流的体制机制，从上到下逐步推进，基层方面建设基层调解站和流动调解点，及时就地调解矛盾纠纷。运用行政调解机构与执法、司法机关调处矛盾纠纷，建立健全审前调解、审中调解、审后执行和解等制度，引导群众主动接受调解。针对群众利益与诉求资源进行整合并形成相应的制

① 陈武明．群众路线永远是我们党的制胜法宝——学习习近平总书记关于群众路线重要论述[J]．毛泽东研究，2021（6）：13－24.

度机制，使司法机关、行政机关、企事业单位、社会组织等多个主体共同开展以解决跨地区、跨部门的重大、疑难、复杂矛盾纠纷为重点的调解工作。这是推动国家治理体系和治理能力现代化的现实需要。

经济发展致使农村群众收入水平和工作环境的差异性提升，致使农民阶层内部异化，呈现了差异性群众诉求，即对美好生活的向往呈现差异性特点①。其差异性诉求特征致使其对公共事务的诉求和反馈模式存在差异，中西部农村地区面临着农村“空心化”和乡村治理“空洞化”的现状，存在着群众集体行动困境，且该类困境的空间差异性与内涵多维性较强，故而应关注在农村阶层分化与集体行动困境下，通过互联网重塑乡村矛盾化解格局。

1.3.3　德法并施与群众工作制度建设

创新互联网时代群众工作机制，不仅要发挥“专业”“法治”“智能”等正式制度的应有功能，还要注意群众工作的特殊性，将“德治”这一非正式制度作为必要补充，发挥其灵活性和适用性，促使群众工作取得良好效果。习近平总书记在党的二十大报告中指出，要坚持依法治国和以德治国相结合。法律和道德是现代国家治理不可缺少的两种重要手段。法治注重被动的自律即他律，通过强制的制度条文保障行为的规范性，具有稳定预期的功能；德治注重积极的自律，具有规范性和说服力，能够通过心灵和价值观层面达到软性约束作用。法律与道德相互联系又相互影响。内心的道德形成书面的条文就转化为了法律，而刚正不阿的条文也会转化为人们心中坚守的道德。没有道德的支持，法律无法顺利地执行；没有法律的约束，道德的践行也会变得毫无秩序。国家治理既需要有内容完备且效力较高的法律作为保障，也需要有印在人们内心的共同道德作为支撑。因此坚持法治和德治相结合，是党、历史、社会、人民的必然选择，同时也是中国特色社会主义法治道路的优势所在。国家治理需要成文的道德和内心的法律协同合作，既要抓好法治也要贯彻德治，实现两手都抓且两手都要硬。

与此同时，要注重探索将创新互联网时代群众工作机制的有益经验上升为制度，以制度保障党和政府把人民放在最重要的位置，用制度来平衡

① 刘志会．新时代以人民为中心经济发展思想及其实践研究［D］．长春：吉林大学，2021．

全体人民的利益，平衡自由与平等，维护全体人民合法权益。公正合理的制度体系作为国家治理体系的重要组成部分，在推进国家治理体系现代化的过程中起着不可替代的作用。中国特色社会主义进入新时代，作为国家治理体系建设的重要组成部分，群众路线的完善面临着日趋严峻的挑战。如参与群众工作的主体日趋多元化，使得群众工作的难度越来越大；再如近年来流行的“互联网+”技术的兴起，对践行“线上+线下”的网络群众路线提出了新的要求；线上政务服务正处于初步探索阶段，面临着脱离群众的危险，使得新时代下群众工作任务更艰巨等。综上所述，为应对新时代新挑战，切实在新挑战下做好群众工作，就需要通过形成制度化模式，来保障群众工作有法可依；同时要利用目标管理的方法，争取将工作细化，落实到每个党员、干部身上，提升其自身能力和综合素质，促进群众路线长效机制的建设[①]。在推进互联网群众工作制度体系的过程中存在两个难点：①表现为群众工作制度性创设的空白。我国还没有制定有关群众工作的专门性法律，有关群众工作主要依据政府颁发的文件，如《中共浙江省委办公厅印发〈关于完善党员干部直接联系群众制度的实施意见〉的通知》《江苏省关于实施社会管理创新工程切实加强群众工作的意见》等，不仅效力等级低，而且缺少整体规划，无法完全涵盖群众工作的全部重要目标。党的十八大提出：“坚持以人为本，完善党员直接联系群众制度”。根据十八大的要求，我们党在建立互联网时代群众工作制度时，可以从基层入手，自下而上构建制度体系。包括基层信访制度、基层联系点制度、定期接受群众来访制度等。②厘清国家形象与声誉树立和群众工作建设的关系。一个国家的形象是由很多方面决定的，包括这个国家的历史发展趋势、文化、国家行为与活动在国际和国内公众心中形成的印象等。构建良好国家形象对提升综合国力、提升在国际中的话语权、提升在经济全球化中的地位至关重要。习近平总书记曾提出“注重塑造我国的国家形象”。建构互联网新时代国家形象是新时代的机遇，也是挑战，这关乎我国在全球的地位和影响力。中国应当构建什么样的形象？答案应当是真实且鲜明立体的、负责任的社会主义大国形象。这个构建

① 杨海莺．十八大以来中国共产党群众路线制度化的探索与创新研究［D］．武汉：华中师范大学，2021.

过程是艰辛的、富有挑战性的，既需要把握群众工作和国家形象的内在关联，评价其在世界话语体系中的地位，又要思考群众工作的中国特性；不仅仅要关注形象本身，更要关注形象形成的话语生产机制，才能更好地理解其对提升当代中国软实力、有效推进“一带一路”建设的现实价值和深远意义。

2　培育“服务＋”理念：健全互联网时代群众工作价值体系

党委和政府的群众工作实质上是一种相对特殊的社会治理活动，创造公共价值是以政府为代表的公共部门之所以存在和发展的核心原因，公共管理者要想进行有效的社会治理，必须将合乎道义的目标追求与管理策略和方法相结合，才能够产生创新性的战略实践[①]。公共治理过程是工具理性与价值理性的统一体，公共行政学自诞生以来一百多年的发展历程，形塑了平衡二元理性诉求的鲜明特征。基于双重理性的“合理性”类型学分析，彰显了价值理性和工具理性共同发挥作用的重要性，同时明确指出，良性社会治理效果的取得必须将价值理性置于相对优势地位，发挥其“赋予公共行政以灵魂”的关键功能[②]。互联网时代的群众工作要坚定以人民为中心的发展思想，必须将“服务”理念作为重中之重，形成以服务为统领，法治化为保障，开展积极参与式的群众工作、公开透明式的群众工作、责任式的群众工作、有效性的群众工作、回应式的群众工作、稳定式的群众工作、监督式的群众工作和反馈式的群众工作，为人民群众提供全方位和全流程服务。

信访工作作为群众工作的重要组成部分，决定了网上信访治理也同样是互联网时代群众工作机制创新的重要表现形式，在其所有的价值追求中居于统领和中心地位的是服务理念。这既与新公共服务理论、整体性治理理论、公共价值管理理论、数字治理理论以及习近平新时代中国特色社会主义思想等前沿观点一脉相承，也与我党全心全意为人民服务、服务型政

---

① 马克·莫尔．创造公共价值：政府战略管理［M］．伍满桂，译．北京：商务印书馆，2016．

② 于水，杨杨．良性社会治理中“合理性”的有效调适与策略选择——基于城管柔性执法模式的思考［J］．理论学刊，2019（6）：129－137．

府建设以及以人民为中心的社会实践创新具有共同的现实追求。网上信访治理是群众工作数字化转型浪潮的一个缩影，数字化群众工作一般被当作增进社会治理整体性与协同性、提升服务质量和聚合治理资源、顺畅话语表达和创造公共价值的重要手段，数字信息技术为群众工作的开展转型提供了巨大的支撑作用。对信访治理来说，由传统信访工作模式向网上信访工作模式的演进，逐渐推动了信访治理全流程的相对公开、透明和可监督，以信访人、信访机构和政府职能部门为核心的多元治理主体围绕信访事项进行了更加卓有成效的协同互动，以“一件事”的整体性思维办理网上信访事项增进了公共服务质量和加强了异质资源聚合，信访人、专家学者、心理咨询师、律师、社会工作者等主体的话语表达进一步得到尊重，通过化解矛盾纠纷、响应群众诉求和改善监测预警效果实现了公共价值的创造，网上信访已经成为践行以人民为中心发展理念和打造共建共治共享社会治理格局的试验场。然而，事物的发展过程是螺旋式上升和波浪式前进的综合体，促使达成美好愿景的组织机制需要经历一个从无到有和由粗糙到精致，甚至是通过反复的可靠性测试到逐渐适配的历程。在社会运行和社会变化不断加速的状态下，追求公共治理的相对稳定性也变得异常困难，并且置身于数字化转型境遇中的线上群众工作是一个复杂性和系统性较强的工作，不仅需要与中西方的相关理论观念进行对话，而且需要迎合中国国家治理现代化的实际需求和党的群众工作理论的预设目标。群众工作作为整体社会治理系统的重要组成部分，发挥着维护社会稳定、满足人民美好生活追求和改善危机监测预警效果的基础功能。互联网时代的群众工作机制创新活动，需要以社会治理体系和治理能力现代化为目标追求，将以人民为中心的发展思想融入法治化引领、专业化发展、智能化支撑和社会化参与的方方面面，最终走向为了人的自由发展而提供助力的群众工作共同体（图 6-2）。

2.1 坚定服务型治理理念的中心地位

相对于传统群众工作而言，互联网时代的群众工作不仅要坚守帮助社会公众化解矛盾纠纷和有效响应群众诉求，还需要通过线上群众工作对矛盾纠纷事项信息的汇聚发挥监测与预警功能。显而易见，尽管互联网时代群众工作的内容在不断地丰富和增加，但是其本质依然是更好地保持其服

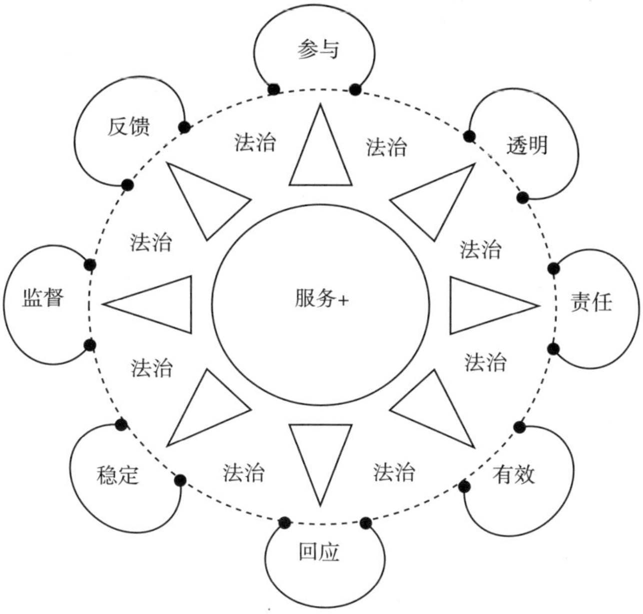

图 6-2　互联网时代的群众工作“服务+”理念

务状态和增强其有效服务韧性①。以互联网技术为代表的数字化成果，促使了群众工作的数字化转型，数字化群众工作过程中的“服务”与经济学意义上的服务具有类似的特征，如服务的无形性、服务的异质性、服务的生产与消费具有同步性，以及服务的易逝性等，并且涉及服务氛围的营造、知识的传授、信息的供给，以及各种不同的表现形式，加之新时代社会矛盾纠纷与社会公众诉求的多样性，党政机构为社会公众提供高质量的服务并非易事。“枫桥经验”发源于 20 世纪 60 年代初的浙江省诸暨市枫桥镇，它的核心取向就是充分地发挥群众在矛盾纠纷化解中的重要作用，通过汇聚民智和凝聚民力，就地去化解和消除潜在的社会矛盾，从而提升社会治理能力和稳定社会治理秩序。在其诞生伊始，就吸引了党和国家高层领导的注意力，毛泽东同志曾亲笔批示，肯定“枫桥经验”在矛盾纠纷化解方面的创新，要求在全国范围内进行学习和推广。新时代“枫桥经验”在继承和发展以往矛盾纠纷化解方法的同时，进一步加强了党建引领

① 俞好爱，王向阳．找回“群众工作”：当前农村基层治理形势研判及其战略选择 [J]．科学社会主义，2022 (2)：98-105.

的重要作用，融入了以人民为中心的发展理念，拓展了数字技术在矛盾纠纷化解过程中的作用范围①，有效推进了基层社会治理的社会化、法治化、智能化和专业化水平。新时代“枫桥经验”作为社会矛盾纠纷化解领域的响亮品牌，探索出了卓有成效的群众工作创新方式，在畅通和规范诉求表达、实施利益协调和权益保障、开展矛盾排查和风险研判等方面形成了一套卓有成效的服务机制，成功将矛盾纠纷化解在基层、解决在萌芽状态②，减少了人民群众的烦心事和闹心事，为有效提炼互联网时代群众工作机制提供了有益启示。

2.1.1　正确对待主动型服务和被动型服务

在对党委和政府服务的讨论中，通常存在这样一种观点，即将积极主动服务视为一种正确向上的价值追求，而将消极被动服务与懒政、不作为等负面现象相连接。显然这种非此即彼的二分法存在一定的局限性，忽视了党委和政府群众工作或治理活动的复杂性。一般来说，积极主动服务固然值得提倡，然而其必须建立在精准识别社会公众真实需求、符合社会公众心理预期、恰当运用方法和策略的基础之上，否则容易出现“好心办坏事”的不利局面。反观消极被动服务也并非一无是处，一方面是社会公众的权利意识和需求表达能力进一步增强，且相应的诉求表达渠道进一步畅通，另一方面是党委和政府部门很难做到事无巨细的全方位参与，存在较为明显的人力、物力、财力、时间、信息等资源约束。主动型服务与被动型服务实质上表征了两种不同的群众工作方式：其中一种是强调事前治理，另一种是强调事中或事后治理，其本质是同一治理流程的不同治理阶段而已。从整体性或系统治理的视角来看，主动型服务和被动型服务不应当被人为地割裂开来，而是应当依据不同社会治理事务的具体情境，共同发挥作用。线上群众工作作为党委政府实施社会治理的重要组成部分，也存在主动服务与被动服务的分野，并且呈现出关注程度的不均衡状态，容易诱发线上群众工作陷入主动服务不足和被动服务缺失的双重困境。

---

① 徐凤林．浅谈如何坚持和发展新时代“枫桥经验”［EB/OL］．（2019-10-22）［2020-05-27］．http//www.law-lib.com/lw/lw_view.Asp? no=32741.

② 张爱民．新时代“枫桥经验”的理论逻辑及其示范性价值［J］．新视野，2021（4）：81-86.

2.1.2　有效区分全面式服务与差别式服务

在政府治理过程中，存在着政治任务、中心工作、领导重视和专项整治等具体形式，通过强调某一领域工作的特殊重要性，产生了不同公共事务治理中注意力配置的差异，进而出现对不同治理事务的差别对待。群众工作作为党政部门的基础工作内容之一，在其内部也存在着类似的运作机制，比如对于征地拆迁、环境污染、城区改造等重点问题引发的信访事项更加关注，而对于日常生活中常见的矛盾纠纷和意见建议等重视相对不足，这产生的直接后果就是党政部门有限资源的非均衡配置，从而出现差别式服务现象。以信访工作为代表的群众工作是党和政府密切联系群众的重要手段，是维持和增进党群、干群“鱼水关系”① 的核心举措，应当是一视同仁的全面式和普遍化服务。很多学者将信访制度比作社会公众的“最后一根救命稻草”，也从侧面反映出信访工作无小事和群众诉求无小事，必须认真负责地办理。网上信访遵从“诉访分离”② 的工作原则，并非对信访事项实施差别式服务的认同，而是将涉法涉诉信访问题纳入法治轨道和更好地保障信访人权益的有益举措，必须在开展数字化群众工作的过程中理性认识这一点。就线上群众工作而言，首先应当确立无差别的全面服务意识，之后按照矛盾纠纷化解需要和当事人实际诉求配置治理资源，而不是事先主观地划分“敏感领域”或确定“中心任务”，从而形成“资源跟着具体事项走”的精细化治理模式，让所有的社会公众都可以在党委和政府的群众工作中感受到安全感和幸福感。

2.1.3　厘清同质化服务与差异化服务界线

互联网时代的群众工作不同于传统意义上的群众工作，在数字信息技术的支撑作用下，数字化群众工作正在朝着规范化和标准化的方向发展。然而，以政府数字化转型为代表的数字治理模式，不能将技术规则作为核心的目标追求，甚至将其凌驾于群众工作的人文底色之上，从而失去数字治理的温度。群众工作归根到底是一项“人心”工作，通过技术赋能的方式更好地知人心、稳人心、暖人心和凝聚人心，在新时代发挥“人心归

---

① 杨杨．中国共产党百年群众工作的演进、特征与经验启示［J］．湖北行政学院学报，2021（2）：85－90.

② 李大勇．“诉访分离”司法政策的表达与实践［J］．西北政法大学学报，2021，39（4）：166－176.

向”的巨大优势，内在要求必须将人民群众的愿望和需求置于首位。人心是最大的政治①，群众工作的重要组成部分——信访制度之所以能够冲破质疑声音的重重围堵，不断地焕发新活力和获得新发展，最大的依据就是社会公众对党和政府信访工作的认同与支持。互联网时代的群众工作具有数字信息技术的支撑，虽然获得了传统群众工作模式无法比拟的优势，但是仍然要提高警惕，避免陷入机器式的同质化服务困境。线上群众工作缺失了面对面交流的情感表达，但是依然可以通过对具体矛盾纠纷和诉求建议的用心办理与有效反馈，让人民群众感受到屏幕对面的温暖。因此，党委和政府职能部门在开展线上群众工作中，要始终保持充满公共服务精神的“积极行动者”② 姿态，形塑一种以社会公众诉求为中心而非以政府意愿为中心的良性线上群众工作关系。由于群众反映事项的复杂性和情境性，线上群众工作难以形成具有普遍适应性的同质化服务策略，必须在经验积累和熟悉办事原则的基础上，为社会公众提供差异化精准服务。

2.2 将线上群众工作全方位纳入法治轨道

法治化是线上群众工作的主要发展方向之一，也是推动群众工作体系和能力现代化的重要组成部分。法律的生命力在于实施，法治应当成为全社会的共同信仰。以群众工作中的纪检监察工作为例，2022 年 5 月，中共中央、国务院印发《信访工作条例》，明确了信访工作是党的群众工作的重要内容，要从做好群众工作的高度加强信访工作的质量建设。进入新时代以后，人民群众的需求逐渐变得多样化，对信访服务的精准度、有效性和透明性有了进一步的提高，这些都要以法治化作为基础保障，否则就会失去秩序。纪检监察机关的信访工作是整体信访工作的重要组成部分，是落实和保障人民群众监督权的重要途径，对更好地改善社会治理过程中的监督体系具有重要意义。这方面的信访工作，要十分注意办理过程的合理性和合法性，从整体性的视角对做好新时代信访工作作出具体部署。一是在受理环节的时候，要正确区分和界定信访业务内外部问题，避免将不同性质的信访问题混为一谈，同时要坚持内部业务问题严格按照既定程序

① 何锡辉．江山与人民：习近平关于人心向背重要论述的核心理念［J］．探索，2021（4）：14-25.

② 王锋．走向服务型政府的行政精神［M］．北京：商务印书馆，2018.

进行受理，其他业务问题按照规定进行移交或转办，整个过程要加强跟踪力度。二是在办理环节，要充分搜集、整理、核实各种显性和隐性线索，对人民群众的信访问题进行综合分析和具体分析，严格按照规定程序进行审批和办理，以高精准度推动每一件信访事项得到及时有效处理，增强人民群众对信访事项办理过程的可预期程度，减少盲目等待带来的心理和精神压力。三是在办理结果的运用环节，要摆脱以往的惯性思维，以开放性和包容性发挥信访工作的“晴雨表”作用，加强对相关数据的收集、分析和统计，做好对未来不确定性事件的预判和研判，并且以法治思维将其进行固定，形成整体工作流程。

线上群众工作与社会公众联系紧密，可以在生动的矛盾纠纷处理场景中形成信仰法治、践行公平正义、保障合法权利和自觉守法诚信的社会氛围，具备推动法治社会建设的天然优势。群众工作要坚持依法按政策解决问题的原则[①]，通过将线上群众工作全方位纳入法治轨道，有助于达成多元治理主体以法治思维和观念化解矛盾纠纷的共识，更加深入地认识群众工作法治化的必要性和积极意义，从而推动法治成为群众工作制度优势转化为社会治理效能的可靠保障性因素。

2.2.1　法治社会建设中的线上群众工作

法治是国家治理体系和治理能力现代化的核心要素[②]，也是衡量一个国家是否实现治理现代化的重要指标之一，营造良好的法治环境是培育全社会办事依法、遇事找法、解决问题用法和化解矛盾靠法思维的必由之路。以信访工作为例，在传统信访工作模式中，法治要素贯彻落实不到位，主观化的人治思维和依仗经验关系化解矛盾纠纷成为优先选择，相同信访事项办理结果出现巨大差异和“因人而异”现象普遍存在，法治要素缺失成为专家学者和社会公众诟病信访工作的主要原因。数字信息技术增强了信访制度的社会透明度和可公开程度，网上信访成为推动信访工作法治化的重要路径，并且作为网上信访治理底层支撑的技术与法治具有内在的契合性，都将业务留痕、信息融通、监控预警和方便溯源作为增进社会公平、公正与公开的重要手段。在法治社会建设过程中，依法和有效化解

① 信访工作条例［N］. 人民日报，2022-04-08（006）.

② 叶青，莫纪宏．习近平法治思想与国家治理体系现代化研究（笔谈）［J］. 探索与争鸣，2020（12）：30-36.

矛盾纠纷是应然要求，新时代“枫桥经验”在加强和创新社会治理领域彰显出巨大活力和旺盛生命力，关键在于其强调法治的引领与保障作用，在应对和处理社会矛盾与冲突纠纷过程中突出法治思维与法治方式的重要意义，并且尝试将互联网、大数据和智能化手段等新元素注入信访工作实践，从而促使其不断发展和完善。

加强宣传互动，从源头上提高线上举报质量和效果。可以采取以下措施：一是开展人民群众喜闻乐见的政策宣传活动，比如“政策宣传月”，以相声、小品、舞台剧等形式，传递线上举报的相关渠道和信息，在潜移默化中提升社会公众维护自身合法权益的意识，将切实维护自身利益转化为具体的行动，而不是简单地发发牢骚，认为仅此一次，以后不会再发生这类情况了，避免产生得过且过或认为自己运气不好等心理，有效推动群众举报从“要举报”“想举报”向“会举报”“必须举报”转变。二是加大社区、学校、企业的宣传引导工作，通过熟人之间的相互交流、信息传递或典型案例分享，提升人民群众维护自身利益的主动性和积极性，推广网上或线上举报的可行性策略，让合法权益受到侵害的主体在保障自身安全的基础上，维护自身的合法权益。三是主管部门也要积极行动起来，真正将以人民为中心的发展思想落到实处，不断健全和畅通线上举报渠道，维护举报人合法权益，以负责任、敢担当的精神做好事件调查和核实工作，及时向举报人反馈线索和办理进度，对群众举报件进行快速流转，防止和避免被举报人转移证据、销毁证据或伪造材料，做到“日清周转”，坚决杜绝因为信访举报积压、搁置而产生的损害人民群众合法权益的事件，力求对信访反映问题一次性调查到位、存在的问题一次性处理到位。

2.2.2 线上群众工作法治化的必要性与优势

法治社会建设是线上群众工作法治化的重要社会背景，但是并不能掩盖群众工作制度自身发展的现实需求。制度一般指特定历史条件下所形成的政治、经济、文化和法律方面的体系[①]，外化为需要社会公众共同遵守的办事规程、行动准则或礼俗规范。群众工作制度与其他社会治理制度一样，必须在对环境的不断适应和对公众需求的灵活调适中求得生存与发

① 刘祖云，王彬彬．责任政府：行政问责从学术、立法到机制的逻辑［J］．学术界，2008（5）：7-16.

展，从而群众工作制度自身的生存发展和优化完善需求成为推动线上群众工作法治化的核心动力。除此之外，线上群众工作自身蕴含的技术要素也推动群众工作朝着规范化和标准化的方向发展，加之社会公众权利意识、责任意识和公民意识的普遍觉醒，对规则的尊重和对法治的敬畏成为社会共识，线上群众工作必然需要做出有效响应。以网上信访为例，网上信访治理的法治化取向可以增进信访工作的相对优势。一是可以进一步明晰信访工作边界，改变社会公众认为“信访是个筐，什么都能装”的片面化惯性思维；二是推动法律知识的普及，逆向督促信访人多关注和学习法律知识，寻求正确渠道化解矛盾纠纷和反映诉求；三是增进信访制度的社会信任水平，不断地消解和摆脱“差序政府信任”困境，减少越级访和进京访等现象的出现；四是在一定程度上可以提升信访事项办理结果的共识性和“刚性”，依法依规对话协商的结果具有更强的确定性和稳定性，不但可以降低信访人重复访的概率，而且结果更易于实施和产生示范效应。

多措并举，积极开展“线上＋线下”等全方位、深层次、多维度的法治政府示范创建活动，不断提升公众知晓率、参与率。高位推进法治政府建设，落实第一责任人职责，统筹推进法治政府建设，完善法治政府建设推进机制，健全法治建设报告制度等。依法全面履行政府职能，加大简政放权力度，加强事中事后监督管理，开展信用综合评价[①]，通过平板、动态二维码、电话邀评等方式邀请办事群众积极进行“好差评”评价。完善依法行政制度体系，严格按照规范性文件制定的程序、期限和方式开展备案工作，依法依规制定规范性文件。落实政府法律顾问制度，坚持领导干部学法制度，组织行政执法人员开展业务培训。通过举办法治讲座、业务培训、法律知识考试等方式，不断增强自身综合素质和依法行政能力。重大行政决策科学民主合法，健全依法决策机制，规范决策流程，落实重大行政决策事项合法性审查制度，推行法律顾问、公职律师工作机制等。行政执法严格规范公正文明，加大对关系群众切身利益重点领域违法行为的检查、查处和打击力度。执行亮证执法，推进行政执法“三项制度”，严格行政执法监督检查。全面落实行政执法责任制，开展

① 李卓轩，等．政务服务中群众留言答复意见评价模型［J］．南京信息工程大学学报（自然科学版），2022，14（2）：178－185.

行政执法案卷评查、重大行政处罚备案审查等活动，规范行政机关行政执法行为。

2.2.3　将法治要素融入线上群众工作全过程

线上群众工作是一个涉及多元主体的“连续统”，其法治化必然需要符合普遍性和全方位的要求，即参与矛盾纠纷事项办理的全部主体和涉及的所有流程都必须以法治作为行动指南，而不能够轻易突破法律法规的约束。透过“一件事”的视角，参与线上群众工作的主体和流程具有内在契合性，需要共同在法治框架内行动。以网上信访为例，在信访事项提出阶段，信访人需要依法依规表达诉求与期望，并且将其通过恰当的渠道展示出来，尤其应当正确选择涉法涉诉类矛盾纠纷的化解方式。在信访事项办理阶段，信访机构、职能部门以及专家学者等第三方参与主体也要以法律为准绳，不断提升以法治思维和法治方式化解矛盾纠纷的能力，坚决杜绝传统信访工作模式中出现的“大闹大解决、小闹小解决、不闹不解决”现象。在信访事项的评价与反馈阶段，信访人也应当以信访事项办理过程和结果是否合规合法为标准，而不是仅仅关注自己的主观诉求是否得到实现。除此之外，网上信访同样会面临有些群众确实存在实际困难，然而其诉求却不甚合理的情况，此时就应该启动救助帮扶程序，在多元治理主体达成一致意见的基础上，采取有效措施做好兜底保障工作和提供快速响应服务，让困难群众有更多的获得感、幸福感和安全感。

可以探索推行权力清单和责任清单制度，形成限制和规范公共权力的倒逼和约束机制。当前群众工作过程中出现的很多“层层加码”“暴力执法”等行为，都是权限不清晰导致的结果，一旦当事人认为自己在行使权力的过程中可以进行自由裁量，那么极易陷入过度行使权力的困境。如果可以实行具体且清晰的权力清单制度，做好权力运用之前的各项准备工作，加强对公共权力主体的定向培训和实践演练，那么很多人民群众诟病的“越权”“越位”等问题将得到有效处理，最终坚定公共权力主体“法无授权不可为”的行动自觉。除此之外，这种制度设计还可以有效规避“懒政”“不作为”等问题，督促公共权力主体积极行动起来，维护和保障人民群众的合法权益，清晰地认识到不承担责任和义务可能引发的严重社会后果，明确自己可以做什么和应该做什么，严密防控权力的庸政、懒政等不作为、不敢担当等权力“缺位”现象。[①]

稳步推进服务型执法，通过抽查执法卷宗、培育执法标兵、评选优秀行政调解案例、设立行政调解室等方式，不断增强行政执法人员的服务意识，使以人为本的执法理念深入人心。行政权力制约监督科学有效，完善党内监督体系，发挥人大监督作用，发挥审计检查作用，建立动态跟踪机制，推进政务信息公开。社会矛盾纠纷依法有效化解，积极搭建“三个平台”，不断加强人民调解组织建设。积极完善人民调解、行政调解、司法调解“三调联动”机制，构建大调解工作格局。落实“谁执法谁普法”普法责任制，普遍实施以案释法制度。制定行政复议工作制度，成立行政复议委员会，规范行政复议工作程序。重大突发事件依法预防处置，完善突发事件应对机制，提高突发事件依法处置能力，定期科学研判社会风险，探讨研究防范措施，实施区域联防联动。探索建立应急联动机制，组合应急救援队伍，对负有处置突发事件职责的工作人员定期强化技能培训，确保发生突发事件能够快速反应、有效应对。政府工作人员法治思维和依法行政能力全面提升。坚持法治导向，强化教育培训，明白法治建设的任务要求，增强依法办事、依法行政的能力。

2.3　推动线上群众工作“服务＋”协同融合

完善的线上群众工作价值体系至少应涵盖三部分内容：一是坚定服务型治理理念的中心地位，二是将群众工作全方位纳入法治轨道，三是推动线上群众工作“服务＋”的协同融合。线上群众工作中的服务，既是符合法治规范与约束的服务，更是参与式服务、透明式服务、责任式服务、有效式服务、回应式服务、稳定式服务、监督式服务和反馈式服务的综合体。

2.3.1　线上群众工作的“服务＋”理念是一个系统整体

线上群众工作以服务为内核，以法治为保障，以多要素的协同融合为落实路径。在追求政府良善治理的过程中，学者们曾总结和概括出其应然状态中蕴含的十要素，线上群众工作的服务取向不是空中楼阁，也应当有其可观可感的衡量标准。一是参与式服务，群众工作要为社会公众提供完

① 郑曙村．地方政府权力清单制的实践探索与优化思路［J］．齐鲁学刊，2020（4）：106－117.

善的诉求表达渠道，尤其是应当关注面临“数字鸿沟”的弱势社会群体，为其维护合法权益和建言献策提供切实可行的辅助性服务。二是透明式服务，群众工作应始终将更大程度的公开透明作为服务目标，通过数字技术手段的创新或治理机制的变革，主动将不涉密和不涉及社会公众隐私的矛盾纠纷事项办理过程和结果暴露在阳光之下。三是责任式服务，群众工作要强化治理主体的担当意识和责任落实。以信访工作为例，要将及时受理、快速办理和有效响应作为信访服务的重要标准，以廉洁、公正和干净作为行动指南，进一步发挥信访事项受理率、按时办结率和群众满意率对信访工作质量提升的倒逼功能。四是有效式服务，线上群众工作要摆脱“指尖上的形式主义”或“治理的符号化”困境的影响，以真实有效的办理结果赢得人民群众的认同与支持，在办事效率与最终效果之间寻求平衡。五是回应式服务，群众工作要树立起群众权益无小事和积极行动暖人心的服务意识，以不断健全的诉求响应机制帮助社会公众解决难题。六是稳定式服务，群众工作制度的存在和发展依赖于社会公众对其有效性的普遍信任，以网上信访为代表的群众工作应当以矛盾纠纷化解效果的可保证和办理结果的可预期增进其服务稳定性，以优良的秩序和健康的生态将网上信访打造成为数字化时代社会公众诉求表达的常规、权威和首选渠道。七是监督式服务，群众工作涉及包括公共权威在内的多元治理主体的权力行使问题，内在要求加强彼此之间的监督与制约，各个主体不但要在法律的框架内行动，而且要权衡和调适不同权利诉求之间的潜在冲突。八是反馈式服务，以网上信访为表征的群众工作通常涉及信访人比较关心的切身利益，信访事项办理流程和结果应当及时准确地向信访人反馈，以贴心服务和暖心行动赢得社会公众的支持与拥护。

2.3.2 线上群众工作的“服务＋”理念具有一定层次性

以网上信访为例，信访事项的办理是一项系统工程，不同阶段的服务重点存在差异化，从而“服务＋”理念也凸显一定的层次性特征。参与式服务和透明式服务是网上信访治理取得良好效果的基础。网上信访渠道的畅通和社会公众参与的便利化与可视化是开展社会治理活动的前提条件，一旦信访事项无法顺利进入网上信访渠道或者进入“黑箱”状态，势必影响矛盾纠纷的化解进程和动摇信访制度的社会信任程度。责任式服务、有效式服务、回应式服务和稳定式服务是网上信访治理取得良好效果的保证。

矛盾纠纷或权益诉求顺利进入网上信访渠道之后，信访机关或职能部门等信访事项核心办理主体需要以责任、有效、回应和稳定等理念指导具体行动的开展，缺失责任、办理无效、缺乏响应和稳定性不足都会弱化网上信访的治理质量，直接导致前期的参与式服务和透明式服务无法达到预期效果。监督式服务和反馈式服务是网上信访治理取得良好效果的关键。从应然层面讲，监督式服务和反馈式服务应当贯穿网上信访治理全过程，但是在信访工作实务中，监督和反馈多发生于信访事项办理之后，普遍表现为对办理结果合法性与合规性的监督，以及信访人对办理结果是否满意的反馈。监督式服务和反馈式服务在未来的网上信访治理过程中应当进一步加强，不断推进对网上信访治理全流程的监督和各个办理环节的即时性反馈。

2.3.3　线上群众工作的“服务+”理念是群众工作文化的重要组成部分

中国共产党成立以来，形成了从群众中来、到群众中去、全心全意为人民服务、“三个代表”、科学发展观、以人民为中心等先进的群众工作文化[①]，是提升人民群众获得感、安全感和幸福感的重要心理支撑。以信访制度为例，在其发展历程中，一定程度上存在重经验运用和轻文化建设的问题，尚未形成具有代表性和认同性的信访工作文化，制约了信访制度的健康发展。事实上，由于一些信访事项凸显出较高的价值冲突、情况复杂和结构不良等棘手问题特征，在信访工作实务中依然存在着选择性掩盖群众诉求、依赖领导批示解决问题和“花钱买平安”等不良文化倾向，诱发了社会公众对信访制度的负面认知。线上群众工作的“服务+”理念应当成为群众工作文化建设的重要组成部分，通过将服务、法治、参与、透明、责任、有效、回应、稳定、监督和反馈等要素融入群众工作全过程，可以形塑符合线上群众工作需求的文化氛围。一是在内容上充实群众工作文化的内涵，将与矛盾纠纷化解、权益诉求表达和加强监测预警相关的重要工作理念进行显性表达，更加易于宣传、推广和深入人心。二是在时间上突显传承与创新发展的重要意义。伴随着经济社会的发展，新问题、新矛盾和新需求也渐次生发出来，群众工作文化必然要经历不断积累和调适完善的过程。三是在表现形态上更加鲜明。虽然群众工作是社会治理的重要组成部分，但是由于面对相对特殊的社会治理事务，必然凸显出与其他

---

① 薛伟江．贯彻党的群众路线［J］．红旗文稿，2022（6）：20-22.

治理活动的差异性，群众工作文化有助于将群众工作制度与其他治理制度区别开来，从而发挥整合、引导与维系功能。

3 优化“政府+”结构：加强互联网时代群众工作队伍建设

结构是支配事物发展趋势的核心要素。对结构的研究存在许多经典论述，如孔德、斯宾塞、涂尔干、马克思、恩格斯、帕森斯、列维—施特劳斯、阿尔都塞、吉登斯、福柯、布希亚等学者都对结构问题作出了深刻探索，大致可以划分为结构功能主义、结构主义和后结构主义三种不同的视角。结构功能主义将对社会结构的研究与认识有机体的生理机制相连接，结构与功能成为社会关系的网络模式及其实际运行。结构主义认为结构是一种与语言和符号相联系的解释性概念，无论是在解释神话关系还是一般社会关系方面，都应该透过现象表征去捕捉更深层次的隐含信息。如果将结构功能主义与结构主义比作对结构的“形构”，那么后结构主义则成为对结构的“解构”，它认为结构是致使“人之死”和“社会终结”的元凶。综合来看，学者们对结构的关注经历了由可见到不可见、由实体结构到关系结构再到规范性结构直至结构发展成为束缚人的自由发展而走向消亡的演变历程①。在推进国家治理体系和治理能力现代化的进程中，优质的结构依然是整合多方力量和形成规范秩序的底层支撑，这也是增强数字化时代的网上信访治理专业化的必由之路。

做一个形象的比喻，国家治理体系现代化打造的共建共治共享社会治理格局应当是一种介于球形（灵活性）和锥形（稳定性）之间的结构，可以是四面体、五面体、六面体……面越多，其灵活性越强。然而，它应当兼具灵活性与稳定性，并且需要在“绝对自由”和“规范束缚”之间寻找平衡点。党的十九大报告对这一“平衡点”做出了指引，提出在加强社会治理制度建设的过程中，需要统筹考虑党委、政府、社会、公众和法治的作用，完善党委领导、政府负责、社会协同、公众参与和法治保障的社会

① 周怡．社会结构：由“形构”到“解构”——结构功能主义、结构主义和后结构主义理论之走向［J］．社会学研究，2000（3）：55－66．

治理体制[①]。数字化时代的网上信访治理工作，是将信访制度优势转化为社会治理效能的重要渠道之一，必然需要优良的“政府＋”治理结构作为支撑，党委、政府、社会和公众等主体是供给能量的能动性变量，法治是供给规则的约束性条件，能动性、制约性与信访事项的结合可以塑造信访治理的结构与关系，从而有助于信访工作人员更好地发挥专业功能，这也是建设高素质专业化信访工作队伍的必然要求[②]。在网上信访治理的“政府＋”结构中，法治保障与“服务＋”理念将网上信访治理全方位纳入法治轨道具有共通性，主要是在多元结构要素行动和互动过程中发挥引导、规范和约束作用。因此，网上信访治理的“政府＋”结构形似一个具有多个节点的网络，以彼此之间的合力共同应对社会治理过程中的矛盾纠纷，响应群众诉求和实现监测预警（图6-3）。在坚持党委领导和政府负责的基础上，公众参与和社会协同的不同方式与力度，会对网上信访事项的治理结果产生重要影响，尤其是在解决一些棘手信访事项时，专业社会力量通过“柔性治理”[③] 方式实现主动介入，可以进一步增进运用非正式关系提升信访治理有效性的想象空间。

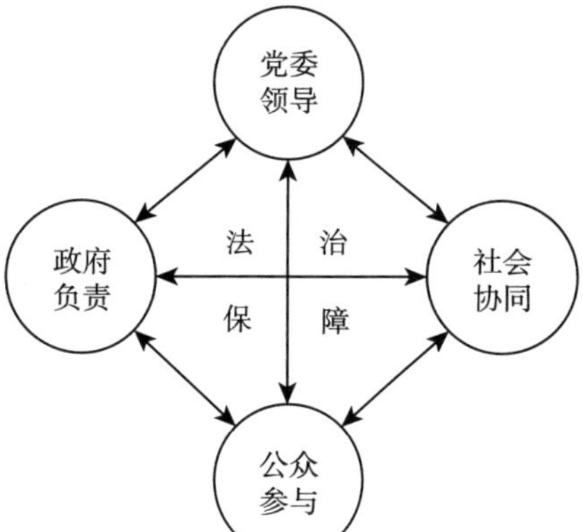

图6-3　互联网时代群众工作的“政府＋”结构

① 决胜全面建成小康社会　夺取新时代中国特色社会主义伟大胜利［N］. 人民日报，2017-10-19（002）.

② 信访工作条例［N］. 人民日报，2022-04-08（006）.

③ 吴同，胡洁人．柔性治理：基层权力的非正式关系运作及其实现机制——以S市信访社工实践为例［J］. 华东师范大学学报（哲学社会科学版），2021，53（2）：137-145.

3.1 改善线上群众工作中党委价值领导力

党的领导是国家治理的根本所在和命脉所在，是营造风清气正良好政治生态的关键保障。不断提升领导干部的政治判断力、政治领悟力和政治执行力是党在百年奋斗中取得重大成就的基本经验①。只有真正坚持党委的领导，并且是全面的领导，才能在全面建设社会主义现代化国家的新征程上、新目标上展现新作为。加强党的全面领导是习近平新时代中国特色社会主义思想的重要组成部分，做好群众工作必须深刻领会党的政治建设是党的根本性建设，把旗帜鲜明讲政治全面融入各项工作。作为新时代的群众工作，必须践行习近平新时代中国特色社会主义思想，凸显将党的政治建设摆在首位的极端重要性。坚持党的全面领导加强党的建设要深刻领会思想建设是党的基础性建设②，而基础是一切之根之基。无论是理论还是实践，都一次次地证明，思想具有先导作用，一个人或组织用什么样的思想理论作指导，那么就会制定什么样的路线方针政策。与这个道理一致，在群众工作中用什么样的思想理论武装头脑，党员干部就会产生什么样的行动③。几十年前，邓小平同志曾深刻指出群众工作思想的重要意义，明确提出"要把工作做好，必须先从思想上解决问题"，这也是做好群众工作必须先端正思想的重要依据。

群众工作作为党政部门密切联系社会公众的平台和桥梁，是直接体现党的执政能力和领导水平的试验场，也是贯彻落实党的群众路线，坚持为人民执政和靠人民执政，坚定不移走全体人民共同富裕道路和体现"人民至上"宗旨的生动治理实践④。线上群众工作需要坚持党委领导，具体表现就是端正群众事项办理全过程的价值取向，始终贯彻落实"以人民群众为中心"的工作原则，不断提升线上群众工作过程中的价值识别能力、价

① 中共中央关于党的百年奋斗重大成就和历史经验的决议［N］. 人民日报，2021-11-17（001）.

② 陈磊，李莹. 网格化"直联群众"：党建引领提升基层治理绩效——基于广东省连平县实践模式的研究［J］. 中国行政管理，2022（7）：155-157.

③ 郑博斐. 网络化时代群众路线的现实境遇与完善路径［J］. 思想理论教育导刊，2022（1）：51-56.

④ 陈武明. 群众路线永远是我们党的制胜法宝——学习习近平总书记关于群众路线重要论述［J］. 毛泽东研究，2021（6）：13-24.

值引导能力、价值整合能力和价值创造能力。

3.1.1　完善价值识别能力

一般来说，对事物的判断，主要有两种方式。其中一种是我们熟知的“真”与“假”的判断，学术语言叫做事实判断，重点是借助知识、经验来验证某一事物是否为真，是否符合我们眼中的客观世界。另外一种是价值判断，也可以简单地理解为事物“好”与“坏”的评价，重点是从个人的主观感觉出发，评判某一事物是否符合自己的价值标准，是不是良善或符合自己的主观意愿。在公共价值管理理论中，特别强调对公共价值的正确判断和识别。因为只有在这一基础上才能够理解公共服务的发生情境，进而对其实施精准测量和有效满足①。以网上信访治理为代表的线上群众工作实际上创设了一种十分具体的社会情境，信访人的核心诉求普遍承载着明显的价值取向，无论是意见建议的线上表达，还是权益保障、政治参与和民主监督等需求，都具有一定的价值指向。信访事项进入网上信访平台之后，信访工作人员应当及时准确地追溯和判定信访人的初始价值追求，这是精准解决矛盾纠纷必须考虑的因素，也是破除信访工作人员习惯性地将注意力置于具体诉求上，而忽视诱发矛盾纠纷出现原因的重要举措。改善网上信访治理中党委价值领导力的首要条件是完善价值识别能力，正确对待信访人的生存权和发展权、申诉权和控告权、批评权和建议权，以及实施监督等权利，同时对如何更加有效地保障和行使这些权利做出原则性指引。通过完善信访工作人员对信访人价值取向的识别机制，可以助推多元治理主体围绕信访事项达成共识，从而明确信访事项办理和解决的初始目标，确保整个治理流程不偏离轨道。

3.1.2　提升价值引导能力

在完成价值判断和价值识别的任务之后，就需要按照正确的方向对价值进行引导，以使之契合预期的目标。在化解信访矛盾纠纷这一典型的群众工作过程中，价值识别只是基础性工作，依据具体信访事项实施因地制宜的价值引导是促成矛盾解决的关键步骤。伴随着社会治理领域中“棘手

① Mark H. Moor. Recognizing Public Value [M]. Cambridge: Harvard University Press, 2013.

问题”不断增多，通过有效的价值引导创设“复杂的适应系统”[①] 成为必然选择，价值追求的同一性才能够更加有效地应对环境的复杂性、多变性和不确定性。无论是传统信访工作情境，还是政府数字化转型中的网上信访工作状态，信访矛盾纠纷的发生环境都会随着时间的变化而改变，加之信访问题解决方案的协商性和非强制执行性，即使在信访人暂时性的息诉罢访之后，同样可能存在因为各种因素而进行重复访和提出更多诉求的风险。党委实施价值引导的重要性就是在各种不确定性因素中增进稳定性，既包含信访人诉求的稳定性，也包括信访机构或职能部门解决方案的稳定性。价值追求是行动的指南，通过将信访人的私人价值与主流社会价值相连接，有助于促使包括信访人在内的多元治理主体达成价值共识，必然在一定程度上增进相互交流和信任程度，价值引导也就成为化解矛盾纠纷的助推剂。

3.1.3 提升价值整合能力

价值整合的概念主要来源于企业管理领域，是企业基于战略目标而对各种价值环节进行的选择和组合，从而实现专注于价值链的某个环节做精做强、整合社会资源和构建新的价值等[②]。对于一个企业来说，由于经营风险和经营需求的需要，经常会出现变更经营策略或并购重组等行为，其实质就是一种价值整合行为，是意欲使用对自身发展具有优势的价值链去取代或置换对自己发展不利的价值链，从而实现价值的重新发现或整合。

在群众工作过程中，也存在价值整合的巨大需求。然而，在以网上信访治理为代表的线上群众工作过程中，实施有效的价值引导并非易事，尤其是在面对一些疑难、复杂和棘手信访事项时，多元价值观念之间的冲突成为常态。在尊重价值规律的基础上，不断提升党委的价值整合能力，从而构建起成功的公共关系，成为破解价值冲突的必由之路。一是要设置相对清晰的价值认知和识别程序，以“一些人的对话”或民主协商的方式搭建参与者网络，以顺畅和持续性地互动共享有助于矛盾纠纷化解的知识、信息和资源。二是紧紧围绕“以信访人为中心”的理念，切实维护信访人

---

① 王学军，韦林．公共价值研究的几个重要问题——评 Public Value：Theory and Practice [J]．公共行政评论，2018，11（6）：196-206.

② 周云岩，黄泽烨．多维视阈下流通产业价值链整合水平对经济发展的影响 [J]．商业经济研究，2022（1）：21-24.

的权利，这中间既涉及合法权益，也包括确实存在困难的合理权益，要在社会主要矛盾转变的基础上考量信访事项，充分尊重信访人对美好生活的向往，站在信访人的视角看问题，正确对待信访人的合理要求、意愿和期望。三是要充分考虑社会现实状况的影响，以及由于这些影响而引发的政治和社会环境变化的需求，增进价值整合的适应性[①]，因为在社会运行和社会变化呈现加速趋势的境遇中，具有冲突特征的多元价值取向也在不断地发生变化，价值整合能力也要持续性地更新，以适应客观环境的需求。

3.1.4　优化价值创造能力

价值创造能力同样主要起源于企业管理，后来才被引入到公共管理或群众工作的过程之中。其最为原始的解释，主要是指企业根据顾客或消费者的需求和偏好创造价值的能力。可以发现，这一概念的重点不在于企业组织本来可以为消费者提供哪些价值，而是要有主动求变和适应消费者需要的意识，对既有状况进行适配性的调整，以发现和创造组织本身原本没有的价值，这是组织获得持续发展和创造成功的必备能力。它昭示了一种动态变化的价值创造思维，历史上很多曾经十分辉煌的企业，由于无法敏锐地感知消费者的新需求或难于快速转换价值创造行为，错失了转型发展的契机，致使自身的发展陷入困境或者破产的境地，都从侧面反映了优化价值创造能力的必要性。

因此，价值观念并非一成不变。伴随着新事物、新现象和新问题的出现，改善群众工作过程中党委价值领导力的重要一点，就是要促使其保持对新事物的敏感性。就信访工作而言，解放思想、实事求是、与时俱进和求真务实是党的领导的思想指南，通过不断加强党的先进性和纯洁性建设，调动信访治理主体在解决矛盾纠纷过程中的积极性、主动性和创造性，才能够真正以勇于担当和履职笃行的精神状态帮助信访人解决现实困难。党委的价值创造能力，就是要善于在新现象和新问题中发现崭新的价值内容，一切从实际出发，以事实为依据动态地更新价值清单，真正将价值识别、价值引导和价值整合落到实处。公共价值管理理论认为，价值创造必须重点关注服务对象的“意愿”和“兴趣”，并且要在动态的“学习”与“改进”中进行针对性“营销”，通过公共部门与服务对象的双向互动，

① 于水，杨杨．“棘手公共问题”及其治理之道［J］．理论探索，2020（2）：68－75.

来维系公共服务“过程的完整性”和“责任的透明性”，最终实现价值目标。网上信访事项中涉及的一些新兴业态问题的出现，以社会现实验证了优化党委价值创造能力的重要意义，通过真正践行“以人民为中心”或“公民本位”思想，不断质疑自身提供的公共服务是否满足了信访人的基本需求，及时地弥补信访机构或职能部门行动与信访人诉求之间的差距，才是改善网上信访治理中党委价值领导力的最终归宿。

3.2 增强线上群众工作中政府政策执行力

“执行力”一词也并非群众工作的首创，它最早流行于企业界。所谓“执行”，一般是指一套系统化的流程，它是对既定工作方法或目标的遵从，通过不断的讨论、质疑和达成一致，最终坚持不懈和保质保量地跟进与落实。从执行中衍生出来的执行力，一般指“落实”或“跟进”的能力，从企业管理的视角去理解，就是要有合适的人去做正确的事，强调的是把需要做的事情“做好的能力”。后来，执行力进入政府管理过程，这与政府和企业管理有很大的相似性有很大关系。所谓政府的执行力，也就自然而然地成为政府工作人员去履行既定责任、实施制定好的法律法规或落实工作计划等的能力，实质上并没有脱离让合适的人去把应该做的事情“做好”的范畴，这也是实现良政善治的重要条件。重要的是，政府部门是开展群众工作的重要主体，是落实党委政策目标的执行者，它的政策执行力在很大程度上影响着线上群众工作的质量和水平。

党的领导是中国特色社会主义最大的政治优势，也是党和国家的根本与命脉所在。群众工作中党委价值领导力的顺利实现，离不开政府职能部门的拥护与支持。与韦伯的“合理性”概念所表达的观点相一致，无论是价值理性还是工具理性，都不能够被绝对地认为可以在社会治理过程中单独发挥作用。群众工作制度优势的发挥与良性社会治理效果的获得具有本质的一致性，都是合理性双重维度交织发展与螺旋式上升的结果，价值理性居于相对优势地位和指明了发展方向，工具理性负责现实社会实践中的具体运作，增强政府的政策执行力就是发挥工具理性功能的重要表现。

3.2.1 健全线上群众工作的组织架构

以信访工作为例，打造线上群众工作的“政府＋”结构，是对党政相对分离状态中政府职能部门治理责任的关注与确认，这与《信访条例》和

《信访工作条例》中规定的政府是信访事项办理的核心主体相一致。在网上信访成为社会公众诉求表达、权益保障和政治参与主渠道的数字化时代，需要依据实际情况对传统信访机构或政府职能部门的组织架构进行调试，以促进结构与功能之间的有效吻合。网络化治理理论强调以动态化的调整确保有效的互动关系，进而提升组织的环境适应性和资源配置灵活性，整体性治理理论也强调协同配合与整体性运作对组织发展的重要意义，网上信访的地位应当在行政部门的组织架构中得到凸显，进而摆脱其在政府运作过程中的"陪衬"境遇。由于网上信访尚未在政府组织架构中获得与其重要性相匹配的地位，出现了相关业务部门之间的推诿扯皮、衔接不畅和责任意识不强等不良现象，甚至部分政府职能部门的网上信访业务责任主体是由相关处室的人员拼凑而成，网上信访的真正功效必然大打折扣。

3.2.2　优化线上群众工作的权力配置

在群众工作的重要表现形式——信访工作的现实运作中，无论是传统信访工作模式还是网上信访工作模式，都需要坚持"属地管理、分级负责"和"谁主管、谁负责"的基本原则，从而基层信访机构通常需要承担大量的社会矛盾纠纷化解任务。然而，基层信访机构处于行政权力谱系的"低位"，对于社会公众的许多权利救济、政治参与和意见建议等诉求无权处理，从而诱发信访人出现越级访和进京访等现象。网上信访进一步便利了信访人的跨层级上访行为，很多信访人会直接向国家信访局或省级信访机构提交信访事项，但是由于国家信访局规定越级上访将不再受理，因而信访事项兜兜转转又转交给了基层部门，信访人对处理结果不满意，又重新陷入上访的老路[①]。在数字信息技术的支撑作用下，网上信访治理的信息流动与协同合作更加便捷，高层级政府具备了对网上信访事项办理过程和结果实施线上实时查阅、核实与反馈的能力，一定程度上破除了信访事项属地办理与权限不足之间的冲突。高层级政府可以探索运用授权、赋权或分权的方式，进一步优化与信访矛盾纠纷处理主体之间的权力配置，真正将网上信访平台打造成为便民利民的常规通道，减少和预防网上信访事

① 吕普生．新时代网上信访的社会治理价值与多重现实挑战［J］．西南政法大学学报，2019（3）：12－22.

项向传统信访模式回流过程中对信访制度带来的负面影响。

3.2.3 加强群众工作人员素质建设

网上信访治理环境不同于传统信访模式，具有很强的公开性、透明性和参与性，并且信访机构或政府职能部门与信访人之间的线上互动是全程留有痕迹的，从而对实际参与信访矛盾纠纷化解的人员素质提出了更高要求。在网上信访的实际运作中出现“指尖上的形式主义”或“治理的符号化倾向”，与信访机构或政府职能部门工作人员能力不足、态度不认真、价值观念落后等问题紧密相关，在人人都有麦克风和人人都有话语权的数字化时代，一定要增强防范和化解潜在风险的意识。一是以党建引领转变网上信访工作人员观念，提升对线上矛盾纠纷化解工作的重视程度，摒弃网上信访治理过程中信访人不在场就可以敷衍塞责的错误理念。因为信访人一时的容忍并不意味着信访事项的消失，而可能会在信访人心中滋生更多的不满和愤懑，最终出现“闹访”行为。二是与健全网上信访治理组织架构和优化信访机构之间权力配置同步实施人员改革，遵循网上信访治理专业化的发展方向，在硬件设置、软件研发、专业人才配备以及专业社会力量参与等方面满足网上信访事项的办理需求。三是常态化开展网上信访工作人员业务培训，提升应对新生事物引发的矛盾纠纷的解决能力，及时分析社会热点问题和总结有益经验，以定期培训或岗位轮训等方式提升网上信访工作人员有效处理信访事项的水平。

3.3 培育线上群众工作中公众有序参与力

群众工作是涉及全体社会公众的集体性工作，它不可能脱离广大群众而独立存在，否则也就失去了它应有的意义。广泛的参与是提升党委、政府群众工作有效性的必然要求，对公众参与的强调，是中外理论家和实践家共同提倡的行为。然而，需要注意的一点是，群众参与或公众参与并非盲目参与，而是一种有序、有效参与，否则不但无法成为“锦上添花”之举，反而成为“添乱”之举。很多的社会实践已经证明，充分发挥人民群众的集体智慧和力量，对他们进行有效引导和实现有秩序的参与，可以让党政部门制定出更加符合社会治理现实和人民群众需求的好政策。反之，如果缺乏了社会公众的参与，或者社会公众盲目、无序、混乱地参与，则是群众工作的不利因素，它不但可能无法弥合原有的民意与决策的冲突，还可能在涉及多数人利益的重大项目或决策中产生不利影响，降低集体行动的有效性或出现“人多不好办事”的现象，极大增加社会治理的成本。因此，在线上群众工作过程中提升公众参与水平，既要注重贯彻党的群众路线①，又要积极营造有利于群众有序参与的社会氛围，以良好的制度设计和顺畅的参与渠道，发挥人民群众的主人翁精神。

群众工作涉及社会公众生产和生活的各个方面，尤其是在社会运行和社会变化加速的数字时代，社会矛盾纠纷发生的频率不断提升，发生的领域呈现扩大趋势，具有复杂和疑难特征的棘手信访问题时有出现。伴随着网上信访成为社会公众信访的主渠道，无论是在信访人的信访事项提出阶段，还是信访机构或政府职能部门的信访事项办理阶段，有序的公众参与都是影响网上信访治理效果的重要因素。在优化“政府＋”的治理结构中，培育社会公众的有序参与力是重要的支撑环节，不但要在制度建设层面予以重视，而且要进一步拓展公众的参与渠道，提升公众参与信访治理的主动性与积极性。

3.3.1　完善社会公众有序参与线上群众工作的制度供给

互联网时代社会公众的权利意识、公民意识、责任意识和主动追求美好生活的意识进一步增强，以网上信访工作为代表的群众工作主要表现为信访人更加积极地通过数字化平台表达合理诉求和保障合法权益，同时社会公众也更加关注社会热点问题和弱势群体的信访事项是否得到妥善解决，提出意见建议和实施民主监督的热情更加高涨。透过新公共服务、网络化治理、数字治理以及公共价值管理等前沿理论的视野，可以发现倡导公民参与是其共同的价值追求。亨廷顿也认为，如果社会公众参与要求的增长与相应的制度供给之间出现脱离，可能会诱发社会秩序出现紧张和政治陷入不稳定状态②。不断完善社会公众有序参与网上信访治理的制度供给成为必然要求。一方面要进一步降低社会公众参与网上信访治理的门槛，加强信访机构信息公开制度建设，采取有效措施为一些适合社会公众参与的信访事项“脱敏”，推动网上信访治理全过程的公开化和透明化运作，形成对信访人信访行为和信访机构与政府职能部门办事行为的双向约

① 陈武明．群众路线永远是我们党的制胜法宝——学习习近平总书记关于群众路线重要论述［J］．毛泽东研究，2021（6）：13－24．

② 塞缪尔·亨廷顿．变化社会中的政治秩序［M］．北京：生活·读书·新知三联书店，1996．

束，既促使信访人反映真实情况，又提升行政机关的权威性和公信力。另一方面要在信访事项解决方案的形成过程中尽可能多地吸纳社会公众意见，突出以线上听证、线上民意调查和线上公示为代表的社会公众参与机制的规范化运作，尤其是对于一些局部范围内普遍存在的社会问题，应当吸收社会公众的代表性意见。

3.3.2 拓宽社会公众有序参与线上群众工作的便利渠道

网上信访治理与人民群众的切身利益紧密相关，不断扩大社会公众的有序参与是党和政府始终坚持以人民为中心发展思想的重要体现，更好地实施参与型治理也是发展全过程人民民主的重要内生动力。网上信访治理过程中的公众参与，可以围绕社会治理热点和难点议题形成共识更加广泛的解决方案，不仅有助于提升社会公众的自我管理和自我发展能力，而且可以更加鲜明地体现出全过程人民民主的实质民主、参与民主和以治理为导向的民主特质①。拓宽网上信访治理过程中的公众参与渠道，至少应该从两方面着手：一方面信访机构和政府职能部门要正确认识公众参与的意义，摒弃“众口难调”思维。信访矛盾纠纷的出现一般会伴有较为复杂的社会背景，社会公众在缺乏完全信息的情况下参与网上信访事项的办理，一定程度上会对正常的办事秩序形成干扰，形塑了行政机关排斥公众参与的习惯。然而在数字化时代，信息的流动与共享更加便捷，信访人为了使自身反映的诉求得到公平公正对待，也期望不存在利害关系的其他公众的参与和监督，从而在民主的氛围和公众的关注中形成解决方案。另一方面是开辟社会公众易于和便于参与的渠道，提升参与效率和效果。在数字信息技术的支撑作用下，可以依托用户比较集中的客户端进行针对性研发，在出台重大公共政策、应对重大社会治理问题或办理棘手信访事项的过程中，积极引导和依靠社会公众开展有法度、有温度和有力度的网上信访治理活动。

3.3.3 培育社会公众有序参与线上群众工作的行动意识

培育社会公众有序参与以网上信访为表征的群众工作的行动者意识是提升其参与力的核心策略。促使社会公众积极主动地面对和解决社会生活

① 王江伟．“全过程人民民主”的实践形态：结构要素与生成机制［J］．求实，2021（9）：17－30.

中的各种问题，不但可以提升其防范社会风险的能力，而且有助于缓解矛盾纠纷化解过程中的焦虑和不安情绪。在打造共建共治共享社会治理格局的背景下，社会公众的有序参与也表征了社会治理权力结构的优化，只有促使公民权利的增长与公共治理的目标一致起来，才可能形成可持续的公民参与①。因此，社会公众行动者意识的培育，既应该关注参与主体的获得感，又应该使其在参与过程中产生幸福感。一方面，信访机构或政府职能部门要营造鼓励参与的社会氛围，并通过宣讲、培训和案例分析等群众喜闻乐见的方式提升社会公众的知识和技能，使参与者在参与过程中具有真实的收获。另一方面，行政机关要认真对待社会公众的意见和建议，加大对整个参与流程需要的人力、物力、财力、信息等资源的供给，将社会公众对网上信访治理的支持落到实处，让参与者享受建言献策、助人为乐和凝心聚力共创美好生活的幸福感。

3.4　强化线上群众工作中社会专业协同力

社会组织是开展群众工作的重要补充性力量，这既与群众工作的核心主体——党委和政府无法完全依靠自身力量进行社会治理有关，也与社会组织掌握大量的社会资源有关。资源在整个社会都是稀缺的，任何积聚大量资源的个人或组织，都应当承担起为全社会谋福利或为弱势群体提供必要帮助的义务，否则这种资源的集聚就不具有合法性基础，也不会为社会公众所支持和认同。当前，社会组织有时候并非自身具有大量资源，而是作为一种中间型组织存在，它们的核心作用是搭建起资源供给者与需求者之间的桥梁，在 2020 年的新冠肺炎疫情防控期间，发挥巨大作用的红十字会，其核心依仗不是自身资源的丰裕程度，而是有效的信息传递。通过这种社会组织，群众工作具有了更大的助力，许多政府无法及时顾及和部分无力顾及的领域或群体，得到了这些组织的定向和精准帮扶，增加了群众工作的有效程度，稳定了社会秩序。同时，社会组织参与群众工作具有较强的灵活性和机动性，不会为政府部门的“条条框框”所拖累，更加富有情感抚慰和心理慰藉的作用。

数字时代的来临，极大地改变了群众工作的运作状态，以信访工作的

① 贾西津．中国公民参与：案例与模式［M］．北京：社会科学文献出版社，2008.

模式转变为例，无论是传统信访工作模式还是网上信访工作模式，都必须十分注重信访事项办理过程中合情性、合理性与合法性的统一，实现“刚性规范”与“柔性治理”的融合共通①。信访机构或政府职能部门在网上信访治理中的规范性和约束性较强，尤其是在法治环境下，较多地表现为刚性有余和柔性不足，加之作为信访事项核心办理主体的基层行政机构时常陷入“差序政府信任”困境，“政府＋”治理结构的优化呼唤社会组织发挥专业的“补位”功能。

3.4.1 健全专业社会组织参与信访工作的法规体系

推进国家治理体系和治理能力现代化是在政府数字化转型、法治国家和法治社会建设、打造共建共治共享社会治理格局等多个背景叠加的状态下实施的，网上信访治理作为国家治理体系现代化的重要组成部分，在优化“政府＋”治理结构的过程中离不开专业社会组织的参与和支持。一是围绕网上信访治理需求完善和制定相关的法律法规，加强与现有制度规范的衔接，为社会组织嵌入矛盾纠纷化解全流程提供基础支撑。精准锚定有效化解信访事项的目标，结合网上信访治理发展的整体态势和信访工作的实际需要，为社会组织参与信访工作提供了制度供给，打通协同合作的顺畅通道。二是探索建立专门化的操作规范。网上信访治理与社会公众的直接利益密切相关，信访机构或政府职能部门在购买社会服务的过程中必须设置相应的准入机制，并且以制度规范的形式予以确认，减少和降低社会组织介入网上信访治理的随意性，确保为专业化社会组织向信访人提供优质服务创设行动空间。三是设置社会组织参与网上信访治理的效果识别机制，只要达到预先规定的标准，就应当对信访事项的办理结果予以有效性确认，从而真正发挥社会组织的专业化功能。

3.4.2 尊重专业社会组织在网上信访治理中的地位

强化网上信访治理中社会专业协同力，重要的载体和方式就是行政机关购买第三方服务，信访机构或政府职能部门通过提供资金和信息等资源，将提供矛盾纠纷化解服务的社会组织卷入以政府为主导的社会治理体系，从而借助社会组织专业化的角色定位、服务模式和方法技巧等弥补行

① 孔凡义．补充民主政制：人民信访制度的再阐释［J］．信访与社会矛盾问题研究，2020（6）：37－51.

政机关的劣势[①]。但是专业社会力量被纳入网上信访治理流程，并不意味着社会组织成为政府部门的附属品，需要正确处理信访机关、政府职能部门与社会组织之间的关系，摆脱以往社会组织为自己找“娘家”的惯性思维，真正实现政府宏观管理与社会组织内部具体运作之间的“脱钩”。因此，掌握公共权力和发起服务购买的政府部门应当主动作为，尊重专业社会组织在网上信访治理中的地位和确保社会组织运作的相对独立性，不能以科层化管理思维，僵化地要求社会组织必须按照信访机构或政府职能部门的行事方式运作。社会组织参与和协助网上信访治理，最核心的着力点是突显其专业性和灵活性，通过推动信访治理过程中正式权力的非正式运作，将信访事项破解的专业性与情感、关系以及政府干预相结合，从而达到良性社会治理的目标，真正实现“补位”的作用。

3.4.3　建立专业社会组织嵌入信访治理的长效机制

在各种各样的社会风险不断加剧的状态下，加强以社会组织为代表的多元力量参与社会治理的有效性成为必然选择[②]。比如 2020 年新冠肺炎疫情发生以来，很多涉及疫情防控和卫生健康专业知识的网上信访事项开始涌现，不仅极大地考验了信访机构和政府职能部门的治理能力，也带来了很多社会治理压力。在网上信访治理过程中，更好地发挥社会组织的积极作用，为具有专业能力的社会组织提供施展能力的舞台，需要建立起可以持续发挥作用的长效机制。一是探索适应社会组织发展需要的帮扶机制。进入新时代以后，我国社会组织的发展欣欣向荣，但是由于历史和现实原因，社会组织的发展仍然面临很多困难。信访机构或政府职能部门与社会组织的合作，重要的内容就是实现政策、资金、信息和服务的融通与支持，为社会组织在网上信访治理过程中充分发挥专业能力提供优质的环境。二是激发社会组织在矛盾纠纷化解方面的内生动力。除去政府机构必要的辅助机制以外，社会组织也可以学习国外的一些有益经验，将自身的发展与社会需求更加紧密地结合起来，争取符合税收减免的政策。除此之外，社会组织要积极提升自身的专业能力，不断创新社会矛盾纠纷化解办

① 杨杨．网上信访：生成逻辑、运作挑战与优化策略［J］．湖北社会科学，2021（6）：34－40.

② 王山，黄洪凯．基层信访治理的治域转换与共同体构建［J］．华南农业大学学报（社会科学版），2022，21（4）：130－140.

法，以与时俱进和过硬的技能塑造自身的相对优势。三是注重对社会组织参与网上信访治理的监督。社会组织参与网上信访治理的重要特点是“柔性治理”技巧的使用，但是以情感、关系和道德作为矛盾纠纷化解的主要支撑潜存权威性不足、差异化对待和超越法治边界的风险，尽管可能会暂时性地有助于一些棘手信访事项的解决，但可能会遗留一些负面效应，信访机构和政府职能部门一定要加强对社会组织的指导和监督，确保其社会治理行动不逾越法律的界线，增进最终解决方案的合理性和合法性。

4 调适“智慧＋”工具：探索互联网时代群众工作技术更新路径

数字化时代的技术运用已经成为影响社会治理效果的重要因素①，处于政府数字化转型进程中的群众工作活动，虽然无法完全演化为一种技术装置，但是要依据实际的社会公众需求，不断地探索前沿信息技术的动态更新和丰富其应用场景，以渐进调适的“智慧＋”工具思维推动线上群众工作的智能化发展。参照数字政府科学技术成熟度曲线，任何新技术的采用一般都会经历萌芽期、过热期、低谷期、复苏期和成熟期等 5 个阶段，作为线上群众工作底层支撑的信息技术也基本符合这一规律。在习近平总书记关于网络强国的重要思想指导下，我国电子政务和数字政府建设必将进入快车道。中国电子政务从零起步，并且起步相对较晚，但是时至今日，我们实现了华丽的转身，可以说是“后来居上”。我们成功建成了世界上规模最大的国家电子政务体系，可以为 10 亿人提供优良的电子服务，积累了丰富的经验和众多成功案例。中国的一体化政务服务平台已经成为人民群众、企业办事的重要渠道。这是具有客观数据作为支持的，据 2020 年联合国电子政务发展报告显示，中国电子政务在过去的几年间发生了巨大变化，取得令全世界瞩目的巨大成就，在全球的同一指标测量中，在线服务指数跃升至第 9 位，已迈入世界领先行列。在新冠肺炎疫情的防控过程中，中国充分和有效利用数字信息技术，研制和应用大数据、

① 郑会霞．运用大数据提升市域社会治理能力的路径探析［J］．学习论坛，2022（5）：96－103．

健康码等信息化工具，有效支持了“世界最严”疫情防控政策的实施，保证了重大卫生风险中人民群众的身体和生命健康，取得了惊人的效果，全方位展示了中国的数字化能力和疫情防控的中国方案。我们相信，面对疫情的肆虐蔓延和反复发作，包括联合国经济和社会事务部在内的组织和国家，与中国政府在电子政务、数字化转型以及新型技术发展方面有着极大的合作潜力。国内数字政府建设的前沿地区，已经结合自身的经济社会发展实际探索利用信息技术动态更新服务社会公众的实践①。新时期的北京市也将全力打造数字政府，助力构建首都发展新格局，更好地服务人民群众不断增长的美好生活需求。一是要加强顶层设计，构建集约高效的数字技术平台支撑体系。以智慧城市建设为总体框架，构建“七通一平”共性支撑底座和“京通”“京办”“京智”3 个统一应用，积极促进数字政府、数字社会和数字经济发展。二是要聚焦“放管服”改革，提升政务运行效能。以数字营商、数字监管、数字服务为突破口，驱动政府服务流程再造、规则重塑、方式变革。三是要坚持以人民为中心的理念，彰显为民服务的核心价值。创新完善市民诉求驱动超大城市治理模式，推动“接诉即办”数字化转型，让数字红利最大程度地惠及社会大众。

不言而喻，互联网技术是推动党和政府群众工作由线下转向线上的核心动力，以网上信访治理为表征的线上群众工作的便捷性、经济性、透明性和公开性等特征全部都带有互联网技术的烙印，互联网技术与信访工作的融合已经进入成熟期，成为一种社会治理常态。相对而言，大数据、云计算和人工智能等技术与信访工作的结合尚处于低谷期或爬升恢复阶段，其规模化应用尚局限在为数不多的地区，处于一种从实践出发摸索和思考技术价值的状态，表现出更多的理性与慎重。处于期望膨胀期的区块链技术也逐渐进入网上信访治理的视野，其卓越的社会信任创设效能，有效迎合了以协商对话为核心问题解决方式的信访工作需求，一旦信访人与信访机构或政府职能部门之间可以建立高度信任，必然可以助推复杂和疑难信访事项的有效解决。综合来看，要通过调适“智慧＋”工具来完善网上信访治理效果：一是以信访人的实际需求为核心，不断嵌入成熟技术以巩固

---

① 柯健，郭丹．“互联网＋群众路线”：系统认知、基础支撑与制度保障研究［J］．社会科学研究，2022（3）：56－62.

网上信访治理的诉求响应功能；二是权衡实际的治理场景，依据不同技术的特点探索网上信访治理差异化发展道路；三是面向未来，以网上信访高质量发展为目标，借助前沿技术改善网上信访治理的信任创设机制。

4.1 巩固线上群众工作的诉求响应功能

无论数字化时代群众工作模式如何转变，其核心价值取向就是增强群众工作制度响应社会公众诉求的能力，更好地将群众工作制度优势转化为社会治理效能。网上信访作为社会公众诉求表达的主渠道，在探索信息技术的动态更新过程中，必须秉持的一项基本原则就是不能弱化网上信访治理的诉求响应功能，这是调适“智慧＋”工具的底线，其行动策略就是不断加强成熟技术的应用、维护和监管，保证网上信访治理时刻处于主体“能用”和“愿用”，以及真实“管用”的状态。民有所呼、党政部门有所应是提升群众工作质量的必然要求。在疫情防控形势下，为方便困难群众咨询政策、申请救助，畅通群众求助渠道，要强化困难群众诉求快速响应机制，全面公开社会救助求助电话，及时受理反馈困难群众求助请求和投诉举报[①]。一是确保快速受理。配齐配强社会救助求助电话和信访接待工作力量，接听求助电话设立 A、B 角，安排专业人员，确保工作时间求助电话“有人接、专业接、快速接、快处理”，畅通无阻不断档，政策解答精、准、细。完善救助信访接待人员首问负责制，确保工作时间内随时接访，第一时间受理并转给基层。二是确保快速调查。社会救助经办机构和人员收到求助电话和信访渠道反映的问题线索后，直接与求助人和信访人对接，通过实地入户走访、视频连线等方式，了解其存在的困难和实际情况，必要时采取信息核对、邻里走访等方式全面调查。三是确保快速办理。严格按政策、按程序、按权限、按规定认真及时办理群众的求助和信访投诉举报事项。省、市救助部门加大对信访案件的督办力度，全程动态跟踪信访举报的处理结果，及时提出指导建议。四是确保快速反馈。对调查处理结果及时反馈当事人，符合条件的予以救助，不符合条件的告知理由，涉及违规违纪问题移交纪检监察部门，做到件件有着落，事事有结果。

---

① 张渝，邓维斌，龚云寒．政府回应策略对公众在线抱怨处理满意度的影响机制［J］．情报杂志，2022，41（5）：124－132.

4.1.1　加强线上群众工作平台的运营和维护

确保线上群众工作平台时刻处于“能用”的状态。在政府数字化转型的浪潮中，出现了一些与以人民为中心的价值取向相背离的现象，以数字化便民的旗号掩盖了懒政和不作为行为，为社会公众所普遍诟病的“指尖上的形式主义”就是重要表现。网上信访治理与社会公众的切身利益紧密相关，较多地涉及人民群众急难愁盼问题，确保其诉求得到及时有效响应应当是网上信访的重要工作目标。一方面要加强网上信访平台的运营，在进行广泛宣传和提升网上信访社会知晓度的同时，通过技术运用将分散于网上信访信息系统、手机客户端、微信公众号、支付宝小程序、人民网“领导留言板”等各处的信访信息进行系统化整合，最大限度地防止疏漏和减少人工整合可能带来的信息失真。另一方面，要加强对网上信访平台的维护，互联网空间的网络攻击、网络拥堵或网络崩溃时有发生，信访机构承担着维护信访人信息安全、避免网上信访平台成为“僵尸网站”或“僵尸 APP”的重要责任。加强对网上信访平台的运营和维护，是保证其正常发挥作用的基础要求，也是确保其时刻处于“能用”状态的必然要求。

4.1.2　提升线上群众工作平台的友好性与功能性

保障治理主体处于“愿用”状态。以网上信访为代表的群众工作是连接信访人、信访机构与政府职能部门，以及其他治理主体的中介工具，然而技术工具能否为多元治理主体所认同和使用，还需要考虑用户在使用信息技术过程中的友好性与功能性感知①。一方面是多元主体对网上信访平台友好性的认知，或者是易用性感知，即无论对于信访人还是其他主体而言，网上信访在提供便利的同时，都无需参与者付出额外的成本。这就要求网上信访治理要十分注重平台的友好性建设，无论是对信访人还是对信访机构而言，都应当简单、方便和易于操作。尤其是针对一些数字弱势群体，应当适度开发无障碍人机交互设备或者实施网上信访代理人制度，使得信访事项信息可以在整个治理流程中顺畅交换。另一方面是多元主体对网上信访平台功能性的认知，或者是有用性感知，即网上信访可以帮助参

① Sagnier，Loup-Escande. User Acceptance of Virtual Reality：An Extended Technology Acceptance Model [J]. International Journal of Human-Computer Interaction，2020，36（11）：993－1007.

与者实现目标，而无需承受不确定性或复杂性带来的各种压力。信访人可以直观地感受到网上信访治理的便捷性和经济性，但是更加重要的在于提升信访事项的办理效率和效果，网上信访平台的功能性突出表现在其输出的矛盾纠纷解决方案与信访人实际诉求之间的契合程度，借助数字信息技术破除影响信访治理有效性的障碍性因素，才能够真正得到信访人的认同与支持。

4.1.3 优化线上群众工作平台的监管与反馈

促使线上群众工作平台始终处于“管用”的状态。以网上信访治理为例，其诉求响应机制是一个闭路循环系统，信访事项的提出、审核、办理、结果反馈等环节实现了线上运作，但是信访事项处理的效果要么依赖于信访人的主观满意度评价，要么依靠信访人是否就同一信访事项再次进行信访的实际情况来判定，缺乏第三方的评估与参与，致使信访治理时常陷入自说自话的境遇。数字信息技术提供了便捷参与的条件，可以探索实施信访事项办理过程与结果的监管与反馈机制，从而营造更加有效和更加有针对性化解矛盾纠纷的氛围。一方面可以探索优化信访机构的职能，将其工作重点置于对信访事项办理全过程的监督与反馈，加强对政府职能部门有效处理社会公众诉求的全流程控制，减少和杜绝“指尖上的形式主义”或“治理的符号化”现象。另一方面可以尝试引入“网上信访监督员”角色，在参与网上信访治理的信访人、信访机构、政府职能部门、社会组织或专家学者中选取代表，赋予其监督、评价和反馈信息的权限，以增进网上信访事项办理的公平性和公正性，提升信访事项解决方案的共识程度和可信水平。

4.2 探索网上信访治理差异化发展道路

在巩固线上群众工作平台诉求响应功能的同时，还需要依据社会发展的实际需求探索线上群众工作平台的差异化发展道路，以不断满足社会公众的多元化和异质性美好生活需要。中国幅员辽阔，地区与地区之间的经济社会发展水平差异较大，结合新时代我国社会主要矛盾的转变，群众工作在不同区域面临着不同的社会治理任务，需要统筹综合考虑区域发展的不平衡性、不同层级事务的异质性以及机构设置的权责对等性等特点。

4.2.1　区域发展存在不平衡性

区域发展的不平衡性是新时代社会主要矛盾的重要表现①，区域经济社会发展的差距作为一种客观存在，意味着不同区域的社会治理任务存在差异，在西部地区依然需要为摆脱相对贫困而努力时，一些东部发达地区已经开启了共同富裕的新征程。在社会改革和发展的过程中，前期需要重点处理好以利益分配为核心而引发的矛盾纠纷问题，后期需要重点识别在探索共同富裕和追求美好生活时可能存在的社会风险问题。不言而喻，在群众工作过程中，矛盾纠纷类信访事项的提出与解决可以通过巩固和优化网上信访治理的诉求响应功能来实现，但是做好社会风险的监测、预警和防控则需要发挥大数据分析技术、云计算技术、人工智能技术的特有功能。伴随着网上信访成为社会公众的主流诉求表达渠道，大量的信息资源开始在网上信访平台汇聚，呈现出数据体量巨大、种类繁多、单位价值密度低和更新速度快的特点。大数据技术可以通过数据采集、存储、分析、挖掘和展现的形式，对信访信息进行加工，从而发现潜在规律和普遍结论。云计算技术与大数据技术“形影不离”，因为大数据一般无法通过单台的计算机进行处理，而是需要依托云计算的分布式处理、分布式数据库、线上存储和虚拟化技术等作为支撑。人工智能也是依托于大量的知识数据才能够实现，通过不断的深度学习，可以发展出推理、规划、交流、感知或使用工具等类似人类智能的技术，网上信访的智能问答和机器助手等属于这一方面的初步应用。

4.2.2　不同层级的事务异质性

与区域发展的不平衡性要求使用不同的数字信息技术提升治理效能相类似，以科层化方式运作的群众工作机构也存在显著的层级差异，不同的层级要面对异质性的公共治理事务，这也是需要探索线上群众工作差异化发展道路的重要原因。就信访工作而言，信访机构纵向层级之间的异质性突出表现在高层级政府与基层政府之间的治理任务不同。一般而言，较高层级的政府需要对全域范围内的宏观经济社会发展状况进行统筹安排，其表现形式更多的是政策性与指导性治理行为，较少涉及具体社会治理事

---

① 刘家旗，周桂芝，茹少峰．我国区域数字经济发展不平衡性对经济高质量发展的影响［J］．统计与决策，2022，38（16）：108－112．

务。相对而言，基层政府则表现出事务繁杂的治理状态，这也是层级节制与压力型治理的必然结果。网上信访遵从“属地管理、分级负责”和“谁主管、谁负责”的基本原则，内在规范了基层信访机构和政府职能部门是信访事项办理的核心主体，从而在应用和完善数字信息技术的过程中，应该注重其实用性，既方便信访人提出诉求和反馈情况，也便利信访事项办理部门的实际操作①。相对而言，高层级信访机构更加需要对网上信访的整体情况进行把控，无论是基层汇聚的海量信访信息和定位信访问题多发区与易发区，还是依据热点和难点信访信息研判社会治理的着力点与发展趋势，都需要更为复杂和专业化的技术的介入。因此，不仅是不同区域之间，而且在同一区域的不同层级之间，都不宜使用完全同质化的网上信访信息系统。不以具体社会治理事务为依据的数字信息技术应用，很容易陷入技术与治理的不匹配状态，从而无法实现既定的社会治理目标。

4.2.3 机构设置的责权对等性

政府数字化转型是一种充满复杂性、系统性和长期性的社会治理变革，优化不同政府部门的权责体系是重要环节，这也是破解政府职责体系与数字化治理需求不匹配问题的必然要求。当前，以网上信访治理为代表的群众工作实现了数据信息在信访机构的规模化汇聚，具有不同权限的信访机构承担着事实上的数据采集者、管理者和使用者的角色。然而，面对海量的信访数据信息，相关机构却缺乏相应的监督和激励机制，尤其是对于哪些数据需要公开和应该公开、哪些数据可以交由第三方专业机构进行深度分析，尚没有形成常态化机制。伴随着“三跨三分离”信访事项的增多，不同区域和不同领域出现了信息共享的需求，但是这种共享仍然处于短期性、临时性和有限性状态，具有很强的“一事一议”和非正式供给的特征。信访机构与政府职能部门之间的业务协调也有待进一步完善，能够处理具体信访事项的部门与社会公众诉求表达的主要对象信访机构之间的信息互通存在一定难度。数字化时代，数据即权力，有权力也意味着承担相应的责任。网上信访应当探索对信访信息的专业化和智能化管理，以责权对等思维优化或再造治理结构，通过对信访信息的生成、更新、维护、共享和使用等

① 杨杨．网上信访：生成逻辑、运作挑战与优化策略［J］．湖北社会科学，2021（6）：34－40．

设置规范化操作流程，不断完善网上信访信息治理体系，提升信息治理能力。

4.3　改善线上群众工作的信任创设机制

处于数字化转型进程中的线上群众工作活动，其出发点和落脚点就是更加有效地响应社会公众诉求与保障合法权益，尤其是要增进社会矛盾纠纷的化解效率和质量。以信访工作为例，数字信息技术与信访工作的融合，并未改变信访事项需要依托多元治理主体之间的相互信任进行协商沟通的特征，网上信访的迅速发展为借助技术赋能的方式改善信任创设机制提供了条件，通过将区块链技术嵌入“智慧＋”工具箱，可以助推信访治理质量的进一步改善。信任是开展合作的必要基础①，尽管社会治理是一项复杂的、系统化的工作，但是如果缺乏了信任这个要素，分布于各个地方的社会组织、个体就无法达成有效的合作，更遑论取得良好的群众工作效果。因此，线上群众工作的开展，必须将信任创设置于关键地位，正确和有效地识别线上群众工作的性质，有效应用区块链这一新兴技术的信任机制，推动群众工作的多元主体在弱信任的条件下依然可以采取有效的共同行动。

4.3.1　线上群众工作并非实体社会群众工作的“数字孪生”

在政府数字化转型过程中，存在将线上群众工作当作传统群众工作“线上复制品”的观点，认为通过数字信息技术，原本存在于实体社会中的群众工作实现了在虚拟空间的完整映射，线上群众工作相当于传统群众工作的“数字孪生”。尽管这种观点存在一定的合理性，但是却忽视了线上群众工作与传统群众工作之间的差异，尤其是在数字信息技术不断革新的背景下，线上群众工作必然要经历一个渐进发展过程，即使在未来可以成为现实群众工作的数字映射系统，也很难用“完全一致”去形容它。以信访工作为例，一方面，因为信访工作是一项饱含人类情感和社会道德的治理活动②，依托数字信息技术的网上信访受到既定规则的规范与制约，在运作过程中更多的是依赖标准化的约束条件，相对较难实现对情感和道德的充分考量，比如如何对待“确实存在困难的信访群众”，可能会产生

① 黄懿慧，等．政府信任对公共健康风险管理的影响——基于长生生物疫苗事件的创设情境研究［J］．公共管理学报，2019，16（4）：83－95.

② 陈阳，周子杰．从群众到“情感群众”：主流媒体受众观转型如何影响新闻生产——以人民日报微信公众号为例［J］．新闻与写作，2022（7）：88－97.

意见分歧和无法达成共识状态。另一方面，信访工作十分注重对现实真实情况的考察，不仅需要依靠客观的数字或统计结果作为依据，而且需要考虑信访人的心理变化以及历史因素的影响，信访机构或政府职能部门工作人员通常需要深入基层了解情况。显然，网上信访并不能独立运作于现实社会之外，而需要和真实社会发生持续性、关键性联系，从这个意义上讲，网上信访并非传统信访的"数字孪生"。

4.3.2　区块链技术助推线上群众工作的"信任再造"

线上群众工作与实体社会工作模式存在密切联系，但是由于数字信息技术的嵌入，也凸显出很多独有的特点。从信访工作的视角来看，在现实社会中，为了更加有效地促进信访矛盾纠纷的化解，信访工作人员通常采取上门服务、情感贴近、发展扶持等主观性较强的方式增进彼此之间的信任程度，然而由于工作人员专业技能或职业素质的不同，最终效果出现很强的不确定性。区块链作为前沿信息技术的新成果，具有去中心化、不可篡改、分布式数据库和智能合约等特征，致力于通过消解多元治理主体之间的信任危机重构信任创设机制。区块链的"去中心化"特征，可以在根源上消除信访事项办理的属地性与压力性，因为这两个特点都是由中心性派生出来的，其中权力的中心性生成了信访治理过程中自上而下的层级压力，信息的中心性表现为由于基层机构处于信访事项办理信息的优势地位，进而发展出属地性这一特征。因此，破除中心性才能够将信访机构在属地性和压力性的状态下解放出来，区块链赋能所形成的去中心化情境，可以实现信访问题的提出、核查、处理、办结和评价等所有信息的对等存储和无差异展示，从而推动多元信访治理主体在地位、信息和话语平等的基础上进行有效互动。

4.3.3　线上多元群众工作主体的"链上交互"

通过前沿的区块链技术改善线上群众工作过程中的信任创设机制，一个关键的环节就是全部治理主体的"上链"。这一愿景也必然是一个循序渐进的发展过程。因为越是前沿的信息技术，其应用成本、普及程度以及对使用者的能力要求就越高，或许对于一些数字信息技术技能相对匮乏的行动主体，更加重要的是帮助他们跨越基础的"数字鸿沟"。网上信访的发展印证了这一点。在将网上信访优势转化为社会治理效能的过程中，探索应用前沿数字信息技术是大势所趋，并且网上信访快速成长为社会公众诉求表达和权益维护的主渠道，也为信访事项的"链上治理"提供了重要准备。如果所有的网上信访治理主体都可以达成上链共识，那么信访工作过程中所有的数据和信息都会以公开、透明、不可篡改、分布式存储以及智能合约的方式进行有效性确认，信访人自始至终都处于核心地位，可以依据信访事项的敏感程度、涉密程度或隐私程度自主地选择区块链的呈现方式。并且在信访人做出选择之后，信访事项的办理过程就实时、动态和全程留痕地在链上展示。区块链的特性确保了任何不履行职责、缓慢行动、不公正处理或形式主义等破坏诚信的行为都会付出高昂的成本，进而形成了网上信访治理主体自觉遵守诚信和执行最终解决方案的倒逼机制。

大数据和人工智能融入网上信访创新实践已经基本实现，此处将简要说明更为前沿的区块链技术何以能够参与网上信访治理。毋庸置疑，在信访事项的办理过程中，如果可以实现信访人与信访机构或职能部门之间的高度信任必将有助于信访问题的解决，这样不仅信访机构更加易于履行自身职责和消除影响社会稳定的潜在隐患，而且信访人的情绪会更加平稳，信访满意度会更高，进而提升对政府部门的公信力和合法性支持。通过对学术研究文献和信访案例的梳理发现，信访问题的出现很多都与信任流失①、信任缺失②、难以建立信任关系③或“差序政府信任”④有关，并且信任的缺乏十分不利于信访事项的处理和解决，更容易诱发沟通障碍、越级上访和个人矛盾社会化等不良现象。通过对信访工作过程中出现的信任危机进行考察，可以界定三种基本的信任类型，分别是制度信任、政府信任和人际信任。其中“制度信任”是指信访人对国家体制、政治制度和信访制度的信任，“政府信任”是指信访人对承担公共决策和公共服务功能的以政府为代表的公共部门的信任，“人际信任”是指信访人对具体政治或行政工作人员的信任。区块链的概念于 2008 年首次提出，旨在建立一种去中心化的信任机制，具有分布式数据库、多中心互动、安全可信、智

① 北京师范大学法学院课题组．信访制度化解社会矛盾对策研究［J］．信访与社会矛盾问题研究，2020（6）：107－116.

② 孔凡义．补充民主政制：人民信访制度的再阐释［J］．信访与社会矛盾问题研究，2020（6）：37－51.

③ 叶青，莫纪宏．习近平法治思想与国家治理体系现代化研究（笔谈）［J］．探索与争鸣，2020（12）：30－36.

④ 傅广宛，郭建文．基层社会矛盾的化解：差序政府信任格局的解构与重塑——以 GZ 省 JP 县为个案［J］．江苏行政学院学报，2020（6）：90－98.

能合约等特点，可以为解决信任危机提供可行方案[1]。

具体来看，其理论可行性主要有以下几点。一是分布式数据存储模式有利于资源共享。政府数字化转型进程中的网上信访具备了“上链”的基础条件，信访人提出信访事项、信访机构和职能部门开展信访工作、专家学者和社会公众参与信访治理都可以在区块链架构上完成。分布式数据库实质是依托于互联网、用于存储多元主体数据权利的平台，每一个参与者都持有相同本体价值且同步更新的数据，因此区块链对数据资源的共享具有更高的需求和要求，是可以让信访事项办理过程中全部利益相关者保持共享且不可删除记录的数据库。二是去中心化可以推动多中心平等互动。“区块链＋信访”有助于将与信访事项相关的信息向各个参与者进行对等存储和展示，避免和消除了信息不对称现象，参与信访事项办理的所有主体都可以以平等的地位实施多中心互动，信访人、信访机构或职能部门中的任何一方都不再是信息优势方。围绕信访事项开展的对话是基于权益平等性和使用便捷性展开的，为互联网时代的信访治理展示了一种“群用群管”和“去集中化”的互动范式。三是安全可信易于建立信任关系。区块链概念的生成即来源于对信任问题的探索，通过建构一个公开、透明、真实、不可篡改、实时监督的数据信息运行环境，完全摆脱了信息不对称环境中需要借助第三方的权威或担保才能够建立信任关系的局限[2]，这一点对于消除信访人与信访机构之间的隔阂、杜绝非正常信访行为具有重要意义。四是智能合约推动协议与规则的自动执行。信访事项的成功解决依赖于信访人与信访机构之间达成共识，尤其是一些复杂和棘手的信访问题，需要在多次共识的基础上有步骤地向前推进，区块链的智能合约机制有助于减少共识达成的人力、物力、时间、信息等成本。区块链中的智能合约是一种协议或规则，其功能类似于网上信访信息系统预先设置的必须遵守的信访流程。一旦符合相应条件的事件发生，就会自动触发预设好的一系列操作，从而保证区块链中协议履行的真实性、强制执行性、可验证性和隐私性。在当前的网上信访过程中，信访人可以自主选择是否将自己的信

① 杨杨，于水，胡卫卫．区块链赋能重塑社会治理结构：场景、风险与治理之道［J］．电子政务，2020（3）：54－61.

② 于水，杨杨．区块链赋能、治理流程优化与创造公共价值［J］．南开学报（哲学社会科学版），2020（5）：118－126.

访问题、信访事项办理过程和结果，以及最终的满意度评价进行公开，区块链中的公有链、联盟链和私有链可以为信访人提供更多的选择。当前，区块链在物联网和物流领域、公共服务领域、数字版权领域和公益活动领域的应用场景不断增加。可以预见，“区块链＋信访”的真正落地实践必将推动信访制度成为社会公众表达诉求、保障权益、提出意见建议、实施民主监督和政治参与的常规、权威、首选渠道。

5　构建“整合＋”机制：营造优质的互联网时代群众工作环境

在互联网时代创新群众工作机制效果的实现，除需要培育“服务＋”理念来健全线上群众工作的价值体系、优化“政府＋”结构来加强线上群众工作队伍建设以及调适“智慧＋”工具来探索信息技术动态化更新以外，还需要构建“整合＋”机制来营造优质的线上群众工作环境。良好的工作环境是开展网上群众工作的必要条件。因为互联网是一个社会信息大平台，我国有数以亿计的网民在上面活动，这个数字可能已经超过世界上绝大多数国家的本土人口总数，所以大量的不同观点、认知、看法和诉求都会在网络空间集聚，彼此之间的交流和互动会对这一群体的国家观、社会观、人生观产生重要影响①，甚至是不可逆转的影响。毋庸置疑，群众工作者也是社会公众的一分子，他们在线上开展工作，难以避免地会受一些不良信息，甚至是非常具有诱惑性信息的引导。如果他们缺失了职业操守或者追名逐利，那么公权力会成为他们的巨大助力，产生的社会危害性和影响是普通人无法比拟的。营造优质的网上群众工作环境，是“外在监督”的重要方式，因为我们无法完全确认一个人是否内心向善，必须要有强有力的外在约束条件。除此之外，一些网络信息服务提供者，他们为了获得最大推送量和最高点击率，也会使一些违法和不良信息充斥用户界面，从而博取关注和点击，对网上群众工作秩序产生不利影响。营造优质的线上群众工作环境，不仅仅是对多元主体的约束，也是完善和健全线上

① 柯健，郭丹．“互联网＋群众路线”：系统认知、基础支撑与制度保障研究［J］．社会科学研究，2022（3）：56－62．

法律法规的必然要求，目的就是让每一个线上活动者负起应负的责任①。

网络生态文明在一定意义上已经成为人类的“第二生态文明”②，线上群众工作的开展同样需要良好的网络生态环境作为支撑。群众工作的“服务＋”理念、“政府＋”结构、“智慧＋”工具和“整合＋”机制分别通过对价值规范、多元参与、信息技术与业务生态的强调，契合了社会治理法治化、专业化、智能化和社会化的发展路向。因此，从系统性的视角来看，线上群众工作的优良生态突出表现在推动线上与线下服务的联通与协调、坚持技术赋能与业务协同并重，以及弥合政府治理需求与社会公众诉求之间的缝隙等方面。这一方面表达了线上群众工作是一个复杂的系统工程，必须有效地整合“线上”与“线下”、“技术”与“业务”、“治理需求”与“群众诉求”之间的关系，又在另一方面响应了线上群众工作具有一定相对独立性的观点，在多元治理主体围绕群众关心的事情进行互动和博弈的场域中，要注重发挥主观能动性和创造性，营造优质的线上群众工作环境③（图 6-4）。

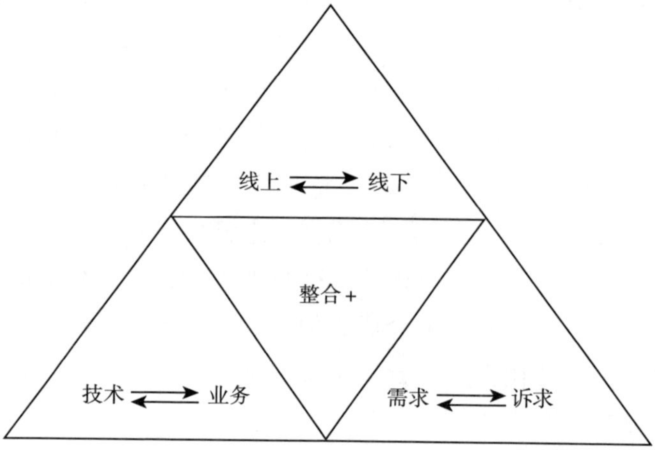

图 6-4　互联网时代群众工作的“整合＋”机制

① 张绍荣，代金平．网络生态危机与应对——基于生态文明的视域［J］．探索，2013（4）：121-125.

② 徐世甫．网络生态文明：人类第二生态文明［J］．南京社会科学，2009（8）：32-36.

③ 易鹏，薛莎．重大突发事件中的网络舆论生态修复：旨趣、价值与机制［J］．理论导刊，2021（12）：77-81.

5.1　推动线上线下服务联通与协调

基于数字信息技术和数据共享实现整体性与一体化服务协同，是政府数字化转型进程中改善线上群众工作效能的内在要求。当前，各级党委或政府职能部门基本都已经建立起线上群众工作平台，但是在各种事项普遍遵循“线上提出＋线下处理”的运作状态下，尚存在一些结构性障碍影响着立体式群众服务的开展。线上服务与线下服务的整合性不足一定程度上影响了线上群众工作的即时性和有效性，并且在向着“线上提出＋线上处理”演进的过程中，极有可能在线上复制一个服务并不流畅且自身改革并不到位的治理体系。因此，推动群众工作线上和线下服务的联通与协调，是营造优质线上群众工作环境和构建“整合＋”机制的必然要求。在党的二十大报告诞生过程中，习近平总书记多次对筹备工作提出意见建议和作出重要指示，强调要发挥数字化时代的优势，通过互联网问需于民和问计于民，更好地倾听民声、尊重民意和顺应民心。因此，我们要通过“线上良性互动”和“线下双向奔赴”，用心做好群众工作[①]。一方面，要因势而为，线上群众路线要“顺民意”。随着数字时代的飞速发展，截至2021年12月，我国网民规模达10.32亿，互联网普及率达73.0%。互联网不仅成为群众生活、娱乐的新媒介，更是网民们表达心声、提出意见的重要平台。各级政府和党员干部要充分利用互联网，改变以往传统的工作模式，打开沟通格局，要持续不断地学习网络操作知识，灵活运用微信群、微博、抖音等新媒体，在网络里“潜潜水”“冒冒泡”，与网民形成良性互动。同时要拓宽民声网络渠道，通过市民热线、领导信箱等平台广开言路，在网络上收集民情民意，接受群众监督。从吐槽中发现问题，从建议中拓展思路，从回应中提升服务。另一方面，线下群众路线要“接地气”[②]。通过互联网固然能够给网民群众提供快捷高效的政府服务，但仍不能只在“云端”，更要将服务落地落实。毛泽东同志在帮助农民插秧的过程中展开调查，写出了《寻乌调查》；习近平同志骑着自行车跑遍每个

---

① 段哲哲，蔡媛青，徐国冲．群众路线何以影响基层公务员回应性偏好——基于10个城市的调研数据［J］．公共管理与政策评论，2021，10（5）：47－63．

② 陈武明．群众路线永远是我们党的制胜法宝——学习习近平总书记关于群众路线重要论述［J］．毛泽东研究，2021（6）：13－24．

村落，走进基层和老百姓拉近了距离。这样的优良传统需要每一位党员干部传承。新时代的党员干部不只会坐在办公室操作电脑进行“键对键”交流，更要深入基层去和百姓群众“面对面”沟通。要放下架子、俯下身子，坚持开展“四不两直”。走村入户，扎根基层，深入调研，走出“泥腿子”，磨炼“铁脚板”，把在互联网发现的问题联系实地进行调查研究，要与群众在聊天中增进党群关系，在沟通中倾听民生诉求，在走访中解开问题症结。共情才能共赢，担当才出实干。我们既要“润物细无声”的网络行政，还要“掷地有声”的实地从政。在新时代，不仅要与时俱进，实现“线上良性互动”，更要继承和发扬党的优良传统，和群众走好“线下双向奔赴”之路，脚踏实地走好群众路线，为群众办实事、做好事。

5.1.1 正确认识线上服务与线下服务之间的关系

在现阶段看来，由传统群众工作模式向线上群众工作模式的演进，并不是非此即彼的替代关系。尤其是对于一些复杂和疑难的棘手公共治理问题而言，实施持续性的跟踪调查和多轮磋商是达成最终解决方案的重要条件。透过信访工作的视角，网上信访事项的处理也不能仅依据信访人的文字表述、语音或视频通话，还需要对信访人的心理状况、情感态度或信访事项本身特征等进行综合考量，从而更加精准地应对信访人的诉求表达或做好权益保障工作。因此，线上服务与线下服务是互为补充和相互促进的关系。一方面，线上服务为线下服务提供重要的工作指引。相对于线下服务，线上服务更加方便、快捷和经济，信访事项提出、核查、办理和解决方案送达需要的时间相对缩短，并且遇到需要线下提供信息或服务支持的事项，可以第一时间发出协同配合请求或指令，实现信访事项办理的立体化衔接。另一方面，线下服务为线上服务提供必要的实践支持。在接收到线上发出的信访事项协同信息之后，线下工作人员可以快速地对任务重点进行梳理和分解，从而实现更加具有针对性协同配合，并在第一时间将相关信息进行线上反馈。

5.1.2 线上办事率并非衡量线上群众工作效果的唯一标准

在政府数字化转型的浪潮中，以网上信访为代表的群众工作成为社会公众诉求表达的主渠道，但是这并不意味着线上办事多少就成为衡量信访工作效果的核心或唯一标准。无论是线上还是线下信访渠道，都应当以真正帮助社会公众化解难题和有效响应群众诉求为价值追求，将以人民为中心的发展思想真正贯彻落实到信访工作过程中，从而提供更加便捷高效的信访服务。因此，网上信访治理需要经历一个社会公众逐渐知晓、认可和自愿选择的过程，信访机构和政府职能部门要做好宣传和推广工作，而不是以提升网上信访办事率作为努力的目标，更不可以强制或诱导所有信访人全部流向线上渠道。一方面，要遵从数字信息技术赋能信访工作的内在规律，尤其是不能过分夸大其工具意义。伴随着互联网、物联网、云计算、大数据、人工智能、区块链等技术的次第出现，网上信访正在不断完善，但是信访工作需要在不断变化的数字应用过程中坚守“不变”，始终以帮助社会公众化解矛盾纠纷和有效响应诉求为核心目标，而不是将数字信息技术的更新和应用作为行动指南。另一方面，要正确对待社会公众的认知特点。信访人在社会生活中会形成一套适合自己的认知结构，如果将网上信访这种新事物的出现作为一种社会刺激，那么具有不同认知结构的个体其应激表现也会存在差异，从而是否将网上信访作为自己的首选诉求表达渠道，要受到网上信访刺激强度、个人心理状态变化程度、自我行为控制水平以及与外界环境保持平衡等诸多因素的影响。

5.1.3　以流程再造思维推动线上和线下服务通畅

正确认识线上群众工作与线下群众工作的关系，摒弃将线上办事率作为衡量线上群众工作效果核心标准的观念，通过可行方式推动线上和线下服务的通畅与融合是可取之策。透过真实的信访工作场景，网上信访尚不能解决信访人提出的所有诉求，至少在实地考察、事项核实、心理抚慰、发展扶持等关键工作环节，还需要线下服务的支撑。除此之外，作为网上信访服务供给主体的行政机关，也要考虑线上监管有效性、提供服务的效率和实施成本等一系列因素，不能盲目地将网上信访作为社会公众表达诉求的唯一渠道。网上信访治理流程再造是在认同线上服务作为政民互动主导方式的基础上，以内循环为主和外循环为辅进行工作设计。其中网上信访治理的内循环是指信访事项的提出、办理和办结都可以在线上实现，无需信访工作人员与信访人的真实接触就可以化解矛盾纠纷或有效响应诉求，从而达到停诉息访的目标。外循环是指信访事项的办理已经超出线上办理能力或者呈现复杂疑难状态，需要信访工作人员与信访人直接接触以进一步了解情况、安抚情绪或采取其他支持性服务，只要经历这一环节才能够顺利进入下一阶段的线上办理或与信访人达成相对一致的意见。因此，面对纷繁复杂的信访事项，信访机构和政府职能部门要培养起流程再造的意识，在真实的信访事项办理过程中优化和完善网上信访治理流程，打造社会公众信任和认同的服务型政府。

5.2 坚持技术赋能与业务协同并重

线上群众工作需要的不仅是技术的运用，更需要提升服务群众和应对风险挑战的能力。网上信访治理融数字技术赋能与信访业务创新于一身，正在以不断优化的信访机构和政府职能部门履职方式服务社会公众，但是作为一项系统工程，网上信访“整合+”机制的建构不仅包括线上线下的融合协同问题，而且涉及信访工作质量的提升和信访工作功能的扩展需求。网上信访治理的“技术”与“业务”如同钟摆运动的两端，必须警惕不能在一端摆得过远，进而影响信访工作整体效能的实现。可以想象，网上信访治理过程中的技术赋能与业务协同，与工具理性和价值理性之间的关系有些相似，如何权衡和调适两者之间的关系以保证其持续处于良性运转状态，将是信访制度优势转化为社会治理效能必须面对的问题。

5.2.1 技术革新不能等同于业务精进

伴随着数字信息技术与社会治理的深度融合，以“最多跑一次”“一网通办”和“全城通办”为代表的网上群众服务百花齐放[①]，一些地区的政务服务网上可办率已经超过90%，尤其是新冠肺炎疫情发生以来，为了进一步减少人员流动集聚和让社会公众少跑路，更多的“不见面”创新实践开始涌现。在昭示各层级政府部门积极开展数据资源共享和业务协同的同时，也可以窥见全国各地探索数字治理的热情。然而，政府数字化转型并不是盲目进行的，更不可以认为社会治理事务的线上运作就等同于业务精进，技术革新与社会公众真实的获得感和幸福感也无法完全画等号。因此，在网上信访治理等数字化群众工作实践中，要警惕两种错误的倾向：一方面要避免陷入“技术万能论”的泥沼。技术革新为经济社会发展带来了颠覆性变化，使得一些人成为技术发展的疯狂追随者，片面地认为所有的社会治理问题都会因为技术发展而自然而然地得到

① 谢新洲，温婧．“网上群众路线”视角下的主流媒体网络问政实践［J］．新闻爱好者，2021(12)：39-42.

解决[①]。显然，这种观点并未认识到技术赋能的局限性，甚至将不断应用新技术与信访工作质量提升连接到一起，从而使网上信访治理的重点转向技术探索，相对忽视了改善信访工作人员业务水平的重要性。另一方面，要杜绝进入“技术自主论”的迷途。技术是否能够成为社会治理中一种自律性和能够按照自己的逻辑前行的力量存在巨大争议，显而易见的是，人类不应该将幸福生活建立在技术决定、支配和保障一切的基础之上[②]。网上信访治理是否采用以及如何使用一项技术，必须依据现实业务需求和实际环境的变化做出决策，而非建立在对技术自主的偏执之上。

5.2.2　技术赋能与业务协同彼此适应

对技术革新不能够等同于业务精进观点的阐释，并非完全忽略数字信息技术赋能群众工作的功效，而是期待党委或政府职能部门可以在政府数字化转型的浪潮中，既可以勇立潮头，又可以把稳方向，从而杜绝线上群众工作中数字技术应用与具体业务“两张皮”的现象。以网上信访治理为代表的群众工作“整合＋”机制，内在要求通过技术赋能与业务协同发挥其系统性功能，重点是技术革新与业务需求之间的匹配和适应。一方面，技术赋能作用的发挥要以满足业务需求为基础。政府数字化转型中的网上信访治理，并不是应用的技术越前沿越好，而是要以包括信访人在内的多元治理主体的好用、愿用和管用评价为标准，能够提高信访事项化解效率或效果的技术嵌入才是有效和成功的技术革新，否则所谓的技术赋能只能成为空中楼阁或供人观赏的“盆景”。另一方面，信访业务的线上运行要以技术赋能为限度。信访事项纷繁复杂，数字信息技术无法为所有的社会治理问题提供解决方案，尤其是复杂和疑难信访事项仍然需要线下传统信访工作模式的介入与支持，因此要在正确认识技术赋能与业务协同重要性的基础上，推动适合技术运作特点的信访业务更加流畅地在虚拟空间运行。同时，积极探索前沿信息技术与改善信访工作质量之间的契合点，尤其是要创造性地发挥区块链技术在网上信访工作过程中的信任生成机制，

---

① 杨杨，于水，胡卫卫．区块链赋能重塑社会治理结构：场景、风险与治理之道［J］．电子政务，2020（3）：54－61.

② 王嘉．技术决定论与马克思技术哲学及其当代效应［J］．广西大学学报（哲学社会科学版），2018，40（6）：13－18.

增进信访矛盾纠纷的化解效果。

5.2.3 技术与业务应当实现螺旋上升

创新互联网时代群众工作机制，必须坚持数字信息技术与群众工作业务能力的双向提升，实现两者之间的同频共振。以网上信访治理为例，其核心取向是通过发挥数字信息技术的经济、便捷、透明和即时性等优势，提升信访事项提出与办理的效率和效果。但是需要注意的是，无论是数字信息技术还是网上信访事项涉及的具体内容，都处于不断的变化之中，尤其是伴随着社会运行和社会变化的加速化，网上信访治理出现越来越多的“三跨三分离”和新兴经济业态引发的矛盾纠纷，采取有效措施加强对复杂疑难信访事项以及不断出现的新型信访问题的针对性解决，是推动网上信访治理高质量发展的必然要求。鉴于数字技术与信访业务并非同频变动，可以通过“螺旋式”上升的思维促进两者之间的协同配合。一方面是以网上信访业务需求引领数字信息技术应用。信访机构和政府职能部门可以通过梳理网上信访治理过程中出现的难点，探索应用或研发相关的信息技术以提升破解难题的能力，实施类似于为网上信访治理存在的“漏洞”进行打补丁的方式，改善数字信息技术与网上信访业务需求之间的匹配程度。另一方面是以前沿信息技术创新信访事项办理方式。数字信息技术的迭代更新有其自身规律，网上信访治理主体需要保持对具有不同特征前沿技术的敏感性，积极探索和试验最新科技成果服务于网上信访治理现代化发展的可行性。

5.3 弥合治理需求与群众诉求缝隙

推进国家治理体系和治理能力现代化的核心是治理主体的多元化和治理方式的多样化，尤其是在治理关系中将原来只是统治对象的普通人的主体性凸显出来[①]。处于政府数字化转型中的线上群众工作同样不可以忽视人的因素。因为在群众工作的目标取向上，至少存在党委政府的治理需求和社会公众的个人诉求两个方面，并且这两者之间并非天然具有同一性，即可能存在治理需求与群众诉求不一致的情况，这就会导致两者之间出现缝隙，进而生成矛盾与冲突。北京市大兴区通过卓有成效的基层治理实

① 陈进华．治理体系现代化的国家逻辑［J］．中国社会科学，2019（5）：23－39.

践，实现了基层治理需求与群众诉求之间的“零距离”，以实际行动弥合了这一缝隙。

大兴区位于北京市南部，在大建设大发展大转型的重要关口，既面临着大量的新旧矛盾冲突交织的情况，又要处理新时代背景下群众诉求差异化的情况。面对严峻的群众工作形式，大兴区委、区政府迎难而上，以数字技术为抓手，积极开展了“接诉即办”的创新实践，将群众工作的目标追求与社会公众的实际需求最大限度地连接到一起，取得卓越成效。后来，经过与在京高校的联合公关，将以往在线下运作的“街乡吹哨、部门报到”工作机制向线上延伸，有效提升了群众工作的精准度、及时性和有效性，为人民群众解决了一大批烦心事和闹心事，自身的群众工作能力也获得了极大提升，实现了社会治理需求与群众诉求的双赢，得到了社会公众的一致好评。

因此，线上群众工作的“整合＋”机制还需要有效弥合治理需求与群众诉求之间的张力，尤其是要时刻保持对治理需求掩盖和置换群众真实诉求的警惕，真正将以人民为中心的发展思想落到实处，从而确保网上群众工作始终在正确的价值轨道上运行。

5.3.1　正确认识政府部门治理需求与群众诉求之间存在的差异性

无论是传统信访工作模式还是网上信访工作模式，都可能会面对社会治理需求与信访诉求不一致的情况，最为明显的就是在重大活动和重大节假日等关键节点，信访人的信访诉求可能会被动让位于社会治理的维稳需求。在政府数字化转型的网上信访治理过程中，由于网络社会信息传播的便捷性、快速性和即时性，这种信访机构无法有效响应、拒绝响应或者使用强制性压制社会公众诉求的行为将会被放大，从而强化信访事项属于社会敏感问题的社会认知和加剧社会矛盾纠纷化解的紧张氛围。这种围绕信访事项形成的差异性源于多元治理主体不同的价值取向，信访人认为借助关键的时间节点可以形塑信访机构快速和有效解决矛盾纠纷的压力与行动力，然而信访机构则认为信访人的这种行为属于“故意挑事”和破坏信访秩序，在价值理念层面对其持不认可和否定性态度，从而生成治理主体之间的张力关系。从价值理性和工具理性关系的视角来看，破解差异性难题的可行之策是培育公共部门的服务行政精神，将其打造成为善于和信访人营造信任关系，并且能够在话语沟通过程中正确表达彼此情感、目的和动机的“积极行动者”①，才有助于以正确的信访人认同的行为促进信访事项的化解。

5.3.2 将人民群众诉求置于相对优先位置

无论是培育党委和政府机构的服务型行政精神，还是将群众工作人员打造成为群众急难愁盼事项办理的积极行动者，其核心表现就是要正确对待群众的合理合法诉求。在推进群众工作数字化、信息化的进程中，应当将人的因素作为群众工作各个环节的“灵魂”，这是回归“人民至上”和“以人为本”治理初心的必然要求。就信访工作而言，一方面是网上信访治理的出发点和落脚点应当是为社会公众提供高质量的服务。信访工作过程中出现信访机构治理需求与信访人诉求之间的偏差，表明社会治理不仅是一项复杂的系统工程，而且很多因素会对治理过程产生影响，这就要求信访机构或政府职能部门工作人员要具有自我反思和自我否定的能力，以更加纯粹的“为人民服务”彰显自身的价值与意义。另一方面是应当发展网上信访治理主体的道德能力。网上信访治理凸显的方便、快捷和透明等特点，表征了一种更加有效地达到社会公平和正义的路径，内在要求治理主体具有理解和运用正义感与合理善良观念的能力，并且在通常情况下可以从道德的立场而不是从纯技术的立场去分析、思考和处理公共事务。在传统信访工作模式中出现的闹访、拦访、截访等不良现象，应当在网上信访治理过程中进行有效规避和杜绝。尤其是信访工作部门应当以更加开放和包容的心态对待信访矛盾和纠纷，因为信访事项本身并不是评判社会治理效果的标准，真正将信访事项处理好和获得社会公众的满意评价，才是网上信访应当追求的治理目标。

5.3.3 善于寻找治理需求与群众诉求之间的最大公约数

在公共行政学一百多年的演进史中，先后出现了传统公共行政、新公共行政和新公共管理等不同理论范式，当前公共行政的主流表现形式是以新公共服务、数字治理、网络治理和整体性治理等为代表的公共治理理论，以及与其差不多同时期出现的公共价值管理理论。透过范式演进的视角，公共行政正处于新旧范式的交替之际，然而对于公共行政具体向何处发展却存在争论。政府数字化转型中的网上信访治理研究或许可以提供一

① 王锋．走向服务型政府的行政精神［M］．北京：商务印书馆，2018.

种思路。公共行政应该不会是在公共治理和公共价值管理二者之间做抉择，而是在实践中选择第三条道路，即“公共价值治理”，或者称其为公共价值驱动的公共治理。实质上，公共价值管理理论蕴含着很多与公共治理相似的观点和理念，或许由于语言表达或翻译的差异，形塑了公共价值管理与公共治理之间的巨大分野。以网上信访治理为表征的线上群众工作融情、理、法于一体，在强调公共治理理论指导意义的同时，更加需要重视信访事项解决方案要符合正确公共价值的引领。通过将信访机构的治理需求与信访事项的办理过程进行连接，可以在凸显信访人价值诉求的基础上，匹配以恰当合适的治理手段，从而最大限度地弥合治理需求与信访诉求之间的缝隙。数字化时代的网上信访治理是一项察民情、解民忧和聚民心的人心工作，信访机构和政府职能部门应当善于与信访人“用心交往”，围绕信访事项的有效解决开展公共事务治理活动，以端正的价值取向和务实的治理行动争取社会公众的认同、信任和支持，将网上信访打造成为社会公众诉求表达的常规、权威和首选渠道。

5.4　强化网络群众工作的制度保障

网络群众工作是国家治理体系的重要组成部分，不可忽视，也不可偏废，必须依据国家的政策方针指示，加强相关的制度保障建设。党的十九届四中全会提出的“坚持和巩固什么、完善和发展什么”的重要论述，为加强群众工作制度保障提供了参考，尤其是贯穿其中的价值理念、思想方法、工作要求、目标任务，对建立完善网络群众工作体系具有重要指导意义。习近平总书记在党的二十大上作《高举中国特色社会主义伟大旗帜　为全面建设社会主义现代化国家而团结奋斗》的报告，在互联网上网人数达 10.3 亿人的现实情况下，提出要让人民群众获得感、幸福感、安全感更加充实、更有保障、更可持续，共同富裕取得新成效，将其作为党的使命任务和构建新发展格局的重要组成部分，为“增进民生福祉，提高人民生活品质”指明了方向。深入学习贯彻党的二十大精神，必须提高政治站位，从坚持党对全部工作的集中统一领导的高度，从维护国家意识形态安全、政治安全的高度，从不断提高运用互联网服务人民造福人民的高度，着力筑牢网络群众工作体系建设的制度保障，为实现国家治理体系和治理能力现代化战略目标提供有力支撑。

5.4.1 健全和完善党对网络群众工作的领导体制

党的领导是根本，也是群众工作的优势。要健全总揽全局、协调各方的党的领导制度体系，真正在网络群众工作过程中落实和贯彻，以“全过程领导”的方式将党的领导落实到群众工作各领域各方面各环节。我国社会治理发展的实践充分表明，要把网络群众工作放到党和国家事业全局中来谋划，这才是推动互联网时代群众工作高质量发展的根本政治保证。健全和完善党对网络群众工作的领导体制，首要的就是坚持党对网络群众工作的集中统一领导。在这一过程中，必须坚持以党的二十大精神和习近平新时代中国特色社会主义思想为指引，不忘群众工作的初心和使命，不忘党员干部的责任和担当，把网络群众工作融入“五位一体”总体布局和“四个全面”战略布局，不断增强党把方向、谋大局、定政策、促改革的能力与定力，确保党在网络群众工作中始终总揽全局、协调各方。要加快构建网络群众工作人才培育生态体系，不断增强党对人才资源的配置能力。从党和国家全局的高度谋划编制我国群众工作人才发展战略，搭建平台，创造环境，解放思想，不断改进人才“选、用、育、留”各项制度，加快构建具有全球竞争力的人才政策体系。要坚持多主体参与、多手段结合的网络群众工作理念，强化统筹协调，积极推动企业、社会组织、技术社群、网民等网络利益相关者共同参与网络群众工作，最大程度形成治理合力。各级领导干部则要树立责任意识、阵地意识，对标习近平总书记提出的“四种能力”要求，善于学网、用网、管网、治网，真正在网络群众工作发展中承担起“主心骨”作用。

5.4.2 维护网络群众工作意识形态安全和政治安全

要完善坚持正确群众工作导向的舆论引导机制，全面提高网络群众工作能力，营造清朗的网络空间。然而，网络空间并非一方净土，恐怖、色情、暴力、谩骂、欺诈、虚假等有害信息和政治谣言仍充斥着网络空间，对网络群众工作提出了严峻挑战。随着我国经济社会发展和改革进入攻坚区、深水区，越来越多的社会矛盾、利益冲突、社会问题集中爆发，社会事件泛政治化、泛意识形态化倾向愈发明显，舆情发酵的燃点、爆点持续走低，成为威胁政治和社会稳定的一大隐患。必须毫不动摇增强党对网上群众工作的领导能力，加快推进网络群众工作文明体系建设。其一，要坚持党管媒体，不断加强网络法治教育宣传，促进积极网络群众工作文化的生产、丰富和发展，推动优秀内容在网络空间的广泛传播，让网络群众工作始终充满正能量。其二，要加强网络群众工作内容管理规范，对网上危险言论进行监测、辨别、封堵，确保网上意识形态安全可控。其三，要积极适应互联网发展趋势和新闻传播规律，改进和创新网络群众工作方式方法，充分利用“两微一端”、短视频平台等各类新媒体新应用，讲好故事筑好渠道，推动党的声音和主流文化更广泛进入用户终端，最大限度把全国人民的思想和行动统一到党的决策和实现共同理想目标上来。

5.4.3　完善和拓展覆盖范围更加广泛的网络群众工作体系

网络群众工作要坚持以人民为中心的发展思想，与人民群众的切身利益和真实需求结合起来，在不断保障和改善民生的过程中，增进民生福祉。必须把“为人民服务”的发展初心和“执政为民”的执政理念融入网络群众工作的方方面面。要准确把握社会主要矛盾转变在互联网时代群众工作机制创新层面的表现：一方面，互联网信息技术正以前所未有的速度、广度、深度改变着人们生活，但互联网群众工作中存在的不平衡不充分问题依然突出，仍有不少群众未能有效享受互联网发展带来的红利；另一方面，人民群众对互联网的需求已经从低水平的“用得上、用得起”向更高层次的“用得好、用得放心”转变，对互联网信息的真实、健康，对网络群众工作的快捷、专业、安全等需求越来越强烈。为此，要不断完善覆盖范围更加广泛的网络群众工作体系，增强党运用互联网造福社会和人民的服务能力，要加快推进偏远地区、山区的互联网普及，加强互联网基础设施建设、信息资源共享，不断降低贫困群体使用互联网的门槛和成本，更好发挥网络群众工作在巩固脱贫成果中的作用。要广泛搭建“互联网+”教育、医疗、文化、政务、求职、旅游等信息服务平台，促进网络群众工作的均等化。要加强网络空间中低俗、虚假、欺诈等有害信息的治理，营造网络生态的“绿水青山”。要坚持共商共建，走好网上群众路线，充分调动人民群众参与网络群众工作的积极性、主动性、创造性，自觉接受人民群众对网络群众工作的监督。

后 记

中国互联网络信息中心（CNNIC）2023年8月28日在北京发布的第52次《中国互联网络发展状况统计报告》显示，截至2023年6月底，中国网民规模达10.79亿人，较2022年12月增长1109万人，互联网普及率达76.4%。网络公共空间已经成为社会公众活动的重要场所，社情民意的网络化表达和网络社会的形成，使得网络空间成为党和政府开展群众工作的重要阵地。那么，在网络群众工作过程中，有哪些工作惯性问题需要注意？如何通过虚拟社会空间更好地听取群众的诉求，提升基层治理能力？

网络公共空间凸显的扁平化、参与性、共享性、流动性和即时反馈等特征，使网络群众工作既与实体空间群众工作存在密切的互动性，又存在一定的特殊性，即网络群众工作突破了时间、空间和地域限制，对党和政府等治理主体的群众工作体系和能力提出了更高要求。因此，开展网络群众工作所要遵循的价值共识，需要在继承和秉持实体空间价值理念的基础上作出适应性调整，以紧密贴合网络社会群众工作的现实需求。

一、网络群众工作的价值维度

价值基础。首先，坚持以人民为中心的发展思想。党和政府在网络群众工作中坚持以人民为中心，始终尊重网民在网络社会的主体地位，了解其所思所愿，积极回应网民关切，既是党的性质和宗旨在网络公共空间的有效展示，又是推进网络治理体系和治理能力现代化的必然要求。其次，贯彻落实党的网络群众路线。网络信息技术的迅猛发展极大拓宽了群众工作的对象和领域，党和政府的网络群众工作要牢固树立“宣传群众就要宣传网民，联系群众就要联系网民，服务群众就要服务网民，走好群众路线就要走好网上群众路线”的意识，积极占领宣传群众和动员群众的网络阵地，将网络打造成为联系群众和服务群众的重要载体，牢牢掌控网络空间这一影响党群关系和执政基础最大变量的主动权。最后，完善共建共治共享社会治理制度。网络社会同样要构建党委领导、政府负责、民主协商、社会协同、公众参与、法治保障、科技支撑的社会治理体系，创新网络群众工作模式，有效整合和调适多元治理主体的集体行动，并以网民合法利益是否得到有效维护为标准，检验网络群众工作成效。

价值追求。网络群众工作与互联网时代的公共治理具有价值追求的同一性。综观前沿公共治理理论的发展路向，都不同程度地主张将网络信息技术和信息系统嵌入公共治理过程，在改善社会治理绩效和提升社会治理能力的同时，更好地维护公共利益，增强公共性和创造公共价值。党和政府的群众工作由“线下”向“线上”延伸，符合公共治理的价值追求。

“虚实结合”群众工作联动模式是时代趋势。通过网络察民情、听民声、汇民智和解民忧成为实体空间群众工作的重要补充，“互联网＋党务”、“互联网＋政务”、网络群众工作平台以及智慧社区等实践创新成为党和政府实施“线上治理”的生动例证，宣传群众、联系群众、组织群众和服务群众等工作逐渐形成全方位和立体化态势。线上线下群众工作联动模式，可以更加快速有效地处理监督反馈建议、回应社会公众诉求，提升人民群众的满意度和幸福感。

“一次不用跑”是公共治理的理想情景。“放管服”改革的深化和持续推进，使平台型治理日渐兴起，越来越多的政府部门和社会组织通过创建多边平台整合社会治理资源，实现多元治理主体之间合作共治，降低公共服务成本和提升公共服务效率。

“网络公共空间”治理现代化是应然需求。互联网不是法外之地，更不是治理失灵之地，党和政府的网络群众工作是完善网络空间治理体系和提升网络空间治理能力的关键抓手，通过强化网络内容建设和改善治理机制，提高基层干部对互联网规律的把握能力和对网络舆论的引导能力，更好地应对信息化发展和网络安全风险带来的挑战，进而维护良好网络秩序和营造清朗网络生态。

价值指向。网络群众工作致力于将互联网时代的“最大变量”转化为“最大增量”，通过更加顺畅的沟通渠道、方便快捷的获取方式和及时有效的监督反馈机制，进一步丰富网络群众工作的价值意涵，增进社会共识。

网络群众工作开创了党和政府与网民之间沟通交流的新途径，官方网站、“两微一端”、论坛、留言板等成为政民互动的新平台，群众倾诉心声、维护权益和表达诉求的渠道更加多元畅通。网络群众工作有助于增进党群、干群的互动交流，有助于领导干部在浩如烟海的数据信息中获取有价值的第一手资料，提升基层社会治理的精细化水平和有效性，避免党政部门在网络虚拟世界的“失声”现象，推进群众工作的良性运转。“好差评”制度是现实社会中社会公众评判党政部门群众工作效果的重要方式，网络群众工作同样需要网民的监督反馈和满意度评价，以建立和形成改善网络群众工作的倒逼机制。

二、网络群众工作的结构维度

结构惯性。党和政府在网络公共空间开展群众工作是一项创新性活动，并无成功经验可借鉴，加之公共治理模式和方法存在路径依赖现象，将实体空间的“压力型体制”简单移植至网络社会，必然与数字化治理的多元扁平和整体协作理念发生偏离，因此，应当警惕网络群众工作过程中存在的结构惯性。

需警惕“中心边缘”式主体结构。作为一种对中国政府运作模式的概括性描绘，“压力型体制”有效解释了地方经济发展和社会管理的内在机理，然而政府在社会治理过程中居于主导地位，一定程度上限制了市场和社会主体的活动空间。一些地方网络群众工作主体结构受到实体社会“压力型体制”管理模式的影响，较少吸纳网络组织和互联网企业，未能充分考虑网民真实需求，并且网络群众工作成效缺乏网民的参与和评价。

需警惕“官僚独白”式话语结构。压力型体制下的上级部门拥有绝对权威，下级部门须无条件服从。网络群众工作话语结构也一定程度存在“唯上是从”思维。在一些地方，上级的命令与指示成为影响网络群众工作行为的主导因素。

需警惕“分配失衡”式权力结构。压力型体制下“层层发包”的压力传导机制，使得处于权力低位的层级往往承担更多的绩效考核与评估压力。参与网络群众工作多元主体之间的权力结构尚未达到平衡，党和政府之外的治理主体尚难以对网络公共事务治理产生直接影响。

结构调适。网络群众工作结构性张力的纾解，需要在数字化治理的基本观点中寻求突破。数字治理主张运用网络信息技术拓展公民参与公共事务的渠道，居于治理核心地位的政府应当进行数字化再造，转变其治理理念，公共组织、利益相关者和公民共同参与优化网络治理结构，共享信息、分享经验、表达观点和参与话题，以“协商民主”模式更好地处理复杂和棘手的网络社会问题。互联网时代的数字治理模式符合公共治理的发

展趋势，其核心理念对网络群众工作结构的优化具有重要启示意义

首先，群众导向。网络信息技术带来的开放性、匿名性和集聚性特征，使得网络参与者不仅可以表达自己的诉求与期待，而且可以就自己关心的公共事务发表观点，关注网民诉求成为网络群众工作的重要原则，这与党的群众路线“一切为了群众”的价值目标不谋而合。其次，整体合作。网络社会的流动性和分散性，使得网络参与者共同应对各种风险和挑战成为必然选择，数字治理和整体性治理都强调网络参与和合作对于避免形成异质网络社会结构的重要性，并且单个治理主体也无法独自应对和处理网络棘手问题。网络空间的合作治理应当成为网络群众工作秉持的又一原则。最后，职能耦合。网络社会的合作治理与协商民主潜在要求职能清晰和权责对等，多元治理主体职能互补以及权力的合理分配已成为发展趋势。网络群众工作应当遵循职能耦合原则，将“从群众中来，到群众中去”运用到网络社会治理过程，充分发挥联盟治理的力量。

结构优化。通过对网络群众工作结构的考察，可以相对清晰地感知其运行状态。伴随政民线上互动的常态化，网络群众工作过程中的结构失调逐渐显现出来。为了破解群众工作的网络化运作与虚拟空间数字治理取向之间的冲突，需要对网络群众工作结构进行适当调整。

要强化“多元协同”式主体结构。网络群众工作的开展，主体角色定位并未跳出对“国家中心”或“社会中心”、“强制”或“互动”两组关系的讨论。结合类型学分析以及互联网时代公共治理的发展道路，党委和政府应当居于网络群众工作的核心地位，发挥规则制定者、争议协调者以及目标引导者作用，与其他网络群众工作参与者以互动而非强制的方式展开协同行动。

要打造“谋求共识”式话语结构。网络群众工作可以理解为多元参与者围绕网络公共事务以自由、平等的身份展开的辩论、对话和协商，并最终达成行动共识的过程。网络社会核心治理主体的“独白话语”无法适应公共治理需求，虚拟空间的“话语霸权”也不再为网民所容忍。

要优化“均衡配置”式权力结构。网络群众工作主体结构的调整和话语结构的优化，必然产生对权力均衡配置的渴望，无论是通过法律或制度对网络群众工作参与者的权力予以规范，还是借助信息技术创建基于相互认可的合法性支持，虚拟空间权力结构的分散化、相对均等化和去中心化趋势始终无法回避。

三、网络群众工作的功能维度

功能实现。习近平总书记曾指出，“各级党政机关和领导干部要学会通过网络走群众路线，经常上网看看，潜潜水、聊聊天、发发声，了解群众所思所愿，收集好想法好建议，积极回应网民关切、解疑释惑。”群众工作是党和政府治国理政的重大任务，在中国共产党一百多年来的革命、建设和改革开放进程中，党始终将群众工作置于重要位置。党的十八大以来，以习近平同志为核心的党中央高度重视网络群众工作，网络群众工作理论与实践创新取得了积极成效。

实现网络个体价值。一方面，党政部门的网络群众工作者，通过践行网络群众路线，畅通和规范了网民诉求表达、利益协调和权益保障通道，不断探索完善互联网时代处理人民内部矛盾的有效机制，为虚拟社会治理做出了积极贡献；同时，积累了网络群众工作经验，提升了网络群众工作能力，增进了自我价值认同，提高了工作满意度。另一方面，广大网民在参与网络群众工作的过程中，积极表达诉求、提出建议和实施监督，既凸显了建言献策的个人价值，又在维护自身权益的同时改进了网络社会治理效果。

凝聚网络社会共识。网络群众工作的开展，极大拓宽了党政部门开门问策和集思广益的渠道，网民参与更加积极便捷，社会期盼、网民智慧、专家意见和创新经验在网络空间得到快速传播和集聚。网络公共能量场的逐步形成为开展“一些人的对话”提供了理想场域，以党和政府为核心的各种意向性话语在网络社会实现汇集和交流，不仅可以在多元民主与博弈的氛围中达成行动共识，而且有助于更快速和更有效地应对突发舆情事件

维护网络空间秩序。网络群众工作的重要功能之一就是维持虚拟公共空间的自治、法治和德治秩序。网络社会善治不会自发形成，互联网世界的信任、透明、法治和公正等美好追求需要培育和引领，党和政府的网络群众工作正在发挥维护网民网络权利和营造安全、稳定、清朗网络生态的积极作用。

功能失调。网络社会的虚拟性、复杂性、隐蔽性和多变性，以及网络群众工作制度化建设的相对滞后性，使得党和政府在虚拟空间的群众工作面临潜在挑战，一定程度上掣肘了网络群众工作正向功能的发挥。网络群众工作出现功能失调的原因，既受网络群众工作者对信息技术掌握不佳和网民的情绪化与极端化行为等因素的影响，又有网络群众工作局部生态不良的影响。

网络群众工作存在“效率悖论”困境。将网络信息技术和系统嵌入党政部门群众工作过程，主要的目标就是通过群众工作职责明晰化、目标精准化和流程简约化提升工作效率。然而，实体空间全能治理模式的延续和“中心工作”的效率优先主义导向致使旨在提质增效的网络群众工作不同程度地增加了群众工作者的负担，重要表征就是网络群众工作的内容不断拓展、流程逐渐延长和任务考核数量增加。

网络群众工作面临“群体极化”风险。网络社会的虚拟性、自由性和匿名性特征，使网民可以借助网络建立各种社会关系，进而形成网络群体。然而，由于网民个人活动容易受到网络群体或意见领袖的影响，网民群体在面对热点事件时容易出现情绪化和非理性趋向。

网络群众工作遭遇“生态不良”挑战。实体社会群众工作中存在的官僚主义和形式主义逐渐向网络社会渗透，催生了“信息形式主义”和“智能官僚主义”等现象，不仅耽误实际问题的解决，增加网络群众工作者负担，而且严重影响党和政府的形象与公信力，成为逐渐脱离群众和引发公众反感的潜在隐患。

功能强化。网络群众工作是虚拟社会“总体社会系统”的子系统，其效能和作用的发挥依赖于共同价值体系和相对稳定的行动结构。不断增强网络群众工作的道德规范、制度体系和法治建设，有助于其功能的进一步完善。

增进网络公共空间道德建设。加快建立和完善包括党政部门网络群众工作者在内的网络行为规范，积极培育符合互联网社会发展规律和体现社会主义精神文明建设要求的网络伦理和网络道德。加强对网络群众工作者的教育培训，培养优良职业道德，以友善的态度和务实的行动服务线上群众。网民应该主动培养文明自律的网络行为，自觉遵德守法、理性表达和文明互动，维护良好网络秩序。

完善网络群众工作制度体系。网络群众工作制度建设可以更有效地彰显党和政府开展网络社会治理的目的和程序，为网民表达诉求、参政议政、监督反馈提供明确的心理预期，更具针对性地化解社会矛盾和满足人民群众对美好生活的需要，提升虚拟社会治理效率和水平。

推动网络群众工作法治进程。探索和落实互联网空间群众工作法治建设，以法律、法规为准绳开展网络群众工作，探索和实施线上群众工作清单制，加强对网络群众工作的监督检查和动态巡查，合理设置虚拟社会群众工作绩效考核标准，警惕因技术依赖和技术崇拜引发的破坏党群、干群关系现象，保证技术赋权在法治的轨道上运转。

互联网时代，社会呈现一种高度复杂性、高度不确定性和高速流动性相互叠加的状态，维护公共利益和创造公共价值并非易事。网络群众工作是党和政府等公共治理主体有效联系群众、组织群众、引导群众和服务群众的有力工具，但也面临着虚拟社会独有且缺乏成功经验可资借鉴的现实挑战。网络群众工作要实现虚拟社会治理，要有开展网络群众工作的能力，从虚拟社会空间环境中听取群众的诉求，了解群众的心声，紧跟信息科学技术的发展，才能服务好广大群众。网络社会系统的各要素也需要协调地发挥作用以维持社会的良性运行。党政部门应始终秉持创造网络公共价值的初心，将网络群众工作融入“健全为人民执政、靠人民执政”的各项制度的要求中，不断完善网络群众工作体系，提升网络群众工作能力，最终实现虚拟公共空间的良善治理。

经过几年辛勤耕耘，呈现在读者面前的这本《创新互联网时代群众工作机制研究》的著作，是在国家社科基金重大项目“创新互联网时代群众工作机制研究”（20ZDA023），以及江苏高校哲学社会科学研究重大项目“强产业促就业”双轮驱动民生高质量发展研究（2023SJZDI016）资助下完成的重要成果之一。南京农业大学曲福田教授、陈利根教授、南京大学严强教授、江苏省人民政府研究室原主任郑焱、原副主任沈和、臧建东等同志等对本书提供了建设性的建议。我还要感谢女儿于童，现在英国伦敦大学读经济学，每年暑假回来都坚持和我一起外出调研，收集和整理资料，撰写案例，和我一起分析问题。我的硕士、博士研究生杨杨、徐亚清、刘文可、胡卫卫、赵若言、辛境怡、区小兰、郭豪楠、陈永强、范德志、武晗晗、鲁光敏、任莹、罗珞峻、杨行、王亚星、汤瑜、李凯乐、方娟、刘悦等有的参加了项目的调研、有的参与撰写研究报告，为本书的注释、参考文献的整理与格式完善做了很多工作。南京农业大学教务处对该书的出版给予了大力支持。此外，本书的出版也得益于借鉴吸收国内外学者的最新研究成果，相关的论著和主要参考文献已在书中列出。在此一并表示衷心的感谢！

于　水

2023年11月于江苏南京